SCHRIFTEN ZUR LANDESKUNDE SIEBENBÜRGENS

ERGÄNZUNGSREIHE ZUM SIEBENBÜRGISCHEN ARCHIV

HERAUSGEGEBEN VOM
ARBEITSKREIS FÜR SIEBENBÜRGISCHE LANDESKUNDE E.V.
HEIDELBERG

Band 9/IV

GEORG DANIEL TEUTSCH
FRIEDRICH TEUTSCH

GESCHICHTE DER SIEBENBÜRGER SACHSEN FÜR DAS SÄCHSISCHE VOLK

herausgegeben von
FRIEDRICH TEUTSCH

Unveränderter Nachdruck
Mit einer Einführung von
ANDREAS MÖCKEL

1984
BÖHLAU VERLAG KÖLN WIEN

GESCHICHTE DER SIEBENBÜRGER SACHSEN FÜR DAS SÄCHSISCHE VOLK

IV. Band

1868–1919
Unter dem Dualismus

von

FRIEDRICH TEUTSCH

Unveränderter Nachdruck
der Ausgabe Hermannstadt 1926

1984
BÖHLAU VERLAG KÖLN WIEN

CIP-Kurztitelaufnahme der Deutschen Bibliothek

Geschichte der Siebenbürger Sachsen für das sächsische Volk / Georg Daniel Teutsch; Friedrich Teutsch. Hrsg. von Friedrich Teutsch. – Unveränd. Nachdr. / mit e. Einf. von Andreas Möckel. – Köln ; Wien : Böhlau
 (Schriften zur Landeskunde Siebenbürgens; Bd. 9)
 ISBN 3-412-01184-3

NE: Teutsch, Georg Daniel [Mitverf.]; Teutsch, Friedrich [Mitverf.]; GT

Bd. 4. 1868–1919, unter dem Dualismus / von Friedrich Teutsch. – Unveränd. Nachdr. d. Ausg. Hermannstadt 1926. – 1984.

Copyright © 1984 by Böhlau Verlag GmbH & Cie, Köln
Alle Rechte vorbehalten

Ohne schriftliche Genehmigung des Verlages ist es nicht gestattet, das Werk unter Verwendung mechanischer, elektronischer und anderer Systeme in irgendeiner Weise zu verarbeiten und zu verbreiten. Insbesondere vorbehalten sind die Rechte der Vervielfältigung – auch von Teilen des Werkes – auf photomechanischem oder ähnlichem Wege, der tontechnischen Wiedergabe, des Vortrags, der Funk- und Fernsehsendung, der Speicherung in Datenverarbeitungsanlagen, der Übersetzung und der literarischen oder anderweitigen Bearbeitung.

Printed in Germany
Satz: H.-D. Günther, Studio für Ästhetik-Fotosatz, Köln
Druck und Bindung: SDK Systemdruck Köln GmbH
ISBN 3-412-01184-3

Geschichte
der
Siebenbürger Sachsen
für das sächsische Volk.

Herausgegeben

von

Friedrich Teutsch.

Hermannstadt.
Druck und Verlag von W. Krafft.
1926.

Geschichte
der
Siebenbürger Sachsen
für das sächsische Volk.

IV. Band:
1868—1919
Unter dem Dualismus
von
Friedrich Teutsch.

Hermannstadt.
Druck und Verlag von W. Krafft.
1926.

Herrn Geheimrat D. Franz Rendtorff
dem Freund unseres Volkes und unserer Kirche
in Verehrung und Dankbarkeit.

Geschichte darf nicht von der Wahrheit abweichen, und edle Taten haben an der Wahrheit genug.

    Plinius an Tacitus.

Die literarisch gebildeten Völker sehen einen Gegenstand ihres Wetteifers darin, historische Darstellungen ihrer gesamten Vergangenheit in gleichmäßiger lebendiger Ausführung zu besitzen. Und kaum zu ermessen ist der Wert, den eine alle Epochen umfassende, wahrheitsgetreue, gründlich erforschte und den Leser fesselnde Geschichte einer Nation haben müßte. Diese würde darin erst recht zum Bewußtsein kommen und, indem sie den Pulsschlag ihres Lebens allenthalben empfände, ihres Werdens, Wachsens und Wesens inne werden.

           Ranke.

Die Vorstellungen von der Vergangenheit, die in einem Volke lebendig sind, haben Wert und Bedeutung für seine Gegenwart und Zukunft.

      Dietrich Schäfer.

Vorwort.

Die Geschichte der Siebenbürger Sachsen, die hier bis zur Gegenwart fortgeführt wird und das Werk selbst, dessen 4. Band die vorliegende Darstellung bildet, damit abschließt, umfaßt rund 780 Jahre. Ich habe bei dieser Arbeit lebhaft empfunden, wie groß der Unterschied ist, ob die Darstellung eine längst vergangene Zeit oder die Gegenwart betrifft. Wer die Gegenwart und dazu noch eine zum Teil selbsterlebte Gegenwart darstellt, ist in Gefahr, Dinge in den Vordergrund zu rücken, die ihm und vielleicht den Zeitgenossen wichtig erscheinen, dafür aber andere Erscheinungen zu übersehen oder geringer einzuschätzen, als es geschehen würde, wenn das Urteil nach Verlauf eines Menschenalters oder in einer gewissen Entfernung abgegeben wird. Es liegt darin ein Vorteil und ein Nachteil. Der Vorteil ist, daß die Darstellung selbst unmittelbar eben den Eindruck widerspiegelt, den die Ereignisse auf die Zeitgenossen oder doch den Darsteller gemacht haben, — nach dem paradoxen Wort von Lessing kann ja im Grunde überhaupt ein jeder nur der Geschichtschreiber seiner eigenen Zeit sein, — und daß sie dadurch für spätere Zeiten selbst zu einer Quelle für die Stimmung der Zeit wird; ein Nachteil ist, daß die Folgen der einzelnen Ereignisse, die in den Bereich der Darstellung fallen, nicht bis zu Ende übersehen werden können, das zuletzt für das Urteil über die Ereignisse mitbestimmend wird.

Hier aber ist dieser Nachteil ausgeschaltet. Denn die Periode, die dargestellt wird, ist eine in sich abgeschlossene, der Dualismus, der geschildert wird, kehrt nicht mehr zurück, und so bleibt der Vorteil bestehen, den der Schilderer der Gegenwart hat, daß er die treibenden Kräfte seiner Zeit unmittelbarer wirken sieht als der Nachkomme, der seine Kenntnis aus Urkunden und Chroniken schöpfen muß.

X

Dieser Band erscheint zu gleicher Zeit auch in einer Sonderausgabe unter dem Titel: „Die Siebenbürger Sachsen in den letzten fünfzig Jahren", vermehrt durch eine Einleitung, die kurz die Geschichte der Sachsen bis 1868 darstellt, um jene, die den Inhalt der ersten 3 Bände nicht gegenwärtig haben, in die Ereignisse einzuführen, an die die Entwicklung 1868 anschließt. Der Anhang ist in beiden Ausgaben der gleiche. Die einzelnen Aufsätze fassen die sächsische Geschichte als Ganzes ins Auge, doch in jeder Abhandlung von verschiedener Warte gesehen. Wenn dabei auch Wiederholungen nicht zu vermeiden waren, so dürfte der Anhang zusammengenommen doch zum tieferen Verständnis der sächsischen Geschichte in Vergangenheit und Gegenwart beitragen.

Und so sei denn auch dieser Band dem sächsischen Volke als meine letzte Gabe übergeben, denn es gilt auch von diesem Band, was schon der erste kündete: „**Geschichte der Siebenbürger Sachsen für das sächsische Volk**". Wenn auch andere daran Freude finden und Erhebung daraus schöpfen sollten, das Volk hat das erste Anrecht auf seine eigene Geschichte. In frohen Tagen soll es daraus Demut lernen, in trüben Trost und Stärkung darin finden.

Nach einem Wort Rankes „bildet sich der Held in der Behauptung einer großen Sache unter Widerwärtigkeiten und Gefahren", und ein Stück Heldentum darf ein Volkssplitter für sich in Anspruch nehmen, der „unter Widerwärtigkeiten und Gefahren" „die große Sache" Jahrhunderte hindurch behauptet hat: Volkstum und Glauben.

Hermannstadt, 22. August 1926.

Der Verfasser.

Inhalt.

Fünftes Buch. 1868—1919.

XVII. Die Zertrümmerung des Königsbodens. 1868—1876 .   3—70

Die Marksteine des Dualismus. Das Unions- und Nationalitätengesetz. Die Stimmung bei Staatsumwälzungen. Der Dualismus bereitete die Zerstörung Österreichs vor. Die Eindrücke des Jahres 1848 auf die Sachsen. Die Alt- und Jungsachsen. Das Sachsenland. Zweimalige Zerstörung und Wiederherstellung. Die Sachsen als politische Individualität. Angriff auf das Sachsenland. Seine Mängel. Pensionierung Konrad Schmidts, Ernennung Mor. Conrads zum Nachfolger. Der Rechtsstand des Sachsenlandes. Die freie Hand der Regierung. Zuweisung fremder Gebiete zum Sachsenland. Das Provisorische Regulativ von 1869. Aufhebung des Hermannstädter Obergerichts. Die sächsischen Fragen. Neuwahlen zum Reichstag. Kapps Programmpunkte. Die Parteien im Reichstag. Die sächsischen Führer: Gull, Rannicher, Kapp, Lindner. Aufgaben des Reichstags. Die sächsischen Nobilitargüter und der Gesetzesvorschlag auf Plünderung. Stellung der sächsischen Abgeordneten dagegen. Sprachenzwang bei Gericht. Eindruck des deutsch-französischen Krieges 1870/71. Versuche zur Regelung des Königsbodens. Gespräch Andrassys mit Bischof Teutsch. Die Nationsuniversität von 1871. Die Gegensätze darin. Zwei Gutachten. Das Wochenblatt über die Universität. Notwendigkeit der Einigung. Der Mediascher Sachsentag Juni 1872. Das sächsische Nationalprogramm. Neuwahlen zum Reichstag. Nochmalige Befragung der Universität und neuer Vorschlag. Der altsächsische Einschlag. Eintritt der Sachsen in die Deakpartei. Arrondierungspläne. Gegen den Sprachenzwang. Forderungen der Nationsuniversität in bezug auf das Sachsenland. Verbot weiterer Verhandlungen durch den Minister Szapary. Anklage des Ministers. Austritt eines Teils der Sachsen aus der Deakpartei. Stellung Rannichers. Sein Tod. Zwiespalt unter den Sachsen. Fusion der Deakpartei und eines Teils der Linken. Kol. Tißa. Die liberale Partei. Chauvinismus. Sächsische Abordnung bei Tißa und beim König. Gesetzentwurf über den Königsboden. Verhandlung im Abgeordneten- und Magnatenhaus. Dank an die sächsischen Vertreter. Die Zertrümmerung des Königsbodens. Die Alt- und Jungsachsen in dieser

XII

Frage. Die ev. Kirche. Wahl G. D. Teutschs zum Bischof.
Die Landeskirchenversammlung von 1868. Eherecht, Dis=
ziplinarordnung. Bilder aus der alten Schule. Die neue
Schulordnung. G. D. Teutsch. Die Generalkirchenvisitation.
Die geistlichen und weltlichen Mitarbeiter Teutschs. K. Wolff.
Das Siebenbürgisch=Deutsche Tageblatt. Die einigenden
Mächte. Die sächsischen Vereine. Die wissenschaftliche Arbeit.
Die Sachsengeschichte. Geschichtliche und mundartliche Ar=
beiten. J. Haltrich. Die neue Generation. Roth und Wolff.
Die schöngeistige Literatur. Ziele Traugott Teutschs und
Alberts. Vereine. Der Landwirtschaftsverein. Sparkassen.
Die Eisenbahn. Gewerbe. Das Gewerbegesetz. Die gewerb=
lichen Verhältnisse. Die Wochen= und Jahrmärkte. Ver=
kehr mit der Walachei. Ende der Handelsgenossenschaften.
Vertreter auf der Pariser und Wiener Weltausstellung.
Mißlungene Industrieunternehmungen. Tod Herm. Bruken=
thals. Der Brukenthalische Prozeß. Erschütterung der Volks=
seele. Besuch des Kaisers Franz Josef in Hermannstadt.
Der altsächsische Geist.

XVIII. Im Kampf für Volkstum und Kirche. 1876—1890 . . 70—145

Die sächsischen Komitate. Obergespan Fr. Wächter.
Irrungen im Hermannstädter Komitat. Graf Gabr. Bethlen.
Zustände im Großkokler Komitat. Baron Banffy. Zustände
in Bistritz. Gründung der sächsischen Volkspartei. Reichs=
tagswahl 1878. Kämpfe in der Nationsuniversität. Tod
Franz Gebbels. Preßprozeß des Siebenbürgisch=Deutschen
Tageblatts, der Kronstädter Zeitung, gegen rumänische
Publizisten. Aufhebung des Hermannstädter Schwurgerichts.
Münchener Gutachten über die Universitätsfrage. M.
v. Brennerberg Obergespan. Magyarisierung. Sächsisches
Wahlprogramm 1881. Die Magyarisierungsvereine. Der
deutsche Schulverein. Die Kampfliteratur. Die Frage im
Reichstag. Die Schulvereinsdemonstrationen. Die Brooser
Erklärung. Einigung der Sachsen. Angriffe auf die Schule.
Gesetzentwurf über die Einführung der magyarischen Sprache.
Verhandlung im Reichstag. Mocsary. Im Magnatenhaus.
Kampf um die Durchführung. Schulkonferenzen. Sorge für
die Schule. Der Mittelschulgesetzentwurf. Widerstand da=
gegen, besonders von den Sachsen. Erklärung deutscher
Männer. Die Verhandlung im Reichstag. Die sächsischen
Abgeordneten dagegen. Die Folgen des Mittelschulgesetzes.
Treforts Offener Brief an Bischof Teutsch. Angriff auf die
Kirche aus Anlaß des Beileids beim Tode Wilhelms I.
Vorwurf des Hochverrats. Teutsch beim König. Aufklärung.
Die Irrungen mit den Csangogemeinden. Ihr Ausscheiden
aus der Landeskirche. Fortführung des Kampfes. Ein=

engung des sächsischen Lebens. Innere Arbeit. Das Tageblatt.
Die Visitationen des Bischofs Teutsch. Die Seminarfrage.
Die Landeskirchenversammlungen. Ansuchen der Bukarester
Gemeinde um Angliederung. Schaffung des Reisepredigers.
Änderung beanstandeter Ausdrücke in der Kirchenverfassung.
Bischof Amtstitel. Ablehnung der Vereinigung mit der
ungarischen ev Kirche Allgemeiner ev. Frauenverein.
Waisenhaus und Krankenpflegeanstalt in Hermannstadt.
Ausgang des Brukenthalischen Prozesses. Die neue Agende.
Rationalismus. Der Pfarrer. Lutherjubiläum. Feier des
70. Geburtstages des Bischofs. Die Vereinstage in jenen
Jahren. Die Erfolge des Landwirtschaftsvereins. K. Wolffs
wirtschaftliche Arbeiten. Die sächsische Wissenschaft: Joh.
Wolff und die germanistischen Arbeiten. Die historischen
Arbeiten. Die Denkreden. Geschichtliche und volkskundliche
Arbeiten. Kunstgeschichte. Literaturgeschichte. Quellenwerke.
Naturwissenschaftliche Arbeiten Schöngeistige Literatur.
Albert, Traug. Teutsch, Fr. W. Schuster. Die sächsischen
Städte, ihre Wirtschaft und Bevölkerung. Ermattung und
Friedensbedürfnis. Verhandlungen. O. v. Meltzl. Seine
Arbeit für den Frieden. Vor dem Sachsentag. Der Sachsen-
tag. Das Volksprogramm von 1890. Müllers Rede.

XIX. Versuche der Verständigung. 1890–1914 146–216

Folgen des Sachsentags. Magyarisierungsversuche gehn
weiter. Gesetz über die Kindergärten und die Gehalte der
Lehrer. Gegen die „staatsfeindliche Gesinnung". Die kirchen-
politischen Fragen. Gemischte Ehe und Kindererziehung. Die
Wegtaufungen. Das kirchenpolitische Programm der Re-
gierung. Teutschs Abwehr. Sein Tod. Wahl Müllers zum
Bischof. Die Sachsen und die kirchenpolitischen Fragen. Die
Grünen. Versammlung junger Männer in Mediasch.
Banffy Ministerpräsident. Banffy und die Sachsen. Innerer
Streit. Sachsentag 1896. Stefan Ludwig Rothfeier. Das
Ortsnamengesetz. Vorstellung des Landeskonsistoriums da-
gegen. Frauendeputation. Annahme und Durchführung des
Gesetzes. Folgen. W. Melzer. Neue Angriffe auf die Kirche.
Zelenka und der Theißer Kirchendistrikt gegen die ev. Kirche
in Siebenbürgen. Milleniumsfeier. Der katholische Bischof.
Allgemeine parlamentarische Lage. Die Sachsen und Tißa.
Verzeviczys Schulgesetzentwurf. Neuwahlen zum Reichstag.
Tißas Niederlage und Rücktritt. Allgemeine Wirrnis.
Fejervary. Die Koalitionsregierung. Eintritt der Sachsen
in die Verfassungspartei. Das Apponyische Schulgesetz. Ver-
handlung im Reichstag. Die nationale Arbeitspartei und
die Sachsen. Die Wahlrechtsfrage und die Beamtenernennung. Walbaum. Staatsdotationen. Tißas Nationali-

tätenpolitik. Verhandlungen mit den Rumänen. Die Sachsen und die Schwabenfrage. Schul- und Kirchenfragen. Die Gruppisten. Auswanderung nach Amerika. Sekten. Kirchliche Arbeit und Not. Leistungen. Arbeiten zur wirtschaftlichen Hebung des Volkes. Wolff und die Hermannstädter Sparkassa. Die Arbeit der Raiffeisenvereine. Die Vereinsbank und die Innerkolonisation. Eisenbahnen und Modernisierung der sächs. Städte. Industrie, vor allem in Kronstadt. Rückgang des Gewerbes und neue Ansätze. Hermannstadt. Schäßburg. Bistritz. Sächsisch-Reen. Erdgas. Mediasch. Die sächsischen Geldinstitute. Das Leben in den sächsischen Städten. Fortschritt in ihnen. Spazierengehen, Erholungen, Bäder, Ausflüge. Der Karpathenverein. Im Haus. Armen- und Waisenpflege. Vergnügen und Wohltätigkeit. Waisenhäuser. Besuche von „draußen". Der Landwirtschaftsverein und seine Arbeit. Wehr- und Mehrarbeit. Verkauf der Sieben-Richterwaldungen. Neue Dotationen der Nationsuniversität. Erinnerungsfeiern. Neue Volksschichtung. Kunst. Die Frauen. Abtreten der alten Generation. Neue Staatsdotation. Innerkirchliche Fragen. Übertritte in Hermannstadt. Die Sachsen und die Regierung. Tod des Bischofs Müller.

XX. Weltkrieg und Zusammenbruch. 1914—1919 . . . . . . 217—273

Ausbruch des Weltkriegs. Die Mobilisierung. Die ersten Eindrücke. Im Krieg. Zahl der eingerückten Sachsen, der Gefallenen, der Verwundeten, der Ausgezeichneten. Sächs. Offiziere. Banges Warten. Verpflegsanstalten. Wie die Sachsen starben. Die beherrschenden Gedanken. Das Kriegsbüchlein. Die Liebestätigkeit. Kriegsanleihe und sonstige Leistungen und Einrichtungen. Flüchtlinge aus der Bukowina durch Bistritz. Beunruhigung im Lande. Kolonisationspläne. Zwischen Furcht und Hoffnung. Erdbeben Januar 1916. Die Landeskirchenversammlung. Die Erschütterung der Religion durch den Krieg. Kriegserklärung Rumäniens und Einmarsch in Siebenbürgen. Die Verwirrung in Hermannstadt. Die Flucht. Verlegung des Landeskonsistoriums nach Pest, ebenso der Hermannstädter Banken. Die Flüchtlinge in Pest, das Leben dort. Vielfache Hülfe, so vor allem vom Gustav Adolf-Verein. Die geflüchteten Pfarrer und die Gemeinden. Die Schulen. Siebenbürgen als Kriegsschauplatz. Vorgänge in Hermannstadt. Räumung des Großkokler Komitats. Schäßburg. Mediasch. Eingreifen der deutschen Truppen. Schlacht bei Hermannstadt und Kronstadt. Rückkehr der Flüchtlinge. Seelische Ergebnisse. Tod des Kaisers Franz Josef. Thronwechsel und Personalveränderungen. Tißas Sturz. Eßterhazys kurzes Ministerium. Nationalitätendebatte im ungarischen Reichstag. Neue chauvinistische Welle. Eßterhazys Rücktritt. Wekerle

XV

der Nachfolger. Apponyi. Durchführung des 20:1848 und
Katholikenautonomie. Zunehmende Teuerung. Deutsche
Kinder in Siebenbürgen. Besuch Wilhelms II. Apponyis
Angriff auf die rumänischen Schulen. Gedenkfeier der Reformation und des 100 jährigen Geburtstags G. D. Teutschs.
Wirren im ungarischen Reichstag. Wekerles Rücktritt und
neuerliche Ernennung. Waffenstillstand mit Tißa. Bukarester
Friede. Sächsische Innerarbeit. Hussareks Programm für
Österreich vom 1 Oktober. Kaiserliches Manifest vom 17. Oktober. Ankündigung des österreichischen Bundesstaates.
Folgerungen für Ungarn. Erklärung der Trennung von
Österreich. Die Revolution. Die „Kronen rollen". Stellung
des sächsischen Zentralausschusses. Wolffs Rücktritt. Wahl
Schullerus zum Leiter. Revolutionäre Ausschreitungen im
Lande. M. Karolyi Ministerpräsident. Ungarn Volksrepublik. Versuche Ungarns Siebenbürgen zu halten. Große
rumänische Versammlung in Arad. Auseinandergehn der
f. u. f. Armee. Die Szekler. Rückzug der deutschen Armee
durch Siebenbürgen. Mackensen. Einmarsch der Rumänen
in Siebenbürgen. Die rumänische Nationalversammlung
am 1. Dezember 1918 in Karlsburg. Der leitende Regierungsrat und seine Verdienste. Stellung der Sachsen. Berthelot
in Hermannstadt. Verhandlungen der Sachsen mit dem Regierungsrat über den Anschluß. Der Sachsentag in Mediasch,
die Anschlußerklärung vom 8. Januar 1919. Der Vertrag
der alliierten und assozierten Hauptmächte mit Rumänien
vom 9. Dezember 1919 in Paris. Irrungen und Wirrungen.
L. Korodi. Sächsische Hoffnungen. Das sächsische Volksprogramm vom 6. November 1919 in Schäßburg. Neue
Aufgaben.

XXI. Das geistige Leben 1890—1919 . . . . 274—309

Wissenschaft und Poesie im Laufe der sächsischen Geschichte. Zusammenhang mit dem deutschen Geistesleben.
Der Verein für siebenbürgische Landeskunde. Urkundenbuch zur Geschichte der Deutschen in Siebenbürgen. Quellen
zur Geschichte der Stadt Kronstadt. Das Siebenbürgischsächsische Wörterbuch. Geschichte der Sachsen. Die Denkreden. R. Schuller. Männer und Frauen aus der sächsischen
Geschichte. Die Kunstgeschichte. V. Roth u. A Die Schulordnungen und Schulgeschichte. Einzelarbeiten über die
Einwanderung, Fr. Müller-Langenthal; Erbgräfen, Welthandel, Meltzl; Reformation und Gegenreformation, Joh.
Höchsmann. Streit über die Konzivilität. Arbeiten über
Sam. v. Brukenthal und das Ende des 18. Jahrhunderts.
G. A. Schuller. Rechtsgeschichte. Arbeiten von G. E.
Müller. Theologisch-wissenschaftliche Arbeit, A. Schullerus.
Einzelarbeiten. Wert der geschichtlichen Arbeiten. Die ger-

manistischen Arbeiten und die Herkunftsfrage. A. Scheiner und Gottl. Brandsch. Das Korrespondenzblatt des Vereines für siebenb. Landeskunde. Das wirtschaftliche Gebiet. Der siebenb. Verein für Naturwissenschaften. Sein Museum und seine Arbeiten. Dr. H. Siegmund. Verbindung mit der deutschen Wissenschaft. Die schöngeistigen Arbeiten. M. Albert. Traug. Teutsch und Fr. W. Schuster. Die Karpathen. Meschendörfer. Die Wandlung um 1890 Die Lyrik. E. Schullerus. Ringende Seelen. Rud. Schullers Jesus-Bild. Kühlbrandt. Dialektdichtung. Humor. Schemmel-Titzgeschichten. Anna Schuller-Schullerus. Sächsische Erzähler und Dichter. Plattner u. A. O. Wittstock. Sächsische Gedichte. Heimatkunst. Letzte Fragen. Literaturgeschichte. Tagesliteratur. Die Bibliotheken. Vorträge und Leseabende. Krisis durch den Weltkrieg. Die Heimatmuseen. Das musikalische Leben, vor allem in Hermannstadt und Kronstadt. Sächsische Lieder und Komponisten. Die Malerei. Die Denkmäler. Der Charakter der ganzen Volksarbeit.

XXII. Schluß 310–330

Die leitenden Gedanken der sächsischen Geschichte. Das Erbe und die Aufgabe hier. Das Zusammenwachsen zur Nation. Die Nationsuniversität. Steter Kampf Wechselnde Fragen. Die Sachsen der deutsche Landstand. Der nationale Gedanke. Einführung der Reformation. Doppelantlitz unserer Geschichte. Kampf für Glauben und Volkstum, die zusammenfallen. Kraft, das Fremde einzudeutschen. Kampf im Innern. Die Großtat der sächsischen Geschichte. Gewinn und Verlust. Politische Stellung zurückgegangen. Einschränkung durch fremde Zuwanderungen. Die Tragik unserer Geschichte, aber Ergebnis, daß die Sachsen sich erhalten haben. Einfluß der Umgebung auf die Sachsen und umgekehrt. Das Ergebnis der Periode 1868–1919 für Volk und Kirche. Das alte und junge Geschlecht. Jugendpflege. Frauenfrage. Veränderung in der Kirche. Vertiefung ihrer Arbeit. Was die Sachsen für die Menschheit und für die Gegenwart geleistet haben. Ausblick auf die Zukunft.

Anhang.

I. Zur Geschichte der Sächsischen Nationsuniversität . . 333–366
II. Unser Volkserbe 366–390
III. Die Wandlungen im Leben der Sachsen in den zwei letzten Menschenaltern 391–406
Namen- und Sachverzeichnis 407–424
Berichtigungen 424

Fünftes Buch.

1868—1919.

XVII.

Die Zertrümmerung des Königsbodens.
1868—1876.

Die Krönung des Kaisers Franz Josef zum König von Ungarn (8. Juni 1867) und die Schaffung des Unions- und Nationalitätengesetzes Ende des Jahres 1868 sind die Marksteine für die neue Entwicklung Siebenbürgens und darin der Sachsen unter dem Dualismus. Den Eingang dazu bildete der Beschluß des ungarischen Abgeordnetenhauses am 8. März 1867, der das ungarische Ministerium ermächtigte, bezüglich der Regierung, Verwaltung und Rechtspflege in Siebenbürgen die ihm notwendig scheinenden Verfügungen zu treffen, das Verbot des Zusammentritts der Nationsuniversität, die für den 18. März 1867 zusammengerufen war, und dann die Enthebung des Komes Konrad Schmidt von seinem Amt am 8. Februar 1868.

Der Abgeordnete J. A. Zimmermann hatte darauf hingewiesen, jene Vollmacht für die Regierung bedeute eine neue Willkürherrschaft für das Sachsenland, und das Siebenb.-Deutsche Wochenblatt hatte in bezug auf das Unions- und Nationalitätengesetz geschrieben: Von diesem Tage wird in der Geschichte Siebenbürgens eine neue Periode beginnen.[1])

Beide haben Recht behalten.

Bei solchen Staatsumwälzungen, wie doch auch die Neuordnung von 1867 eine gewesen ist, ist die Einstellung in die neuen Verhältnisse von der Stimmung der Seelen abhängig, jenen oft unkontrollierbaren Unterströmungen im Innerleben der Menschen, die zuletzt die Handlungen bestimmend beeinflußen.

Siebenbürgen hatte solche Wandlungen mehrmals mitgemacht. Die Schlacht bei Mohatsch hatte das Abrücken von der westlichen Kultur bedeutet und war bitter empfunden worden. Den Zusammenhang mit ihr festzuhalten, war in der ganzen Zeit

---
[1]) Vgl. Band III, S. 450 ff.

des 16. und 17. Jahrhunderts ein eifriges Bestreben ebenso der Sachsen wie der drei Stände im Lande, die in den Kompilaten den Grundsatz einstimmig festlegten, daß das Reisen in fremde Länder — es waren doch ausschließlich die des Westens — vor allem der Besuch der auswärtigen Universitäten für immer frei sein solle und wer auch nur den Versuch mache, Einschränkungen herbeizuführen, „der soll in der künftigen Welt vor Gott verflucht, in dieser Welt aber aller Ehre verlustig sein".[1]

Das Leopoldinische Diplom, das den Heimfall Siebenbürgens an Ungarn und vor allem die Unterstellung des Landes unter das Haus Habsburg brachte, und die damit im Zusammenhang stehenden Veränderungen wurden vor allem von den Sachsen darum mit Freude aufgenommen, weil sie darin eben den unterbrochenen Zusammenhang mit dem Abendland gewährleistet fanden und daran die Hoffnung sich schloß, daß ihre Kultur dadurch gestärkt und gesichert werde.

Die Einführung des Dualismus, der die allmähliche Auflösung Österreichs vorbereitete und von den sächsischen Politikern auch so gewertet und empfunden wurde, bedeutete in der Empfindungswelt des sächsischen Volkes ein neuerliches Abrücken vom Abendland und beeinflußte die Stimmung bedeutsam. Vor allem aber wirkten die Erinnerungen an die Revolution von 1848/49 nach. Sie hatte den Sachsen große Enttäuschungen gebracht. Aus der 1848 beschlossenen Union Siebenbürgens mit Ungarn waren Tatsachen entstanden, die dem nationalen Leben der Sachsen schwerste Gefahr brachten, vor allem der Versuch einer zwangsweisen Magyarisierung sämtlicher nicht-magyarischen Völker im Lande, die Zerstörung des politischen Eigenlebens der Sachsen. Diejenigen, die 1848 die Waffen gegen Ungarn getragen hatten, standen jetzt auf der Höhe des Lebens, waren die führenden Männer im Volk, und die Sorge, es könnten sich die Erscheinungen wiederholen, die dies Volk schon einmal erlebt hatte, wirkte mitbestimmend auf das politische Verhalten, das sich in den Satz zusammenfassen ließ: Vorsicht, Mißtrauen, Sorge in erster Reihe für die Erhaltung der eigenen Rechte, die eine lange Vergangenheit zum Schutz des Volkstums geschaffen hatte.

Neben dieser Gruppe, die man die „Altsachsen" nannte, stand eine andere, die „Jungsachsen", geführt von jüngeren Leuten,

---

[1] S. Band II, S. XXIX.

die 1848 nicht erlebt oder nur als Kinder erlebt hatten und die ähnlich wie die Jungen 1848 von Ungarn die Freiheit und die Unterstützung der nationalen Entwicklung auch der Sachsen erwarteten. Beide Parteien hatten ihr Blatt, die Altsachsen das von Franz Gebbel geleitete und von dem um Bischof G. D. Teutsch gesammelten Freundeskreis getragene Siebenb.-Deutsche Wochenblatt, die Jungsachsen die Siebenb. Blätter, geführt von G. Lindner und Franz Schreiber. Der Sarkasmus des Wochenblattes in der Behandlung der Personen und der Verhältnisse, die es bekämpfte auf der einen Seite, die Bosheit und der Zorn auf der andern, haben viel zur Verschärfung der Gegensätze beigetragen. Aber die Wucht des Rechtsgedankens und die Hoheit der nationalen Güter, für die das Wochenblatt eintrat, haben das Verdienst gehabt, die Sachsen zum Kampf für das Volkstum zu erziehen und es an den Gedanken gewöhnt, bereit zu sein in diesem Kampf auch Opfer zu bringen.

Es kann heute, wo die Vergangenheit abgeschlossen hinter uns liegt, widerspruchslos festgestellt werden, was die kämpfenden Brüder damals nicht zugeben wollten: daß beide Parteien, auch die Jungsachsen mit wenigen Ausnahmen die Erhaltung des sächsischen Volkes als Ziel im Auge hatten. Die Wege dazu schieden sie. Während die Altsachsen die unbedingte Verteidigung des sächsischen Rechts aufnahmen, das als sicherste Grundlage für den Bestand galt, wollten die Jungsachsen durch engeren Anschluß an die Ungarn den Bestand sichern. Ein Teil von ihnen gab allerdings bald Rechtsgrundlagen tatsächlich preis, die sie selbst als Stützen für das Volkstum gefordert hatten.

Das zeigte sich sofort in dem frisch einsetzenden Kampf des Staates gegen Einrichtungen, die die Sachsen als Grundbedingungen ihrer Erhaltung ansahen. In diesem Kampf selbst aber erfüllte sich in erster Reihe, was Zimmermann vorausgesagt hatte: jene freie Hand, die dem Ministerium gegeben worden war, bedeutete ein neues Willkürregiment, und das im selben Augenblick, wo Ungarn den gesetzlichen Boden für die weitere Entwicklung gefunden hatte.

Dieser Kampf selbst aber richtete sich in erster Reihe gegen das Sachsenland als solches, gegen die Rechte der Sachsen, die darauf wohnten.

Es war freilich ein eigenes Gebilde, das die ungarischen

Politiker hier fanden, dem gegenüber, geführt oder besser mißgeleitet von dem siebenb. Adel, der seit alter Zeit im Gegensatz zu den Sachsen stand, sie nur schwer Stellung zu finden wußten.

Das Sachsenland umfaßte die alte „Hermannstädter Provinz", d. i. die sieben zum Hermannstädter Stuhl gehörigen Stühle: Broos, Mühlbach, Reußmarkt, Leschkirch, Schenk, Reps, Schäßburg, dann die ehemals sogenannten „zwei Stühle": Mediasch und Schelk und endlich die beiden Distrikte: Bistritz und Kronstadt. Sie bildeten zusammen ein eigenes Munizipium, dessen Innerorganisation auf den 1805 den Sachsen aufgezwungenen „Regulativpunkten" ruhte, als oberste Vertretung die Nationsuniversität, an der Spitze des ganzen der Komes, gegen das Gesetz häufig von dem König ernannt, der eben seines Amtes widerrechtlich enthobene Konrad Schmidt gesetzlich gewählt und vom König bestätigt (1863). Die Nationsuniversität mit weitgehendem Rechtskreis war ebenso oberste Verwaltungswie Gerichtsbehörde, die Beamten in den Stühlen gewählt, auf Grund der Regulativpunkte mit einschneidendem Kandidationsrecht des Komes.

Die Geschichte dieses Munizipiums, die Entstehung des „Sachsenlandes", sein Werden und Wachsen ist in den früheren Büchern behandelt, die Grundlage ist der Andreanische Freibrief von 1224. Zweimal ist dies Gebilde, das eine bewußte Schöpfung des sächsischen Volkes war, zerstört worden und wieder erstanden. Das erstemal, als Josef II. die Verfassung Siebenbürgens aufhob und alles Bestehende hier in Trümmer schlug, zum andernmal als der Absolutismus vom Jahre 1851 ff. auch das Sachsenland aufhob, wobei in beiden Fällen die politische Nation für erloschen erklärt wurde. Die Restauration unter Leopold II., dem Nachfolger Josefs, und der Klausenburger Landtag 1790/91 stellten den alten Rechtsstand wieder her und umgaben ihn mit neuen Schutzwehren, und als 1860 der Absolutismus verabschiedet wurde, war die Folge wieder die Herstellung der alten Verfassungen, darunter auch des Sachsenlandes. In den Jahren 1864—1867 hatte es versucht, sich in den neuen konstitutionellen Staat des zu schaffenden einheitlichen Österreich einzufügen, in direktem Gegensatz gegen Ungarn und die Magyaren Siebenbürgens. Nicht um die Form handelte es sich oder vielleicht richtiger, indem die Sachsen für diese Form des alten Sachsen-

landes kämpften, seine Wiederherstellung beide Male mit Freude
begrüßten, handelte es sich um die Erhaltung des Volkstums,
dem diese Form den besten Schutz bot. Hier hatten die Sachsen
in den Kommunitäten der Städte und Dörfer, in den Kreisver=
sammlungen der Stühle und Distrikte, in der Nationsuniversität
die Entscheidung ihrer Angelegenheiten in der Hand, die deutsche
Sprache war die herrschende in Verwaltung und Gericht, die
Beamten aus der eigenen Mitte genommen, die vertraut mit dem
Recht und Brauch, der Gewohnheit und der Mundart der Be=
völkerung mit dem Volk eins waren. Hier war ein Volksstamm
als politische Individualität, als nationalberechtigtes Glied des
Landes zusammengeschlossen, und jede Lebensäußerung war deutsch.

Darin gerade aber lag der Kernpunkt des Gegensatzes.

Denn dies neue Ungarn, das „sich selbst wiedergegeben
war", das auch im Kampf für sein Recht und seine Verfassung
für die Erhaltung und freie Entfaltung und Entwicklung des
magyarischen Volkes gestritten hatte und siegreich geblieben war,
sah nun, was nicht zu verwundern war, seine nächste Aufgabe
darin, die nationale Entwicklung zu sichern. Dabei aber war der
verfehlteste Weg, die Magyarisierung der andersssprachigen
Völker in Ungarn, die die Mehrheit des Landes ausmachten,
als Ziel ins Auge zu fassen.

Der erste Ansturm galt den Sachsen in Siebenbürgen, denn
sie allein hatten sich das nationale Territorium, den eigenen Rechts=
stand, die auf Verträgen und Rechten beruhende Sicherung der
nationalen Entwicklung aus der Vergangenheit in die Gegen=
wart gerettet.

Die Sachsen selbst wußten die Schattenseiten und Mängel
ihres Sachsenlandes wohl und hatten im Laufe der Zeit mehr als
einmal versucht, was der Besserung bedurfte, zu verbessern. Die
Regierung hatte in den wüsten Jahren der Regulation (1795—1805)
dem Sachsenland diese noch bestehende Verfassung aufgezwungen,
die sich selbst ergänzenden Kommunitäten, die Kandidation
zu den Oberämtern durch den Komes und manches andere
darin; vergebens hatten die Sachsen versucht, diese Ketten abzu=
schütteln, so 1850 die Nationsuniversität durch die Schaffung
eines vernünftigen Gemeindegesetzes, dann durch die meisterhafte
Arbeit Rannichers (1864), die aber die Bestätigung der Regierung
nicht erhielten. Auch daran waren nicht sie schuld, daß die kleineren

Verwaltungskreise, die Stühle, der Gegenwart nicht entsprachen; es waren Zwerggebilde, in denen allerdings tüchtige Leitung Gutes leisten konnte, aber sie paßten nicht mehr in die Zeit hinein, der Reußmärkter Stuhl mit 11 Gemeinden auf 4 Quadratmeilen, davon 7 nichtsächsisch, der Leschkircher ebenso groß mit 12 Gemeinden, von denen 6 nichtsächsisch waren; der Brooser Stuhl auf 5³/₄ Quadratmeilen mit 13 Orten, von denen 11 nichtsächsisch waren, und alle sogenannten sächsischen Orte nicht rein sächsisch. Das war ja im Grunde das große Problem, das Schuld und Schicksal dem sächsischen Volke auferlegt hatten, wie das deutsche Leben in dem „Sachsenland", das einst fast nur von Sachsen bewohnt war, nun aber im Laufe der Zeit in der Mehrzahl von Nicht-Sachsen bewohnt wurde, aufrecht erhalten werden sollte. Von unten die Rumänen, von oben die Magyaren, bzw. die Regierung im Ansturm dagegen; wo war die Rettung zu suchen und zu finden?

Die erste Bresche in die Verfassung legte die Abberufung Konrad Schmidts und die Ernennung von Moritz Conrad zuerst zum provisorischen, dann zum „sächsischen Gespan" (24. Februar 1869). Das Ziel war von Anfang an die Zertrümmerung des Sachsenlandes.

M. Conrad war Landesadvokat in Reps und schon vielfach in politischen Angelegenheiten tätig gewesen. Auf dem Klausenburger Landtag von 1865 hatte er zu der sächsischen Minderheit gehört, die die Union von 1848 als rechtskräftig ansah und die Einberufung der siebenb. Vertreter in den ungarischen Reichstag verlangte, dabei aber „Wünsche, Forderungen und Bedingungen" aufstellte, darunter die Aufrechthaltung des Sachsenlandes im bisherigen Umfang und mit eigener Munizipalverfassung, einschließlich der Nationsuniversität mit dem gewählten Komes an der Spitze u. a. m.[1]) Er war ein ausgesprochener Jungsachse, keine energische Natur, von einer burschikosen Bonhomie, der Regierung gegenüber willen- und machtlos, von der geschlossenen Gruppe der Altsachsen vorbehaltlos abgelehnt, so war seine Stellung um so unbehaglicher, als die schärfste Kritik an ihm geübt wurde und er der Aufgabe selbst nicht gewachsen war.

Diese bestand darin, das Sachsenland in die neuen Verhältnisse überzuleiten.

Der Rechtsstand hiefür war im 43 : 1868 gegeben, wo § 10 lautet:

---

[1]) Band III., S. 440.

„Zum Zweck der Sicherstellung der Selbstverwaltungsrechte der Stühle, Distrikte und Städte des Königsbodens, der Organisierung der Vertretungskörper und der Feststellung des Rechtskreises der sächsischen Nationsuniversität wird das Ministerium betraut, nach Anhörung der Betreffenden, dem Reichstag einen solchen Gesetzentwurf vorzulegen, der sowohl die auf Gesetzen und Verträgen beruhenden Rechte, als auch die Rechtsgleichheit aller, dieses Gebiet bewohnenden Staatsbürger, welcher Nationalität immer sie angehören, gehörig zu berücksichtigen und in Einklang zu bringen hat."

Und § 11 fügte hinzu: „Die sächsische Nationsuniversität wird in dem mit dem siebenb. Gesetzartikel XIII : 1791 im Einklang stehenden Wirkungskreis, mit Beibehaltung des im Weg des verantwortlichen ungarischen Ministeriums auszuübenden obersten Beaufsichtigungsrechtes Sr. Majestät, auch fernerhin belassen, mit dem Unterschied, daß der Nationalkonflux infolge der im Gerichtswesen erfolgten Änderung keine Jurisdiktion mehr ausüben könne."

Der zitierte XIII : 1791 spricht aus: „Mit gnädiger Zustimmung Sr. Majestät wird auch die sächsische Nation, ihre Universität wie auch die Kommunitäten und Magistrate der Stühle und Distrikte, der k. Freistädte und privileg. Märkte, sowohl was die nach dem Gesetz ihnen zukommende Wahl der Beamten, als auch die politische, ökonomische und juridische Verwaltung betrifft, in ihrem gesetzmäßigen mit dem Leopoldinischen Diplom übereinstimmenden Stande erhalten."

Das Leopoldinische Diplom von 1691 aber hielt den ganzen damaligen Rechtsstand aufrecht, die Landesgesetze der Approbaten und Kompilaten, ausdrücklich „das Munizipalrecht der sächsischen Nation", die Freiheit der Beamtenwahl.

Der Inhalt des Gesetzentwurfes, den die Regierung hiernach dem ungarischen Reichstag vorzulegen hatte, war klar vorgeschrieben: das sächsische Munizipium war aufrecht zu erhalten, ebenso die sächsische Nationsuniversität mit Ausnahme des gerichtlichen Wirkungskreises in ihren alten Befugnissen, die „auf Gesetzen und Verträgen beruhenden Rechte" waren ebenso zu berücksichtigen wie „die Rechtsgleichheit aller Staatsbürger", die im Sachsenland wohnten.

Ebenso war der Weg vorgeschrieben: der Gesetzentwurf war vorzulegen „nach Anhörung der Betreffenden", das war also

mindestens der Nationsuniversität. Der § 88 des 42:1870 bestätigte Alles noch einmal in dem Satz: „Über die Regelung des Königs=
bodens verfügt nach Anordnung 43:1868 § 10 ein besonderes Ge=
setz." Das sächsische Volk aber erinnerte sich auch bei diesem Anlaß an das, was der Landtagspräsident B. Kemeny 1865 beim Schluß des Landtags gesagt hatte: „Wenn die sächsische Nation ihre Stellung nüchtern ins Auge faßt, so kann sie auch keine Ursache zu Besorgnissen haben, denn ihr Munizipium bleibt auch bei der Union intakt, ja dadurch, daß ihr Recht von ganz Ungarn gestützt wird, wird sie jene glänzende Epoche ihrer Geschichte sich erneuern sehen, welche in die Zeit vor der Trennung unter den ungarischen Königen fällt . . . "

Die Erneuerung „jener glänzenden Epoche" wollte sich aller=
dings noch nirgends zeigen.

Die Regierung begann ihre Arbeit in bezug auf das Sachsen=
land, indem sie die „freie Hand", die ihr gegeben worden war, in einer Weise ausnützte, die volle Willkür war. Sie veränderte zunächst den Umfang des Sachsenlandes, indem eine Verordnung vom 24. Januar 1869 „bis zur endgültigen Regelung der bezüglichen Verhältnisse durch die Gesetzgebung" die ehemals untertänigen Gemeinden des Talmescher und Szelischter Stuhles sowie einige Militärgrenzortschaften dem Hermannstädter Stuhl zuwies und Kronstadt ebenso die ehemaligen Dörfer der Schloßherrschaft Törzburg, darunter besonders die sogenannten sieben Dörfer ein=
verleibte. Die Bewohner des Talmescher und Szelischter Stuhles waren Rumänen, die Kronstadt zugewiesene Bevölkerung bestand aus Magyaren und Rumänen.

Die Absicht lag auf der Hand. Die sächsische Bevölkerung des Sachsenlandes, die jetzt schon nicht mehr die Mehrheit im Sachsenland war, sollte durch Zuweisung anderer nationalfremder Elemente noch mehr in den Hintergrund gedrängt werden, der deutsch=sächsische Charakter des „Sachsenlandes" möglichst ver=
dunkelt, am besten schon vor seiner Zerstörung vernichtet werden. „Das sächsische Gemeinwesen bildet nicht bloß einen politisch nationalen Körper, sondern einen von alters her durch die Gleichheit der sozialen Interessen und durch gemeinsames Eigentum ver=
bundenen lebendigen Organismus", schrieb das Siebenb.=Deutsche Wochenblatt, und die Absicht bei dieser Erweiterung des „Königs=
bodens" war, diese Gleichheit zu zerstören.

Die hiegegen von den berufenen Vertretungen erhobenen Proteste und Verwahrungen waren vergeblich.

Und nun überraschte das Amtsblatt vom 28. März 1869 das Sachsenland mit dem „Provisorischen Regulativ bezüglich der Wahl der Vertretungskörper sowie der Stuhl=, Distrikts= und Gemeinde= beamten auf dem Königsboden".

Seit 30 Jahren hatte die Nationsuniversität sich abgemüht, die lästigen Fesseln abzuschütteln, die die Regulation von 1795—1805 ihr angelegt hatte, denn sie empfand den Geist einer längst ent= schwundenen Zeit, der mit seinem Absolutismus, der Viel= regiererei, der Bevormundung, dem fortschrittfeindlichen Beharren darin sein Unwesen trieb, als lebentötend. Immer hatte die Regierung es verhindert. Zuletzt hatte die Nationsuniversität am 21. und 22. Dezember 1868 ein „Statut über die Wahl und Zusammensetzung der Vertretungskörper im Sachsenland" be= schlossen, das alle Anforderungen erfüllte, die man an eine solche Ordnung stellen konnte, aber statt dieses einfach zu bestätigen, hielt die Regierung für gut, eben ein „Provisorisches Regulativ" zu oktroyieren. Darin wurde das Wahlrecht gegen den bisherigen Zustand weiter ausgedehnt, wieder mit dem sichtbaren Ziel, die Zahl der nichtsächsischen Wähler bzw. jener aus den besitzlosen Klassen zu vermehren. Die Protokolle der Vertretungskörper sollten alle dem Minister zur Einsicht vorgelegt werden, alles von ihm überwacht werden, selbst die Genehmigung der Ge= schäftsordnung hatte er sich vorbehalten. Dazu wurde die Neubesetzung der Beamtenstellen angeordnet, nicht auf Lebens= dauer, sondern bis auf weiteres, und zwar auf Grund eines weitgehenden Kandidationsrechtes des Komes, wobei für einen Teil der Beamten weiter keine juristische Befähigung verlangt wurde.

Die Parallele mit dem Hexensabbat der Regulation von 1805[1]) war nicht abzuweisen, auch nicht der Eindruck, daß es sich jetzt wie damals vor allem um die Entfernung mißliebiger Personen aus den Ämtern handelte. Die Verwirrung wurde größer durch eine Reihe von Unklarheiten in dem Regulativ, denen Conrad so seltsame Auslegungen gab, daß darnach z. B. Wald= prävarikanten und Holzdiebe das aktive und das passive Wahl= recht bekamen und ausübten.

---

[1]) Vgl. Band II, S. 376 ff.

Ein Sturm zog dagegen durch das Sachsenland; aber die neue Ordnung mußte, wenn auch überall mit Protesten, durchgeführt werden. Es war im ganzen nicht gelungen, die Altsachsen aus den führenden Stellen und den Ämtern zu verdrängen, worauf es eigentlich abgesehen war.

Inzwischen war auch das Gubernium aufgehoben worden und ein k. Kommissär an seine Stelle getreten, der das Land bereiste, ohne Spuren zu hinterlassen.

Aber der „Abbau" ging weiter, 1869 wurde infolge der neuen Gerichtsorganisation das sächsische Obergericht in Hermannstadt aufgelassen und auch das Sachsenland der Gerichtstafel in Vasarhely, später der Norden Siebenbürgens der neu errichteten k. Tafel in Klausenburg unterstellt. Ein altes Erbe der Vergangenheit war damit begraben.

Die politischen Hauptfragen aber waren das Verhalten der sächsischen Abgeordneten im ungarischen Reichstag und die Zukunft des Sachsenlandes, damit im Zusammenhang des sächsischen Volkes.

Als die sächsischen Abgeordneten in den ungarischen Reichstag, der in den ersten Jahren als Landtag bezeichnet wurde, eintraten, da war es ohne festes Programm geschehen. Die Leitpunkte waren die Gedanken, die die Sachsen auf dem Klausenburger Landtag (1865) vertreten hatten, alle einig im Ziel: Wahrung der nationalen Entwicklung, Aufrechthaltung der sächsischen Munizipaleinheit, deutsche Sprache in Amt und Gericht, Autonomie in Kirche und Schule. Daß ein Teil der sächsischen Abgeordneten, als bald das eine, dann das andere angegriffen wurde, den Mut der Verteidigung nicht fand und geradezu bei der Zertrümmerung des Sachsenlandes mithalf, läßt sich, sofern nicht persönliche Verbitterung und persönliche Interessen mitspielten, nur so erklären, daß sie unter dem Eindruck der Macht des Parlamentes und der Regierung und der Fülle des Mißtrauens und des Hasses, die den Sachsen gegenübertrat, die Hoffnung hatten, es werde durch Fügsamkeit mehr zu erreichen sein als durch schroffes Stehen auf dem Recht. So kamen sie zur Haltung: nur nicht anstoßen, nur nicht reizen, nicht herausfordern, sondern stille halten.

Das war nicht die Anschauung des sächsischen Volkes, wobei allerdings Volk nur in ganz bescheidenem Umfang genommen werden darf. Denn die Menge, seine Bürger und Bauern, standen den politischen Fragen ziemlich fern, es kamen kaum mehr als die Mitglieder der Vertretungskörper in Frage; es kam auf die Führer an und die, die es sein wollten.

Und diese waren gespalten.

Die Jungsachsen hatten das Vertrauen oder gaben vor, es zu haben, daß die Machthaber die Erhaltung des sächsischen Volkes wollten, die Altsachsen mißtrauten ihnen auch da, wo es vielleicht nicht nötig war.

Gerade die Meinungsverschiedenheiten, die schon bei der Pensionierung Konrad Schmidts und den Provisorischen Regulativpunkten zutage getreten waren, machten es notwendig, als 1869 Neuwahlen zum ungarischen Reichstag ausgeschrieben wurden, doch etwas wie ein Programm für diese aufzustellen. Im ganzen stand die öffentliche Meinung unter den Sachsen auf dem an sich gesunden Standpunkt, es komme auf die persönliche Tüchtigkeit und Zuverlässigkeit des Abgeordneten an, der Mann sei die Bürgschaft des Eides und nicht der Eid die Bürgschaft des Mannes. Wohl hatte die neue Regulation einen Teil des Volks aufgeregt, aber das Wochenblatt sprach ernste Worte über „die Denkfaulheit und Schlafsucht" des Volkes, das immer noch nicht erkennen wolle, es gehe um sein nationales Dasein. Langsam nur dämmerte es breiteren Schichten, wie viel es dem Volk geschadet habe, vertrauensselig der augenblicklichen Macht bestimmenden Einfluß auf seine Geschicke überlassen zu haben und dann nicht zuzugreifen, wenn seine Mitwirkung wohl eines Preises wert gefunden worden wäre. Als Klugheit hatte man es angesehen, den Schein zu wahren, als ob die Einigkeit unter den Sachsen vorhanden sei; schon um zu prüfen, wer verläßlich sei, mußte ein Programm aufgestellt werden.

Gustav Kapp, Vertreter Hermannstadts im ungarischen Reichstag, war es, der 1869 Programmpunkte aufstellte, durch die die Haltung der sächsischen Abgeordneten bestimmt werden sollte. Es wurden darin folgende Grundsätze aufgestellt: die sächsischen Abgeordneten sollten eintreten gegen jede Lockerung des Bandes zwischen Ungarn und Österreich, für eine gerechte Steuerpolitik, für Munizipalfreiheit, für die Aufrechterhaltung der sächsischen Nation und der siebenb. Religionsgesetze. Und der Schluß lautete: „Als eine Pflicht jedes sächsischen Deputierten erscheint es, daß einheitliche Vorgehen aller sächsischen Deputierten auf

Grundlage dieser Programmpunkte anzustreben. Einig untereinander werden sie auf dem Reichstag jederzeit sich derjenigen Ansicht anschließen, welche in derselben Überzeugung von Recht, Freiheit und einer wahrhaft konstitutionellen Fortentwicklung wurzelt."

Auf Grund dieser Punkte sind die meisten sächsischen Abgeordneten damals gewählt worden, ausgenommen einige jungsächsische Vertreter.

Diese aber besaßen das Ohr der Regierung.

Es ist ein Zeichen, wie gering das damalige sächsische politische Leben war, daß aus Anlaß der Wahlen 1869 sogar in Hermannstadt die erste Wählerversammlung seit 20 Jahren stattfand.

Aber die Ereignisse sorgten dafür, daß die Teilnahme größer, die Erregung tiefer, die politische Arbeit breiter wurde. Es konnte doch nicht ohne Widerstand bleiben, daß der ernannte Komes anfing, Beamte zu ernennen, natürlich bloß Leute seiner politischen Richtung und daß die Regierung anordnete, die Sprache der ihr vorzulegenden Protokolle solle ungarisch sein.

Zunächst waren es die Vorgänge im Reichstag, die die Gemüter erregten.

Dort standen sich zwei Parteien gegenüber, die Deakpartei und die Linke, die vor allem auf verschiedenem staatsrechtlichen Standpunkt standen. Die Deakpartei, benannt nach dem Mann, der in erster Reihe den Ausgleich herbeigeführt hatte und anerkannter Parteiführer war, stand, wenn auch nicht durchwegs mit den Herzen, doch mit dem Verstand auf dem Ausgleich, während die Linke diesen energisch bekämpfte und Ungarns völlige Loslösung von Österreich als Ziel verfolgte. Die sächsischen Abgeordneten gehörten zur Deakpartei, ohne aber in sächsischen Fragen gebunden zu sein. Sie waren, ein Bild der Verhältnisse innerhalb der sächsischen Kreise, gespalten. Die Mehrheit, geführt von J. Gull († 1899), Jak. Rannicher († 1875), Gust. Kapp († 1884), waren Vertreter der Altsachsen, die Minderheit, geführt von G. Lindner († 1909), der jedoch nur kurze Zeit Abgeordneter war, zählte zu den Jungsachsen.

Jos. Gull war 1820 in Schäßburg geboren und hatte seine ersten politischen Erfahrungen schon 1848 auf dem Klausenburger Landtag gemacht, ein Mann klugen Sinns, entschiedenen Willens, umfassender Kenntnisse, ein jovialer Gesellschafter, der bisweilen seine Gedanken so zu verhüllen verstand, daß der Gegner kaum

erriet, was er eigentlich wollte. Dabei durchaus ehrlich und zu=
verlässig, äußerlich eine Hünengestalt, im Herzen weich und treuer
Freundschaft ganz ergeben, in der Fremde unter Heimweh leidend,
aber wenn es galt, den Kampf für sächsisches Recht aufzunehmen,
dann war er ein Turm in der Schlacht. Er ist, die wenigen
Jahre ausgenommen, wo ihn Krankheit (1869—1872) und später
1875—1882 das Bürgermeisteramt hinderte, das er in Schäßburg
bekleidete, bis 1896 sächsischer Vertreter im ungarischen Reichstag
gewesen.

Jak. Rannicher entstammte einem Landlerhaus, das von
Großpold nach Hermannstadt übersiedelt war, auch er wie Gull
Sohn eines kleinbürgerlichen Hauses (geb. 1823). Auch er hatte
in den aufgeregten Tagen der Revolution seine ersten Sporen
verdient, und seine politische Laufbahn lief parallel mit der Gulls.
In den 60er Jahren waren beide Träger des großösterreichischen
Gedankens gewesen, beide Vertreter der Sachsen im Wiener
Reichsrat, 1865 Führer auf dem Klausenburger Landtag, wie
1863—1864 Vorkämpfer auf dem Hermannstädter Landtag, beide
ausgesprochene Gegner der Union mit Ungarn. Rannicher rechnete
kühler mit den Verhältnissen wie Gull, erkannte früher als die
anderen Sachsen den Umschlag, der von Großösterreich zum
Dualismus führte und hatte besser als Viele erkannt, die neue
Entwicklung sei nicht ein kurzer Übergang und es sei notwendig,
sich mit den Verhältnissen abzufinden. Warmfühlend für Volk und
Vaterland war er ein Mitschöpfer der neuen Kirchenverfassung
der ev. Kirche in Siebenbürgen gewesen und vor allem auch in
der sächsischen Nationsuniversität Führer der Schar, die sächsisches
Recht schützen, die Zukunft des Volkes sichern wollte. Ins
Kultusministerium berufen, wo ihm aber keine rechte Arbeit zu=
geteilt wurde, war er, ständig in Ofen wohnhaft, auf der Wacht,
Unheil von Volk und Kirche abzuwenden, drohende Angriffe ab=
zuwehren.

Der jüngste von den Dreien war G. Kapp, geb. 1831 in
Hermannstadt. Auch er hatte als Anfänger den Klausenburger
Landtag 1865 mitgemacht, dort in der Reihe der Unionsgegner,
und war, nachdem J. A. Zimmermann sein Mandat niedergelegt
hatte, 1868 als dessen Nachfolger neben Rannicher zum Abge=
ordneten von Hermannstadt gewählt worden. Neben einem weib=
lichen Einschlag in seinem Wesen, der u. a. in seiner zierlichen

Schrift und der Neigung zu weiblichen Handarbeiten zum Ausdruck kam, war er ein durchaus männlicher Charakter. Unbeirrt durch irgendeine unsachliche Rücksicht trat er unerschrocken und unerschütterlich in jedem Fall für das sächsische Recht ein, das zu verteidigen ihm eine Herzenssache war. Ein eifriger Mitarbeiter am Siebenb.=Deutschen Wochenblatt, Franz Gebbel innigst befreundet, als Hermannstädter Bürgermeister später mit Erfolg tätig, die Geldverhältnisse der Stadt in Ordnung zu bringen und die Stadt zu modernisieren, wurde er von selbst, nach Rannichers Tod, der Führer der Sachsen in Pest, bis er viel zu früh 1884 starb.

G. Lindner (geb. 1836), war nur kurze Zeit 1869—1872 Mitglied des Reichstags, der Sohn eines aus Bayern eingewanderten katholischen Mannes, der in Hermannstadt eine sächsische Frau geheiratet hatte; mit dem sächsischen Volk nur später ganz verwachsen, wurde er zum Direktor der juristischen Fakultät in Hermannstadt, später (1879) zum Professor an der Klausenburger Universität ernannt und trat erst nach seiner Pensionierung (1900) wieder in die politische Laufbahn. Einer der Träger der Siebenb. Blätter, die das Blatt der Jungsachsen waren, zeichnete ihn ein großes Organisationstalent aus, die Schaffung der Hermannstädter freiwilligen Feuerwehr, die Anlage des Stadtparkes ist sein Verdienst. Nach seiner Pensionierung hat er u. a. als Vorstand des Hermannstädter Bürger= und Gewerbevereins, dann des Karpathenvereins sich Verdienste erworben, und sein Tannhof auf der Hohen Rinne mit dem kunstvoll angelegten botanischen Garten, wo er die schönste Karpathenflora mit kundiger Hand sorgfältig zog, war eine Sehenswürdigkeit.

Die Aufgaben des Reichstags waren weitgesteckt, die Leistungen blieben, vor allem durch den unerquicklichen Hader der beiden großen Parteien, hinter dem Ziele weit zurück. Von besonderer Bedeutung für Siebenbürgen und die Sachsen war die Neuordnung des Justizwesens, wobei erst Rechtspflege und Verwaltung endgiltig getrennt wurden, auch unter den sächsischen Orten aber ein vielfach unwürdiges Laufen und Bitten an die Regierung hier um einen Gerichtshof dort um ein Bezirksgericht stattfand. Bei der Verhandlung des Gewerbegesetzes hielt Rannicher eine eindrucksvolle Rede; bei der Verhandlung des Munizipalgesetzes, das auf das Sachsenland keine Anwendung fand, für das ja ein besonderes Gesetz geschaffen werden sollte, bekämpften die Sachsen die Virilstimmen. Der Kampf, den die Altsachsen gegen das Provisorische Regulativ der Regierung im Reichstag aufnahmen, hatte keinen Erfolg, nicht am wenigsten darum, weil die jungsächsischen Vertreter hinter den Kulissen die Regierung von ihrem Standpunkt aus unterrichteten und stützten.

Bei der Verhandlung des Gesetzentwurfes über die Urbarialverhältnisse erlebten die Sachsen eine unangenehme Überraschung. Völlig unerwartet stellte mitten in der Verhandlung des Entwurfs der Justizminister Balth. Horvath den Antrag, einen neuen § einzuschalten, nach dem über die der sächsischen Nation gehörigen Dominien Talmesch (die Magnatentafel fügte auch Szelischt hinzu) und dem Kronstadt gehörigen Törzburg ein besonderes Gesetz entscheiden solle. Er sei, erzählte der Minister, von der Klausenburger Advokatenkammer darauf aufmerksam gemacht worden, daß diese Herrschaften zum Königsboden gehört hätten, wo es ein Untertänigkeitsverhältnis nicht gegeben habe und darum solle darüber besonders entschieden werden.

Es war eine bodenlose Nichtsnutzigkeit von den Klausenburger Advokaten. Jener „Gesetzesvorschlag auf Plünderung", wie das Wochenblatt den Vorschlag der Klausenburger Advokatenkammer mit Recht nannte, ein Ausdruck des dort stets blühenden sachsenfeindlichen Chauvinismus, verdrehte die klarsten historischen Tatsachen, die keine Zweifel darüber lassen, daß dieser Besitz seit Jahrhunderten den dermaligen Eigentümern als ein Adelsbesitz im Komitate gehörte, unter denselben gesetzlichen Voraussetzungen und Bedingungen stehend wie jeder Adelsbesitz, und daß diese Dominien niemals „Sachsenland" gewesen waren. Der Minister aber hatte sich irreführen und zu weiterem Unrecht verleiten lassen. Diese ehemals untertänigen Orte hatten gegen ihre ehemalige Herrschaft Prozesse angestrengt, in denen sie mehr oder weniger den ganzen Besitz der ehemaligen Herrschaft für sich beansprucht. Diese Prozesse waren, wie es nicht anders möglich war, in den beiden ersten Instanzen zu Ungunsten der Kläger entschieden worden und lagen nun in Pest zur Endentscheidung bei der Kurie. Der Justizminister (!) aber hatte die Akten dem Gerichtshof abgefordert, und nun sollte auf dem Umweg eines Gesetzes der Eigentümer seines Eigentums beraubt werden.

Das ging nun doch über das Erträgliche hinaus. Zum erstenmal fanden sich sämtliche Abgeordnete zur Verteidigung des

Eigentums der sächsischen Nation und Kronstadts zusammen. Kapp legte einen von allen sächsischen Deputierten unterschriebenen Gegenantrag vor, den § zu streichen, da die Frage unmöglich vor den Reichstag gehöre, die ausschließlich eine Rechts- und Vermögensfrage sei; es war erfolglos und der Reichstag nahm den § an. Eine Interpellation, wie der Minister dazu komme, einen Prozeß dem ordentlichen Gericht abzunehmen, blieb unbeantwortet. Das Auftreten der Sachsen im Reichstag und die weiterhin unternommenen Schritte zum Schutz des bedrohten Eigentums, darunter mehrere Audienzen beim König, hatten den Erfolg, daß die Regierung „den bedauerlichen und inkorrekten Vorgang" anerkannte und daß der Justizminister weichen mußte, dessen Nachfolger die Prozeßakten dem obersten Gerichtshof zurückstellte. Es ist dann auf dem Wege des Rechts und des Ausgleichs gelungen, die Frage im ganzen zugunsten der Eigentümer zu erledigen, woran vor allem der Vertreter der Nationsuniversität W. Bruckner das Verdienst hatte.

Mit der neuen Gerichtsorganisation war sofort die Sprachenfrage verbunden, die hie und da schon einzelne Wellen geworfen hatte, aber allmählich der Angelpunkt der Entwicklung wurde. Das Gesetz verfügte, daß bei den Gerichten erster Instanz im inneren und äußeren Geschäftsverkehr die bisher gebrauchte Sprache in Kraft bleibe, im Verkehr mit den Parteien deren Sprache zu gebrauchen sei; bei den Gerichten der 2. und 3. Instanz sei ausschließlich die ungarische Sprache zu gebrauchen. Entgegen diesen Bestimmungen ordnete 1872 der Präsident der k. Tafel in Maros-Vasarhely bei einer Visitation, die er im Auftrag des Justizministers als Ministerial-Kommissär unternahm, an, es sei auch bei den Gerichten erster Instanz ausschließlich die ungarische Sprache zu gebrauchen. Die Gerichtshöfe und Einzelgerichte wehrten sich, gestützt auf das Gesetz, gegen den Auftrag, und als der Kommissär darauf bestand, ging der Kronstädter Gerichtspräsident an den Justizminister. Der Abgeordnete Kapp interpellierte im Reichstag den Minister. Auch hier waren sämtliche sächsische Vertreter einer Meinung und in einer Unterredung mit dem Minister gab er das bestimmte Versprechen, es solle dem Gesetz Geltung verschafft werden, nur das Einreichungs- und Sitzungsprotokoll sollte zweisprachig geführt werden. Die Interpellation Kapps wurde nicht beantwortet, jenes Versprechen, besser noch jene mit dem Minister vereinbarte Abmachung aber nicht eingehalten.

Solche Erfahrungen, wie verbitternd sie wirken mochten, führten doch die streitenden Parteien unter den Sachsen nicht zusammen.

Eine unbeschreibliche nationale Erhebung rief der deutsch-französische Krieg 1870/71 auch hier hervor. Kaum irgendwo in der Welt sind die deutschen Siege mit größerer Teilnahme, mit so hoher Freude gefeiert worden wie von den Siebenbürger Sachsen, während ungarische Zeitungen schrieben: Frankreichs Siege sind unsere Siege. Das sächsische Volk sah sich über die Kleinheit und Enge des eigenen Lebens hinausgehoben, fühlte sich als Glied der großen deutschen Kulturgemeinschaft und jubelte bei jedem neuen Sieg der Deutschen im Feldzug, den das Siebenb.-Deutsche Wochenblatt in unübertroffener Weise begleitete und zu den Höhepunkten wie Sedan, Straßburg, Frieden aus warmem Herzen Geleitworte brachte, die heute noch das Gemüt ergreifen. „Ihr Glücklichen, schrieb Fr. Müller aus Leschkirch damals an die Freunde nach Hermannstadt, habt die große Mär (vom 2. September) 24 Stunden vor uns gewußt!"

Und weil sich an diese Ereignisse die Erwartung knüpfte, daß durch das neue geeinte Deutsche Reich der Gedanke der Kultur und des Rechts überall neue Stütze und Förderung finden werde, und daß sich das Schicksal der Deutschen in aller Welt zum Bessern wenden werde, ging durch viele Seelen die bange Frage, ob denn das Deutschtum hier alles tue, um sich zu erhalten und zu stärken, und sie empfanden es bitter, wenn sie mit der großen Einigung des Mutterlandes den Jammer der Zersplitterung hier verglichen.

Noch war die Hauptsache nicht entschieden, die Regelung des Königsbodens. Die Regierung konnte nach der klaren Anordnung des Gesetzes die „Anhörung der Betreffenden" doch nicht übergehen, und 10. Januar 1871 trat auf Grund des Provisorischen Regulativs die Nationsuniversität zusammen, um vor allem Stellung zur künftigen Organisation des sächsischen Munizipiums zu nehmen. Nicht lang vorher hatte Bischof Teutsch eine Unterredung (6. November 1870) mit Andrassy gehabt, der damals Ministerpräsident war, in der Andrassy, im Zusammenhang mit den Ereignissen im Sachsenland sagte: „Die Leute haben hier allerlei kuriose Vorstellungen. Neulich war Ministerrat über die Sache. Sie sprachen da allerlei von Privilegien der Sachsen, von Besonderheiten, die man abschneiden müsse. Ich erwiderte, was schaden uns diese denn? Ich war selbst dort und habe gestaunt, das ist ja ein Wunder. Die Sachsen sind ja dort die Kulturträger. Wir müssen Gott danken, daß sie da sind. Wären sie es nicht, man müßte sie hinbringen. Wer soll denn an ihre Stelle treten?" Von der Zuweisung nichtsächsischer Gebiete zum Sachsenland wußte er nichts. "Sie werfen hier den Sachsen immer den Zentralismus vor. Aber das war damals eine offene Frage und die Sachsen konnten nicht anders."[1]) Er wies auf die gemeinsamen Interessen der Sachsen und Ungarn in Siebenbürgen hin; aber nicht Andrassy hatte die Fäden hier in der Hand.

Die Nationsuniversität trug ein anderes Gepräge wie früher. Auf Grund des Provisorischen Regulativs zählte sie fast die doppelte Mitgliederzahl, diesmal 44, und diese waren gespalten in 21 Alt=sachsen und 18 Jungsachsen, dazu 4 Rumänen und 1 Ungar, mit deren Hilfe die sächsische Minderheit stets die Überzahl über die sächsische Mehrheit hatte, von vorneherein eine unglückliche Lage.

Da spielte sich nun ein höchst unerquicklicher Kampf der feindlichen Brüder ab, der nicht wenig dazu beitrug, die Spaltung bis in befreundete Häuser, zwischen Eltern und Söhne und Brüder hineinzutragen. Die Parteien, wie das in einem solchen Kampf zu gehen pflegt, muteten sich gegenseitig das Schlimmste zu, und der ruhige Zuschauer bekam den Eindruck eines fiebernden Organismus. Die Altsachsen standen fest auf dem Rechtsboden, von dem sie nicht weichen wollten, weil er allein die Plattform sei, von der aus man überhaupt nationale Forderungen stellen könne, die Jungsachsen gaben allmählich Stück für Stück preis, auch das, was sie vor kurzem als Grundbedingung des Bestandes, als Vorbe=dingung zur Erhaltung des sächsischen Volkes angesehen hatten. Während die Altsachsen die Meinungsäußerung der Nations=universität als verpflichtend auch für die Regierung ansahen, so daß eine Übereinkunft die neue munizipale Form schaffen sollte, sahen die Jungsachsen in der Stellungnahme der Universität ein Gutachten, das die Regierung beachten oder nicht beachten könne.

Aber abgesehen von der Form, auch sachlich gingen die Anschauungen auseinander, mehr wie einmal waren die Ver=handlungen ungewöhnlich erregt. Ging es doch, wie man meinte, um das nationale Leben der Zukunft, um den Bestand der Sachsen.

---

[1]) Vgl. Band III, S. 433.

Das Ergebnis der monatelangen Verhandlungen war, daß der Regierung zwei Gutachten vorgelegt wurden, das eine von der sächsischen Minderheit, das durch Hinzutritt der 5 Nicht=Sachsen die Mehrheit der Nationsuniversität erlangt hatte und das andere von der sächsischen Mehrheit, die aber die Minderheit der Nationsuniversität war.

Die sächsische Mehrheit, die Altsachsen, wollte die Munizipal= einheit des Sachsenlandes aufrecht erhalten mit Statutargesetz= gebung, Selbstverwaltung, Repräsentationsrecht in allen Landes= angelegenheiten und freier Wahl der Beamten. Beschlossene Statute sollten der Bestätigung durch den Minister unterliegen. In den Kreisen wieder eine geordnete Selbstverwaltung mit gewählten Beamten, alles im Anschluß an das Bestehende und das historische Recht.

Die sächsische Minderheit, die Jungsachsen, stand mit ihren Führern auf der Überzeugung, das sächsische Munizipium lasse sich gegenüber den Anschauungen und Forderungen der Gegenwart auf die Dauer nicht aufrecht erhalten, und das von ihnen und damit von der Mehrheit der Universität beschlossene Statut löste, trotzdem dem Buchstaben nach die Universität aufrecht erhalten wurde, das Munizipium in die einzelnen Bestandteile auf, schob das Selbstverwaltungsrecht diesen zu und nahm es ihnen dadurch, daß der Regierung die Vollmacht gegeben wurde, in alles hinein= zureden, nahm einen Teil des ungarischen Munizipalgesetzes an, dehnte die Rechte des ernannten Komes übermäßig aus, verquickte Vertretung und Verwaltung miteinander und wollte keine lebens= länglichen Beamten.

Die Altsachsen sahen darin einen Selbstmord.

In erschütternder Weise ließ das Wochenblatt dem Schmerz darüber Ausdruck: „Wir haben die sittlichen Kräfte unseres Volks= tums schmerzlich überschätzt. Die schwerste und die tiefste Schmach, die ein Volk sich selber zufügen kann, war uns noch vorbehalten... Gewählte Vertreter des sächsischen Volkes haben sich mit den Vertretern anderer Volksstämme verbündet, um verstärkt durch diese die Überzahl der übrigen sächsischen Vertreter in der säch= sischen Nationsuniversität zu Boden zu werfen, und im Namen der sächsischen Nation zu beschließen: die sächsische Nation sei aus der Reihe der Lebendigen zu streichen. Die schmachvolle Wunde sitzt tief und fest, und was das schmerzlichste ist: wir haben sie verdient, weil wir uns sie schlagen ließen. Unser ist die Schuld, unser ist die Schande... Wer anders als unsre Mattherzigkeit und Schwäche hat uns gezwungen, neben den Männern des Rechts auch dessen Totengräber im Saal der Nation tagen zu heißen? Ja, unser ist die Schuld."

Aber es schließt daran zugleich die Hoffnung, daß die Worte, die in der Universität von den Verteidigern des Rechts gesprochen worden seien, nicht umsonst gesprochen wurden: „Aufrütteln sollen sie die erschlafften Lebensgeister, aufstacheln das ermattete Gefühl der Pflicht. Und wenn wir Alle, Alle wieder werden einst durchdrungen sein von der heiligen Treue der Väter, von ihrem unwandelbaren Drang nach Erhaltung und Mehrung der höchsten Güter unseres Volkstums, ... dann wird wieder der Tag kommen, an dem wir begeistert die Hand uns reichen zur ewigen Erneuerung des Bundes, den sie heute zerschlugen, der Tag, das gebeugte Haupt wieder aufzurichten unter der Last der Schmach, die uns heute zur Erde drückt bei der Erinnerung an unsern deutschen Namen."

Er kam schneller als man damals erwarten durfte.

Am 18. November 1871 rief der Innerminister eine Anzahl sächsischer Abgeordneter zu sich zur Besprechung der sächsischen Munizipalfrage. Es war zum erstenmal, daß nicht nur Jungsachsen gehört wurden. In jener Besprechung wurde dem Minister nahegelegt, die Angelegenheit an die Nationsuniversität zu neuerlicher Erwägung zurückzuleiten, was der Minister ablehnte, da der Gesetzentwurf eben dem Reichstag vorgelegt werden solle.

Der Reichstag aber wurde geschlossen, bevor jene Vorlage erfolgte und es wurden Neuwahlen ausgeschrieben.

Diese stellten das sächsische Volk mit seinen Abgeordneten vor die Frage, was zu geschehen habe? Alle hatten die Empfindung, daß es zum Untergang führen müsse, wenn der Kampf unter den Volksgenossen nicht endlich aufhöre, wenn nicht festere Richtlinien für gemeinsames politisches Handeln gefunden würden. Die fortwährenden Eingriffe des Komes in die Beamtenernennung und Wahl, der Sprachenzwang, der bei den Gerichten und in der Verwaltung überhand nahm, die Angriffe der ungarischen Zeitungen auf alles sächsische Leben, die offenkundige Tatsache, daß die Regierung die Gegensätze ausnützte, um den eigenen Willen überall durchzusetzen, und daß die sächsischen Abgeordneten, zum erstenmal, vereint sich gegen den ungarischen Sprachen=

zwang bei den sächsischen Gerichten gewehrt hatten, die schnöde
Mißhandlung, die darin lag, das ministeriell gegebene Versprechen,
den gesetzlichen Zustand herzustellen, einfach zu brechen, ließ endlich
die Geduld auch der zahmsten Freunde der Regierung reißen.
Die Abgeordneten kamen in die Heimat zurück mit der Überzeugung,
daß die Zukunft der Nation von ihrer Einmütigkeit bedingt sei.
Es war der Widerhall der Stimmung auch im Volk. Guido von
Baußnern, der gewesene Abgeordnete des Repser Stuhles, ein
Mann, der in seinen nicht immer klaren Gedankengängen und bei
mannigfacher innerer Wandlung von allgemeinen Humanitäts=
gedanken und Weltverbrüderungsduseleien ein Verehrer Bismarcks
und ein guter Sachse geworden war, in dessen warmem Gemüt
ein nicht mit den Verhältnissen rechnender Zug zu Schwärmerei
vorhanden war, machte den ersten Versuch eines Einigungs=
programmes, indem er Gedanken über die Lösung der sächsischen
Munizipalfrage veröffentlichte.

Denn um diese handelte es sich in erster Reihe bei dem
Einigungswerk. Und die trennenden Unterschiede waren weniger
Gegensätze im Volk als Gegensätze Einzelner.

So war es bedeutungsvoll und verhieß Gutes, als auch
der kühl denkende Abgeordnete Fabritius in seinem Rechenschafts=
bericht in Schäßburg gegen die ungerecht erlittenen und selbst=
verschuldeten Demütigungen der letzten Zeit mit rückhaltloser
Bitterkeit sich äußerte und auf die schmerzliche Erfahrung hinwies,
„daß wir Sachsen in unserer Gesamtheit bald als Deutsche, bald
als Protestanten, bald als Bürgerliche unter Umständen nur auf
sehr wenige Gönner und Freunde zu zählen haben". Und doch
hätten die Sachsen die größten Opfer gebracht und „wir haben
doch ein klares Recht auf nationale Fortdauer, das wir nie preis=
gegeben haben und nie preisgeben werden". Er gesteht ein, der
innere Hader der Sachsen sei „von Böswilligen gradezu benützt
worden, um weder der einen noch der anderen Partei ganz recht
zu geben, dafür aber, wo es nur anging, die geteilten Kräfte zu
selbstsüchtigen Zwecken auszunützen". „Mit vereinigter Kraft,"
erklärte Fabritius, „können wir ganz andere Resultate erzielen
als wir (die Abgeordneten) dies vermochten, die wir uns bisher
vielleicht mehr als einmal gegenseitig gehindert haben."

Die Notwendigkeit der Einigung war überall erkannt, und
es war ein Zeichen dafür, wie die Rücksicht auf das Ganze die

Einzelinteressen zu überragen begann, und wie tief doch die Vergangenheit mit ihren Erfahrungen über die Folgen der Eintracht und der Zwietracht in den Seelen saß.

Unter diesen Eindrücken richtete am 11. Mai 1872 eine Anzahl Wähler aus der Stadt und dem Stuhl Mediasch eine Einladung an die sächsischen Wähler aller Kreise des Königsbodens ohne Unterschied der Parteistellung zu einem Sachsentag in Mediasch auf den 4. Juni, um dort „in diesem verhängnisschweren Zeitpunkt sich zu einem einmütigen Vorgehen aufzuraffen", Grundsätze aufzustellen, nach denen sich die Abgeordneten zu richten hätten, vor allem was die munizipale Regelung des Königsbodens betreffe.

Der Sturm im Volk war so groß, daß niemand ihm sich entziehen konnte.

So kamen denn in der Tat am 4. Juni in Mediasch mehr als 250 sächsische Wähler zusammen, bereit für des Volkes Zukunft einzustehen, vorbereitet durch Besprechungen in größeren und kleineren Kreisen und beide Parteien zur Verständigung bereit.

Die feindlichen Brüder, die am ersten Tag im Gasthaus nach der ersten Verhandlung an verschiedenen Tischen saßen, waren sich doch näher gekommen, so oft es auch schien, als sei eine Einigung unmöglich, und es gelang in eingehender Beratung, in rückhaltlosem Gedankenaustausch am 5. Juni zu einem einmütigen Ergebnis zu gelangen. Es dunkelte schon in der schönen großen Mediascher Kirche, die mitten in der Stadt sich zwischen den alten Türmen und Mauern erhebt und mehr wie einmal in Schicksalsstunden des sächsischen Volkes bald diesem, bald den Vertretern der Kirche Herberge geboten hat, als Franz Gebbel sich erhob, der Hauptträger der altsächsischen Gedanken, um in tief zu Herzen gehenden Worten noch einmal zusammenzufassen, um was es sich handelte und um der Einigung willen bereit, in einigen Fragen nachzugeben. Es ging ein Aufatmen durch die Versammlung, als der Vorsitzer K. Brandsch, Pfarrer in Großschenk, verkündete, das einigende Werk sei gelungen.

Das in Mediasch festgestellte „Sächsische Nationalprogramm" hat folgenden Wortlaut:

Sächsisches National-Programm.

Angesichts der bevorstehenden Reichstagswahlen und der gleichfalls nicht mehr fernen Reform des sächsischen Munizipal- und Gemeindewesens ist es ein brennendes Bedürfnis:

I. die Stellung und nächsten Ziele der sächsischen Nation im Staatsleben klarzustellen;
II. die einmütigen Wünsche und Forderungen derselben an den Inhalt der bevorstehenden Reform des sächsischen Munizipal- und Gemeindewesens grundsätzlich zu formuliren;
III. für Mittel und Wege zur Erreichung der nothwendigen Ziele bedacht zu sein.

1. Stellung im Staatsleben.

Die mitbestimmende Teilnahme der sächsischen Nation an der Entwickelung des Staatslebens wird wesentlich durch die von sächsischen Wahlkreisen gewählten Vertreter auf dem ungarischen Reichstage vermittelt. Je einheitlicher diese ihre Stimme, und in je vollerem Einklang sie dieselbe mit den Überzeugungen der sächsischen Nation sowohl in allgemeinen Landes- als auch in sächsischen Angelegenheiten auf dem Reichstage abgeben, desto schwerer wird der Einfluß der sächsischen Nation im Staatsleben wiegen.

Die Grundsätze für das einheitliche Vorgehen der Sachsen auf dem nächsten Reichstage sind die folgenden:

1.

Erhaben über jeder Discussion und derselben völlig entrückt muß stehn das unerschütterliche Princip der Unteilbarkeit der von der allerdurchlauchtigsten Dynastie Habsburg-Lothringen beherrschten österreichisch-ungarischen Monarchie, sowie der Unteilbarkeit der Länder der ungarischen Krone; ebenso das Princip gemeinsamer Vertretung und Verteidigung dieser Monarchie nach Außen, wie im Innern das Princip constitutioneller Regierung aller ihrer Teile.

2.

Der Bestand der Monarchie und ihrer Teile gestattet keine Lockerung der im Jahre 1867 zu Stande gekommenen Ausgleichsgesetze. Alle Strebungen, die auf eine solche Lockerung hinzielen, sind unbedingt verwerflich.

3.

Alles was erforderlich ist, den ungarischen Staat mehr und mehr zu einem Rechtsstaat zu gestalten, muß demselben bereitwilligst zugestanden werden. Wahrhafte Existenzbedingungen desselben, die Bedingungen einer guten Gesetzgebung, einer ehrlichen und starken Regierung, einer gerechten Justiz, einer geordneten Verwaltung dürfen niemals verweigert werden.

Dagegen darf die an sich vollberechtigte Staatsidee, die notwendige Einheit, die Existenz des Staates niemals vorgeschützt werden, um Übergriffe auf andere, gleichfalls berechtigte

Lebensgebiete zu beschönigen, um ihn für einseitige Zwecke einer Partei, einer Nationalität, einer Coterie, einer begünstigten Klasse, Gegend oder Stadt auszubeuten.

4.

Der Staat als solcher hat keine Confession und keine positiven Aufgaben auf dem Gebiete religiösen Glaubens, wie umgekehrt den Religionsgenossenschaften kein Einfluß auf die Rechtssphäre des Staates zusteht. So wie daher der Staat berufen ist, das religiöse Innerleben seiner Bürger, das Rechtsgebiet der von ihm anerkannten Religionsgenossenschaften zu achten, so ist es andererseits seine Pflicht, jeden Übergriff einer Glaubenspartei in das staatliche Gebiet mit allem Nachdruck abzuweisen.

Die volle Aufrechterhaltung der auch von der Gesetzgebung des Jahres 1868 neuerdings verbürgten, die vollkommenste Rechtsgleichheit und Rechtsgegenseitigkeit der einzelnen Kirchen unter einander gewährleistenden Religionargesetze Siebenbürgens, ist auch fortan eine Pflicht der Legislative.

5.

Die Staatssprache als solche hat ihre unzweifelhafte Berechtigung.

Nachdem jedoch durch das Sprachengesetz vom Jahre 1868 und dessen Handhabung das richtige Maß im Gebrauch der magyarischen Sprache als Staatssprache überschritten worden ist, so ist die Revision jenes Gesetzes ein dringendes Bedürfnis.

6.

Bei allen bevorstehenden organischen Reformen, insbesondere bei der Reform beider Häuser des Reichstages, darf der große Grundsatz individueller Gleichheit vor dem Gesetz weder durch fernere Belassung unhaltbarer Standesvorrechte, oder durch überängstliche Ausschließung einzelner Berufsklassen vom activen oder passiven Wahlrecht verleugnet, noch darf jener Grundsatz durch Verlegung des staatlichen Schwerpunktes in die unreifen Massen zum gefährlichen Zerrbild herabgezogen werden.

7.

Einer rationellen Reform des gesamten Steuersystems wird freudig die Hand geboten werden, vorausgesetzt, daß sie nicht die Erhöhung der bestehenden Steuern und Gefälle, deren einige, wie z. B. die Salzpreise, im Interesse der Volkswirtschaft herabgemindert werden müßten, sondern vielmehr die nachhaltige Kräftigung und Belebung der Steuerfähigkeit durch Erschließung neuer Erwerbsquellen, insbesondere aber eine gerechtere Verteilung der vorhandenen Lasten zur Aufgabe hat. Bezüglich der Auslagen macht die Finanzlage des Staates strengste Sparsamkeit zur Pflicht. Doch darf an den Ausgaben zur Hebung der Volksbildung, zur productiven Förderung der materiellen Interessen in Ackerbau, Gewerbe und Handel am wenigsten, und namentlich nicht zu Gunsten anderer, minder productiver Anstalten gegeizt werden.

Insbesondere wird es eine Hauptaufgabe des nächsten Reichstages sein, die Entwickelung der vaterländischen Industrie zu fördern, namentlich durch Freihaltung des Vermögens der Bildungsanstalten, sowie der auf Grund der Selbsthilfe constituirten volkswirtschaftlichen Vereine und Genossenschaften von jeglicher Stempelpflicht und Steuerzahlung, durch die Regelung des Hausirhandels, durch die Lösung der Bankfrage, durch die Verbesserung und Vermehrung der Verkehrsmittel auf Grund eines zweckmäßigen Eisenbahn- und Landstraßennetzes, durch die Reform des österreichisch-ungarischen Zolltarifs, durch die Einführung des allgemeinen Handelsgesetzbuches, durch die Berücksichtigung der Wünsche und Vorschläge der Handels- und Gewerbekammern, sowie des Landesgewerbebundes.

8.

Alle jene Ausgaben, durch welche der gegenwärtig unzulängliche Organismus der Gerichte in den Stand gesetzt werden kann, den Anforderungen an eine rasche und solide Rechtspflege zu entsprechen, müssen gewährt werden.

Die allgemeine, durchgreifende Verbesserung der Justizgesetze ist ein nicht aus dem Auge zu lassendes Ziel. So lange es jedoch nicht möglich ist, dem Lande eine vollständige, systematische Reform zu bieten, ist es ein höchstes Interesse aller Staatsbürger in Siebenbürgen, daß das hier geltende System der Justizgesetze nicht durch weitere voreilige Partialveränderungen in noch größere Verwirrung gebracht werde.

9.

Die sächsischen Reichstagsdeputirten werden es als ihre brennende Pflicht erkennen, die Folgen des beklagenswerten Irrtums völlig zu beseitigen, welcher den letzten Reichstag verleitet hat, die urbarialen Rechte der sächsischen Nation gegenüber den Dominien Szelischt und Talmatsch, dann der Stadt Kronstadt gegenüber dem Törzburger Dominium, aus der Reihe aller übrigen, auf völlig gleichem Grunde ruhenden urbarialen Rechte zum Nachtheile jener herauszuheben.

10.

So wie es überhaupt die Aufgabe der sächsischen Reichstagsabgeordneten ist, dem Reichstag das Verständnis für die besondern Verhältnisse und Bedürfnisse des Königsbodens zu vermitteln, die Ueberzeugung mehr und mehr zu verbreiten und zu festigen, daß die besondern Wünsche und Forderungen der Sachsen nirgends auf antiquirte Sonderrechte, am wenigsten auf Lockerung der Staatseinheit gerichtet, vielmehr mit dieser vollkommen vereinbar sind und lediglich eine Berücksichtigung solcher vorhandener Verhältnisse und Bedürfnisse zum Ziele haben, deren Nichtberücksichtigung dem Staate selbst mittelbar zum Nachteil gereichen müßte, — so wird es insbesondere auf dem nächsten Reichstag die für das Sachsenland schwerwiegendste Aufgabe unserer Vertreter sein, für die gesetzliche Vollziehung der sächsischen Municipal- und Gemeindereform im Sinne dieses Programmes aus allen Kräften mitzuwirken.

II. Municipal- und Gemeindereform.

Wie der 42. Gesetzartikel von 1870 über die Regelung der Municipien und der 18. Gesetzartikel von 1871 über die Regelung der Gemeinden ein einheitliches und untrennbares Ganzes bilden, so kann auch die Reform des sächsischen Municipalwesens nur in innigstem Zusammenhang mit der Reform des sächsischen Gemeindewesens durchgeführt werden.

Diese Reformen sollen durch das nach §. 10 des 43. Gesetzartikels von 1868 zu bringende Gesetz angestrebt werden. Für den Inhalt dieses Gesetzes werden die folgenden Grundsätze als maßgebend angesehn:

1.

Die elf sächsischen municipalen Kreise (Jurisdictionen) und die zu jedem derselben gesetzlich gehörenden Gemeinden bilden in ihrer Gesamtheit eine municipale Einheit (universitas). Eine Aenderung des Gebietsumfanges der einzelnen Kreise oder der Gesamtheit, sowie die Vereinigung zweier oder mehrerer benachbarter Kreise des Königsbodens zu gemeinschaftlicher Ausübung municipaler Rechte ist nur unter Mitwirkung der betreffenden Kreise und der sächsischen Nationsuniversität zulässig.

2.

Obgleich „die auf Gesetzen und Verträgen beruhenden Rechte", deren der 43. Gesetzartikel von 1868 in §. 10 erwähnt, dem Sachsenlande viel Weitergehendes gewährleisten, so wird dem Staate gegenüber in allem Wesentlichen nur jene Summe municipaler und Gemeinderechte in Anspruch genommen, die das Gesetz den Municipien und Gemeinden im Allgemeinen eingeräumt hat.

3.

Vertretung und Verwaltung sind streng von einander zu sondern. Beide gliedern sich nach den drei Abstufungen der Ortsgemeinden, der Kreise und der Gesamtheit (universitas)

Das sächsische Nationalprogramm.

derart, daß in allen Angelegenheiten der communalen und municipalen Selbstverwaltung für die Ortsvertretung das Ortsamt, für die Kreisvertretung die Kreisbehörde, für die sächsische Nationsuniversität das Universitätsamt das verantwortliche Verwaltungs- und Vollzugsorgan ist.

4.

Die Vertretungskörper haben durchgängig und ausschließlich aus Wahlen hervorzugehn. Bei möglichst weiter Ausdehnung des activen Wahlrechtes wird dem Besitz, der geistigen Bildung und sittlichen Tüchtigkeit das gebührende Gewicht einzuräumen und andererseits den Uebelständen vorzubeugen sein, die aus einer übergroßen Zahl der Mitglieder für jeden Vertretungskörper erwachsen.

5.

Alle Aemter sind durch freie, von keiner Regierungscandidation beengte Wahl der Vertretungskörper zu besetzen. Die Entscheidung darüber, ob die Beamten auf Lebenszeit oder nur auf eine bestimmte, und welche Reihe von Jahren gewählt werden sollen, sowie die Entscheidung der Frage des formellen Nachweises ihrer Tauglichkeit für das betreffende Amt wird der Statutargesetzgebung überlassen.

6.

Gemeinde, Kreis und Gesamtheit (universitas) beschließen über ihre eigenen Angelegenheiten und verwalten dieselben innerhalb der Gesetze und rechtskräftigen Statute selbständig.

7.

Die Städte und Vororte stehn innerhalb des Kreisverbandes, jedoch in rein städtischen Angelegenheiten nicht unter der Jurisdiction.

8.

Im Kreise (Jurisdiction) liegt der Schwerpunkt der municipalen Rechte und Pflichten. Er übt das Selbstverwaltungs- und Statutarrecht in allen eigenen Angelegenheiten, sowie das Repräsentationsrecht aus; auch hat er in unmittelbarer Unterstellung und in directem Verkehr mit der Staatsregierung die vom Staate den Municipien übertragenen Zweige der Staatsverwaltung zu besorgen.

9.

Die sächsische Nationsuniversität übt das Statutarrecht in allen jenen Municipalangelegenheiten aus, die der Gesamtheit gemeinsam sind. Stößt jedoch die Durchführung eines von ihr festgestellten Statutes in einem Kreise mit Rücksicht auf dessen Localverhältnisse auf begründete Bedenken, so kann die Kreisvertretung den Vollzug, unter gleichzeitiger Anzeige und Darlegung der Gründe an das Universitätsamt, einstellen. Gegen den darauf in dieser Angelegenheit von der Universität erneut zu fassenden Beschluß steht dem Kreise das Berufungsrecht an das Ministerium des Innern mit aufschiebender Wirkung zu.

Ueber Verlangen eines Kreises kann die Universität auch Statute über solche Gegenstände feststellen, deren statutarische Behandlung dem Wirkungskreis der Kreise zusteht. Derartige Statute werden nur für diejenigen Kreise verbindlich, von denen das Verlangen ausgegangen.

Die Universität sorgt für die geordnete Verwaltung des sächsischen Nationalvermögens. Nach dieser wie auch nach allen übrigen Richtungen seiner Tätigkeit überwacht sie das Universitätsamt und zieht dessen Mitglieder nötigenfalls zur Verantwortung. An der Beschlußfassung über die Verwaltung und Verwendung des Nationalvermögens darf jedes Mitglied der Nationsuniversität nur insoferne Anteil nehmen, als es Miteigentümer dieses Vermögens vertritt.

Sie übt auch das Repräsentationsrecht aus.

10.

Das Universitätsamt bereitet die Vorlagen für die Universität vor und sorgt für den Vollzug der von derselben festgestellten Statute und gefaßten Beschlüße.

Der weitere Wirkungskreis des Universitätsamtes wird im Sinne der municipalen Einheit, sowie der Wahrung der municipalen Rechte der Kreise durch ein Universitätsstatut festgestellt.

11.

Der von Seiner Majestät unter ministerieller Gegenzeichnung ernannte Komes der sächsischen Nation ist der Repräsentant der executiven Gewalt; als solcher übt er eine Controlle über die Municipal-Selbstverwaltung aus, und wacht über die Interessen der durch die Kreise (Jurisdictionen) vermittelten öffentlichen Staatsverwaltung. Die Einberufung der sächsischen Nationsuniversität, sowie der Vorsitz in derselben, steht dem Komes, in seiner Verhinderung dem von der Universität gewählten Vorsitzer des Universitätsamtes zu.

12.

Das nach §. 10 des 43. Gesetzartikels von 1868 zu bringende Gesetz, dessen spätere Abänderungen nach Anhörung der sächsischen Nationsuniversität im Sinne der §§. 10 und 11 des 43. Gesetzartikels von 1868 erfolgen sollen, hat sich im Wesentlichen auf die Feststellung der obigen Grundsätze zu beschränken. Die weitere Regelung des Municipal- und Gemeindewesens auf dem Königsboden hat durch Universitäts-Statute, beziehungsweise im Einzelnen durch Kreis- und Gemeindestatute zu geschehen.

III. Mittel und Wege.

1.

Die Wahl der Deputirten für die nächste sächsische Nationsuniversität, wie auch für den bevorstehenden Reichstag wird auf Grundlage dieses Programmes erfolgen.

2.

Die Nation erwartet, daß die sächsischen Abgeordneten sowohl in der nächsten Nationsuniversität, als auch auf dem Reichstag ihre Stimmen auf dem Boden dieses Programmes in Fragen, welche dasselbe betreffen, stets einheitlich abgeben werden.

Die Schwierigkeit war die Feststellung des Verhältnisses gewesen, in dem die Kreise zur Universität, die Teile zum Ganzen stehen sollten und die Lösung lag darin, daß dem Gesamtmunizipium (der Nationsuniversität) ungefähr die Rechte zustehen sollten, die den Komitaten zustanden, der Schwerpunkt der munizipalen Rechte und Pflichten aber in die Kreise verlegt wurde, wobei der Nationsuniversität das Statutarrecht in allen jenen Angelegenheiten vorbehalten blieb, die der Gesamtheit gemeinsam waren. Es war in der Tat eine Übereinkunft, bei der beide Parteien nachgegeben hatten.

Wenn irgend etwas die Notwendigkeit der Einigung bewies, so war es das Echo, das der Mediascher Sachsentag in der ungarischen Publizistik fand. Es war ein wüstes Geschrei voll Hohn und Haß und ohne Verständnis dafür, daß die Sachsen zur Erhaltung ihrer nationalen Entwicklung doch das gleiche Recht hatten wie die Magyaren.

Auf Grund dieses Nationalprogrammes, das durch weitere Unterschriften aus allen sächsischen Kreisen bestätigt wurde, sind die Wahlen zum Reichstag 1872 durchgeführt worden und zur Nationsuniversität.

Die Regierung sah es für das klügste an, die Universität nochmals zu fragen. Diese trat am 11. November zusammen und bot allerdings ein anderes Bild als die frühere. Unter ihren Mitgliedern eine Anzahl neuer Männer, darunter die bedeutendsten Franz Gebbel und Fr. Müller. Da Alle auf dem Boden des

Nationalprogrammes standen, war es nicht schwer, sich über den Vorschlag zu einigen, der der Regierung vorzulegen sei. Er wurde in der Sitzung vom 16. Dezember einstimmig beschlossen, bloß die 5 rumänisch-ungarischen Mitglieder stimmten dagegen, nachdem noch ein Antrag der Kronstädter abgelehnt wurde, der den Wirkungskreis der Universität einschränken wollte. Die Vorschläge, die zum Schluß gemacht wurden, waren dem Mediascher Nationalprogramm entnommen. Franz Gebbel war Referent.

Manche Forderung der Altsachsen war darin aufgegeben, so allein war die Einigung möglich geworden, aber der Grundton war doch der altsächsische und damit war der Zusammenhang mit der Vergangenheit gerettet und der Gegenwart waren die notwendigen Zugeständnisse gemacht worden. Und dieser altsächsische Einschlag war: Neues an Stelle des Alten nur zu setzen, wenn die Sicherheit bestand, daß es besser sei als das Alte; bei steter Prüfung dessen, was auf Autorität und Pietät im Kreis des eigenen Volkes Anspruch hatte, nicht aus den Augen zu lassen, daß die Erschütterung der Autoritäten, ob es sich um Personen oder Einrichtungen handelt, stets eine Gefahr für das Ganze mit sich bringt; die Kirche mit ihrer Autonomie und ihrem Selbstbestimmungsrecht als unantastbare Burg auch des nationalen Lebens anzusehen und vor allem die nationale Erhaltung des Volkes und die Rücksicht auf das Ganze bei allen Fragen in den Vordergrund zu stellen.

Der Reichstag 1872—1875 fand die vorigen parlamentarischen Parteien, die Deakpartei und die Linke. Nach dem Mediascher Programm war der Eintritt in die Deakpartei möglich, doch durften die Eingetretenen sich nicht unbedingt der Parteidisziplin unterwerfen, sondern mußten sich das Recht vorbehalten, den in Mediasch aufgestellten Grundsätzen entsprechend zu handeln. Deak selbst gab seine Zustimmung zu diesem Vorbehalt (12. September 1872) und so traten denn die sächsischen Abgeordneten wieder in die Deakpartei ein. Unter den Abgeordneten befand sich wieder auch der alte Kämpfer J. Gull. Rannicher und Kapp waren wiedergewählt, ebenso Fabritius und Wächter.

Das k. Kommissariat wurde Ende 1872 wohl aufgehoben, aber die „freie Hand" lastete noch immer auf dem Sachsenland. Es hatte den Anschein, als sollten die Sachsen mürbe gemacht werden. Der ungesetzliche Sprachenzwang wurde immer allgemeiner, die Talmesch-Törzburger Frage wurde nicht gelöst. Da tauchten plötzlich „Arrondierungspläne" auf, d. h. der Plan der Regierung, das Land in neue Verwaltungsbezirke einzuteilen, darunter auch das Sachsenland, wodurch allerdings die sächsische Munizipalfrage am einfachsten, wenn auch widerrechtlich gelöst worden wäre.

Das geschah nun freilich nicht, aber Anfang 1873 ließ der Innerminister Toth einen Gesetzentwurf ausarbeiten, der die Aufteilung des Sachsenlandes und die Ausdehnung des ungarischen Gemeindegesetzes auf alle Gebiete verfügte. Und nun erlebte das sächsische Volk in der Tat das traurige Schauspiel, daß Wächter und Fabritius das Mediascher Programm, das sie unterschrieben hatten und auf Grund dessen sie gewählt worden waren, einfach verließen. Wächter erklärte „ohne jeden Rückhalt", daß er, selbst wenn Krone, Regierung und Reichstag „das Unmögliche" zu bewilligen geneigt wären, niemals zustimmen werde! Und Fabritius schloß sich ihm an.

Die böse Folge aber war, daß der wie es schien begrabene Bruderkampf aufs neue entbrannte, schlimmer als bisher, tiefer fressend, das ganze öffentliche Leben vergiftend, am schlimmsten in Kronstadt, wo die temperamentvollste Art des sächsischen Stammes lebt, am grimmigsten in Schäßburg, wo auch kleine Fragen ernster genommen werden als sonst. Das gesamte gesellschaftliche Leben, Verkehr und Anstand litten darunter.

Es war ein Trost, daß in anderen nationalen Fragen doch die Geister sich immer wieder zusammenfanden. Der immer drückender werdende Sprachenzwang hatte die Schäßburger Stuhlsversammlung veranlaßt, in einer Petition an den Reichstag um Abänderung des Nationalitätengesetzes zu bitten. Bei dessen Verhandlung im Parlament (6. Dezember 1873), das die Eingabe einfach zurückwies, fanden neben Gull und Kapp auch Wächter und Fabritius tapfere Worte für die Geltung der deutschen Sprache auch im öffentlichen Leben, und das Hohnwort, das Kol. Tißa den Sachsen zurief: „Laßt sie kommen, sie sollen sichs nehmen, wenn sie können", blieb als Stachel in der Brust zurück.

Der Tothische Gesetzentwurf kam nicht zur Verhandlung, da Toth selbst bald den Ministerposten verließ. An seine Stelle trat Graf Szapary, der bei seinem Amtsantritt (10. März 1873) die Regelung des Königsbodens als eine der brennendsten Fragen bezeichnete.

Auch im Sachsenland war man der gleichen Meinung. Die Amtsdauer der Beamten war vorüber. Der Komes, dem es nicht gelungen war, das Vertrauen der Vertretungskörper zu gewinnen, fuhr fort mit Beamtenernennungen, es drohte allgemeine Unordnung einzureißen. Von allen Seiten ergingen neue Bitten, neue dringende Forderungen an die Regierung, dem bösen Spiel ein Ende zu machen, da auch die Gerüchte festere Formen fanden, die Regierung plane eine allgemeine, dann nur eine auf Siebenbürgen beschränkte neue Landeseinteilung, wobei das Sachsenland einfach verschwinden sollte.

Am 20. November 1873 trat die Nationsuniversität zusammen, ihre Zusammensetzung der vorigen ähnlich. Die Stimmung war gedrückt. Der gesetzlich gewählte Komes durch den ernannten ersetzt, die freie Hand noch immer nicht durch gesetzliche Zustände außer Kraft gesetzt, die nach dem Gesetz bis dahin vollberechtigte deutsche Sprache täglich mehr eingeschränkt, Fragen des Eigentums den gesetzlichen Richtern entzogen, und nun die Zertrümmerung des Königsbodens angekündigt und „die auf Verträgen und Gesetzen beruhenden Rechte" ein Fetzen Papier! Wars ein Wunder, daß die Nationsuniversität es für ihre Pflicht hielt, noch einmal die mahnende und bittende Stimme zu erheben?

In zwei Repräsentationen vom 19. Dezember wandte sie sich an den Innenminister Graf Szapary und bat in der einen um „die nicht mehr aufschiebbare Regelung des Königsbodens" durch Vorlage eines Gesetzes, das dem § 10 und 11 des 43:1868 und den Grundsätzen, die die Nationsuniversität in der Vorlage vom 16. Dezember 1872 dargelegt, entspreche. In der andern wandte sie sich gegen die beabsichtigte Abrundung der Munizipien und kam, nach einer ausführlichen rechtsgeschichtlichen Darlegung der Entwicklung des Königsbodens, zum Schluß: „Seit sieben Jahrhunderten bis zum heutigen Tag hat das Gebiet des Königsbodens im ganzen so wie in seinen Teilen eine unverletzliche territoriale Einheit gebildet. Über seinen Umfang und seine innere Gliederung Bestimmungen zu treffen, **stand und steht heute noch allein der Krone und den Vertretungen des Königsbodens das Recht zu.** Nie hat die Landesgesetzgebung sich eine Einmischung in diese Angelegenheit angemaßt, und so oft auch in Zeiten absoluter Herrschaft rücksichtslose Gewalt das offenbare Recht verletzte, mit der Rückkehr verfassungsmäßiger Zustände lebte auch das verletzte Recht immer wieder frisch und kräftig auf.

„Das ist unser gutes, unzweifelhaftes Recht — ebenso gut und ebenso heilig, wie alles Recht, worauf die Säulen des ungarischen Staates ruhen. Und dieses Recht kann uns wieder und ohne unsern Willen entrissen, gesetzlich aber ohne unsere Zustimmung niemals vernichtet werden!"

Es wurde zugestanden, daß Änderungen im Gebietsumfang des Königsbodens und in der Gliederung seiner Teile geboten erscheinen könnten, aber das müsse unter Mitwirkung der Universität und der Kreise des Sachsenlandes geschehen. Mit Rücksicht auf den Staat beschränkte sich die Universität auf folgende Forderungen:

„1. Wir fordern und verlangen, daß der Königsboden, abgesehen von etwaigen dringend notwendigen Umgestaltungen seines Gebiets, so wie bisher durch sieben Jahrhunderte auch fernerhin eine munizipale Einheit bilde.

2. Wir fordern und verlangen weiters, daß, insofern sie notwendig sein sollte, weder eine Änderung des Gebietsumfangs noch eine Zusammenlegung der einzelnen Teile des Königsbodens ohne die vorherige Befragung und Mitwirkung der sächsischen Nationsuniversität und der einzelnen Jurisdiktionsvertretungen beschlossen und durchgeführt werde."

Und nochmals wurde der Minister ersucht, den Gesetzentwurf über die Regelung des Königsbodens, auf Grund des durch §§ 10 und 11 des 43 : 1868 neuerdings anerkannten Rechtes, der Universität und den Kreisen vor der Vorlage an den Reichstag zuzustellen.

Die Antwort des Ministers war eine unerwartete. In einem Erlaß vom 27. Januar 1874 untersagte er der Universität jede weitere Verhandlung der Angelegenheit und sprach ihr das gesetzlich ihr unbedingt zustehende Repräsentationsrecht in öffentlichen Angelegenheiten ab. Die Universität, in der der Vorsitzer eine weitere Verhandlung nicht zuließ, ging nach einer ernsten Verwahrung auseinander.

Nun nahmen sich die sächsischen Abgeordneten in Pest und die Vertretungen des Sachsenlandes der Sache an. Die Erregung gewann ungewohnte Ausdehnung. Der Innerminister wurde inter=

pelliert und seine Antwort (23. Februar 1874) steigerte die Erregung. Er erklärte, mit Rücksicht auf die Staatseinheit niemals zugeben zu können, daß den Sachsen ein besonderes Territorium oder eine eigene Organisation zugestanden würde und nie werde er den Gebrauch einer anderen Sprache als der magyarischen gestatten. Es sei Zeit, die Launen der Betreffenden ohne Nachsicht zu behandeln!

Das Abgeordnetenhaus klatschte begeistert Beifall.

Die öffentliche Meinung im Sachsenland aber wallte in stürmischer Weise auf. Die Vertretungen der größeren sächsischen Städte und einige Kreisvertretungen verlangten auf Grund von § 32 des III : 1848 die Versetzung des Ministers in den Anklagestand „wegen Verletzung bestehender Gesetze, Verletzung der Heiligkeit des Eigentums und Versäumnis in Vollziehung der Gesetze" und den Austritt der Abgeordneten aus der Deakpartei.

Das führte zu einem neuerlichen inneren Kampf.

Jak. Rannicher, bisher mit Gull und Kapp Führer im schweren Kampf um die Erhaltung des sächsischen Volkes, hatte sofort nach dem unglücklichen Erlaß vom 27. Januar Szapary darauf aufmerksam gemacht, daß der Minister einem unwissenden Referenten zum Opfer gefallen sei, aber er mißbilligte die Anklage des Ministers, da diese jedenfalls das untauglichste Mittel sei, die Hauptsache, die Nationsuniversität und ihre Rechte zu erhalten. Als Antwort auf die Interpellationsantwort des Ministers brachten die sächsischen Abgeordneten, gegen Rannichers Rat, den Antrag ein das Abgeordnetenhaus solle aussprechen, daß der Universität das Repräsentations- und Petitionsrecht zustehe, und die Mehrheit beschloß den Austritt aus der Deakpartei. Rannicher hielt den Schritt für übereilt und gefährlich und tat ihn nicht mit. Und nun richtete sich der Sturm der erbitterten Volksaufregung gegen ihn, der das Verhalten der Nationsuniversität in einer offenen Erklärung mißbilligte, ihr Maßlosigkeit und Verfassungsfeindlichkeit vorwarf — peccatur intra et extra muros — und im April 1874 sagten sich die Hermannstädter Wähler in einer scharfen Erklärung los von ihm: „bekümmerten Herzens, daß er aufgehört habe, der Vertreter unserer Überzeugungen zu sein, und daß wir jede Gemeinsamkeit mit seinem Tun und Lassen von unseren Schultern abschütteln. Er gehe in voller Freiheit seiner Wege — sie sind die unseren nicht."

Es liegt die Tragik eines Menschenlebens darin, daß bis dahin kein höheres Ziel gekannt, als seinem Volk zu dienen, keine höhere Arbeit als ihm die Zukunft zu sichern. „Das ist eben unser größter Fehler in der seit 1848 befolgten Politik", schrieb Rannicher damals an einen Freund, „daß wir uns immer verrechnen." Wenige Monate später (8. November 1875) raffte ihn eine rasch verlaufende Tuberkulose dahin und über seinem Sarg bekannte Franz Gebbel, Jahrzehnte hindurch sein Genosse und Mitkämpfer, zuletzt sein Gegner: „Unvergänglich wollen wir Alles, was Jakob Rannicher seinem Volk bis dahin gewesen, in dankbarem Andenken bewahren. Nicht rechten, nicht richten, nur danken wollen wir heut und weinen."

Die Anklage gegen den Minister hatte selbstverständlich ebenso wenig Erfolg wie der Antrag, die ungesetzliche Verordnung Szaparys aufzuheben. Der Reichstag ging darüber zur Tagesordnung über.

Die Frage des Königsbodens wurde auch 1875 nicht gelöst; es war dem neuen Reichstag vorbehalten, zu dem 1875 neu gewählt wurde. Die Wahlen im Sachsenland erfolgten durchwegs auf dem Boden des Mediascher Programms. Wächter und Fabritius, die durch nichtsächsische Mehrheiten gewählt worden waren, galten nicht mehr als sächsische Vertreter. Es war stärkend für das Volk, daß der Gedanke der Einigkeit so durchgeschlagen hatte, stärkend für die Abgeordneten, daß sie diesen Rückhalt hatten.

Inzwischen war unter den ungarischen Parteien eine große Wandlung vor sich gegangen. Kurz vor dem Tode Deaks hatte die Deakpartei und ein Teil der Linken, der, müde des erfolglosen Opponierens, an den Vorteilen der Regierung Anteil haben wollte, sich zur neuen „Regierungspartei" vereinigt, die ohne Berechtigung sich die liberale nannte. Ihr gegenüber die „gemäßigte Opposition" mit einigen glänzenden Namen aber ohne festumrissenes Programm, das auch der Regierungspartei fehlte, und das bloß die äußerste Linke in der Forderung des selbständigen Ungarn hatte. Bezeichnend war, daß ein großer Teil der Abgeordneten der Regierungspartei aus den Wahlkreisen der Nationalitäten stammte, wo die staatliche Gewalt und die Komitatsbeamten die Wähler zur Urne trieben. Die geschlossenen ungarischen Bezirke wählten für die Linke.

Der Herr der neuen Regierungspartei aber war Kol. Tißa und die nationalitätenfeindliche Politik der nächsten Jahre ist mit seinem Namen verbunden und dem seines Kultusministers Trefort, der nach des klugen und milden B. Eötvös' Tode (1871) nach der Fusion ins Amt kam.

Diesem Ministerium und dieser Partei blieb es auch vorbehalten, die endliche Lösung der sächsischen Munizipalfrage in die Hand zu nehmen.

Wie sie ausfallen würde, war von vorneherein klar. Sie war in den Augen der Partei und der ungarischen öffentlichen Meinung nicht mehr eine Rechtsfrage, sondern eine Machtfrage geworden, und zwar ein Teil der Nationalitätenfrage. Es galt eine staatsrechtlich anerkannte nichtungarische Volksindividualität, die einzige in Ungarn, aus der Welt zu schaffen, um Ungarn je mehr den magyarischen Charakter aufzuprägen. Den Geist, der diese Kreise leitete, hatte Kol. Tißa ausgesprochen, der am 13. April 1875 im Reichstag Polit gegenüber, der betonte, daß Ungarn mit der Mehrheit seiner nichtmagyarischen Bewohner nicht ein Nationalstaat, sondern ein Nationalitätenstaat sei, unter dem Jubel des Hauses jeden, der diese „gesetzwidrige" (?!) Auffassung habe, mit „Zermalmung" bedrohte. Als „Feinde des Vaterlandes" wurden von vorneherein Alle verdächtigt, die sich getrauten, für das eigene Volkstum einzutreten, wenn es nicht das magyarische war. Auch die Rumänenkonferenz, die am 13. und 14. März 1873 getagt hatte, sprach sich für die Zerschlagung des Sachsenlandes aus, mit den alten Behauptungen von der Unterdrückung der Rumänen es begründend, die im Sachsenland allein vor 1848 persönlich frei gewesen waren und deren Verhältnisse dort in bezug auf Wirtschaft und Bildung besser waren als überall sonst im Lande.

Im neuen Reichstag, wo Kapp nach Rannichers Ausscheiden und dem Fehlen Gulls, der sich nicht wieder hatte wählen lassen, die Führung übernahm, hatten die Sachsen einen eigenen sächsischen Klub gebildet, ohne einer Partei anzugehören. Wächter und Fabritius als nichtsächsische Vertreter waren in die neue Regierungspartei eingetreten.

Noch ein letztes Mittel wurde versucht, in die Entwicklung einzugreifen, wenn auch von vorneherein nicht viel versprechend. Eine Abordnung verschiedener sächsischer Vertretungen sprach am 1. Dezember 1875 bei Tißa vor; ihr Sprecher Kapp bat in deutscher Sprache den Ministerpräsidenten, das Munizipalgesetz für das

Sachsenland im Sinn und Geist des Gesetzes und des Rechts dem Reichstag vorzulegen. Tißa antwortete deutsch, vielfach mit dem Ausdruck ringend: mit Rücksicht auf die Landesinteressen sei der Fortbestand des Königsbodens unmöglich, die Gegenwart dulde keine Privilegien — es waren die schon bekannten Redensarten —, im übrigen werde er den Wünschen der Sachsen nach Möglichkeit Rechnung tragen. Am folgenden Tag wurde die Deputation vom König in der Ofner Burg empfangen. Die stattlichen Bauerngestalten, die darunter waren, machten in den Straßen der Hauptstadt wie in der Burg Aufsehen, aber aus der Antwort des Königs klang die Auffassung des Ministers durch. Die Heimkehrenden wußten, daß der Kampf verloren war.

Der „Gesetzentwurf über den Königsboden, ferner über die Regelung der Sachsen-Universität und von dem Vermögen der Universität und der sogenannten VII Richter", wie der schwerfällige Titel lautet, der im März dem Reichstag vorgelegt wurde, strich den Königsboden aus der Reihe der Lebenden und teilte ihn unter die Komitate auf, die natürlich dem allgemeinen Munizipalgesetz unterstanden, hielt die Universität bloß als Verwaltungsbehörde für das Universitätsvermögen aufrecht und übertrug den Titel des Komes auf den Obergespan des Hermannstädter Komitats, dem der Vorsitz in der Universität übertragen wurde. Das Vermögen selbst sollte hinfort bloß zu Kulturzwecken verwendet werden „zu Gunsten der gesamten eigentumsberechtigten Bewohner ohne Unterschied der Religion und Sprache". Die Beschlüsse der Universität unterlagen der Genehmigung des Ministers. Der Motivenbericht war von Kol. Tißa als Innerminister unterschrieben und überging die § 10 und 11 des 43:1868 vollständig, ja deutete dieses ganze Gesetz in sein Gegenteil um, daß es grundsätzlich das, was die Sachsen forderten, aufgehoben habe.

Die Verhandlung fand im Reichstag am 22.—24. März 1876 statt. Fr. Wächter schämte sich nicht, die Berichterstattung und Vertretung des Entwurfes zu übernehmen und Fabritius begrüßte ihn als den Anfang neuer Blüte des sächsischen Volkes.

Die anderen sächsischen Abgeordneten nahmen den letzten Kampf auf und stellten ihren Mann.

Das formale Unrecht nachzuweisen, fiel ihnen nicht schwer. Der 43:1868 hielt das Sachsenland aufrecht — dies Gesetz zertrümmerte es; die §§ 10 und 11 desselben Gesetzes sicherten die

„auf Gesetzen und Verträgen beruhenden Rechte" dem Sachsen=
lande aufs neue zu — dies Gesetz ging darüber zur Tagesordnung
über; das sächsische Munizipium war auch durch den 42:1870
gewährleistet — hier wurde es begraben. Ebenso konnten die Redner
der Sachsen nachweisen, daß die Aufrechthaltung des sächsischen
Munizipiums kein Staatsinteresse verletze, daß die Selbst=
verwaltung im Sachsenland sicherer und besser sei als im Komitat.
Aber es galt ja eben nicht das Recht, sondern die Macht. Das
Abgeordnetenhaus nahm das Gesetz an. Im Magnatenhaus,
wo es am 27. März verhandelt wurde, hatte Baron D. Eötvös
den Mut, mit Hinweis auf den 43:1868 den Gesetzentwurf
abzulehnen und die Schaffung eines Zustandes zu wünschen, mit
dem auch die Sachsen zufrieden seien, was nicht einmal versucht
worden sei. Auch das Magnatenhaus, in dem die Sachsen damals
nicht vertreten waren, nahm die Vorlage an und als 12. Gesetz=
artikel von 1876 ist das Gesetz veröffentlicht worden.

Die Sachsen aber dankten ihren tapferen Vertretern in einer
Adresse, die über 10.000 Unterschriften fand, in der in glücklicher
Weise aus den Reden der Abgeordneten bedeutsame Stellen zu
einem Ganzen zusammengestellt waren, die ein großes Bekenntnis
zum Recht und zum Volkstum waren und unter denen heute
besonders eindrucksvoll der Satz C. Gebbels ist: „Auch für den
Mächtigen kann es gefährlich werden, die Bahn der Rechtsver=
leugnung, der Rechtsunterdrückung zu betreten, denn ein solches
Vorgehen könnte einst auch gegen ihn als Waffe gebraucht
werden. Gleichwie dem Einzelnen ist es aber auch den Völkern
nicht auf die Stirne geschrieben, wie lange sie zu leben haben,
und ich glaube, die Aufgabe wäre die, daß der Mächtige den
Schwächeren in dem, was sein Recht und seine Gerechtigkeit ist,
schirme, nicht aber niedertrete." Wie ein Gelübde für die Zukunft
klang das Wort Zays: „Hinter uns steht das ganze sächsische
Volk: die sächsische Nation wird eine Konfiskation ihrer auf Gesetz
und Vertrag beruhenden Rechte nimmermehr als rechtsgültig
erkennen, in Anhoffung einer schöneren Zukunft und im Vertrauen
auf die Gerechtigkeit ihrer Sache."

Die Nation erinnerte sich aber an Deaks Worte: „Was die
bloße Gewalt uns nimmt, das mag die Gunst der Umstände uns
wieder schenken, nur was wir selbst preisgeben, ist für immer
verloren."

Im ganzen sind es doch wohl nicht Viele gewesen, die daran geglaubt haben, das Sachsenland werde zum drittenmal aus dem Tode auferstehen. Auch die Altsachsen waren bereit gewesen, über Änderungen, die auch sie als notwendig erkannten, zu verhandeln, denn so kurzsichtig waren sie nicht, daß sie nicht den großen Widerspruch gesehen hätten, der zwischen den tatsächlichen Verhältnissen und modernen Anschauungen in bezug auf Verwaltung und andere staatliche Einrichtungen bestanden, aber wo nun Alles in Frage gestellt wurde und das positive Recht so sonnenklar war und das bestehende ein Schutz der nationalen Entwicklung war, da konnten sie nicht anders, als es verteidigen. Seit 1848 war die größte Sorge gerade der einsichtigsten Politiker immer gewesen, wie der Widerspruch zu lösen sei, daß im „Sachsenland" die Mehrzahl der Bewohner nicht Sachsen waren. Die Jungsachsen führten als Grund ihrer Stellungnahme die Forderungen des modernen Staatslebens an. In den Universitätsverhandlungen wollten sie nicht die Zertrümmerung des Sachsenlandes. Mit dem Grundsatz, den Lindner aussprach, hätte man sich abfinden können: „Eine heilsame Reform des Sachsenlandes kann nur aus der Festhaltung und zeitgemäßen Fortbildung der erworbenen und verbürgten Rechte und Einrichtungen desselben und andererseits aus der vollen Anerkennung der berechtigten Forderungen des Staates erwachsen. Sie soll dem Sachsenland unter vollkommen gleicher Rechtsfähigkeit aller seiner Bewohner die freieste Selbstregierung in Innerangelegenheiten, dem Staate den wirklichen Vollzug der in seinem Rechtskreis liegenden Verfügungen und die Möglichkeit der Kontrolle dieses Vollzugs gewährleisten."

Die Zerschlagung des Königsbodens war etwas anders als hier verlangt wurde.

Eines Volkes oder gar eines kleinen Volksstammes Bestand darf nicht bloß auf einer Stütze stehen. Auch der Bestand des sächsischen Volkes stand nicht nur auf der Aufrechthaltung des Sachsenlandes. Die Sachsen selbst hatten dafür gesorgt, daß noch andere innere Kräfte sie stützten.

Eine der stärksten war die Kirche.

Es war wie von der Vorsehung geschickt, so empfand es das Volk, daß kurz vor der Neuordnung der politischen Verhältnisse die neue Kirchenverfassung geschaffen worden war und, zusammenfallend mit dem politischen Umschwung, nach Binders Tod G. D. Teutsch zum Bischof gewählt worden war (19. September 1867). Seine und seiner Freunde Lebensanschauung war, daß in dieser Kirche, die nicht nur die Sachsen vom alten Königsboden umfaßte, sondern alle Sachsen in Siebenbürgen, dem Volk zugleich eine Burg für die nationalen Güter gegeben sei und daß gerade sie berufen sei, auch für die Erhaltung des Volkstums zu sorgen. So wurde mit neuer Kraft die Innerarbeit aufgenommen. Die erste Landeskirchenversammlung unter Teutschs Leitung, die (die 5. im Jahr 1868) zugleich die feierliche Einführung des neuen Bischofs in das Amt vornahm, das er nach der Wahl schon im November 1867 angetreten hatte, konnte den Beschluß fassen, für das nun nach Hermannstadt übersetzte Amt ein Haus, darin für den Bischof eine Wohnung zu schaffen, konnte einige Gemeinden, die allerdings nicht alle lebensfähig sich erwiesen, einrichten und sich angliedern, und wie in Vorahnung der kommenden schweren Ereignisse, an den Kultusminister die Bitte richten, die siebenbürgischen Religionsgesetze aufrecht zu erhalten, als der Staat sich anschickte, über die Mischehen und das Verhältnis der Kirchen zueinander gesetzliche Bestimmungen zu treffen. Der 43:1868 hielt die alten siebenbürgischen Religionsgesetze vollständig aufrecht, und das Volksschulgesetz vom selben Jahr (38:1868) stellte Grundsätze auf, die dem humanen Geist Eötvös' entsprachen. Es forderte die Schulpflicht vom 6. bis 12. Jahre, dann den Besuch der Fortbildungsschule (im Winter und im Sommer 2 Stunden in der Woche) bis zum 15. Lebensjahre, hielt das Recht der Konfessionen aufrecht, Schulen zu erhalten und Lehrerseminarien zu errichten und bestimmte nur im allgemeinen die Unterrichtsgegenstände, die Zahl der Jahrgänge und das mindeste zu erreichende Ziel. Sämtliche Schulen, auch die konfessionellen, wurden der Staatsaufsicht unterstellt, die durch Schulinspektoren ausgeübt wurde. Für das Sachsenland wurde E. A. Bielz (gest. 1898), ein anerkannter Gelehrter und Naturforscher, selbst ein Sachse, der erste Schulinspektor.

Kirche und Schule standen zunächst unangefochten da und es galt als Ergebnis der historischen Entwicklung für die Kirche: „Sie steht unter dem Schutz der siebenb. rechtsbeständigen Staatsverträge und Gesetze auf dem Boden staatsrechtlicher Anerkennung mit dem vollen Recht öffentlicher Religionsübung; vollkommen gleichberechtigt mit allen anderen Kirchen besitzt sie das Recht der Autonomie in einem Umfang, das für eine stete gedeihliche Entwicklung und Ordnung ihrer Verhältnisse vertrauenerregende Gewähr leistet." Auf diesem Boden stehend, ging die Landeskirchenversammlung daran, zunächst auf dem Gebiet des Schulwesens und des Eherechts neue Grundlagen zu schaffen. Es galt dabei vor allem auch, die Einheit der Kirche zu festigen, vielfach erst zu schaffen.

So für das Eherecht.

Die alte Ordnung ging in die vorreformatorische Zeit hinauf, wo die Ehesachen eine kirchliche Angelegenheit waren. Die Ehegerichtsbarkeit war in der Hand der Kapitel, über ihnen stand das bischöfliche Oberehegericht, das der Bischof nach Birthälm zusammenrief und das er selbst zusammensetzte. Neugeboren († 1821) hatte in die wirre und ungeordnete Sache eine gewisse Stetigkeit und Ordnung hineingebracht. Während aus allen Kapiteln der einstigen Weißenburger Diözese die Prozesse dem Oberehegericht vorgelegt werden mußten, schied das Hermannstädter und Burzenländer Kapitel die Ehen endgültig, ein Nachklang aus der Zeit, wo sie der Graner Erz- oder Milkower Diözese untergeordnet waren, immer noch stolz auf ihre bessere Rechtsstellung. Die Praxis in den Kapiteln war höchst verschieden, die Scheidungen waren leicht und zahlreich, die Zahl der Eheprozesse innerhalb der Kirche übermäßig groß. Eine gründliche Neuordnung war allgemeines Bedürfnis. Das Landeskonsistorium hatte schon 1861 Teutsch den Auftrag gegeben, eine Eheordnung zu entwerfen, die 1864 gedruckt vorlag, doch nicht zur Verhandlung gelangte. Die 5. Landeskirchenversammlung 1868 beschloß, bis zur Regelung der ganzen Frage sollten der Bischof und die Kapitel in der alten Art die Sache weiterführen. Diese Regelung aber fand 1870 statt durch die von der Landeskirchenversammlung beschlossene Eheordnung und Organisation der Ehegerichte. Die erste hielt die Verlobung mit verbindlicher Kraft aufrecht, strich aus den Scheidungsgründen die unüberwindliche Abneigung und nahm unter die Scheidungsgründe den Übertritt zu einer anderen Konfession auf. Die Ehegerichte wurden aus Geistlichen und Weltlichen zusammengesetzt, die Bezirksehegerichte, die an Stelle der aufgehobenen geistlichen Kapitulargerichte traten, von der Bezirkskirchenversammlung gewählt, das Oberehegericht, unter dem

Vorsitz des Bischofs, von der Landeskirchenversammlung gewählt. Scheidungsurteile mußten von Amts wegen dem Oberehegericht vorgelegt werden, an das auch die Berufungen von den Bezirks=gerichten gingen. Bei der Verhandlung in der Landeskirchen=versammlung war es doch noch möglich, daß Hermannstadt ab=lehnte die Scheidungsurteile dem Oberehegericht vorzulegen und das Burzenland hartnäckig sein „Recht" (?) verteidigte, die Prozesse endgültig zu erledigen. Es war zum letztenmal, daß das Gespenst von Milkow in der Kirche noch einmal aufstieg, als der Burzen=länder Dechant mit Trennung von der Landeskirche drohte, für den Fall, als die Vorlage angenommen würde. Es war aus dem Geist der neuen Zeit heraus geredet, als der Bischof diesem gegenüber auf den Geist des Protestantismus hinwies und auf das in allen Herzen doch lebende Gefühl der Zusammengehörigkeit, an deren Notwendigkeit jeder Tag mahne und zu der jedes Gewissen durch die Ereignisse der Gegenwart aufgerufen werde.

Einer der größten Fortschritte der neuen Ehegesetze lag gerade in der neuen Einheit, die sie der Landeskirche brachten. Daneben haben sie mitgeholfen, das Bewußtsein der Heilighaltung der Ehe, der Pflicht, sie nicht nach äußeren Rücksichten zu schließen, nicht leichtsinnig sie zu trennen, in die Kirche hineinzutragen.

Eine neue Zusammenfassung brachte auch die neue Dis=ziplinarordnung, deren Handhabung den Bezirkskonsistorien und dem Landeskonsistorium zugewiesen wurde, ebenso eine Schul=ordnung, die ein schon lang gefühltes Bedürfnis, jetzt erst ge=schaffen wurde. Das sächsische Volksschulwesen war um 1870 wenig geordnet. Bis 1850, teilweise bis 1861 den Kapiteln überlassen, war die erste für die Gesamtkirche gegebene Schul=ordnung von 1821, von Anfang an nicht allgemein durchgeführt, fast ganz vergessen oder völlig umgestaltet. Es hatte zuletzt jede Gemeinde gemacht, was sie wollte. Wo ein guter Schulmeister und ein tüchtiger Pfarrer war, da lernten die Kinder etwas, wo sie fehlten, war eine Wüstenei. Es gab doch viele Schulen, deren Gebäude mehr einem Stall als einem Aufenthaltsort für Menschen glichen, viele, in denen kein Lehr= und Stundenplan war, keine Lehrmittel vorhanden waren und vereinzelt noch aus dem deutschen Buch sächsisch gelesen wurde. Man lese in G. D. Teutschs Be=richten über die von ihm vorgenommenen Generalkirchenvisitationen das Bild der Schulen in jenen Jahren, um zu sehen, wie es

mit ihnen vielfach stand. So heißt es im Bericht über den
Bistritzer Bezirk über die Schulgebäude in einigen Gemeinden:
„Schiefe Wände aus Bollwerk, die den Umsturz drohen, ein
Dach aus Stroh, geschwärzt vom Rauch, den kein Rauchfang
hinausführt, Fenster, die kein Licht hineinlassen, der Fußboden
von Lehm. Dazu die kleinen Zimmer bisweilen von der unge-
hobelten Bretterwand durchschnitten, die dem Lehrer, seiner Frau
und seinen Kindern den ihnen gehörigen Raum abgrenzt und
wenn dieser, wie im zweiten Zimmer in Kirieleis dunkel ist, die
trotz alledem wohlbeleibte Frau Kantorin in dem einzigen licht-
einlassenden Türraum sitzend, während die Kinder in der
Dämmerung der Kantorkammer und unter ihrem Gerümpel
sich kichernd des Lebens freuen: das war das bisweilen tief
erschütternde Bild jener Schulen."

Und daneben ein Bild aus dem Unterwald, aus Blutroth:
„Auf mäßig gehobenem Bergplateau an der Abendseite des
Dorfs steht die Kirche, mit gerade geschlossenem Chor, dessen
beide Ecken in weit klaffenden Rissen sich gesenkt haben und nur
durch gewaltige unschöne Pfeilerkolosse vom Sturze aufgehalten
werden. Wenig links hinter der Kirche steht die ... Rektor-
wohnung und Rektorklasse, ein Gebäude aus Bohlen mit
Lehmanwurf, außer der Laube, deren Backofen zusammengestürzt
regenzerweicht dalag, zwei Räume von etwa je 5 Gevierklaftern
enthaltend, schiefwändig mit kleinsten Fenstern, kaum sechs Fuß
hoch, nicht gedielt, deren nur am vorigen Tage vollzogene Lehm-
reparaturen mit ihrem frischen Kalküberzug den Eintretenden den
Atem stocken machten. Da sollen Kinder lernen — ich sah
nirgends weder Tische noch Bänke — da ein über Troglodyten-
bedürfnisse hinausgekommener Mensch wohnen! Allerdings war
auch der Rektor eben im Ausziehen begriffen, weil man ihm
zweimal kurz hintereinander in der Zeit der Dämmerung bis
8 Uhr abends durch Einbruch sämtliches Bettzeug und alle
Wäsche gestohlen hatte. Nicht besser ist das zweite Schulgebäude,
das südlich der Kirche gerade gegenübersteht. Zwar ist darin
die Kantorwohnung, zugleich Lehrzimmer, durch das Verdienst
der Hausfrau wohnlicher gemacht, aber in den daran stoßenden
zwei Klassenräumen, die jetzt nur Schafhürden bilden, ist die
Holzdecke zusammengebrochen, das Dach darüber hängt noch in
Fetzen; das ganze gewährt einen trostlos-unbeschreiblichen Anblick."

Dazu das Schlußurteil: „Faßt man den Gesamteindruck des Volks=
schulwesens im Unterwald ins Auge, so ist Vieles, Vieles sehr
schwach darin... in der Kantorklasse in Weingartskirchen konnte
füglich von einem Unterricht nicht die Rede sein und in Gergesch=
dorf hatten sie auch in 4 Jahren noch nicht lesen gelernt, in
Törnen nicht einmal Buchstaben.. Die Schule in Gießhübel,
die Kantorklasse in Pien und Rumes — hier hatte fast jedes
Kind ein anderes Buch und der Pfarrer hatte das jahrelang
geduldet und den Lehrer dazu, einen Bauern mit dem Hemd
über den Hosen, der, wohl zu merken, als Lehrer nichts verstand
und als Kantor nicht einen Ton singen konnte — sind geradezu
ein Hohn auf Unterricht und Erziehung."

Das Alles wurde nun besser. Neue Schulen erstanden überall
und die von J. Schneider († 1874) herrührende Schulordnung,
ergänzt dann durch Franz Oberts Vollzugsvorschrift, gaben der
ev. Schule eine neue innere Gestalt und schufen die Grundlage
zu einer einheitlichen Schule mit Plan und Ordnung. Darnach
mußte jede Gemeinde eine Schule haben, je nach der Zahl der
Schulkinder mit einem oder mehreren Lehrern. Die meisten wurden
2—3 klassig, doch gab es auch Gemeinden mit 6—8 Lehrern. Die
Schulpflicht umfaßte 8—9 Jahre, an sie schloß sich eine Fort=
bildungsschule für die 15—19 (14—18) jährigen im Winter. Die
Lehrer wurden gewählt, auf Lebenszeit angestellt, die Lehrbücher
waren an die Genehmigung des Landeskonsistoriums gebunden,
die Aufsicht führten Pfarrer und Presbyterium, Schulkommissäre und
Bezirkskonsistorium, die Oberaufsicht hatte das Landeskonsistorium.
Konferenzen und Lehrerversammlungen sollten für Fortbildung der
Lehrer sorgen. Ein Zeichen des innern Dranges zu eigner Fort=
bildung war es, daß auf Franz Oberts Einladung 1869 58 Lehrer
nach Wurmloch kamen zum ersten Fortbildungskurs, wo sie tiefste
Eindrücke mitnahmen, einen Hauch wie aus einer höheren Welt.
Obert war es auch, der 1871 den ersten Lehrertag nach Hermannstadt
zusammenrief, der nicht wenig dazu beitrug, die sächsischen Lehrer
zusammen zu führen, was allerdings zuletzt wie überall zu einem
Standesbewußtsein und zur Verteidigung der Standesinteressen
führte, die Kampf und Reibung bisweilen mit den Gemeinden
und dem Volksganzen nicht immer vermeiden ließen.

Zum letzteren mußte freilich die gedrückte Stellung führen.
Denn die zum geflügelten Wort gewordene Bestimmung der Schul=

ordnung: „es ist darnach zu streben", daß die Gehalte eine gewisse Höhe, man muß heut sagen eine gewisse Niedrigkeit erreichten, war wenn auch ein Fortschritt gegen die bestehenden Zustände doch ein Beweis dafür, wie scheu und furchtsam die Behörde ein Gebiet anging, wo energisches Zugreifen geboten gewesen wäre. Denn noch blieben neben dem Naturalschullohn, dessen Wert eine spätere Zeit erst erkannt hat und den damals in Geld abzulösen das allgemeine Bestreben war, die Jahrbrote und die Präbenden und Sabbatalien und vielerorts die „Coquin", die reihum ging. Die Stellung der Lehrer durch bessere Vorbildung zu heben, versuchte wohl auch die neue Schulordnung, die zum erstenmal die Lehrerseminarien im Zusammenhang mit der Volksschule behandelte, für ihre Einrichtung aber noch keine endgültige Lösung fand. Auf Grund dieser Schulordnung aber entwickelte sich die evangelisch-sächsische Schule, durch eine Fülle neuer Verordnungen über den Unterricht, die Baumschule, die Fortbildungsschule, die Entschuldbarkeit und Bestrafung der Schulversäumnisse u. a. m. weiter geleitet, erfreulich weiter und der Vergleich nach 10 und 20 Jahren zeigte den Fortschritt.

Die Gymnasien blieben auf dem Grund des Organisationsentwurfs zunächst unbehelligt, ungestört auch von der eigenen Behörde in der mannigfachen Selbständigkeit z. B. der Lehrbücher und Lehrmittel. Als 1874 die ersten Anzeichen eines Mittelschulgesetzes drohend aufstiegen, richtete das Landeskonsistorium im Auftrag der Landeskirchenversammlung an den Minister eine Vorstellung (14. Mai 1874), wo auf die Rechtslage der Kirche hingewiesen wurde und die Bitte an ihn gerichtet wurde: „Sorge zu tragen, daß solche gesetzliche Bestimmungen, welche das bestehende, durch die bezüglichen Staatsverträge, Friedensschlüsse und siebenbürgische Religionargesetze begründete und neuerlich durch § 14 des 43:1868 wieder gewährleistete Recht der ev. Landeskirche A. B. in Siebenbürgen bezüglich ihres Mittelschulwesens berühren, nicht anders geschaffen werden als auf Grund von Verhandlungen und Vereinbarungen mit den gesetzlich dazu berufenen Organen dieser Kirche." Ein Versuch, Bürgerschulen zu schaffen, gelang zunächst nicht, wohl aber, unter Aufhebung der dreiklassigen Realschule, die Hermannstädter Realschule auszubauen (seit 1878 achtklassig), vor allem durch C. Albrichs († 1911) unermüdlichen Eifer und selbstlosen

Einsatz seiner starken Persönlichkeit. Anfangs auch vom Staat unterstützt, ein Verdienst Rannichers, wurde diese Dotation, eine Folge des schweren politischen Streits 1875, eingestellt. Durch die Widmungen der Nationsuniversität wurde es möglich, 1872 in den Städten und den Vororten der Stühle Gewerbeschulen zu eröffnen, die wohl die Hoffnungen, die man an sie knüpfte, nicht ganz erfüllt haben, aber doch den heranwachsenden Lehrlingen und Gesellen mehr boten als sie in der Regel von der Schule mitbekommen hatten.

Für das innerkirchliche Leben war es förderlich, daß die Landeskirchenversammlung 1872 die Herausgabe einer zweiten Perikopenreihe beschloß, und bezeichnend für die konservative Gesinnung jener Jahre, einen Antrag auf Verlegung einiger Feiertage auf den nächsten Sonntag (die Marientage, Epiphanias, Himmelfahrt) ablehnte. Die Landeskirchenversammlungen an sich aber bewiesen jede einzeln eine starke einigende Kraft. Die besten geistlichen und weltlichen Kräfte trafen sich dort in der gemeinsamen Arbeit für die Kirche und alle hatten die frohe Empfindung, hier zugleich für das sächsische Volk zu arbeiten. Eine der erfreulichsten Erscheinungen war, daß die schweren innern politischen Gegensätze nahezu keinen Schatten in die Landeskirchenversammlung und die kirchliche Arbeit geworfen haben. Der Mittelpunkt der Arbeit und ihr Führer aber war Bischof G. D. Teutsch (1867—1893). Ein Schäßburger Bürgerssohn, hatte er von trefflichen Lehrern des dortigen Gymnasiums, das ein Wahrzeichen der Stadt auf dem Berge oben zu stolzer Höhe sich erhebt und den Blick auch aus den Fenstern des Elternhauses auf sich zog, tiefste Eindrücke empfangen, hatte tief erschüttert durch den Tod des Vaters die Universitätsstudien in Wien und Berlin vollendet, indem Freunde des Hauses der Mutter halfen, die Mittel für das Studium aufzubringen. Nach der Heimkehr 21 Jahre an der Schule der Vaterstadt tätig, davon 13 als Direktor, hatte er mitgeholfen, die Schule in die neuen Verhältnisse des Organisationsentwurfs hinüber zu führen, zu gleicher Zeit in allen Stadt- und Landgeschäften tätig, die dem sächsischen Volk die Zukunft sichern sollten, war ein Mitbegründer der neuen Kirchenverfassung, in den politischen Arbeiten des Hermannstädter Landtags (1863—1864), dann des Wiener Reichsrats (1864—1865) als sächsischer Vertreter bemüht, seinem

Volk Licht und Freiheit zu bringen, und war nach kurzem Pfarramt in Agnetheln (1863—1867) zum Bischof gewählt worden. Eine hochgemute Natur mit edlem Schwung der Seele, der erste Kenner der Geschichte seines Volkes, die er ihm (bis 1699) als erster (1852—1858) dargestellt hatte, Führer der historischen Arbeiten und zugleich mit scharfem Blick für die Gegenwart und ihre Forderungen, so fand er seine Aufgabe vom Schicksal vorgezeichnet, die Kirchenverfassung erst in Tat und Leben umzusetzen. Von großen Gedanken getragen, war er imstande auch das kleine Leben zu adeln und dabei wußte er Mitarbeiter und Genossen um sich zu sammeln, die er mit seinem Geiste erfüllte und die sein Pflichtgefühl mit sich riß. In ihm und in seinem Kreis lag auch die politische Führung und so verkörperte sich in ihm in wachsendem Maße die Einheit des kirchlichen und nationalen Lebens.

Für beide war die Verlegung des Bischofssitzes aus dem entlegenen Birthälm nach Hermannstadt eine rettende Tat. In Hermannstadt bildete nicht nur das Amt, mehr noch sein Träger sofort den Mittelpunkt eines neuen Lebens. Teutsch sammelte die führenden Männer um sich, im Winter zu gemeinsamen Leseabenden, an denen das Beste aus der deutschen Literatur die Teilnehmer erfreute und vor allem immer wieder des Volkes Sorgen und Aufgaben besprochen wurden mit den Zielen und Plänen, die sich aus den wechselnden Verhältnissen ergaben. Das Bischofshaus wurde Mittelpunkt einer edeln Geselligkeit, und kein Fremder, vor allem niemand aus dem Mutterland kam nach Hermannstadt, ohne dort vorzusprechen, kein Sachse von Bedeutung, der nicht da angeklopft und freundliche Aufnahme gefunden hätte. Denn der Hausherr besaß die seltene Gabe, immer Zeit auch für andere zu haben, aufmunternd jedem zuhören zu können und dann erst recht selbst Anregungen zu geben, und selten ist jemand von ihm gegangen, der nicht an seinem Mut die eigenen Kräfte gestärkt fühlte und aus den leuchtenden blauen Augen des Bischofs nicht Zuversicht bekommen hätte. „Wie Maienlicht auf grüner Flur", so charakterisierte ein Freund sein Wesen, und ein anderer: „Wohin er den Fuß setzte, gewann er die Herzen, wenn er den Mund öffnete, erhob er die Geister, woran er die Hand legte, dem drückte er den Stempel der Weihe auf."

Das kirchliche Leben und damit immer zugleich das nationale zu stärken halfen in erster Reihe die von Teutsch aufgenommenen

Generalkirchenvisitationen. Die neue Kirchenverfassung hatte sie als eine Hauptaufgabe des Bischofs bezeichnet und Teutsch nahm sie schon 1870 auf und visitierte bis 1876 die Hälfte der Landeskirche, indem er jede Gemeinde in dem Bistritzer, Repser, Hermannstädter, Mühlbächer und Reener Bezirk besuchte, anfangs nicht, später in jeder Gemeinde selbst predigte, überall das gesamte Leben der Gemeinde von der hohen Warte des Evangeliums beurteilte und Ziele für Gegenwart und Zukunft aufstellte. Keine Gemeinde hat den Tag vergessen, wo sie dem Bischof festlichen Empfang bereitete mit Reiterbanderium der Bruderschaft, mit Glockengeläute und Blumen, wo in der geschmückten Kirche und Schule dort die Alten hier die Jungen den Worten des Bischofs lauschten, und der Oberhirte die Seelen aufwärts führte, ihnen im Anschluß an die Vergangenheit die Pflichten für die Gegenwart zeichnete, Wärme und Begeisterung und Opferbereitschaft für Kirche und Schule und Volkstum ins Herz senkte, die Lehrer und Pfarrer die Hoheit ihres Berufes erkennen lehrte, und auch der kleine Mann eine Ahnung davon bekam, wie ehrenvoll hier der Kampf für die höchsten Güter des Lebens sei und ihn fortzuführen eine Pflicht, die Gott uns auferlegt.

In vielen Gemeinden ist er überhaupt der erste Bischof gewesen, der sie besuchte und mehr als eine hat bis zum Augenblick seiner Ankunft nicht glauben wollen, daß er dorthin überhaupt komme. Daß er kam, band an sich schon die abgelegene Gemeinde an die Gesamtheit, und es ist Tatsache, daß diese Visitationen erst die Einheit der ev. Kirche als Gefühlswert und in Wirklichkeit geschaffen haben.

Im Augenblick, da der politische Zusammenhang der sächsischen Nation zerschlagen wurde, von unvergleichlich großer Bedeutung für die weitere Entwicklung.

Teutsch hat es immer als eine gnädige Schickung Gottes angesehen, daß ihm ungewöhnliche Mitarbeiter an die Seite gestellt waren. Von Geistlichen in erster Reihe Fr. Müller, seit 1874 Stadtpfarrer in Hermannstadt, der Mann schärfsten Denkens mit ausgeprägtem Willen, mit dem er seine Umgebung beherrschte, kritisch dem Leben und den Menschen gegenüber, ein wuchtiger Redner, dessen Logik verblüffen und überzeugen konnte, als Geschichts=, Sprach= und Sagenforscher hervorragend, mit tiefstem Gemütsleben, das er nur Freunden offenbarte, mit einem wunderbaren Blick aus tiefen Denkeraugen voll Glanz und Ernst und Milde, der bisweilen überirdisch schien. Er wurde 1883 nach dem Tode M. Fuß' Superintendentialvikar. Auch die Brüder Fuß — Karl Fuß gestorben schon 1874 als Hermannstädter Stadtpfarrer und Fuß Misch, wie er allgemein genannt wurde (geb. 1815) — gehörten zu den Getreuen, Karl Fuß, der bedeutendste Käferkenner, M. Fuß der bedeutendste sächsische Botaniker. M. Fuß konnte ebenso hebräisch wie griechisch und lateinisch, war eine ausgereifte Natur mit freundlichem Humor ausgestattet, mit feinem Verständnis für Sprache, Sitte und Brauch seines Volkes, eine lautere Seele, die dem Treiben der oft mit soviel List und Trug verbundenen Fachpolitik fern stand, voll Milde und Güte, einer der seltenen Menschen, den alle liebten, die ihn kannten. Neben ihm der warmherzige Sam. Schiel († 1881), der die Erinnerung an Honterus neu geweckt hatte und das Burzenland an das übrige Sachsenland näher heranführte, dann Gottlieb Budaker († 1902), der eine sonnige Natur voll Humor und Liebenswürdigkeit mitgeholfen hatte bei der Schaffung der neuen Kirchenverfassung und nun das ferngelegene Nösnerland an die Brüder im „Niederland" band. Eine Ergänzung Budakers war H. Wittstock († 1901), seit 1869 Pfarrer in Heltau, bis dahin Direktor in Bistritz und sein Leben lang immer auch als Vertreter des schönen Nösnerlandes gewertet. Mit seinem Erbe preußischen Wesens, das sein Großvater aus Berlin, wo er geboren war, hieher mitgebracht hatte, dem Ernst und dem felsenfesten Beharren auf dem Recht und dem gegebenen Wort, ein unbestechlicher Feind aller Phrasen und aller Unehrlichkeit, war er mit der schönen Gabe ausgestattet zum Gemüt zu reden. In entscheidenden Fragen ist er oft eigene Wege gegangen, aber vor seiner Überzeugungstreue und Ehrlichkeit hatten auch die Gegner stets Achtung.

In diese Reihe gehörte bis zu seinem Tod (1874) Josef Schneider, einst der strenge Direktor des Hermannstädter Gymnasiums, dann Pfarrer in Urwegen, ein scharfer Mathematiker und Logiker, in der Lauterkeit seines Wesens und mit dem Ernst seiner Lebensauffassung geschaffen für schwere Zeiten. Als Mathematiker und Logiker ihm ähnlich C. Brandsch, früher Rektor in Mediasch, der Lehrer und Schüler mit seiner Entschiedenheit und dann seiner Liebenswürdigkeit in gleicher Weise

4*

leitete, seit 1867 Pfarrer in Großschenk, langjähriger Leiter des
Bezirkes als Dechant und dort 1894 gestorben. Ein vorzüglicher
Lateiner, der dem alten Freund, dem Bischof, in lateinischen
Distichen zu festlichen Tagen gratulierte, hatte er am Wortgefecht
seine Freude, aber er hatte die gute Gabe, Meinungsver=
schiedenheiten niemals persönlich zu nehmen und niemals blieb
eine Mißstimmung zurück, auch wenn der Kampf heftig gewesen
war. Von anderm Zuschnitt war Franz Obert, zuletzt (seit 1881)
Stadtpfarrer in Kronstadt († 1908). Eine leichtbewegliche Natur,
Schlagworten zugänglich und ihnen gern nachgehend, immer
bereit und in der Lage, Anregungen zu geben, war er politisch
und kirchlich ein Träger des äußersten Liberalismus, stets zur
Opposition geneigt, nicht ohne Ehrgeiz, auf dem Gebiet der
Volksschule und in bezug auf die Weckung eines neuen Lehrer=
geistes von anerkanntem Verdienst. Völlig entgegengesetzter Art
war Fr. Ernst, gestorben als Pfarrer in Schaas 1896, schwer=
flüssig und besonnen, zäh und ausdauernd mit kühler Überlegung
Verteidiger des Rechts, mit seltener Ruhe abhold allem Schein.

Ebenbürtig standen neben den geistlichen Mitarbeitern die
weltlichen. In erster Reihe der Sekretär der Landeskirche Franz
Gebbel. Sein Wesen war verkörpert in seinem Grundsatz: „Unser
Ruhm ist der, nämlich das Zeugnis unseres Gewissens." Sein
aufrechter, gerader Gang war ein Ausdruck seines Wesens. Er
vereinigte in seltenem Maße Wissen und Charakter. Wie sein
scharfes Auge den Menschen zu durchbohren schien, so durchsah
er ihre Schwächen, und die Schlechten und Unzuverlässigen, auch
in der Politik, haben sich vor ihm gefürchtet. Seine antike Auf=
fassung der Pflicht kannte keine Schonung für Nachlässigkeit, und
das Gemeine hatte keine Macht über ihn. Ein umfassender
Kenner des siebenbürgischen und sächsischen Rechts, während
seines Aufenthaltes in Wien von Zimmermann in dieses ein=
geführt, hatte er den Kampf für das sächsische Recht aufgenommen
und führte das scharfe Schwert im Siebenb.=Deutschen Wochen=
blatt, daß die Freunde jubelten und die Gegner mit den Zähnen
knirschten. Dankbar für alle Freundlichkeiten, der treueste Freund,
so stand er neben dem Bischof mit gleicher Hingabe für Volk
und Kirche, für Deutschtum und Protestantismus, mit ihm voll
Zuversicht auf den Sieg des Rechts, ein Verächter alles hohlen
und gemachten Wesens. Beide gehörten zusammen, die Arbeit
Beider ist nicht zu trennen.

Die Mitarbeiter G. D. Teutschs.

Nach der Übersiedlung Konrad Schmidts nach Wien (1868) trat als Kurator an seine Stelle Jos. v. Bedeus († 1901). In ihm war eine seltene Mischung verschiedener Kräfte und Neigungen vorhanden, die doch in seinem Wesen vereinigt waren. Er hatte früh erkannt, daß die wirtschaftliche Hebung des sächsischen Volkes notwendig sei, wenn es sich erhalten wolle und nahm die Arbeit dafür für die Landwirtschaft wie auf anderen Gebieten auf. Dazu hatte er ein tiefes Verständnis für den Kampf ums Recht, der den Sachsen aufgezwungen war, er hatte ihn im Hermannstädter und Klausenburger Landtag mitgeführt und setzte ihn fort in der Nationsuniversität und arbeitete in der Landeskirche an der Gründung und weitern Entwicklung der Pensionsanstalt wie später an der Schaffung eines neuen Gesangbuchs. Mit nicht übertroffener Zähigkeit im Festhalten eines Gedankens, für sich bedürfnislos und anspruchslos, war er immer bereit, das Gute zu fördern, bestrebt Mittel zu schaffen, um Großes zu ermöglichen.

Ihm folgte als Landeskirchenkurator C. Gebbel († 1901), auch ein Kämpfer für das sächsische Recht im ungarischen Reichstag, wie es überhaupt bezeichnend für das Zusammenfallen von Kirche und Volk ist, daß die führenden Männer die gleichen hier und dort waren. Eine stille, fleißige Natur, ein Kenner der ungarischen und deutschen Literatur, in Musik und Kunst bewandert, stand er zur Verfügung, wo man seiner bedurfte. Neben ihm die Politiker Gull und Kapp, dann H. Kästner († 1894), dem Bischof ein treuer Begleiter auf den Visitationen, durch seine Kenntnis von Land und Leuten wertvoll.

Zum engeren Freundeskreis und zu den Mitarbeitern gehörten noch W. Bruckner († 1915), Alb. Arz v. Straußenburg († 1901) und K. Wolff. Die beiden ersten die angesehensten Rechtsanwälte nicht nur Hermannstadts, alle drei zu Zeiten Abgeordnete im ungarischen Reichstag, Bruckner der langjährige Leiter des Hermannstädter Parteiausschusses und in Pest des Abgeordnetenklubs, der geborene Vermittler in schwierigen Fragen, geistvoll und ein glänzender Gesellschafter, der Vertreter der sächsischen Nationsuniversität in den schweren Prozessen mit den rumänischen Gemeinden, in denen er den besten Teil der Wälder für die Universität rettete. Von angeborenem Adel, auch äußerlich eine vornehme Erscheinung, war Alb. Arz „der Mann", wie ihn Bischof Müller nach seinem Tode geschildert hat, „mit dem Herzen eines Kindes und dem Kopf eines Weisen; der Mann, der ehrlich und zuverlässig durch und durch, doch so weltmännisch und liebenswürdig war, daß auch wer etwa seine Meinung im einzelnen Fall nicht teilte, sein Feind nicht werden konnte; der Mann, der ohne eine Pflicht zu verletzen oder zu versäumen, die seltene Gabe so reichlich besaß, Gegensätze auszugleichen und eben deshalb zur Mitführung unserer Kirche und unseres Volkes so recht berufen war, dem auch das germanische Erbe des individuellen, auf seinem Recht und seiner Überzeugung Bestehens in die Wiege gelegt ward". Es war stets eine Beruhigung, wenn man wußte, daß Arz mit etwas einverstanden war.

Der jüngste in dem Kreis war K. Wolff, ein Schäßburger Kind, wie Teutsch und Müller, geb. 1849, ein Schüler Müllers. Nach kurzem Versuch Technik zu studieren, war er zum Studium des Rechts übergegangen und in Heidelberg, wo er 1867—1868 weilte, war es, daß der politische Kampf in der Heimat ihm zum erstenmal die Feder in die Hand zwang, in die Allg. Zeitung und in die Kölner Zeitung darüber zu schreiben. Diese Aufsätze wurden der Anlaß, daß er nach Vollendung seiner Studien 1871 Aufnahme in die Redaktion der Neuen freien Presse fand, wo er unter Friedländer und Etiennes Leitung das Getriebe des Weltblattes und die ungarische Publizistik kennen lernte. Im Dezember 1873 erging an ihn die Einladung, die Redaktion des mit 1. Januar 1874 ins Leben tretenden „Siebenbürgisch=Deutschen Tageblatts" zu übernehmen; sie ging aus von den führenden Männern in Hermannstadt, dem um G. D. Teutsch und Franz Gebbel gescharten Freundeskreis, in den Wolff damit eintrat.

Das „Siebenb.=Deutsche Wochenblatt" teilte in seiner letzten Nummer vom Jahre 1873 in eindrucksvollen Worten seinen Lesern mit, daß es vom neuen Jahr an einem „besser gerüsteten" Streiter die Waffen übergebe, ein Wochenblatt genüge nicht mehr, ein Tageblatt müsse an seine Stelle treten, und das Tageblatt wurde das Erbe des Wochenblattes. „Leb wohl du treue Arbeit", hatte das Wochenblatt geschrieben, „die du so viele der Besten dieses deutschen Volkes in festem, selbstlosem Ringen nach idealen Gütern so lange fest geeint; die du den Grund gelegt für manchen würdigen Entschluß, für manneswerte Tat; die du dem Volk den Anker reichtest, ihn auszuwerfen in dem Sturm und einzutreiben in den Fels des Glaubens an sich selbst; der du den Raum erstritten und behauptet, den künftig ein anderer, besser gerüsteter Kriegsmann betreten soll."

Diese ganze „treue Arbeit" übernahm Wolff, dazu geschaffen wie kaum ein anderer.

Ausgerüstet mit umfassendem Wissen, umspannte sein Geist nicht nur die politischen Fragen seines Volkes, sondern auch die wirtschaftlichen und kulturellen, die gerade hier unlösbar miteinander verbunden sind, und er war mit seiner ungewöhnlichen Arbeitskraft imstande, neue Anregungen auf jedem dieser Gebiete zu geben und Neues zu schaffen. Starken Willens, den Hemmungen zu neuer Kraftanstrengung aufriefen, stand er auf dem Grundsatz: „Teuer muß uns die Muttersprache bleiben, in welcher wir denken, empfinden, aus dem segenspendenden Born deutscher Wissenschaft schöpfen, in welcher wir handeln und verkehren, und in der wir bisher unsere öffentlichen Angelegenheiten leiteten... Das fluchwürdige Los des Knechtes ist es, mit verhaltenem Groll zu schweigen. Die Pflicht des Bürgers, im Dienst der öffentlichen Wohlfahrt die warnende Stimme zu erheben und auf die Abänderung schädlicher Gesetze zu dringen!" Sein und des Tageblattes oberster Grundsatz war der Kampf für das Recht, für das eigene Volkstum mit voller Achtung des Rechts anderer, das Ziel war, „die Geister auf einen Grundton zu stimmen, so daß sie zu einem mächtigen Akkorde zusammenklingen, den Widerstreit der Meinungen zu entwirren und die zersplitterten Kräfte zu einem Bündel Pfeile zu sammeln". Und die Zuversicht trug ihn: „Der Deutsche in diesen Landen darf an dem Erfolg seiner Arbeit nicht verzagen; sie schreitet vorwärts, wenn auch langsam, häufig unterbrochen und reich an Opfern."

Wenn auch nur schüchtern wurde angedeutet, daß auch die andern Deutschen in Ungarn sich um das Tageblatt scharen sollten, doch gelang es zunächst nicht und erst den Verhältnissen blieb es vorbehalten, jene aus dem Schlaf zu wecken.

In Siebenbürgen aber, unter den Sachsen in erster Reihe, war der Erfolg des Tageblattes groß, es erreichte bald die damals hohe Zahl von 1000 Abonnenten und errang Beachtung in der ungarischen Publizistik und in der öffentlichen Meinung Deutschlands. In dem schweren Kampf von 1874—1876 ist das Tageblatt der Führer gewesen, die Siebenb. Blätter waren 1872 schon eingegangen, und je mehr die Machthaber ihr böses Gewissen fühlten, um so unangenehmer war es ihnen, daß die Wahrheit sich nicht verhüllen ließ. In der Delegation von 1874 forderte der Redakteur des Pester Lloyd Max Falk den Minister des Auswärtigen auf, dafür zu wirken, daß „die deutsche Presse sich nicht zur Unterstützung der sächsischen Nichtsnutzigkeit mißbrauchen lasse," und dieser erwiderte, er werde durch die Gesandschaften „aufklärend" wirken lassen. In der Tat geschah es ausgiebig, und viele deutsche Zeitungen saßen den Offiziösen auf und halfen getreulich mit am Lügengewebe, das die „sächsische Frage" umhüllte.

Hier aber wurde das Tageblatt in der Tat eine einigende Macht, die weit über das alte 1876 zerschlagene Sachsenland hinausreichte.

Eine zweite einigende Macht waren die sächsischen Vereine.

Allen voran der älteste „der Verein für siebenbürgische Landeskunde". Seine Generalversammlungen in den Jahren 1867—1876 waren alle getragen von edelm Schwung, jede einzelne ein Höhepunkt, wobei die allgemeinen politischen Verhältnisse den tiefen Unterton bildeten, der dem ganzen seine Färbung gab. Es ist unvergessen, was für einen Widerhall es fand, als in Hermannstadt 1869, wo M. Conrad sich hatte verleiten lassen, in einem Trinkspruch die Deutschen Amerikas als Vorbild hinzustellen, die gute Deutsche seien (?!) und doch ihr neues Vaterland über alles liebten, Schuler=Libloy erwiderte: Die Sachsen sollen bleiben, was sie sind oder nicht mehr sein (sint ut sunt, aut non sint!); wie in Sächsisch=Regen 1870 Fr. Obert das Gedicht Freiligraths vorlas: So wirds geschehn und Budaker die Wacht am Rhein sang, die wohl alle dort zum erstenmal hörten. Wattenbach, Ehrenmitglied des Vereins, hatte an die Versammlung geschrieben: „Das deutsche Volk in Waffen zeigt sich in seiner alten Kraft . . . auch diejenigen deutschen Brüder, die an diesem Kampf keinen Anteil haben, begleiten uns mit ihren Wünschen und der neue Glanz des deutschen Namens, dessen auch sie sich erfreuen, wird sie stärken in ihrem Volksbewußtsein!"

Bischof Teutsch war 1869 zum Vorsitzer gewählt worden, er war seit lange schon der anerkannte Führer der wissenschaftlichen Arbeit auf dem Gebiete der heimischen Geschichte. Bei der 25. Generalversammlung des Vereins (1871) zeichnete er die tragenden Kräfte des Vereins: „Er hatte stets einen begeisterten Kreis von Jüngern in seiner Mitte, Jünglinge und Männer, die trotz allem was an Mühe und Sorge der wechselnde Tag brachte, opferwillig und treu zu ihren Altären standen; er hatte für sich die Besten seines Volkes und mehr als Einen der Besten außerhalb desselben und durfte sich ihres nie getrübten teilnahmsvollen Wohlwollens erfreuen; er hatte endlich die deutsche Wissenschaft, diesen lautern, nie versiegenden Segensquell unserer edelsten Güter. Auf ihren Bahnen sind auch die Führer und Kämpfer unseres Vereins vorwärts geschritten, an ihrem Geist gewachsen." Der neue Vorstand eröffnete 1869 die Generalversammlung mit der ersten Denkrede (auf J. C. Schuller), eingeleitet mit dem Gedanken, „wie unser Volk und unsere Zeit die besten Männer häufig so rasch vergessen, und wie so gar wenig geschieht, das Andenken ihres Wirkens und ihres Charakters in weitern Kreisen zu erhalten, damit ihr Bild auch den nachkommenden Geschlechtern Erfrischung und Belehrung biete... Das aber ist eine Schuld, die sich an unserer künftigen Entwicklung schwer rächen müßte; denn ein Volk, das gleichgültig wird gegen seine eigene Gegenwart und Vergangenheit, legt sich selbst zu den Toten".

Diese Denkreden, zunächst von Teutsch selbst fortgeführt, haben Schule gemacht, und das sächsische Volk verdankt ihnen in der Tat eine Geschichte seiner neuen Zeit in Biographien.

Von grundlegender Bedeutung aber war: die Sachsengeschichte (bis 1699) erschien 1874 in neuer vermehrter und verbesserter Gestalt, diesmal in Leipzig bei S. Hirzel. Sie konnte im Vorwort freudig darauf hinweisen, welche Fortschritte doch seit der 1. Auflage (1852—1858) auch die heimische Wissenschaft gemacht habe: „Dem immer vollern Zug der Geschichtsforschung und Geschichtsschreibung des Mutterlandes folgend, fließt ihr Strom breiter und tiefer dahin; eine Fülle von Ergebnissen neuer Forschung ist seither zutage getreten, und namentlich das so rüstig und einsichtsvoll bearbeitete Feld der kunstgeschichtlichen und germanistischen Studien hat ungeahnte Schätze zum Verständnis des alten Volkslebens aus lang verborgenem Grunde gehoben. Unsere grauen Burgen und Kirchen sprechen wieder und die alte Sitte und Sage erhebt das lebendige Wort zum staunenden Geschlecht der Gegenwart. Wie viel klarer und lebensvoller vermag das Bild unserer an Ehren und Leiden so reichen Vorzeit heute vor die Seele desselben zu treten." So sind in dieser 2. Auflage die Abschnitte über die Kulturentwicklung z. T. ganz neue und völlig umgestaltet.

So wie die erste Auflage, so wurde nun erst recht auch die zweite Anstoß und Rahmen für weitere Forschung. C. Gooß in Schäßburg — er starb schon im 38. Lebensjahre 1881 — nahm sich der prähistorischen und römischen Zeit Siebenbürgens an, und seine Forschungen machten ihn zur anerkannten Autorität auf diesem Feld. Es war nur natürlich, daß die Arbeiten ihn auch zur Rumänenfrage führten, deren Lösung er in der grund= sätzlichen Stellungnahme R. Röslers fand, wornach die Rumänen ihren Ausgang von der untern Donau genommen haben, wo das Volk entstanden ist, das in allmählichem Vorwärtsdringen dann die Walachei besetzte und von da um 1100 anfing auch die Karpathen zu übersteigen.

Aber auch für andere Zeiten gelang es auch in diesem Zeit= raum, das Gebiet der heimischen Geschichte und Landeskunde, um ein Wort Joh. v. Müllers zu gebrauchen, „mit chaussierten Straßen zu durchziehen und mit zahlreichen Meilensteinen und Wegweisern heimlich zu machen". Solche Meilensteine waren Zieglauers Harteneck (1869) und seine Beiträge zur Rakotzischen Revolution (dem Kuruzzenkrieg) 1867, Fr. W. Schusters Deutsche Mythen aus siebenbürgisch=sächsischen Quellen (1870 f.), G. D. Teutsch: Über die ältesten Schulanfänge und Aktenmäßige Bei= träge zur Geschichte des 18. Jahrhunderts, R. Theil: Gehörten die 2 Stühle seit 1224 zur Hermannstädter Provinz? und das Urkundenbuch zur Geschichte des Mediascher Kapitels von Theil und Werner herausgegeben (1871). G. D. Teutsch: Über Honterus und Kronstadt zu seiner Zeit (1876) leitete damit die neuen bahn= brechenden Forschungen über Honterus ein. Die Veröffentlichung der ungemein wertvollen Selbstbiographie Heydendorffs (1730 bis 1821), zugleich eine Zeitgeschichte wurde begonnen, und wertvoll war die Zusammenstellung der kirchlichen Altertümer, die Reißen= berger 1873 gab. Heute noch unentbehrlich ist die Neuauflage von Seiverts Nachrichten von Siebenbürger Gelehrten, die Trausch reich vermehrt unter dem Titel: Schriftstellerlexikon oder bio= graphisch=literarische Gedenkblätter der Siebenbürger Deutschen in 3 Bänden 1868 - 1874 (nicht 71) herausgab.

Auf dem Gebiet der heimischen Mundart arbeitete der un= ermüdliche J. Haltrich fort, vor allem an der Grundlage zum Wörterbuch, dem der „Plan zu Vorarbeiten für ein Idiotikon der siebenbürgisch=sächsischen Volkssprache" (1865) und die Ne=

gativen Idiotismen (1866) dienten, sowie einige kleinere Neben=
arbeiten. Eine 2. Auflage der Märchen erschien 1877. Schon
war die junge Generation auf den Plan getreten. Joh. Roth be=
handelte grundlegend die Laut= und Formenlehre der starken Verba
im Siebenbürgisch=sächsischen (1872) und Joh. Wolff den Kon=
sonantismus (1873) und die Vokale im sächsischen Dialekt (1875),
beide Arbeiten auf dem Grund der neuen physiologischen und
psychologischen Anschauung stehend, die unsere Wissenschaft auf
diesem Gebiet in den großen Gang der deutschen Wissenschaft
einstellte, und 1877 trat Haltrich, nicht ohne Schmerz, aber neidlos,
wie sein reines Herz war, das ganze reiche, ein Leben lang ge=
sammelte Material und die Arbeit am Wörterbuch an Joh. Wolff
ab. Mit Recht konnte wenige Jahre später Wolff an ihn und
über ihn schreiben: „Sie sind mit dem sächsischen Bauernkind
am Herdfeuer gesessen, als ihm die Großmutter die wundersamen
Märlein und der Vater die lustigen Geschichten vom Fuchs und
seinem Gevatter erzählte; Sie haben die fröhliche Jugend im
warmen Sonnenschein zum Spiele begleitet und das arme Waisen=
kind teilnehmend nach seinem Leide gefragt; Sie haben aus der
Gesellen= und Rockenstube, auf dem Markt und auf dem Felde
die neckischen Reden der Jünglinge und Jungfrauen, die weisen
und zornigen Sprüche der Städter und Bauern gleich kostbaren
Goldstufen gesammelt; Sie haben auf der Torbank die Meinungen
der Alten über die neue Weise sich zu gewöhnen und über die
alte Art sich zu tragen erkundet; Sie haben auf die sorgende
Mutter geachtet, die mit kräftigem Zauberspruch den bösen Ge=
walten des Erd= und Luftreichs wehrte und haben uns berichtet
von dem frommen Sinn, der den schützenden Hausgöttern ein
Dankopfer in Speise und Trank auf den Herd stellt; Sie haben
liebevoll, uns allen zum Beispiele… die Wege zu den Quellen
unseres Volkstums bereitet. Alle Ihre Sammlungen und For=
schungen führten Sie in unser Haus, in das treudeutsche Haus des
sächsischen Volkes… Sie haben auch in seinen stillsten Winkel
hineingeleuchtet und haben auch seine tiefsten und geheimsten Ge=
danken verstanden." Und als Haltrich wenig später starb (1886), da
konnte von ihm gerühmt werden, daß sein stolzes Bekenntnis: „Es
ist doch soviel Schönes und Herrliches in unserem Volk, daß es
einem herzlich wohltut ihm anzugehören und unter ihm zu leben",
und seine Lebensarbeit mit dazu beigetragen habe, uns selbst=
bewußter und stärker zu machen.

Fr. W. Schusters Siebenbürgisch-sächsische Volksdichtungen mit den tiefgehenden Untersuchungen über die Fülle der damit im Zusammenhang stehenden Fragen waren schon 1865 erschienen.

Auf dem Gebiete der Naturwissenschaft gingen die Brüder Fuß, Fronius, Neugeboren, Bielz, Reissenberger als ihre Hauptträger weiter in der Beschreibung der Gegenstände und sammelten und gestalteten das Museum des naturwissenschaftlichen Vereins in Hermannstadt aus.

Was die schönwissenschaftlichen Arbeiten der Zeit betrifft, so erzählte noch G. Seiwert († 1875), dessen gesammelte Kulturhistorische Novellen 1866 erschienen, von „Ausgestorbenen Originalen aus dem siebenbürgischen Sachsenland" (1866—1874), aber schon hatten M. Albert († 1893) und Traugott Teutsch († 1914) sich das Wort gegeben, „poetische Werke zu schaffen und entgegen dem einseitig betonten Betriebe wissenschaftlicher Forschung dem freien künstlerischen Schaffen auch in unserm Volk sein Recht zu verschaffen". Albert schrieb Novellen und Feuilletons, die in das Leben der Gegenwart griffen und die Sorgen jener Tage widerspiegelten, und lyrische Gedichte, unter denen der Totenkranz (1873) an Tiefe und Schönheit kaum zu übertreffen ist. Die Novellen, im Volksleben wurzelnd, sind ein Spiegel sächsischen Wesens und darum allein schon wertvoll. Traugott Teutsch veröffentlichte 1874 das Trauerspiel Harteneck, das erste große Drama, das einen tragischen Charakter aus unserer Geschichte der Gegenwart nahe brachte und der Kritik standhalten konnte.

Das Wort, das sich Traugott Teutsch und M. Albert gegeben hatten, „poetische Werke zu schaffen", bedeutete mehr als einen warmen Entschluß junger Stürmer. Es war aus der Erkenntnis erwachsen, daß neben den wissenschaftlichen Arbeiten, die seit den fünfziger Jahren in fröhlichem Emporblühn waren, die schöne Literatur zu kurz kam. „Den Sinn für einheimische schöne Literatur im sächsischen Volke beleben" war ein Programm, das in dieser Form neu war. Es ergab sich daraus als Lebensaufgabe für die beiden Freunde das hohe Ziel, alles daran zu setzen, dem sächsischen Volke nun wirklich etwas zu bieten, das Wert hatte. Es fehlte dabei jede heimische Tradition. D. Roth und J. Marlin, die in den vierziger Jahren neue Bahnen betreten hatten, waren abgesehn davon, daß ihnen nur kurzes Wirken beschieden war, durch die Ereignisse von 1848 und was diesen folgte, rasch in Vergessenheit geraten, wenn auch Roths Romane vereinzelt gern gelesen wurden. Hier zum erstenmal sollte der Versuch gewagt werden, berufsmäßig „aus freiem künstlerischem Bedürfnis" dem sächsischen Volke wenigstens den Anfang einer schönen Literatur zu schaffen.

Albert hat auch der wissenschaftlichen Forschung seinen Tribut gezahlt, in dem er allerdings auch der Poesie gerecht wurde: seine Untersuchungen über die Ruinae Pannonicae des Christian Schesäus mit beigegebenen Proben sind eine Zierde unserer Literatur (1873) und die methodischen Weisungen, die er für derartige Arbeiten gibt, sind noch heute wertvoll.

Eine neue Erscheinung war das „Sonntagsblatt für Stadt und Land", das Fr. Herfurth zunächst mit Jul. Groß, dann mit Fr. W. Seraphin 1886—1890 herausgab, „Der Siebenbürgische Volksfreund", 1891—1895 von E. Filtsch u. A. redigiert. Das Blatt bot beste Volksnahrung, brachte einige treffliche heimische Erzählungen und begann volkstümliche Erzähler zu erziehn, als es leider 1895 einging. Es war eine Unterlassung der Kirche, daß sie sich des Blattes nicht annahm, in dem vor allem Herfurths Gedanke Verwirklichung suchte, daß es notwendig sei, bewußt an der Vertiefung des religiösen Lebens zu arbeiten, um dem gesamten Leben eine festere Grundlage zu geben. In die Lücke traten die seit 1872 erscheinenden Landwirtschaftlichen Blätter, die in einem Anhang Anregungen für Geist und Gemüt boten, die die Gedanken um Glauben und Volkstum sammelten und die Herzen ihrer Leser warm zu machen versuchten für Fragen, die über den Staub des Tages hinüberhoben.

Diese ganze deutsche Literatur, die die Zeit hier schuf, hatte Erdgeruch und heilende, aufrichtende Kraft, sie war auch ein Band, das das Volk zusammenhielt.

Zu den Vereinen, die durch ihre Ziele und ihre Arbeit das gleiche taten, gehörten eine Reihe anderer Vereine: die in den sechziger Jahren entstandenen Männergesangvereine, die Turnvereine, hin und wieder Schützenvereine, und wenn sie von Zeit zu Zeit am Ort und zur Zeit bei der allgemeinen Versammlung des Landeskundevereins und Gustav Adolf=Vereins zusammenkamen, dann wars in der Tat, als ob das ganze Volk beisammen wäre. Der letztere war volkstümlich geworden, in jedem Dorf bekannt, bei den Bezirksversammlungen, wo hunderte von Bauern

zusammenkamen, konnten die Gedanken nicht nur auf die Liebes=
arbeit im Lande gelenkt werden; die Blicke flogen in die pro=
testantische Welt über unsere Berge hinüber und das Volk empfand,
es stand nicht einsam und verlassen da. Seit 1883 war Bischof
Teutsch auch Vorstand des Gustav Adolf=Vereins.

Noch hatte der siebenbürgisch=sächsische Landwirtschaftsverein
seine große Wirksamkeit nicht entfaltet. Nach längerem Stillstand,
den die Revolution und der Absolutismus verursacht hatte, nahm
er seine Tätigkeit 1857 neu auf, aber erst 1865 erhielten die neuen
Satzungen die ministerielle Genehmigung. Es wurde hier und
dort eins und das andere versucht, bis 1867 der bisherige
Vereinssekretär, Jos. v. Bedeus, der auch bis dahin vor allem
den Verein aufrecht gehalten hatte, zum Vorstand gewählt wurde.
Nun kam Leben in den Verein, der sofort drei große Gedanken
aufnahm: die Errichtung landwirtschaftlicher Lehranstalten, die
Regelung der agrarischen Verhältnisse im Sachsenland und die
Errichtung einer Bodenkreditanstalt. Die beiden ersten Gedanken
fanden Unterstützung bei der sächsischen Nationsuniversität, die
1872 die landwirtschaftliche Lehranstalt in Mediasch errichtete und
Unterstützungen gab für ähnliche Anstalten in Bistritz und Marien=
burg, (die letztere zuerst in Kronstadt errichtet), und 1871 ein
Statut zur Regelung der agrarischen Verhältnisse im Sachsen=
land machte, das aber nicht zur Durchführung kam. Von durch=
schlagender Bedeutung wurde, daß ein Staatsgesetz (55 : 1871)
über die Kommassationen geschaffen wurde und der Landwirtschafts=
verein nun alles daran setzte, in den sächsischen Gemeinden die
Kommassation (Zusammenlegung der Grundstücke) durchzuführen.
Es ist nur langsam und schwer gegangen, nach unendlicher Arbeit,
die in Aufklärung der Gemeinden jahrelang vergebens sich ab=
mühte, in mehr als einer Gemeinde die Apostel der Kommassation
geradezu in Lebensgefahr brachte und in vielen Gemeinden nur
zwangsweise durchgeführt werden konnte. Einer der kampfsrohesten
Vertreter der Kommassation war J. Konnerth († als emeritierter
Pfarrer von Großau 1914, nicht ganz 70 Jahre alt). Er war lange
Jahre hindurch Sekretär des Vereins, ein Volksredner, der den
Bauern zu packen wußte und der ein wesentliches Verdienst um
die Hebung der Landwirtschaft in den sächsischen Gemeinden hat.

Er und seine Mitarbeiter. Noch in der Mitte der siebziger
Jahre war es ein gar kleines Häuflein, Vertreter der sogenannten

Intelligenz, die dem Bauern aufhelfen wollten, der aber nichts davon wissen wollte. Es ist ein Verdienst dieser Intelligenz, daß sie nicht locker ließ und die Arbeit im Dienste des Volkes auf sich nahm, die zunächst nichts als Mühe und Verfolgung brachte, aber durchgeführt wurde um der Zukunft willen.

Im Verein mit dem Landwirtschaftsverein und der evangelischen Landeskirche gründete J. v. Bedeus 1872 die Bodenkreditanstalt in Hermannstadt. Ende der sechziger Jahre war das Grundbuch in Siebenbürgen eingeführt, das in den siebziger Jahren im Sachsenland angelegt wurde. Mit der Anstalt selbst aber war eine neue Stütze des Volkstums geschaffen worden, da auch sie nicht auf Gewinn ausging, sondern Förderung altruistischer Zwecke sich zum Ziele setzte.

Die Hermannstädter Sparkassa mußte bis 1866 einen Stillstand überwinden und mit der Unzulänglichkeit der Betriebsmittel, die u. a. auch in der Gründung zahlreicher Vorschußvereine einen Grund hatte, (es gab 1875 im Sachsenland 20 Spar= und Vorschußvereine), auch noch 1866—1878 kämpfen. Die Ausgabe von Pfandbriefen, die der Scharfblick des verdienstvollen Direktors M. Herbert (1841—1878) 1876 als notwendig hinstellte, fand die Zustimmung des Direktionsrates nicht. Aber auch in diesen Jahren hat die Sparkassa den Reingewinn, den Satzungen entsprechend, zu öffentlichen wohltätigen Zwecken Hermannstadts verwendet, unter Herberts Leitung in den oben angegebenen Jahren 91000 fl. Zu diesen Anstalten kamen die „erste Siebenbürger Bank" in Kronstadt 1868, die österreichisch=ungarische Bankfiliale in Hermannstadt im selben Jahr, der Spar= und Hypotheken=Kreditverein in Schäßburg 1870. Die allgemeine wechselseitige Versicherungsbank Transsylvania wurde 1869 gegründet, vor allem auch mit sächsischem Kapital und die Anstalt arbeitete vor allem unter den Sachsen.

Von entscheidender Bedeutung aber war, daß 1868—1873 die Eisenbahn endlich nach Siebenbürgen kam. Nun wurde all der Streit und all der Ärger vergessen, den die Richtung und die Anschlüsse hervorgerufen hatten, das Zerwürfnis zwischen Hermannstadt und Kronstadt, von den Einen unter den überschwänglichen Hoffnungen, die sie erfüllten, von den Andern unter dem neuen Ärger und den neuen Sorgen, die dies Hineinbeziehen in die Welt brachte. Auch hier gab es Kinderkrankheiten zu über=

winden. Die Kaufleute klagten, daß die Waren von Wien und Pest jetzt längere Zeit brauchten wie früher, die Frächter und Fuhrleute, daß sie den Verdienst verloren, die Reisenden über die unglaublich schlechten Anschlüsse, und das Ärgernis des „Knotenpunktes" Klein-Kopisch wird in Hermannstadt wohl niemals überwunden.

Aber im Lande war sie doch und es mußte mit ihr gerechnet werden.

Sie fand keine Industrie vor. Anfänge waren wohl in bescheidenem Maße vorhanden, hier eine Brauerei, dort eine Kunstmühle, am dritten Ort eine Glasfabrik, aber kaum eine hatte Bestand oder brachte Gewinn.

Das Gewerbe, damals mehr noch wie heute am zahlreichsten in den sächsischen Orten, wurde noch nahezu überall in der alten Weise betrieben und war überall im Rückgang begriffen. Den Absatz nach außen hatte es früher schon verloren, jetzt drohte der Einfuhr auf dem inländischen Markt Gefahr. Ein Zeichen des gesamten Stillstandes ist: Hermannstadt, das 1829 18.337 Einwohner zählte, hatte 1870 18.998, hatte also in 40 Jahren jährlich um 16 Einwohner zugenommen! Ein Zeichen des Rückgangs: während 1829 hier über 1200 Gewerbetreibende arbeiteten, waren es 1889 853, und fast jeder der Verlorenen bedeutete eine sächsische Familie! Von diesen arbeiteten 236 ohne Gehilfen. Ähnlich ging es in den anderen Orten. Von den 357 Webstühlen, die in Schäßburg 1852 arbeiteten, u. zw. 191 Meister und 161 Gesellen, mit den Lehrjungen fast 500 Seelen, war 1870 kaum einer übrig. In rührender Weise versuchten die Gesellenvereine und Gewerbevereine hier durch Schulen, dort durch Ausstellungen, an anderen Orten anderswie zu helfen, zu stützen; die frohe Empfindung, daß es vorwärtsgehe, stellte sich nicht ein.

Und nun brachte das Jahr 1872 das Gewerbegesetz und mit ihm die Aufhebung der Zünfte und die völlige Gewerbefreiheit. Es war wieder eine Erschütterung bis zum Grunde. Wohl hatte der Zunftzwang und was damit zusammenhing hier seltsame Blüten getrieben. Das war noch nicht auffallend, daß die Gewerbe an die Städte gebunden waren und an die Märkte, aber es gab Gewerbe und Handelszweige, die nur an einzelnen Orten und dann wieder nur von Sachsen oder Ungarn oder Rumänen betrieben werden durften. Nur ein Mitglied der

Kronstädter Zünfte durfte die zur Ausfuhr nach Rumänien bestimmte „Kronstädter Ware" an den Vertreter der Moldau und Walachei verkaufen. Abgesehen von den wenigen Schnittwarenhändlern in Hermannstadt und Kronstadt, in den kleinern Städten nur einer oder zwei, führte der Armenier und der Slovak (der Tut) diese Waren durch das Land und schlug sein fliegendes Zelt bald hier bald dort auf. Die alte sächsische Bezeichnung für den Materialhändler „der Gräk" (der Grieche) hat die Erinnerung an den Fremden, der Gewürz und Pfeffer u. dgl. brachte, erhalten. Es gab sächsische Schuster und Schneider neben deutschen Schneidern und Schustern, sächsische Kürschner und Lederer neben rumänischen Kürschnern und Lederern. Während es keinen einzigen sächsischen Pflasterer gab — man fing doch auch an kleinen Orten an, den Markt und die Hauptgasse teilweise zu pflastern — waren die Tuchmacher sämtlich Sachsen. Zu den alten Zünften der Fleischhauer und Seifensieder gehörten nur Sachsen, dafür waren die Feinhutmacher, Zuckerbäcker und andere neue Gewerbe in den Händen von zugewanderten Deutschen, Schweizern, Böhmen. Die Nationalität bestimmte in vielen Fällen die Stellung zum Gewerbe und es gab selten einen Dorfschmied, der nicht Zigeuner war, der zugleich den Pferdehandel, vielfach den Pferdediebstahl und die Musik besorgte, weniger das letztere in den sächsischen Dörfern, wo die Adjuvanten eine alte Einrichtung waren.

Das alles wurde nun anders und die ehemaligen Zünfte, die sich schwer entschließen konnten, sich zu den neuen, im Gewerbegesetz vorgesehenen „Innungen" zusammenzuschließen, hatten nur die vorwiegende Empfindung der Auflösung der Verhältnisse. Das Verhältnis zum Gesellen und Lehrjungen wurde ein anderes, und das griff bis tief in die Familie hinein. Noch in den achtziger Jahren hielten die größten Kaufleute auch in Hermannstadt darauf, daß Kommis und Lehrjungen im Haus des Kaufherrn wohnten, abends pünktlich zu Hause waren und am gemeinsamen Familientisch aßen.

Noch war der Wochen- und gar der Jahrmarkt für jeden Ort von großer Bedeutung und die letzteren besonders wurden überschätzt und viel begehrt. Die unglaublichsten Gründe wurden bei den unzähligen Gesuchen um neue Jahrmärkte an den kleinsten Orten angeführt, wo der einzige eigentlich war, daß der Pächter des Dorfwirtshauses eine gute Einnahme erwartete.

Die Wochen- und Jahrmärkte in Hermannstadt und Kronstadt, der Jakobimarkt in Reps, der „Margrethi" in Mediasch waren im ganzen Lande berühmt. Beim Jahrmarkt in Hermannstadt zählte man auf dem Großen und Kleinen Ring und in den dorthin mündenden Gassen bis auf die Kleine Erde über tausend Verkaufsbuden. Noch fanden sich unter der kauf- und schaulustigen Menge auch die Volkssänger ein, der letzte Rest der fahrenden Leute, wo Mann und Frau zur Drehorgel mit lang schon verwelkten Stimmen irgend eine Mordtat oder ein sonstiges schweres Unglück besangen und die Frau mit einem langen Stock die grellen Bilder zeigte, die hoch aufgerichtet die einzelnen Szenen der geschilderten Vorgänge darstellten. Noch gehörten die Krüppel, die ihre Mißgestalt zur Schau stellten, zu den abschreckenden Sehenswürdigkeiten eines Jahrmarktes. Eine ungeheure Verschwendung an Zeit und Kraft und Geld war die Kehrseite der Wochenmärkte, zu der die Bauern aus den Dörfern der nahen Stadt wie zur Unterhaltung allwöchentlich fuhren, auf dem Wagen vielleicht ein Paar Hühner oder einige Eier. In Kronstadt zählte man an gewöhnlichen Markttagen bis 1800 Wagen, die in die Stadt einfuhren, über 6000 Pferde und 300 Ochsen kamen dabei zur Verwendung. Alle Gassen der Stadt und der Vorstädte (mit Ausnahme der oberen Vorstadt) waren mit Buden und Wagen so besetzt, daß kaum für Fußgänger Platz blieb. Im alten Kaufhaus mit seinen mehr als 300 Kaufplätzen hielten die alten Zünfte ihre Waren feil, die andern, die auf dem Markt den Platz hatten, sahen bisweilen, besonders bei schlechtem Wetter, neidvoll auf die im Kaufhaus, die dort vor Regen und Schnee geschützt waren. Noch konnte man, u. zw. in Kronstadt allein, auf dem Markt die im Freien sitzenden Geldwechsler sehen, vor allem Griechen und Armenier, dann an den Brunnen und Bächen in den Gassen wie die verschiedenen Handwerker, so die Lederer und Hutmacher ihr Gewerbe ausübten. Die Kürschner klagten, daß im letzten Viertel des 19. Jahrhunderts kaum 20 Bärenfälle im Jahr zur Verarbeitung gelangten, während es im ersten Viertel noch bis 100 waren.

Die Eisenbahn verdrängte nun den Großfuhrmann, der ehemals von Hermannstadt und Kronstadt nach Temesvar und Pest oder gar bis Wien den mit Wolle und Decken so hochbeladenen Wagen führte, daß ein Kronstädter unter dem Stadttor in Mühlbach stecken blieb. Von „oben" brachte er ausländische Waren mit, vor dem Wagen 10—12 Pferde gespannt, die die lange Peitsche in Zucht hielt, die im Sprüchwort heut noch lebendig ist, das nicht nur auf den Fuhrmann angewendet wird: E plätscht mät der Kruner Gießel (er knallt mit der Kronstädter Peitsche).

Von besonderer Bedeutung war für Siebenbürgen stets der Verkehr mit der Walachei. Gerade in diesem Zeitraum begannen Grenzsperren und Erschwerungen für die Ein= und Ausfuhr, die bald, besonders nachdem der Zollkrieg ausbrach, geradezu verheerende Folgen für das sächsische Gewerbe hatten. Auch hier hatte man die Empfindung, auf unsicherem Boden zu stehen.

Die Zahl der in Rumänien wohnenden Siebenbürger war hoch. Zahlreiche Sachsen fanden dort Arbeit und Wohlstand besonders als Apotheker, Ärzte, Kaufleute. In erster Reihe in Bukarest, wo die ev. Gemeinde die alten Beziehungen zur siebenbürgischen ev. Landeskirche neu aufnahm, als sie 1865 den Kronstädter Lehrer W. Teutschländer zum Pfarrer berief, dem die Königin (Carmen Sylva) bis zu ihrem Tode ein dankbares Andenken bewahrte.

Die neuen Verhältnisse und neuen Gesetze machten den alten Handelsgenossenschaften ein Ende. Die armenische Handelssozietät, das levantische Handelsgremium in Kronstadt hörten auf, schon 1860 hatte die Hermannstädter Kaufmannsgilde, deren Entstehung in frühe Zeiten hinaufging, aufgehört. Auch der Handel stellte den Einzelnen auf die eigenen Füße. Der Kampf Hermannstadts mit Kronstadt 1876 um eine eigene Handelskammer blieb erfolglos.

Ein kleines Zeichen, wie sehr der Drang vorhanden war, an die abendländische Kulturwelt sich anzuschließen, war, daß der Landwirtschaftsverein 1868 einen Vertreter zur Pariser Weltausstellung schickte. Die dort ausgestellten Siebenbürger Weine fanden Beachtung, aber die von Sachsen ausgestellten Weine zeigten, daß die Weinbehandlung nicht auf der Höhe stand.

Die Wiener Weltausstellung 1873 war von den sächsischen Gewerbsleuten gut beschickt, das sächsische Bauernhaus hatte sich mit dem jungen Paar aus Michelsberg, das darin wohnte, wacker behauptet, viele hundert Sachsen sind damals in Wien gewesen und haben von dem Riesenwerk der Ausstellung nachhaltige Eindrücke mitgebracht. Die ev. Landeskirche war durch eine treffliche Schulausstellung würdig vertreten, die durch die schlechte Be=

handlung von Seite des ungarischen Vertreters nicht genügend zur Geltung kam. Der „Krach", der nach der Weltausstellung eintrat, wirkte bis nach Siebenbürgen. Die Verluste Kronstadts allein wurden auf über 1 Million Gulden geschätzt.

Auch andere Versuche größeren Stils mit Industrieunternehmungen schlugen fehl. Der Kronstädter Berg- und Hütten-Aktienverein, zuletzt mit einem Aktienkapital von 2 Millionen Gulden ging zugrunde (1870) und die Aktionäre, es war auch viel sächsisches Kapital darunter, verloren die ganze Einlage. Ganz ähnlich war die Entwicklung der von B. Reichenstein gegründeten „Orlater Kunstwollmanufaktur" (1868) und der Kunstmühle in Talmesch (1870), beide gingen zugrunde und die Verlustträger waren wohlhabende Hermannstädter Bürger. Die Petersdorfer Papierfabrik brannte 1869 ab und die entmutigten Aktionäre verkauften sie an die Neusiedler Fabrik. Anfang der 70er Jahre war ein allgemeiner Notstand im Lande, von dem ein Teil 1872 von der Cholera heimgesucht wurde.

Am 9. März 1872 starb in Hermannstadt Hermann Baron Brukenthal kinderlos, der Besitzer des großen Fideikommisses, das Karl und Josef Brukenthal für den Mannesstamm Josef Brukenthals gegründet hatten, mit der Bestimmung, daß das Vermögen im Falle der Mannesstamm aussterbe oder dem ev. Glauben abtrünnig werde, „als fromme Stiftung", in vier gleichen Teilen zu folgenden Zwecken zu verwenden sei: als Baufond für die ev. Stadtpfarrkirche, zur Erhaltung und Dotation des Gymnasiums und Seminars, zur Verstärkung des ev. Waisenfondes und zur Unterstützung ev. Hausarmer der Stadt, unter Verwaltung des Hermannstädter Lokalkonsistoriums (Presbyteriums) unter der Oberaufsicht des Ober(Landes)konsistoriums. Noch einmal stieg beim Erlöschen der Familie die Erinnerung an all das auf, was das sächsische Volk und die ev. Kirche dem Haus Brukenthal verdankte. „Die Träger dieses Namens", schrieb das ‚Siebenb.-Deutsche Wochenblatt' damals, „haben durch Taten dafür gesorgt, daß sein Glanz niemals unter uns erlösche. Und das ist am Ende die rechte Aristokratie, deren geistiges Erbe nicht gebunden ist an die Schranke der Familie, sondern sich fortpflanzt endlos als dankbar gehütetes Gemeingut des Volkes."

Ein weitschichtiger Seitenverwandter, im Banat lebend, von dem bisher niemand hier gewußt hatte, trat als Prätendent des

Fideikommisses auf und strengte gegen das Hermannstädter Pres=
byterium einen Prozeß an, der von vorneherein aussichtslos von
Advokaten auf Anteil im Falle des Gewinnes geführt wurde. Es
spielten in den Prozeß der Kampf der Sachsen mit den Ungarn,
politische und nationale Gesichtspunkte hinein, denen es zu ver=
danken war, daß der Prozeß dem Hermannstädter Gericht, zu
dem er gehörte, abgenommen und dem Maros=Vasarhelyer zuge=
wiesen wurde.

Das Alles trug zur Erschütterung der Volksseele bei.

M. Albert hat sie in mehreren seiner Novellen gezeichnet.
Ein Gefühl der Friedlosigkeit, die Folge von all den Erlebnissen,
„der Heimatlosigkeit auf erbgesessener Scholle" lagerte über dem
Volk, das Gefühl der Verzweiflung übte eine zersetzende Wirkung
auf alle aus. „Auswandern, auswandern, es bleibt nichts anderes
übrig", das war die Empfindung ganzer Volksschichten. Aus
diesem Unmut heraus schrieb Albert das Wort:

> Was du auch sonst auf Erden
> Durch Schicksalslaunen bist —
> Eins wünsche nie zu werden:
> Ein deutscher Kolonist.

Aber war denn wirklich die geschichtliche Aufgabe der einstigen
sächsischen Kolonisten hier, der sächsischen Nation zu Ende?

Die Mißstimmung, der Groll und der Grimm über das
Erlebte, vor allem das tiefverletzte Rechtsgefühl über die Zer=
trümmerung des Königsbodens machte auf die ungarische Regierung
doch Eindruck. Sie hielt es für angezeigt, den König ins Land
kommen zu lassen, damit er ein Wort der Beschwichtigung sage.
Am 10. September 1876 kam er nach Hermannstadt. Er zeigte
sich besonders huldvoll gegen die Sachsen; er sprach aus, „poli=
tische Rücksichten" hätten die Neueinteilung des Landes, die Auf=
hebung des Sachsenbodens notwendig gemacht. Bischof Teutsch,
der die Majestät in das Gymnasium und in die ev. Kirche führte,
konnte bei dem Anlaß einen Teil der sächsischen Vergangenheit
und Gegenwart vorführen und dem Herrscher bei der Besichtigung
der Kirche das staunende Wort entlocken: „Es ist doch wunderbar,
wie sich die Nation hier so ganz deutsch in dieser Entfernung
und Umgebung erhalten hat", und als Minister Baron Wenckheim,
der dabei stand, dazu fügte: „Und wie deutsch, Ew. Majestät,
bis zum kleinsten Dorf in Sprache, Sitte, Kleidung, Hausbau,

in Allem", da hatte der Bischof die gute Antwort, die jetzt nach der Zertrümmerung des Sachsenlandes einen ganz besonderen Inhalt bekam: „Das ist mit die Folge des von der Krone unserem deutschen Partikularrecht so wirksam gewährten Schutzes!"

Als am 13. September der König Hermannstadt wieder verließ, wo er in der herzlichen Aufnahme, die er fand, gefühlt hatte, wie das alte dynastische Gefühl im Volke, wo er sich zeigte, zutage trat, da dankte er dem sächsischen Bischof für den freundlichen Empfang und versicherte: „An meinem Schutz soll es Ihnen niemals fehlen. Es freut mich, daß ich den guten altsächsischen Geist hier gefunden habe."

Teutsch konnte darauf erwidern: „Gott segne Ew. Majestät auch dafür!"

Dieser altsächsische Geist ist es gewesen, der in den kommenden Jahren voll Kampf für den Bestand des Volkes die Sachsen vor dem Untergang bewahrt hat.

XVIII.

Im Kampf für Volkstum und Kirche.
1876—1890.

Das Gesetz über die Zertrümmerung des Königsbodens (12:1876) hatte zur Folge, daß durch den 33:1876 das Sachsenland zerschlagen und neue Komitate daraus gebildet wurden. Der Hermannstädter Komitat umfaßte vor allem den alten Hermannstädter, Leschkircher, Reußmärkter und Mühlbächer Stuhl, zu dem die rumänischen Grenzgemeinden des Talmescher, Szelischter Stuhls, des Orlater Grenzbezirks hinzugeschlagen wurden. Einige Gemeinden (Kerz) fielen an den Fogarascher Komitat. Der Großkokler vereinigte die ehemaligen Stühle: Reps, Schäßburg, Schenk, Mediasch und Schelk, auch mit einigen kleinen Abtrennungen (Arkeden, Meeburg und Draas waren dem Udvarhelyer Komitat zugewiesen) und mit Erweiterung durch die ehemaligen Komitatsenklaven. Dem Kleinkokler Komitat gehörten schon von früher an die stattlichen Gemeinden in dem Kleinkokelgebiet, die diesem Gebiet einen starken deutschen Einschlag gaben. Aus dem Kronstädter Distrikt wurde der Kronstädter Komitat gebildet, erweitert durch die volkreichen 7 Dörfer, wodurch die sächsische Bevölkerung durch die ungarische und rumänische in Nachteil geriet. Bistritz wurde zum Bistritz-Naßoder Komitat geschlagen, Broos war dem Hunyader zugeteilt worden; etwas Ähnliches hatten die Sachsen unter Josef II. und dann in der Zeit des Absolutismus erlebt.

Die Nationsuniversität, die unter Josef II. und in den fünfziger Jahren gleichfalls aufgelöst worden war, war diesmal als Verwalterin des sächsischen Nationalvermögens aufrecht erhalten worden.

Die Komitate waren in Stuhlrichterbezirke eingeteilt, die Stuhlrichter (später Oberstuhlrichter genannt) wurden von der Komitatsversammlung für die bestimmte Stelle gewählt, die Stuhlrichteradjunkten (später Stuhlrichter) ebenso gewählt, aber vom Obergespan in die Bezirke geschickt, die er für gut hielt, die Beamten waren auf Zeit gewählt auf Grund einer Kandidation, bei der der Obergespan die Entscheidung hatte. Die Gemeindevertretungen waren ebenso wie die Komitatsversammlung zusammengesetzt zur Hälfte aus den Virilisten d. h. den höchsten Steuerträgern, zur Hälfte aus gewählten Vertretern. Die Berufung der Virilisten, deren Einrichtung die Sachsen bekämpft hatten, erwies sich für die Sachsen als großer Vorteil, da diese Stimmen im Sachsenland überwiegend in ihren Händen waren. An der Spitze des Komitats als Würdenträger und Vertreter der Regierung stand der Obergespan, von der Regierung ernannt, der Leiter der Verwaltung war der Vizegespan, von der Komitatsversammlung gewählt. Gegen jeden Beschluß der Komitatsversammlung und in zahllosen einzelnen Fällen war der Rekurs an den Minister gestattet, so daß jede Angelegenheit zu seiner Entscheidung gebracht werden konnte.

Nun war es ein bedauerlicher Fehlgriff der Regierung, daß sie in die neuen Komitate als Obergespäne Männer schickte, die für das Amt untauglich waren, nach Hermannstadt Fr. Wächter, nach Großkokeln den Grafen Gabr. Bethlen, nach Bistritz (1885—1890) Baron Des. Banffy.

Am schmerzlichsten empfand Hermannstadt die Ernennung Wächters. Denn Wächter, in Kronstadt einst als Führer und als warmherziger Sachse hochgeehrt, so daß die Jugend ihm einmal die Pferde ausspannte und ihn im Triumph in die Stadt hineinführte, galt als Abtrünniger. Sein verpfändetes Wort, mit dem er das

Mediascher Programm anerkannt hatte, hatte er gebrochen, hatte sich bei der Verhandlung des Gesetzes über die Zertrümmerung des Königsbodens als Referent brauchen lassen, und die Ernennung zum Obergespan mit dem Komestitel war der Lohn für den Verrat an seinem Volke. Als Beleidigung, als eine ihnen angetane Schmach und Verhöhnung haben es die Sachsen empfunden. Und der zu diesem Amt Berufene hatte die geringste Eignung dazu. Aufbrausend und jähzornig, nicht imstande sich selbst zu beherrschen, ein willenloser Satrap Tißas, betrachtete er seine Stellung von vorneherein nur von dem Standpunkt, der Regierung willfährig zu sein und griff gewalttätig und mit täppischer Hand in die Verhältnisse, die Klugheit, Zurückhaltung und Gerechtigkeit verlangten.

Und doch versuchten die Sachsen auch ihm gegenüber die Möglichkeit der Zusammenarbeit zu gewinnen. In der ersten Hermannstädter Komitatsversammlung am 25. September 1876 erklärte Franz Gebbel im Namen seiner Genossen, man müsse sich offen und ehrlich mit den neuen Verhältnissen abfinden, die Regierung solle in reine Seelen hineinsehen und nicht von Mißtrauen und Mißverständnissen sich leiten lassen. Und so sprach die Komitatsversammlung beschlußmäßig aus, besonders gegenüber den „nimmerrastenden, auch in öffentlichen Tagesblättern leider nur zu oft ihr schamloses Haupt erhebenden Denuntiation, uns Gesinnungen und Absichten zu unterschieben, von den wir uns ferne wissen": „es wäre eine heuchlerische Lüge, wollten wir behaupten, es hätten diese neuesten Gesetze die überwiegende Mehrzahl der Mitglieder des Komitatsausschusses mit Befriedigung oder gar mit Freude erfüllt".

„Allein welches die Gefühle und Rechtsüberzeugungen jedes Einzelnen unter uns sein mögen, so sind wir doch allesamt weit davon entfernt, unsere Mitarbeit an der neuen Ordnung der Dinge irgendwie durch jene Empfindungen und Überzeugungen beeinflußen zu lassen. Wir stehen vor Tatsachen, welche sich infolge Allerhöchst sanktionierter Gesetze vollziehen, und diese Tatsachen auferlegen uns die Pflicht, ohne Seitenblicke nach rückwärts, ohne Empfindsamkeit aus der Vergangenheit, lediglich die Erfordernisse der gegebenen Lage zur Richtschnur unseres Handelns zu nehmen und demgemäß auf dem Boden der geltenden Staatsgesetze darnach zu trachten, daß die Verwaltung im neuen Komitat eine so geordnete, für Staat und Komitat so ersprießliche als möglich werde. Von diesem Geist, welcher jeden Gedanken einer systematischen, nicht durch die Sache geforderten Oppositionsmacherei — deren man uns beschuldigt — ausschließt, hat sich dieser provisorische Komitatsausschuß leiten lassen. Dieser und nur dieser Geist wird uns auch in unseren künftigen Arbeiten beseelen."

Aber das Vertrauen und das Wohlwollen, um das die Komitatsversammlung den Minister bat, stellte sich nicht ein, und das Vertrauen dem Minister und seinem Vertreter gegenüber erst recht nicht.

Schon bei der Neuwahl der Beamten ließ Wächter volle Gewalttätigkeit walten. Die zwei sächsischen Kandidaten, darunter den Vertrauensmann der Sachsen H. Kästner, kandidierte er gar nicht zum Vizegespan, sondern erklärte seinen Kandidaten (Senor), der bloß 27 Stimmen erhalten hatte, für „gewählt". Dafür lehnte wieder die Komitatsversammlung ab, den Kandidaten des Obergespans zum Obernotär zu wählen (einen Sachsen), und wählte den völlig unbekannten Rumänen Corn. Tobias aus Abrudbanya. Die Beschwerde über den Vorgang bei der Vizegespanswahl wies der Reichstag ab. Die Komitatsversammlung, zu der nur ungarische Einladungen ausgingen, lag sich mit dem Vorsitzer stets in Haaren. Er sorgte dafür, daß gegen jeden Beschluß, der ihm nicht paßte, Rekurs eingelegt wurde, und dann entschied der Minister wie der Obergespan wollte. Alles ohne Grundsatz, einfach nach Laune. Die Komitatsversammlung beschloß, ein Komitatshaus zu bauen. Der Minister hob den Beschluß auf Grund eines Rekurses auf, in dem die Komitatsversammlung verdächtigt wurde, sie wolle die ganze Sache nur verschleppen, und verlangte eine raschere Beschaffung als der Bau sie brachte. Die Komitatsversammlung beschloß also, ein Haus zu kaufen. Der Minister ließ den Beschluß anderthalb Jahre liegen, dann hob er ihn, wieder auf Grund eines Rekurses, auf und verlangte, der Komitat sollte ein Haus bauen! Am 10. Dezember 1880 legte die Komitatsversammlung dieses unwürdige Spiel dem Minister dar und schrieb dazu: „Wir sind uns wohl bewußt, daß unsre Absichten und Gesinnungen von anderer Seite durch Berichte dargestellt werden, die uns unbekannt sind und deren Falschheit oder Richtigkeit wir nicht zu beurteilen vermögen. Auch hat uns die Erfahrung belehrt, daß unser Wort bei Ew. Erzellenz nur gering wirkt, indem der autonome Wille des Komitates fast in allen wichtigeren Angelegenheiten nicht durch die meist unberücksichtigt bleibenden Beschlüsse des Vertretungskörpers, sondern durch Berufungen und Rekurse Einzelner zur Geltung gelangt, so daß mit größerer Aussicht auf Erfolg Rekurse eingebracht, als Beschlüsse gefaßt werden."

Noch größer war die Willkür und die Rechtsverachtung in Großkokeln. Der Obergespan Graf Gabr. Bethlen, der in Groß- und Kleinkokeln das gleiche Amt bekleidete, war dazu ausersehen nicht wegen irgendeiner hervorragenden Qualifikation, die überhaupt gesetzlich nicht gefordert wurde, sondern als ungarischer Graf, indem man es für selbstverständlich hielt, zunächst diese „geborenen" Herrn zu versorgen, die ans Befehlen gewohnt den Komitat und seine Beamten wie ihre Güter und ihre Hofrichter behandelten. Bethlen brachte noch dazu die Überzeugung mit, die seine Standesgenossen in der Josefinischen Zeit hatten, daß im Komitat eigentlich nur der Adel ein Recht habe und vor allem, daß die ehemaligen sächsischen Beamten keinen Anspruch auf Anstellung hätten, die er seinen Komitatsbeamten geben wollte. Schon in den ersten Versammlungen entstanden Streitigkeiten wegen der Protokollssprache. Die Sachsen verlangten auf Grund des Gesetzes auch die deutsche Sprache. Nach anfänglichem Weigern gab der Obergespan nach und sagte sie zu. In der nächsten Sitzung erklärte er, als die Verlesung auch des deutschen Protokolls verlangt wurde, es sei nicht Zeit gewesen, es auszufertigen. Die Sachsen weigerten sich, ein demnach nicht fertiges Protokoll zu unterschreiben. Bethlen schickte die Versammlung nach Hause, er könne ohne vorherige Beglaubigung des Protokolls keine Sitzung halten. Bitter bemerkte Gull, einer der führenden Männer in Schäßburg: „Der Herr Graf, der Tausende von Jochen besitzt, der Herr Obergespan, der Tausende von Gulden bezieht — des Freiquartiers zu geschweigen — mag sich leichter über den Verlust eines Arbeitstages und die wenn auch geringe Bemessung der Kosten trösten, wie der Gewerbetreibende und kleine Bürger, die nur unter harter Anstrengung und knapper Benützung jeden Augenblicks imstande sind, die Mittel zur Deckung ihrer dringendsten Bedürfnisse zu erwerben."

Was kümmerte ihn überhaupt der kleine Mann?

Noch bevor die Komitatsversammlung Beschlüsse über die zu errichtenden Beamtenstellen gefaßt hatte, ernannte er für die erst zu schaffenden Stellen seine Leute, u. zw. ausschließlich Beamte des bisherigen Albenser Komitates, denen er das ausschließliche Recht darauf offen zusprach, während er solches den sächsischen Beamten absprach. Über diesen ganzen Vorgang interpelliert, er hatte inzwischen auch den Diensteid den Beamten abgenommen, kam er doch in die Enge und verlangte nun die Wahl für die noch immer nicht beschlossenen Stellen, in der Hoffnung, es würden die von ihm ernannten Beamten auch gewählt werden. Die Versammlung aber wählte die von den Sachsen vorgeschlagenen Beamten. Er nahm auch diesen den Diensteid ab und bestellte sie für Nachmittag zur Übernahme des Amtes. Da erfuhren die Verblüfften, der Minister habe telegraphisch die Wahl aufgehoben und die ernannten bestätigt! Bethlen selbst entfuhr dabei der zum geflügelten Wort gewordene Ausspruch: már kész a disznóság! (Jetzt ist die Schweinerei fertig). Zuletzt kamen doch auch einige Sachsen ins Amt. Bezeichnend ist auch das andere Wort von ihm, als er einmal bei neuerlichen Willkürakten, wobei er auf die Geschäftsordnung aufmerksam gemacht wurde, erwiderte: Én vagyok a Geschäftsordnung (die Geschäftsordnung bin ich!).

Und doch war das alles bloß Geplänkel. Schlimmer war, daß im Komitat ein Mißbrauch der Amtsgewalt und eine Korruption herrschte, die bis dahin unbekannt waren. Es bewährte sich wieder einmal: wie der Herr so der Knecht. Wenn der Obergespan am Sonntag Treibjagden veranstaltete und den sächsischen Bauern zwang, statt in die Kirche zu gehn das Wild zu hetzen, warum sollten die Stuhlrichter nicht noch Ärgeres tun?

Nach dem Gesetz waren die Gemeinden verpflichtet, zum Bau und zur Erhaltung der Komitatsstraßen Hand= und Spanndienste zu tun. Die Zahl dieser Tage, ebenso die Höhe der etwaigen Ablösung in Geld war gesetzlich bestimmt. In einem Teil des Komitates aber wurden diese Leistungen nicht zum Straßenbau verwendet, sondern für Privatzwecke, indem u. a. im Bell=Marktschelker Bezirk die Bauern gezwungen wurden bald dem Stuhlrichter, bald seinem Adjunkten, ja Dritten, denen sie vermietet wurden, hier Späne, dort Holz zu führen oder auf deren Wiesen zu mähen und Heu zu machen, auf den Mais= feldern und in den Weingärten zu arbeiten. Der Jude Aron

Großfeld in Michelsdorf war besonders bevorzugt, die Bauern wurden ihm als Arbeiter zugewiesen. Wer nicht mittun wollte, erhielt Gefängnisstrafe oder Geldstrafen auferlegt. Auch wer tatsächlich Straßenarbeit geleistet hatte, erhielt die Bestätigung darüber erst, wenn er ein bestimmtes Maß Lebensmittel gebracht hatte. Um tausend Schritte weit dem Wegmeister Späne zu führen, mußten Leute, die 2$^1/_2$ Stunden weit wohnten, hinfahren und wurden dafür Lumpen genannt, weil sie nicht von selbst mehr getan hatten als ihnen befohlen worden war. Als die armen Menschen sich in der Zeitung über den neuen Sklavendienst beschwerten, drohte der Stuhlrichter mit Militärexekution. Der Stuhlrichter selbst schrieb an das Ortsamt in Schaal, da die Gemeinde Petersdorf zu klein sei, daß von Aron Großfeld gekaufte Holz einzuliefern, so solle Schaal dabei mithelfen, „außer der Schottergebühr wird diese Fuhr in Straßenarbeitsgebühr eingerechnet!"

„Den 9. August sollen 4 Mann mit Sensen, 2 mit Rechen und Heugabel und ein langer Wagen mit Rechen, Gabel, Strick und Heubaum um 7 Uhr früh bei mir sein" — schrieb der Wegmeister Essig an den Hannen von Schaal — „heute waren 3 Mann zum Mähen, sind zwar spät gekommen, aber ich nehme jedem 2 Tage an" (7. August 1880).

Die Bedrückten wandten sich in einem Majestätsgesuch an den König mit der Bitte, „gnädigst Fürsorge zu treffen, daß wir gerecht und menschenwürdig behandelt werden".

Eine Antwort ist nicht erfolgt.

Ähnlich standen die Sachen in Bistritz. Auch da setzte eine Verfolgung der sächsischen Bauern wegen der nichtsnutzigsten Ursachen ein. Weißkircher Bauern wurden bestraft, weil sie ins Presbyterium gegangen waren, während der Notär mit ihnen am Sonntag sich unterhalten wollte, u. zw. mit der Begründung, daß der Beschuldigte „kirchliche Angelegenheiten als den die Gemeinde betreffenden, trotz Warnung des Notärs, vorangehend betrachtet"! Und der Minister bestätigte das Urteil. Alle Unterstützungen, die die politischen Gemeinden seit lange der evangelischen Schule gaben und die alle auf rechtsgültigen Verträgen oder Beschlüssen ruhten, wurden gestrichen, auf allen Gebieten herrschte reinste Willkür. Am drückendsten wurde der Sprachenzwang empfunden. „Seit dieser Komitat unter der Herrschaft des Barons Banffy steht" — schrieb der Bistritzer Berichterstatter des

Siebenb.=Deutschen Tageblatts — „bekommt kein sächsischer Bauer, mags Zahlungsauflage, Vorladung, Erkenntnis des Stuhlrichters oder was immer sein, eine Schrift vom Komitatsamte oder Stuhl= richteramte in einer anderen Sprache als der magyarischen. Für uns gibt es kein Nationalitätengesetz. Hunderte von treuen Staats= bürgern sind dadurch an Ehre und Vermögen geschädigt worden." Was auch in diesem Komitat bei Wahlen geschah, um den Willen des Obergespans durchzusetzen, das gemahnte an türkische Zustände.

Nicht ganz so bös war es im Kronstädter Komitat, wo es gleichfalls an mannigfachen Reibungen mit den wechselnden Obergespänen nicht fehlte, mit denen im allgemeinen aber die Sachsen sich doch verständigen konnten. Hier wurde die Lage der Sachsen dadurch schwerer, daß sie besonders in der Stadt eingekeilt waren zwischen Ungarn und Rumänen.

Eines war klar und lastete mit seiner ganzen Schwere auf den Sachsen: die Nation war zerschlagen, aufgelöst in Einzel= gruppen, jede in einem anderen Komitat auf sich selbst an= gewiesen.

Die Gefahr zu zerrinnen war bergehoch.

Das hatten die leitenden Männer erkannt und sofort nach der Zertrümmerung des Sachsenlandes Hand daran gelegt, an die Stelle der früheren politischen Einheit nun eine größere zu setzen, die nationale, die Einheit des ganzen Volkes, auch jener Teile, die nicht innerhalb des alten Sachsenlandes wohnten. Am 22. Oktober 1876 wurde „die sächsische Volkspartei" gegründet, mit Parteiausschüssen in allen Orten, über ihnen und sie zu= sammenfassend der Zentralausschuß, dessen Schriftführer Franz Gebbel war.

Es wiederholte sich, was die Sachsen nach den Josefinischen Eingriffen in ihr Leben und in den fünfziger Jahren unter dem Absolutismus erfahren hatten: es erstand ohne Rücksicht auf die äußere Verfassungsform — wie oft hatte die nun gewechselt! — eine „sächsische Nation" in höherem Sinne, zusammengehalten durch die idealen Güter der Sprache, des Glaubens, der Gesittung und der gleichen Geschichte, den Kräften des Gemüts, die die Herzen fester aneinander banden als das gleiche Recht, das im Sachsenland gegolten hatte. Und erst recht war nun ein neuer Kampf um das Recht entstanden, das Recht des Volkstums, der in den einzelnen Komitaten von jeder Gruppe getrennt geführt werden mußte, und doch war es zuletzt ein vereintes Schlagen, ein Kampf, der auch vom Gegner als gemeinsamer Kampf der Sachsen für ihr nationales Dasein angesehen wurde.

Die „sächsische Volkspartei", die nun das sächsische Volk vertrat, setzte „bis auf weiteres, und solang das gesetzliche Hindernis obwaltet", die Frage des sächsischen Munizipiums von der Tagesordnung ab, sprach aber aus, an den neuen Rechten und Pflichten kräftigst mitarbeiten zu wollen und „daß sie bestrebt sein müsse, dem Gehorsam gegen die Obrigkeit als solche kräftigst Vorschub zu leisten, nicht minder aber die Notwendigkeit freier Meinungsäußerung, auch wo sie mit den Neigungen obrigkeitlicher Personen im Gegensatz stünde, und in Verfechtung des gesetzlichen Bodens, selbst gegen die Übergriffe von Exekutivorganen der Bevölkerung dringendst ans Herz zu legen". Dabei wurde nicht vergessen auf die wirtschaftliche Hebung des Volkes aufmerksam zu machen und die Arbeit dafür aufzurufen.

Das Land stand 1878 vor den Wahlen zum neuen Reichstag. Der Zentralausschuß der sächsischen Volkspartei sprach (20. und 21. Juli) in Hermannstadt aus, daß das Mediascher Programm, mit Ausschaltung der Munizipalfrage, aufrecht stehe, daß die sächsischen Abgeordneten einträchtig miteinander vorgehen sollten, Klubdisziplin zu halten hätten und in keine Partei eintreten sollten. Es war Ausdruck der allgemeinen Parteianschauung, was das Tageblatt schrieb: „Wir sind zu jeder Stunde bereit, eine Regierung zu unterstützen, die den Willen zeigt, unsere Lebensinteressen zu achten. Solange sie aber dieselben mißachtet, müssen wir den Kampf für uns selbst aufnehmen. Unsere Abgeordneten werden ihrerseits gewiß auch in der Opposition den guten Willen an den Tag legen, die Hand zum Frieden zu bieten, sobald die Macht uns einen anständigen Frieden gewähren will."

Noch war davon keine Rede.

In den Reichstag waren auch diesmal einige Sachsen gewählt worden, die in die Regierungspartei eintraten, die innere Einigkeit war noch nicht gefunden, in Schäßburg u. a. herrschten noch die Jungsachsen.

Aber alles, was man erlebte, drängte zum Zusammenstehn, nicht zuletzt die Vorgänge in der Nationsuniversität.

Da war der Kampf am wenigsten erwartet worden.

Am 19. März 1877 trat die Nationsuniversität zum erstenmal auf Grund der neuen gesetzlichen Lage zusammen. Es war nicht zu verwundern, daß schmerzliche Wehmut die Herzen erfüllte, wenn die Vertreter Gegenwart und Vergangenheit mit einander verglichen, aber der Gedanke, daß auch in dem engen Rahmen, der nun die Aufgabe der Universität bezeichnete, sich für Volk und Vaterland Gutes schaffen lasse, ließ sie den Entschluß leichter finden, auf Grund des neuen Gesetzes in die Arbeit einzutreten.

Aber auch hier wurde ihnen das Recht streitig gemacht.

Und doch war dieses klar. Nach dem 12:1876 sollte die erste Generalversammlung drei Statute ausarbeiten und dem Minister zur Genehmigung vorlegen: über die Geschäftsordnung der Universität sowie des Zentralamts, dann über die Zahl, Bestellung, Amtsdauer und Gehalt der Universitätsbeamten. Für alle diese mußten die Bestimmungen des Gesetzes maßgebend sein, wornach das Vermögen unter der Verfügung und Verwaltung der Universität stand, die Aufsicht der Regierung zukam. Das Vermögen durfte nur zu Kulturzwecken verwendet werden, u. zw. zugunsten der gesamten Bewohnerschaft des ehemaligen Sachsenlandes ohne Rücksicht auf Religion und Sprache.

Bei der Feststellung dieser Statute ergaben sich aber große Meinungsverschiedenheiten mit der Regierung. Die Universität verlangte zur Beschlußfähigkeit die Anwesenheit einer bestimmten Anzahl Mitglieder — der Minister wollte keine Beschränkung;

die Universität wollte zur Vorberatung und Abkürzung der Sitzungen einen Ausschuß einsetzen — der Minister strich ihn;

die Universität wollte abweichende Meinungen als Sondermeinungen ins Protokoll aufnehmen — der Minister sie als Berufungen ansehn, über die er entscheide;

die Universität gab dem Komes-Obergespan, der gesetzlich der Vorsitzer der Universität war, das Recht der Oberaufsicht und Überwachung — der Minister gab ihm das Recht und die Pflicht der Geschäftsleitung des Zentralamtes und in einzelnen Fällen das Verfügungsrecht;

die Universität verlangte für die Gültigkeit aller Ausfertigungen und Verfügungen des Zentralamtes die Unterschrift des Vorsitzers und des Universitäts-Sekretärs — der Minister die des Vorsitzers, „nach dessen Oberaufsicht und Weisung" der Sekretär vorzugehn und also auch zu unterschreiben habe;

außerdem verlangte der Minister für den Komes-Obergespan das Recht, außerordentliche Kassenanweisungen auszustellen, Ausgaben an die Kasse innerhalb des Budgets anzuweisen, dann daß er das Recht habe, Beamte zu suspendieren, weiter daß jedes Disziplinarurteil der Universität dem Minister zur Überprüfung vorgelegt werde, endlich daß dem Vorsitzer Naturalwohnung im Universitätsgebäude und ein Gehalt aus Universitätsmitteln zugewiesen werde, was alles die Universität ablehnte.

Die Universität war der Meinung, daß diese Forderungen des Ministers alle und einzeln das Recht der Universität über das Vermögen zu verfügen, nicht nur beeinträchtigten, sondern vernichteten und es kam zu außerordentlich erregten Auseinandersetzungen, die sich, da der Minister (Tißa) immer wieder eingriff, durch vier Sitzungsperioden 1877 und ins Jahr 1878 hinzogen. Es kam soweit, daß der Minister befahl, was die Universität zu beschließen habe und als die 12 sächsischen Vertreter es ablehnten, ließ Wächter es durch die zwei rumänischen Mitglieder „beschließen", und der Minister bestätigte sein eigenes Oktroi. Daß dabei der Vorsitzer u. a. die Verhandlung eines Antrages, eine Deputation an den Ministerpräsidenten, nötigenfalls an den König zu schicken, verbot und u. a. zu Äußerungen sich hinreißen ließ: „ich werde zeigen, daß ich der Selbstüberhebung, welche die Nationsuniversität sich mir gegenüber anmaßt, und den fortwährenden Nörgeleien ihrer Vorgesetzten Schranken zu setzen weiß", zeigte die Gereiztheit der Stimmung. Sie hielt Wächter nicht ab, sich gegen den Willen der Universität ins Nationalhaus zu setzen und sich 2000 fl. Gehalt aus der Nationalkasse anzuweisen.

Einen Faschingsscherz hatte das Tageblatt den ganzen Vorgang genannt und wurde dafür vor das Geschworenengericht gestellt.

Noch bevor es dazu kam, hatte die Nation einen schweren Verlust erlitten, am 16. Mai 1877 starb Franz Gebbel, nach Bischof Teutschs Wort „ein Mann von so vielseitigem und reichem Wissen, so edler Bildung, so idealem Schwung, so reinem Charakter, daß die Lücke, die uns sein Heimgang gelassen, nie sich schließen wird". Er wäre überall einer der Ersten geworden. Er war einer der stärksten Träger der sächsischen Politik gewesen, die Seele des Wochenblatts, der „niegebeugte Kämpfer für Recht und Wahrheit", einer der Großen nicht im Vergleich zu unsern kleinen Verhältnissen, sondern das größte angesehen, was den Menschen auszeichnet, Charakter und Hingabe an eine Idee. H. Wittstock, einer seiner treuesten Freunde schildert ihn im Tagebuch unter dem Eindruck seines Todes: „Er war ein ungewöhnlicher Mensch... Er war ein Meister der lateinischen, ungarischen, französischen und englischen Sprache... Nicht leicht konnte man Jemanden finden, der so stramm, so festgegliedert, so treffend und hinreißend schreiben konnte wie er. Scharf im Auffassen, scharf im Denken, schnell im logischen Ordnen der Gedanken, dabei mit voller Gewalt ausgerüstet über sein reiches Wissen, nie verlegen um ein treffendes Wort, war er in gleicher Weise hervorragend, ob er eine Sache angriff oder verteidigte. Zu dieser großen geistigen Selbständigkeit und Kraft gesellte sich eine eben so große Kraft und Willensstärke. Er erwog genau, bevor er sich entschloß, dann aber stand er unerschütterlich. Soweit etwas von ihm abhing, setzte ers mit Energie durch, andern suchte er seine Meinung nie aufzuzwingen. Er war gerade und offen, bis zur rauhen Härte; man wußte immer genau, woran man mit ihm war. Unter der rauhen Außenseite... schlug ein warmes gemütreiches Herz, das sich in weihevollen Stunden einem Vertrauten unter vier Augen gerne offenbarte... In seiner politischen Wirksamkeit trat seine großartige Hingebung und Liebe für sein Volk besonders zutage. An allen Schicksalen und Ereignissen desselben, besonders in dieser letzten schweren Zeit, nahm er lebhaften Anteil und beherrschte sie mit einem Überblick, wie kein zweiter neben ihm. Dabei hat er sich nie zu einer politischen Rolle hingedrängt, aber von selbst war er überall beim Raten und Taten, und ohne ihn geschah kaum etwas. In seinen politischen Anschauungen war er von großer Schärfe und Entschlossenheit; von Nachgiebigkeit und Vermittlung hielt er nichts."

Sein Volk hat ihm am 18. Mai 1880 einen schlichten Denkstein auf das Grab in Hermannstadt gesetzt und in einer eindrucksvollen Feier bei dessen Aufstellung sein Wesen festzuhalten versucht, das H. Wittstock in einer trefflichen Gedenkrede zeichnete. Eine Franz Gebbel-Stiftung „für die Pflege deutsch-evangelischer Bildung und Gesittung" erhält das Andenken an ihn.

Der Preßprozeß gegen das Tageblatt kam am 29. Januar 1878 vor den Hermannstädter Geschworenen zur Verhandlung. Der Verfasser des beanstandeten Artikels K. Wolff verteidigte sich selbst, die Verteidigung des Redakteurs hatte Albert Arz

v. Straußenburg übernommen. Wie vorauszusehen, lösten beide die Aufgabe glänzend. All das Unrecht, das der Universität angetan worden war, die ganze Ungesetzlichkeit und Rechtswidrigkeit der Zertrümmerung des Sachsenlandes, die Art der neuen Komitatswirtschaft stieg nicht nur vor den Geschworenen und Zuhörern auf, sondern fand die weiteste Verbreitung im Lande. Die Regierung hatte den schlechtesten Weg gewählt, um ihr Vorgehen zu verteidigen. Die Angeklagten wurden einstimmig freigesprochen.

Am 28. Juni 1882 brachte die Kronstädter Zeitung unter dem Titel „Recht und Gesetz" einen Leitartikel, der die Behandlung der Sachsen und der Universität zum Inhalt hatte, der gleichfalls vor die Geschworenen gestellt wurde. Die Verantwortung für den von Fr. Herfurth geschriebenen Artikel hatte der als Redakteur zeichnende J. Gött übernommen, die Verteidigung der Abgeordnete A. Zay, der nun zum zweitenmal den ganzen Verlauf der Entwicklung seit 1868 zeichnete und nicht unterließ, auf eine Andeutung des Staatsanwalts hinzuweisen: wenn ein Freispruch erfolge, werde man das Schwurgericht in Hermannstadt auflassen. Die Zeitung wurde freigesprochen.

Einige Jahre früher (30. April 1874) war der angesehene rumänische Schriftsteller und Politiker G. Baritiu gleichfalls wegen eines Artikels angeklagt worden, in dem er die rumänischen Frauen verteidigte, die wegen Sammlungen zugunsten der verwundeten Soldaten des benachbarten Rumäniens von der Regierungspresse angegriffen wurden. Auch in diesem Fall, wo wieder Albert Arz v. Straußenburg die Verteidigug führte, wurde die Klage zurückgewiesen. Im Jahre 1888 wurden innerhalb eines halben Jahres die rumänischen Publizisten Bobancu, Slavici, Albu und Trajan Doda zu Gefängnisstrafen verurteilt.

Das Geschworenengericht in Hermannstadt wurde 1885 in der Tat aufgehoben. Dies wie die Prozesse selbst waren Zeichen des Geistes, der die Regierung leitete und den die Nichtmagyaren mehr und mehr zu fühlen bekamen, die Anschauung, daß ein volles Recht im Lande nur der Magyare habe und daß es auf die Magyarisierung der Nationalitäten oder doch der führenden Kreise abgesehen sei.

So nur ist es zu erklären, daß es der Nationsuniversität unmöglich gemacht wurde, endlich rechtsgültige Statute zu

schaffen. Zur eigenen Beruhigung wandten sich die sächsischen
Vertreter an die Juristenfakultät in München mit der Bitte,
ein Rechtsgutachten über alle die Fragen zu geben, die die
Gemüter so sehr erregten. Die Antwort (24. November 1882)
war, wie nicht anders möglich: daß die der Universität auf=
gezwungenen Statute nicht rechtsgültig zustande gekommen seien,
daß die Universität allein das Recht habe, über das Ver=
mögen zu verfügen und die Regierung nicht das Recht habe,
positive Verfügungen darüber zu treffen; tue sie es doch, so
könne die Universität rechtlich nicht dazu verhalten werden, solche
Anordnungen durchzuführen. Endlich: Die Universität habe das
Verfügungsrecht über das Vermögen nicht, wenn die Beamten
verpflichtet würden, alle Befehle des Obergespans zu vollziehen.

Das focht die Regierung allerdings nicht an, sie wies ohne
weiteres eine Dotation an das katholische Gymnasium in Kronstadt
an und schaltete nach Willkür.

Eines hatte sie allmählich doch herausgefunden, daß mit
Wächter, dessen Umgang in Hermannstadt gemieden wurde, nichts
zu machen war. So ließ sie ihn fallen und schickte 1883 M. v.
Brennerberg auf den Posten, den mildgesinnten Mann, der wohl
auch Jungsachse war, aber doch anderen Gehaltes als sein Vor=
gänger. Er war bereit, zur Ausgleichung der Gegensätze mitzu=
helfen und die Universität legte neue Statute vor, doch Tißa
wollte nicht nachgeben, und der ungesetzliche Zustand dauerte weiter.

Inzwischen waren 1881 für den ungarischen Reichstag Neu=
wahlen ausgeschrieben worden. Sie standen im Sachsenland unter
dem Zeichen des Kampfes gegen die Magyarisierung. Gegen
Ende 1880 hatte der Hermannstädter Gerichtshof gegen das
Gesetz beschlossen, alle nichtmagyarischen Eingaben der Rechts=
anwälte zurückzuweisen. In Pest war das deutsche Theater ge=
sperrt, ein Verein für Magyarisierung der Familiennamen gegründet
worden und Jokai schämte sich nicht, eine Deputation dieses Vereins
zum Minister zu führen mit der Bitte, den Stempel für der=
artige Gesuche von 5 fl. auf 50 kr. herabzusetzen, was der Reichs=
tag in der Tat beschloß. Forst= und Eisenbahnverwaltungen
zwangen ihre höher= und niederstehenden Beamten, sich magyarisch
klingende Namen beizulegen, als „fremd" wurde alles angesehen,
was nicht magyarisch war. Es handelte sich schon nicht mehr um
den Gegensatz zwischen Sachsen und Magyaren, sondern um

zwei gegensätzliche Auffassungen des Staates: sollte er unumschränktes Eigentum der Minderheit der Bevölkerung sein und alle anderen eine unterworfene, rechtlose Menge oder hatten alle Anspruch auf Recht und Gleichberechtigung?

Es war ein Spiegel der Zeit, daß die sächsische Volkspartei am 8. und 9. Juni 1881 in Kronstadt in ihr Wahlprogramm schrieb: „Das leidenschaftlich erwachte und nach allen Naturgesetzen dennoch vergebliche Bestreben so vieler im Vaterlande, den ungarischen Staat auf die Grundlage einer einzigen, überall bevorzugten Volksindividualität, der magyarischen, zu stellen, muß wieder jener wohlwollenden Gerechtigkeit auch gegen die nichtmagyarischen Bürger desselben den Platz räumen, welche die Könige Ungarns in seinen besten Tagen auch diesen gewährten und welcher dieser Staat wesentlich seinen nunmehr bald tausendjährigen Bestand zu danken hat." Darum sollten die Abgeordneten dahin wirken, daß das Nationalitätengesetz nicht fortwährend eingeschränkt werde. „Insbesondere darf nicht — einzig in Europa — auch weiterhin der Abfall von der angestammten Nationalität belohnt, durch die Regierung autorisiert und das ehrliche Festhalten an der eigenen Nationalität als Staatsfeindlichkeit verlästert und mit Nachteilen bedroht erscheinen." Die alten Forderungen, einzutreten für die Selbstverwaltung, für Aufrechthaltung der siebenbürgischen Religionsgesetze wurden beibehalten. Der Eintritt in eine Partei erschien unzweckmäßig.

Die Beteiligung an den Wahlen, die Agitation für sie war lebhafter als bis dahin. Die Lebensfragen des Volkes fingen an, auch die breiteren Schichten zu interessieren. Im Großauer Wahlkreis wurde Gull einem Regierungskandidaten gegenüber als Kandidat der Volkspartei aufgestellt und im ganzen Lande schlugen die Berichte ein, die Tag für Tag meldeten, daß in jeder Gemeinde Gull begeistert aufgenommen wurde, und der Regierungskandidat dem Obergespan Wächter berichten mußte, es sei nichts zu machen. Wo er hinkomme, hingen schon die Plakate: Hoch Gull! und dessen Werber seien ihm auf den Fersen wie einem gehetzten Wild. Vergebens war Wächters Zorn und all sein Bemühen, Gull wurde gewählt und der alte Kämpfer betrat noch einmal den heißen Boden des Parlaments.

Neben ihm waren wieder gewählt u. a. Kapp und Zay, der sich zu einem scharfen geistvollen Redner entwickelt hatte, der es sich selten versagen konnte, den Gegner durch bissige Bemerkungen zu reizen, neugewählt K. Wolff. Kapp starb leider auch viel zu früh 1884, während Wolff nach dem Tode Franz Gebbels auch die Leitung der sächsischen Politik in die Hand nahm, immer in unmittelbarer Berührung und im vollen Einverständnis mit dem Kreis, dem Gebbel angehört hatte, in den 1874 durch die Wahl zum Hermannstädter Stadtpfarrer Fr. Müller eingetreten war, der durch sein scharfes Urteil, seine überragende Willenskraft, sein Durchschauen der Personen und Verhältnisse maßgebenden Einfluß gewann.

Kaum jemals war die politische Lage schwerer als damals, die Aufgabe der Parlamentarier größer. Denn die Fragen der sächsischen Politik waren allgemach aus dem sächsischen Rahmen herausgewachsen und waren Grundfragen der Staatspolitik geworden, Fragen, die über die Grenzen Ungarns hinausgingen und Menschheitsfragen wurden. Die „Magyarisierungsvereine", die überall gegründet wurden, vielfach unter dem irreführenden Titel „Kulturverein", stellten unverhüllt unter dem Schutz der Regierung die Magyarisierung der „Nationalitäten" als Programm auf, es war die offene Kampfankündigung, die natürlich zu Gegenmaßregeln führen mußte. Als im Anschluß an die in Ungarn gegründeten Vereine solche auch in Siebenbürgen ins Leben traten, hatte der in Klausenburg gegründete „siebenbürgische Kulturverein" die Unverfrorenheit, sich um Unterstützung an die verschiedenen Komitate, darunter auch an die sächsischen zu wenden. Die Hermannstädter Komitatsvertretung antwortete darauf (28. März 1885), daß sie die Gründung bedaure, daß der Anspruch auf Unterstützung die Zumutung des Mißbrauchs der amtlichen Gewalt in sich schließe und geeignet sei, die öffentliche Verwaltung zu schädigen und in feindlichen Gegensatz zur Mehrheit der Bürger des Landes zu bringen, und richtete eine Zuschrift an sämtliche Jurisdiktionen des Landes, in der die Verderblichkeit dieser sogenannten Kulturvereine nachgewiesen wurde und unter Hinweis darauf, daß der österreichisch-ungarische Botschafter in der Türkei den gleichberechtigten Gebrauch der dort vorhandenen Sprachen mit der türkischen in Gericht und Verwaltung verlangte, ausgesprochen wurde, daß die deutschen und rumänischen Bewohner Siebenbürgens in ihren heiligsten Gefühlen sich verletzt fühlten, von bitterer Sorge um ihren nationalen Bestand erfüllt, umsonst den öffentlichen Schutz gegen die Mißachtung ihres Volkstums anriefen und all das gegen Gesetz und Recht!

All die Vorgänge hatten auch außerhalb Ungarns Beachtung gefunden, vor allem in Deutschland. Dort wurde der „Deutsche Schulverein" gegründet zum Zweck der Unterstützung der deutschen Schulen im Ausland, vor allem in Ungarn, und es erschienen eine Reihe von Publikationen, die vor allem in sächsischen Kreisen mit Jubel aufgenommen, in den Kreisen der Regierung tief verstimmten. Allen voran das Buch des Heidelberger Professors R. Heinze: Hungarica, eine Anklageschrift (1882), dann K. Ludolf, ein Pseudonym, das heute gelüftet werden kann, der Name deckte Johann Wolff, damals Rektor in Mühlbach, gestorben 1893 als Pfarrer in Petersdorf: Der Sprach- und Völkerkampf in Ungarn. Ein Bericht und Mahnwort an das deutsche Volk (1882). Früher schon waren erschienen Vorträge, Zeitungsartikel von Wattenbach, Vormeng, Löher, vom letzten schon 1874: Die Magyaren und andere Ungarn, G. vom Rath 1880, in den Geographischen Nachrichten für Welthandel und Volkswirtschaft 1881 ausführliche Darstellungen über das Deutschtum in Ungarn und Siebenbürgen, in den Preußischen Jahrbüchern, Im neuen Reich, alles zusammen eine große Kampfsliteratur, die von Ungarn aus natürlich nicht unbeantwortet blieb. Nemenyi (früher Neumann) schrieb in der Ungarischen Revue Hungaricae res, ihm antwortete das Siebenb.-Deutsche Tageblatt unter dem Titel: Die wahren Hungaricae res (1882). Gegen Heinze ließ die ungarische Regierung: Dr. Heinzes Anklageschrift Hungarica im Licht der Wahrheit veröffentlichen (1882), worauf die Sekundanten Heinzes in den „Deutschen Wahrheiten und magyarische Entstellungen" (1882) antworteten. In den sächsischen Zeitungen wurden die Bücher eifrig besprochen, ein A. Halasz schrieb eine Broschüre voll Unwissenheit und Böswilligkeit: Was der Schulverein will, und das Tageblatt antwortete eingehend darauf (1882).

Es war in der Tat die ganze Frage der Behandlung der Nationalitäten in Ungarn aufgeworfen und sie fand ihren Widerhall im ungarischen Reichstag. Am 27. Januar 1882 brachte bei der Beratung des Staatsvoranschlages der Abgeordnete Otto Hermann, ein Mitglied der äußersten Linken, beim Dispositions=

sond die steigende Teilnahme Deutschlands an den Geschicken
der Sachsen zur Sprache, die Tätigkeit des Schulvereins, Heinzes
Buch und forderte die Regierung auf, dafür zu sorgen, „daß
der öffentliche Skandal, der in Deutschland gegen Ungarn ge=
trieben wird gegen Recht und Gerechtigkeit, endlich einmal seine
Zurückweisung erfahre". Zunächst verteidigte sich K. Wolff in
einer persönlichen Bemerkung gegen den Angriff, den Hermann
gegen ihn erhoben, als einen Mann, „der sozusagen von der
sogenannten Magyarenfresserei lebt und der ein Blatt hat, der
Redakteur des Hermannstädter Tageblattes". Wolff konnte unter
Hinweis darauf, daß er einem unbestimmten Angriff gegenüber=
stehe, nur alle Beschuldigungen einfach zurückweisen. Die Sache
wuchs sich zu einer großen Debatte aus, als Tißa und Desider
Szilagyi sich einmischten und Blasius Orban in seiner unflätigen
Weise die Sachsen verhöhnte. Gull und Zay traten in die
Schranken und beide waren in der Lage, Tatsachen anzuführen,
die bis auf die Knochen brannten. Was die Sachsen seit 1868
erlitten und worüber sie zu klagen ein Recht hatten, wurde noch
einmal der Welt vorgeführt und der Tag wurde zu einem Ehren=
und Ruhmestag der Sachsen. Gull sprach dabei das treffende
Wort: Daß die Nichtmagyaren es als Unrecht empfänden, nicht
gleichberechtigt im Lande zu sein. „Sind wir doch schon dahin
gelangt, daß bei allem, was auf dem Gebiete des staatlichen und
gesellschaftlichen Lebens geschieht, nicht mehr die erste Frage ist,
was ist das Zweckmäßigste, sondern das: was magyarisiert am
besten? Das aber halte ich auch für den magyarischen Volksstamm
nicht für zuträglich. Denn es werden dadurch zwei Lehren im
Lande verbreitet. Die eine ist die, daß derjenige, der die Gewalt
in Händen hat, die andern auf jede Weise ihrer Nationalität
mit Recht entkleiden kann; die andere ist die, daß es keine Schande
mehr sei, zur Vermeidung irgend einer Unannehmlichkeit oder
irgend eines Vorteiles die eigene Nationalität aufzugeben d. i.
seine Mutter zu verraten."

Noch einmal brachte Hermann am 13. Februar den Schul=
verein in den Reichstag, indem er das vom Schulverein heraus=
gegebene Flugblatt vorlegte, in dem das deutsche Volk aufge=
fordert wurde, zu helfen, daß den Verfolgungen der Deutschen
in Ungarn ein Ziel gesetzt werde, und indem er feststellte, daß
zwischen dem Schulverein und den Sachsen Verbindungen be=

stünden, fragte er den Minister, was er all diesem gegenüber zu tun gedenke. Tißa antwortete darauf am 20. Februar im ganzen zurückhaltend und nur versteckt drohend, es sei die Pflicht aller, unwahren Behauptungen entgegenzutreten; er hoffe, was geschehen sei, werde „keine Wirkung haben auf jenen großen Mann (Bismarck), der die Angelegenheiten jenes großen Staates leitet, dessen Freundschaft für uns nicht ganz gering zu achten ist".

Die Erfahrungen der letzten Wochen trugen dazu bei, daß der Reichstag am 17. Februar 1882 einen Antrag, es solle ein Gesetz geschaffen werden, wornach „alle fremdsprachigen Firmatafeln in Ofenpest" (dann verbessert in Ungarn) d. h. alle nicht magyarischen jährlich mit 100 fl. zu besteuern seien, ablehnte, nachdem der Finanzminister Szapary darauf hingewiesen hatte, daß es unklug sei, eine Gelegenheit zu bieten, „daß diese Sache wieder zu einer großen Frage aufgebauscht werde und dadurch jenen, die uns nicht wohlgesinnt sind, eine neue Waffe gegen Ungarn in die Hand gegeben werde", und K. Wolff eine warme Erklärung für das Festhalten der Sachsen an ihrem Volkstum abgegeben, unter sachlicher Darlegung, wie verfehlt und ungerecht der Antrag sei.

Jene Angriffe auf den Schulverein aber hatten ein erhebendes Nachspiel.

Bei den vielen Angriffen war immer wieder betont worden, daß die Sachsen Staatsfeinde seien und der Vorwurf wurde im Lande allenthalben ausgenützt, um weiter gegen die Sachsen zu hetzen und Stimmung gegen sie zu machen. Da warf K. Wolff den Gedanken in das Volk, es dürfe sich solches nicht gefallen lassen, es bleibe sonst doch etwas auf ihm sitzen. Es müsse laut und offen erklären, daß es ebenso treu zum Staate stehe wie zum eigenen Volkstum. Zuerst hatte die Regierung die Deutschen oder besser solche, die sich bereit fanden, ihr Deutschtum zu verleugnen, in Pancsova, Temesvar, Leutschau und anderen Orten aufgerufen, ihren Abscheu gegen den Schulverein kund zu tun und das geschah an so vielen Orten, daß das Ausland daraus erst ersah, wie viele Deutsche es in Ungarn gab. Sie alle wollten vom Schulverein nichts wissen, ließen es an wegwerfenden Seitenblicken auf die Sachsen nicht fehlen, sie leugneten die Unterdrückung des Deutschtums in Ungarn und stellten der Regierung ein Wohlverhaltungszeugnis aus.

Dem gegenüber erfolgten nun vom 16. April an, wo Hermannstadt anfing, bis zum 11. Juni, wo Leschkirch schloß, durch das ganze Sachsenland die „Schulvereinsdemonstrationen", die bis heute unvergessen sind. Selbst Arkeden und Meeburg, die in fremden Wahlbezirken lagen, ließen es sich nicht nehmen, ihre Staats= und Volkstreue zu erklären. Zu Tausenden sind damals die deutschen Männer überall dem Ruf gefolgt und haben davon Zeugnis abgelegt, daß sie deutsch bleiben wollten und die edeln Bestrebungen des Schulvereins freudig begrüßten, daß sie treue Bürger des Landes seien, die die Gesetze ernst nehmen und ihre Erfüllung verlangen, und daß sie nichts sehnlicher wünschten als die Herstellung des Friedens unter den vielsprachigen Söhnen dieses Landes auf dem Grunde gegenseitiger Achtung ihrer nationalen Rechte und ihrer Kulturbestrebungen. Eine Staatsschrift ersten Ranges war die Hermannstädter Erklärung, die der damalige Stadtpfarrer Fr. Müller verfaßt hatte, in den andern sprach das warme Herz des Volkes, das im Kampf der Jahrhunderte erlebt hatte, was es heißt deutsch und treu zu sein. Die Schäßburger Erklärung hatte M. Albert verfaßt; hier wird zum Zeichen des Geistes jener Erklärungen überhaupt die Brooser Erklärung mitgeteilt:

1. Wir protestieren im Namen des gesunden Menschenverstandes im allgemeinen gegen jeden Versuch durch solcherlei Mache jemals Tatsachen beschönigen, Wahrheiten verhüllen und ehrliche Leute verdächtigen zu wollen.
2. In unserer Gesinnung fühlen wir uns mit den Volksgenossen in Hermannstadt und Kronstadt und in den umliegenden Wahlkreisen in Uebereinstimmung und schließen uns den dort in dieser Angelegenheit gefaßten, ihrem Wortlaute aber nicht ihrer Bedeutung und Absicht nach verschiedenen, Resolutionen ohne Rückhalt an.

Zur näheren Kennzeichnung unseres Standpunktes erklären wir ferner:

3. Ueber unsere Vaterlandsliebe und Staatstreue uns zu äußern, halten wir für vollkommen überflüssig. Unsere Vergangenheit und Gegenwart zeugt für uns. Es lebt Niemand in diesem Reiche, der in dieser Beziehung weniger der Belehrung bedürftig wäre als wir. Wir erwarten nur, daß auch Andere, zumal die Lenker des Staates sich erinnern, was uns dieses Vaterland und dieser Staat schuldig ist, und daß uns die Möglichkeit gelassen werde, uns, so wie wir sind, in unserer volkstümlichen Eigenart hier in einem Vaterland und in einem Rechtsstaat zu fühlen. Denn

4. Unbeschadet unserer Vaterlandsliebe und Staatstreue wollen wir auch mit aller Liebe und Treue festhalten an den hohen Idealgütern, die ein unantastbares Eigentum jedes Menschen sind, an welches keine Macht der Welt zu rühren berechtigt ist. Zu diesen Idealgütern rechnen wir auch die angestammte Nationalität und Sprache, wir an unserm Teil unser Deutschtum und unsere deutsche Sprache mit all' den unermeßlichen Schätzen, die uns in ihr und mit ihr vererbt sind. Wir beklagen Jeden, der durch eigene oder fremde Schuld um das Bewußtsein und die Wertschätzung dieser Güter gekommen ist, wir beklagen jede Beschränkung, die uns in der Pflege dieser Güter beengen möchte, und uns graut auch nur vor dem Gedanken, daß wir oder unsere Nachkommen jemals diese Güter aufzugeben verächtlich genug sein könnten.

5. In diesem Sinn begrüßen wir freudig und dankbar den „Deutschen Schulverein", welcher von edeln, hochgebildeten, jeder Verunglimpfung unnahbaren Männern gegründet, sich zur Aufgabe gemacht hat, auch uns in der Pflege unserer Sprache und in der Erhaltung unsers Deutschtums zu unterstützen und zu ermutigen. Wir sehen in der Teilnahme unserer fernen, wohl auch durch Reichsgrenzen von uns geschiedenen Stammverwandten nur eine längst gehegte, berechtigte Erwartung erfüllt, und wissen ihnen keinen natürlicheren Dank dafür als das Gelöbnis, daß an uns solche Teilnahme nicht vergeudet sein soll, als wären wir des Deutschtums schon unwürdig geworden.

Ihr Verfasser, Fr. W. Schuster, damals Pfarrer in Broos, ließ die Eindrücke der Tage auch im Lied widerklingen, das überall Widerhall fand:

> Heil dir mein Volk, die Schatten sind geschwunden,
>   Der Morgen tagt,
> Seit du von Broos bis Draas dich selbst gefunden
>   Und herrlich unverzagt,
> Wer du dich fühlst, der ganzen Welt gesagt!
> Du hast in rechter Stunde nicht geschwiegen,
> Du ließest hoch des Deutschtums Banner fliegen,
> Nun hebe stolz dein Haupt und sprich: ich habs gewagt!
>   In diesem hehren Zeichen sollst du siegen!
>
> Du hast des Schweren Schwerstes schon getragen
>   In hartem Streit:
> Mit Ruten haben sie dich oft geschlagen
>   Seit deiner Jugendzeit,
> So trag auch jetzt geduldig Weh und Leid!
> Und ob sie dich mit Skorpionen schlügen,
> Ob sie dir Furchen in den Rücken pflügen,
> Hoch über Menschen lebt ein Gott in Ewigkeit;
>   In diesem starken Glauben sollst du siegen!

Diese Volkserklärungen hatten den Unterschied zwischen den Deutschen in Ungarn und den Sachsen in erschütternder Weise gezeigt. Dort keine Geschichte, kein Bewußtsein von Taten aus der Vergangenheit, kein nationales Gewissen, kein Volksbewußtsein; hier der Stolz auf eine jahrhundertalte Vergangenheit, die Pflichten auch für die Gegenwart auferlegt, ein starkes Bewußtsein der Gaben und Güter, die das angeborene Volkstum in sich birgt und das Bekenntnis der Treue zu ihm in aller Bedrängnis des Tages.

Der Schulverein hatte recht, wenn er als Antwort auf die Angriffe im Reichstag feststellte, daß von seinen Behauptungen über die Bedrückung und Verfolgung der Deutschen in Ungarn keine widerlegt sei und er sich in seinen Zielen und Arbeiten nicht werde beirren lassen. In der „Offenen Antwort" an Kol. Tißa führte er aus, „daß das ungarische Staatsgefühl wohl vereinbar ist mit treuem Festhalten an deutscher Sprache und deutschem Volkstum. Je mehr aber diese Wahrheit auf magyarischer Seite verkannt ward, je schutzloser der Deutsche in Ungarn und Siebenbürgen den Bedrängern seiner Sprache und Kultur preisgegeben ist, um so gerechtern Anspruch hat er auf die werktätige Sympathie des ganzen deutschen Volkes".

Die Erfahrungen und Tatsachen brachten noch ein Gutes mit sich: es vollzog sich endlich die Einigung der Sachsen, indem Schäßburg, wo die Jungsachsen am längsten bestanden, sich an die Seite der Brüder stellte; Fabritius war 1881 gestorben. In diesem Jahre wählten zum erstenmal Alt- und Jungsachsen gemeinsam in den Reichstag W. Wenrich gegen den von G. Bethlen aufgestellten Kandidaten, endlich überdrüssig der sich häufenden Brutalitäten des Obergespans. Wenrich nahm das Volksprogramm an, trat aber noch in die Regierungspartei ein, bis auch er bald sie verließ und unter Beistimmung seiner Wähler zu den sächsischen Abgeordneten sich stellte.

Dazu trug nicht am wenigsten bei, daß die Angriffe auf das sächsische Leben vom politischen Gebiet auch auf das kirchliche übertragen wurden und die Grundpfeiler des sächsischen Bestandes, Kirche und Schule, zum Ziel sich nahmen, die nun gleichfalls verteidigt werden mußten.

Der Angriff auf die sächsische Schule begann 1879, als Trefort den Gesetzentwurf „über den Unterricht der magyarischen

Sprache in den Volksunterrichtslehranstalten" dem Reichstag vorlegte. Darnach sollte in allen Lehrerbildungsanstalten die magyarische Sprache so unterrichtet werden, daß die zukünftigen Lehrer sie „in Wort und Schrift" beherrschten. Nach drei Jahren dürfe niemand als Lehrer angestellt werden, der nicht imstande sei, die magyarische Sprache zu unterrichten. Jene Lehrer, die das Seminar 1872—1881 absolviert hatten, sollten verpflichtet sein, die Kenntnis der magyarischen Sprache sich anzueignen und in einer Prüfung nachzuweisen. Die magyarische Sprache wurde in sämtlichen Volksschulen als Unterrichtsgegenstand eingeführt. Die Stundenzahl setzte der Minister fest. Von 1883 an durfte kein Lehrer angestellt werden, der der magyarischen Sprache nicht mächtig war. Als Begründung führte der Motivenbericht an, da das Magyarische Staatssprache sei, müsse jedem „Gelegenheit geboten werden", sie zu erlernen, eine Unaufrichtigkeit, da das Gesetz nicht die Gelegenheit bot, sondern Zwang einführte. Der Gesetzentwurf war u. a. dazu bestimmt, dem Ministerium Tißa die durch die Besetzung Bosniens durch Österreich-Ungarn verlorene Volksgunst wieder zu verschaffen.

In einer ernsten Vorstellung vom 1. März 1879 nahm das Landeskonsistorium gegen das Gesetz Stellung: es verstoße gegen die bisherigen Gesetze, die den nationalen Bestand der Volksstämme in Siebenbürgen gewährleisteten, es gefährde deren nationale Entwicklung für die Zukunft, hindere den Bildungsfortschritt der Nicht-Magyaren, widerspreche den siebenbürgischen Religionsgesetzen. Seine Annahme bedeute Sprachenzwang und könne nur verbitternd wirken. Bischof Teutsch übergab die Vorstellung persönlich dem Kultusminister Trefort, der auch bei dieser Gelegenheit betonte, das Gesetz sei nicht gegen die Sachsen gerichtet, ihnen solle kein Zwang geschehen. Die Absicht, an den König zu gehen, unterblieb, als der Minister erklärte, Seine Majestät habe die Zustimmung, wenn auch zögernd gegeben.

In der Tat kam das Gesetz im Reichstag vom 29. April bis 7. Mai zur Verhandlung. Wie ein Mann standen die sächsischen Abgeordneten zusammen und bekämpften das Gesetz aus all den Gründen, die auch das Landeskonsistorium angeführt hatte, aus rechtlichen, pädagogischen, nationalen und konfessionellen Gründen und wiesen nach, daß es nicht zweckmäßig und nicht notwendig sei. Der Abgeordnete C. Gebbel führte aus, daß Gesetz dekretiere die geistige Leibeigenschaft, deren Objekt die nichtmagyarischen Nationalitäten seien, die als Anerkennung der Leibeigenschaft die Sprache „des Herrn" zu erlernen verpflichtet würden. Die Vertreter der Serben und Rumänen lehnten das Gesetz ab, von den Magyaren hatte nur L. Mocsary den Mut, sich auf denselben Standpunkt zu stellen. „Ich muß es aussprechen", führte er in seiner Rede am 30. April aus, „daß ich einen solchen Mangel an Aufrichtigkeit weder der magyarischen Rasse, noch des Staates würdig halte. Denn es ist vor allem sehr wohl bekannt, daß wir unter der Ausbreitung der magyarischen Sprache nichts anders verstehen, als die tunlichste Beseitigung des großen Übelstandes, daß nämlich jene 15 Millionen Menschen, die dieses Vaterland bewohnen, nicht sämtlich ihrem Urstamm nach Magyaren sind. Aber diese Intention, diese Tendenz . . . begreifen auch die nichtmagyarischen Nationalitäten sehr gut. Und nachdem es zweifellos ist, daß man den Personalstand der magyarischen Rasse anders nicht vermehren kann als auf Kosten des Personalstandes der übrigen Nationalitäten, so ist es sehr natürlich, daß diese in jenem Bestreben, in dieser Tendenz notwendig in gewisser Hinsicht den Angriff auf die Grundlage ihrer eigenen Existenz erblicken, was wieder nur die eine Folge haben kann, daß wir abermals die beklagenswerten Zeiten von 1848 zurückführen, in denen die Nationalitätenbewegungen eine so böse und so gefährliche Richtung nahmen. Ist es rätlich, den Nationalitätenhader jetzt anzufachen, gerade in diesem Augenblick, wo wir am meisten darauf anstehen, daß jeder Bewohner dieses Landes mit Einem Herzen und Sinn dabei sei, daß dieses Land erhalten werde?"

So vernünftige Gedanken blieben dem herrschenden Chauvinismus gegenüber wirkungslos. Auch das Magnatenhaus nahm das Gesetz an (13. und 14. Mai), wo die rumänisch-griechischen Kirchenhäupter, Erzbischof Vancea von Blasendorf, Erzbischof Miron Roman von Hermannstadt, Bischof Metianu von Arad, Bischof Mihalyi von Lugosch vergebens dagegen entschieden Stellung nahmen. Die siebenbürgisch-evangelische Kirche war im Magnatenhaus damals nicht vertreten.

Sofort setzte ein neuer schwerer Kampf ein um die Durchführung des Gesetzes. Schon am 29. Juni 1879 gab der Minister einen „Lehrplan für die Volksschulen mit nichtmagyarischer

Unterrichtssprache" heraus, der entgegen dem Recht, das die Kirchen hatten, in ihren Schulen das Lehrsystem festzustellen, anordnete, daß die magyarische Sprache in Verbindung mit der Muttersprache zu lehren sei, und setzte die Stundenzahl dafür so hoch, daß der ganze Unterricht nahezu ausschließlich in den Dienst der magyarischen Sprache gestellt wurde. Die Folge war, daß die Leistungen der Schulen rückwärts gingen und weder deutsch noch ungarisch recht gelernt wurde. Es hat langen Kampfes bedurft, bis es gelang, besondere Stunden für die magyarische Sprache anzusetzen, die ersten Klassen der Volksschule davon frei zu halten und unter Anwendung der direkten Methode, auf Grund der von A. Schullerus verfaßten Lehrbücher, dann doch das Menschenmögliche zu leisten.

Die vor 1872 angestellten Lehrer waren nicht verpflichtet, magyarischen Unterricht zu erteilen. Da verordnete der Unterrichtsminister 1885, diesen müßten Hilfslehrer an die Seite gestellt werden. Wieder hat es schwerste Arbeit erfordert, bis es gelang, den Minister von seinem oder seines Referenten Unrecht zu überzeugen und er den Rückzug mit der Anordnung antrat: nur jene Gemeinden sollten Hilfslehrer anstellen, die die Mittel dazu hätten. Es ist nirgends geschehn. Aber Obergespäne und Schulinspektoren — man hatte es mit einer Unzahl zu tun und wenige nur waren den Sachsen wohlgesinnt, — taten sich zusammen, um auf eigene Faust sich Lorbeern zu erwerben. Die alten Lehrer, die nicht magyarisch konnten, wurden drangsaliert, einige in die Pension gedrängt, scharenweise in Sprachkurse getrieben, die eine Qual und Zeitverschwendung bloß dem Schein dienten, als ob die Lehrer wirklich magyarisch könnten. Das Alles auf Grund des Gesetzes, dessen Motivenbericht aussprach: „Es ist nicht die Absicht des Staates oder der Gesetzgebung, die Nationalitäten ihrer Sprache zu berauben oder auch nur sie darin einzuschränken." Es war das Verdienst des Landeskonsistoriums, daß keine einzige deutsche Schule in Siebenbürgen verloren ging, während in Ungarn die Zahl der deutschen Schulen 1869—1880 um 265, bis 1885 um weitere 170 zurückging und fast zwei Drittel sämtlicher deutscher Schulen eingingen.

Eine Böswilligkeit mußte die ev. Landeskirche darin sehn, daß im Bistritz-Naßoder Komitat unter Banffys Willkürregiment die acht- bis neunjährige Schulpflicht, die die Landeskirche verlangte, nicht anerkannt und befohlen wurde, die Kinder dürften nur sechs Jahre in die Schule gehn. Es lag doch eine zu große Gefahr darin, Ausdehnung des magyarischen Unterrichts ins Ungemessene und Einschränkung der Schulzeit, wo blieb da die deutsche Bildung, die Bildung überhaupt? Das machte den Kampf zu einem so schweren, daß man mit jedem einzelnen Schulinspektor zu tun hatte, und böser Wille von oben gestützt wurde. Doch erreichte die Kirche auch hier die Anerkennung der längeren Schulpflicht.

Die Bedrängung der Kirche hatte eine solche Ausdehnung gewonnen, daß das Landeskonsistorium sich genötigt sah, eine große Beschwerdeschrift (5. Februar 1876) dem König vorzulegen, die alles zusammenfaßte, was die letzten Jahre gebracht hatten: die doppelte Besteuerung der Zehntrente, die Weigerung evangelische Militärgeistliche anzustellen, während die katholischen Militärpfarrer in gemischten Ehen die ungesetzlichen Reverse über ausschließlich katholische Kindererziehung verlangten, daß die Referenten im Kultus= und Unterrichtsministerium nicht genügende Kenntnis der siebenbürgischen Gesetze hätten oder sie nicht achteten, daß die ev. Kirche im Magnatenhaus nicht vertreten sei, daß man sie nie anhöre bevor Verordnungen und Gesetzentwürfe geschaffen würden, gegen die man zu spät nur Bedenken und Verwahrungen aussprechen könne! In dem Berichte, den das Landeskonsistorium 1890 an die Landeskirchenversammlung gab, hieß es:

„Die Volksschule ist in der abgelaufenen Periode die am heftigsten umstrittene, am meisten gefährdete Anstalt der Landes= kirche gewesen. Von dem Lehrplan und den Lehrern bis zur Benennung der einzelnen Schulanstalten hat es kein Rädchen des Volksschulorganismus gegeben, um welches nicht heißer, fast täglich sich erneuernder Kampf hätte geführt werden müssen. Eine einläßliche Darstellung der Geschichte unserer Volksschule in den letzten fünf Jahren würde ein Buch füllen."

Die Schularbeit zu fördern rief das Landeskonsistorium zweimal (1884 und 1886) Mittelschulkonferenzen zusammen, in denen der Unterricht in Religion, deutscher, magyarischer, latei= nischer und griechischer Sprache behandelt wurde und die Ein= richtung der Übungsschule am Seminar und 1889 eine Volksschul= konferenz, in der Religion und deutsche Sprache behandelt wurde.

Die Schule selbst lag den Gemeinden sehr am Herzen. Es läßt sich im allgemeinen feststellen, daß die Schulgebäude in nahezu allen Gemeinden in den Jahren 1868—1900 neu hergestellt, zum größeren Teil neu erbaut worden sind; nur in den fünf Jahren 1886—1890 wandten sie für kirchliche Bauten 286.116 Gulden auf, für Schulbauten 253.188 fl. In dieser Zeit entstanden u. a. das neue Gymnasium in Sächsisch=Regen und das neue Landeskirchenseminar in Hermannstadt.

Die Sorge um die Schule wurde vergrößert durch die stets neu auftauchenden Gerüchte, daß ein Gesetz über die Mittelschulen vorbereitet werde. Entwürfe, die Eötvös und sein Nachfolger Pauler hatten ausarbeiten lassen, waren nicht zur Verhandlung gelangt, ein dritter, den Trefort vorlegte, kam über den Ausschuß nicht hinaus, ein vierter fiel schon im Ausschuß; lauter Zeichen, wie schwer die Lösung der Frage war. Im unmittelbaren Anschluß an die Verhandlungen des Gesetzes über die Einführung der magyarischen Sprache in die Volksschule hatte Trefort die Häupter der ev. Kirchen zu einer Beratung zusammengerufen und Tißa den Erschienenen gesagt, daß einige Konfessionen ihre Autonomie mißbrauchten und Staatsfeindlichkeit erzögen, selbst in der ev. Kirche, mehr noch bei Serben und Rumänen. Der Staat müsse gesetzliche Anhaltspunkte, die ihm noch fehlten, schaffen, um einzuschreiten. Die Gedanken ließen die Gefährlichkeit des geplanten Gesetzes sofort erkennen und niemand wollte in eine Erörterung überhaupt eingehen.

Der ev. Landeskirche Siebenbürgens war es klar, daß das geplante Gesetz ein weiterer Schritt auf dem Wege der Magyarisierung sei. Mit der Volksschule hatte man angefangen (1879), die Mittelschule sollte folgen. Das plante der Gesetzentwurf, der am 19. März 1880 eingebracht wurde, aber unbekannt warum am 11. Mai von der Tagesordnung abgesetzt wurde. Am 6. Oktober 1881 wurde ein neues Mittelschulgesetz vorgelegt.

Ein allgemeiner Widerspruch erhob sich dagegen. Vom Standpunkte der Autonomie bezeichnete die evangelische Kirche Ungarns (4. Februar 1882) das Gesetz als „Gravamen", Kardinal=Erzbischof von Kalotscha Haynald wies es im Namen des katholischen Episkopats (9. Februar 1882) zurück und bezeichnete seine Grundlage als nichtig, der römisch=katholische Status Siebenbürgens erhob (23. Januar 1882) ernste Beschwerde dagegen, das griechisch=katholische erzbischöfliche Konsistorium in Blasendorf erklärte es (3. Februar) als unvereinbar mit den

Gesetzen, die griechisch-orientalische rumänische Kirche sah darin eine schwere Verletzung der auch ihr zustehenden Autonomie und eine Gefährdung des nationalen Charakters der nichtmagyarischen Kirchen.

Auch die ev. Kirche nahm selbstverständlich den Kampf auf. Nicht weniger als zwölf größere Eingaben richtete das Landeskonsistorium in dieser Angelegenheit an den Reichstag, an den Minister, an den König, die meisten von Bischof Teutsch selbst verfaßt, die alle den Rechtsstandpunkt der Kirche vertraten. Die wesentlichen Einwendungen waren, daß durch die Verlängerung des Studiums auf 5 Jahre, dieses selbst erschwert werde, daß die Organisation der ev. Kirche, wo Lehramt und Pfarramt in alter Verbindung stünden, die Lehrer ins Pfarramt übergingen, in wesentlicher Art zerstört würde, daß der Besuch deutscher Universitäten unmöglich gemacht würde, wenn der Kandidat gezwungen werde, magyarische Prüfungen zu geben, die Zahl der ev. Mittelschulen werde eingeschränkt werden müssen, und vor allem, er habe als letztes Ziel die Magyarisierung im Auge und widerspreche den alten siebenbürgischen Religionsgesetzen, nach denen es ein Recht der Kirche sei, Schulen zu errichten und für sie den Lehr- und Studiengang zu bestimmen. „Durch ihre Mittelschule", heißt es in der Repräsentation vom 5. Februar 1883 an den König, „durch den in dieser lebenden Geist deutscher Wissenschaft, welche eben nur dort noch in diesen Landen eine Pflegestätte hat, ist die ev. Kirche, die sächsische Nation in Siebenbürgen mit zu jenem Glied des Reichs geworden, das in den letzten drei Jahrhunderten von Ew. Majestät erlauchten Vorfahren, von Allerhöchst Ew. Majestät selbst erhebendste Zeugnisse ehrender Anerkennung erhalten hat." Die Zerstörung des Rechtsbodens könnte das Volk im Glauben erschüttern, daß der Staat eine sittliche Institution sei und müßte die Autorität der Krone schädigen. Wiederholt war Bischof Teutsch in dieser Angelegenheit bei dem König, immer huldvoll empfangen, zuletzt am 14. Dezember 1881 und am 22. Februar 1883. Aber aus den Worten des Herrschers sprach die Anschauung Tißas und Treforts, die von den siebenbürgischen Religionsgesetzen nichts wissen wollten und der Anschauung huldigten, das Parlament könne das alles ändern. Die Sachsen aber sagten sich, auf der Grundlage sei man nicht die Union eingegangen. Auf den Einwand des Königs, die Sache treffe auch die andern protestantischen Kirchen, wies Teutsch darauf hin, daß der Unterschied doch darin liege, daß jene magyarische Schulen hätten, die Sachsen deutsche. „Wir sind Deutsche mit deutschen Schulen, und eben gegen das deutsche Wesen derselben richtet sich mit aller Schärfe der neue Entwurf. Nun sind wir der Überzeugung, daß eine Umgestaltung derselben in ungarische Anstalten mit ungarischem Geist, abgesehen vom Unrecht, weder ein Kultur- noch ein Landes- noch ein Reichsinteresse sei. Eben durch unser deutsches Volkstum sind wir Ew. Majestät erlauchten Ahnherrn, Ew. Majestät selbst jene Reichsglieder und Untertanen gewesen, die die Allerhöchst ehrende Anerkennung so oft ausgezeichnet hat."

Es half nichts, das Parlament verhandelte vom 7. bis 13. März und 2. bis 16. April den Gesetzentwurf, gegen den eine Anzahl hervorragender deutscher Männer eine energische Erklärung veröffentlicht hatten, die ebenso Zeugnis von der wachsenden Teilnahme Deutschlands an den Geschicken der Sachsen ablegte, wie sie nicht wenig dazu beitrug, die Stimmung gegen die Sachsen in den magyarischen Kreisen zu verschärfen, während die Sachsen selbst diese Teilnahme froh begrüßten. Die „Resolution" lautete (Berlin, 16. Februar 1883): „Der aufs neue dem ungarischen Reichstag vorgelegte Entwurf eines Mittelschulgesetzes bedroht die siebenhundertjährige deutsche Kultur des siebenbürgischen Sachsenstammes mit dem Untergange.

„Im Widerspruch mit den feierlichsten und zweifellosesten Bestimmungen derjenigen Grundgesetze, auf welchen allein die staatsrechtliche Einverleibung Siebenbürgens und insbesondere des Sachsenlandes in den Gesamtverband der ungarischen Monarchie beruht, in flagrantem Widerspruche mit dem Nationalitätengesetz, welches die Gleichberechtigung der Sprachen, vornehmlich auch im Unterricht garantiert, verfolgt dieser Gesetzentwurf — und in seiner gegenwärtigen Fassung noch rücksichtsloser als zuvor — das Ziel, den deutschen Unterricht durch Magyarisierung des gesamten Lehrerstandes zugrunde zu richten.

„Er trifft nach zahllosen in gesetzlicher und administrativer Form erfolgten ungeheuerlichen Vergewaltigungen das Herz des siebenbürgischen Deutschtums. Er ist die schneidigste und unverhüllteste Kriegserklärung, welche bisher in dem vielsprachigen

Lande wider Hunderttausende treuer Untertanen deutscher Nationalität gewagt worden ist.

„Seine Verwirklichung, indem sie die vielhundertjährige Gemeinschaft der Siebenbürger Sachsen mit der wissenschaftlichen Bildung des Mutterlandes zerschneidet, reißt zugleich eine unausfüllbare Kluft zwischen der deutschen und magyarischen Nation.

„Das deutsche Mutterland, welches mit der österreichisch-ungarischen Monarchie in Freundschaft leben will, muß daher immer lauter den Warnungsruf erheben, welchen auch mächtige Völker nicht ohne Gefahr überhören."

Der Regierung war es inzwischen gelungen, die meisten Gegner umzustimmen. Die katholische Kirche vor allem durch die Ausnahmsstellung, die das Gesetz den Ordensgymnasien einräumte und durch den national-magyarischen Standpunkt, den es vertrat, die reformierte Kirche ausschließlich durch den letzten, ebenso die ev. Kirche Ungarns. Es war nicht zum erstenmal, daß der national-magyarische Gedanke dort alle kirchlichen Interessen in den Hintergrund drängte. Die beiden protestantischen Kirchen lockte auch die Aussicht auf Staatsunterstützungen, ja die völlige Übergabe der Schulen an den Staat, und der Hinweis auf die Möglichkeit einer Änderung der Verhältnisse wurde einfach verlacht.

So blieben als letzte Gegner vor allem nur die Sachsen und Rumänen übrig.

Bei der Verhandlung des Gesetzes im Reichstag (5. bis 17. März und 2. bis 19. April 1883) fanden sie allerdings auch anderweitige Unterstützung. Polit und einige Mitglieder der äußersten Linken, darunter Thaly, sprachen gegen die Annahme, der letztere entschieden, mit historischen Beweisen vom Standpunkt der Autonomie der Kirchen, die das Gesetz rücksichtslos beiseite schiebe. Die Debatte war ebenso eine auf der Höhe stehende Schuldebatte wie sie das ganze Problem der Nationalitätenfrage und der Magyarisierung erörterte. Die Sachsen standen diesmal geschlossen dagegen und jeder Einzelne stellte seinen Mann, am wirkungsvollsten Gull, Wolff und Zay. Alle Gründe dagegen vom Rechtsstandpunkt und von pädagogischen Gesichtspunkten, die nationalen wie die staatlichen wurden ins Feld geführt und das Gesetz in den gesamten Gang der Entwicklung seit 1868 eingereiht, vor allem auch in das, was die Sachsen erlebt und er-

litten hatten, und da ergab sich eben, daß es eine neue Ein=
engung der selbständigen Entwicklung und des kulturellen Lebens
der Sachsen bedeutete. Gull konnte darauf hinweisen, daß das
Gesetz vor allem die siebenbürgischen Religionsgesetze völlig außer
acht lasse. Wolff stellte den Grundsatz auf, daß die Anwendung
der Einrichtungen des einsprachigen Staates auf ein vielsprachiges
Land naturwidrig und gefährlich sei, denn sie verletze die Mehr=
heit der Landesbewohner in einem ihrer heiligsten Rechte und
kehre die Grundlage des Staates ganz von unterst zu oberst.
Wie ein Prophetenwort liest es sich heute: „Als staatsfeindlich
wird vielfach das Deutsche angesehen, insofern es sich nicht frei=
willig magyarisiert und aus diesem Grund können auch die
wenigen deutschen Lehranstalten, die noch bestehen, gesperrt
werden. Das ist die heutige Auffassung. Aber morgen kann das
Magyarische als staatsfeindlich angesehen und die Lehranstalten
mit magyarischer Unterrichtssprache können aus diesem Grund
gesperrt werden. Es können Zeiten kommen, in welchem das
Slavische oder Rumänische als staatstreu und die Anhänglichkeit
an die magyarische Nationalität und die Pflege der magyarischen
Sprache als staatsfeindliche Richtung gilt." In der Spezial=
debatte nahm Wolff besonders Stellung gegen die Privilegien, die
das Gesetz den katholischen Orden einräumte und Tißa bezeichnete
ihn darauf als einen Mann, „der seine Galle gegen Alles aus=
gießt, was dem Magyaren heilig ist". Zay stellte die Frage, ob
es statthaft sei, daß man die allgemeine Bildung, das ganze
Schulwesen eines Landes in so engen Zusammenhang mit dem
Staate bringe, daß jeder Stoß, der den Staat trifft, auch zugleich
das Bildungswesen erschüttere, daß das Unglück des Staates
auch das Unglück seiner Kultur werde? „Ist es unsere Schuld,
wenn die wahrhaft tüchtigen und originalen Werke der magya=
rischen Literatur gar so gering an Zahl sind, wenn sie für die
Kulturbedürfnisse unserer Zeit absolut nicht ausreichen? . . . .
Wir können, ja wir dürfen uns mit der magyarischen Literatur,
mit der magyarischen Kultur allein nicht begnügen, wir tragen
neben, ja vor der magyarischen Kultur Begehr nach der Kultur
unseres eigenen Stammes, nach der Weltliteratur und Weltkultur
der Deutschen. Diese in Treuen zu bewahren und pflegen zu
können, sichern uns die Grundgesetze dieses Staates zu, wir
dürfen, wir wollen uns dieser um keinen Preis der Welt ent=

fremden lassen." Die Magyaren könnten einmal bedauern, daß sie den Nichtmagyaren gegenüber bei der Schaffung des Mittelschulgesetzes nicht humaner, nicht gerechter vorgegangen wären.

In den Verhandlungen waren die Sachsen und die Nichtmagyaren von mehr als einer Seite mit der bekannten Unfreundlichkeit behandelt worden. Grünwald sprach aus, der kulturelle Beruf der Nichtmagyaren sei, Lückenbüßer zu sein, um die gelichteten Reihen der Magyaren auszufüllen, die einzige Bestimmung der Intelligenz der Nichtmagyaren sei in der magyarischen Kultur aufzugehen. Tißa warf den Sachsen vor, die ungarfeindlichen Artikel in die deutschen Zeitungen zu schreiben und drohte, wenn die sächsische Intelligenz dem Staate verweigere, was dieser brauche, dann werde keine menschliche Macht imstande sein, die Nationalität der Sachsen zu verteidigen.

Der Reichstag nahm das Gesetz an, in der Spezialdebatte wurden alle Anträge der sächsischen Abgeordneten abgelehnt.

Die unmittelbaren Folgen des Mittelschulgesetzes waren, daß die Lehramtskandidaten 2 Jahre (anfangs nur 1) an ungarischen Universitäten studieren, dann die staatliche Lehramtsprüfung in Klausenburg oder in Pest, von 1893 an in ungarischer Sprache geben mußten. Die Maturitätsprüfungen wurden in Anwesenheit eines staatlichen Kommissärs abgehalten, der die deutsch geführten Protokolle zu unterfertigen hatte. Für den Lehrplan waren gewisse Anpassungen notwendig, deren Ergebnis die Umwandlung der alten humanistischen Gymnasien in Realgymnasien war, in denen besonders die griechische Sprache stark eingeschränkt war. Auch die Zahl der Wochenstunden und das Lehrziel war vorgeschrieben.

Immerhin blieb für selbständige Bewegung Raum und der Erfolg des Gesetzes war nicht im ganzen Umfang der gefürchtete. Gegen die Staatsaufsicht an sich hatte die Kirche keine Ursache sich zu wehren, wenn sie sachlich geübt wurde, und die staatlichen Oberdirektoren, denen die sächsischen Anstalten unterstellt wurden, waren kenntnisreiche Schulmänner, die bald zur Einsicht kamen und es gern anerkannten, daß pflichteifrige, treue Arbeit an diesen Anstalten geleistet werde. Die Auswahl der Prüfungskommissäre bei den Maturitätsprüfungen war nicht immer glücklich. Eine gute Folge des Gesetzes war, daß nun auch die kirchliche Oberaufsicht strenger geübt wurde, sie war in Fr. Müllers starker und fester Hand, der es meisterlich verstand, bei seinen Visitationen fördernd einzugreifen. Und eine weitere erfreuliche Folge war, daß die sächsischen Gymnasien einheitlicher gestaltet wurden, als es bis dahin geschehen war. Auch der Besuch der ungarischen Universitäten führte nicht zu den Nachteilen, die man gefürchtet hatte. Der Einblick in den Betrieb dieser Hochschulen, an denen doch eine große Reihe wissenschaftlich hervorragender Männer arbeiteten, der Einblick in das Leben der Studenten, der Vergleich mit den deutschen Universitäten steigerte das Verständnis für das eigene Volk und die Liebe zu ihm. Doch die selbständige Entwicklung der sächsischen Mittelschule war unterbunden, sie konnte ihre Entwicklung nicht mehr den Bedürfnissen des eigenen Volkes anpassen, sondern war abhängig von außen. Dann führte der eingeschlagene Weg von selbst dazu, daß das Studium der Theologie mehr noch in den Hintergrund trat und ein Grundstein der Verbindung von Kirche und Schule gelockert wurde. Die Forderungen in ungarischer Sprache wurden von Seite des Staates immer größer, und es ist doch viel Kraft und Zeit mit der Erlernung der ungarischen Literatur verschwendet worden, auf Zahlen und Namen, die wertlos sind. Die größte Gefahr entstand, als die Gymnasiallehrer nicht mehr regelmäßig ins Pfarramt übergingen; der geringe Wechsel in den Kollegien, von denen Bischof Teutsch, bei der Unversetzbarkeit und der geringen Zahl der Lehrer, mit Recht gefürchtet hatte, sie könnten Veteranenkolonien werden, schädigte die Schule, und daneben entgingen der Kirche eine Anzahl tüchtiger Kräfte, die nicht mehr für die Schule, wohl aber der Kirche nützlich sein konnten, wenn sie zur Zeit den Übergang gefunden hätten.

Immerhin war es eine freudige Arbeit, die gerade darum mit neuer Kraft aufgenommen wurde, weil sie vom Standpunkt der nationalen Erhaltung wichtig erschien.

Das Mittelschulgesetz brachte aber nicht etwa Ruhe, sondern vielfach neue Beunruhigungen in diese Schulen. Zunächst wollte der Staat die Lehrer in die staatliche Pensionsanstalt zwingen, was ihm auch das Recht der Pensionierung gegeben hätte. Doch gelang es der Kirche, das Ansinnen abzuwehren. Es mußten aber den Lehrern in der kirchlichen Pensionsanstalt die gleichen Rechte wie in der staatlichen zugesichert werden, was für diese Anstalt neue Lasten bedeutete.

Ärgerlicher war, daß die Schulgebäude vielfach beanstandet wurden, hie und da mit Recht, vielfach nur aus dem Vergleich mit dem wirklichen Luxus, mit dem der Staat die staatlichen Schulen baute und ausrüstete. Böser war, daß die Regierung, der nach dem Mittelschulgesetz die Genehmigung der Lehrbücher zustand, wobei dies Recht aber darauf beschränkt war, daß nichts „Staatsfeindliches" in den Büchern vorkomme, allmählich sämtliche Lehrbücher beanstandete, die in Deutschland gedruckt waren und historische Ausführungen und Anschauungen bekämpfte, wozu sie gar kein Recht hatte. So wurde ein Geschichtsbuch beanstandet, weil darin Franz Rakoßi II. ehrgeizig genannt wurde, was die ganze zeitgenössische Literatur des unglücklichen Fürsten beweist. Besonderer Verfolgung unterlagen Landkarten und Atlanten und geographische Lehrbücher, in denen deutsche Namen in Ungarn vorkamen. So mußten zum Teil heimische Bücher geschrieben und gedruckt werden, die in Deutschland ebenso gut und besser zu haben waren.

Und als es nun nichts mehr zu beanstanden gab, da wurde der Vorwurf erhoben, die Anstalten erzögen zu viel deutsche und zu wenig ungarische Gesinnung, und daran schloß sich der Vorwurf des „Unpatriotismus", des Mangels an Vaterlandsliebe. Es handelte sich dabei wieder um die unselige Verwechslung oder besser Gleichstellung von ungarisch und magyarisch. Vaterländischen Geist, Treue zu Fürst und Volk und Heimat in die Herzen der Schüler zu pflanzen, war stets der Stolz der sächsischen Schulen; verlangte man aber magyarischen Geist, dann konnten sie nicht mittun.

Ein kleinlicher Zug der Aufpasserei und Denunziationen trieb sein Unwesen. Es kam vor, daß Stuhlrichter und Dorfnotäre Landkarten konfiszierten, weil deutsche Namen sich darauf fanden, die Schule, die von den Kindern das Deutschreden auch in den Pausen verlangte, wurde als staatsfeindlich zur Verantwortung gezogen, vor allem war das Bestreben erkennbar, den Zusammenhang mit Deutschland, mit den deutschen Hochschulen zu unterbinden.

Auch der Kampf um die Schule war eine Prinzipienfrage geworden, es handelte sich um Staatsmacht und Minderheitsrechte, es handelte sich um die Erhaltung deutschen Wesens bei den Sachsen auf Grund zugesicherter Rechte.

Nicht müde geworden zu sein, hier immer neue Mittel und Wege zur Erhaltung des Erbes aus der Vergangenheit gefunden zu haben, bleibt der Ruhm des Landeskonsistoriums und seines Vorsitzers, des Bischofs.

Mitten hinein in diesen Kampf um die Durchführung des Gesetzes warf Trefort 1885 einen „Offenen Brief" an Bischof Teutsch, der die Stellung des Ministers zur Landeskirche beleuchtete. In einem Gespräch mit dem Bischof über den Lehrplan des Magyarischen in den nichtmagyarischen Schulen, der nichts weniger verlangte als die Doppelsprachigkeit des Unterrichtes, machte der Minister dem Bischof den Antrag, die Kirche solle die Realschule in Hermannstadt auflassen, der Minister werde in Kronstadt eine errichten und die ev. Gymnasien unterstützen. Dafür solle die Kirche in Hermannstadt eine theologisch-philosophische Fakultät mit einem pädagogischen Seminar für Lehrer und Lehrerinnen errichten. Auf die Einwendungen des Bischofs erwiderte er, er werde ihm darüber einen offenen Brief schreiben. Dieser erschien in der Tat am 21. Juli im Pester Lloyd. Es stand darin im wesentlichen, was er in dem Gespräch angedeutet hatte, aber zugestutzt für die öffentliche Meinung in Ungarn. Der Brief riet den Sachsen, sich nicht durch Agitatoren und Schlagworte verführen zu lassen und sich ganz dem ungarischen Staatsgedanken hinzugeben. Den sächsischen Studenten wurde der Vorwurf gemacht, sie brächten von den deutschen Hochschulen staatsfeindliche Gesinnungen mit und die angeratene Akademie sollte dem abhelfen. Die sächsischen Lehrer wurden beschuldigt, die Schüler in „exklusivem und feindseligem Geist" zu erziehen usf. Das Alles stand in Verbindung mit dem „Axiom" seiner „Unterrichtspolitik", „daß wir auf dem Wege, den Gesetzgebung und Regierung eingeschlagen haben, fortschreiten. Es handelt sich um die Verallgemeinerung der Kenntnis und des Gebrauches der magyarischen Sprache". Der Brief löste einen Jubel in den magyarischen Zeitungen aus und diese stürzten sich mit neuem Hohn auf die Sachsen. Pesti Naplo schrieb: „Teutsch ist der sächsische Stroßmeyer; er ist der Führer der deutschen Nationalitätsagitation gegen den ungarischen Staat, das Haupt der sächsischen Opposition gegen die ungarische Verfassung, Staatsorganisation, Kultur und Gesellschaft, mit einem Wort gegen alles, was magyarisch ist. Er ist der Hauptveranstalter jener Denunziation, welche Deutschland gegen Ungarn systematisch aufzuwiegeln in der Presse, in den Vereinen sich bestrebt. Ein gescheiter, gebildeter, kluger Mann, aber ein fanatischer Sachse, welcher hassen kann, wie Pfaffen hassen."

Teutsch brachte die Zeitungen um das Vergnügen, eine etwaige Antwort auf den offenen Brief als neuen Anlaß zu benützen, neue Freundschaftsgefühle für die Sachsen zum Ausdruck zu bringen.

Daß des Ministers vielleicht nicht einmal ernstgemeinte Anerbietungen stillschweigend abgewiesen wurden, war selbstverständlich.

Gegen alle in der Zeit erfahrenen widergesetzlichen Eingriffe auf dem Gebiete der Schul- und Kirchenverwaltung richtete das Landeskonsistorium 1886 eine große Vorstellung an Tißa, im wesentlichen ohne Erfolg. Es gehörte zum System, daß 1887 auch der letzte Jahrgang der einst von der Nationsuniversität und dem ev. Oberkonsistorium gegründeten „sächsischen Rechtsakademie" in Hermannstadt, die 1850 staatlich geworden war, seit 1869 allmählich magyarisiert, aufgehoben wurde.

Gegen die ev. Kirche und ihren Bischof versuchte Tißa 1888 einen Hauptschlag zu führen.

Am 9. März 1888 war Kaiser Wilhelm I gestorben. Ihrer Teilnahme an dem Ereignis gaben zahllose Körperschaften aus der ganzen Welt Ausdruck, u. a. außer dem ungarischen Parlament auch die Stadtvertretungen von Pest und Hermannstadt. Auch das Landeskonsistorium, das eben versammelt war, schickte eine Beileidsadresse durch den Ministerpräsidenten Tißa an den deutschen Botschafter in Wien, Prinz Reuß, die auch in den Tagesblättern veröffentlicht wurde. Der Schluß lautete: „Das Landeskonsistorium der ev. Kirche A. B. in Siebenbürgen fühlt sich in jener Treue, mit der dieselbe seit Jahrhunderten **dem Vaterland sich unauflöslich verbunden weiß**, gedrängt, dieser innigen Teilnahme namens dieser Landeskirche tief empfundenen Ausdruck zu geben."

Da wurde das Landeskonsistorium durch eine Ministerialzuschrift (vom 15. April) überrascht, in der es hieß: es sei unvereinbar mit den Bürgerpflichten, daß die Bürger eines Staates einem andern gegenüber eine Kundgebung der Treue machten, und daß demnach das Landeskonsistorium seine Pflichten dem

ungarischen Staate gegenüber verletzt habe, indem es Deutschland
seine Treue bezeuge. Wohl wolle der Minister nicht voraussetzen,
daß das Konsistorium die Absicht des Hochverrats gehabt habe,
aber „es möge für die Zukunft solcher Ausdrücke oder Kund=
gebungen, aus denen gefolgert werden könnte, daß das Konsistorium
außerhalb der Grenzen der Länder der ungarischen Krone sein
Vaterland erblicke, strenge sich enthalten".

Tißa hatte den oben gesperrt gedruckten Satz in der Adresse
so ausgelegt, daß mit dem Vaterland Deutschland gemeint sei
und das Landeskonsistorium die Treue zu ihm bekenne, während
der Satz gerade die Treue zu Ungarn (dem Vaterland) bekannte
und festhaltend an dieser, seiner Teilnahme an dem Tode Wilhelms I.
Ausdruck gab. Wenn auch zugegeben werden muß, daß der
ursprünglich nicht vorhandene Satz, der in der Sitzung einge=
schoben wurde, damit nicht am Ende die ganze Beileidsbezeugung
falsch gedeutet würde, nicht glücklich stilisiert war, so war doch ein
Mißverständnis für alle ausgeschlossen, die wissen mußten, daß
der Siebenbürger Sachse Deutschland nie anders als Mutter=
land nannte, in strenger Unterscheidung vom Vaterland, das sie
hier seit der Einwanderung gefunden hatten. Auf Grund dieser
sprachlich falschen Auslegung wurde dem Landeskonsistorium im
Grunde doch der Vorwurf des Hochverrats gemacht. Es sollte
damit eine Grundlage geschaffen werden, um heut oder morgen
die Kirche aus den Angeln zu heben, vielleicht dem Bischof einen
Strick zu drehen, der doch in erster und letzter Reihe dafür ver=
antwortlich war.

Die Sache wurde dadurch böser, daß um die Zeit die
Berliner Kreuzzeitung einen Artikel brachte, in dem die ungarischen
Verhältnisse einer strengen Kritik unterzogen wurden, darunter
der Einfluß der ungarischen Politik auf die Armeeverhältnisse.
Zunächst nahm die amtliche, dann die ganze magyarische Presse
den Kampf hiegegen auf und behauptete, der Artikel wolle Un=
einigkeit zwischen den König und „die Nation" bringen, er sei in
Hermannstadt geschrieben, was nachweisbar falsch war, stamme
aus der Umgebung des Bischofs, der überhaupt der Führer einer
vaterlandsverräterischen Gruppe sei, der man das Handwerk legen
müsse! Es bestand zweifellos ein innerer Zusammenhang zwischen
der amtlichen Beschuldigung des Hochverrats gegenüber dem
Landeskonsistorium und der Zeitungshetze gegen die ev. Kirche
und gegen deren Bischof.

Demgegenüber durfte die Kirche nicht schweigen. Teutsch hatte sofort, in der Voraussetzung, daß Tißa auch den König in seinem Sinne werde beeinflußt haben, telegraphisch um eine Audienz nachgesucht, vor der er am 21. April bei Tißa vorsprach, um zunächst ihn aufzuklären, der auch behauptete, das Landeskonsistorium habe die Adresse nicht nur durch Tißa, sondern auch unmittelbar an Reuß geschickt, was nicht geschehen war. Teutsch wies nach, wie die Sachsen Deutschland niemals als Vaterland bezeichneten und dabei, daß es doch unmöglich sei, das Landeskonsistorium für so dumm zu halten, eine Adresse, in der Verdächtiges stünde, durch den Ministerpräsidenten zu schicken und sie in der Zeitung zu veröffentlichen. Als Teutsch mit dem vollen Ernst und der Wucht seiner Persönlichkeit Tißa sagte: die ganze Vergangenheit der ev. Kirche und er könne wohl sagen, sein weißes Haupt bürge wohl dafür, daß wir uns Sr. Majestät gegenüber nicht mit solcher Schuld des Hochverrats belasteten, erwiderte Tißa: er habe ja auch gesagt, daß er dieses nicht annehmen wolle.

Der Ministerpräsident bestätigte, daß er die Angelegenheit dem Herrscher vorgelegt habe und daß dieser die Anschauung des Ministers teile.

Am 26. April wurde Teutsch in Audienz in Wien empfangen, in der der Bischof die gleichen Aufklärungen wie vor Tißa gab und es gelang, die Mißstimmung des Kaisers zu überwinden, indem das Mißverständnis aufgeklärt wurde. Als der Herrscher 1891 in Bistritz war und Teutsch die Huldigung der Landeskirche überbrachte, wurde der Bischof mit ausgesuchter Freundlichkeit ausgezeichnet, wie er auch 1887, als der Herrscher in Klausenburg war, huldvolle Aufnahme gefunden hatte. Der Minister des Auswärtigen Graf Kalnoky, Szoegyenyi, Trefort, mit denen Teutsch über die Sache redete, hatten alle versprochen, mitzuhelfen, daß das Mißverständnis beseitigt werde.

Das Ganze war ein Beweis dafür, daß Volk und Kirche auf stürmischer See fuhren.

Das zeigte auch der Kampf, den die sogenannten Csangogemeinden, 10 ungarische Gemeinden des Kronstädter Kirchenbezirks, gegen die Landeskirche unternahmen.

Diese Gemeinden, zusammen nicht ganz 20.000 Seelen, waren bis 1848 untertänig, die ungarische Kronstädter Diakonatsgemeinde ausgenommen, u. zw. der Kronstädter Stadtgemeinde. Als Zugehör

zum Schloßdominium Törzburg waren sie durch Verpfändung und
Kauf in den Besitz Kronstadts gekommen. Sie waren in der
Reformationszeit evangelisch geworden und seit 1848 als gleich=
berechtigte Glieder der ev. Kirche in Kapitel, Bezirk und Landes=
kirche eingegliedert. Da wandten sich 1874 eine Anzahl Personen
aus acht Gemeinden an den Kultusminister Trefort mit dem An=
suchen, sie als besonderes Dekanat einer andern ev. Diözese zuzu=
weisen, um dort „die Garantien für die Möglichkeit der kirchlichen
und nationalen Entwicklung zu suchen". Sie beklagten sich darüber,
daß sie im gesetzgebenden Körper der Kirche (der Landeskirchen=
versammlung) keine Vertreter hätten, die Bestimmungen über die
Pfarrerswahl seien für sie erniedrigend, ihre Studierenden er=
hielten keine Unterstützung, sie würden im Gebrauch der Sprache
gehindert und seien auch im Bezirkskonsistorium nicht vertreten.

Der Minister schickte hierauf den Sektionsrat K. Szaß als
Kommissär „zur Untersuchung" nach Siebenbürgen, gegen alle
bestehenden Vorschriften, da hier vor allem das Landeskonsistorium
das berufene Organ gewesen wäre. Auf Grund des Berichtes,
den Szaß gab, stellte der Minister fest, daß die Klagen der
Gemeinden berechtigt seien (!), verlangte Bericht über „die be=
schwerenden Tatsachen" und Äußerung darüber, ob das Landes=
konsistorium gegen das Ausscheiden der Gemeinden aus der ev.
Landeskirche etwas einzuwenden habe.

Das Landeskonsistorium legte zunächst ernste Verwahrung
dagegen ein, daß der Minister eigenmächtig und inquisitions=
mäßig Erhebungen einleite und eine innerkirchliche Frage zur
Sache des Staates mache. Ebenso verwahrte es sich dagegen,
daß einer andern Kirche angehörige Räte auf die Verwaltung
der ev. Kirche Einfluß nähmen — Szaß war reformiert — und daß
Szaß, der als Untersuchungskommissär berichtet hatte, diesen
Bericht nun als Referent im Kultusministerium erledigte. Es stellte
sich heraus, daß von den acht unterschriebenen Gemeinden fünf
am Tage der Ausstellung der Beschwerde davon nicht die geringste
Kenntnis gehabt hatten, daß Szaß eigenmächtig Dinge heran=
gezogen habe, die die Bittsteller überhaupt nicht berührt hatten.
Er hatte nicht zuletzt die ganze Angelegenheit zu einer solchen
„des ganzen Ungartums" in der Landeskirche gemacht und sie
auf den Boden des politischen Kampfes des Magyarentums
gegen die Sachsen gestellt. Dabei ergab es sich, daß er tatsächlich

im Unrecht war und die Beschwerden unbegründet waren. Insbesondere konnte von einer sprachlichen Zurücksetzung der Gemeinden keine Rede sein. Eine Zurücksetzung im Kirchenregiment war nicht vorhanden, dies wurde nach der Verfassung durch Wahl bestellt; die Klage, daß bei gleichen Lasten ungleiche Vorteile geboten wurden, verkehrte sich in das Gegenteil, indem nachgewiesen wurde, daß die Gemeinden fast nichts leisteten; die Beschuldigung vom „gänzlichen Mangel an Billigkeitsgefühl und väterlicher Gesinnung" bei den „sächsischen Konsistorien" war eine Unwahrheit, die aktenmäßig festgestellt wurde.

Ebenso ließ sich die Klage über Pflichtversäumnis im Kirchenregiment als unbegründet nachweisen. Wo irgend etwas versäumt worden war, da lag die Schuld am Pfarrer und der Gemeinde, deren Widerspenstigkeit und Eigennutz die Behörden nicht hatten brechen können. Die konfessionellen Schulen waren unbekümmert um die Kirchenbehörden durch den Schulinspektor Rethy, gegen dessen Übergriffe das Landeskonsistorium seinerzeit erfolglos beim Kultusministerium geklagt hatte, verstaatlicht worden. Was die Klage über die Entwürdigung durch das Pfarrwahlgesetz betraf, so war das gleichfalls eine bewußte Unwahrheit, denn die ungarischen Gemeinden wählten wie die sächsischen nach den gleichen Bestimmungen und für die ungarischen Kandidaten genügte der Besuch einer ungarischen theologischen Fakultät, und niemals hat eine ungarische Gemeinde einen Kandidaten gewählt oder gar wählen müssen, der nicht die ungarische Sprache völlig beherrsche.

Auf die Frage, wie das Landeskonsistorium sich zum Abfall stelle, konnte es antworten: „Der entschiedene gesetzliche Wille des Abfalls jener Gemeinden müßte für uns unter den obwaltenden Verhältnissen ein vollkommen zureichender Grund sein, der gesetzlichen, unserer Kirchenverfassung gemäßen Ausführung derselben nicht das geringste Hindernis in den Weg zu stellen"; doch wies es auf die Gefahr hin, die darin liege, wenn der Anfang damit gemacht würde, nach lediglich sprachlichen Gesichtspunkten die Kirchen Ungarns organisieren zu wollen, und daß diese Gemeinden geistig und materiell nicht in der Lage seien, ein eigenes Seniorat zu bilden. Es stellte zum Schluß an den Minister die Bitte, den Klägern den Bescheid zu geben: „daß ihnen dringend empfohlen werde, dem für sie verderblichen

Trennungsbegehren zu entsagen und in gewissenhafter Einordnung in ihre zu Recht bestehende Kirchenverfassung, in der Benützung der ihnen durch diese gebotenen Segnungen und in unerschütterlicher Anhänglichkeit an die siebenbürgischen Religionsgesetze nach jenen Gütern des Glaubens, der Gesittung, der Nationalität zu ringen, welche sie außerhalb dieses Verbandes nur gefährden würden".

Die Darlegungen hatten solchen Eindruck auf den Minister gemacht, daß er sich auf den Standpunkt des Landeskonsistoriums in bezug auf den Abfall stellte, nun aber verlangte, die Gemeinden sollten zu einem besonderen Dekanat organisiert werden, das entgegen der Kirchenverfassung eine eigene Vertretung im Landeskonsistorium habe. Gegen dieses neue unberechtigte Eingreifen der Staatsgewalt in diese innerkirchliche Angelegenheit, das sich in geradezu verletzender Weise fort und fort wiederholte und selbst in der Form die Gereiztheit des Ministers, besser des zum Angeklagten gewordenen, aber Referent gebliebenen Szász erkennen ließ, protestierte das Landeskonsistorium, denn es sei der Kirche durch dies beharrliche Eingreifen des Ministers die nötige Freiheit genommen, legte aber die ganze Entscheidung der Landeskirchenversammlung vor, nachdem sämtliche fragliche Gemeinden sich gegen neue Belastungen verwahrten und bald die Losreißung, bald die Bildung eines eigenen Bezirkes für unausführbar oder zweckwidrig hielten. Die Landeskirchenversammlung beschloß 1877, daß denjenigen Gemeinden, in denen das Trennungsgelüste wirklich bis zur Unheilbarkeit gediehen sei, nach dem großen Grundsatz der Conf. Augustana, daß solche Angelegenheit nicht durch menschliche Gewalt zu erzwingen sei, im Sinne ihres ursprünglichen Begehrens kein Hindernis in den Weg gelegt werde, aus dem Verband der Landeskirche auszutreten, sei es zur Bildung einer selbständigen Korporation, sei es zum Eintritt in eine andere Superintendenz.

Die Antwort darauf war eine neue leidenschaftliche Anklage der betreffenden Gemeinden gegen die Landeskirche mit dem Ersuchen an den Minister, in irgend einer Form sie von dieser zu trennen; da sie aber zur Tragung der nötigen Lasten unfähig seien, solle der Staat ihnen das Geld geben, u. zw. einen Teil der Dotation der ev. Landeskirche, die dieser als solcher 1861 in der Höhe von 16.000 fl. zugewiesen worden war. Das Landes=

Konsistorium konnte nichts anderes tun, als auf die rechtliche Unmöglichkeit hinzuweisen, daß ein Abfall damit belohnt werde, daß den Gemeinden, die ausschieden, auch noch ein Teil des Einkommens der verlassenen Kirche überwiesen werde, und auf die Grundsätze des allgemeinen Kirchenrechts, das bei „Dismembrationen" keine Einbuße der älteren Körperschaft zuläßt. Einige Jahre war Ruhe, da der Minister 1883 auch einem der Presbyterien erklärt hatte, daß der Ausscheidung kein Hindernis entgegen stehe, die Angelegenheit aber nur im autonomen kirchlichen Weg erledigt werden könne. Doch 1886 traten die Gemeinden neuerdings zusammen und erklärten 25. März, daß sie sich als magyarisches Dekanat konstituierten und der Theißer Superintendenz anschlößen. Zu den widerlegten bitteren Beschuldigungen der früheren Jahre fügten sie eine neue Unwahrheit hinzu, daß die siebenbürgische Landeskirche, indem sie in ihrer Autonomie außerhalb der ungarländischen ev. Gesamtkirche stehe, „faktisch die Idee der Staatseinheit negiere!" Der Theißer Distrikt nahm den Bezirk auf, nicht ohne seinerseits die unwahre Behauptung aufzustellen, daß sich der bisherige Verband mit der ev. Landeskirche „sowohl für ihr protestantisches Glaubensleben wie für ihr Magyarentum schädlich erwiesen habe."

Und dazu, neben der Forderung eines Teiles der Staatsdotation der ev. Landeskirche und Fonds der Nationsuniversität (?!) eine neue Brandfackel, die er in die ev. Kirche warf: das neue Dekanat wurde angewiesen, die anderen ungarischen Gemeinden der Landeskirche aufzufordern, sich ihm anzuschließen und die in der Diaspora wohnenden Gläubigen in den Verband der Kirche einzubeziehn.

Eine Allerhöchste Entschließung vom 22. August 1887 sprach die endgültige Ausscheidung aus. Von der Staatsdotation der Landeskirche aber wurden, neben einem 5%igen Abzug 1877—1880, dann 1886—1889 unter dem Titel der Bedrängnis des Staatsschatzes, 654 fl. 44 kr. den Ausgeschiedenen angewiesen.

Daß die Regierung die ev. Landeskirche Siebenbürgens mit anderem Maßstab maß als die anderen Kirchen, zeigte sich, als sie 1884 bei der Neuorganisation des Oberhauses sämtlichen Kirchen eine ständige Vertretung gab, bloß dieser nur in dem Fall, wenn ihr Bischof zu den drei amtsältesten evangelischen Bischöfen gehörte. Als solcher kam Teutsch sofort in das Magnatenhaus. Unter solchen Umständen war es erklärlich, daß die sächsische Politik dieser Jahre die des Kampfes blieb und die sächsischen Abgeordneten im Reichstag in ihrer Mehrzahl nicht in die Regierungspartei eintraten. So wurde bei den Reichstagswahlen 1884 das bisherige Programm bestätigt, indem festgestellt wurde, daß durch neue Gesetze die Kluft zwischen den verschiedenen Konfessionen und Nationalitäten erweitert worden sei und die ruhige Fortentwicklung des Staates dadurch gehindert werde, „das leidenschaftliche Streben, den ungarischen Staat auf die Grundlage einer einzigen, überall bevorzugten Volksindividualität, der magyarischen, zu stellen, hat noch immer nicht wohlwollender Gerechtigkeit auch gegen die nichtmagyarischen Bürger des Vaterlandes den Platz geräumt, vielmehr in neuen Gesetzen und Akten der Regierung noch schärfern Ausdruck gefunden".

Die ganze Politik Ungarns stand unter der Zwangsvorstellung der Magyarisierung.

So konnte der Zentralausschuß der sächsischen Volkspartei auch 1887 nur auf dem alten Programm stehen und die weitere Fortführung des Kampfes als unabweisbare Pflicht verkünden. Das sächsische Leben war nach allen Richtungen eingeengt worden: 1872 handelte es sich um die Erhaltung der sächsischen Munizipalverfassung — 1887 kämpften sie um Einhaltung des ungarischen Munizipalgesetzes, das 1872 als unannehmbar bezeichnet wurde;

damals verlangten sie Aufrechterhaltung der siebenbürgischen Religionsgesetze — jetzt hatten eine Reihe neuer Gesetze und vollendete Tatsachen darin Bresche gelegt;

damals verlangten sie Revision des Nationalitätengesetzes, das zu wenig Rechte und Freiheiten gebe — jetzt schrieben sie voll Entsagung in dem Wahlaufruf 1887, „die Bestimmungen des 44 : 1868 über die Gleichberechtigung der Nationalitäten sind als das mindeste Maß von Freiheit und Berechtigung zu betrachten, welches auf diesem Gebiete den nichtmagyarischen Nationalitäten dieses Landes eingeräumt worden ist";

damals hofften sie, im Rahmen der Gesetze ihr nationales Leben zu schützen, — nun zwang man die Nationalitäten in einigen Komitaten den Magyarisierungsvereinen Geld zu geben zur eigenen Magyarisierung;

damals glaubten viele, es bedürfe nur eines aufklärenden Wortes bei der Regierung, um alles ins gleiche zu bringen —

nun hatte man erkannt, daß es vielfach am guten Willen fehlte, die Sachsen zu verstehen und ihnen zu helfen;

damals hoffte man wenigstens in den Kirchen ungestört dem eigenen Glauben leben zu können — nun beschloß ein ungarischer Kirchendistrikt, die Diener und Beamten der Kirche sollten durch Amtseid verpflichtet werden, die Interessen der magyarischen Sprache zu pflegen; die Kinder jener, die Gegner der magyarisch=nationalen Bestrebungen seien, dürften in der Schule an keinerlei Wohltaten der Kirche und Schule teilnehmen und wer seine eigene Nationalität mit Verletzung des ungarischen Staates und der magyarischen Nation fördere, der sei von seiner Stelle zu entfernen.

Für die Sachsen selbst war die Gefahr der Magyarisierung nicht groß. Kaum in 2—3 Dörfern wohnten mit ihnen zusammen Magyaren, aber im Kampf gegen die Magyarisierungsbestrebungen durch Schule, Amt usf. konnte die Widerstandsfähigkeit der Sachsen geschwächt oder gar vernichtet werden. Das äußere Band, das sie zusammenhielt, die Munizipaleinheit des Sachsenlandes, war vernichtet; zerriß das innere Band, so konnte der Zersetzungs=prozeß soweit gehen, daß sie in Individuen aufgelöst spurlos in der überwältigenden Mehrheit der Nationalitäten des Landes, vor allem der Rumänen, verschwanden. Ein so schwerer Kampf, wie er hier geführt wurde, kann das innere Band lockern, er kann es festigen. Die Führer der Sachsen haben es verstanden, es fester zu binden.

Das ging nur auf dem Wege tiefer innerer Arbeit. Die sitt=lichen und wirtschaftlichen Kräfte galt es nach allen Richtungen zu stärken und diese Arbeit gibt neben dem politischen Kampf diesen Jahren ihren Charakter.

Auf dem politischen Gebiet sorgte der Zentralausschuß der Volkspartei mit den Kreisausschüssen dafür. Es war anfangs an eine scharfe Zentralisation gedacht, doch ergab sich von selbst, daß die Kreise entsprechend der Vergangenheit und dem Zug sächsischen Wesens selbständiger wurden. Im Dienste der Volks=partei stand vor allem das Siebenb.=Deutsche Tageblatt, zu Zeiten auch die Kronstädter Zeitung, während die „Hermannstädter Zeitung vereinigt mit dem Siebenb. Boten", nicht von Sachsen redigiert und geschrieben, der Regierung diente und nichtsächsische Wege ging. Das Tageblatt aber trug bis 31. Dezember 1885, wo Wolff die Leitung niederlegte, seinen Stempel. Ihm war die seltene Frische gegeben, rasch die edle Form für gute Gedanken zu finden, die leitenden Gedanken, auch wenn sie wiederholt werden mußten, nicht abgegriffen erscheinen zu lassen, das Blatt, das in den kleinen Verhältnissen verschiedenen Aufgaben dienen mußte, doch aus einem Guß zu gestalten und in das fast erdrückende Gleichmaß der täglich wiederkehrenden Sorgen den edeln Schwung zu bringen, den der Kampf um die höchsten Güter des Lebens erfordert. Das Tageblatt war die sächsische Zeitung; was es brachte, galt als Meinung der Sachsen. Ob Tißa oder die Pester Blätter es schmähten oder angriffen, es galt den Sachsen, im Einzelfall seinem Leiter Wolff. In seiner Hand ist die Leitung der Politik in jenen Jahren gewesen. Sie blieb es auch, als er die Leitung des Blattes aus der Hand gab. Was das Wochenblatt sich schon als Ziel gesetzt hatte, die Herzen auf einen Ton zu stimmen und „dem Volke den Anker zu reichen, ihn auszuwerfen in dem Sturm und einzutreiben in den Fels des Glaubens an sich selbst", das Tageblatt und in ihm in erster Reihe Wolff hatten weiter daran gearbeitet und das Volk dem Ziele näher geführt.

Jenes innere Band zu kräftigen, war eine hervorragende Aufgabe der Kirche und wenn irgend jemand dazu berufen war, Führer dabei zu sein, so war es Bischof Teutsch. Ihm war die königliche Macht der Persönlichkeit eigen, mitzureißen, zur Höhe zu führen, alle nicht gemeinen Geister, die mit ihm in Berührung kamen, haben einen Hauch davon gespürt. Volkstum und Glaube, Deutschtum und Protestantismus hatten in ihm eine seltene Vereinigung gefunden und wie er dabei das Beste seines Volkes in sich verkörperte, so ging das Beste seines Wesens wieder auf sein Volk über. Am eindrucksvollsten blieben seine Visitationen, die er fortsetzte und 1877—1888 in den Bezirken Schelk, Kronstadt, Mediasch, Schenk und Schäßburg zu Ende führte, in jeder Gemeinde eine Zusammenfassung des ganzen Lebens unter dem Evangelium, unter dem Gedanken des Volkstums, mit dem Ziel, die Herzen für beides zu gewinnen und in den Dienst beider zu stellen.

Zu der inneren Zusammenfassung und zur Stärkung der religiös-sittlichen Kräfte trugen nicht am wenigsten die Landeskirchenversammlungen bei. Wohl spiegelte sich in ihnen die schwere

Zeit wider, in dem all die Fragen, die der Kirche Verteidigung und Kampf auflegten, die Schulfragen, der Abfall der ungarischen Gemeinden, die Dotationsfrage u. a. zur Sprache kamen, aber zuletzt war doch der innere Aufbau die Hauptsache. In schwerem Kampf in der eigenen Mitte, der alte Freunde eine Zeitlang auseinander brachte, gelang es 1880 Bestimmungen über das Intervall zu treffen und einen Teil der Gesamtkirche nutzbar zu machen, mehr als eine Landeskirchenversammlung beschäftigte sich mit der Organisierung der Seminare. Ihre Einrichtung, seit 1870 4 Jahre auf der zweiten Gymnasial= oder Realklasse auf= gebaut, war durchaus ungenügend. In der Landeskirche selbst tauchte die Frage auf, ob denn nicht eine Zusammenziehung der mit jedem Gymnasium verbundenen (5) Seminarien sich empfehle, aber die Meinungen gingen stark auseinander über das wie, denn jede Stadt wollte ihre Anstalt behalten und im Falle sie aufgelassen werde, die Dotation weiter beziehen. Die Landeskirchenversammlung von 1874 konnte sich über keine der Fragen einigen und lehnte alle Anträge ab, so daß 1877 eine neue Beratung nötig war. Ihr Ergebnis war: die Übernahme des Hermannstädter Seminars unter die Leitung und Sorge der Landeskirche und eine ausgiebigere Unterstützung der anderen Seminarien. Das letztere war verfehlt, da es die unaus= weichbare Zusammenziehung hinausschob. Am 11. Februar 1878 wurde das Hermannstädter Seminar als Landeskirchenseminar vom Konsistorium übernommen und nun kam ein neuer Zug in die ganze Angelegenheit. Die Landeskirchenversammlung von 1880 beschloß als Unterbau das Untergymnasium, darauf ein drei= klassiges Seminar (es wurde später vierklassig), darin die lateinische Sprache als obligater Unterrichtsgegenstand. Immer noch zögerte man mit der Zusammenziehung, die erst 1892 beschlossen wurde.

Mit warmer Teilnahme wurde 1885 zur Kenntnis genommen, daß die Bukarester ev. Gemeinde anregte, ein engeres Band zwischen der siebenbürgischen Landeskirche und den Glaubensgenossen in Bukarest zu schaffen. „Der Gedanke, hieß es im Bericht an die Landeskirchenversammlung, hat in der Mitte des Landes= konsistoriums warme Aufnahme gefunden. Man konnte sich der Erwägung nicht verschließen, daß ebenso wie andere Kirchen sich ihrer in Rumänien lebenden Glaubensgenossen warm annehmen, auch die ev. Landeskirche, u. zw. nicht nur durch die in der neueren

8*

Zeit zunehmende Auswanderung vieler Nationsgenossen insbesondere in die Walachei, sondern auch durch ihre geographische Lage berufen sei, dafür zu sorgen, daß die Ausgewanderten auch in Rumänien unserer Nation und unserem ev. Glauben erhalten werden." Die Ausführung wurde der nächsten Landeskirchenversammlung vorbehalten, die aber auch noch zu keinem Beschluß führte.

Zum inneren Aufbau aber gehörte, daß 1887 eine Reisepredigerstelle geschaffen wurde, die bestimmt war, für die wachsende Diaspora der Landeskirche zu sorgen und deren Sitz nach einigen mißlungenen Versuchen nach Hermannstadt verlegt wurde. Die Arbeit des Reisepredigers aber bedeutete eine neue Stärkung für die ev. Kirche. Leider lehnte die Landeskirchenversammlung 1887 die Zulassung von Lehrerinnen in die Volksschule ab, was sich 1890 wiederholte. Einer Aufforderung der Regierung, die an einigen Ausdrücken der 1861 entstandenen Kirchenverfassung Anstoß nahm, diese Ausdrücke zu ändern, kam die Landeskirchenversammlung 1890 und 1892 nach, wobei es erst nach vielen Verhandlungen gelang, über den Namen der Landeskirche sich zu einigen, der zuletzt lautete: "Die ev. Landeskirche A. B. in den siebenbürgischen Landesteilen Ungarns", während der Name Siebenbürgen der katholischen und reformierten Kirche anstandslos gestattet wurde. Schon 1885 hatte die Landeskirchenversammlung beschlossen, es solle hinfort, entsprechend den siebenbürgischen Religionsgesetzen und dem im Volke allein üblichen Sprachgebrauch, der Amtstitel B i s ch o f statt Superintendent gebraucht werden. Es war ein befriedigender Abschluß für beide Teile, als der Kultusminister Graf Csaky die Änderungen zur Kenntnis nahm (13. April 1892) und der Überzeugung Ausdruck gab, "daß auf Grund der nunmehr endgültig festgesetzten Verfassungsvorschriften jedes einzelne Organ der Kirche im eigenen Wirkungskreis in patriotischer Richtung arbeitend dem Wohl sowohl des Staates als auch seiner Kirche zu dienen nach Möglichkeit bestrebt sein werde".

Die Beanstandungen einzelner Ausdrücke in der Kirchenverfassung waren von der Kirche darum mit Mißtrauen aufgenommen worden, weil sie dahinter Angriffe der ev. Kirche in Ungarn vermutete. Diese hatte nach vielen Mühen endlich eine Verfassung zustande gebracht, durch die die vier evangelischen Distrikte zu einer Gesamtkirche unter einem Generalkonvent zusammengefaßt wurden. Die ungarische evangelische Kirche sah es ungern, daß die ev. Landeskirche Siebenbürgens eine selbständige Stellung hatte und diese zu beseitigen war ihr eifriger Wunsch. Von diesem geleitet wollte sie zu dem „konstituierenden Generalkonvent" auch die Landeskirche Siebenbürgens einladen und auf diesem Wege die Einverleibung vollziehen und kündigte die geplante Einladung dem Landeskonsistorium an. Das Landeskonsistorium beantwortete die Zuschrift dahin, „daß wir abgesehen von der Behandlung, die unserer Kirche in der letzten Zeit von der h. Generalversammlung des Konvents der ungarländischen vier Kirchendistrikte A. B. zuteil geworden,

weder in den Bekenntnisschriften unserer ev. Kirche, noch in der von der h. Schrift ihr gestellten Aufgabe,

weder in ihrer gesetzlichen Rechtsgrundlage, noch in ihrer jahrhundertealten geschichtlichen Entwicklung, welche beide von jener der ungarländischen ev. Kirche so vielfach verschieden sind,

weder im System ihres gegenwärtigen autonomen Verwaltungsorganismus, noch in ihrer sozialen Gliederung,

weder im Hinblick auf ihr besonderes Wohl, noch in Erwägung des Gesamtwohls der ev. Kirche Ungarns,

einen zwingenden Grund finden, der unsere Kirche zum Anschluß an die ungarländische ev. Kirche und zur Teilnahme an jener Synode zu bestimmen vermöchte.

„Indem wir denn von einer Einladung zur beabsichtigten Synode an die ev. Landeskirche Siebenbürgens, da diese jener Einladung zu entsprechen nicht in der Lage wäre, Umgang zu nehmen ersuchen, geben wir uns der vertrauensvollen Erwartung hin, daß die ev. Schwesterkirche in Ungarn, welcher wir auch zur bevorstehenden Synode für ihre Entwicklung und ihr Gedeihen aufrichtig Gottes reichsten Segen wünschen, in der vorliegenden Erklärung unsererseits nicht eine Verleugnung des rechten evangelischen Geistes und der unter seinem Walten stehenden höchsten Lebensgüter finden werde, da unsere Kirche nach wie vor auf dem Grunde der ihr durch die vaterländischen Gesetze verbürgten Autonomie mit den Mitteln des göttlichen Wortes bestrebt sein wird, zu beten und zu arbeiten, daß das Evangelium auch hier sich je mehr und mehr erweise als eine Kraft Gottes, selig zu machen Alle, die daran glauben."

Die beabsichtigte Einladung ist daraufhin unterblieben.

Eine wirkliche Stärkung der ev. Kirche bedeutete 1884 die Gründung des Allgemeinen ev. Frauenvereines. Seine Anregung geht auf den damaligen Hermannstädter Stadtpfarrer Fr. Müller zurück, und das Landeskonsistorium nahm die Arbeit auf, so daß die Vereine von Anfang an in die Kirche sich eingliederten. Der Aufruf wies darauf hin, daß die Armenpflege im weitesten Sinne in der ev. Kirche nicht genügend beachtet werde und daß es an der persönlichen Mitarbeit daran fehle und rief die Frauen zur geordneten kirchlichen Arbeit an der Linderung der zahlreichen Notstände in Haus und Gemeinde auf. „Hier mitzuhelfen wird eine ebenso schöne als echt evangelische Aufgabe der Frauen sein, eine Aufgabe, die ihnen ihre eigenste Natur, das Vorbild der ältesten apostolischen Kirche und das Beispiel der ev. Kirchen anderer Länder gleichmäßig ans Herz legen." Am 22. Mai 1884 fand die gründende Versammlung in Hermannstadt statt, unter dem Vorsitz des Bischofs, und von Anfang an traten 50 Frauenvereine in die Arbeit ein, die bald auf über 200 anwuchsen, indem in allen Gemeinden, nur die kleinsten ausgenommen, sich Vereine bildeten und zuletzt fast sämtliche Frauen zusammenfaßten. Die Ortsvereine in den einzelnen Gemeinden durften nach den Satzungen die Arbeit aufnehmen, die ihnen als die wichtigste erschien, von dem Schmuck der Kirche, der Pflege des Friedhofes, der Einrichtung der Schule an bis zur geordneten Kranken- und Armenpflege. Die meisten schlossen sich zu Bezirksvereinen zusammen; über allen stand der Hauptverein, der unter Leitung der Frau Therese Jikeli († 1891), Frl. Charlotte von Dietrich (1892—1912) und Frau Luise Teutsch (1912—1920) neues Leben in die Gemeinden brachte. In Hermannstadt, wo vor allem auch Frau Julie Jikeli († 1925) zu den Trägerinnen der neuen Gedanken gehörte, und Kronstadt gingen die Leistungen ins große, indem neben Armen- und Krankenpflege Handarbeits- und Dienstbotenschule gegründet, Kochkurse und Einführung in die Feinküche aufgenommen wurden, überall für edle Unterhaltung gesorgt wurde. Die Arbeiten der Frauenvereine haben das evangelische Leben bereichert.

In Hermannstadt selbst schuf Müller 1883 das Waisenhaus neu und verband es mit einer Schule und Kirche und einem Kinderhort, gründete 1887 die ev. Krankenpflegeanstalt, die durch Dr. W. Otto, einem Meister auf dem Gebiete der Chirurgie, ersten

Ruf errang und bald Schwestern, die im Sophienhaus in Weimar erzogen wurden, an Spitäler und zur Pflege in andere sächsische Orte geben konnte. Zur Eröffnung und Einweihung der Anstalt im Herbst 1887 kam die Oberin des Sophienhauses, Bertha Döbling, nach Hermannstadt und brachte Grüße vom Großherzog von Weimar und der Großherzogin, der erlauchten Schutzherrin des Sophienhauses. Die ersten geschulten Krankenpflegerinnen hatte die ev. Stadtpfarrgemeinde in Kronstadt schon im Juni 1887 angestellt. Die kirchliche Armenpflege in Hermannstadt wurde neu organisiert und viel Not gelindert, die freien Spenden für all die Zwecke waren herzerfreuend. Diese Innerarbeiten in Hermannstadt waren vor allem auch dadurch möglich geworden, daß der Bruken= thalische Prozeß 1878 endgültig zugunsten der ev. Kirchengemeinde entschieden worden war und die große Stiftung nun für die vier Stiftungszwecke verfügbar wurde. Das größte Verdienst, daß der Prozeß gewonnen wurde, hatte Müller, der auf den klugen Gedanken gekommen war, Rechtsgutachten zu erwerben von drei beeideten Advokaten in Pest, von drei Universitätsprofessoren in Pest (darunter Def. Szilagyi), vom Professorenkollegium der Juristenfakultät in Wien und vom Spruchkollegium der Juristen= fakultät in Berlin, die alle übereinstimmend dahin lauteten, daß das Erbe dem Hermannstädter Presbyterium gebühre. Be= zeichnend für die Verhältnisse bleibt, daß die Entscheidung zu= gunsten des Presbyteriums in der letzten Instanz nur durch die Schiedsstimme des Präsidenten geschah.

Die Vertiefung des religiösen Lebens sollte die neue Agende fördern. Sie stand seit dem Anfang des Jahrhunderts auf der Tagesordnung. Zuletzt hatte Fr. W. Schuster sie zusammen= gestellt, geordnet und zur letzten Redaktion nahm sie Bischof Teutsch in die Hand. Er hoffte 1890 in wenigen Wochen sie druckfertig herzustellen.

Schwer lasteten schon in diesen Jahren die Geldfragen auf der Landeskirche. Die Mittel wollten nirgends reichen, nicht in der Pensionsanstalt, an deren Satzungen fast jede Landeskirchen= versammlung etwas besserte, nicht für die Gehalte der Pfarrer und Lehrer. Die alte Zehntrente war nicht mehr imstande, den Tag und seine Bedürfnisse zu befriedigen und die Kirche fand nicht den Mut, durchgreifend von den Gemeinden das Notwendige zu verlangen. Bei der Mehrzahl der Pfarrer und in den Ge=

meinden, vor allem den Städten, herrschte noch der Rationalismus; als Nachklang der Aufklärungszeit glaubte man an die Macht des Guten in der Welt, so schlecht sie im einzelnen sein mochte. Eine einheitliche Gottesdienstordnung gab es nicht, es war viel Willkür tätig gewesen, die Liturgie umzugestalten, das Bedürfnis mehr Ordnung hineinzutragen, zeigte sich vielfach. Die Sitte war noch eine Macht im Dorfe, in den Städten nicht mehr wie früher, der Besuch der Gottesdienste in Stadt und Land war im ganzen im Rückgang begriffen, die Tradition dabei in den einzelnen Gemeinden maßgebend und verschieden.

Noch stand der Pfarrer in großem Ansehen. Es wurde allgemein von ihm verlangt, daß er sich nicht nur um Gottes Wort und die kirchliche Verwaltung kümmere, auch sonst sollte er die Gemeinde führen. Wenn es eine Volksfrage gab, durfte er nicht zurückstehen, bei Wahlen sollte er seine Leute zur Urne führen und dafür sorgen, daß sie national wählten, auch in der Landwirtschaft sollte er sich auskennen und mit gutem Beispiel vorangehen, in den landwirtschaftlichen Versammlungen führte er oft das große Wort. Die Bibel kam bisweilen bei solcher Arbeit zu kurz, aber die Leute vertrauten ihm und wußten, sie fanden bei ihm Rat und Hülfe in allen Lebenslagen.

Aber schon begann der Gedanke laut zu werden, daß diese allseitige Inanspruchnahme des Pfarrers der eigentlichen inneren Aufgabe des Pfarramtes vielfach schade und daß es ratsam sei, das Arbeitsgebiet auf das eigentliche Berufsfeld zu beschränken und vor allem die mangelnde Seelsorge aufzunehmen. Die solches wollten, übersahen oft, so sehr sie im Einzelfall Recht haben mochten, daß zuletzt doch der Zusammenhang mit dem Leben ganz andere Grundlagen für die geistliche Arbeit gibt, als einseitige Beschränkung auf den engsten Kreis sie bieten kann.

Dem strafferen Kirchenregiment war es allmählich gelungen, der Willkür der Pfarrer und Gemeinden, mit der sie Änderungen im Gottesdienst und in der Liturgie vornahmen, Schranken zu setzen. In den siebziger Jahren noch hatten nicht nur im Burzenland die meisten Gemeinden nahezu sämtliche Wochengottesdienste abgeschafft, sondern auch sonst waren die Frühkirchen u. a. aufgelassen worden und die Liturgie oft seltsam umgestaltet worden. Abgesehen vom Burzenland, wo sie nie eingeführt waren, hingen die Gemeinden sehr am „Diktum", eine Art liturgischen Gottes=

dienstes, mit freudiger Mitwirkung der Gemeinden, dessen Aufführung aber die Lehrer gern fallen ließen. In Hermannstadt trug bis 1874 der mit dem alten Lehrerkleid bekleidete Küster dem Stadtpfarrer, wenn er predigte, bevor dieser die Kanzel bestieg, die Bibel hinauf.

Die Kirche war das stärkste Band, das die Sachsen zusammenhielt. Das kam in erhebendster Weise 1883 beim Lutherjubiläum und 1887 bei der Feier des 70. Geburtstages des Bischofs Teutsch zum Ausdruck. Nachdem in jeder einzelnen Gemeinde und in allen Schulen Lutherfeiern abgehalten worden waren, bei denen überall Lutherbüchlein verteilt worden waren, einige Gemeinden hatten Festschriften dazu herausgegeben, fand am 10. und 11. November in Hermannstadt die Feier der Gesamtkirche statt, zu der die unitarische Kirche Siebenbürgens warmen Gruß schickte, bei der der Bischof predigte, das Lutherhaus (das neue Waisenhaus) in Hermannstadt eingeweiht wurde, auf Anregung des Pfarrers G. A. Schullerus die Lutherstiftung gegründet wurde. Es war ein großes, lautes Bekenntnis zum deutschen Protestantismus, bei dem die Herzen warm wurden und der Entschluß gefestigt wurde, zu Kirche und Volk zu halten, Glauben und Volkstum zu bewahren. Die Landeskirche hatte ihre Festschrift: Die Synodalartikel der ev. Landeskirche A. B. in Siebenbürgen (bis 1600) von Bischof G. D. Teutsch „den seit Jahrhunderten aus Siebenbürgen besuchten deutschen Universitäten zu einem Zeichen tiefherzlichen Dankes für reiche Segensfülle in Wissenschaft, Glauben und Gesittung" gewidmet.

Glauben und Volkstum, die Sachsen sahen beides im Bischof verkörpert, beides in der Kirche zusammengefaßt.

Das zeigte sich in überwältigender Weise bei der Feier des 70. Geburtstages, zu der das Volk zusammenströmte wie sonst bei den größten Vereinsversammlungen. Der alte Freund und Mitarbeiter Fr. Müller sprach dabei aus dem Herzen Aller zündende Worte: Teutsch sei eine Geschichte, eine Summe von Gedanken, die keiner Auslegung bedürften. Die vier Jahrzehnte, die er gewirkt, seien nicht zu denken ohne ihn, die Zukunft nicht ohne die Gedanken, für die er gekämpft. Er bedeute Ehre und Treue, von der Arbeit nicht zu reden. Er habe das Bild von seines Volkes Geschichte wahrheitsgetreu gezeichnet, sie lasse sich mit Lügen nicht mehr fälschen. Er habe eine Lebensarbeit daran

gesetzt, daß Recht Recht bleibe. Wer seine Ehre und Treue
angreife, greife die Sachsen an. „Unser Gelöbnis sei darum,
fest und treu zu ihm zu stehn, so lange er unter uns wandelt",
und der Schluß feierte ihn „als starken Steuermann seiner Kirche
in kummervoller Zeit, als wahrheitssuchenden Geschichtsschreiber
seines Volkes." Das sächsische Volk sah es als eine ihm zuteil
gewordene Ehre an, als der Herzog von Koburg und der Groß=
herzog von Weimar hohe Orden sandten, und sie verstanden es,
daß die ungarische Regierung den Tag übersah.

Die achtziger Jahre bezeichnen überhaupt in ihrer Art einen
gewissen Höhepunkt. Bischof Teutsch trotz seiner zunehmen=
den Jahre im Vollbesitz seiner Kraft und in steigendem An=
sehen, um ihn Müller und Gull, Brandsch und C. Gebbel,
Wittstock, Arz, Budaker und Wolff, der letztere neben der poli=
tischen und publizistischen Arbeit in voller volkswirtschaftlicher
Tätigkeit, alle miteinander im schweren Kampf, doch noch auf
den Sieg hoffend und den Entschluß im Volke stärkend, daß es
gelte, auszuhalten.

An diesen Gedanken arbeiteten fort und fort die sächsischen
Vereine. Bei der großen Vereinstagung in Hermannstadt 1884,
zu der der Vorsitzende des Gustav Adolf=Vereins Fricke aus
Leipzig gekommen war, fand der Festzug, die Einwanderung der
Sachsen darstellend, statt, der der Tatkraft Wolffs seine Aus=
führung verdankte, ein unvergleichliches, eindrucksvolles Bild,
unvergessen von allen, die es gesehen haben. Der Festzug sollte
zugleich eine Antwort auf die Vorwürfe sein, die Sachsen seien
Vaterlandsfeinde. Solche hätten nie die Erinnerung an die Ein=
wanderung in die neue Heimat gefeiert. Im Jahre 1885 bot die
Tagung der Vereine in Mediasch, 1886 in Kronstadt, 1888
in Mühlbach neue große Eindrücke, unter den Vereinen seit 1880
der Karpathenverein viele Mitglieder anlockend, der gleichfalls
eine Gründung Wolffs mithalf, unsere Gebirge zu erschließen
und die Freude an der Natur und an der heimischen herrlichen
Bergwelt in breite Schichten zu tragen, seit 1885 auch der Allg.
ev. Frauenverein. So wurden diese Versammlungen in der Tat
Anlaß zu einer großen Rundschau über die Arbeit des ganzen
Volkes und regten zu neuer Arbeit an. Die Aufführung von
Devrients Luther 1888 in Hermannstadt unter Devrients Mit=
wirkung half mit, die Treue zum Glauben zu stärken.

In diesen Jahren begann der Landwirtschaftsverein seine tiefgehende Tätigkeit schon in ihren Früchten zu erkennen. Diese wurde dadurch wesentlich unterstützt, daß die Bodenkreditanstalt satzungsgemäß dem Landwirtschaftsverein einen Teil ihres Reingewinnes zur Verfügung stellte, der anfangs wohl geringe, allmählich größere Summen aufwies. Durch eine Winterschule in Hermannstadt, durch entsprechenden Fortbildungsunterricht auf den Gemeinden, durch landwirtschaftliche Kurse für Lehrer, durch Vorträge auf den Gemeinden, durch Anstellung eines Wanderlehrers, durch Ausgestaltung der Landwirtschaftlichen Blätter wurde für Verbreitung landwirtschaftlicher Kenntnisse gesorgt. Brauchbare Maschinen wurden empfohlen und gezeigt, durch Viehausstellungen zu besserer Pflege des Viehs Anreiz geboten. Im Zusammenhang damit wurde in Hermannstadt ein ständiges Ausstellungsgebäude errichtet, das aber als solches nicht lange benützt und in das jetzige Gesellschaftshaus umgestaltet wurde. Einen bedeutenden Fortschritt brachte die Einführung des Pinzgauer Schlages nach Siebenbürgen, der sich hier vortrefflich entwickelte. Dem Weinbau wurde seit 1880 besondere Aufmerksamkeit zugewendet, vor allem seit die Reblaus anfing, die ehemals blühenden Weingärten zu vernichten.

Der größte Erfolg war jedenfalls, daß vor allem durch die unermüdliche Arbeit J. Konnerths die Gemeinden anfingen, die Kommassation durchzuführen, womit im Zusammenhang die Dreifelderwirtschaft einer modernen Anbauart Platz machte und eine Umgestaltung der Wirtschaft die Folge war. Die Maschine begann ihren Einzug zu halten. Im Jahre 1883 zählte man in den sächsischen Gemeinden 34 Dampfdreschmaschinen, 502 Göpeldreschmaschinen, 546 Handdreschmaschinen, 1205 Sortierreuter, überall neue Pflüge, Säe- und andere Maschinen. Aus der Gebundenheit der Dreifelderwirtschaft entwickelte sich die freie persönliche Wirtschaftsweise, die im Gefolge die Ausgestaltung individuellen Lebens überhaupt förderte und auch ein Glied in der Entwicklung wurde, die das kulturelle und nationale Leben der Gegenwart zuletzt auf die Persönlichkeit stellte, also manches auflöste, was bisher die Gemeinschaft zusammen gehalten hatte.

Wenn der Bauernstand die gesunde und starke Kraftquelle des sächsischen Volkes war, der Bürgerstand war die zweite Stütze. Auch er war ins Wanken geraten, einen neuen schweren Schlag gab ihm der 1886 ausgebrochene Zollkrieg mit Rumänien, der ganze Betriebe im Land lahmlegte, und einzelne veranlaßte, ihre Werkstatt über die Grenzen hinüber zu verlegen. Das Kennzeichen des Gewerbes in diesen Jahren blieb: „Das Genossenschaftswesen kann zu keiner Erstarkung gelangen, der gewerbliche Korporationsgeist schläft, der Sinn für Einführung technischer Vervollkommnungen ist wenig rege, das zur Verfügung stehende Kapital unzulänglich."

Hier setzte K. Wolffs neue umfassende Tätigkeit ein, der die wirtschaftliche Hebung des sächsischen Volkes als Vorbedingung seines Bestandes ansah, wie er es um jene Zeit aussprach: „Der Königsboden war zertrümmert, die Schulgesetze setzten zur Magyarisierung ein; mir war es klar geworden, daß unser Kampf, wenn in der bisherigen Weise weiter geführt, aussichtslos sei und mit der vollständigen Zerrüttung des sächsischen Volkes enden müsse. Es mußte versucht werden, den Bestand des sächsischen Volkstums auf anderen Wegen zu retten. Die alten Formen waren größtenteils zerschlagen; damit neues Leben aus den Ruinen blühe, mußten wir von vorne wieder anfangen und in den neuzeitlichen Organisationen den Wiederaufbau unseres Volkstums anstreben. Ein langer schwieriger Arbeitsweg, für den eine Menschengeneration zu kurz ist und nur eine Reihe von mehreren Geschlechtern ausreicht, stand mir vor Augen. Ich fasse ihn in die Worte zusammen: Genossenschaft und Kolonisation". Wolff war 1883 zum Vorstand der Hermannstädter Sparkassa gewählt worden, 1885 wurde er ihr Direktor. Die Sparkassa wurde auf eine neue, moderne Grundlage gestellt, doch blieb die alte Bestimmung, daß der Reingewinn für öffentliche Zwecke verwendet werde. Von der Sparkassa aus wurden seit 1885 in den sächsischen Gemeinden Raiffeisengenossenschaften gegründet, die vorsichtig geschaffen, dann in rascher Zunahme den Zweck hatten, dem Wucher auf dem Land zu steuern, den Sparsinn zu fördern, sächsischen Besitz zu schützen und zu mehren, die Mitglieder zu sozialer Gesinnung, gegenseitiger Hilfsbereitschaft und zu Zuverlässigkeit und Tüchtigkeit zu erziehen. In den Raiffeisenvereinen war der Geist praktischen Christentums tätig. Treue Mithelfer bei dem Volkswerk waren vor allem W. Krafft (gest. Dezember 1908) und Direktor C. Albrich (gest. Januar 1911), dann die Reihe der tüchtigen Revisoren, darunter Jul. Teutsch (gest. Mai 1904), Gutt (gest. 1911), Kast (gest. 1917).

Langsam begannen sich in den sächsischen Städten Industrien zu entwickeln. In Hermannstadt und Kronstadt entstanden Tuchfabriken, die Zernester und Petersdorfer Papierfabriken vergrößerten sich, die Spiritusbrennerei Czell & Söhne in Neustadt überflügelte alle anderen, die Habermannische Brauerei erzeugte über 12.000 Hekto Bier im Jahr, der in der Drei-Eichenbrauerei (1887) eine scharfe Konkurrenz erwuchs. Die Stearinkerzenfabrik in Hermannstadt erfreute sich eines guten Betriebes und fand Absatz. Die Zuckerfabrik in Brenndorf brachte im Kronstädter Bezirk und darüber hinaus den Zuckerrübenbau in Aufschwung. Der Mangel an Eisenbahnen außer der Hauptlinie wurde hemmend empfunden und im Hermannstädter Komitat begannen Vorarbeiten, um Hermannstadt aus der Isolierung herauszuheben und durch Bahnen nach allen Richtungen mit der Außenwelt zu verbinden, auch diese großen Pläne zuletzt in Wolffs fester Hand und durch seine Tatkraft in Leben umgesetzt.

Scheinbar weit abliegend von diesen Arbeiten des Tages, die doch dem höchsten Ziel dienten, das sächsische Volk zu erhalten, flossen die wissenschaftlichen Arbeiten, die erst recht helfen wollten, die Kräfte des Lebens zu stärken. Neuland eroberte Joh. Wolff in seinen Untersuchungen über die deutschen Dorfnamen in Siebenbürgen und in den völlig neues bietenden kulturgeschichtlichen Bildern: Unser Haus und Hof, dann in seinen agrarhistorischen Untersuchungen. Das Ergebnis der Untersuchungen ist: „Wie Sprache und Sitte, so weisen auch die Orts-, Berg-, Wald- und Flurnamen an den Rhein, ... unser Völkchen ist ein Glied, ich will sagen ein verschlagenes Glied des großen fränkischen Stammes." Aus den Dorfnamen aber ging hervor, daß der größere Teil mit Mannesnamen in Verbindung steht, in denen der Führer nachklingt, der einst die Einwanderer an die Stätte führte, wo sie sich niederließen. Wo die Urkunden uns im Stich gelassen haben, da leitet der Ortsname in die Gründungszeit zurück. In den „Landesnamen Siebenbürgens" kam J. Wolff zum Ergebnis, das unanfechtbar feststeht, daß der deutsche Name ursprünglich nur die Hermannstädter Provinz bezeichnete und im Anschluß an die sieben Gerichts- und Verwaltungsgebiete (die VII sedes) entstand, die diese Provinz bildeten. Es sind darum alle anderen Erklärungen des Namens, die dieses übersehen, von vornherein abzuweisen.

Einen völlig neuen Ausblick eröffnete er unserer Wissenschaft durch seine agrarhistorischen Forschungen, in denen sich vor allem auch der Zusammenhang zwischen der Arbeit der Historiker und Germanisten kundgibt, auf die er mit Recht großen Wert legte. „Die alten Namen der Feldmark allein — schrieb er — wissen davon zu erzählen, wie die deutschen Gäste die aus der Heimat mitgebrachten Markordnungen im fremden Land erneuert, wo sie die Grenzen der Gewannen und Allmenden gezogen, das dem Ausbau zugefallene Land verteilt und verlost, und wo sie, als die Gemeinde groß geworden, in die zerschlagene Stuhlsmark ein neues Dorf gesetzt haben; sie allein auch von dem schweren Kampf der vorausgegangenen Geschlechter mit der wildmächtigen Natur, mit Sumpf und Wald und reißendem Getier." Jetzt erst erstand ein greifbares Bild des anfänglichen Lebens der sächsischen Einwanderer.

In den kulturgeschichtlichen Schilderungen „Unser Haus und Hof" (1882) aber zeichnete er ein Stück Seele und Gemüt des sächsischen Volkes. „Die leuchtenden Punkte unserer Vergangenheit sind nicht schimmernde Hofhaltungen und Schloßfeste — schrieb er — der goldene Faden unserer Geschichte ist die harte Arbeit im Dienst der Gesittung, der leidvolle Kampf für das deutsche Haus. Der Geist, der unser Völkchen durch sein Leben geleitet, es ist derselbe, der sich sein Heiligtum am häuslichen Herde erbaut hat: es ist die Gebundenheit in Zucht und Ordnung und der Ernst in rüstig strebender Lebensführung; es ist die Freude an der aufwärts leitenden Kraft und die treue Hingebung an die Aufgabe der durch Natur und Geist gestifteten Gemeinschaft." Und dann wieder: „Wenn wir leben wollen, so müssen wir ihn ganz und voll haben den Segen, der aus dem Familienzusammenhang und der guten Nachbarschaft fließt. Uns ist es allemal Lebensbedingung gewesen, daß die sächsische Gemeinde dastehe wie ein einiges und einziges Haus."

Eines der Hauptverdienste J. Wolffs aber war die energische Aufnahme der Arbeiten für das sächsische Wörterbuch. Während die ältere Ansicht dahin ging, es solle eine Sammlung der in der Mundart allein vorkommenden Worte sein, ein Idiotikon im engeren Sinn, hatte Haltrich den Gedanken erweitert zu einer „Zusammenstellung unserer eigentümlich deutschen Wörter, in welchen das eigenartige Leben und Wesen unseres Volkstums zu lebendiger Anschauung gebracht wird." Wolff steckte das Ziel noch weiter: das Wörterbuch sollte den gesamten Wortschatz der Mundart ausschöpfen. Und hiefür arbeitete und sammelte er bis zur Erschöpfung seiner Kraft. Als er 1893 noch nicht fünfzig Jahre alt starb, hinterließ er 53 starke Mappen mit Sammlungen für das Wörterbuch, darunter alphabetisch geordnet den Grundstock zum Wörterbuch. Über dieses hatte er einmal geschrieben: „Vielleicht spürt man es dereinst auf jedem Blatt im Wörterbuch und in der Grammatik, daß das Volk, dem dieser Wortschatz angehört, hart hat kämpfen müssen um des herzlieben Deutschtums willen."

„Um des herzlieben Deutschtums willen" — das war zugleich der Herzenston seiner umfassenden Lebensarbeit. Er selbst ist in dem Lebenskampf zusammengebrochen und als ein Bild des Märtyrertums deutscher Wissenschaft hierzulande, das nicht vereinzelt dasteht, wenn es auch selten so erschütternd zutage tritt, hat es nicht nur persönliche Bedeutung.

Um dieselbe Zeit wies Keintzel († 1925) nach, daß auch die Bistritzer und Reener Mittelfranken sind und ihre Väter aus derselben Gegend kamen, wie die Einwanderer in die Hermannstädter Provinz.

Für die Einwanderung selbst konnte F. Zimmermann als Weg den am Szamosch herauf nachweisen.

Das Lutherjahr brachte zunächst „die Synodalverhandlungen der ev. Landeskirche A. B. im Reformationsjahrhundert" von G. D. Teutsch, die die Einleitung treffend kennzeichnet: „Der tiefere Gang einer großen, geistigen und sittlichreligiösen Wiedergeburt, die auch in unserem Volk den Staat, die Gesellschaft, die Familie umgestaltete, dem Leben einen neuen edleren Inhalt gab, ihm neue höhere Ziele wies, es zu den ewig frischen Quellen wahrhafter Frömmigkeit führte, erhält in ihnen vielfache, das rechte Verständnis überhaupt fördernde Beleuchtung." Neues bot Fr. Müller: Der Gottesdienst in einer evangelisch-sächsischen Kirche in Siebenbürgen im Jahr 1555, wie H. Herbert: Die Reformation in Hermannstadt und im Hermannstädter Kapitel, dann A. Amlacher in Dam. Dürr, in dem er den sächsischen Pfarrer im Reformationszeitalter zuerst in hellem Licht und neuer Beleuchtung vorführte. G. D. Teutsch hatte im Vortrag: Honterus und Kronstadt zu seiner Zeit die neue Grundlage für die Be=

urteilung des Honterus gelegt, Fr. Teutsch in den „Drei sächsischen Geographen des 16. Jahrhunderts" des Honterus geographische Arbeiten untersucht und Fabritius die neu gefundene Karte Siebenbürgens, eigentlich bloß des Sachsenlandes von Honterus herausgegeben. Das älteste sächsische Gesangbuch von Val. Wagner erklärte L. Michaelis. Karl Reissenberger konnte aus steirischen Archiven Neues zur Geschichte der unglücklichen Fürstin Maria Christina bieten, die durch ihre Vermählung mit Sig. Bathori in die Wirren Siebenbürgens hineingezogen wurde, die durch Reissenbergers Arbeit neue Aufklärung erfahren.

Von Bedeutung waren des geistvollen J. Höchsmann: Studien zur Geschichte Siebenbürgens aus der ersten Hälfte des 18. Jahrhunderts, die er mit den Kommandierenden Siebenbürgens begann, die eine Geschichte der Jahre 1704 und 1705 sind. Die Veröffentlichung von Heydendorffs Selbstbiographie, eine historische Quelle ersten Ranges, kam zum Abschluß, und das ihr gleichwertige Werk G. v. Herrmanns: Das alte und neue Kronstadt gab O. v. Meltzl in glänzender Bearbeitung heraus. Seither erst haben wir ein Bild unserer Geschichte des 18. Jahrhunderts. Ergänzungen dazu boten die von Jul. Groß veröffentlichten Kronstädter Kultur- und Lebensbilder über Herrmann und seine Familie, dann die Auszüge aus den Hermannstädter Magistratsprotokollen, die H. Herbert über die verschiedensten Lebensgebiete veröffentlichte. Von besonderem Wert aber war Fr. Zieglauers Buch: „Die politische Reformbewegung in Siebenbürgen zur Zeit Josephs II. und Leopolds II.", darin vor allem bedeutsam die ausführliche Darstellung des Klausenburger Landtags von 1790/1791.

Für die Geschichte der neuen Zeit brachten die Denkreden G. D. Teutschs neue Beiträge, alle aus der eigenen Lebenserfahrung geschöpft: auf Gustav Seiwert, J. Fabini, Dr. J. Wächter, Sam. Schiel, K. Gooß und M. G. Schuller, G. Fr. Marienburg, Mich. Fuß, Fr. Fronius und J. Haltrich, zugleich die Zeichnung treuester Arbeiter auf dem Feld der Wissenschaft, der Kirche, der Schule, die in diesem Zeitraum heimgegangen waren. Zu diesen ist hinzuzufügen H. Wittstocks schon erwähnte Denkrede auf Franz Gebbel, aus Anlaß der Enthüllung des Denksteins, der auf dem Grabe 1880 aufgestellt wurde und die Gedenkrede, die K. Wolff 1890 auf Fr. M. Herbert hielt, den verdienstvollen Gründer und langjährigen Direktor der Hermannstädter Sparkassa.

Geschichtliche und volkskundliche Arbeiten.

Die bedeutendste zusammenhängende Darstellung aus der reichen Geschichte des 19. Jahrhunderts bot Eugen v. Friedenfels: Josef Bedeus v. Scharberg, Beiträge zur Geschichte Siebenbürgens im 19. Jahrhundert. Das Leben, das darin dargestellt wird, umfaßt die Zeit von 1783—1858 und seine Zeichnung wird, unter Mitteilung bis dahin unbekannter Tatsachen und durch Aufdeckung von Wechselwirkungen, die im geheimen sich vollzogen, zu einer unerschöpflichen Quelle für die Kenntnis der sächsischen Entwicklung im 19. Jahrhundert. Leider ist E. v. Trauschenfels: „Konrad Schmidt" Bruchstück geblieben, doch überaus wertvoll. In die unmittelbare Gegenwart führte Meltzls aufklärendes Buch „Statistik der sächsischen Landbevölkerung in Siebenbürgen" ein, mit dem Ziel der Arbeit, „die Zustände des sächsischen Volkes gewissenhaft darzustellen" und damit dem Volke selbst „die Züge seines eigenen Bildes mit möglichster Treue" entgegenzuhalten.

In wie engem Zusammenhang Wissenschaft und Leben doch zuletzt bei einer gesunden Volksentwicklung stehen, läßt sich bei K. Wolff nachweisen. Er hatte unmittelbar praktische Ziele im Auge bei seinen Studien über die sächsischen Städte und ihren Haushalt, aber es ergeben sich dabei große geschichtliche Gesichtspunkte über die Entstehung und die Entwicklung der Städte, über die treibenden Kräfte des Volkslebens, so daß die Arbeit „Sächsische Städte und ihr Haushalt" auch als wissenschaftliche Leistung gewertet werden muß, ebenso die „Aktenmäßige Geschichte der Altschiffahrt", obwohl die Arbeit nach dem Bekenntnis des Verfassers die Akten hervorgeholt, „nicht um einen wissenschaftlichen Zweck zu fördern, sondern um an den Unternehmungsgeist der Kapitalisten und an das Gewissen der Staatsmänner zu appellieren". Die Berichte der Kronstädter Handels- und Gewerbekammer (1878 und 1879 ff.), die ersten von J. Hintz († 1888), die nächsten von Eugen Jekelius († 1901) gehören auch zu den wissenschaftlichen Leistungen, die dauernden Wert besitzen.

Das Gebiet der Volkskunde im weiteren Sinne fand auch in diesem Zeitraum Pflege. Das völlig unbekannte Gebiet der Agrargeschichte nahm, wie oben erwähnt, J. Wolff auf und die meisten neuen Resultate sind an seinen Namen geknüpft. Es wurden damit die Grundlagen unseres Volkslebens bloßgelegt: die Flur- und Markverfassung, der gemeinsame Besitz in Dorf und Stuhl, die Lose im Feld, die Allmenden und Gewanne, es entstand daraus ein neues Bild, wie die Einwanderer das Land gefunden, wie sie Wald und Sumpf und Moor der Kultur gewonnen, wie das Privateigentum entstanden und hundert andere Fragen fanden Antwort oder stellten neue Probleme. In eine Einzelgemeinde (Trappold) ließ G. Schuller interessante Einblicke tun, das Korrespondenzblatt des Vereins für siebenbürgische Landeskunde (seit 1878) brachte viele einzelne geschichtliche, mundartliche und volkskundliche Beiträge und wurde ein Sammelpunkt der sächsischen Wissenschaft. Fronius konnte 1879 und 1883 seine lebensvollen „Bilder aus dem sächsischen Bauernleben in Siebenbürgen" herausgeben, J. Haltrich an einer neuen Ausgabe der Märchen (1877 und 1882) sich erfreuen und an der Herausgabe seiner kleineren wertvollen Arbeiten, die J. Wolff zum hundertjährigen Geburtstag Jak. Grimms 1885, mit wertvollen Anmerkungen veröffentlichte, wie Müller 1885 eine Neuauflage der Sagen besorgen konnte. J. Hillner bereicherte uns mit der Arbeit über den volkstümlichen Glauben und Brauch bei Geburt und Taufe im Sachsenland, G. Heinrich schrieb über Agrarische Sitten und Gebräuche.

Auf dem Gebiet der Kunstgeschichte fand die Mediascher Kirche (1872) von C. Werner, die Mühlbächer von F. Reuschel (1878), die Bistritzer von Wortitsch (1888) Bearbeitung, doch die bedeutsamste Arbeit ist L. Reissenberger: Die ev. Pfarrkirche A. B. in Hermannstadt (1884) und die „Kirchlichen Kunstdenkmäler aus Siebenbürgen", an deren Bearbeitung vor allem Reissenberger beteiligt war und die der Verein für siebenbürgische Landeskunde 1878—1884 herausgab. Unter dem unscheinbaren Titel: Siebenbürgische Künstlernamen veröffentlichte W. Wenrich Untersuchungen über das Leben ältester sächsischer Künstler mit Ausblicken auf den Zusammenhang der hiesigen Kunst mit der deutschen, wie der Verfasser mit Recht erwartete, „dem zukünftigen Verfasser einer sächsischen Kunstgeschichte eine willkommene Gabe".

Zur sächsischen Literaturgeschichte gab M. Albert im Rosetum Franckianum einen neuen Beitrag, G. D. Teutsch einen solchen zur Würdigung des Schesäus; er zeichnete auch den Anteil Mühlbachs an der siebenbürgisch-sächsischen Geschichtsschreibung und die Anfänge dieser, darin Deutschlands Anteil daran, Fr. Teutsch die Geschichte des Hermannstädter Gymnasiums und die Geschichte des sächsischen Buchhandels. Grundlegend

war die Untersuchung, die G. D. Teutsch über den General=
dechanten bot, und das Ergebnis bedeutsam für unsere ältere
Kirchengeschichte.

Als Quellenwerke brachte der Zeitraum: L. Reissenberger,
die siebenbürgischen Münzen des Freiherrn v. Brukenthalschen
Museums in Hermannstadt. Mit Mitteln der sächsischen Nations=
universität wurden herausgegeben: Quellen zur Geschichte Sieben=
bürgens aus sächsischen Archiven, von denen leider nur ein Band
erschien mit den Rechnungen aus dem Archiv der Stadt Her=
mannstadt und der sächsischen Nation 1380—1516, weil die
Universität das Verständnis nicht aufbrachte, weitere Mittel zur
Verfügung zu stellen. Kronstadt bewies einen weiteren Blick, das
die Mittel für die „Quellen zur Geschichte der Stadt Kronstadt
in Siebenbürgen" flüssig machte, bis 1890 zwei Bände, später fort=
gesetzt. Endlich erschien der 1. Band der Siebenbürgisch=sächsischen
Schulordnungen (bis 1778) von Fr. Teutsch im großen Sammel=
werk der Monum. paed. Germaniae 1888 in Berlin, die urkund=
liche Grundlage für die sächsische Schulgeschichte.

Auf dem Gebiet der Naturwissenschaft war E. A. Bielz mit
seinen umfassenden Kenntnissen sowohl in der Mineralogie, wie
Zoologie und Botanik unermüdlich tätig, die Heimat zu erforschen,
Jul. Römer in gleicher Weise beschäftigt, die Karpathen und ihre
Flora zu sichten und zu erklären, L. Reissenberger setzte seine
meteorologischen Beobachtungen fort und faßte ihre Ergebnisse
zusammen, unterstützt und später abgelöst von Ad. Gottschling.

Die Träger der schönwissenschaftlichen Literatur aber waren
M. Albert, Traugott Teutsch und Fr. W. Schuster, die beiden
ersten in inniger persönlicher Berührung sich gegenseitig fördernd
und aneifernd. Neben kleineren Novellen, so Auf dem Königs=
boden, in der die Zertrümmerung nachklang, erschienen von Albert
1883 Die Flandrer am Alt, historisches Schauspiel in 5 Akten
und 1886 Harteneck, Trauerspiel in 5 Akten. Im ersten, voll
lyrischer Partien mit wenig Handlung, wird die Besitzergreifung
der neuen Heimat hier mit dem Gemüt gezeichnet, die Verluste,
die der Auswanderer innerlich erlebt, der langsame Gewinn, der
in der Einwurzelung in die neue Welt schwer erkauft werden
muß:

Mit Schweiß und Blut, mit Herzeleid und Wagnis
Verpflichten wir zur Heimat uns die Scholle.

Reich an Gedanken und Sentenzen, die alle aus dem Erlebnis unserer Geschichte fließen, ist es eine Dichtung voll „tüchtiger innerer Ausgestaltung" und wird sächsische Zuhörer, wie bei den Vereinstagen 1884 in Hermannstadt, immer erwärmen und erheben: „Hier stirbt der Deutsche nicht, darauf vertraut!" Alberts und Tr. Teutschs Schöpfungen in dieser Zeit hingen innerlich mit der Hochflut nationalen Empfindens zusammen, die damals die Sachsen emportrug und in der Schulvereinsdemonstration, im Lutherjahr, in den Hermannstädter Vereinstagen mit dem Festzug 1884 zum Ausdruck kam.

Dramatisch bedeutend wirksamer ist Harteneck, der tragischeste Held aus unserer Geschichte, der den Geschichtsforscher wie den Dichter immer wieder anzieht. So hatte auch Tr. Teutsch 1874 seinen Harteneck veröffentlicht, der für Albert manches Vorbild bot, in beiden ist Harteneck „die Verkörperung der Kulturaufgabe und des tragischen Geschicks des sächsischen Volkes".

Beide überragte an Kraft und Gewalt Fr. W. Schusters: Alboin und Rosimund, 1884 erschienen, ein Drama voll Leben und Spannung, in meisterhafter Steigerung von Anfang bis zu Ende, voll Wucht und Fülle, reich an Gedanken, ein erschütterndes „Bild der sich selbst verzehrenden Kraft germanischer Barbarenvölker auf dem Sumpfboden der verfaulten antiken Welt".

Traugott Teutsch aber bot seinen Zeitgenossen auch zwei Romane, die Erfindung und Kraft zeigten: An der Aluta (1877) und Schwarzburg, historische Erzählung aus dem Siebenbürger Sachsenland (1882). Teutsch hatte den Plan, die Entwicklung des sächsischen Volkes in einer Reihe von Erzählungen in freier Erfindung und doch im geschichtlichen Gewand darzustellen, wobei wohl unbewußt, denn der Verfasser lehnt es ab, G. Freytags geistvolle Bilder aus der deutschen Vergangenheit und dann deren Umsetzung in Dichtung in den Ahnen mitwirken mochten. „Meinem Volk zur Selbstschau und Selbsterhebung im Spiegel seiner Vergangenheit" schrieb er als Widmungswort an die Schwarzburg und Albert jubelte: „Ich mußte erstaunen, als ich das Werk gelesen; es riß mich empor." Es war ein kühner Wurf und wurde zu einem literarischen Ereignis, wie der Kampf des Erbgräfen mit dem bürgerlichen Gemeingeist des Volkes dargestellt wird, der den stolzen Plan hat, hier an der Grenze der Christenheit ein selbständiges deutsches Reich aufzurichten, wobei das Gräfentum unterliegt. Es war Heimatkunst in bestem Sinn, die hier sich offenbarte.

Die Geschichte des deutschen Theaters in Siebenbürgen, damit ein gut Stück Literaturgeschichte, vor allem auch des geistigen Zusammenhangs mit Deutschland, bot E. Filtsch in gefälliger Darstellung.

Als Zeichen der Lebenskraft und als Zeugnisse des Lebenswillens müssen diese Geistesgaben heute gewürdigt werden. Es war derselbe Geist, der aus ihnen redete, der in den Schulvereinsdemonstrationen, in den Lutherfeiern, in dem Fest der Sacheneinwanderung zutage getreten war, der in der Feier des 70. Geburtstages des Bischofs Teutsch 1887 die Seelen hob, alle unter dem Gedanken der Arbeit für Volk und Kirche.

Wenn auf dieser Arbeit nur nicht so viele und so große Sorge gelastet hätte!

Eine der größten war die Erhaltung der sächsischen Städte in ihrem deutschen Charakter, soweit er noch vorhanden war. Denn daß dieser sich mehr und mehr zu Ungunsten der Sachsen veränderte, das ließ sich nicht mehr leugnen.

Noch war die Leitung der sächsischen Städte in sächsischer Hand, aber es war schwer, sie zu behalten und schwer, die städtische Wirtschaft in Ordnung zu halten. Sie stand nahezu überall auf dem alten Standpunkt, bei dem der liegende Besitz, das unbewegliche Gut an Acker und Wiese, an Wald und Feld, an Häusern und Mühlen eine bedeutende Einnahmsquelle war, wenn auch selten wirklich ertragreich. Den meisten Städten fiel es schwer, das Gleichgewicht des Haushaltes zu erhalten oder zu erreichen. Einnahmen und Ausgaben waren auch für jene Zeit bescheiden, 1882 am niedrigsten in Broos und S.-Regen 40 bis 43.000 fl., in Bistritz nicht viel höher 46.000 fl., in Mühlbach 52.000 fl., Mediasch 63.000 fl., Schäßburg 83.000 fl., in Hermannstadt 215.000, in Kronstadt 454.000 fl. Mehr als die Hälfte der Einnahmen in Kronstadt kam aus dem liegenden Besitz, der dort an Wäldern bedeutend war. Die Städte alle mußten an Gefälle und Steuern denken, aber direkte Umlagen wiesen nur Kronstadt (20% für 1882) auf, wo für Schulden über 17.000 fl. Zinsen gezahlt wurden, und Schäßburg, wo die Jungsachsen den Haushalt so gründlich gestört und zerstört hatten, daß einmal daran gedacht wurde, die Stadt zur Großgemeinde zu erklären und die alten Türme und Mauern abzutragen, um Schulden zu zahlen. Auch da mußte eine Umlage von 20% beschlossen werden, um die Schuldenlast, 122.000 fl. im Jahre 1877, zu tilgen. Auch Bistritz und Mühlbach litten unter Schulden, hatten aber keine Umlagen. Überall zahlten die Städte alte Beiträge an Kirchen und Schulen, überall war der Aufwand für Reinhaltung der Straßen, für die Sicherheit, für die Modernisierung der Stadt gering, die Sicherheit eine selbstverständliche, die Beleuchtung schwach, hie und da nur in den mondscheinlosen Nächten, Kronstadt allein hatte Gasbeleuchtung.

Überall verschlechterte sich, bei größerer oder geringerer Zunahme der sächsischen Bevölkerung, deren Verhältniszahl zu den anderen Nationen. Die Zuwanderung der Magyaren wurde in allen Formen vom Staat unterstützt, vor allem stellten die Beamten eine namhafte Zahl, die der Rumänen erfolgte aus den Gemeinden der Umgebung. Hermannstadt zählte nach der Volkszählung von 1881 19.285 Einwohner, davon 12.010 Deutsche, 4268 Rumänen, nicht ganz 1000 Magyaren. Im Jahre 1925 haben die Sachsen (Deutsche) mit 18.268 noch immer die absolute Mehrheit bei einer Gesamtbevölkerung von 32.748, darunter 8553 Rumänen, 4291 Magyaren und 1310 Juden. Die Deutschen hatten von 1870–1881 um 136, die Rumänen um 285, die Magyaren um 237 zugenommen. In Kronstadt standen neben 9998 Sachsen 9651 Magyaren und 9431 Rumänen, jede Nation ein Drittel der Bevölkerung. Die Zahlen betrugen 1925 bei einer Gesamtbevölkerung von 40.335 Seelen 11.293 Sachsen, 15.137 Magyaren, 12.187 Rumänen und 1722 Juden. Von den 6499 Bewohnern Mediaschs (gegen 1870 ein Rückgang um 213) fielen auf die Sachsen 3460, auf die Rumänen 1815, die als Tagelöhner und Pächter allmählich Eigentum erwarben. Im Jahre 1925 zählte Mediasch 10.124 Einwohner, davon 4691 Deutsche, 3219 Rumänen, 1631 Magyaren. In Mühlbach mit seinen 6140 Einwohnern waren die Sachsen in der Minderheit (2058), die rumänischen Vorstädter hatten auf das Gewerbe übergegriffen, auch die Stadtverwaltung hatten die Rumänen in die Hände genommen; 1925 waren es bei 8225 Einwohnern 1883 Sachsen (Deutsche), 5992 Rumänen, 254 Magyaren. In Bistritz hatten bei 8030 Einwohnern die Deutschen mit 5085 Seelen das Übergewicht, doch hatten Magyaren und Juden sich beinahe verdoppelt und die

Die Bevölkerung der sächsischen Städte.

Rumänen zählten 2697 Seelen; 1925 waren bei 12.364 Einwohnern 5361 Deutsche, 3716 Rumänen, 1302 Magyaren, 2018 Juden. Ähnlich war es in Schäßburg, wo von 8789 Einwohnern (gegen 8204 im Jahre 1870) 5235 Deutsche 2214 Rumänen und 1056 Magyaren gegenüberstanden. Auch da hatten die Juden und Magyaren sich stark vermehrt; 1925 waren bei 11.561 Einwohnern 5620 Deutsche, 3428 Rumänen, 2253 Magyaren, 204 Juden. In Broos befanden sich die 977 Deutschen den Magyaren und Rumänen gegenüber in der Minderheit; 1925 war das Verhältnis 1170—1492—4107, in Sächsisch-Reen bei 8074 Einwohnern 2522 Deutsche, 1557 Rumänen, 2564 Magyaren, 1341 Juden, durch Hinzuzählung von M.-Reen wachsen die Deutschen um 22, die Rumänen um 736, die Magyaren um 431, die Juden um 84.

Noch waren die Städte ihrem Wesen nach sächsisch, die sächsische Kultur, die sächsischen Schulen drückten ihnen den Stempel auf — wie lange noch?

Denn das alles ließ sich nur im harten Kampf aufrecht erhalten, nach der einen Seite mit der Regierung und mit der hinter ihr stehenden Staatsgewalt, nach der andern Seite mit der nach aufwärts drängenden nichtsächsischen Bevölkerung. Hier der politische, dort der wirtschaftliche Kampf, wobei der erste viel Kraft erforderte, und wenn der zweite mit der Niederlage endigte, so war auch der erste verloren.

Die Führer merkten hie und da Zeichen der Ermattung, aber mehr Sorge machte die geringe Aussicht, sich überhaupt zu halten, wenn die Staatsmacht am Ende Güter zertrümmerte, die einmal verloren, nicht wieder herzustellen waren. Die Sachsen hatten den Kampf niemals um des Kampfes willen geführt und oft erklärt, zu einem Frieden bereit zu sein, der ihnen Licht und Luft zum nationalen Leben gab. Die Auswanderung, vor allem nach Amerika, hatte in unheimlichem Umfang eingesetzt. Wenn der wirtschaftliche Rückgang weiter ging, sank auch die Kraft zum Kampf nach der andern Seite. Mehr als einmal hatten die Sachsen, darunter gerade auch K. Wolff der Friedensbereitschaft Ausdruck gegeben, sie war nie gehört worden.

Nun begann sich ein Friedensbedürfnis auch auf der Seite der Regierung zu zeigen. Die öffentliche Meinung Deutschlands übte doch ihre Wirkung aus, wo die Unterdrückung und Verfolgung der Sachsen wie der Nationalitäten in Ungarn überhaupt Beachtung fand. Schon 1882 hatte Trefort zu Bischof Teutsch gesagt, es müsse Friede zwischen den Sachsen und der Regierung gemacht werden; doch das Mittelschulgesetz hinderte zunächst jede Annäherung. Im September 1883 erschien plötzlich ein Vertreter Tißas, J. Horvath, in Hermannstadt und forderte Teutsch im Auftrage des Ministerpräsidenten auf, mit diesem wegen der Verständigung in Verhandlung zu treten. Als Teutsch im Herbst 1883 mit Tißa redete, fragte dieser: „Ich muß eine Gewissensfrage an Sie richten: wünschen die Sachsen wirklich den Frieden? Horvath hat mir davon gesagt und so ist er hinuntergegangen, nicht in meinem Namen aber mit meinem Wissen, um mit Ihnen zu sprechen." Teutsch setzte Tißa auseinander, daß dies Friedensbedürfnis allerdings vorhanden sei, daß die Sachsen sich bloß verteidigten und die Vorbedingung des Friedens sei eine Auswahl richtiger Männer für die leitenden Ämter, eine wohlwollende und gewissenhafte Ausführung der Gesetze, wobei das Mittelschulgesetz in manchen Beziehungen umzuändern sei. Tißa war der Meinung, die Gesetze würden loyal ausgeführt und betonte wiederholt, die Sachsen müßten durch Taten beweisen, daß sie Vertrauen verdienten. Bei einer neuen Unterredung mit Tißa im Januar 1887 sagte Tißa, sie hätten immer den Frieden gewollt und seien auf dem Boden des Gesetzes gestanden, was Teutsch auch für die Sachsen in Anspruch nahm. Ein greifbares Ergebnis war nicht vorhanden.

Inzwischen war 1886 der Hermannstädter Obergespan Brennerberg gestorben und die Regierung setzte provisorisch an seine Stelle den Kronstädter Obergespan Graf Andreas Bethlen, der dann auch nach Hermannstadt übersiedelte und aus eigener Kenntnis der Kronstädter und Hermannstädter Verhältnisse und Personen am meisten mitgeholfen hat, die Wege zum Frieden zu ebnen, ein echter ungarischer Edelmann mit europäischer Bildung, vorurteilslos und imstande, auch der Regierung ihre Fehler vorzuhalten und das Törichte des Vorwurfs nachzuweisen, der den Sachsen Staatsfeindlichkeit unterschob. Von Seite der Sachsen arbeitete vor allem auch O. v. Meltzl für eine Verständigung. Nach K. Wolffs Rücktritt von der Leitung des Sieb.=Deutschen Tageblatts und Ausscheidung aus dem Parlament hatte Meltzl die Leitung des Tageblatts übernommen (Januar bis Sep=

tember 1886) und dort den Gedanken der Verständigung vertreten. Es war bezeichnend, daß die Volksstimmung so entschieden dagegen war, daß er die Leitung niederlegte. Aber 1887 wurde er auch an Wolffs Stelle in den Reichstag gewählt und nahm nun dort die Arbeit auf. Er war dafür besonders geschaffen. Nicht ein gebürtiger Sachse, dessen Großvater aus der Zips nach Siebenbürgen gekommen war, war er mit den sächsischen Traditionen nicht so eng verwachsen wie seine Volksgenossen, dabei ein Mann von ungewöhnlicher umfassender Bildung mit einem weitern Gesichtskreis als der Durchschnitt ihn zu besitzen pflegt. Als Professor an der Hermannstädter Rechtsakademie hatte er schon 1878 in einer Broschüre: „Die Stellung der Siebenbürger Sachsen in Ungarn", die er dem Minister des Innern und der Tageblattpartei, den beiden sich bekämpfenden Parteien widmete, beiden Teilen die Fehler vorgehalten, die sie seiner Meinung nach begingen und zum Frieden gemahnt. Seine Ausführungen gipfelten in dem Schluß: „Wenn man den Sachsen jene Beruhigung, jene festen Garantien gibt, daß man ihren nationalen Bestand nicht gefährden, sondern mit allen erlaubten und gerechten Mitteln schützen will, so wird der ungarische Staat keine treueren und zuverlässigeren Staatsbürger haben, keine, die ihren letzten Blutstropfen williger für Ungarn hingeben werden als die Sachsen." Im ungarischen Reichstag hielt er am 17. Januar 1888 bei der Budgetdebatte eine großangelegte Rede, in der er die Stellung der Sachsen im Staat, ihren Kampf und die Haltung der Regierung in geschickter Weise, ohne nach einer Seite zu verletzen, doch scharf in der Sache selbst zeichnete. Er wies nach, wie berechtigt der Kampf der Sachsen gewesen sei, daß ihre Magyarisierung unmöglich sei, daß aber durch die Magyarisierungsbestrebungen ihre Widerstandskraft geschwächt oder vernichtet werden könne, daß ihre Erhaltung im Interesse des Staates liege, der darum alles tun müsse, um sie zu erhalten. Die Sachsen hätten keinen andern Wunsch, als gerecht behandelt zu werden und daß ihnen nicht die Garantien entzogen würden, die ihren Bestand und ihre Kultur zu sichern bestimmt seien; sie hätten immer es ausgesprochen, daß sie treue Staatsbürger seien, daß sie die führende Rolle der Magyaren anerkennen, ebenso die Staatssprache; da sei die Haltung der Regierung den Sachsen gegenüber ganz unverständlich. Weil die Sachsen nichts ver=

langten, was die Regierung nicht jeden Augenblick zugestehen
könne, müsse eine Verständigung möglich sein.

Am folgenden Tag antwortete Tißa darauf, unter Aner=
kennung der „parlamentarischen Manier der schönen Rede";
indem er zunächst die Haltung der Regierung in der Univer=
sitätsfrage verteidigte, dann aussprach, daß auch nach seiner
Meinung die sächsischen und ungarischen Elemente in Sieben=
bürgen zusammenhalten müßten und mit Freuden feststellte, daß
auch die Sachsen dies einsähen. Und nun kam wieder sein alter
Gedanke: „wenn die Sachsen auch mit Taten beweisen, daß sie
treu dem ungarischen Staate sind, daß sie bereit sind, für den=
selben zu arbeiten und ihm auch Opfer zu bringen, u. zw. in der
Art beweisen, daß jenes berühmte Hermannstädter Blatt (das
Siebenb.=Deutsche Tageblatt ist gemeint) und auch einige Herren
unter den Sachsen aufhören jene Quelle zu sein, aus welcher ihre
Stammverwandten im Ausland die ungerechtesten Anklagen
gegen uns schöpfen, er möge mir glauben, daß sich die Herren
Abgeordneten in demselben Augenblick, in welchem dies aufhört,
welcher Partei des Landes immer anschließen können." Er ver=
sicherte, bisher kein Unrecht begangen zu haben, wie er es ferner
nicht tun werde und unter der ausgeführten Voraussetzung „alles
tun werde, was das Wohlwollen einer Regierung für die Sachsen
und die Richtung tun kann, daß die Sachsen in Siebenbürgen
mit den Ungarn zusammen eine Phalanx bilden."

Gegenüber der hin und wieder unter den Sachsen ausge=
sprochenen Ansicht, daß ihnen hier nichts anderes übrig bleibe,
als „ehrenvoll unterzugehn", hatte Meltzl in seiner Programm=
rede am 6. Juni 1881 eindrucksvoll ausgeführt: „Ein Volk geht
heute niemals ehrenvoll unter. Der einzelne, das Individuum
mag sich in die Schlacht stürzen und den Tod für Freiheit und
Vaterland sterben, er mag angesichts eines schimpflichen Todes
sich den Dolch in die Brust stoßen, mit einem Wort: ihm ist die
Wahl gegeben zwischen ehrlichem Sterben und ehrlosem Leben.
Auf ein Volk angewendet, ist der Satz vom ehrenvollen Unter=
gang nur eine Phrase ... Ein Volk stirbt anders, es verfällt all=
mählich. Glied für Glied, wie ein von einer unheilbaren Krank=
heit ergriffener, dem Verwesungsprozeß anheimgefallener Orga=
nismus. Mag die Ursache der Krankheit in der despotischen
Verkümmerung der bürgerlichen, religiösen oder kirchlichen Frei=

heit oder in dem wirtschaftlichen Niedergang liegen, ihre Symptome
zeigen sich darin, daß das Volk zuerst den inneren Halt verliert,
indem es aus Feigheit, Feilheit und Servilismus eine seiner
nationalen Stützen nach der anderen sich entwinden läßt oder gar
freiwillig darbietet, es verliert den Glauben an sich und seine
Zukunft, es verfällt physisch, geistig und moralisch, es verliert
endlich sogar die Achtung vor sich selbst, nachdem es die Achtung
anderer schon längst verloren — es zerbröckelt und zerstäubt."

In dem Rechenschaftsbericht, den Meltzl in Hermannstadt
14. Oktober 1886 gab, hatte er einiges weiter ausgeführt. Er
legte dar, wie einflußlos die sächsischen Abgeordneten im Reichs=
tag schon durch ihre Stellung außerhalb der Parteien wären.
Außerhalb der Hauptströmung des politischen Lebens stehend,
habe der in keiner Partei stehende Abgeordnete keinen Zusammen=
hang, keine Fühlung mit den bewegenden Kräften, kenne die Ab=
sichten der Regierung nicht und nicht den Zusammenhang der
Dinge, er sähe die einzelnen parlamentarischen Ereignisse in
einem Augenblick an sich herantreten, wo die Entscheidung in
der Regel gefallen sei, auf die er gar keinen Einfluß nehmen könne.
In die Kommissionen, in denen die Entscheidung falle, komme
kein Abgeordneter, der nicht einer anerkannten Partei angehöre.
Solange die berechtigten Wünsche der Sachsen nicht erfüllt seien,
sei es unmöglich in eine Partei einzutreten. Er gab auch hier
der Bereitwilligkeit zum Friedensschluß Ausdruck, „unsere Auf=
gabe kann es nicht sein, der Regierung Opposition um jeden
Preis zu machen...; unsere Abgeordneten haben sich in ihrem
ganzen Auftreten stets die Möglichkeit einer Verständigung mit
der Regierung vor Augen zu halten, sie dürfen die Brücken, die
zu einer solchen führen könnten, nie abbrechen" und wies darauf
hin, wie es unmöglich sei, hinfort den Sachsen Staatsfeindlich=
keit vorzuwerfen oder daß sie keine Verständigung wollten.
K. Wolff antwortete darauf, daß die sächsische Opposition nicht
gegen den Staat gehe, „der Friede mit der Regierung wäre uns
lieber als der Kampf. Die Sachsen wünschten nichts anderes,
als im ungarischen Staat ihre Nationalität zu behaupten und in
ihrer Eigenart dem Staat nützlich zu sein. Dazu sei notwendig
das Festhalten am Nationalitätengesetz, die Durchführung der
Munizipalautonomie und die Achtung und Durchführung des
Rechts der ev. Kirche und Schule. Bei der Geltendmachung

unserer Forderungen sei die Aufgabe, nicht zu verletzen, sondern zu überzeugen.

Ein Zeichen, wie es in der Volksseele gärte und brodelte, war es, daß Meltzl's Auftreten und Richtung geradezu zu Angriffen aus der Mitte des Volkes gegen ihn führte, die zum Teil sehr heftig waren.

Alles zusammen aber hatte doch eine Atmosphäre geschaffen, die eine Verständigung in nicht allzu ferner Zeit erhoffen ließ. Durchschlagend wirkte die Erkenntnis, daß es ein Irrtum gewesen war, den Dualismus nur als kurzen Übergang zur Rückkehr zu einem neuen Österreich anzusehn. Es war eine dauernde Form der Staatsverfassung, mit der man rechnen mußte. Stellten sich aber die Sachsen rückhaltlos auf den Standpunkt des Staates, dann konnte manches in anderem Licht erscheinen, als sie es bisher gesehen. Nicht alles, was die Sachsen schwer getroffen hatte, war gegen sie gerichtet gewesen, vieles zeigte ein anderes Gesicht, wenn man es von oben, ein anderes, wenn man es von unten betrachtete. Wohl hatte die Zeit den Sachsen vieles genommen, aber es war noch so viel geblieben, daß sich damit leben ließ.

So lange Tißa an der Spitze der Regierung blieb, gelang allerdings die Verständigung nicht. Er hatte für die Sachsen kein Verständnis. Er hatte das billige Mittel gefunden, jede unvolkstümliche Regierungshandlung dadurch wett zu machen, daß er auf die Nationalitäten losschlug, besonders die Sachsen, die ihm als Deutsche unsympathisch waren, und sein Chauvinismus wollte die Geltung nichtmagyarischer Lebensäußerungen im Lande möglichst einschränken.

Aber im Frühjahr 1890 fiel er endlich. Es ging ein Aufatmen auch durch das sächsische Volk.

An seine Stelle trat Graf Szapary, als Kultusminister war nach Treforts Tod (1888) schon Graf Csaky getreten. Mit beiden ließ sich verhandeln. Eingehende Besprechungen in den leitenden sächsischen Kreisen legten die Grundlagen fest, K. Wolff konnte in einer Unterredung mit Graf A. Bethlen diese darlegen und als Forderung vor allem die Beseitigung der mißliebigen Obergespäne und die Umarbeitung des Universitätsstatuts bezeichnen. Bethlen bestätigte beides. Da er als Ackerbauminister in das Kabinett Szapary eintrat, war es ein leichtes, nun mit Szapary die Verhandlungen zu führen. Als Teutsch Anfang Juni in Pest war, konnte er aufklärenden Bericht geben, und Szapary meldete erfreut dem deutschen Botschafter Prinz Reuß, der auch in Pest war, der Friede mit den Sachsen sei im Werden, worauf Reuß betonte, wie ersprießlich das für die Beziehungen Ungarns zu Deutschland sein werde.

Die Wendung sollte durch einen Sachsentag herbeigeführt werden, der Ende Mai 1890 für den 17. Juni nach Hermannstadt eingeladen wurde. Er sollte nicht bloß politischen Zielen und Gedanken dienen, K. Wolff steckte das Ziel höher: „Um unsere Mission unter den veränderten Verhältnissen der Neuzeit zu erfüllen, um nicht als ein für dieselbe unbrauchbares Instrument, als altes Eisen beiseite geschoben zu werden, müssen wir die Rüstung der modernen Zeit anlegen und unsere gesamte Kraft darauf verwenden, daß wir aus der unverkennbaren Zurückgebliebenheit in unseren wirtschaftlichen, sozialen und kulturellen Einrichtungen und Anschauungen uns hinaufarbeiten."

Der geplante Sachsentag hatte auch ein anderes Ziel: er sollte die doch immer noch bestehende Parteiung unter den Sachsen beiseiteschaffen. Diese bestand vor allem darin, daß einzelne Abgeordnete, mit Zustimmung ihrer Wähler, in verschiedene Reichstagsparteien eingetreten waren. Zay war Mitglied der Opposition, andere der Regierungspartei, andere standen außerhalb der Parteien. Es ließ sich nicht leugnen, daß die Frage nach der Parteizugehörigkeit nicht gleichgültig war, aber sie war zuletzt zu der entscheidenden Frage geworden, die sie sachlich nicht war, und es gab innerhalb der Sachsen endloses Gezänke über diese Frage, das außerordentlich verbitternd wirkte. Die politische Arbeit drohte darin sich zu erschöpfen.

Am 16. Juni trat der Zentralausschuß zusammen, um seinerseits zum neuen Programm Stellung zu nehmen, das auch in Schäßburg vorher, wo Melas eine maßgebende Stimme hatte, Zustimmung gefunden hatte. Einige Tage vorher waren die Abgeordneten und Vertrauensmänner zur Vorberatung zusammengetreten, wo die Meinungen nicht auf einen Ton gestimmt waren. Die Einen, deren Sprecher Fr. Müller war — wenn er bei solchen Anlässen „dabei war", war's immer das Zeichen, daß Großes auf dem Spiele stand, — die gegenteilige Anschauung vertrat A. Zay. Es war ein geistvolles Redetournier, die Debatte heftig, die Gründe nach allen Richtungen erwogen. Zay bekämpfte das neue Programm und die ganze Wendung der Politik, Müller verteidigte sie und schlug durch. Jene Ver-

trauensmännerversammlung nahm sie an. Aber im Zentralaus=
schuß wäre die Sache fast zu Fall gekommen, nur mit einer
Stimme Mehrheit wurde das Programm angenommen. Unter
den Gegnern fanden sich treueste Söhne des Volkes, u. a.
H. Wittstock, die fürchteten, die Verständigung mit der Regierung
werde, wenn der nationale Kampf eingestellt werde, eine Er=
schlaffung des Volkes herbeiführen und zuletzt nationale Gleich=
gültigkeit, Zersetzung und Verfall herbeiführen. Aber sie taten
mit, weil sie sich vom Ganzen nicht trennen wollten. Denn es
handelte sich eben zugleich um eine neue Einigung des sächsischen
Volkes. In den letzten Jahren waren einzelne Wahlkreise andere
Wege gegangen, um selbständig ihr Heil zu suchen, und da sie
es nicht gefunden, kehrten sie zurück. Das neue Programm
einigte wieder alle.

Nahe an 700 Wähler fanden sich am 17. Juni in Hermann=
stadt im Gesellschaftshaus zusammen, darunter auch alle Abge=
ordneten, sie wählten Albert Arz v. Straußenburg zum Vor=
sitzenden und die Versammlung nahm nach ausführlicher Dar=
legung des neuen Programms und seiner Ziele durch K. Wolff,
das „Sächsische Volksprogramm" an, das also lautet:

„Vom Drange beseelt, das siebenbürgisch=sächsische Volk seiner
Kulturbestimmung auch unter den veränderten Zeitverhältnissen als
ein entwicklungs= und leistungsfähiges Glied des ungarischen Staats=
ganzen, mit dessen Bestand sein Geschick eng verknüpft ist, zu er=
halten, haben die in Hermannstadt am 17. Juni 1890 versammelten
Vertrauensmänner des sächsischen Volkes für dessen Haltung im
öffentlichen Leben, unter teilweiser Abänderung des in Mediasch am
5. Juni 1872 zustande gekommenen sächsischen Nationalprogrammes
und des in Kronstadt am 8. und 9. Juni 1881 vom Zentral=
ausschusse der sächsischen Volkspartei beschlossenen Reichstagswahl=
Programmes, die folgenden, bis zu deren Abänderung durch einen im
Einverständnis mit dem Zentralausschuß gefaßten Beschluß des Volks=
tages ausschließlich geltenden gemeinsamen Richtpunkte festgestellt:

1. Erhaben über jeder Diskussion und derselben völlig entrückt
muß stehen das unerschütterliche Prinzip der Unteilbarkeit der von
der allerdurchlauchtigsten Dynastie Habsburg=Lothringen beherrschten
österreichisch=ungarischen Monarchie, sowie die Unteilbarkeit der Länder
der ungarischen Krone; ebenso das Prinzip gemeinsamer Vertretung
und Verteidigung dieser Monarchie nach Außen, wie im Innern
das Prinzip konstitutioneller Regierung aller ihrer Teile.

Der gesicherte Bestand der Monarchie und ihrer Teile gestattet
keine Lockerung des im Jahre 1867 zwischen den beiden Staaten der
Monarchie zustande gekommenen staatsrechtlichen Ausgleiches. Alle

Bestrebungen, welche auf eine solche Lockerung hinzielen oder dieselbe herbeiführen könnten, müssen abgelehnt und bekämpft werden.

2. Alles, was erforderlich ist, den ungarischen Staat mehr und mehr zu einem Rechtsstaate zu gestalten, muß demselben bereitwilligst zugestanden werden. Die wahrhaften Bedingungen seines Bestandes, einer guten Gesetzgebung, einer ehrlichen und starken Regierung, einer gerechten Justiz und einer guten Verwaltung dürfen niemals verweigert werden.

Der an sich vollberechtigte Staatsgedanke, sowie die notwendige Einheit und Existenz des Staates dürfen jedoch niemals zum Vorwande für etwaige Eingriffe dienen, durch welche berechtigte Lebensgebiete des sächsischen Volkes gefährdet oder geschädigt werden können.

Auch darf die innerliche Teilnahme der Staatsbürger an der staatserhaltenden und kulturfördernden Selbstverwaltung in Gemeinde und Munizipium, in Kirche und Schule durch übermäßige Zentralisation und Vielregiererei nicht ertötet werden.

Zum Zweck möglichst ausgiebiger Mitarbeit an den Aufgaben des Staates ist es anzustreben, daß sächsische Jünglinge sich in je größerer Anzahl dem Staatsdienste in allen seinen Abteilungen widmen.

Gesetzwidrige, der Achtung des Staates und dem Frieden der Bürger gleich abträgliche Übergriffe der Träger der vollziehenden Gewalt und ihrer Organe — wie sie innerhalb des Königsbodens vorgekommen — müssen mit allen gesetzlich erlaubten Mitteln bekämpft werden und es ist die Heilung der diesbezüglichen gerechten Beschwerden anzustreben. Auch ist darauf hinzuwirken, daß die Folgen des beklagenswerten Irrtums beseitigt werden, welcher die Gesetzgebung veranlaßt hat, die urbarialen Rechte der sächsischen Nation gegenüber den Dominien Selischt und Talmatsch der gleichen Beurteilung mit den übrigen auf demselben Rechtsgrunde ruhenden urbarialen Rechten zum Nachteile jener zu entziehen.

3. Der Staat als solcher hat keine Konfession und darum auch keine positiven Aufgaben auf dem Gebiete religiösen Glaubens, wohl aber die Verpflichtung, nicht nur selbst das religiöse Innerleben seiner Bürger und das Rechtsgebiet der von ihm anerkannten Religionsgenossenschaften zu achten, sondern auch für die gegenseitige Rechtsachtung der Religionsgenossenschaften untereinander zu sorgen.

Die von der Gesetzgebung des Jahres 1868 neuerdings verbürgten, die vollkommene Rechtsgleichheit und Autonomie der einzelnen Kirchen gewährleistenden siebenbürgischen Religionargesetze sind als unantastbare Staatsgrundgesetze zu betrachten.

4. Die Staatssprache als solche hat ihre Berechtigung.

Die Bestimmungen des G.=A. 44 vom Jahre 1868 über die Gleichberechtigung der Nationalitäten aber und die später zustandegekommenen Gesetze, inwieweit sie das der Staatssprache durch den obigen Gesetzartikel eingeräumte Übergewicht zum Nachteile der Nationalitäten nicht vermehren — enthalten das mindeste Maß von Freiheit und Berechtigung, welches den nichtungarischen Nationalitäten dieses Landes gebührt.

5. Das sächsische Volk wird jede, auf die Wohlfahrt aller Bürger des ungarischen Vaterlandes gerichtete, insbesondere jede den wirtschaftlichen Fortschritt und die geistige und sittliche Fortentwicklung fördernde Tätigkeit und Hilfe der Gesetzgebung und Regierung dankbar begrüßen.

Zugleich aber fühlt sich dasselbe im Interesse der Selbsterhaltung von der Pflicht durchdrungen, aus eigener Kraft im Wege der Presse, in Vereinen, in kommunalen, munizipalen, kirchlichen und anderen Körperschaften an der Verbesserung seines Loses zu arbeiten, seinem Fortschritt schädliche Gewohnheiten zu bekämpfen, seinen Wohlstand durch Hebung der Produktion und weise Sparsamkeit zu fördern und unhaltbar gewordene Einrichtungen auf dem Gebiete des wirtschaftlichen, gesellschaftlichen und kulturellen Lebens durch zweckmäßigere Betriebsweisen und Organisationsformen zu ersetzen.

Insbesondere sind zunächst anzustreben:

in den Landgemeinden die Kommassation, die Hebung der Viehzucht, die Einbürgerung besserer Geräte und bewährter Maschinen, der Besuch von Ackerbauschulen und Musterwirtschaften und die Gründung ländlicher Erwerbs- und Wirtschaftsgenossenschaften, sowie eine geordnete Gemeindeverwaltung;

in den Städten die Vervollkommnung der Fachausbildung der Gewerbetreibenden, unbeschadet der tatkräftigen Förderung des Kleingewerbes, die Einbürgerung von Großindustrie durch Errichtung von Fabriken, Bildung von Produktivgenossenschaften oder Entwicklung von Einzelbetrieben zum Großbetrieb, die Erleichterung des Verkehrs durch Verbesserung der Kommunikationsmittel und Einrichtungen des Handels, sowie eine auf der Höhe des modernen Städtewesens stehende Kommunalverwaltung;

für Stadt und Land die Schulung eines tüchtigen, auch erprobte Einrichtungen mehr fortgeschrittener Länder für uns nutzbar machenden Verwaltungspersonales;

in Kirche und Schule, bei Vermeidung unnützer Kräftezersplitterung, die Aufrechthaltung, Fortbildung und Erweiterung unseres gesamten Volks-, Mittel- und Fachschulwesens.

6. Den Reichstagsabgeordneten der sächsischen Wahlkreise steht es frei, im Einverständnisse mit ihren Wählern, außerhalb der Parteien des Abgeordnetenhauses zu bleiben oder einer und derselben Partei oder auch verschiedenen Parteien beizutreten, inwiefern diese auf der Basis des staatsrechtlichen Ausgleiches vom Jahre 1867 stehen (Punkt 1 dieses Programmes).

7. Die Reichstagsabgeordneten der sächsischen Wahlkreise, die auf dem Boden des gegenwärtigen Programmes stehenden Reichstagswähler und die von ihnen bestellten Kreisausschüsse, sowie überhaupt alle jene, welche zur Erreichung der im Vorstehenden bezeichneten oder aus der Fortbildung dieses Programmes sich ergebenden Ziele im privaten wie im öffentlichen Leben, insbesondere in Vereinen, in den kirchlichen, kommunalen und munizipalen Vertretungen, sowie in der sächsischen Universität berufen sind, werden

es als ihre Pflicht betrachten, die Erreichung dieser Ziele nach Möglichkeit anzustreben und zu fördern.

8. Zur Förderung der Aufgaben dieses Programmes bestellt der Volkstag der Sachsen einen Zentralausschuß mit dem Sitze in Hermannstadt."

Der Abend vereinigte die Teilnehmer zu einem großen Kommers, von dem unvergessen die Rede Fr. Müllers geblieben ist: Die Bedeutung des Tages liege darin, daß die neue Arbeit, die immer zugleich ein Kampf sei, unternommen werden solle nach der Regel der neuen Strategie: getrennt marschieren, vereint schlagen und die Reserven zusammenhalten. Diese Reserven seien vor allem das Recht, nicht das urkundliche auf dem Papier, sondern das Recht, das uns eingeschrieben ist tief ins Herz hinein, die Eintracht und der starke Entschluß, auf allen Gebieten fruchtbarer Arbeit nicht nur fortzufahren, sondern unsere Kräfte zusammenzufassen und das felsenfeste Vertrauen, daß unseres Dichters Wort wahr bleibe:

Hier stirbt der Deutsche nicht!

Ferner die Erwartung, daß die Worte, die hier gesprochen wurden und in Schrift gesetzt sind, dort ein Verständnis finden würden, wo sie bisher nicht verstanden wurden. Wer nach alledem, was heute gesprochen worden sei, nicht glaube, daß der Sachse sein Vaterland liebe, dem sei nicht zu helfen. Möchte der Tag, der den Frieden zwischen den Sachsen gebracht, ihn auch bringen zwischen den Sachsen und der führenden Nation und allen anderen Nationen, die dazu bestimmt seien, dafür zu sorgen, daß dieser Staat dauernd bestehe!

Es war der Humor der Geschichte, daß der Ministerpräsident Graf Szapary, der diese Verständigung gefördert und ermöglicht hatte, derselbe war, den die Sachsen im schweren Kampf um die Aufrechthaltung des Sachsenlandes und ihres Munizipiums 1874 in Anklage versetzt hatten.

Müllers Wunsch aber vom getrennten Marschieren und vereinten Schlagen ging schon in den nächsten Jahren leider mehr in bezug aufs Marschieren als aufs Schlagen in Erfüllung, wenn auch über das letzte Ziel unter den Sachsen niemals eine verschiedene Meinung bestanden hat.

XIX.
Versuche der Verständigung.
1890—1914.

Der Sachsentag von 1890 hatte ebenso nach innen wie nach außen Bedeutung. Nach innen: es war wieder gelungen, im Innern Frieden zu stiften und die leidige Frage der politischen Parteistellung für den Augenblick wenigstens aus der Welt zu schaffen, und es waren Ziele für die politische, wie die gesamte Volksarbeit aufgestellt worden. Nach außen: es war von der Vertretung des gesamten sächsischen Volkes und in seinem Namen entschiedener als bisher ausgesprochen worden, daß das ganze Volk auf dem Boden des ungarischen Staates stehe und bereit sei, in seinem Dienste zu seiner Wohlfahrt mitzuhelfen, natürlich unter Festhaltung und Verteidigung der eigenen Volkspersönlichkeit.

Das Programm des Sachsentages war weiter und enger als das Mediascher Programm gewesen war; enger, indem es, was dort die Hauptsache gewesen war, die Munizipaleinheit des Sachsenlandes, die der 12:1876 zerstört hatte, ausschaltete, weiter, indem es entschiedener, zielbewußter als es dort geschehen war, neben die politischen Aufgaben die Arbeit für den wirtschaftlichen Fortschritt stellte.

Der Sachsentag hatte zunächst eine Auswirkung auf politischem Gebiet. Die mißliebigen und schlechten Obergespäne, Banffy in Bistritz und G. Bethlen in Schäßburg wurden durch Männer ersetzt, die ein Verständnis für Recht und Billigkeit hatten und das Gesetz als gültig auch für sich ansahen, und nach Hermannstadt kam G. Thalmann, ein Sachse, der in den Kämpfen für das sächsische Recht stets unter den Volkstreuen gewesen war und gerade auch in der NationsUniversität für dieses Recht eingetreten war. So wurde in den genannten sächsischen Komitaten die Verwaltung eine gesetzliche, die bösen Schikanen hörten auf, der Sprachenzwang wurde gemildert, es kam größere Ruhe und Ordnung in die Bevölkerung hinein.

Zugleich gelang es nun unschwer, in der Universität die Statute auf den gesetzlichen Boden zu stellen, die Bestimmungen Tißas, die das Vermögensrecht der Universität beschränkten, auszumerzen und der Ansicht der Mehrheit darin Geltung zu verschaffen, daß das Oberaufsichtsrecht der Regierung nicht zum

Verfügungsrecht wurde. Dafür war die Universität bereit, dem Komes=Obergespan das Nationalhaus einzuräumen und einen Gehalt aus der Universitätskasse zu bewilligen. Gute Wirtschaft der nächsten Jahre ermöglichte, aus dem Vermögensertrag neue Dotationen zu bewilligen: 1892 für die fünf ev. Obergymnasien und die Oberrealschule in Hermannstadt je 1500 Kronen jährlich, für Schäßburg eine einmalige Widmung von 2500 Kronen, für Leschkirch 600 Kronen jährlich, 1896 für die Schulen in Broos und Reußmarkt je 800 Kronen; 1906—1907 der Landeskirche für ihre Mittelschulen und die mit ihnen verbundenen Bürger= und Volksschulen 200.000 Kronen jährlich, für Kulturzwecke 15.000 Kronen, daneben auch für magyarische und rumänische Kultur= zwecke, im ganzen für die ersteren 85.600 Kronen, für die letzteren 91.400 Kronen. Die Ackerbau= und Gewerbeschulen erforderten jährlich 50.120 Kronen.

Aber Volk und Kirche haben nie verkannt, daß auf die Dauer keine Stützen von außen die Erhaltung gewähren könnten, daß in erster Reihe die innere Stärke und Stärkung in Frage komme.

Sie nahm der vom Sachsentag gewählte Zentralausschuß auch sofort auf, an seiner Spitze der zum Vorsitzer gewählte K. Wolff. Was auf dem Gebiete der Politik und für die wirt= schaftliche Hebung des sächsischen Volkes in den folgenden Jahren geschehen ist, geht in erster Reihe auf ihn zurück.

Zunächst hatte freilich die veränderte Stellungnahme der Sachsen zur Regierung nicht alle Reibungsflächen aus der Welt geschafft. Die Magyarisierungsabsichten auf dem Gebiete der Schule und die Angriffe auf die Kirche dauerten fort.

Die bisherigen Magyarisierungsmethoden durch die Schulen schienen den Machthabern nicht genügenden Erfolg zu verbürgen, und so entstand in Pest der Gedanke, auch über die Schulzeit hinauszugreifen und das vorschulpflichtige Alter zu erfassen. An= fang 1890 erschien ein Gesetzentwurf betreffend die Kinderbe= wahranstalten, der auch diese in den Dienst der Verbreitung der magyarischen Sprache stellte. Die ev. Landeskirche hatte am Anfang der achtziger Jahre den Kindergärten Aufmerksamkeit zugewendet und ein Kurs in Kronstadt sollte die Kindergärtnerinnen heranbilden. Mit vieler Mühe gelang es die Anerkennung der Anstalt in Kronstadt, die vom dortigen Presbyterium erhalten wurde, vom Ministerium zu erreichen, unter der Bedingung, daß ein Regierungsvertreter den Prüfungen beiwohne. Zur Beratung jenes Entwurfes aber rief der Kultusminister Graf Csaky Vertreter der Kirchen zusammen, darunter auch Bischof Teutsch. Was für ein Geist dort herrschte, ging im allgemeinen auch daraus hervor, daß ein Teil der Mitglieder daran Anstoß nahm, daß Teutsch deutsch redete. Die „sündhafte Theorie", wie Teutsch sie nannte, daß das Land mit allen seinen Bewohnern dem magyarischen Stamme zu eigen sei, hatte sie alle gegen alle Gerechtigkeit blind gemacht. Dem gegenüber wies Teutsch in einer Unterredung mit dem Minister darauf hin, was die Herren wohl sagen würden, wenn eine stärkere Macht einmal für ihre Sprache, u. zw. nicht die magyarische, die gleichen Ansprüche mache, was ja schon in der Vergangenheit geschehen sei, und was in Siebenbürgen durch Verdrängung der Sachsen gewonnen würde? Der Gesetzentwurf wurde im Abgeordnetenhaus, von den Sachsen scharf bekämpft, angenommen; im Magnatenhaus, wo er seit 1885 Mitglied war, trat Teutsch dagegen auf, natürlich vergeblich. Das Gesetz sprach, in der ganzen nichtmagyarischen Publizistik, von den verschiedensten Vertretungen der Nationalitäten, auch vom Landeskonsistorium mit allen Gründen der Vernunft und der Pädagogik bekämpft, die Verpflichtung Kindergärten zu errichten, aus, führte das Magyarische auch in sie ein; seine verletzenden Bestimmungen fanden sogar in den Nachbarländern Beachtung. Im rumänischen Senat erklärte Sturdza (9. Dezember 1893) es „für eine asiatische Barbarei, unwürdig eines europäischen Volkes". Das Gesetz ist insofern unschädlich geblieben, als es kaum durchgeführt worden ist und vor allem weder die Errichtung der Kindergärten, noch der Besuch irgendwie erzwungen wurde.

Schwerer als dies Gesetz lasteten andere Fragen auf der Kirche, die in diesen Jahren vor allem der Gegenstand des Angriffs blieb: das Drängen der ungarländischen Kirche zur Vereinigung mit ihr, was, wie schon früher dargestellt wurde, abgelehnt wurde, dann die Verfassungsfrage, wo die Regierung Änderungen einiger Ausdrücke verlangte, was gleichfalls 1892 erledigt wurde und nun neuerdings ein Gesetzentwurf, der die Gehalte auch für die konfessionellen Schulen feststellte und die Beanstandung der Verbindung von Pfarrer- und Lehrerstellen, die von der Regierung ausging.

Nach dem Volksschulgesetz von 1868, das in dieser Beziehung auf den alten siebenbürgischen Religionsgesetzen fußte, stand das Recht der Kirchen, die Gehalte an ihren Schulen zu bestimmen, aufrecht. Jetzt wollte der Staat ebenso Gehalt wie Fünfjahrszulagen durch das Gesetz verpflichtend bestimmen. Die Kirche wandte dagegen das Recht ein, das ihr zustand, es selbst zu tun und dann, daß die Gemeinden nicht in der Lage sein würden, die neuen Gehalte aufzubringen. Wohl stellte der Staat Hilfe in Aussicht, aber er nahm unter gewissen Voraussetzungen dann das Recht der Lehrerernennung in Anspruch, und was das zu bedeuten hatte, war niemandem unklar. Daneben enthielt das Gesetz Bestimmungen, wonach Lehrer, die eine „staatsfeindliche Gesinnung" zeigten, zu bestrafen seien, und als staatsfeindlich wurde jede Handlung bezeichnet, „welche gegen die im Gesetz bestimmte Anwendung der magyarischen Sprache gerichtet ist, möge diese staatsfeindliche Richtung in dem Unterrichtslokal oder außerhalb desselben, auf dem Gebiete eines anderen Staates, in Wort oder Schrift, mittels Druckschrift, bildlicher Darstellung, Lehrbücher oder sonstiger Lehrmittel zum Ausdruck gelangt sein." Da mit solchen Bestimmungen der reinsten Willkür Tor und Tür geöffnet war, so mußten sie abgewiesen werden. Das Gesetz wurde, wie vorauszusehen war, trotzdem in beiden Häusern des Reichstags angenommen. Zur Vereinigung des Pfarr- und Lehramts in kleinen Gemeinden gelang es mit vieler Mühe die Zustimmung der Regierung zu erhalten.

Und nun kamen die kirchenpolitischen Fragen auf die Tagesordnung.

Nach dem siebenbürgischen Landesgesetz, das durch den 43 : 1868 aufrecht erhalten worden war, folgten in gemischten Ehen die Kinder nach dem Geschlecht der Konfession der Eltern und gegenteilige Reverse waren ungültig. Gemischte Ehen konnten in beiden Kirchen getraut werden. Im großen und ganzen waren die Kirchen bei diesen Bestimmungen friedlich miteinander ausgekommen, nur zeitweilig versuchte die katholische Kirche durch (ungültige) Reverse in Einzelfällen Vorstöße, aber grundsätzlich bekämpfte sie das Gesetz zu allen Zeiten. In Ungarn war der Streit in dieser Frage derart gelöst worden, daß gemischte Ehen in beiden Kirchen getraut werden durften, daß in bezug auf die Religion der Kinder den Parteien freistand, sich zu einigen, doch konnte die Durchführung solcher Übereinkunft nicht erzwungen werden. Im Jahre 1868 aber war die Bestimmung des siebenbürgischen Gesetzes auch auf Ungarn ausgedehnt worden. Da es hin und wieder vorkam, daß die Taufe nicht von dem Geistlichen der Kirche vorgenommen wurde, zu der der Täufling gehörte, ordnete der Kultusminister an, daß in einem solchen Falle die Taufe dem zuständigen Geistlichen anzuzeigen sei.

Seit 1874 aber kamen Klagen vor, daß diese sogenannten Wegtaufungen dem zuständigen Pfarramt nicht gemeldet wurden. Darauf bestimmte der 40 : 1879, daß, wer minderjährige Personen in eine andere Kirche aufnähme, mit Gefängnis bis zu zwei Monaten und mit Geld bis zu 300 Gulden zu bestrafen sei. Auf eine Anfrage in Rom erhielt der ungarische Episkopat von da (21. Juli 1880) die Weisung, sich nicht an das Gesetz zu halten und der oberste Gerichtshof sprach in vorliegenden Fällen angeklagte katholische Geistliche frei, wie es hieß auf Belehrung durch Kardinal Haynald. Nochmals ordnete der Kultusminister (11. Juni 1884) auf Grund erneuter Beschwerden die Durchführung des Gesetzes an, aber die Mehrzahl der Bischöfe teilte den Erlaß den Pfarrern nicht mit, und nochmals versuchte Graf Csaky als Kultusminister dem Gesetz Achtung zu verschaffen. Daraufhin erhob sich im katholischen Klerus ein Sturm, der von Rom weiter geschürt wurde, indem in zwei Breven (7. Juli und 20. September 1890) der Fürstprimas verständigt wurde, jene Anordnungen des Staates könnten vom päpstlichen Stuhl nicht geduldet werden. Auch für die Schließung einer gemischten Ehe dürfe die Zustimmung nur gegeben werden, wenn die katholische Erziehung aller Kinder versprochen werde und das Gesetz von 1868 müsse, „sobald dies die Zeit erlaubt, aufgehoben oder geändert werden".

Rom hatte Ungarn den Krieg erklärt.

Bei der Budgetverhandlung im November 1890 kam die Angelegenheit im Reichstag zur Sprache. Dieser sprach aus, das Gesetz sei durchzuführen, und die Regierung erklärte, daß sie im Falle weiterer Schwierigkeiten die Einführung von Zivilstandsregistern beantragen werde, um so dem Streit ein Ende zu machen. Demgegenüber erklärte die katholische Bischofskonferenz (10. Mai 1892): Die Übersendung von Matrikelauszügen sei unzulässig und das Gesetz (§ 12 des 53 : 1868) müsse geändert werden! Eine solche Änderung wies Csaky sofort im Mai 1892 im Abgeordnetenhaus zurück, erklärte aber zugleich die entschiedene Absicht der Regierung, binnen kürzester Zeit „Zivilmatrikeln für die Kinder aus gemischten Ehen" einführen zu wollen und einen Gesetzentwurf darüber dem Reichstag vorzulegen. Während die reformierte Kirche gegen die katholischen Ziele Stellung nahm, hatte die Regierung ihr Programm erweitert und in Aussicht genommen, dem Reichstag Gesetzentwürfe vorzulegen über die freie Ausübung der Religion und die Gleichberechtigung der Konfessionen, dann die Aufnahme der Juden unter die rezipierten Konfessionen.

Mitten in diesen Plänen trat ein Wechsel der Regierung ein, indem Wekerle Szapary ablöste, doch die anderen Minister, darunter der Kultusminister Csaky blieben. Und nun kam die Überraschung: Wekerle erklärte 21. November 1892 im Reichstag, die Regierung habe ihr kirchenpolitisches Programm erweitert und plane die Einführung allgemeiner Zivilstandsregister und obligatorische Zivilehe, wodurch die Bestimmung des § 12 des 53 : 1868 entfalle (Religion der Kinder in gemischten Ehen nach dem Geschlecht der Eltern), was die katholische Kirche eben wünschte.

Es war ein vollständiger Rückzug vor der katholischen Kirche, wo im Lande selbst nicht das geringste Bedürfnis nach derartigen Gesetzen vorhanden war.

In einer tiefernsten Vorstellung vom 17. April 1893 nahm das Landeskonsistorium Stellung gegen diese Pläne und legte Verwahrung dagegen ein. Es konnte darauf hinweisen, daß es doch seltsam sei, dem Willen der den Staatsgesetzen Ungehorsamen zu entsprechen und die Gehorsamen damit zu bestrafen, daß man ihnen alte Rechte nehme und auf ihre Arbeit zerstörend einwirke, und daß erst recht nun, falls jene Gesetze gemacht würden, die katholische Kirche dafür sorgen werde, daß neuer Kampf auf der ganzen Linie entbrenne. Hier nachgeben heiße einfach „die ungarische Gesetzgebung abhängig machen von dem Dogma der römisch-katholischen Kirche, sie preisgeben den Entschließungen und Auslegungen der römischen Kurie", heiße, „daß der Staat von der ihm nach seiner eigenen Verfassung staats- und völkerrechtlich zustehenden Selbständigkeit abdiziert".

Bischof Teutsch hielt sich für verpflichtet, in Pest selbst bei den maßgebenden Stellen zu versuchen, ob sich an den Absichten der

Regierung nichts ändern lasse. Nicht dogmatische Bedenken waren es, die ins Gewicht fielen; von diesem Standpunkte aus hatte die ev. Kirche keine Einwendungen zu machen, aber es war eine neue Einschränkung des gesetzlich garantierten Wirkungskreises der Kirche, es war eine Vermehrung des staatlichen Einflusses, ein neues Mittel der Magyarisierung und gab der katholischen Kirche das Recht einer unbeschränkten Propaganda. So gab er in der Sitzung des Magnatenhauses am 9. Mai 1893 den Bedenken und Einwendungen gegen die Kirchenpolitik der Regierung Ausdruck und stimmte wohl für das Budget, aber zugleich für den Antrag Szapary auf Mißbilligung der Kirchenpolitik der Regierung. Die Landeskirche selbst erwog, was weiterhin zum Schutze der bedrohten Religionsgesetze in diesem Falle zu tun sei — da starb am 2. Juli 1893 Bischof Teutsch.

Wie die Familie den Tod des Hausvaters empfindet, so empfand Volk und Kirche der Sachsen den Tod des Bischofs. Nichts war in den letzten 50 Jahren geschehen, woran er nicht Anteil gehabt, nichts Bedeutendes seit 40 Jahren, auf das er nicht maßgebenden Einfluß genommen hatte. Fast volle 25 Jahre war er Bischof gewesen, die Zeit von 1867 an, die sächsische Entwicklung in diesen Jahren war nicht zu denken ohne ihn. Er hatte die ev. Kirche in Siebenbürgen erst zu einer Einheit zusammengefaßt, ihre Verfassung mitgeschaffen, sie ausgebaut, ins Leben umgesetzt, verteidigt, nicht am wenigsten durch seine machtvolle Persönlichkeit. Er hatte in die Willkür und Unordnung der Schulen Gesetz und Ordnung gebracht und stets neue hohe Ziele gesteckt, er hatte die Geschichte des sächsischen Volkes zuerst dargestellt und sie zu einem Teil seines Lebens gemacht, daß mit durch ihn und durch jene Geschichte das nationale Bewußtsein zu einem unverlierbaren Besitz des Volkes wurde, er hatte die Mitlebenden gelehrt, die Aufgaben der Gegenwart mit politischen Augen anzusehen und nicht zuletzt, daß die Grundlagen des Lebens die geistigen und sittlichen Güter sind. Er hatte das sächsische Volk in neue Verbindung mit dem deutschen Geistesleben gebracht und dort in erweiterten Kreisen Interesse und Verständnis für die Sachsen geweckt, daß wir hier das Gefühl der Vereinsamung überwanden. Er hatte immer neue Wege gefunden, in den leitenden politischen Kreisen Ungarns Verständnis für das Eigenleben der Sachsen zu wecken und die

Erkenntnis wachzurufen, daß es im Interesse des ungarischen Staates liege, die sächsische Kultur zu fördern. Er hatte dafür gearbeitet, das religiöse Leben im Volk zu vertiefen, das Reich Gottes unter den Seinen zu pflanzen, als den sichern Grund, auf dem allein der Bestand des Volkes möglich ist. Glauben, Wissenschaft und Gesittung, wo sie vorhanden sind im sächsischen Volke und in der ev. Kirche, da hatte er mitgeholfen, sie zu gründen und zu stärken, und wie er das Beste seines Volkes in sich trug, so hatte er dieses Beste im Volke geläutert und gehoben und ein gut Teil seiner Gedanken und Anschauungen ist als teures Erbe in Volk und Kirche übergegangen.

Nicht ein Jahr vor seinem Tode hatte Teutsch im Zusammenhang damit, daß 1893 die zehnjährige Frist ablief, nach der die Lehramtskandidaten die Staatsprüfung in magyarischer Sprache ablegen mußten und die Bitte um Verlängerung dieser Frist abgewiesen wurde, dem Landeskonsistorium seine Gedanken vorgelegt, wie er sich die weitere Entwicklung dachte, vor allem vom Standpunkte der Kirche, die einen tüchtigen theologischen Nachwuchs brauche und der in Frage komme, wenn die magyarische Staatsprüfung verlängertes Studium an ungarischen Universitäten nach sich ziehe und die Folge eine weitere Einschränkung der theologischen Studien sein werde. Er meinte, es werde auch, beim zunehmenden Mißverhältnis der Besoldung der Lehrer und Pfarrer, zu einer Trennung des Lehr- und Pfarramtes kommen, die Aufrechthaltung aller Gymnasien werde sich als unmöglich herausstellen, die Lehrer an diesen selbst zuletzt überständig werden. Für die Heranbildung der Pfarrer, die nicht durch den Lehrerberuf durchgehn, müßte in neuer Weise gesorgt werden, ebenso für bessere Besoldung der nicht genügend dotierten Pfarrer.

Am 20. September 1893 wählte die Landeskirchenversammlung als Nachfolger Teutschs Fr. Müller zum Bischof (geb. 1828), den nächsten Freund Teutschs, den Mitarbeiter auf den verschiedensten Lebensgebieten, den Mann voll Geist und Wissen, scharf im Denken, klug im Handeln, karg im Lob, bestimmt im Tadel, von den Menschen und dem Schicksal nicht viel erwartend, wuchtig in der Rede, geeignet die Menschen zu führen, der Einzige, der berufen war, an Teutschs Stelle zu treten. Als Lehrer am Schäßburger Gymnasium hatte er seinerzeit mitgeholfen, den Organisationsentwurf einzuführen, nach Teutschs Abgang in die Pfarre nach Agnetheln 1863—1869 das Rektorat in fester Hand gehalten, bei Einführung der neuen Kirchenverfassung ein Vorkämpfer für sie, auf wissenschaftlichem Gebiete ein angesehener Vertreter der Geschichte und Sagenkunde, der hervorragendste Kenner der prähistorischen und römischen Vorzeit Siebenbürgens, in den politischen Fragen stets mit weitem Gesichtskreis für alles eintretend, was seinem Volke Freiheit, Licht und Luft zur nationalen Entwicklung bot. Für das Zustandekommen des Sachsentags von 1890 hatte er in erster Linie mitgeholfen und dessen Beschlüsse sind nicht zuletzt durch sein Eintreten gefaßt worden. Die Landeskirchenversammlung setzte ihm als Landeskirchenkurator A. Arz zur Seite und als Vikar H. Wittstock, nach Arz's frühem Tode (gest. 1901) K. Wolff; es waren die hervorragendsten Männer des öffentlichen Lebens, und vor allem durfte man rühmen, was der Bischof vom Landeskirchenkurator Arz rühmte, daß sie wußten, welche Schätze in der ev. Kirche für sie und das sächsische Volk beschlossen sind. An Wittstocks Stelle trat nach seinem freiwilligen Rücktritt 1899 Fr. Teutsch.

Im Augenblick standen im Vordergrund die kirchenpolitischen Vorlagen der Regierung, die nun vor das Parlament kamen. Die sächsische Presse bekämpfte sie ebenso entschieden wie das Landeskonsistorium, aber es entstand die Frage, welche Haltung sollten die Abgeordneten einnehmen? Am 14. September 1893 entschied sich der Zentralausschuß, im Parlament den Kampf nicht aufzunehmen, denn er werde außerhalb des Landes kaum verstanden werden; Matrikelführung könne dem Staat nicht abgesprochen werden, auch die Ehe sei nach evangelischer Auffassung „ein weltlich Ding", wie schon Luther es ausgesprochen, und gegen die Gefahren, die durch etwaige Magyarisierungsversuche auf diesem Gebiete vorhanden seien, werde man sich schützen. So wurde der Kampf in der Tat nicht aufgenommen und die Gesetze kamen 1895 zur Durchführung. Sie haben tatsächlich der ev. Kirche Siebenbürgens wenig Schaden getan, in Ungarn allerdings die ev. Kirchen schwer geschädigt.

Die Entscheidung des Zentralausschusses fand nicht allgemeine Billigung im Volk, besonders wünschte ein Teil der jüngeren Volksgenossen nicht nur energischen Kampf gegen die kirchenpolitischen Gesetze, sondern auch Austritt der sächsischen Abgeordneten aus der Regierungspartei. Es kam zur sogenannten „grünen" Bewegung, in der die Jungen sich zusammenschlossen und einen Sturmlauf gegen die Alten („die Schwarzen") unternahmen und meinten dabei, den Mangel an nationalem Bewußtsein, an Kraft und Entschlossenheit an ihnen rügen zu dürfen, und was sie dort vermißten, selbst dem Volk bieten zu können. Es ist die alte Tragik von den Vätern und Söhnen, wobei einmal die Väter sich zu den Söhnen bekehren, das anderemal die Söhne nach kurzer Zeit demütig bekennen: „Ich bin nicht besser denn meine Väter waren." An sich war es erfreulich, daß das junge Geschlecht all das, wofür Volk und Führer gekämpft, vor allem das nationale Bewußtsein, als teures Gut hochhielt, auf der anderen Seite war es traurig, daß neuer Zwiespalt die sächsischen Reihen trennte und, was einem solchen inneren Hader stets Gift beimengt, viel persönliche Kränkung, viel Herzeleid mitlief.

Der Kern der „Grünen" waren die jungen Männer, die am 29. Oktober 1893 in Mediasch eine Versammlung abgehalten hatten, die als Zeichen der inneren Entwicklung des sächsischen Volkes von Bedeutung ist. Die Gedanken spiegelten sich in den drei Vorträgen, die dort gehalten wurden: Unser Volk als nationale und kulturelle Einheit (Referent A. Scheiner), Belebung unseres nationalen Bewußtseins (Referent A. Schullerus), Trennung von Kirche und Schule (Referent O. Wittstock), wobei die Trennung abgelehnt wurde. Es waren lauter Gedanken, die eine weitere Ausführung der Gedanken des Sachsentages bedeuteten. Dort war die allgemeine Erklärung, daß sich das sächsische Volk auf den Boden des ungarischen Staates stelle und in seinem Rahmen arbeiten wolle, hier wurde scharf ausgesprochen: „Die sächsische Volksidee ist noch immer die ursprüngliche, Wacht an der Grenze des ungarischen Staates, die wir nur als Sachsen leisten können." Das große Problem der sächsischen Geschichte war hier auf die einfachste Formel gebracht, es handelte sich in neuer Weise um den Versuch: Eingliederung in den Staat, aber als eigene Volkspersönlichkeit. Die amtliche Politik hatte in erster Reihe das erste im Auge, als sie den Kampf gegen die kirchenpolitischen Gesetze ablehnte, die Grünen mehr das zweite, da sie den Kampf aufnahmen. Und dabei war es keine Frage, daß die junge Generation zum ungarischen Staat ein auch gefühlsmäßig zu umschreibendes Verhältnis gefunden hatte, das der älteren Generation fehlte.

Der Kampf, der mit der Annahme der kirchenpolitischen Gesetze eigentlich beendet sein konnte, setzte neu und erbitterter ein, als nach der königlichen Genehmigung dieser Gesetze (9. Dezember 1894) Wekerle entlassen wurde und an seine Stelle Baron D. Banffy trat. Die Krone war widerwillig nur zur Bestätigung gedrängt worden und Wekerles Entlassung war die Antwort.

Aber Banffys Ministerpräsidentschaft stellte die Sachsen vor eine schwere Frage. Es war derselbe Banffy, der den Bistritz-Naßoder Komitat bedrückt, der dort kein Gesetz gekannt hatte, der vor allem die Sachsen dort mißhandelt und über dessen Sturz das ganze Volk gejubelt hatte. Nun sollte ihm Gefolgschaft geleistet werden! In der Tat, das ganze innere Wesen sträubte sich dagegen und die Grünen hatten die Volksstimmung für sich, als sie eindringlicher als früher den Austritt der Abgeordneten aus der Regierungspartei forderten. K. Wolff und seine führenden Genossen waren dagegen, und der Bruderkampf nahm wieder böse Formen an. Die „Sachsenfrage" war zur grundsätzlichen Erörterung schon beim Regierungsantritt Banffys gekommen. Im Januar 1895 hatte das Land beim ersten Auftreten der Regierung im Reichstag den im Grunde in ein Lustspiel gehörigen Anblick, daß im Reichstag der ehemalige Obergespan in Großkokeln Gabriel Bethlen die Regierung heftig angriff wegen des „Pakts", den sie mit den Sachsen geschlossen habe, und Banffy verteidigte die Sachsen und das Nationalitätengesetz. Er führte am 21. Juni in der Sitzung des Abgeordnetenhauses aus, „daß das Programm der sächsischen Volkspartei nichts enthält, was man nicht gestatten könnte. Das was darin enthalten ist, steht nicht im Widerspruch mit jener Richtung, die wir einschlagen wollen, einschlagen werden, nicht im Widerspruch mit den im Nationalitätengesetz den Nationalitäten zugesicherten Rechten." Daneben allerdings auch die grundsätzliche Erklärung, daß er „die Berechtigung der Konstituierung nach Nationalitäten nicht anerkenne". Die Stimmung gegen die Sachsen war sehr gereizt. Apponyi fand das spitze Wort: Die Regierung werde die Verwaltungsreform durchführen, „wenn der hochwürdige Bischof Fr. Müller es erlaube" und Ugron u. A. zogen gegen die Sachsen zu Felde, für die Meltzl und Zay wieder tapfere Worte der Verteidigung fanden. Die Stellung der Sachsen war um so schwerer, als ihre 13 Abgeordneten, bei der fast gleichen Zahl der Abgeordneten der Regierungspartei und der Opposition, in der Tat „das Zünglein an der Wage" sein konnten.

Die obigen Erklärungen Banffys sahen die Einen als genügende „Garantien" an, die Anderen lachten darüber und wieder Andere glaubten ihm nicht und da die fünf Jahre, nach denen der Sachsentag zusammentreten sollte, verflossen waren, drängten die Grünen zum Zusammentritt.

Eine Wählerversammlung in Hermannstadt nahm 10. Februar 1895 Stellung zur Parteifrage der Abgeordneten; die leidige Frage, die durch den Sachsentag aus der Welt geschafft sein sollte, war eben in der Politik nicht aus der Welt zu schaffen. Die Verschiedenheit der Auffassungen kam in den beiden Anträgen zum Ausdruck, von denen der eine das Verbleiben der Abgeordneten (O. v. Meltzl und Friedrich Schreiber) in der Regierungspartei billigte, der andere ihn mißbilligte und den sofortigen Austritt verlangte. Für das Verbleiben stimmten etwa 600 Wähler, für den Austritt 11; und das war im Durchschnitt das Ergebnis in allen Bezirken.

Aber der innere Kampf war damit nun erst recht besiegelt. Zum wievieltenmal in der sächsischen Geschichte seit 1848 standen sich die Meinungen innerhalb des Volkes gegenüber? Und das Bedauerlichste aus jedem Kampfe wiederholte sich: die Gegner bestritten einander die Ehrlichkeit der Überzeugung und die Reinheit ihrer Absichten, die doch diesmal auf beiden Seiten klarer vorhanden war als jemals. Die Erbitterung in der gegenseitigen Bekämpfung war eine große.

Und immer aufs neue verlangten die Grünen den Sachsentag. Davon wollte aber Banffy nichts wissen, weil er fürchtete, daß die anderen Nationalitäten ähnliche Volkstage halten würden, wenn sie den Sachsen gestattet würden. Da ein Versammlungsrecht in Ungarn nicht bestand, nach dem Reichstagswahlgesetz aber Versammlungen der Wähler erlaubt waren, gab Banffy nach langen Verhandlungen zu, daß die Reichstagswähler ohne Unterschied der Nation und Konfession, die auf dem Boden des sächsischen Nationalprogramms von 1890 stünden, zu einer Versammlung zusammengerufen würden. Das geschah für den 22. Oktober 1896 nach Hermannstadt. An jener Einladungsformel nahmen die Grünen heftigen Anstoß. Sie war theoretisch mit

Recht anfechtbar, denn in Banffys Sinn war sie eine Verleugnung des Rechtes nicht nur der Sachsen, sondern der Nationalitäten überhaupt, sich auf nationalem Boden zu organisieren, aber in der Wirklichkeit kam es hier wesentlich doch darauf heraus, daß die Versammlung eine ausschließlich sächsische war, da kein Nichtsachse auf dem Volksprogramm stand. So meinte der Zentralausschuß, nicht die Sache der Form opfern zu sollen, und der Sachsentag, von dem die Grünen sich nach einer Verwahrung gegen die Einladung entfernten (71 Wähler), genehmigte das 1890 aufgestellte Programm und nahm einige Änderungen an der Organisation vor: daß nicht alle fünf Jahre der Sachsentag zusammentreten müsse, daß es zu geschehen habe, wenn 5 (bisher 3) Wahlkreise es forderten u. dgl. Der tiefe Gegensatz blieb.

Wie sehr die im Augenblick feindlichen Brüder zuletzt auf demselben Boden nationaler Gesinnung standen, einig im Entschluß, das sächsische Volk als solches zu erhalten, das zeigte sich in den Stefan Ludwig Rothfeiern, die im November 1896 in allen Teilen des Sachsenlandes aus Anlaß des hundertjährigen Geburtstags des unvergessenen Volksstreiters begangen wurden. Noch lebten auch unter den führenden Männern einige, die ihn gekannt hatten und tiefen Eindruck von ihm im Herzen trugen und wie jetzt sein Bild von Franz Obert in einer umfassenden Biographie dem Volke vor Augen geführt wurde und in zahllosen Reden und Veranstaltungen die Goldbarren der Gedanken des Mannes, die alle Fragen der Erhaltung des sächsischen Volkes umfaßten, in gangbare Münzen umgeprägt wurden, da sah man „manches Auge flammen" und konnte „manches Herz klopfen hören", und es gab eine reine Welt der nationalen Gedanken und der nationalen Pflichten, in denen die Gesamtheit der Sachsen sich eins fühlte.[1]) Die Regierung hatte nicht übel Lust gehabt, die Feiern überhaupt zu verbieten, doch gelang es, sie von dem törichten Gedanken abzuhalten.

Im übrigen sorgte auch Banffy dafür, daß der Gegensatz inmitten der Sachsen überbrückt wurde. Er legte 1897 das Ortsnamengesetz vor, das in § 1 den unscheinbaren Satz enthielt: Jede Gemeinde darf ausschließlich nur einen amtlichen Namen führen; das bedeutete in Wirklichkeit bloß einen magyarischen. Selbst außerhalb der Gemeinde liegende Plätze, Berge, An-

---

[1]) Über Stefan Ludwig Roth s. Band 3, S. 44 ff.

siedlungen, sollten magyarisch benannt werden, sie allein durften in allen amtlichen Schriftstücken, in Siegeln, Tafeln und Schulbüchern gebraucht werden, und eine Landesgemeinde-Stammbuch-Kommission, wie der unförmliche Titel lautete, sollte die Namen feststellen. Auf Täuschung war es berechnet, wenn der § 2 lautete: Die Feststellung des amtlichen Namens solle „mit möglichster Berücksichtigung des Wunsches der interessierten Gemeinde" geschehen, denn es ist ihr niemals eingefallen, den Wunsch zu berücksichtigen, ausgenommen einzig und allein bei der Gemeinde Liebling, dem Josef II. diesen Namen gegeben hat.

Im ganzen Lande, in allen nichtmagyarischen Kreisen erhob sich ein Schrei der Entrüstung und heller Zorn. Die sächsischen Zeitungen schrieben über Unrecht und Gewalttat und verglichen den Vorgang mit russischen Zuständen, und das Landeskonsistorium traf den Herzenston, als es in der Vorstellung vom 20. November 1897 schrieb: „Wenn der Unmut über diese Eingriffe in heiliges, natürliches Recht zur Gleichgültigkeit auch gegen jene Pflichten führt, die den Bürger dem Staat verbinden, dann muß auch die Kirche mitleidend mit ihren Gliedern sich schwer gehindert fühlen, eine Mission voll erfüllen zu können, die der Staat doch auch von ihr fordert, nämlich die Menschen so erziehen zu helfen, daß sie auch im Staat eine göttliche Ordnung ehren, der sie nicht nur Gehorsam, soweit sein Zwang reicht, sondern Liebe und Treue von Herzen und in allen Anfechtungen und Fährlichkeiten schulden." Und zum Schluß: „Tausende und Abertausende empfinden die Zumutung als ein Unrecht und eine Schmach, mit einemmal unter dem Zwang des Gesetzes die Namen jener Stätten zu vergessen, auf denen ihre Vorfahren vor bald acht Jahrhunderten Schweiß und Blut vergossen, denen ihre unverdrossene Kulturarbeit auch für den Staat bisher Wert und Bedeutung verliehen, und die mit dem tiefsten Leben ihrer Volksseele in so inniger Beziehung stehen. An dem Punkte, wo auch wir unsere Stimme diesem Gesetzentwurf gegenüber zu erheben uns verpflichtet fühlen, handelt es sich nicht um lose, vereinzelte, bloß um des Erwerbes willen zugereiste Splitter irgend eines europäischen Volkstums, sondern um eine geschichtlich gewordene und geschichtlich gefestigte Volksindividualität, die gewohnt war, gerade in ihrer Eigenart von König und Reich als ein nicht wertloser Bestandteil des Staatsganzen angesehen und behandelt zu werden, und um eine geschichtlich gewordene und gefestigte Kirche, die obwohl in inniger Gemeinschaft des Glaubens, insbesondere dem deutschen Protestantismus verbunden, doch mit allen Fasern im Vaterlande wurzelnd, es stets als ihre vornehmste äußere Aufgabe angesehen hat, bei allen ihren Gliedern die Treue zu Fürst und Gesetz zugleich als ein Gottesgebot zu pflegen. Und um dieser Treue willen können wir nur wünschen und Gott bitten, daß Er ... die am Regiment sitzen also lenke, daß ihre Weisheit ... das billigdenkend vermeide, was von keinem Zwang der Notwendigkeit geboten, ... von so vielen als eine durch nichts gerechtfertigte Kränkung empfunden wird."

Alle Vorstellungen waren vergeblich. Als 1897 der deutsche Kaiser zum Besuch in Ungarn war, hatte Banffy ihm Mitteilung von dem Ortsnamengesetz gemacht, und die Zeitungen verkündeten triumphierend, einen Ausspruch des Kaisers ausnützend: der deutsche Kaiser hat das Deutschtum jenseits der Leitha preisgegeben.

Das Abgeordnetenhaus verschärfte das Gesetz und fügte hinzu, auch die Kirchen hätten die Verpflichtung, die amtlich festgestellten Namen zu gebrauchen, was das Magnatenhaus ablehnte und dadurch auch das Abgeordnetenhaus veranlaßte, den Zusatz zu streichen und es „dem Patriotismus" (!) der Kirchen zu überlassen, es doch zu tun. Während es diesen also freistand, in ihrem Innerverkehr in den Matrikeln die deutschen Namen zu gebrauchen, mußten auch sie im amtlichen Verkehr mit den Verwaltungs- und Staatsbehörden der deutschen Sprache geschmacklos Gewalt antun und den magyarischen Namen gebrauchen und durften nur in Klammer daneben den deutschen setzen.

Die Erregung bei den Sachsen ging so tief, daß eine Deputation sächsischer Frauen sich mit 10.000 Unterschriften an den König wandte, das Gesetz abzulehnen; der Ministerpräsident verhinderte die Audienz. Dafür dankten 16.000 deutsche Frauen den sächsischen und der deutsche Schulverein ernannte die Führerin der Abordnung (Frau Stephanie Fritsch) zum Ehrenmitglied.

Bis die Gemeinden um ihren „Wunsch" gefragt wurden, brauchte es Zeit. Die sächsischen Orte sprachen sich alle für den deutschen Namen aus und jeder erhielt ausschließlich den magyarischen!

Und wie an alle derartigen Gesetze schloß sich bei der Durchführung manch überraschende Auslegung an, hier eine neue unwürdige Jagd auf die „fremden" Namen an. Wo in einer Aufschrift, in einem Lehrbuch, an einer Landkarte ein deutscher Name statt des magyarischen zu finden war, da schritt die Behörde ein, die Landkarten wurden weggenommen, die Bücher verboten, die Aufschrift übertüncht. Wenn man den Nationalitäten die Heimat zur Fremde machen wollte, ein besseres Mittel gab es nicht.

Die Folge des Ortsnamengesetzes war, daß die sächsischen Abgeordneten bis auf vier aus der Regierungspartei austraten.

Die chauvinistische Welle, die über das Land hinüber ging, war groß. Dem Geschworenengericht wurde der ausschließliche Gebrauch der magyarischen Sprache auferlegt, die wenigen deutschen Theater in Ungarn wurden täglich mehr eingeengt, die blauroten Fahnen, ja die blauroten Maschen, die die Kinder bei Maifesten sich anlegten, wurden verboten und mit Gewalt entfernt, in Tekendorf das Singen von „Siebenbürgen Land des Segens" bestraft, eine neue Bewegung zur Magyarisierung der Familiennamen eingeleitet, in Pest das Deutsche aus den Schulen entfernt; der Haromßeker Komitat erließ eine Aufforderung an die anderen Komitate, Schritte zu tun, daß das Nationalitätengesetz aufgehoben werde.

Unter solchen Umständen war es von besonderem Wert, daß in den ungarischen Reichstag 1896 W. Melzer (geb. in Schäßburg 1858) gewählt wurde, dem er als Abgeordneter bis 1918 angehörte, seit 1904 Obmann der sächsischen Abgeordneten, ein Mann ruhiger Überlegung, selbstloser Arbeit, der die Aufgabe der sächsischen Politik darin sah, die Hindernisse aus dem Wege zu räumen, die sich der sächsischen Kultur- und Volksentwicklung entgegenstellten und dafür zu sorgen, daß auch die Kräfte des Staates dieser Entwicklung nutzbar gemacht würden. Wie zu Brukenthals Zeiten war es nötig, an der Quelle dafür zu sorgen, daß nichts Schädliches geplant und durchgeführt wurde und daß derartige Pläne im Keime erstickt wurden. Dazu gehörte stete Verbindung mit den maßgebenden Personen, ununterbrochene Beziehung zu den leitenden Stellen. Die konnten nur von einem Berufspolitiker gefunden und aufrechterhalten werden und als solcher, dem auch die Landeskirche als ihrem Vertreter ihre Interessen anvertraute, verstand es Melzer, den Sachsen eine Stellung zu sichern, wie es bis dahin nicht möglich gewesen war. Das geschah auf die Weise, daß er eine Politik vertrat, die im

Sinne des Sachsentages auf dem Boden der Wirklichkeit stand, das Zweckmäßige und Erreichbare im Auge hatte, erreichbar auf ehrlichem Wege. Das schloß das Stehen auf dem Rechte ein, die Betonung des Anspruchs, den die Sachsen hatten, gerecht behandelt zu werden, die Kraft, im gegebenen Falle „die Zähne zeigen zu können". Melzer errang sich den Einfluß vor allem dadurch, daß die Minister, auf die es ja doch zuletzt ankam, wußten, daß sie sich auf ihn verlassen konnten und daß er sich nicht mit Worten hinhalten ließ, sondern Taten verlangte.

Allerdings nicht solange Banffy an der Spitze der Regierung war. Auch Melzer gehörte zu den sächsischen Abgeordneten, die gegen das Ortsnamengesetz bei dessen Verhandlung im Reichstag entschieden Stellung nahmen und die aus der Regierungspartei austraten. Als er seine Abgeordnetenbetrauung antrat, machte er die traurige Erfahrung, daß die sächsischen Abgeordneten durch das eben in Frage stehende Ortsnamengesetz völlig verstört waren. Es war wie in einem Ameisenhaufen, in den ein Stock Verwirrung gebracht hatte, alles lief durcheinander. Niemand wußte wo aus und ein, niemand wo die Sache anzupacken sei. Das wurde nun durch Melzer langsam anders. Die sechs Jahre (1898—1904), die die sächsischen Abgeordneten wieder einmal außerhalb der Parteien zubrachten, ließen Zeit, sich umzusehen und das Ergebnis der Eindrücke war, daß es gelte, allen Angriffen gegenüber die kühle Überlegung und Ruhe nicht zu verlieren, auch aus schwierigen Lagen den besten Ausweg zu finden und nicht müde zu werden, den Machthabern das Gewissen zu schärfen, daß Gerechtigkeit ihre Aufgabe sei. Ohne je sich und seinem Volke etwas zu vergeben, mußten die Abgeordneten die leitenden Kreise zu überzeugen suchen, daß die Erhaltung der Sachsen für den Staat wertvoll sei.

Und Melzer hat diese Aufgabe aufgenommen und gelöst. Im Vordergrund standen im Reichstag doch immer die nationalen Fragen, stand die Nationalitätenpolitik. Sie richtete sich aber immer wieder gegen die Kirche und Schule der Nichtmagyaren, auch unter Szells Ministerpräsidentschaft, die Banffy ablöste (1898—1902). Recht und Gerechtigkeit, die der neue Minister verkündet hatte, blieben auf dem Papier.

Ein Gesetz „über die Ergänzung des geistlichen Einkommens" war allerdings nur mittelbar ein Angriff auf die ev. Kirche. Der

Staat verpflichtete sich darin, das geistliche Einkommen bis zu einer bestimmten Höhe zu ergänzen, knüpfte aber diese Ergänzung an solche Bedingungen, daß die ev. Kirche sie ablehnte. Die Ergänzung ging nicht höher als die Gehalte in der ev. Kirche waren, so daß das Gesetz schon darum für die ev. Kirche weniger Bedeutung hatte. Aber daß sie, ob so oder so, durch die Bedingungen ausgeschaltet wurde, rief neuen Unwillen hervor.

Noch böser war ein anderer Angriff auf die Kirche. An den Austritt der ungarischen Gemeinden des Kronstädter Bezirkes aus der Landeskirche und deren Anschluß an den Theißer Distrikt schloß sich der Versuch, die ganze Landeskirche in die ungarländische Kirche hineinzuzwingen. In der neuen Verfassung der ungarländischen Kirche lautete § 27: „Die Bewohner sämtlicher auf dem Gebiete des ungarischen Staates befindlichen bürgerlichen Gemeinden evangelischen Bekenntnisses sind durch die kompetenten Kirchendistrikte an irgendwelche Gemeinden anzugliedern." Es war die berechtigte Fürsorge für die Diaspora, die Pflicht jeder Kirche. Dieser Fassung gegenüber beantragte Zelenka, Bischof des Theißdistriktes, ein offenkundiger Feind der Sachsen, eine beabsichtigte Zweideutigkeit, indem er die kompetenten Kirchendistrikte fortließ und die allgemeine Pflicht der Einteilung in Mutterkirchen und Missionskreise für das ganze Land forderte. Sofort wurde darauf hingewiesen, daß hierdurch zweifelhaft werde, ob „die Sachsen" auch darunter zu verstehen seien, und um keinen Zweifel aufkommen zu lassen, daß es sich auf sie nicht beziehe, wurden die „kompetenten Kirchendistrikte" wieder hineingesetzt. Da die ev. Landeskirche Siebenbürgens nicht zur Kompetenz der ungarischen Kirchendistrikte gehörte, schien jedes Mißverständnis ausgeschlossen.

Da wurde die ev. Landeskirche eines Tages durch die Mitteilung Zelenkas, des Bischofs des Theißdistriktes, überrascht, „daß der nördliche und östliche Teil der siebenbürgischen Landesteile zum Theißer Kirchendistrikte geschlagen worden sei und jede politische Gemeinde desselben in irgendeine Kirchengemeinde oder Missionsbezirk einzuteilen angeordnet sei. Es folgt also von selbst, daß derjenige, welcher in den Verband unserer Kirche zu kommen wünscht, dieses rechtlich tun kann und wir ihn gesetzlich aufnehmen können. Indessen bestreben wir uns, daß die Anwendung dieses unseres Rechtes und unserer Pflicht aus brüder-

11*

licher Schonung geschehe". Das war nun in der Tat der böseste und gewissenloseste Angriff auf den Grundbestand der ev. Kirche Siebenbürgens. Wenn dies unerhörte Beginnen „Pflicht und Recht" des Theißer Distriktes war, so war die ev. Kirche Siebenbürgens einfaches Missionsgebiet des Theißer Distriktes und schutzlos der Zerbröckelung preisgegeben. Gegen einen solchen heimtückischen Überfall, und noch dazu von einer „Schwesterkirche" (!), mußte die ev. Landeskirche sich wehren. Sie tat es in einer tiefernsten Vorstellung (9. März 1895) an den Minister und bat, festzustellen, daß durch jene Bestimmung der ungarländischen Kirchenverfassung das Jurisdiktionsgebiet der Landeskirche Siebenbürgens nicht berührt werden könne. Mit wünschenswertester Klarheit tat das der Minister, aber es blieb bezeichnend, daß der Theißer Distrikt sich nicht daran kehrte und trotz neuer Entscheidungen des Ministers fortwährend in das Recht und den Wirkungskreis der siebenbürgischen Landeskirche übergriff. Um dieselbe Zeit verlangte eine große Lehrerversammlung in Pest (1896) die Verstaatlichung und Magyarisierung des gesamten Schulwesens im Lande, der „Patriotismus" ging angesichts der Millenniumsfeier besonders hoch. Den tausendjährigen Bestand Ungarns feierten die Sachsen mit den anderen Landesbewohnern und erinnerten sich dabei nicht ohne Wehmut, und doch nicht ohne Hoffnung auf einstige Erfüllung, an das Wort Stefan des Heiligen „das Land mit einer Sprache und einer Sitte ist schwach und gebrechlich. Darum mein Sohn trage ich dir auf, begegne jenen und behandle sie anständig, damit sie bei dir lieber weilen als anderswo".

Im Zusammenhang mit der Mobilisierung des Katholizismus anläßlich der kirchenpolitischen Gesetze stand es, daß der römisch-katholische Bischof Siebenbürgens den Anspruch auf den Titel Bischof von Siebenbürgen machte, was die Regierung zugab, dann auf den Ansturm der ev. Kirchen dahin erklärte, der Titel habe keine staatsrechtliche Bedeutung.

Die letzten Jahre des ausgehenden Jahrhunderts standen unter dem Zeichen des „Ausgleichs", der zwischen Österreich und Ungarn nur auf Zeit geschlossen, 1902 wieder einmal zu Ende ging. Durch Verhandlungen, die sich jahrelang hinzogen, schien es Szell gelungen zu sein, die Grundlagen für den neuen Ausgleich festzulegen. Aber die Kossuthisten wollten erst „nationale

Errungenschaften erzwingen, darunter ungarische Kommando=
sprache, bevor sie u. a. die erhöhten Heeresanforderungen be=
willigten, und veranlaßten Massendeputationen und Demon=
strationen, denen Apponyi, damals Präsident des Abgeordneten=
hauses, seine offene und geheime Unterstützung lieh, und es kam
zu keinen Verhandlungen im Parlament. Khuen=Hedervary war
nicht imstande, die Opposition zu bändigen, der berüchtigte Ex=
lex=Zustand führte dazu, daß weder Soldaten rekrutiert, noch
Steuern eingehoben wurden, als Graf Stefan Tißa am 13. Ok=
tober 1903 die Regierung übernahm. Er brachte einen Antrag
auf Änderung der Hausordnung ein, der die Opposition so er=
schreckte, daß sie für den Fall der Zurückziehung versprach, eine
ruhige Verhandlung zuzulassen. So konnten das Rekrutengesetz
und der Staatsvoranschlag erledigt werden. Für die Sachsen
aber entstand die Frage, angesichts des Kampfes zwischen der
Ordnung und Auflösung, ob es sich nicht empfehle, ihrem Wesen
und ihren Bedürfnissen entsprechend, offen auf die Seite der
Regierung sich zu stellen.

Der Entscheidung war von den Abgeordneten in Pest vor=
gearbeitet worden. Sie hatten Tißa ein Memorandum überreicht,
das die Wünsche und Forderungen der Sachsen enthielt und der
neue Ministerpräsident hatte seine Stellung diesen gegenüber
klar gezeichnet: es solle an der Autonomie der ev. Landeskirche
nicht gerüttelt werden und die Rechtslage in bezug auf das Schul=
wesen keine Einschränkung erleiden; die Landeskirche solle im
Verhältnis zur Seelenzahl wie die anderen Kirchen unterstützt
werden, zu den Gehalten der Professoren und Lehrer ein Staats=
zuschuß dem Landeskonsistorium zur Verfügung gestellt werden,
ohne einschränkende Bestimmungen. Es sollten überall wohl=
wollende Beamte ernannt werden, die die Sprache des Volkes
verstünden, das Nationalitätengesetz solle keine weitere Einschrän=
kungen erfahren, Richter ernannt werden, die deutsch verstünden,
übelwollenden Schulinspektoren solle das Handwerk gelegt werden,
wirtschaftliche Förderung auch dem Sachsenland zuteil werden.

Da man auf die zuverlässige Ehrlichkeit und Verläßlichkeit
Tißas bauen konnte, beschloß der Zentralausschuß 27. No=
vember 1903: „Im Vertrauen auf eine loyale Durchführung des
Regierungsprogramms des Ministerpräsidenten Graf Stefan
Tißa empfiehlt der sächsische Zentralausschuß den sächsischen Kreis=

ausschüssen und Wahlkreisen die Zustimmung zu dem einhelligen Beschluß der gegenwärtig außerhalb der Reichstagsparteien stehenden sächsischen Reichstagsabgeordneten, unter Wahrung des sächsischen Volksprogramms in dem ihnen geeignet scheinenden Zeitpunkt in die liberale Reichstagspartei einzutreten."

Auf Grund der Zusicherungen Tißas und dieses Beschlusses erfolgte in der Tat der Eintritt der sächsischen Abgeordneten in die Regierungspartei.

Allerdings gerade der Kultus= und Unterrichtsminister Ber= zeviczy erweckte wenig Vertrauen. Die Sachsen kannten ihn aus der Mittelschuldebatte und sonst als eifrigen Chauvinisten und ausgesprochenen Gegner der Sachsen.

Die Landeskirche hielt sich für verpflichtet, den Ministerpräsi= denten und den Kultusminister durch eine Abordnung zu begrüßen und die Kirche ihrem Wohlwollen zu empfehlen. Sie bestand aus Bischof Müller, Landeskirchenkurator Wolff und dem Abgeord= neten Melzer und wurde von beiden am 24. November 1903 empfangen. Bei beiden sprach der Bischof deutsch und wies darauf hin, daß die ev. Landeskirche ihre Aufgabe nur erfüllen könne, wenn sie ihre Autonomie bewahre und darin zugleich das in ihr eingeschlossene Volkstum beschütze. Der Ministerpräsident antwortete deutsch: „Ihr Volk ist ein emsiges, fleißiges und spar= sames Volk von hoher Bildung und Sittlichkeit; einem solchen Volke muß jede Regierung Sympathien entgegenbringen, die auf der Höhe ihrer Aufgabe steht." Ganz anders war der Empfang bei Berzeviczy. Er sprach zunächst magyarisch sein Befremden darüber aus, daß der Bischof deutsch rede und führte aus, ein Zusammenwirken mit der ev. Kirche sei möglich, wenn sie die Gesetze, die Staatsidee und die Forderungen der Staatssprache respektiere. Als er das Gesagte deutsch wiederholen wollte, er= klärte die Abordnung, es sei nicht nötig und empfahl sich.

Schon im Februar 1904 brachten die Zeitungen die Nach= richt, daß der Kultusminister ein neues Volksschulgesetz einer Beratung von Schulinspektoren unterlegt habe, das in der Tat bald darauf veröffentlicht wurde. Wohl war es nur Referenten= entwurf, aber sein Inhalt war erschreckend. Er bezweckte ebenso eine Knebelung wie eine Polizeiaufsicht aller nichtmagyarischen Schulen. Die Lehrerbefähigungsprüfung sollte den Seminarien genommen werden und vor einer staatlichen Prüfungskommission abgelegt werden, zum Teil in magyarischer Sprache. Der Lehrer, der den Unterricht in magyarischer Sprache „vernachlässige", sollte von dem Verwaltungsausschuß des Komitates in Disziplinaruntersuchung gezogen werden. Wenn der Lehrer schuldig befunden wurde, so solle der Staat die Stelle besetzen. Keine Schule dürfe mehr als 6 Jahrgänge haben. Es war die Ausgeburt eines Chauvinismus, der immer hemmungsloser sich auswirkte. In einer außerordentlich ernsten Vorstellung nahm das Landeskonsistorium Stellung dagegen und wies nach, daß der Entwurf ebenso die gesetzlich gewährleistete Autonomie der Kirche verletze, wie er die Bildungsaufgaben der Volksschule tatsächlich unmöglich mache. Der Entwurf kam nicht zur Verhandlung, denn es setzte neuerdings eine Obstruktion der Linken ein, die zuletzt überhaupt jede Verhandlung unmöglich machte, so daß Tißa am 18. November 1904 durch eine gewaltsame Abstimmung eine neue Hausordnung beschließen ließ und unter unglaublichsten Lärm- und Tumultszenen das Parlament vertagte. Als es im Dezember wieder zusammentrat und am 12. Dezember die zum Schutz in den Saal befohlenen Trabanten mit Faustschlägen und Stuhlbeinen von der erbitterten Opposition hinausgeworfen wurden, da blieb Tißa nichts anderes übrig, als durch ein königliches Handschreiben im Juni 1905 den Reichstag aufzulösen. Die Neuwahlen, bei denen Tißa den Verwaltungsapparat nicht spielen ließ, ergaben eine große Niederlage der Regierungs- (liberalen) Partei, die mit 161 Mitgliedern gegen 165 der Unabhängigkeitspartei in der Minderheit blieb; die Volkspartei zählte 25, die Andrassypartei 26 Mitglieder, die Nationalitätenpartei 10. In den nächsten Monaten traten weitere 49 Abgeordnete aus der liberalen Partei aus und die Zahl der Unabhängigen stieg auf 183.

Und nun entstand erst recht ein Wirrsal. Tißa bat um seine Enthebung, und es fand sich kein Nachfolger. Die Unabhängigkeitspartei hatte sich festgerannt in den „nationalen" Forderungen, die bis zur Personalunion gingen und der magyarischen Kommandosprache, die der Herrscher ablehnte. Das für unmöglich gehaltene geschah, er empfing in der Wiener Hofburg Franz Kossuth und trug ihm die Regierung an wie verschiedenen Männern von Ruf; es wollte niemand nachgeben. Einer der Schuldigsten am Unheil war Apponyi. Zuletzt stellte sich der ehemalige Honvedminister Baron Fejerváry zur Verfügung und fand Männer für ein Übergangsministerium, das keiner Partei angehörte und natürlich von allen Parteien abgelehnt wurde. Im ganzen Lande erhob sich schärfster Widerstand, die Komitate verboten die Steuereinhebung, die Zeitungen wurden nicht müde, die Minister, voran den Präsidenten, als Vaterlandsverräter dem Volke verächtlich zu machen.

Aber Fejerváry fing an, strenges Regiment zu führen. Der Reichstag wurde fort und fort vertagt, neu ernannte Obergespäne begannen ihre Arbeit im Dienste der Regierung und allerlei Reformen sollten allmählich eine Mehrheit erhalten, so das allgemeine Wahlrecht, das der Unabhängigkeitspartei das Wasser abgraben sollte, und dann neuerliche Mittel gegen die Nationalitäten.

Es ließ sich übrigens nicht verkennen, daß das allgemeine Wahlrecht mehr war als ein Mittel, die augenblickliche Mehrheit zu gewinnen. Schon in den siebziger Jahren hatte Schäffle dem Kaiser die Einführung des allgemeinen Wahlrechts angeraten als das beste Mittel, in Ungarn die Herrschaft der Magyaren zu brechen, und es war kein Zweifel, beim Stärkeverhältnis der Nationalitäten hätte ein wirkliches allgemeines Wahlrecht die Hegemonie der Magyaren zerstört. In der Tat übergab die Regierung den Entwurf eines neuen Wahlgesetzes der Öffentlichkeit.

Der Schlag gegen die Nationalitäten sollte wieder durch die Schule geführt werden, deren Knebelung dadurch versucht wurde, daß die Hauptbestimmungen des Berzeviczyschen Entwurfs einfach im Verordnungsweg durchgeführt werden sollten. In einem Majestätsgesuch vom 18. September 1905 wandte sich das ev. Landeskonsistorium an den König um „Schutz der Verfassung, deren Fundamentalsatz bestimmt, daß das Land durch Gesetze, nicht aber durch gesetzwidrige Verordnungen zu regieren sei, gegen das absolutistische Vorgehen des Herrn königlich-ungarischen Kultus- und Unterrichtsministers". Auch die Verwaltungsausschüsse der sächsischen Komitate protestierten. Dem Eingreifen des Königs war es zu verdanken, daß jene ungesetzlichen Anordnungen des Kultusministers G. Lucacs für die ev. Landeskirche außer Kraft gesetzt wurden.

Aber auch zur Beratung des neuen Wahlgesetzes kam es nicht. Regierung und Reichstag standen sich als Feinde gegenüber. Unter Gendarmerieschutz wurden die ernannten Obergespäne in ihr Amt eingeführt, aber eine ordentliche Verwaltung war beim Gegensatz der Komitate nicht möglich. Fejerváry schloß ohne den Reichstag die Handelsverträge mit Deutschland ab und am 19. Februar 1906 wurde der Reichstag aufgelöst, der königliche Kommissär hatte Vollmacht, auch Gewalt anzuwenden. Die Komitatsverwaltung sollte ernannten Beamten übertragen werden, Steuern und Rekruten sollten ohne Bewilligung des Landes ein- und ausgehoben werden, es war eben die Aufhebung der Verfassung und der Absolutismus. Das brachte die Linke endlich zur Vernunft. Während sie bisher beharrlich auf den „nationalen" Forderungen bestand, wie ungarische Kommandosprache u. ä. stellten die Führer jetzt diese zurück und erklärten sich bereit, die Regierung zu übernehmen. So kam unter Wekerle das Koalitionsministerium zustande, in dem die Führer aller Parteien saßen. Graf Julius Andrassy übernahm das Ministerium des Innern, Apponyi das Kultus- und Unterrichtsministerium, Franz Kossuth das Handelsministerium. Bei den Neuwahlen erhielt die Unabhängigkeitspartei die große Mehrheit.

Die Sachsen mußten sich entscheiden, welche Stellung sie einnehmen sollten. Im Mai 1906 konnten die Abgeordneten mit der Koalitionsregierung eine Abmachung schließen, die die Grundlage zum Eintritt in die Verfassungspartei bildete, deren Führer Andrassy war. Die Grundlage der Abmachung war, daß der ungarische Staat ein Interesse daran habe, die Sachsen in ihrem nationalen Bestande zu sichern und zu unterstützen. Die Sachsen selbst sollten durch den Eintritt in die Verfassungspartei nicht gehindert werden, die Grundsätze des sächsischen Volksprogramms zu vertreten und sie hofften innerhalb der neuen Partei die Volksinteressen erfolgreich schützen zu können. Die Regierung sicherte auch diesmal zu, die Selbständigkeit und Autonomie der Kirche zu schützen und den Geltungskreis der deutschen Sprache nicht einzuengen.

Im Reichstag selbst aber zeigte sich, daß wieder einmal die Verhältnisse stärker waren als die Menschen. Es blieb der Unabhängigkeitspartei nichts anderes übrig, als das zu tun, was sie bisher stets abgelehnt hatte, sie bewilligte die Handelsverträge und die Steuern wie die Rekruten, und im stillen allerdings immer in der Hoffnung, die Zeit werde den Traum der Loslösung

Ungarns von Österreich noch verwirklichen, machte sie den stets von ihr bekämpften Ausgleich. Es geschah das Gegenteil von all dem, was den Wählern versprochen worden war. Andrassy ließ einen neuen Gesetzentwurf über das Wahlrecht ausarbeiten, der wohl ein allgemeines Wahlrecht festsetzte, aber auch den Grundsatz der Pluralität aufstellte; doch kam es nicht zur Verhandlung im Reichstag.

Das schlimmste Geschenk, das die Koalitionsregierung, für deren Geist es bezeichnend ist, daß sie den Reichstag 1906 die Erklärung Rakoczys als Hochverräter und Feind des Vaterlandes aus dem Jahre 1715 aufheben ließ, den Sachsen und dem Lande machte, war das Apponyische Volksschulgesetz, das 1907 geschaffen wurde, das schlechteste Schulgesetz, das Ungarn bis dahin gesehen hatte. Es waren im Grunde dieselben Gedanken und Ziele, die im Berzeviczyschen Entwurf und in den Lucacsischen Verordnungen zum Ausdruck gekommen und glücklich abgewehrt worden waren. Diesmal gelang es nicht. Es wurden im Gesetz erhöhte Gehalte auch für die konfessionellen Lehrer festgesetzt, bei Staatsunterstützungen der Einfluß des Staates auf Ernennung der Lehrer, die Lehrbücher usf. ausgedehnt. Als Disziplinarvergehen wurde erklärt, wenn das Unterrichtsziel in magyarischer Sprache nicht erreicht wurde, daß die Kinder am Schluß des 4. Schuljahres magyarisch schreiben, lesen, reden konnten. Wurde der Lehrer schuldig befunden, so konnte der Minister die Schule sperren. In dem 7.—9. Schuljahr mußte die Unterrichtssprache ausschließlich magyarisch sein. Auch die Unentgeltlichkeit des Volksschulunterrichtes war ausgesprochen worden. Jede einzelne Bestimmung war ein Eingriff in die autonomen Rechte der Kirche oder ein Schlag ins Gesicht der Pädagogik und verletzte natürliche Menschenrechte. Wenn es schon dem Darsteller dieser Ereignisse nicht leicht ist, immer wieder zu erzählen, daß das Landeskonsistorium und der Bischof oder wer nun berufen war, gegen solche Absichten sich wehren mußten und wehrten, wie viel schwerer war es, solches zu tun für die, auf denen die Pflicht lag. Das Landeskonsistorium tat es auch in diesem Fall schriftlich und mündlich wiederholt. „Es ist ein schmerzlicher Eindruck", hieß es in der Vorstellung, „daß der Gesetzentwurf meint, man müsse für die Konfessionen in einem Gesetz Bestimmungen treffen, wie in ihren Schulen der Patriotismus zu lehren sei. Das

Heiligste und Innerste des Menschen läßt sich nicht lehren und drillen, die Religion so wenig wie die Vaterlandsliebe. Wir rühmen uns ihrer, wir beweisen sie in der Treue und in der Arbeit, die wir dem Vaterlande leisten, aber wir können uns der Sorge nicht erwehren, daß jeder Versuch, den Patriotismus schablonenhaft und mit Paragraphen zu erziehen, in sein Gegenteil umschlagen werde. Ein Schulgesetz darf kein Polizeigesetz sein, sonst richtet es sich selbst. Und der vorliegende Entwurf ist ein solches. Er faßt das Mißtrauen gegen die konfessionellen Schulen in Paragraphe, er entwürdigt und erniedrigt ihre Arbeit."

In der Reichstagsverhandlung sprach im Namen der (katholischen) Volkspartei deren Führer J. Molnar gegen den Gesetzentwurf, weil er eine Gefahr gegen die katholische Kirche und gegen jede Konfession bilde und der Serbe Polit führte aus, das Ziel sei augenscheinlich die unumschränkte Verfügung des Staates über die konfessionellen Schulen unter Vernichtung der konfessionellen Autonomie, und der Angelpunkt sei die magyarische Sprache; die Magyarisierung durch die Schule zu erwarten, sei ein Unsinn. In nahezu dreistündiger Rede wies V. Goldis die Ungeheuerlichkeit des geplanten Gesetzes nach und daß es in der ganzen Welt keinen Schulmann gebe, der den Schulunterricht nicht in der Muttersprache der Kinder fordere. Es widerspreche dem Begriff der Rechtsgleichheit, daß man von jemandem verlange, er solle außer seiner Muttersprache noch eine andere erlernen, um sich durchbringen zu können. Auch die anderen rumänischen Abgeordneten Popovits, Vajda und Maniu wiesen auf das Unrecht hin, das neuerdings gegen die Nationalitäten geplant wurde und wiesen das Gesetz scharf ab. Melzer gab in einer inhaltreichen Rede den Bedenken und Einwendungen der Sachsen ernsten Ausdruck, die die Sorgen um den Bestand des sächsischen Volkes zu vermehren geeignet seien und schloß, indem er den Gesetzentwurf ablehnte, eindrucksvoll: „Das Rad ist groß und klein der Nagel, der das Rad an der Achse festhält. Das Rad dreht sich und macht Geräusch und bringt den Wagen vorwärts. Der Nagel ist still und bescheiden und scheinbar nutzlos, aber das Rad gleitet aus der Achse, wenn der Nagel zerbricht." Als in der Einzelberatung verschärfende Anträge gestellt wurden, u. a., daß wenn überhaupt in einer Schule magyarische Kinder seien, der ganze Unterricht magyarisch sein müsse, da wuchs sich die

Verhandlung zu einer großen Nationalitätendebatte aus, an der auch die sächsischen Abgeordneten sich beteiligten, deren Beschluß, nur durch Melzer ihre Stellung festzulegen, im Volke großen Un= willen erregt hatte, das eine energischere Haltung verlangte. Jener zurückhaltende Beschluß der Abgeordneten war aus der Be= fürchtung hervorgegangen, eine scharfe Opposition könne bei der Stimmung des Hauses zu den chauvinistischesten Beschlüssen führen. Als der schlimmste Antrag gerade aus der Verfassungspartei kam, zu der die Sachsen gehörten, riefen sie Andrassy und Wekerle an, ihr Verbleiben in der Partei sei unmöglich unter solchen Um= ständen. So wandten sie böseste Beschlüsse ab. Der Abgeordnete G. Lindner († 1909), der nach Eintritt in den Ruhestand sich wieder zur Verfügung gestellt hatte und in den Reichstag ge= wählt worden war, — die Kämpfe um die Erhaltung des sächsischen Volkes hatten die Gegensätze der Alt= und Jungsachsen lang schon überwinden lassen — wies schlagend darauf hin, wie die unselige Verwechselung der einheitlichen ungarischen politischen Nation mit der magyarisch sprechenden den Verstand so vieler Politiker trübe und daß es einen ungarischen Patriotismus auch ohne magyarische Sprache gebe. Apponyis chauvinistisches Ver= halten forderte immer neu die Kritik heraus, der geistreiche Mann war völlig verblendet. Er ist mit dem Schulgesetz, das ange= nommen wurde, nicht zuletzt der Totengräber Ungarns geworden.

Die Aufregung inmitten der Sachsen und Rumänen war sehr groß und das Siebenbürgisch=Deutsche Tageblatt schrieb vor= ahnend: „Wer weiß, ob ähnliche Gesetze nicht doch der Schwanen= gesang des magyarischen Chauvinismus sind?"

Gegenüber der „nervösen Volksstimmung unten" begründete der Abgeordnete Gratz das Verhalten der sächsischen Abgeordneten: „Wir haben unsere Pflicht erfüllt und haben getan was wir konnten... Sollten unsere Wähler unser Verhalten mißbilligen, so haben sie das Recht, andere an unsere Stelle in den Reichs= tag zu entsenden — wir können nur so handeln, wie wir es vor unserem eigenen Gewissen verantworten können."

Die Erregung klang in den Wählerversammlungen und Kreisausschüssen nach, aber die Haltung der Abgeordneten wurde gebilligt.

Es gelang der ev. Kirche, die Gehalte auf die neue gesetzliche Höhe zu bringen und vor allem in den höheren Schuljahren die deutsche Unterrichtssprache zu retten und infolge milder Ausführung des Gesetzes den sächsischen Schulen gegenüber von diesen das schlimmste abzuwenden. Das Gesetz selbst blieb von Grund aus schlecht. Doch muß der Koalitionsregierung gutgeschrieben werden, daß sie die Dotation der Landeskirche erhöhte und den Beschluß der Nationsuniversität betreffend den Verkauf der Lotruwälder und die neue Dotation bestätigte.

Die Unabhängigkeitspartei, die in der Regierung das große Wort führte, war nicht imstande, etwas zu schaffen, wie es stets geht, wenn ein Prinzip verleugnet wird, offen das Gegenteil behauptet und im geheimen für das verleugnete Prinzip gearbeitet wird. Im Volke selbst erwachte ein heilsamer Rückschlag gegen all die nicht eingehaltenen Versprechungen der Unabhängigkeitspartei, die sich, um etwas von ihrem alten Nimbus zu retten, in die Notwendigkeit versetzt sah, wieder mit den nationalen Forderungen hervorzurücken, und ein Teil von ihnen ging mit den Sozialdemokraten ein Bündnis ein und gab das Schlagwort des allgemeinen Wahlrechtes aus. Da die Krone in bezug auf militärische Zugeständnisse unnachgiebig blieb, kam es zu einem neuen Regierungswechsel. Unter Tißas Führung, der in kluger Zurückhaltung sich in diesen Jahren auf die Seite gestellt hatte, trat der Kern der ehemaligen liberalen Partei aufs neue auf den Plan und bei der Neuwahl ins Parlament trug die neue sogenannte nationale Arbeitspartei den Sieg davon. An der Spitze des Ministeriums stand erst Khuen=Hedervary, dann L. Lucacs, bis Tißa selbst 1914 die Führung übernahm. Die Kultusminister des Kabinetts Zichy, dann Jankovich waren Männer, die die Verhältnisse nicht einseitig beurteilten, und es kamen Jahre der Ruhe vor allem für die Schulen.

Der sächsische Zentralausschuß hatte am 11. April 1910 den sächsischen Wahlkreisen den Rat erteilt, die zu wählenden Abgeordneten für die Regierungspartei zu wählen, „in dem Bestreben, die Aktion der Regierung zur Herstellung geordneter politischer Verhältnisse im Lande auch seinerseits zu unterstützen und im Vertrauen darauf, daß die Vertretung der Interessen des sächsischen Volkes im Sinne der Grundsätze des sächsischen Volksprogramms bei der Regierung und ihrer Partei Verständnis und Unterstützung finden wird" und sprach die Zuversicht aus, daß die Abgeordneten auch in Zukunft geschlossen und einheitlich vor=

gehen würden und daß jeder den Beschlüssen der sächsischen Abgeordnetenkonferenz sich unterwerfe.

Sie waren in der Tat Stützen der Ordnung im Parlament, wo die Opposition wieder randalierte, so daß dem ruhigen Beobachter immer wieder die Zeiten vor Mohatsch aufstiegen: es hat eine Gestalt, als sollte es nicht lange währen. Dann aber richtete sich der Mut an Tißas Stärke auf. Eine Parlamentswache hielt im Haus die Ordnung aufrecht und zeitweise blieb die Opposition den Verhandlungen fern, dann gelang es, verschiedene wichtige Gesetze zu erledigen. Eines der wichtigsten war das neue Wahlgesetz, das wohl nicht das allgemeine Wahlrecht brachte, aber doch eine große Ausdehnung, so daß in Siebenbürgen die Zahl der Wähler von 80.000 auf über 200.000 stieg. Es knüpfte das Wahlrecht an die Kenntnis von Lesen und Schreiben, für Analphabeten galt ein höherer Steuersatz, an ein gewisses Alter, an Steuerleistung und Aufenthaltsdauer an dem bestimmten Ort. Auch eine neue Wahlkreiseinteilung hing damit zusammen. Darnach war Aussicht vorhanden, daß die 13 sächsischen Abgeordneten um einen vermehrt würden. Diese Bestimmungen sollten 1915 ins Leben treten, doch hat der Krieg es verhindert.

Die Ausdehnung des Wahlrechts, ein Zeichen der einsetzenden oder fortschreitenden Demokratisierung des Landes, brachte ebenso den Sachsen wie den Magyaren steigende Gefahren. Grundsätzlich konnte man sich ihm schwer widersetzen, obwohl feststeht: „Das sogenannte allgemeine Stimmrecht ist auch bei der weitesten denkbaren Ausdehnung für das Volk eine Täuschung, für die Politiker immer ein Mittel der hohen und niedrigen Demagogie" (Fröbel). Die Sachsen mußten damit rechnen, daß ihr politischer Einfluß mit der Zeit eingeschränkt werden würde. Um die Vorherrschaft der Magyaren zu sichern, plante die Regierung die Ernennung von Verwaltungsbeamten. Das Urteil hierüber war in den sächsischen Kreisen verschieden. Der bestehende Zustand: Wahl auf Zeit, Kandidation von einem Ausschuß, in dem die Regierung das entscheidende Wort hatte, die Verwaltung selbst riefen die Kritik hervor; eine freie Wahl war es nicht. Die Autonomie verträgt sich mit der Ernennung der Beamten, aber die Sachsen hatten mit den ihnen aufgezwungenen Beamten böse Erfahrungen gemacht. Bei der unumschränkten Ernennung kam mit den fremden Beamten, die kein Herz und kein Verständnis

für das Volk hatten, eine neue Macht der Zersetzung in das Volk herein, die letzten Folgen der Zerschlagung des Königs=
bodens. So richtete sich der natürliche Verstand und das Gefühl gegen die Ernennung. Auf der anderen Seite stand die Tatsache, daß wenn das Wahlrecht weiter auch in Gemeinde und Komitat ausgedehnt wurde, und die Mehrheit der Wähler nicht mehr sächsisch war, dann bot, bei einer wohlwollenden Regierung, die Ernennung die Möglichkeit, auch Beamte des eigenen Volkes zu erhalten. Alles zusammen führte den Zentralausschuß zum Beschluß vom 3. Juli 1914: „Der verstärkte sächsische Zentral=
ausschuß empfiehlt den sächsischen Abgeordneten die Annahme der die Verwaltungsreform betreffenden Gesetzentwürfe, somit auch des Gesetzentwurfs über die Ernennung der Komitatsbeamten, in der Voraussetzung, daß in diesem Gesetz ausgesprochen werde, es solle bei der Ernennung der Beamten darauf Rücksicht ge=
nommen werden, daß diese das Volk und seine Verhältnisse kennen und die Sprache des Volkes verstehen. Ferner erwartet der sächsische Zentralausschuß von den sächsischen Abgeordneten, daß sie in der Detailberatung die sächsischen Interessen ins=
besondere in bezug auf den Gebrauch der Muttersprache nach Möglichkeit fördern werden."

Der Krieg hat die Beratung der Vorlagen gehindert.

Über die Wahlen in die Nationsuniversität sollten besondere Bestimmungen getroffen werden. An ihrer Spitze stand seit Thalmanns Rücktritt (1910, † 1911) Fr. Walbaum, der aus dem Bürgermeisteramt in Schäßburg in das Amt berufen wurde, in das ihn das Vertrauen der Regierung setzte und das volle Ver=
trauen des sächsischen Volkes begleitete. Auch in Schäßburg hatte er neben den unmittelbaren Aufgaben des Amtes leitenden Anteil an den kirchlichen Aufgaben der Gemeinde und des Be=
zirks genommen, war Mitglied des Landeskonsistoriums und maß=
gebend in seinen Beratungen, die die ganze Kirche betrafen. Als er nach der Revolution die neue Verfassung für die Landeskirche gemacht hatte und die theologische Fakultät Leipzigs ihm das Ehrendoktorat der Theologie übersandte, charakterisierte sie ihn (1920) als den Mann, „der viele Jahre hindurch die Verwaltung des Hermannstädter Komitats klug geleitet, die kirchlichen Ange=
legenheiten in der Stadt und im Bezirk Schäßburg, zugleich der vielverdiente Bürgermeister, mit warmem Herzen vorwärts führen

half, und dann die Kirchenverfassung den Forderungen der neuen Zeit entsprechend umbaute, weise, vorsichtig und besonnen, ebenso in weltlichen wie in kirchlichen Angelegenheiten erfahren."

Walbaum hat nun in Fortführung des Gedankens, der den Sachsentag geboren hatte, mitgeholfen, die Sachsen ebenso wie die Regierung weiter erkennen zu lassen, daß es einen gemeinsamen Boden für die politische Arbeit und gemeinsame Interessen für die Sachsen und die Magyaren gebe. Die Folge davon war, daß es dem Abgeordneten Melzer gelang, die Regierung zu bestimmen, 1906 die alte geringe Dotation von 16.000 fl. auf 60.000 Kronen zu erhöhen, daß dazu 1907 eine weitere Dotation von 220.000 Kronen kam, vor allem zur Herabminderung der übermäßigen konfessionellen Steuerlasten der Gemeinden, die letztere Summe 1912 um 60.000 Kronen erhöht. Im Zusammenhang mit Unterstützungen, die andere Kirchen erhalten hatten, wurde der ev. Landeskirche vom 1. Juli 1914 an eine weitere Staatsunterstützung von 400.000 Kronen zuteil, so daß zuletzt die ganze Summe 740.000 Kronen betrug.

Die Zeitenwende, die allgemeinen Verhältnisse, zuletzt doch auch der zähe Kampf der Nationalitäten um ihre Daseinsberechtigung, darunter der tapfer geführte Kampf der Sachsen für ihr Volkstum brachten es mit sich, daß die klugen politischen Führer in Ungarn allmählich den Weg zu einer neuen Nationalitätenpolitik suchten. Die Balkanereignisse von 1912 und 1913 waren doch zu ernste Mahnungen. Tißa hatte früher schon die Notwendigkeit betont, Ungarn müsse sich mit den Nationalitäten verständigen. Aus dem Verhalten der Sachsen hatte er gesehen, wie sich Stammestreue und Staatstreue miteinander vereinigen ließ.

Er nahm als Ministerpräsident auch die Verhandlungen mit den Rumänen auf, um eine Verständigung mit ihnen herbeizuführen.

Die Rumänen, in ganz Ungarn etwa $2^1/_2$ Millionen stark, in Siebenbürgen allein mit $1^1/_2$ Millionen die Mehrheit der Bevölkerung, gehörten zu den am meisten gedrückten und verfolgten Volksstämmen, und hatten, vor allem seit 1848, den Kampf für die Geltendmachung ihres Volkstums und für dessen Entfaltung aufgenommen. In Siebenbürgen selbst, wo der nationale Kampf sie und die Sachsen betraf, war es zu keinem politischen Zusammenwirken gekommen, weil die Interessen der

beiden Stämme vielfach auseinandergingen. In der Zeit der
ärgsten Bedrückung und Verfolgung der Sachsen war mancher
ihrer Vertreter öfter Helfershelfer der Regierung gewesen als
Unterstützer im Kampf um das Recht. In der Nationsuniversität
hatten sie zur Knebelung der Sachsen sich gebrauchen lassen. Hie
und da gelang eine Bundesgenossenschaft bei Beamtenwahlen, im
großen und ganzen sahen sie auch in den Sachsen Feinde, ob=
wohl sie auf dem Sachsenboden allein bis 1848 frei gewesen
waren und ihre Kultur da eine ganz andere und höhere war als
sonst im Lande. Ihre leitenden Männer sorgten dafür, daß in
den breiten Schichten des Volkes die Überzeugung allgemein
wurde, es werde eine Zeit kommen, wo sie mühelos in das ganze
Erbe der Sachsen einrücken würden.

Wie immer aber, für Ungarn war es ein unhaltbarer Zu=
stand, daß der Staat und daß die führende Gesellschaft mit
$2^1/_2$ Millionen Mitbürgern sich im Kriegszustand befand. Das
war wenigstens erklärlich, solange der mittelalterliche Gedanke
festgehalten wurde, daß Ungarn ausschließlich den Magyaren
gehöre und alle anderen als minderberechtigte „Fremde" ange=
sehen wurden, solange jede nichtmagyarische Lebensäußerung als
staatsfeindlich verfolgt wurde. Von solchen Gedanken geleitet,
war das rumänische Nationalkomitee aufgelöst, der berüchtigte
Memorandumprozeß geführt worden, durch dessen Ausgang
einige leitende Politiker zum Gefängnis verurteilt worden waren.
Wenn Tißa nun mit den Männern des aufgelösten National=
komitees die Verhandlungen aufnahm, so war das ein Zeichen
völlig veränderter Auffassung der ganzen Frage.

Diese Verhandlungen hatten das Ergebnis, daß Tißa im
Reichstag Grundsätze aufstellte, die durchgeführt zu einer Lösung
der Nationalitätenfrage führen konnten. „Zeit meines Lebens",
sprach er am 5. Dezember 1913 im Reichstag, „bin ich in der
Nationalitätenpolitik von dem Grundgedanken des Verstehens,
der friedlichen Annäherung ausgegangen. Insbesondere ver=
kündige ich seit 20 Jahren in Wort und Tat, daß zwischen der
rumänischen (gemeint sind hier die Bewohner Rumäniens) und
unserer Nation eine Interessenharmonie besteht, daß unsere welt=
historische Mission auf parallelem Wege schreite, einander ergänze,
und daß wir unserer Bestimmung nur entsprechen können, wenn
wir, auf die germanische Kräftekonzentration im Herzen Europas

gestützt, den Frieden, die Kultur und die Freiheit Europas gegen die sie bedrohende panslavistische Tendenz beschützen." Die leitenden Gedanken der Verständigung sollten sein: die Nationalitäten sollten ungehindert ihr Volkstum pflegen können, dazu ungehindert den Verkehr und die Kulturgemeinschaft mit den Stammesgenossen außerhalb Ungarns aufrecht halten dürfen — was alles bisher verfolgt und geächtet war. Ebenso gestand Tißa zu, wie es zulässig sei, konfessionelle Parteien zu bilden, so könne niemandem das Recht genommen werden, nach Nationalitäten und Rassen politische Parteien zu bilden. Rassengefühl und Staatsgefühl müsse miteinander in Einklang gebracht werden. Dabei wies er besonders auf die Sachsen hin, die ein glänzendes Beispiel dafür gäben, „daß die nichtmagyarischen Bürger dieses Landes ein sehr starkes Stammesbewußtsein haben, daß ein sehr starkes geistiges Band zwischen ihnen und dem großen Nationalstaat außerhalb der Grenzen des Landes, mit dem sie in Stammverwandtschaft stehen, vorhanden sein kann, ohne daß deshalb in irgendeiner Beziehung die Treue und die Arbeit Einbuße erlitten, die sie im Dienste des ungarischen Staates verrichten."

Da die Rumänen die Zugeständnisse nicht für genügend ansahen, lehnten sie ab, was Tißa nicht abhielt, am 20. Februar 1914 in einer großen Rede die Grundzüge einer neuen Nationalitätenpolitik zu entwickeln, wie er sie durchführen wollte.

Der Inhalt war: Die berechtigten Verlangen der Nicht-Magyaren müssen mit dem nationalen Charakter des ungarischen Staates in Einklang gebracht werden. Darum soll vollständige Rechtsgleichheit durchgeführt werden und den Nationalitäten gestattet sein, Vereine nationalen Charakters zur Förderung ihrer Interessen zu gründen, in den Schulen und im gesellschaftlichen Leben ihre Kultur frei zu fördern und zu pflegen. Die Beamten sollen die Sprache des Volkes verstehen, Gesetze und Kundmachungen sollen in der Sprache des Volkes erfolgen. Die Gerichte sollen Übersetzungen der Beilagen nur dann fordern, wenn es im Interesse der Sache erforderlich ist. Der Angeklagte, Kläger und Zeugen können ihre Muttersprache vor Gericht gebrauchen, Eingaben bei den Behörden erster Instanz in dieser gemacht werden. Die wirtschaftliche Entwicklung der Nationalitäten soll mit allen Mitteln gefördert werden. In der magyarischen Diaspora sollen magyarische Schulen errichtet werden, in den nichtmagyarischen Schulen darf nicht mehr verlangt werden als zu leisten möglich ist. Das Schulgesetz von 1907 soll wohlwollend gehandhabt werden, in den staatlichen Seminarien sollen die zukünftigen Lehrer die Sprache der Nationalitäten lernen, auch in den Staatsschulen soll die Muttersprache der Schüler Raum finden. Der Religionsunterricht soll in den Staatsanstalten in der Muttersprache der Schüler erteilt werden. Die Autonomie der Kirchen soll unberührt aufrecht bleiben. Neue Gesetze sollen über die Unterrichts- und Verwaltungssprache geschaffen werden, die ebenso der Staatssprache wie den Nationalitäten gerecht werden. Das Nationalitätengesetz könne nicht in allen Einzelheiten durchgeführt werden, weil es nur für loyale Bürger geschaffen worden sei, nicht für solche, die die territoriale und politische Einheit Ungarns angreifen.

Wie mußte es bisher gewesen sein, wenn diese Grundsätze als Zugeständnisse dargeboten wurden, wie anders wäre Vieles gewesen, wenn solche Anschauungen seit 1868 maßgebend gewesen wären!

Der Ausbruch des Weltkrieges hinderte die Erprobung der neuen Gedanken.

Die Nationalitätendebatte im Reichstag im Zusammenhang mit der Rumänenfrage brachte auch eine andere Angelegenheit zur Sprache, die Anlaß zu Reibungen unter den Sachsen gegeben hatte, die der Banater Schwaben.

Im Banat, das nach Vertreibung der Türken erst im 18. Jahrhundert besiedelt worden war, wo vor allem unter Maria Theresia und Josef II. zahlreiche deutsche Gemeinden gegründet worden waren, die sich mächtig entwickelt hatten, und in der Bacska saßen rund eine halbe Million Deutsche, stattliche schwäbische Bauern, wohlhabend und kinderreich, ausgreifend auch in die nichtdeutschen Gemeinden, aber in bezug auf nationales Bewußtsein und deutsche Gesinnung in tiefem Schlaf versunken. Sie hatten vor allem seit 1848 in der magyarischen Kultur die höhere gesehen, in der „ungarischen Freiheit" ihr Ideal gefunden. Es gab wenige deutsche Schulen, die gebildete Schichte war nahezu völlig im Magyarentum aufgegangen, die andern waren gar nicht zum Nachdenken über ihre nationale Zugehörigkeit gekommen. Der Magyarismus sah in den Schwaben eine sichere Beute, die ihm nicht mehr entgehen könne. Aber unter dem allgemeinen

Nationalitätenkampf in Ungarn waren doch Funken dieser Bewegung auch ins Banat geflogen und es gab Einzelne, die am Erwachen des deutschen Bewußtseins arbeiteten.

Diese Anfänge wußte Rudolf Brandsch, unterstützt von E. Steinacker u. A., zur wachsenden Flamme anzufachen. Er begann eine zielbewußte Agitation im Banat zur Erweckung des deutschnationalen Bewußtseins, die zugleich das Ziel hatte, die politische Bedeutung des Deutschtums in Ungarn zu erhöhen und dadurch zuletzt auch den Sachsen vermehrtes Gewicht zu geben. Es war klar, daß die „sächsische Agitation" im Banat, im Zusammenhang damit das Erwachen und Erwecktwerden der Schwaben, der Regierung ein Dorn im Auge sein mußte. Denn diese Bewegung drohte nicht nur dem Magyarentum eine ergebene Gefolgschaft zu entreißen, sie stellte auch eine ausgesprochene oppositionelle Partei der Regierung gegenüber. Das brachte nun wieder die Sachsen, die zur Regierungspartei gehörten, in eine schiefe Lage. So begann auch unter den Sachsen die „Schwabenfrage" Bedeutung zu erhalten und die politische Haltung zu beeinflussen. An sich war es selbstverständlich, daß die Sachsen die nationale Bewegung unter den Schwaben mit Freuden begrüßten und nur wünschen konnten, sie möchte durchschlagen. Aber auf der anderen Seite konnte eine vorsichtige Politik, die doch in erster Reihe die Aufgabe hatte, die eigenen sächsischen Interessen zu schützen, diese nicht in Gefahr bringen einer Bewegung zuliebe, deren Ausgang damals noch sehr fraglich war. Ein großer Teil der Sachsen meinte, deren Ergebnis sei vor allem davon abhängig, daß aus der Mitte der Schwaben selbst sich Leiter und Führer an die Spitze stellten und die Agitation aussichtslos sei, solange sie von außen hineingetragen werde. R. Brandsch, dessen hervorragende Kraft gerade die Agitation und die Opposition war, erkannte, daß der nationale Gedanke unter den Schwaben eine Macht wurde und war der Überzeugung, daß es eine nationale Pflicht der Sachsen sei, an dessen Pflege und Wachstum nach Kräften mitzuarbeiten. Das gab zunächst Unstimmigkeiten unter den sächsischen Abgeordneten. Es kam im Oktober 1911 zu einem Meinungsaustausch unter ihnen darüber, inwieweit die politische Behandlung der Schwabenfrage mit den Pflichten und der Parteistellung der sächsischen Reichstagspolitik vereinbar sei. Die überwiegende Meinung ging dahin, daß große Zurückhaltung geboten sei und daß „eine

systematische Agitationstätigkeit, die in unmittelbarer, stetig fort=
gesetzter Aufsuchung und Beeinflussung der schwäbischen Be=
völkerung Süd= und Westungarns behufs Änderung ihres jetzigen
nationalen Indifferentismus besteht, eine Schädigung der poli‹
tischen Stellung und des politischen Schwergewichts der sächsischen
Abgeordnetenschaft bedeutet und zu einem Konflikt mit der Reichs=
tagspartei führen kann und muß, in deren Mitte die sächsischen
Abgeordneten für die Interessen des sächsischen Volkes eintreten.
Dieser, die sächsischen Interessen schädigende Zusammenstoß mit
der Partei ist um so mehr gegeben, als er nicht nur durch die
nationalen Momente bedingt ist, sondern überhaupt durch den
Umstand, daß es sich um die Anfachung einer oppositionellen
Bewegung handelt, eine Partei aber stets verlangen wird, daß
ihre Mitglieder sich nicht an einer Bewegung beteiligen und
diese sogar selbst hervorrufen, die sich gegen diese Partei und die
aus ihrer Mitte hervorgegangene Regierung richtet."

Brandsch und Kopony vertraten eine gegensätzliche Anschauung,
und es war keine Frage, daß diese nicht unbekannte Verschieden=
heit der Meinungen das Gewicht der sächsischen Abgeordneten
schwächte. Der Gegensatz kam zu schroffem Ausdruck im Reichstag.
Inzwischen begleiteten auch die sächsischen Abgeordneten die Be=
wegung mit Sympathie. Sie hatten schon 1907 dem damaligen
Innenminister Graf Andrassy eine billige und gerechte Hand=
habung des Versammlungsrechtes im Banat nahegelegt, später
dem Ministerpräsidenten Khuen=Hedervary gegenüber darauf hin=
gewiesen, daß die Wünsche und Bestrebungen der Schwaben
nichts Unerlaubtes in sich schlössen und auch vom Standpunkte
des Staates Entgegenkommen verdienten. Im Juni 1913 hatten
die sächsischen Abgeordneten eine Zusammenkunft mit den Führern
der südungarischen deutschen Volkspartei, um ihre Wünsche
kennen zu lernen und sie der Regierung zu vermitteln. Diese
bezogen sich hauptsächlich auf die Freiheit der Parteiorganisation,
da die Polizei sie hinderte, Versammlungen abzuhalten, und auf
Einstellung der Preßprozesse, den Unterricht in der Muttersprache,
da fast sämtliche Schulen magyarisiert waren. Als diese Wünsche
später Tißa mitgeteilt wurden, lehnte er die Verhandlung mit
den Führern der genannten Partei ab, erklärte aber die Be=
schwerden zu prüfen und war bereit, dem Wunsch nach dem
Unterricht in der Sprache der Schüler entgegenzukommen.

Als Brandsch seine Agitation nicht einstellte, verlangte die Arbeitspartei von den sächsischen Abgeordneten, sie sollten der Sache Einhalt tun. Da ergriff am 20. März 1914, als Tißa über die Verständigungsversuche mit den Rumänen im Reichstag berichtete und nicht mißzuverstehende Bemerkungen über die schwäbische Bewegung gemacht hatte, der sächsische Abgeordnete W. Kopony, ein Gesinnungsgenosse Brandschs, das Wort und gab eine Erklärung ab, die die Übereinstimmung mit der oppositionellen südungarischen deutschen Volkspartei enthielt. Darauf hin hielt Melzer sich verpflichtet, im Namen der sächsischen Abgeordneten zu erklären, daß die sächsische Politik keine Gemeinschaft mit der schwäbischen politischen Bewegung habe und daß die sächsische Politik lediglich den Schutz der sächsischen Interessen im Auge habe und nicht berufen sei, die Interessen der Schwaben zu vertreten, die zur Geltung zu bringen nur dann richtig und gesund sei, wenn deren Vertretung aus dem Volke selbst hervorgehe.

In überaus scharfer Weise kritisierte hierauf Tißa Koponys und Brandschs Verhalten, so daß diese sofort aus der Regierungspartei austraten. Als die sächsische Abgeordnetenkonferenz diese Austrittserklärung am 28. März zur Kenntnis nahm, sprach sie zugleich die Überzeugung aus, daß wesentliche sachliche Interessen des sächsischen Volkes wie die Einheitlichkeit seiner politischen Vertretung nur dann gewahrt wären, wenn die beiden Kollegen ihre Mandate ihren Wählern zur Verfügung stellten. Da ihre Wähler aber sie des weiteren Vertrauens versicherten, so stand die sächsische Politik wieder vor einer Spaltung. Am 2. Juli beschloß der sächsische Zentralausschuß: „Wenngleich das sächsische Volk mit Teilnahme und Sympathie jede Bestrebung der ihm stammverwandten schwäbischen Brüder begleitet, die auf Pflege ihrer deutschen Muttersprache und auf die Pflege ihrer deutschen Kultur gerichtet ist, so hält der sächsische Zentralausschuß die politische Förderung dieser Bestrebungen nur innerhalb der durch die sächsischen Volksinteressen unverrückbar gezogenen Grenzen für möglich; er billigt demgemäß im Hinblick auf das Gebot der eigenen Volkserhaltung den dieser Forderung entsprechenden Standpunkt der Mehrheit der sächsischen Abgeordneten, daß die sächsische Reichstagspolitik die Pflicht des Schutzes der sächsischen Volksinteressen zu erfüllen hat und jedes Verhalten vermeiden muß, das ihr die Erfüllung dieser Pflicht erschweren würde;

der Zentralausschuß gibt dem Bedauern darüber Ausdruck, daß durch das diesem Grundsatz nicht entsprechende Verhalten eines Teils der sächsischen Abgeordneten in der sächsischen Reichs=tagsvertretung, zum Schaden des politischen Gewichtes derselben, eine Spaltung hervorgerufen worden ist, und spricht die zuversicht=liche Erwartung aus, daß die politische Organisation unseres Volkes, die auch durch das neue Wahlgesetz vor erschwerte Auf=gaben gestellt wird, imstande sein werde, die jetzt gestörte, aber im Interesse unseres Volkes unentbehrliche volle Einheitlichkeit seiner Reichstagsabgeordneten binnen Kurzem wieder herzustellen."

Der Krieg brachte bald größere Fragen.

Wenn dem Rückschauenden die Haltung des Zentralaus=schusses von dem Standpunkte aus richtig erscheint, daß ihm alles an der Verteidigung und Schaffung der Lebensbedingungen für das sächsische Volk liegen mußte, so hat die weitere Ent=wicklung jenen Recht gegeben, die ihre Kraft für die Erweckung des schwäbischen Volkes einsetzten.

Noch stand die Nationalitätenhetze in voller Blüte und traf doch auch immer wieder die Sachsen. Des Kampfes um die Schule ist oben gedacht worden, 1909 vermehrt durch die Forderung landwirtschaftliche Fortbildungsschulen zu errichten, die es abzu=wehren gelang durch den Hinweis auf die 8—9 jährige Schulpflicht der Landeskirche.

Die Hauptsache war doch, die innere Stärkung all den Angriffen von außen gegenüber. Die Kirche versuchte sie für sich und die ihr anvertraute Schule.

Vor allem mußte für bessere Vorbildung der Volksschul=lehrer gesorgt werden. Schwer nur gelang es, für das 1878 von der Landeskirche übernommene Seminar in Hermannstadt, dort 1891 ein neues modernes Gebäude mit Internat zu schaffen, von dem ein neues Leben ausging. Allmählich war auch in weiteren Kreisen die Anschauung reif geworden, daß die Aufrecht=haltung von fünf Seminarien unmöglich sei und so beschloß die Landeskirchenversammlung 1892, die letzte, die Bischof G. D. Teutsch leitete, vom 1. September 1892 an die stufenweise Auf=hebung der Seminarien, wodurch das Hermannstädter das einzige der Landeskirche wurde. Die schaffensfrohe Arbeit des jungen Kollegiums, Direktor Fr. Teutsch, die Lehrer C. Brandsch († 1921), A. Schullerus, Josef Capesius und J. L. Bella brachte einen frischen Zug in die ganze Arbeit der Volksschule. Unter dem Direktor Josef Capesius 1896—1917 († 1918), der ein entschiedener Vertreter der Herbartischen Pädagogik war und ein Schüler Zillers, ist dann die „Herbart=Zillersche Pädagogik" die herrschende in der Volksschule geworden, die dadurch zu einer inneren Einheit kam, die ihr bis dahin fehlte.

Die weitere Vertiefung der Lehrerarbeit geschah vor allem in den Lehrerversammlungen der Bezirke, die 1896 beanstandet, dann auf Grund von Satzungen freigegeben wurden und in den freien Besprechungen des Vereins der Mittelschulprofessoren und des Volksschullehrervereins, dann in den vom Landeskonsistorium zusammengerufenen allgemeinen Konferenzen, in denen Fragen des Unterrichtes und der Methodik behandelt wurden. Den größten Fortschritt bezeichnete es, daß es endlich 1904—1906 gelang, einen allgemein gültigen Lehrplan für die Volksschulen heraus= zugeben, für die der Schulanfang 1899 auf den 1. September, wie in den anderen Schulen, verlegt worden war. Ein neuer Lehrplan für die Mittelschulen bahnte 1906 eine größere Ein= heitlichkeit u. a. auch in den Lehrbüchern an, und die Unterrichts= methode, die in den Gymnasien auf die „Vorträge" wie an den Universitäten eingestellt war, wurde naturgemäßer. Vor allem bedeutsam war, daß 1901 Lehrerinnen in die Volksschule zugelassen wurden, für deren Heranbildung 1904 eine eigene Bildungsanstalt in Schäßburg errichtet wurde.

Als Müller 1893 Bischof wurde, gab er der Anschauung Ausdruck, es werde vielleicht in den kommenden Jahren weniger die Aufgabe der Kirche sein, an den Außenwerken kampfbereit zu stehen, als „die Verteidigungswerke nach innen auszubauen und nach jener Seite ... schrittweise den Ausbau der Kirchen= verfassung ins Auge zu fassen". Es ist oben dargelegt worden, wie auch die Außenwerke verteidigt werden mußten, aber Müller nahm zugleich den innern Aufbau kräftig in die Hand (1893 bis 1906). Eine ganze Reihe ernster Anregungen gab er in einer Dechantenkonferenz (1895), dann im Anschluß an die kirchen= politischen Gesetze in dem inhaltreichen „Hirtenbrief" (11. Sep= tember 1895), der den Geistlichen und den Gemeinden vielfach neue Wege der innern Arbeit wies. Eine Arbeit, die ihm be= sonders am Herzen lag, war die Schaffung eines neuen Gesang= buches, für das wohl Vorarbeiten vorhanden waren, aber Müller

gab dem Ganzen eine neue Wendung, indem er ein ganz neues
Gesangbuch ins Auge faßte und auf Grund eines Beschlusses
der Landeskirchenversammlung auch schuf (1898). Dies neue Ge=
sangbuch, das ohne Schwierigkeit überall eingeführt wurde, brach
mit dem Rationalismus, der dem früheren Gesangbuch den
Stempel aufgedrückt hatte und es schuf eine neue Einheit für die
Landeskirche, indem das Burzenland das eigene Gesangbuch auf=
gab und dieses annahm. Im Zusammenhang damit standen die
Bestrebungen, die Herfurth († 1922) für ein tieferes Verständnis
der Liturgie aufnahm, für die Einführung einer einheitlichen
Gottesdienstordnung (die „Burzenländer"), die aber die Landes=
kirchenversammlung ablehnte. Dafür gab das Landeskonsistorium
Formeln für die agendarischen Handlungen mit bindender Kraft
heraus und parallele Formulare für die Ordnung des Gottes=
dienstes, der darnach je nach Bedarf, Geschmack und Können der
Gemeinde reicher oder einfacher gestaltet werden kann. Das Reise=
predigeramt wurde neu organisiert, sein Sitz nach Hermannstadt
verlegt und in E. Bardy (1895—1903) und B. Buchalla (seit
1909) wurden besonders geeignete Träger für das schwere Amt
gefunden. Dem ersten verdankte das Diasporaheim seine Grün=
dung, dem anderen seine Ausgestaltung, Erweiterung und vor
allem die Sicherung durch Erbauung des eigenen Heims. Wie
viel evangelisches Leben in der Zerstreuung durch die Arbeit der
Reiseprediger gerettet und gehalten worden ist, das lehrt jeder
Tag aufs neue. Es gelang zugleich, im Zusammenhang mit der
großen volkswirtschaftlichen Arbeit K. Wolffs, in den neuge=
gründeten ev. Gemeinden Weißkirch, Batiz, Benczenz Schulen und
Kirchen zu bauen und überall einen Pfarrer=Lehrer zu setzen. Die
Herausgabe der eigenen Agende, die Teutsch druckfertig hinter=
lassen hatte, setzte die Landeskirchenversammlung auf Müllers
Antrag von der Tagesordnung ab.

Ein Fortschritt war, daß die Kirche sich ein eigenes Blatt
schuf (1897), die „Kirchlichen Blätter", die für die Gebildeten be=
stimmt, nicht ein Fachblatt im engeren Sinne sein sollten, sondern
sich die Aufgabe stellten, „was in uns noch lebendig ist und
arbeitswillig für die auf das Evangelium gegründete Kirche in
gemeinsamer Tätigkeit zu verbinden, was wir in unserer Kirche noch
haben zu erhalten, immer tiefer zu gründen und dadurch immer
stärker und fruchtbarer zu machen". Seit 1909 sind sie Amtsblatt
der Kirche.

Ein neuer Weg mußte betreten werden, um akademische Pfarrer zu schaffen, da sich sehr bald Bischof Teutschs Befürchtung erfüllte, daß die Gymnasiallehrer nicht mehr in genügender Zahl ins Pfarramt übergingen. Es geschah in der Weise, daß eine eigene Gruppe von „Theologen" geschaffen wurde (neue Gruppe, darum im Volksmund Gruppisten genannt), die nicht mehr die staatliche Lehramtsprüfung ablegten, demnach auch keine Anstellung an den Mittelschulen finden konnten, sondern nach abgelegten theologischen Prüfungen (später kam ein Vikarsjahr dazu) gleich ins Pfarramt übergingen. Die früher schon begonnene Einschränkung der Predigerstellen wurde fortgesetzt, größeren Gemeinden wurden ordinierte Lehrer gestattet, die aushilfsweise den Pfarrer vertraten, im Notfall durfte (seit 1916) auch der nichtordinierte Lehrer eintreten, was aber die Gemeinden sehr selten in Anspruch nahmen.

Eine neue Erscheinung unter den Sachsen war die große Auswanderung, die in den achtziger Jahren einsetzte und dann so zugenommen hatte, daß um 1900 rund 20.000 Sachsen in Amerika waren. Wiederholt hielt sich Bischof und Landeskonsistorium für verpflichtet, mit Rat und Mahnung zur Liebe zur Heimat, zum angestammten Volkstum, zu Familie und Beruf aufzurufen und darauf hinzuweisen, wie durch sittlich-religiöse Erziehung der Verwilderung und Heimatflucht entgegen zu arbeiten sei. Bankdirektor Gräser und Pfarrer Wittstock unternahmen 1908 eine Reise nach Amerika, um mit den ausgewanderten Sachsen in Fühlung zu treten. Es hing mit den amerikanischen Beziehungen, die infolge der Auswanderungen entstanden waren, zusammen, daß die Sekten, von denen man bisher in Siebenbürgen kaum etwas wußte, sich auch hier einfanden, die Baptisten, die Adventisten, von denen einige aus der Kirche austraten. Im ganzen haben die Gemeinschaftsleute sich von der Kirche nicht losgelöst, doch ist ihre Arbeit und Richtung von einzelnen Gemeinden widerwillig oder unwillig ertragen, ja heftig bekämpft, von der Kirche als ein Anreiz zu tieferer Arbeit betrachtet worden. Es hing auch mit der Auswanderung zusammen, daß die Landeskirche in Birthälm ein Waisenhaus errichtete, das gerade auch die durch Auswanderung der Eltern verlassenen Kinder aufnehmen sollte (1911).

Ein emsiges Bestreben war, die Pfarrer für ihre Arbeit zu festigen und besser auszurüsten. Zu den regelmäßigen Pastoralkonferenzen kamen besondere Veranstaltungen, ein Fortbildungskurs vom Landeskonsistorium zusammengerufen (1908), ein Dorfkirchentag in Hermannstadt in Anwesenheit v. Lüpkes gehalten (1912), freie Pfarrertage. Die Generalsynode von 1911 stellte sich auf den Boden der modernen Weltanschauung und möchte von ihr aus der Kirche und dem christlichen Glauben ihr ewiges Recht wahren.

Ein Zeichen für die Schwere der Zeit war es, daß 1897 13 bisher selbständige Gemeinden aufgehoben wurden und als Filialen anderen Gemeinden unterstellt wurden. Nicht weniger, daß durch all die Jahre seit 1890 die schwere Frage der Gehalte für Pfarrer und Lehrer auf der Tagesordnung stand und alle Beschlüsse, die gefaßt wurden, nicht hinreichten, die Not des Tages zu mildern, die bis 1917 noch erträglich, dann schwerste Formen annahm und äußere und innere Arbeit der Kirche bedrohte.

Eine Stärkung war ihr in all der Zeit der Zusammenhang mit dem deutschen Protestantismus, der für uns zum guten Teil im Gustav Adolf=Verein verkörpert ist. Es waren sonnige Tage der Erhebung, als 1900 Archidiakonus Jakobi (Weimar) in Agnetheln, 1905 Professor Rietschel (Leipzig) in Hermannstadt, 1908 Rogge (Potsdam) in Großschenk, 1910 Rendtorff (Leipzig) in Schäßburg, 1912 Hartung (Leipzig) in Mediasch predigte, wo die Gaben des Gustav Adolf=Vereines äußere Hülfe und innere Stärkung brachten.

Die Hauptsache mußte doch die Kirche selbst leisten. In den vier Jahren 1907—1910 — um nur ein Beispiel zu zeigen — brachten die Gemeinden auf: für Schulbauten 1,017.068 Kronen, für kirchliche Gemeindehäuser 146.900 Kronen, für christliche Liebeswerke — Gustav Adolf=Verein dabei ausgeschlossen — 1,844.485 Kronen, zusammen ohne die Besoldung der Pfarrer und Lehrer 4·5 Millionen Kronen, das ist fast doppelt so viel als die staatliche Steuerleistung 1906 betrug. Man zählte damals nicht ganz 59.000 sächsische Steuerträger, von denen 28.198 eine Steuer bis 20 Kronen, die Hälfte davon 1—10 Kronen zahlten, 6423 zahlten 50-100 Kronen, 3676 100—500 Kronen, 331 500—1000 Kronen Staatssteuer und bloß 159 über 1000 Kronen. Und doch zahlten die Sachsen, die nicht $^1/_{10}$ der Bevölkerung in Siebenbürgen ausmachten, $^1/_6$ sämtlicher Steuern im Lande.

Es handelte sich eben um ein Volk von Bauern und Bürgern, von kleinen Bauern und kleinen Bürgern. Man zählte in den sächsischen Gemeinden 86.023 Grundbesitzer, davon 48.457 Deutsche (Sachsen), nur etwas mehr als die Hälfte (25.190) hatten einen Grundbesitz von über 5 Joch. Von den 37.566 nichtdeutschen Grundbesitzern besaßen über 5 Joch 7876.

Geistiges und wirtschaftliches Leben, scheinbar oft im Gegensatz zueinander, steht doch in inniger Wechselwirkung, wenn es auch mitunter den Anschein hat, als verdränge das eine zu Zeiten das andere. Es wäre verfehlt gewesen, die Stärkung des sächsischen Volkes ausschließlich von geistigen Kräften zu erwarten und die wirtschaftliche Frage zu vernachlässigen. Es war ein hervorstechendes Kennzeichen K. Wolffs, daß er das Volksleben als ganzes faßte und wie er bei Beginn seiner Tätigkeit es schon ausgesprochen hatte, daß die politische Bedeutung des sächsischen Volkes mit seiner wirtschaftlichen Stärke zusammenhänge und daß diese Stärkung notwendig sei, so nahm er die Arbeit dafür auf. In der ersten Nummer des Siebenbürgisch=Deutschen Tageblattes hatte er geschrieben: „Die Dürftigkeit, Enge und Zersplitterung unseres wirtschaftlichen Lebens ist für unseren Bestand gefahrvoller als der Ansturm auf unser Recht." Während er an der Spitze der Kämpfer für das sächsische Recht stand, war er zugleich der Deichhauptmann, der Dämme aufführte, damit sein Volk nicht wirtschaftlichem Untergange entgegengehe. Ausgehend von der Überzeugung, daß der sächsisch=deutsche Charakter der siebenbürgischen Städte mit dem Bestand und Verfall des sächsischen Gewerbes stehe und falle, galt seine Sorge auch den sächsischen Gewerben, der Schaffung einer Industrie, sogar der weitschauende Gedanke der Schiffbarmachung des Altflusses beschäftigte ihn. Er wurde nicht müde, auch an die sächsischen Städte die Mahnung zu richten: „Alles zu tun, was unser Volkstum kräftigt und alles zu unterlassen, was es schädigt, d. i. die guten Eigenschaften des sächsisch=deutschen Volkscharakters unter kluger Anpassung an die Erfordernisse der modernen Zeit und unter der Fahne des besonnenen Fortschrittes zu pflegen und unsere Fehler abzulegen". Einen Höhepunkt dieser Arbeiten bezeichnet die Zeit um 1890 und sie hängen zum Teil mit der Hermannstädter Sparkassa zusammen, die K. Wolff seit 1883 leitete. Die Wege und Mittel, die zum großen Aufschwung der Sparkassa führten, waren die gleichen, die sonstwo schon erprobt waren und nun auf die heimischen Verhältnisse angewendet wurden und die es bewirkten, daß das

Institut aus dem kleinen Hermannstädter Geschäft zu einem
Landesinstitut wurde, das seine Geschäfte bis tief nach Ungarn
hinein ausdehnte und nun die Grundlage für die weitere
großzügige Arbeit wurde. So wurden zuerst die Raiffeisenvereine weiter ausgebaut, so daß 1918 im Verband 184 Spar-
und Vorschußvereine, 64 Konsumvereine, 5 Kellervereine und
1 Genossenschaftsmühle stand, alle zusammen mit 22.599 Mitgliedern, eine neue starke Klammer des sächsischen Volkes nicht
nur wirtschaftlichen, sondern sittlichen und nationalen Inhalts.
Die Verbandstage mit der Teilnahme der stattlichen Bauern,
die neben ihrem Pfarrer und Lehrer saßen und den wegweisenden Ausführungen des Anwalts K. Wolff und seiner
Mithelfer, (oben S. 124) zuletzt G. A. Schullers lauschten und
den Bildern nachhingen, die aus Vergangenheit und Gegenwart
der einzelnen Gemeinden mit dem oft tief erschütternden Inhalt
von Niedergang und Aufstieg vorgeführt wurden, blieben niemals
ohne dauernden Eindruck. Die Arbeit war eine große Er-
ziehungsschule zu christlicher Hilfsbereitschaft. Sie tat dem sächsischen
Bauern bitter Not. Notjahre und Unglücksfälle, aber auch elende
Wirtschaft, Trunk und Unfähigkeit führten immer wieder dazu,
daß der Bauer bald hier bald dort eines seiner zerstreut liegenden
„Stücke", eine Wiese oder einen Acker „in den Versatz" gab, d. h.
für ein Darlehen dem, der es gab, zur Benützung überließ. War
der Anfang erst einmal gemacht, dann ging das Unglück weiter.
Ein „Tränenbrot" (Leichenmahl), vielleicht auch eine Hochzeit, auch
ein größerer Steuerrückstand zwangen zu weiterem „Versatz" und
wenn das letzte Stück versetzt war, mußten die Ochsen und Kühe
verkauft werden. Eine Zeitlang pflügte der Fremde wohl den
Acker, aber der Besitzer war Taglöhner geworden und wenn es
zuletzt zum Verkauf kam, mußte er gar Haus und Hof dazu geben.
Es ist vorgekommen, daß bei Feilbietungen der Gläubiger — es
war manchmal sogar der Dorfzigeuner — einen Acker oder eine
Wiese um etliche Kreuzer erstand. Der Wucher blühte.

Nun wurde ihm auf dem Lande gesteuert, manche wankende
Bauernwirtschaft auf festen Boden gestellt, die Selbst- und
Nächstenhilfe, das Selbstvertrauen und der Unternehmungsgeist
des sächsischen Bauern geweckt. Die Raiffeisenvereine waren in
der Lage, sächsischen Besitz zu schützen und zu mehren. Bis 1922
waren fast 5000 Joch Kulturboden, 337 bebaute, 52 unbebaute

Hofstellen und eine Ziegelei geschützt und fast 10.000 Joch, 99 bebaute und 24 unbebaute Hofstellen und zwei Mühlen neu erworben worden. Der Versuch, 1910 in Hermannstadt einen Konsumverein zu gründen, führte hier zu einem schweren inneren Kampfe, in den allerlei andere Gegensätze hineinspielten, die es u. a. erreichten, daß K. Wolff aus dem Kreisausschuß hinausgewählt und der Konsumverein aufgelöst wurde.

Um mit größeren Mitteln zu arbeiten, gründeten Sparkassa und Bodenkreditanstalt 1891 die Siebenbürger Vereinsbank, die unter J. F. Zeibigs Leitung bald an dem großen Gedanken arbeitete, Hermannstadt zum Mittelpunkt des Austauschhandels zwischen Ungarn und Rumänien zu machen. Neben der Fülle der Unternehmungen mit Geschäften, Industrien (Stearinkerzenfabrik in Hermannstadt) stand der große Gedanke der Innerkolonisation. Es gelang in Weißkirch bei Schäßburg nach dem ersten Mißerfolg, den man mit Banater Schwaben gemacht hatte, eine neue Ansiedlung mit sächsischen Familien aus verschiedenen Gemeinden zusammen zu bringen, und die Hälfte des Hallerischen Gutes zu erwerben, in Benczenz bei Broos auf dem 1893 gekauften Gut des Grafen Kun eine schwäbische Gemeinde zu gründen und in Batiz auf einem ehemaligen Bethlenischen Gut gleichfalls Schwaben anzusiedeln und diesen Gemeinden sofort Kirche und Schule zu schaffen. In Durles, Schoresten, Abtsdorf, Wassid, Kallesdorf, Törnen, Bußd, Michelsdorf konnte alter Adelsboden angekauft und sächsischen Bauern aufgeteilt werden; K. Wolff hatte die frohe Empfindung, daß der verlorengegangene Kolonistengeist zu neuem Leben erwache: „der Fink hat wieder Samen, dem Herrn sei Dank und Preis."

Ein Revisionsverband der sächsischen Geldinstitute schloß diese zu gemeinsamem Handeln zusammen und stärkte sie dadurch.

Parallel mit dieser Tätigkeit ging eine andere, Hermannstadt aus der Isolierung, in die es durch die Sackbahn Kopisch—Hermannstadt geraten war, zu befreien. Es war wieder K. Wolffs unermüdlicher Arbeitskraft vorbehalten, Plan und Ausführung zu erreichen. Die Strecke Hermannstadt—Talmesch—Freck wurde 1892 dem Verkehr übergeben, im selben Jahre bis Fogarasch, später dann bis Kronstadt weitergeführt; 1897 die Linie Alvinz—Hermannstadt—Rotenturm ausgebaut und damit der Anschluß an das rumänische Eisenbahnnetz vorbereitet, der dann später erfolgte. Was vor wenigen Jahren niemand für möglich gehalten hätte, war Wirklichkeit geworden: täglich fuhren in Hermannstadt über 50 Züge aus und ein und der Personenverkehr auf dem Hermannstädter Bahnhof übertraf den auf allen anderen Stationen Siebenbürgens. Hermannstadt selbst konnte November 1894 eine neue, wenn auch nicht ganz einwandfreie Wasserleitung eröffnen, 1896 das große Elektrizitätswerk in Zood in Gang setzen, das die Stadt, bald auch die Umgebung mit Licht, Industrie und Gewerbe mit Motoren versah. Eine elektrische Straßenbahn, 1905 eröffnet, verband die Stadt mit dem schönen jungen Wald und das Elektrizitätswerk, unter S. Dachlers sachverständiger und hingebender Leitung war in der Lage, im Wald Sommerhäuser, in den Goldtälern ein Bad zu bauen und das auf seine Kosten erbaute Gasthaus im jungen Wald der Stadt zu schenken.

Ähnliche Fortschritte wiesen auch die anderen sächsischen Städte auf, die ihre Modernisierungen aufnahmen. Kronstadt, Schäßburg, Bistritz bauten sich Wasserleitungen, Schäßburg ein Komitatsspital und auch ein Elektrizitätswerk, Mühlbach ein Salzbad, ein Spital und elektrische Anlagen.

Dabei war die Lage des Gewerbes nicht besser geworden, besonders traurig in Jahren, wo die Ernte gering war, und solche wiederholten sich in diesem Zeitabschnitt öfter. Im allgemeinen war ein Steigen der Rohstoffpreise bemerkbar, eine steigende Teuerung der Lebensmittel und die Erhöhung der Arbeitslöhne, die wieder auf die Erzeugnisse des Gewerbes zurückwirkten. Doch waren nahezu an allen sächsischen Orten größere Gewerbebetriebe in der Lage, sich zur Fabriksindustrie zu erheben. Vor allem in Kronstadt, wo die vorhandenen Anfänge sich glücklich weiter entwickelten, die Tuchfabrik G. Scherg, die Unternehmungen Czells und Schiels, die Lederfabrik Karres in Mediasch, die Eisengießerei A. Rieger und die Tuchfabrik Scherer in Hermannstadt, in Schäßburg die Tuch- und Webefabriken Löw und Zimmermann, um nur einige zu nennen. Im stillen vollzog sich die langsame Eroberung Elisabethstadts durch die Sachsen, indem die Armenier dort ausstarben und verdrängt wurden. Die Heltauer Wollwebergenossenschaft, die ihre Betriebe elektrisch einrichtete, konnten 150.000 Stück Tuch im Jahr erzeugen und 100.000 davon ausführen, doch wegen des hohen Zolls wenig nach Rumänien.

Hermannstadt zählte 1890 582 sächsische Gewerbetreibende, im Vergleich mit der Zahl im Jahre 1789 ein Rückgang um 200 Handwerker, im Vergleich zu 1829 fast zwei Drittel weniger.

Damals gab es in Hermannstadt 1400 Gewerbetreibende, lauter
Sachsen (Deutsche); 1890 waren 271 nichtsächsische Handwerker.
Von den nicht 600 sächsischen Meistern arbeiteten 236 ohne
Gehilfen, also kleine Betriebe, 114 von ihnen zahlten unter
5 fl. Steuer.

Ähnlich war's überall. In Schäßburg arbeiteten von den
682 Meistern im Jahre 1854 im Jahre 1883 bloß 493, darunter
nur 276 mit eigenem Betrieb. Nicht weniger als 125 Meister
hatten dem erlernten Erwerb entsagt und „fristeten zum Teil in
den 86 Schankwirtschaften der Stadt als Schenker ein kümmer=
liches Dasein". Im Jahre 1854 arbeiteten 300 Webstühle — 1883
waren noch 173 im Betrieb, zum Teil neu erstanden. Von den
22 Rotgerbern hatten 15 die Arbeit eingestellt.

Diesem Rückgang gegenüber, der unsägliches Herzeleid in
zahllose Familien brachte, stand der Fortschritt im einzelnen. Es
erhoben nicht wenige Handwerker überall, darunter Tischler und
Schlosser, ihre Arbeit zum Kunsthandwerk, das fortschreitend mit
der Zeit Geschmack und Solidität befriedigte. Im allgemeinen
konnte man doch mit Befriedigung den Trieb nach festerer
Bildung, die Verwendung moderner Maschinen, das Verlangen,
die größere Welt kennen zu lernen, feststellen. Der Kern des
Bürgertums mit seinem tapfern Handwerkerstolz, das neben dem
Bauern von altersher die Stütze des Volkes war, hegte treu den
Schatz des Hauses, das Festhalten an Brauch und Sitte und die
Anschauung, daß in Arbeit und Pflichterfüllung die Tüchtigkeit den
Menschen adle!

Unter dem Rückgang des Gewerbes litt Bistritz stark. Der
Geschäftsgang war seit 1870 schwach. Versuche, das alte Absatz=
gebiet in der Bukowina, wenn auch nur zum Teil zurück zu
gewinnen, führten nicht zum Ziel. Während 1894—1900 unter
100 selbständig werdenden Gewerbetreibenden noch 72 Deutsche
waren (10·5 % Rumänen, 4·9 Ungarn und 12·6 Juden), war der
Anteil der Deutschen 1913—1918 auf 50 gesunken (23·4 Rumänen,
18·2 Ungarn, 8·4 Juden). Der Bericht der Gewerbeschule über
das Jahr 1892—1893 stellte fest: „Das Gewerbe im allgemeinen
und dessen Geschäftsgang ist meist sehr gedrückt und kämpft mit
wenig Erfolg gegen die Ungunst der Zeit." Bei einer verhältnis=
mäßig großen Zahl von Lehrlingen gab es fast keine Gesellen;
denn sobald der Lehrling das geforderte Alter hatte, wurde er
Meister. Mit geliehenem Geld kaufte er das Werkzeug, das er

nach kurzer Zeit ins Versatzamt trug, vielleicht wurde er ein
kleiner Gastwirt, der bald enttäuscht an einen anderen Ort
übersiedelte, vielleicht aufs Land, um weiter armselig sich durch=
zuschlagen. Es gab wenige alte vertrauenerweckende, zuverlässige
Firmen. Um der großen Konkurrenz zu begegnen, schlossen sich
die Meister des gleichen Handwerks zusammen: 1885 entstand die
erste Bistritzer Riemnervereinigung, 1896 die erste Bistritzer Leder=
fabrik und die Hutmachereinigung, die 1910 einging, die Bürsten=
machereinigung 1897, die Riemenlederfabrik 1905, die Tischler=
einigung 1906, die Ofenfabrik 1917. Auch hier nahm die Zahl der
Kaufleute sehr zu; es waren nicht wenig jüdische Geschäfte
darunter. Die Zahl der Juden, die 1893 718 betrug, stieg bis
1910 auf mehr als das Doppelte (1441). Im Krieg ist durch
den Zuzug aus Galizien und der Bukowina die Zahl der Juden
beträchtlich nicht nur in der Stadt Bistritz gestiegen, sondern auch
in der ganzen Umgebung bis nach Klausenburg hinunter. Die
Bistritzer Kunstmühle ist 1861 erbaut worden.

Eine Hauptursache für den Rückgang des Gewerbes in
Bistritz lag in dem Mangel an Nachwuchs. Während noch in
den sechziger Jahren es Regel war, daß der Sohn des Vaters
Handwerk lernte und es weiterführte, wählte in der letzten Zeit
bloß die Hälfte der Söhne das Gewerbe des Vaters, bei der
Mehrzahl war ein krankhaftes Drängen aus dem Gewerbe
überhaupt herauszukommen und akademische Berufe zu erreichen.
Da die Mehrzahl der sächsischen Gemeinden im Nösnerland in
der Volkszahl rückwärts geht, konnte aus diesen auch keine Zu=
wanderung erfolgen. Dabei war der Trieb, in der Fremde etwas
zu lernen, erfreulich. Die Mehrzahl der Meister hat sich in der
Welt umgesehen, oft viele Jahre lang, dort Fachschulen besucht
und viel gelernt — freilich mancher auch „draußen" eine neue
Heimat gefunden.

Eine allgemeine Erscheinung, die nicht nur für Bistritz galt,
war, daß die Handwerker, die noch um 1870 alle zugleich Grund=
besitzer waren und neben dem Gewerbe Landwirtschaft trieben,
diese letztere aufgaben und ganz dem Handwerk lebten. Diese
Verbindung ist noch lebendig in den Märkten, am sichtbarsten
vielleicht in Agnetheln.

Das älteste Geldinstitut der Stadt war der Bistritzer Kredit=
und Vorschußverein, der 1865 gegründet wurde, bis 1909 eine

Genossenschaft mit beschränkter Haftung, seit 1910 Aktiengesellschaft, mit kleinem Kapital begonnen, war der Jahresumsatz 1909 doch 13 Millionen 714.000 Kronen, der eine Dividende von 10% abwarf. Seit 1874 machte ihm die Bistritzer Distriktssparkassa Konkurrenz, deren Jahresumsatz 1914 11 Millionen 718.000 Kronen betrug. Im Jahre 1918 vereinigten sich beide Institute zur „Bistritzer Vereinigten Sparkassa=Gesellschaft".

Das deutsche Leben kämpft da einen besonders schweren Lebenskampf, nicht zuletzt auch in den Gemeinden, deren Bevölkerungszunahme eine krankhaft geringe ist.

Auch das benachbarte Sächsisch=Reen, die freundliche Stadt auf dem Berge am oberen Mieresch mit dem Blick auf die Sattelburg, hat mannigfache Wandlungen mitgemacht. Wie ein Phönix aus der Asche des Jahres 1848 neu erstanden, verdankte sie eine Zeit der Blüte vor allem dem Floßhandel, der am Anfang des 19. Jahrhunderts durch den in Käsmark geborenen Samuel v. Meltzl begründet wurde, der nach Reen eingewandert, ausgedehnte Gebirgswaldungen aus adligem Besitz ankaufte und sich in Reen niederließ. Die erste Floßhandels= gesellschaft wurde 1865 gegründet, ein Vertrag von 19 Mitgliedern unterschrieben, 1867 geschlossen. Die Gesellschaft war eine ausschließlich sächsische. Sie besaß bei ihrer Gründung keine eigenen Waldungen, mit deren Ankauf sie erst in der Mitte der 70er Jahre begann, der in den 90er Jahren zu einem Besitz von nahezu 42.000 Joch Wald geführt hatte, deren Besitzer der ungarische Adel der Umgegend gewesen war. Da die Gesellschaft nur zur Hälfte eigenes Kapital besaß, ging ein Teil des Gewinnes auf die Verzinsung des geliehenen Geldes. Immerhin war die Durchschnittsdividende 14%. Durch den Ausbau der Szeklerbahnen war eine rationellere Bewirtschaftung der Wälder möglich geworden, die Flöße wurden bis Arad geführt, aber die Gesellschaft schreckte vor neuen Investierungen zurück. Nach dem Beispiel des Verkaufes der Siebenrichterwaldungen verkaufte sie 1910 und 1911 alle schlagbaren Holzbestände der Waldungen meist an Pester Holzfirmen. Ein Teil der reichgewordenen sächsischen Familien verließ Reen, schon 1908 hatte die Gesellschaft den Grund und Boden, ohne das Holz, der Reener Waldindustrie= Aktiengesellschaft überlassen, die aus denselben Mitgliedern bestand wie die ehemalige Floßgesellschaft mit den gleichen Aktienanteilen.

Die Absicht war, Grund und Boden für die Nachkommen zu erhalten, den Wald wieder aufzuforsten und seinerzeit das Holz zu verwerten; da kam der Krieg, dann die Geldentwertung, die Geldumwechslung, die Agrarreform, und heute ist nichts mehr als eine Trümmerstätte vorhanden.

Dazu auch hier ähnlich wie in Bistritz eine verhältnismäßig große jüdische Zuwanderung.

Ganz neue Aussichten für die Industrie eröffnete die Entdeckung des Erdgases in Siebenbürgen, für die sächsischen Städte zunächst das in Baaßen von Bedeutung, dessen Zuleitung nach Mediasch dort eine große Anzahl von Fabriken (Glas, Email, Ziegelei) neben der großen Lederfabrik Karres entstehen ließ, die das Bild der Stadt umgestalten und die Bevölkerung in einer Weise mischen, daß der sächsische Charakter in Frage gestellt wird. Diese örtliche Entwicklung ist ein Beispiel und ein Bild der Folgen der Industrialisierung, und erweckt in bezug auf die sächsische Entwicklung ernste Besorgnisse; nicht weniger die Tatsache, daß die Anzahl der Lehrlinge, Gehilfen und Arbeiter in 36 sächsischen Fabriken 1913 680 Deutsche, 575 Magyaren und 1250 Rumänen betrug.

Zum wirtschaftlichen Fortschritt halfen die sächsischen Geldinstitute mit. Die größten neben der Hermannstädter Sparkassa die Bodenkreditanstalt, die unter J. v. Bedeus und nach seinem Rücktritt unter O. v. Meltzls Leitung († 1905), dann K. Bock und A. Arz v. Straußenburg d. J. († 1918) sich in ähnlicher Weise wie die Sparkassa entwickelte, beide in großen Fragen stets Hand in Hand gehend. In Kronstadt konnte die dortige Sparkassa (Direktor H. Eder) sich ausbreiten und nationale und kirchliche Zwecke fördern. Von den 38 größeren Instituten hat eine, die Reener Sparkassa, lange Jahre hindurch nicht altruistische Ziele verfolgt, alle anderen standen im Dienste des Volkes und der Kirche. Für die gesamte große Arbeit legte die Tatsache Zeugnis ab, daß in den 253 sächsischen Orten (Dörfern, Märkten und Städten) 222 sächsische Geldinstitute (mit den Raiffeisenkassen) arbeiteten, alle mit dem Ziel, geistige und materielle Güter zu erhalten und zu mehren.

Das Leben in den sächsischen Städten war im ganzen sich sehr ähnlich, aber bei aller Gemeinsamkeit hatte jeder Ort seine besondere Art und seinen besonderen Charakter.

In ihnen allen war das Leben im ganzen im Verhältnis zu früher wenig verändert, doch anspruchsvoller geworden und öffentlicher, der Besuch von Wirtshaus und Kaffeehaus, das in den kleineren Städten eine neuere Einrichtung war, galt nicht mehr wie in früherer Zeit als unschicklich. Im ganzen war das charakteristische Zeichen des geselligen und gesellschaftlichen Lebens überall die hergebrachte Verbindung durch die Verwandtschaft („die Freundschaft"), dann in wachsender Weise durch die „Vereine". Sie verbanden die verschiedenen gesellschaftlichen Schichten zu gemeinsamen Aufgaben, im Fasching bei Bällen zu anspruchlosem Vergnügen. Vor allem die Gesang- und Musikvereine waren solche zusammenhaltende Vereinigungen. Für Hermannstadt war es bezeichnend, daß dort die „literarischen" Kreise und die „bürgerlichen" je einen besonderen Gesangverein bildeten.

Aber überall waren diese Kreise als sächsische scharf getrennt von den anderen nationalen Kreisen. Eine Berührung der sächsischen, ungarischen und rumänischen Gesellschaft gab es im allgemeinen nur bei besonderen Gelegenheiten. In der letzten Zeit hatte sich in den kleineren Städten eine Annäherung der Sachsen und Ungarn ergeben, ohne aber in die Breite zu gehen.

Hermannstadt allein hatte, wenigstens einige Monate im Jahr, ehedem jahrelang ein ständiges deutsches Theater, das freilich um der Einnahmen willen dem wechselnden und nicht besser werdenden Geschmack oder der Geschmacklosigkeit der Besucher seinen Tribut zahlen mußte.

Einen charakteristischen Einschlag in das Leben Hermannstadts bildete die zahlreiche Garnison, in ihr die vielen Offiziere, dabei vor allem, im Zusammenhang mit dem Korpskommando und dem Kommandierenden die vielen hohen Offiziere.

Es ist ein freundliches Zusammentreffen, daß der letzte vor dem Krieg 1911 ernannte Kommandierende in Hermannstadt Hermann v. Köveß (1854—1924) ein halber Sachse war (die Mutter war eine Sächsin), mit vollem Verständnis für all die Sorgen und Aufgaben des sächsischen Volkes, das den meisten Kommandierenden völlig abgegangen war. Sein Haus mit seiner geistvollen und hochgebildeten Frau bildete den Mittelpunkt einer vornehmen Geselligkeit und Gesellschaft, wie sie Hermannstadt lange nicht gesehen hatte.

Auch zwischen den Spitzen der sächsischen Gesellschaft und

den Spitzen der anderen verschiedenen Behörden bestand ein
freundlicher gesellschaftlicher Verkehr, der dem Leben Hermann=
stadts einen kleinen internationalen Anstrich gab. Aber abge=
sehen von diesem Spitzenverkehr war die sächsische Gesellschaft
auch hier eine geschlossene. Das eindrucksvollste Bild von ihr gab
der Ausmarsch zum Maifest der ev. Schulen in den Jungenwald.
Wenn auf dem Großen Ring die 2000 Schulkinder aufgestellt
waren und dazwischen die Nachbarschaften, die als eine politische
Organisation sich neu zusammengeschlossen hatten, und beim Ge=
sang von „Siebenbürgen, Land des Segens" sich die Fahnen
senkten und zum Schluß ein tausendfaches „Heil" erscholl, dann
hatte man doch die Empfindung von Kraft und Zukunftshoffnung.

Noch behauptete sich Hermannstadt als Vorort auch des
geistigen Lebens im Sachsenland. Hier standen die Brukenthalische
Bibliothek, die Bibliothek der ev. Landeskirche, das National=
archiv, die Sammlungen des naturwissenschaftlichen Vereines den
Arbeitenden zur Verfügung, als Sitz des Konsistoriums und der
Universität, des Bischofs und Komes, der Leitung des Land=
wirtschaftlichen Vereins und der Raiffeisenvereine, der beiden
größten sächsischen Geldinstitute war es ein Kulturmittelpunkt
und konnte durch die neu geordnete und restaurierte Bildergalerie, die Brukenthal gesammelt hatte, auch Anregungen auf
dem Gebiete der Kunst geben.

An Handel und Industrie und damit an Reichtum ist Kron=
stadt wie früher auch in diesem Zeitraum Hermannstadt überlegen
geblieben. Auch hier war das sächsische Leben ein für sich be=
stehendes, wohl in näherer Beziehung mit den andersssprachigen
Mitbürgern, aber doch ging auch da im ganzen die Gesellschaft
nach den Nationen auseinander. Gerade die sächsische Gesellschaft
hatte wirtschaftliche Erschütterungen zu erleiden gehabt, Wechsel
in der politischen Führung vornehmen müssen, aber Energie und
Wille, die den Kronstädter kennzeichnen, hatten die Gefahren
überwunden. Die hohen Berge ringsum haben dem Kronstädter
den Blick bisweilen eingeengt, öfter aber ihn von den Bergen in
die Weite geführt. Das Streben, Gedanken von draußen hieher
zu bringen, hängt damit zusammen, auch wenn diese von andern
nicht immer als die besten und für uns notwendigsten gehalten
wurden. Ihr Stolz in diesem Zeitraum war die Erbauung des
neuen Gymnasiums, ein Stolz, den Bistritz, Mediasch und Schäß=

burg in gleicher Weise zu empfinden ein Recht hatten. Das jährlich stattfindende, vom Stadtpfarrer S. Schiel († 1881) eingeführte Honterusfest der Schulen war ein Volksfest geworden, das die Gedanken des Volkstums und des Glaubens jährlich neu in die Seelen senkte.

Eine Zeitlang war in Kronstadt das „Hauptquartier Versailles", eine Erinnerung an den deutsch=französischen Krieg 1870, Mittelpunkt und Treffpunkt der führenden Männer. Dort wurden bei dem „Potkoave", der in Menge genossenen, nicht immer bekömmlichen Mischung von Wein und Mineralwasser, die wichtigsten städtischen und politischen Fragen behandelt und maßgebende Beschlüsse gefaßt. In Kronstadt allein waren auch die Freimaurer eine einflußreiche Gesellschaft, der selbst der Stadtpfarrer Franz Obert (1881—1907) angehörte und es verdroß viele, daß allerlei Wahlen nicht selten von hier aus geleitet und bestimmt wurden. Seit Adolf Zay (bis 1895, † 1907) Abgeordneter von Kronstadt war, hatte er maßgebenden Einfluß auf die Haltung der Sachsen dort und war der gefeierteste Mann. Nach seiner tapferen Rede am 27. Januar 1882 im ungarischen Abgeordnetenhaus stellten die Kronstädter in einer Adresse ihn neben Albert Huet und erklärten: „Wir stehen zu Ihnen", und die Kronstädter Frauen überreichten ihm ein silbernes Ehrengeschenk. Eine große Rolle spielte eine Zeitlang auch der Schützenverein.

Schäßburg und Mediasch waren vielfach Konkurrenten, bald schienen die Verhältnisse der einen, bald der anderen Stadt günstiger, beide haben böse Zeiten wirtschaftlichen Niedergangs mitgemacht. In den Jahren, wo nicht diese Sorgen auf den Gemütern lasteten, war das Leben hier und dort das der behaglichen Kleinstadt. Ein Fest der ganzen Stadt war in Schäßburg die „Skopation", das Maifest der Schule, das hier allein den alten Namen erhalten hat, um das mitzumachen der rechte Schäßburger aus der Fremde heimkehrt, wie beim „Richttag" seiner Nachbarschaft nicht mittun zu können er als Verlust ansieht. In ähnlicher Weise war in Mediasch der Gang zum Stefan Ludwig Roth=Denkmal jährlich neu ein Anlaß, die sächsische Gesellschaft in den Gedanken zu einigen, die dieses Mannes Leben und Tod umgaben. Auch in Mediasch hatten die Unterhaltungen der Nachbarschaften eine besondere Anziehung und hier wie dort feierte der sächsische Humor Triumphe. Als hart und willensstark gilt der Schäßburger, als

geschmeidiger und biegsamer der Mediascher, dessen Menschen=
schlag, besonders auch dem weiblichen Geschlecht man das Turnen
ankennt, das dort Theodor Schneider zur Volkskunst ausge=
bildet hat.

An beiden Orten stand das Gymnasium im Mittelpunkt
auch des Gefühlslebens der Bevölkerung. An dem Wechsel des
Rektorats, an der Anstellung eines neuen Lehrers, an den Klassi=
fikationen der Schule, dem „Chlamydatenball" und was das Leben
der Schule sonst noch brachte, nahm die ganze Stadt Anteil.
Aufgeregt horchte am offenen Fenster, wer überhaupt in der Stube
zurückbleiben konnte, am Tag der Maturitätsprüfung in Schäßburg,
ob die drei Böllerschüsse am Nachmittag, oder wann bei der wechseln=
den Zahl der Abiturienten die Prüfung zu Ende sein konnte, der
ungeduldig wartenden Bevölkerung verkündeten, daß alle Oktavaner
die Prüfung bestanden hatten und vom Schulberge oben „Nun
danket Alle Gott" erklang. Und wenn dann der ganze „Coetus" die
nun von der Schule frei gewordenen Kameraden mit Musik durch
die Stadt begleitete oder später beim Abgang zur Universität mit
Gesang bis unter die Steilau, solang noch keine Eisenbahn ging,
dann war die ganze Stadt auf den Füßen und Gruß und Glück=
wunsch lachten aus jedem Fenster und jedem Auge!

Um Michael Albert sammelte sich jeden Abend der „Dämmer=
schoppen" im „schwarzen Wallfisch zu Askalon", der an Scheffel
telegraphischen Gruß sandte und freundliche Antwort empfing, oder
später im „Burenwirtshaus", oder wie die wechselnden Lokale
hießen, und freute sich an des Dichters behaglichen Schilderungen
und gutgelaunten Bemerkungen, der unwillig werden konnte, wenn
ein auswärtiger Freund, der die angestammten Plätze nicht kannte,
den seinen besetzt hatte, und gern an diesen Abenden den ernsten
Vorträgen lauschte, die ein geschultes Dilettantenquartett vollendet
darbot. Er hatte Zeit und Laune neben den größeren Werken, die
er schrieb, auch für Lokalbedürfnisse zu sorgen und schrieb den
Text für mehrere heitere Operetten, der dem Leben der Stadt
entnommen, durchschlug.

In Schäßburg leitete seit dem Ende der 70er Jahre erst
Melas, dann mit ihm und zum Schluß allein K. Roth die
Politik; auch nachdem er sich zurückgezogen hatte, blieb er der
Führer, ein klarer, scharfer Denker mit sicherem Blick, nicht ohne
einen Zug diplomatischer Feinheit, der die sächsischen Gesichtspunkte

über alle anderen stellte und als solchen ausschlaggebenden Gesichts=
punkt das Wohl seiner Vaterstadt ansah, die seine Ehrlichkeit
und Lauterkeit allgemein anerkannte. Als er 1901 starb, trat an
seine Stelle Jul. Balthes, eine vornehme, milde Natur, die durch
das allgemeine Ansehen, das er genoß, die Geister zusammen=
hielt, all die Führenden gestützt und gestärkt durch den willens=
starken Lehrer, seit 1905 Gymnasialdirektor J. Wolff, der zu den
Führenden gehörte. Aber allen standen hochangesehen und ein=
flußreich auf allen Gebieten Stadtpfarrer Joh. Teutsch († 1918),
einer der würdigsten Pfarrergestalten in der sächsischen Geschichte,
und Fr. Walbaum, der als Bürgermeister 1897 bis 1910 die
Stadt leitete und modernisierte.

Auch die Leitung des Schäßburger Musikvereines war seit
1883 in Balthes Hand gewesen und der siebenbürgisch=deutsche
Sängerbund verlor in ihm eine starke Stütze. Als Balthes auch
schon 1906 starb, ging Politik und Musik an Fr. Markus über
(† 1925), eine ausgeprägte Persönlichkeit, durch und durch ein
Schäßburger und doch mit dem weiten Blick für das Ganze aus=
gestattet, unerschütterlich in seinem Rechtsgefühl, für Volk und
Kirche opferbereit, tatkräftig und durchgreifend, mit sonnigem
Gemüt und starkem Glauben imstande, die Schwankenden zu
halten und die Schwachen zu stärken.

In beiden Städten blühte das „Kränzchenwesen", ein früher
Verkehr der beiden Geschlechter, der mit Poesie umgeben in
Mediasch häufiger als sonst zu frühen Verlobungen führte, die den
Studenten auf der Universität, wo die Sachsen viel zu viel oft nur
untereinander verkehrten, vielleicht vor mancher Versuchung schützte.

An beiden Orten förderten neugeschaffene Internate, wie in
Hermannstadt und Kronstadt, das Studium, das seit dem Kriege
bald so teuer wurde, daß nur wenige Väter die Kosten für das
Studium der Söhne und in jüngster Zeit auch der Töchter er=
schwingen können.

In Bistritz fehlte es seit Budakers Tod (1902) an einer
durchgreifenden führenden Persönlichkeit, und ein jüngeres Ge=
schlecht ist bemüht, einen Zug der Schlaffheit, der dort zutage
getreten, zu überwinden.

Budakers Tod bedeutete einen Verlust für das ganze sächsische
Volk. Auch er war, seit er in das öffentliche Leben eingetreten
war, bei allen entscheidenden Fragen mit dabei gewesen und hatte

mitgeholfen, Volk und Kirche zu stützen, mit seinem sonnigen Wesen überall willkommen und das stärkste Bindeglied zwischen dem Nösnerland und den Genossen im „Niederland".

Groß war der Lokalpatriotismus in allen Orten. Der Kronstädter wies auf seinen Honterus hin und die dieser Stadt entstammten lebenden Künstler, der Mediascher auf Stefan Ludwig Roth, halb scherzhaft wohl auch auf den „Trompeterturm", der Schäßburger, daß seine Stadt und sein Gymnasium der ev. Kirche die vier letzten Bischöfe gegeben, und war stolz auf den Sänger E. Krauß, der 1837 geboren Hofopernsänger in Wien wurde und 1887 als Mitglied des Stadttheaters in Hamburg starb. Öftere Konzertreisen in die alte Heimat waren überall musikalische Ereignisse und das Andenken an seinen eindrucksvollen Gesang ist noch lebendig. Hermannstadt konnte hervorheben, daß es des Volkes Vorort sei und gern die Besten aus allen Orten in sich sammle. Aber über allen örtlichen Stolz wuchs, bei allem Cantönligeist, das Bewußtsein hinaus, daß Alle Glieder eines Volkes seien und ihr höchster Stolz des Volkes Ruhm und Ehre sei. Als 1858 das fünfzigjährige Dienstjubiläum des Bischofs Binder gefeiert wurde, war es unmöglich gewesen, die Gymnasien zu einer gemeinsamen Ehrung zusammenzubringen, bei der Feier des 70. Geburtstages des Bischofs Teutsch (1887) war es selbstverständlich.

Das letzte Menschenalter hatte in allen sächsischen Städten einen großen Fortschritt auf dem Gebiete der Gesundheitspflege gesehen. Überall wurden die Spitäler erweitert oder neue gegründet, die Pflegeschwestern aus der Hermannstädter Krankenpflegeanstalt boten überall die hilfreiche geübte Hand. Neben die öffentlichen Spitäler traten eine Reihe Privatsanatorien, von Ärzten geleitet, die der Grazer und Wiener medizinischen Fakultät, deren Hörer sie einst gewesen, Ehre machten. Ein großer Teil von ihnen hatte so guten Ruf, daß der Kranke, der von hier nach Wien ging den berühmten Professor um Rat zu fragen, dort das anerkennende Wort zu hören bekam: darum brauchten Sie nicht herzukommen, das hätte Ihr Arzt Ihnen auch gesagt und machen können!

Es hing mit den veränderten Anschauungen über Pflege der Gesundheit zusammen, daß Spazierengehen und im Sommer eine Zeitlang ausspannen in breitere Kreise drang. Die an Urwald und Urwelt erinnernden Badeaufenthalte im Keroly hörten auf und der Schäßburger zog statt dessen auf einige Wochen in die Wench oder den Mühlenhamm, wo übrigens die Bequemlichkeit auch viel zu wünschen übrig ließ. Den Mediascher lockte von selbst das Baaßener Bad, wo der Anfang gemacht wurde, für Unterkunft und Verpflegung der Gäste besser zu sorgen, der Hermannstädter fuhr, wenn es zu längerem Aufenthalt nicht reichte, wöchentlich ein- oder zweimal nach dem nahen Salzburg, wo die gesättigte Salzsole heilkräftige Bäder bot. Jene, die längeren Aufenthalt nahmen, fanden außer in den Privathäusern u. a. bei Heydecker gastliche Aufnahme, wo der Besitzer, Kaufmann W. Nendwich in Hermannstadt, inmitten seiner Familie patriarchalisch waltete, wo die anspruchslose Gesellschaft abends im „Salon" sich unterhielt, und viele Jahre hindurch der ständige Mittelpunkt der badenden Kinder und Erwachsenen Bürgermeister J. Gull aus Schäßburg war, der viele hundertmal im „Tököly" gebadet hatte. Kaufmann Nendwich († 1887) war der Erste und lange Zeit der Einzige, der den Salzburgern bewies, daß auch dort sich Bäume pflanzen und ziehen ließen, wenn man sie pflegte, indem er auf seinem Besitz schattenspendende Bäume pflanzte. Wem das Salzbad nicht behagte oder wer es nicht brauchte, und wer es sich leisten konnte, ging nach Michelsberg, wo wohlhabendere Leute anfingen, sich eigene Sommerhäuser mit schattigen Gärten und freundlichen Anlagen zu erwerben und anzulegen, und die Gemeinde für ein gutes Bad und gepflegte Wege auf die alte Burg sorgte, von wo in der Tat der Blick auf die Gebirge und in die reizende Landschaft die Mühe der Besteigung lohnte.

Für die Kronstädter hatte die Natur noch besser gesorgt. Überwältigend war der Anblick der Gebirge in ihrer wechselnden Schönheit und der Aufenthalt im Sommer in der Noe oder bei den Walkmühlen war eine Freude. Wer aber in der Lage war, im Ober-Tömös oder gar auf dem Predial ein eigenes Häuschen sich zu schaffen oder auf einige Wochen in Miete zu nehmen, kam sich vom Schicksal bevorzugt vor.

Für das ganze Land war es ein Neues, als der Karpathenverein oder richtiger die Hermannstädter Sektion des Vereins 1894 auf der „Hohen Rinne" im Großauer Gebirge, 1400 Meter hoch in prächtigem Tannenwald, auf Anregung des General-Stabsarztes Dr. Julius Pildner v. Steinburg († 1917) und unter der Leitung des Vorstandes des Karpathenvereins C. Conradt

(† 1901), das „Kurhaus" baute, um das die Sommermonate
hindurch eine sächsische Gesellschaft sich sammelte, deren Kern Jahr
für Jahr wiederkehrend Höhenluft und Sonnenschein auch im
höheren Sinne der Worte genoß.

Aber auch für jene, die „zu Haus" bleiben mußten, sorgte
der Wandel der Anschauungen. Rings um Kronstadt wurden an
den Bergen immer neue Anlagen gepflanzt und schönere Wege
angelegt, die zum Spazierengehen einluden und die E. Zaminers
Geschmack und Ausbau rühmten, in Mediasch wurde der Friedhof
mit seinen schönen Anlagen ringsum ein besuchter Ort, in Schäßburg
brachte der aus Koburg stammende Forstmeister Gleim den Wald
in die Stadt, wie der Schäßburger sagte, indem er ringsum um
die Burg die Alleen anlegte, die mit ihren wechselnden Aus=
blicken in das Kokeltal Herz und Auge immer neu entzücken. In
Bistritz wurde der Schieferberg zugänglicher gemacht, die Brooser
fanden am „Holump" ihr Vergnügen und in Hermannstadt wurde
der Stadtpark durch G. Lindners Tatkraft angelegt, die Erlen=
promenade immer weiter verlängert, in den Wald ausgedehnt
und die Stadt selbst erweitert. In Mühlbach boten „die Erlen"
weite Plätze und schattige Bäume, die nicht nur beim Schulfest
aufgesucht und genossen wurden. Wessen Hausgarten an den
nahen Mühlenbach angrenzte, führte einen luftigen Holzverschlag
auf und die Familie und gute Freunde erfreuten sich am
erfrischenden Bad, das allerdings nicht in die Stunden fallen
durfte, wo das Schwemmholz aus dem Gebirge herunterkam.
Überall galt der Gang in die nahen Gärten als besonderes
Sonntagsvergnügen, zu dem eine bescheidene „Jause" mitge=
nommen wurde. Und wenn es gar in die Baumgärten hinaus=
ging, dann war die Freude um so größer. Wenn im Schäßburger
„Grund" in guten Jahren die Kirschen in den Kirschgärten reiften,
dann war es nicht nur den Kindern eine Freude, das Klappern
und Läuten der zahllosen Glocken, das Lärmen und Schießen zu
hören, das die Vögel vertreiben sollte, und sich an den saftigen
Früchten zu ergötzen, die in hohen Haufen auf das farbige
Tischtuch ausgeschüttet wurden, zu dem die gastliche Hausfrau
allerlei anderes Gutes fügte. In die Heltauer Kirschgärten kamen
auch die Freunde aus der nahen Stadt gern heraus, freundlich
eingeladen und reichlich bewirtet und freuten sich in gleicher
Weise an der schönen Natur und ihren Gaben wie an der Güte

der Menschen und ihrer trefflichen Art. Im Weinland waren die
Weingärten das Ziel des Ausflugs, doch von einem bestimmten
Tag an meistenorts verboten, um die reifende Frucht nicht un=
berechtigten Angriffen auszusetzen.

Dem Karpathenverein war die wachsende Freude an der
Natur zuzuschreiben. Statt in rauchigen Kneipen und überfüllten
Kaffeehäusern zu sitzen, machte sich nun nicht nur die Jugend
an freien Tagen auf, wobei freilich der Sonntag oft zu kurz
kam, um in die Berge zu gehen, wo Schutzhütten des Karpathen=
vereins Unterkunft boten, und während noch in den siebziger
Jahren ein Ausflug auf den Götzenberg mit der Fülle von
Essen und Trinken, die die Gesellschaft mitnahm, und den
Pferden, die das Gepäck oder den Reiter und die Reiterin
trugen, eine Staatsaktion war, gings jetzt zu Fuß hinauf, und
was der Einzelne zum Essen mitnahm, war nicht der Rede wert,
und es galt in vielen Fällen als selbstverständlich, daß das gute
Wasser den billigen Trank spendete.

Auch im Hause selbst war manches anders geworden. An
die Stelle der weißgetünchten Wand war in der Stadt in vielen
Häusern die Malerei getreten und seit der Fußboden gestrichen
oder gar in Neubauten mit Parketten belegt war, entfiel die
Notwendigkeit, die das ganze Haus von Zeit zu Zeit beunruhigte,
die Zimmer beim „Scheuern" unter Wasser zu setzen. Das Lüften
wurde doch allgemein zur täglichen Gewohnheit, wenn auch nicht
auf dem Dorf. Auch das Bedürfnis wurde allgemeiner, durch
freundlichen Schmuck die Räume wohnlicher zu machen, der frei=
lich vielfach der geschmacklos wechselnden Mode unterworfen war.
Es war eine neue Erleuchtung, als seit den achtziger Jahren die
Entdeckung gemacht wurde, daß die alten vielfach in die Rumpel=
kammer gestellten Möbel aus der Biedermeier= und Rokokozeit,
oft auch aus älterer Zeit schön waren und die Tochter sich freute,
wenn die Mutter, bisweilen nur zögernd, daran ging, sie her=
stellen zu lassen und ihr zur Aussteuer zu geben.

Mit den neuen Anschauungen hing es zusammen, daß über=
all auf die Armenpflege besonderes Augenmerk gerichtet wurde.
Da die städtische Verwaltung überwiegend oder ausschließlich in
sächsischer Hand war, ergab sich von selbst ein Zusammenarbeiten
der städtischen und kirchlichen Armenpflege, welch letztere in Her=
mannstadt nach dem Elberfelder System und vor allem mit Hilfe

der Gemeindeschwester neu eingerichtet wurde. Dieser Armen=
pflege nahmen sich in erster Reihe die Frauenvereine an, die auch
die Veranstaltungen der Vergnügungen z. T. in die Hand nahmen.
Diese wurden dadurch im Durchschnitt edler und feiner und stellten
sich immer zugleich in den Dienst, Mittel für Wohltätigkeit zu
schaffen. Die Ethik mochte dagegen noch so begründete Einwen=
dungen machen, sie konnte es den findigen Frauen, die stets neue
Lockmittel für solche Unternehmungen fanden, nicht ausreden:

„Hoch ist der Doppelgewinn zu schätzen:
Barmherzig sein und sich zugleich ergötzen."

Neben den Kinderschutzverein in Hermannstadt traten solche
auch in Kronstadt, Bistritz, Mediasch und Schäßburg, überall in
Verbindung mit den Frauenvereinen, in Hermannstadt wurde eine
Hauptstelle für ev. Säuglingsfürsorge ins Leben gerufen (1918).
Das bedeutendste Waisenhaus war das in Hermannstadt, das
Fr. Müller 1883 neu erbaut und neu eingerichtet hatte, innerlich
wie äußerlich. Kronstadt erzog im Tartlerischen Waisenhaus
20 Kinder, ein eigener Frauenverein erhielt 16 Kinder, das
Thomas Fritschische Waisenhaus in Sächsisch=Reen wurde auf
Grund einer Stiftung aus dem Ende des 18. Jahrhunderts 1912
errichtet, und zwar für 10 Waisen und 4 Pfründner. Das landes=
kirchliche Waisenhaus in Birthälm wurde 1911 eröffnet, der
Kronstädter Kirchenbezirk schuf 1918 ein Landwaisenhaus in
Tartlau, Mühlbach ein Waisen= und Pfründnerhaus. Mit Aus=
nahme von Bistritz hatte jede sächsische Stadt ein Internat, ein
Schülerheim oder etwas Ähnliches und auf manchen Dörfern
sorgten Kindergärten, Bewahranstalten u. dgl. für die Kinder,
wenn die Eltern auf dem Felde waren.

Diesem ganzen Leben aber, auf welchen Gebieten es sich
auch äußerte, kam neue Anregung viel unmittelbarer wie bisher
von „Draußen" zu und hervorragende Männer wagten es, dieses
„Bärenland" durch unmittelbare Anschauung kennen zu lernen.
Einer der ersten war in den sechziger Jahren der Engländer
Ch. Boner, der 1868 sein Buch über Siebenbürgen veröffentlichte,
ihm folgte 1869 und 1881 W. Wattenbach, 1884 Fricke, 1887
H. v. Treitschke, 1898 Virchow, 1904 Diet. Schäfer und inzwischen
und später eine Reihe anderer namhafter Männer, besonders des
Gustav Adolf=Vereins, die bei anderen Gelegenheiten schon

erwähnt wurden, die das Interesse für Land und Leute mitnahmen und weitergaben. E. Palleske, der Schillerbiograph war der erste „Rezitator", der 1874 in sächsischen Städten Vorträge hielt, die tiefsten Eindruck machten. Die bedeutendsten Musiker dehnten ihre Konzertreisen bis hieher aus, Brahms und Joachim waren 1879 da, das „Florentiner Quartett" mehr wie einmal.

Der Siebenbürgisch-sächsische Landwirtschaftsverein trat mit 1890 in seine Blütezeit ein. Der ausgeworfene Samen war aufgegangen, 1912 zählte der Verein über 12.000 Mitglieder in 231 Ortsvereinen, die Landwirtschaftlichen Blätter kamen in ebenso vielen Exemplaren den Mitgliedern zu und nun gings vorwärts mit den Kommassierungen, den neuen Geräten und den neuen Gedanken des Fortschrittes. Die Wanderversammlungen kamen in jedes Dorf, die bessere Viehhaltung und bessere Wirtschaftsart hielt ihren Einzug, die Obstkultur fand, u. a. in Bistritz und Großschenk, verständnisvolle Pflege, und als der Verein 1895 den fünfzigjährigen Bestand feierte und in einer Festversammlung und in einer Ausstellung Rechenschaft von seiner Arbeit ablegte und mit einem Fackelzug dem verdienten Vorstand J. v. Bedeus seinen Dank für seine opferreiche Arbeit darbrachte, da wurde es wieder einmal klar, wie zuletzt alle Arbeit und Kräfte im Dienst des einen Gedankens standen: Erhaltung des Volkes in und bei seinem innersten Wesen. Der große Festzug stellte die vier Jahreszeiten dar, darin das Leben und die Arbeit des Bauern, ein unvergeßliches Bild sächsischen Lebens voll Wirklichkeit und doch umwoben vom Hauch der Poesie. Das alte Bild vom Sämann, der verschiedenen Boden findet, hatte sich auch hier bewahrheitet, zuletzt brachte der gute Boden hundertfältige Frucht. Wenn irgend eine Arbeit der sogenannten Intelligenz oder der gelehrten Schichte im Dienst des Ganzen sich bewährt hat, hier war ein klassisches Beispiel, daß nicht müde werden und reifen lassen zum Ziele führt.

Von weittragender Bedeutung war die Gründung der Zuckerfabrik in Brenndorf (im Burzenland) 1889. Die Landwirtschaft im Burzenland stellte sich auf den Zuckerrübenbau ein, der gute Erträgnisse abwarf und die Wohlhabenheit der Burzenländer Bauern geht nicht zuletzt auf diesen Fortschritt zurück. Die besseren Schulen in den Gemeinden hatten mitgeholfen ein neues Geschlecht zu erziehen, woran allerdings auch die tüchtigen Notäre

— voran G. Nikolaus in Heldsdorf — ihren Anteil hatten. Das Ergebnis war, daß der sächsische Bauer des Burzenlandes der „Fortschrittsbauer" eigener Art wurde, herausgewachsen aus der Enge des alten Bauernstandes, mit neuen Anschauungen, neuen Bedürfnissen, bewußter wie früher mitarbeitend an den Fragen des Volkstums, den Gefahren, die die neue Zeit brachte, nicht immer gewachsen, aber aufstrebend, vorwärts dringend und begeisterungsfähig für die hohen Güter des Volkstums und der Kirche, wenn der Kirchenbesuch auch in vielen Gemeinden zu wünschen übrig ließ und der Sonntag kaum irgendwo zu seinem vollen Recht kam.

Ein Zeichen des landwirtschaftlichen Fortschrittes war es, daß die hölzernen Pflüge, deren es 1898 noch 1939 im Burzenland gab, verschwanden und man dort rund 5000 eiserne Pflüge zählte. Der Anbau der Körnerfrüchte wich der Zuckerrübe und der Kartoffel, die Viehzucht trat in den Vordergrund. Ackerbauschuldirektor L. Hintz hatte bei dieser Umstellung der ganzen Wirtschaftsart das größte Verdienst und war eine treibende Kraft. Seit 1885 begann, zunächst in Zeiden, sich die Gärtnerei zu entwickeln, der dort und an anderen Orten mehrere folgten, die ungeahnten Aufschwung nahmen und bald schwunghaften Handel weithin ins Land, nach dem Krieg vor allem auch nach Bukarest, trieben.

An diesem landwirtschaftlichen Fortschritt des Burzenlandes hatte auch der Landwirtschaftsverein großen Anteil.

In den nächsten Jahren wurde die Organisation des Landwirtschaftsvereins weiter ausgebaut, und in Ausführung auch der Gedanken, die Mich. Ambrosi d. Ä. gegeben, nahm der Verein, immer im Zusammenhang mit den Arbeiten der sächsischen Geldinstitute und der Raiffeisenvereine usw. die Lehr=, Wehr= und Mehrarbeit für das Volk auf, besonders zielbewußt seit Fr. Connert als Direktor an die Spitze der ganzen Arbeit gestellt wurde und diese großzügig ausbaute. In 181 Gemeinden hatte der Verein geholfen, die Kommassation durchzuführen.

Wie weit die Volksarbeit überhaupt ihre Ziele setzte, zeigte das als Volksbuch gedachte „Sächsische Wehr= und Mehrbuch", das H. Siegmund 1914 herausgab, das alle Fragen der Rassen= und Volksentwicklung, der Krankheitserscheinungen und die Heilungswege behandelte und sie in jedes Dorf und jede Fort=

bildungsschule hineintrug. Denn durch die Seele des Volkes klang, was der Dichter nicht nur vom verlorenen Acker kündete:

> Horch, durch die Nacht...
> es rauscht die Flut,
> mächtige Stücke reißt sie vom Land,
> von unserm Land.
> Laßt uns nicht Worte reden,
> laßt uns tun!

Ein solches Tun war der Versuch (1899), im Einverständnis mit der Regierung deutsche Banken für industrielle Unternehmungen in Siebenbürgen zu gewinnen, ein großzügiger Plan, den zu verwirklichen K. Wolff und O. v. Meltzl aufnahmen und von dem zunächst nur ein Gedanke verwirklicht wurde, die Ausnützung der Sieben-Richterwaldungen. Es handelte sich um den Waldbestand von über 22.000 Joch, meist Tannenwald, die zuletzt derart verwertet wurden, daß die Holzfirma Feltrinelli in Mailand die Waldungen des Lotrugebietes zur Abholzung in 22 Jahren übernahm für 18 Millionen Kronen. K. Wolff, der die mühevollen Vorarbeiten vor allem durchgeführt und dem das Verdienst des Gelingens gebührt, war Referent in der Nationsuniversität und das Ergebnis war, daß aus dem verfügbaren Erträgnis neue große Dotationen bewilligt werden konnten: der ev. Landeskirche für Bildungsanstalten auf dem ehemaligen Königsboden 225.000 Kronen jährlich, dem griechisch-orientalischen Konsistorium ebenso für Schulanstalten 69.000, der ehemaligen Grenzerschule in Orlat und den griechisch-katholischen Schulen 6000, der reformierten Kirche für ihre Schulanstalten 40.000, der römisch-katholischen Kirche ebenso 35.000 Kronen. Abgesehen davon, daß die Erschließung jenes Urwaldes, der hier zur Abstockung kam, eine Kulturtat war, so standen die neuen Dotationen erst recht im Dienste der Kulturarbeit.

Die neuen Widmungen waren alle bestimmt, die Lasten zu erleichtern, die die Erhaltung der ganzen Kulturrüstung jedem der hier wohnenden Volksstämme auferlegte. Inmitten der Sachsen wurden von Zeit zu Zeit Stimmen laut, daß ihre Rüstung zu schwer sei und mehr wie einmal ist die Frage, 1892 von K. Wolff aufgeworfen, erwogen worden, ob eine Verminderung der sächsischen Mittelschulen, eine Einschränkung der Pfarrer- und Lehrerstellen nicht geboten und möglich sei. Die Gesamtheit hat keine befriedigende Lösung gefunden. Noch glaubte sie stark genug zu sein, das alte Erbe zu halten.

Das kam immer wieder bei allen Anlässen zum Ausdruck, die sich ergaben, Erinnerungsfeiern zu veranstalten, und solche Feiern brachten stets zum Ausdruck, wie eben zuletzt alle Arbeit im Dienste des einen Gedankens stand: Erhaltung von Volkstum und Kirche. Es galt für alle sächsischen Feste, was dem Besucher aus Deutschland zur Antwort gegeben wurde, als er fragte: ob die Feier zur Enthüllung des Denkmals für Bischof G. D. Teutsch (1899) mehr kirchlichen oder nationalen Anstrich haben werde: das sei bei den Sachsen ganz gleich, das eine lasse sich nicht vom andern trennen. Hatte doch das gleiche auch die Feier des Landwirtschaftsvereines gezeigt. Wenn der Rückschauende einen Augenblick den Eindruck hat, als ob die Sachsen in diesem Zeitraum, der doch voll Kampf und Sorgen war, zuviel an solchen Festen gehabt hätten, die Zeitgenossen waren der Meinung, es habe keines ausbleiben dürfen. Sie schlossen alle Volk und Kirche zusammen und all die Gedanken, die sie trugen, waren die des Glaubens und des Volkstums. Im Jahre 1887 war Uhlands, 1896 — wie oben erwähnt — Stefan Ludwig Roths hundertjähriger Geburtstag eindrucksvoll gefeiert worden; 1898 wurde in allen Gemeinden die Erinnerung an Honterus, den Reformator Siebenbürgens gefeiert (geb. 1498) mit dem Höhepunkt der Enthüllung des Honterusdenkmals in Kronstadt, wo alle sächsischen Vereine tagten und der Verein für siebenbürgische Landeskunde seine 50. Generalversammlung hielt in Anwesenheit einer Anzahl Vertreter der deutschen (darunter Virchow), der ungarischen und rumänischen Wissenschaft. Nicht weniger gewaltig und eindrucksvoll war die Enthüllung des Teutschdenkmals 1899 in Hermannstadt, wo wieder eine Anzahl Vertreter der Universitäten aus Deutschland, des Gustav Adolf-Vereins und des ev. Bundes dabei waren, die Grüße ihrer Sender brachten. Unvergeßlich haftete das Bild der Bekränzung des Denkmals in der Seele, wie das Wort Harnacks vom „Rausch der Worte", vor dem er warnte, nicht vergessen wurde. Hermannstadt feierte 1903 den hundertjährigen Todestag des Gubernators Samuel Brukenthals, die ev. Kirche 1907 die Einführung des neugewählten Bischofs Fr. Teutsch in sein Amt, 1909 das sächsische Volk in Hermannstadt K. Wolffs 60. Geburtstag. Aber ob es sich um Lebende oder

Tote handelte, es galt immer dem Gedanken neue Werbekraft zu geben, dem Arz v. Straußenburg bei Enthüllung des Teutschdenkmals Worte lieh, „daß dieses sächsische Volk, nachdem ihm alles entzogen ward, was es zur (politischen) Volksindividualität machte, heute in seiner Kirche geeint, mit unvermindertem, ja mit gesteigertem Glauben an sich selbst und seine Zukunft den schweren Kampf um seines Lebens höchste Güter fortzuführen entschlossen und imstande ist".

Der Kulturzusammenhang mit dem deutschen Geistesleben kam in erhebender Weise in den Gedenkfeiern zu Schillers hundertjährigem Todestag (1905) zum Ausdruck. Noch lebten viele, die als Kinder oder schon erwachsen die unvergeßliche „Schillerfeier" 1859 miterlebt hatten und ihnen und dem inzwischen herangewachsenen neuen Geschlecht stieg die unvergleichliche Dichtergestalt und der herrliche Mensch neu vor dem inneren Blick auf und sie erkannten, daß seine Ideale, die eine Zeitlang überwunden zu sein schienen, erst recht lebendig und noch lange nicht verwirklicht waren. Und der Tag klang im Gelübde aus, dem der Festredner der Schäßburger Schule 1859 Worte geliehen[1]): „Auch wir, des deutschen Volkes ferne vereinsamte Söhne, mischen das Stammeln unseres Dankes heute in den vollen freudigen Chor seiner Verehrer. Sind doch auch in unsere Täler seines Geistes Strahlen gedrungen, doppelt segensreich und dankenswert bei den Nebeln, die ihre Gründe drücken; auch unsere Schulen trinken von seinem Licht; auch unser Leben kann sich an seinen Ideen in die reineren Höhen ranken, und die unvergängliche Schönheit seiner Dichtungen will mit ihrem Zauber auch unser Dasein schmücken. Ja, auch wir sind gewürdigt, gleichfalls das stolze Wort mitrufen zu können: Er war unser — möchte es nur Kraft und Willen stählen zum Streben, daß Er auch unser bleibe und es immer mehr und mehr werde!"

Die Tage waren immer ein Ausdruck des Lebenswillens und des Entschlusses, die Pflicht zu tun.

Das war aber um so nötiger, als sich Zeichen der Zersetzung im Volke zeigten. Unter den Bauern die Auswanderung, die an manchen Orten leicht und ohne zwingenden Grund dem Trieb in die Ferne folgten, dann ein Erbe früherer Zeit und Anschauungen im ganzen Volk, die alte deutsche Sünde des Übermaßes im Genuß

---

[1]) Vgl. Band 3, S. 342.

geistiger Getränke. Die neuen Anschauungen darüber führten zum Kampf gegen den Alkohol, Kirche und Gesellschaft nahmen ihn in verschiedenen Formen auf, und das Ergebnis ist doch, daß es auf dem Gebiete, zunächst in den Städten, dann unter der Jugend besser wurde. Mehr als früher trat die Neigung in den Vordergrund, in Berufs= und Klassenunterschiede sich zu spalten, und in mehr als einem Ort war das Verhältnis der sogenannten Literaten und Bürger kein gutes; in Hermannstadt traten die Gegensätze bei verschiedenen Anlässen heftig zutage. Die letzten Jahre vor dem Krieg warfen auch schon die Arbeiterfrage in die sächsischen Orte hinein; der Sozialismus, wenn auch zunächst nicht in den radikalen Formen, fing seine Propaganda an, und am 1. Mai zogen doch hunderte von sächsischen Männern und Frauen zum Volksfest in den Wald hinaus und lauschten dem neuen Evangelium von Freiheit und Gleichheit und waren zu haben für Demonstrationen für das allgemeine Wahlrecht. Dabei aber blieb der größte Teil der gemäßigten Richtung zugetan und hat in entscheidenden Fragen das nationale Gewissen nie verleugnet.

Es war im Volke selbst die neue Schichtung, die vor sich gegangen war, nicht zu verkennen. Der Bauernstand nicht mehr in seiner Gefühlswelt so an die Scholle gebunden wie früher, mit dem Bedürfnis, von Welt und Leben mehr zu erfahren wie früher, zu individuellerem Leben erwacht, verlangte vielfach neue Behandlung. Wohl blieb er der feste Kern des Volkes, aus ihm brachte der Aufstieg immer neue, gesunde Kräfte in die höheren Schichten. Leider konnte er nicht soviel abgeben, um viel Neuland zu erobern, und den Städten nicht soviel geben, um den größeren Zufluß anderer wett zu machen. Denn das kleine Bürgertum ging unaufhaltsam rückwärts und der ganz kleine Gewerbetreibende, der es in seinem Leben kaum zur Selbständigkeit brachte und als Geselle heiratete und Kinder zur Schule schickte, war kein Ersatz für den alten Bürger, der Haus und Hof und Garten besaß und am kirchlichen und nationalen Leben tragenden Anteil nahm.

Dafür erhob sich überall eine Anzahl Gewerbetreibender, die mit größerer Rührigkeit und weiterem Blick ausgestattet, das Gewerbe auf moderne Grundlage stellten und wohlhabend wurden, und eine Anzahl fand den Übergang zur Fabrik. Ihr Vermögen, mit dem der früheren Meister verglichen, ist zweifellos größer, und doch können sie die früheren Meister nicht ersetzen, denn von diesen bedeutete ein jeder ein sächsisches Haus mit Frau und Kindern. Noch standen auch die zu Industriellen, ja Großindustriellen Emporgewachsenen ganz im Kreis des Volkes und zu ihrer Ehre muß es festgehalten werden, daß sie bei allen Opfern, die für allgemeine Ziele verlangt wurden, mit gutem Beispiel vorangingen und bereit waren, selbst nicht Alltägliches zu fördern und zu unterstützen.

Bedeutend gewachsen war die Zahl der Kaufleute. Während 1818 in Schäßburg die erste Kolonialwarenhandlung J. B. Misselbacher errichtet wurde und jahrzehntelang die einzige blieb, war nunmehr kein kleiner Ort, in dem sich nicht der Kaufmann befand, wenn es auf dem Dorfe auch nur der „Konsumer" war. Noch 1870 waren in Hermannstadt in der ganzen Heltauergasse fast keine Geschäfte, 1914 war kein Haus in ihr ohne offenes Geschäft, bald kaum eine größere Gasse ohne ein solches.

Die Zahl der Juristen war in langsamem Rückgang begriffen. Seit Siebenbürgen die höchsten Landesämter verloren hatte (Gubernium, Thesaurariat usf.), hatten in den Ministerien in Pest nicht viele sächsische Beamte Anstellung gefunden, und die dorthin kamen, waren doch nicht hier am unmittelbaren Leben beteiligt. Sächsische Obergespäne gab es grundsätzlich nur den in Hermannstadt; bei Aufhebung des Sachsenlandes hatte der König sich ausbedungen, der Komes, dessen Amt mit dem des Hermannstädter Obergespans verbunden war, solle stets ein Sachse sein. Es war mehr Zufall, daß G. v. Baußnern eine Zeitlang Obergespan in Fogarasch war. Aber auch in den anderen Komitaten, wo Sachsen in Frage kamen, war die Zahl der sächsischen Beamten geringer als früher. In den kleinen Stühlen saßen ehemals die sächsischen Juristen in Haufen: die Stuhlsbeamten in Leschkirch zählten 10, in Reps 17, in Reußmarkt 11 Juristen, im Hermannstädter Stuhl 31, die Stadt allein hatte 16 Senatoren, nach 1876 genügten 3. Aus diesen Kreisen ergänzte sich ein Teil der Intelligenz. Dafür war die Zahl der Rechtsanwälte gestiegen, sie waren eine Stärkung der Volkskraft und überall eine führende Klasse, unabhängig, in der Regel wohlhabend, standen sie, wie ehemals die Beamten in der Vorderreihe der Kämpfer um das Recht.

Sehr gestiegen war die Zahl der akademischen Lehrer, da ein Gymnasium bis 1850 mit 5—7 Lehrern auskam, später bedurfte

es 10—12. Daneben hatten die Städte neue Schulen, Bürger-
und Mädchenschulen errichtet, an ihnen überall auch akademische
Lehrer. Die Zahl der unakademischen Stellen war im ganzen sich
gleich geblieben, denn der Errichtung neuer Lehrerstellen, die bei
wachsender Bevölkerung nötig waren, stand die Auflassung der
Dorfprediger gegenüber, die früher fast in jedem Dorf waren.

Ein neues war die Zunahme der Ärzte, der technischen Berufe
und vor allem der Bankbeamten. Alle zusammen, auch unabhängig,
in der Lage für die Güter des Volkes einzutreten, Träger einer
besonderen höheren Bildung und darum in allen Fragen des
Volkes und der Kirche von Bedeutung, und es muß besonders
hervorgehoben werden, daß all die Genannten, vor allem auch
ein guter Teil der Ärzte, auch bei der kirchlichen Arbeit in erster
Reihe standen.

Neu war auch die ausgiebige Betätigung auf dem Gebiete
der Kunst und die erwerbende Frau. Es gereichte uns zum Stolz,
daß wir Maler wie Myß, Fr. Schullerus († 1898), A. Coulin
(† 1912), K. Ziegler, R. Wellmann u. A. hervorbringen konnten,
Künstlerinnen wie J. v. Brennerberg († 1922), Lula und Ella
Gmeiner, aber es ging viel gute Kraft in der Heimat selbst in
ödem Dilettantismus auf, die anderswo dem Volksganzen nützlicher
gewesen wäre.

Die erwerbende Frau war ein Zeichen, daß die Frauenfrage an unsere Häuser klopfte. Sie wurde auch hier eine Er-
werbs-, eine Berufs- und eine Bildungs-, zuletzt eine Rechtsfrage, und je schwerer die Zeit wird, um so schwerer wird auch
hier die Lösung sein.

Das erfreuliche aber war, daß alle diese Gruppen, die Frauen
mit eingeschlossen, die in wachsender Zahl ein tieferes Verständnis
für die Fragen des Volkslebens und der Allgemeinheit auch hier
fanden, sich doch als Einheit fühlten, bei allen individuellen
Neigungen und Zielen, eins durch das Blut und den Glauben,
eins durch die Aufgaben, Volkstum und Glauben zu bewahren,
eins durch eine doch im ganzen einheitliche Weltanschauung, durch
die gleiche soziale Stellung, Teil eines Bürger- und Bauernvolkes,
das eins war nicht zuletzt durch das Bewußtsein einer gemeinsamen Geschichte.

Die Träger des Zusammenhangs, die sichtbar Vergangenheit
und Gegenwart miteinander verbanden, traten in diesen Jahren

vom Schauplatz ab. J. A. Zimmermann, seit lange nicht mehr unmittelbar an den Ereignissen beteiligt, starb 1898, J. Gull 1899, 1901 Albert Arz v. Straußenburg, H. Wittstock, C. Gebbel, J. v. Bedeus, 1902 G. Budaker, und 1906 trat Bischof Fr. Müller in den Ruhestand († 1915). Alle hatten mitgeholfen, daß der Zusammenhang mit der Vergangenheit dem sächsischen Volke nicht verloren gegangen war, daß das Jahr 1848, die große Scheide zweier Zeiten, nicht zu einer Scheide im Volksbewußtsein geworden war, daß die frühere Geschichte nicht als toter Ballast beiseite geschoben wurde. Alle hatten ihre Kraft dafür eingesetzt, das sächsische Volk als solches zu erhalten.

Zum Nachfolger Müllers wählte die Landeskirchenversammlung den Verfasser dieser Arbeit. Er nahm sofort die Generalkirchenvisitation wieder auf und besuchte bis 1914 den größten Teil der Landeskirche und fand in den Gemeinden noch die Erinnerung an die letzte Visitation und konnte der Vorgänger aufbauende und zusammenhaltende Tätigkeit fortsetzen.

In den Jahren vor dem Weltkrieg mühte sich die Kirche ab, die Pensionsanstalt auf festeren Grund zu stellen und die Gehaltsfragen zu lösen, was niemals befriedigend gelang, dann aber das innere Leben zu vertiefen. Es galt, die alten Formen u. a. der Nachbarschaft, der Bruder- und Schwesterschaft mit neuem Leben zu erfüllen. Es gelang die Anerkennung der letzteren auch vom Ministerium neuerdings zu erreichen; zur inneren Belebung kann nur persönliche Einwirkung führen. Die Pfarrer dazu zu befähigen, wurden Fortbildungskurse veranstaltet und der Plan erwogen, für ein heimisches Studienjahr am Landeskirchenseminar eine theologische Professur einzurichten, was aber die Landeskirchenversammlung ablehnte, vor allem aus dem Bedenken, es werde dadurch das Studium in Deutschland eingeschränkt werden.

Ein Zeichen für das bessere Verhältnis, das die Sachsen zum Staat gefunden hatten, war es, daß es 1913 gelang, die neue große Staatsdotation von 400.000 Kronen zu erhalten, die oben erwähnt wurde, vor allem durch Melzers unermüdliche Arbeit. Ein gleiches Zeichen erfreulicher Art war, daß es Frau Erika Schuller 1909 gelang, mit staatlicher Unterstützung einen Kinderschutzverein zu gründen, der vor allem den evangelischen und sächsischen Kindern zugute kam. Mit Schrecken stellte man fest, daß mehr als 200 evangelische Kinder in Staatsasylen untergebracht waren, die dort dem Volkstum, oft auch dem Glauben verloren gingen. Nun griff der Kinderschutzverein ein und unterstützt von dem Frauenverein und der Kirche gelang es, auch unter Mithilfe der Raiffeisenvereine eine ganze Reihe von Kolonien für diese Kinder zu schaffen, es war ein fröhliches Zusammenarbeiten wieder des ganzen Volkes. Leider brachten die Gemeinden der Frage geringes Verständnis entgegen und ein Teil jener Heime mußte aufgelöst werden. Von Frau Schuller übernahm Frl. Luise Schiel die Arbeit, die sie auch mit ungewöhnlichen Opfern großer Geldmittel trägt und fördert.

Eine unangenehme Überraschung war es für die Landeskirche, daß 1912 das Magnatenhaus bei der Besetzung der freigewordenen Stelle eines Oberkurators der ev. Kirche, die die ev. Landeskirche Siebenbürgens für ihren Landeskirchenkurator K. Wolff in Anspruch nahm, grundsätzlich aussprach, daß der Kurator der ev. Landeskirche nicht in Frage komme, da er nicht auf Lebenszeit gewählt werde. Die Tatsache, daß Albert Arz als Kurator einberufen worden war, wurde als ein Irrtum erklärt. So war nun die ev. Landeskirche Siebenbürgens unter allen Umständen ohne einen weltlichen Vertreter im Magnatenhaus. Die Vorstellung der Landeskirchenversammlung dagegen hat eine Erledigung nicht gefunden.

Einen großen Eindruck machte 1913 in weiteren Kreisen der Übertritt von 300 katholischen Deutschen in Hermannstadt zur ev. Kirche. Es waren zum guten Teil gemischte Ehen, und die Tatsache selbst aber ein Zeichen für die Anziehungskraft der ev. Kirche, wenn auch bei einem Teil neben den religiösen Beweggründen nationale maßgebend waren, da die deutschen Katholiken in Hermannstadt sich durch die Magyaren zurückgedrängt sahen.

Der vom Sachsentag 1890 eingeleitete Versuch der Verständigung der Sachsen mit der ungarischen Regierung hatte nicht vollen Erfolg gehabt; es blieben eine Menge Reibungsflächen übrig, aber das eine war doch gelungen: es war die Möglichkeit erprobt, sich in Einzelfällen zu verständigen und die Regierung hatte grundsätzlich zugegeben, daß Volkstum und Staatstreue sich

vereinigen lasse und die Förderung auch der sächsischen Kulturarbeit wohlwollend in Angriff genommen, und die Sachsen hatten
angefangen, ein inneres Verhältnis zum ungarischen Staat zu
finden. Als der Kultusminister Jankovich im Oktober 1913 in
Hermannstadt war, die Schulanstalten da und die Schule in
Großau besuchte, da sprach er bei einem ihm zu Ehren gegebenen
Festessen im ev. Bischofshaus in anerkennenden Worten von
deutscher Kultur und deutschem Volkstum und fügte hinzu, daß
solches noch vor wenigen Jahren nicht möglich gewesen wäre,
und als 1916 die Landeskirchenversammlung, nach dem Rücktritt
K. Wolffs den Komes-Obergespan Fr. Walbaum einstimmig zum
Landeskirchenkurator wählte, war das auch ein Zeichen der Versöhnung mit dem Staat; es wäre zu M. Conrads und zu
Wächters Zeit unmöglich gewesen. Als die Kirchenverfassung
1861 geschaffen wurde, war der stille Gedanke dabei, daß selbstverständlich der Komes Landeskirchenkurator sein werde und sein
solle, das Haupt der Nation auch ein Führer der Kirche, Volk
und Kirche zusammenfallend.

Am 25. April 1915 starb Bischof Müller, 87 Jahre alt,
erfüllt von der Überzeugung, „daß unser Leben hier nur eine
Zurüstung und ein Anfang sei des ewigen Lebens". Volk und
Kirche empfanden bei seinem Tode, was das Landeskonsistorium
ihm bei seinem Scheiden aus dem Amt im warmen Abschieds-
wort ausgesprochen, daß er „die stärksten Kräfte großer Tage rein
und mächtig in seinem Wesen getragen habe" und daß mit seinem
Scheiden „der letzte Träger einer großen Zeit" von uns ging.

Als er starb, war der Weltkrieg schon in vollem Gang, der
eine neue Zeit heraufführte.

XX.
Weltkrieg und Zusammenbruch.
1914—1919.

Die Ermordung des Thronfolgers Franz Ferdinand und seiner Gattin am 28. Juni 1914 in Sarajewo, die blutige Einleitung zum blutigen Welttrauerspiel, hatte auch hier tiefen Eindruck gemacht und mit gespannter Aufmerksamkeit verfolgte man, was die Zeitungen Tag für Tag neues brachten. Auch der fernstehende Beobachter, der aus dem Balkankrieg 1912—1913 wußte, wie der Boden erzitterte, als dieser ausbrach, und es schwer nur gelungen war, ihn einzudämmen, hatte die peinliche Empfindung, daß der Weltbrand sich entzündete, den zu verhindern nur jene imstande waren, die ihn schürten. Einen Augenblick schien es, als ob es nur gegen Serbien gehe, die erste Mobilisierung war nur eine teilweise, gerade das 12. (das siebenbürgische) Korps war nicht aufgeboten, aber in der Nacht zum 1. August 1914 gelangte der Befehl zur allgemeinen Mobilisierung an die Ortsämter, der Krieg war da. Nur aus Büchern und aus der Schule wußte das lebende Geschlecht, was Krieg sei, nun erlebte es zunächst wenigstens die Vorbereitung dazu. Es war die erste große Mobilisierung seit der allgemeinen Wehrpflicht, sie griff in jedes Haus ein.

Noch ist's still in der Dorfgasse, in den Höfen hie und da ein Schritt vernehmbar, der Bauer geht nachsehen, ob der Knecht das Vieh gefüttert, es ist Erntezeit, morgen früh soll der Wagen hinaus, was noch auf dem Felde ist, heimzuholen.

Da erklingt die Trommel des Borgers auf der dämmerigen Gasse und mit lauter Stimme ruft er aus: Mobilisierung, binnen 24 Stunden haben alle einzurücken! In die scheinbar schlafende Gemeinde kommt Bewegung, mit ehernem Tritt schreitet das Schicksal durch die Gassen und Häuser, ungeheuerlich türmt es sich vor dem Einzelnen auf — was wird mit dir, was wird aus uns?

Und nun tritt die Eigenart des Menschen zutage. Ruhig, die innere Erregung bemeisternd, legt der Bauer sein Arbeitsgerät zur Seite und gibt Weisungen, was zu tun sei, bis er wieder kommt, oder wenn er nicht mehr kommt. Hierher ist der Weizen einzulegen, dorthin die Gerste, für den Mais kennt jeder den luftigen Ort im „Kukuruzkorb" neben dem Tor, und Holz ist für den nächsten Winter da, der Junge, der freilich noch in die Schule geht, wird schon stark genug sein, es zu sägen und zu spalten. Das Mädchen wird der Mutter helfen, sie alle zusammen werden die Wintersaat bestellen, auch der gute Nachbar und Gevatter wird helfen. Mit ungelenken Zügen und widerwilliger Feder schreibt er für die Frau auf, was an Steuer und Zins noch zu zahlen ist, was vom kleinen Darlehen aus der Raiffeisenkasse noch zu tilgen ist und wenn sie, die neben ihm steht, die lang zurückgehaltene Träne an der blauen Schürze trocknet, dann sieht er sie mit ernstem Blick an und wischt mit dem Finger die Träne, die ihm aufs Papier gefallen, stumm ab.

Dann geht er zum Nachbar Abschied nehmen, er ist kurz und wortarm: „Seht nach meiner Frau und meinen Kindern", dann zu einem Genossen, mit dem er in Unfrieden geraten war; der Streit wird beigelegt. Und abends ist Gottesdienst. Die ganze Gemeinde ist versammelt, aus dem Gesang ist bisweilen ein Schluchzen vernehmbar, in der Predigt klingen die Gedanken, die alle Herzen bewegen, durch: Familie, Heimat, Gott; „Fürchte dich nicht, ich bin mit dir", spricht der Herr und wenn zum Schluß dann die mächtigen Klänge des „Gott erhalte" das Gotteshaus füllen, da wächst die Zuversicht, und im heiligen Abendmahl, das sich an den Gottesdienst schließt, findet die Seele Ruhe und Frieden.

Und nun gehts, von hier mit dem Wagen, von dort mit der Eisenbahn zum Sammelort. Die Adjuvanten begleiten die Abziehenden, die Burschen fröhlicher als die Männer, die Weib und Kind zurücklassen, haben auf dem Hut den Strauß von der Liebsten:

> Wann i komm, wann i komm, wann i wiederum komm,
> dann soll die Hochzeit sein —

aber beim einen und anderen steigt die bange Ahnung auf: ich komme nicht mehr heim.

In der Stadt verschwindet der Einzelne mehr. Aber auch hier sieht man, daß ein Ungewöhnliches sich vollzieht. Auch hier ordnet der Einrückende was notwendig ist, das Schwerste ist der Abschied von Frau und Kind und der Abziehende gibt dem zurückbleibenden Bruder den letzten Brief an die Frau mit der Aufschrift: „Wenn ich nicht mehr zurückkomme" ...

Die Schulen, die Kasernen sind voll von Soldaten, die Gassen nicht weniger, hunderterlei gibts noch im letzten Augenblick zu besorgen, aus den Dörfern sind die Eltern mitgekommen, aber zuletzt kommt doch der Abschied.

Auf den Feldern draußen geht die Arbeit vor sich, als sei nichts geschehen, nur stehen statt der Männer die Frauen beim Erntewagen und die Kinder helfen aufladen und Sichel und Sense ist in ihrer Hand.

Draußen aber hatte eine andere Ernte begonnen, blutig, unheimlich, erschütternd.

> Über das Schlachtfeld schreitet der Tod
> Mit blutiger Sense im Abendrot,
> Rings sinken die Halme schwer und dicht —
>   Fürchte dich nicht!
> Auf des Todes Spuren mit heiligem Erbarmen
>   Wandelt der Herr,
> Sammelt die Garben in seinen Armen,
> Trägt deine Seele aus Todesgraus
>   Ins Vaterhaus.
>   (Paul Blau.)

Die Stimmung im sächsischen Volke war eine sehr besorgte. Es gab doch so viele Erscheinungen im staatlichen Leben, vor allem der offenkundige Gegensatz zwischen Ungarn und Österreich, dann die nationalen Gegensätze, die den Staat erschütterten, die hier und da die nichtdeutschen Volksstämme, in Österreich doch auch die Deutschen über die Staatsgrenzen hinüber hatten sehen lassen, wo Stammesgenossen wohnten, daß zu befürchten stand, bei Ausbruch eines Krieges würden die auseinanderstrebenden Völker den Staat sprengen.

Und nun war der erste Eindruck ein ganz anderer. Bismarck hatte einst das Wort gesprochen: „Wenn der Kaiser zu Pferde steigt, dann folgen ihm alle seine Völker", und nun da er im Kriegsmanifest sagte: „Ich habe Alles erwogen; die Umtriebe eines haßerfüllten Gegners zwingen Mich, zur Wahrung der Ehre Meiner Monarchie, zum Schutz ihres Ansehens und ihrer Machtstellung, zur Sicherung ihres Besitzstandes nach langen Jahren des Friedens zum Schwert zu greifen," da folgten in der Tat alle Völker, Freund und Feind staunte und beugte sich vor der Macht der sich kundgebenden Staatsgesinnung. Abgesehen von einzelnen gegenteiligen Erfahrungen empfanden alle nach Niebuhrs schönem Wort „die Seligkeit, mit allen Mitbürgern, dem Gelehrten und Einfältigen, ein Gefühl zu teilen, und jeder, der es mit Klarheit genoß, wird seine Tage lang nicht vergessen, wie liebend, friedlich und stark ihm zu Mute war". Der Gedanke, daß es das Höchste gelte, das Vaterland zu verteidigen, war eine Macht geworden. Das gegenwärtige Geschlecht erlebte solches als etwas Neues. Vielfach mißmutig waren auch die Sachsen im letzten Menschenalter beiseite gestanden; was hatte die Zeit ihnen doch alles genommen, was hatten sie aufgegeben, wie Vieles hatte sie doch gedrückt, jetzt, wo das Vaterland rief, da fühlten sie, daß auch ihr Dasein an dieses gebunden war, und wenn Ungarn zugrunde ging, fürchteten sie den eigenen Untergang. Die Magyaren, die früher sich nicht genug tun konnten im Gegensatz zu Österreich und in Feindschaft gegen Deutschland, empfanden die Notwendigkeit, mit beiden zusammen zu gehen. In der Neujahrsrede 1915 sagte Tißa: „Staatsrechtliche Reibereien und Kämpfe haben in dieser Monarchie keinen Raum mehr." Daneben der andere Gedanke, dem Tißa Worte lieh: „Dieser Krieg wird eine Lage herbeiführen, in der die ungarische Nation die Bürger nichtmagyarischer Zunge die Segnungen der Eintracht, der Liebe und des Vertrauens fühlen lassen wird." Im Augenblick schienen die nationalen Gegensätze überwunden. In der Hauptstadt wie an anderen Orten zogen die Massen durch die Gassen und sangen hintereinander „Gott erhalte" und die „Wacht am Rhein" und den Szozat und in den sächsischen Orten erklang neben „Siebenbürgen, Land des Segens" das rumänische „Deșteaptă-te Române", Erwache Rumäne! Was hatte man die Leute früher geärgert mit der Verfolgung „fremder" Fahnen und meinte darunter die sächsische und rumänische, jetzt flatterten sie neben der ehemals von den Ungarn so gehaßten schwarz=gelben Fahne, neben der ungarischen und deutschen Reichsfahne.

Der Gang des Weltkrieges soll hier nicht erzählt werden. Von den 230.000 Sachsen standen zuletzt 37.533 im Felde, ein ungewöhnlich hoher Prozentsatz, es waren zuletzt, außer den Kindern, nur die Alten, Gebrechlichen und die unentbehrlichsten Beamten zu Hause. Auf dem Dorfe haben die Frauen in geradezu heldenhafter Weise alle Männerarbeit geleistet und es hat Fälle gegeben, wo der heimkehrende Mann die Wirtschaft in besserem Zustand fand, als er sie gelassen hatte. Von den Eingerückten sind gefallen

oder gestorben 3532, dazu die 1318 vermißten gezählt gibt einen
Verlust von 4850 Mann, was auch ein ungewöhnlich hoher
Prozentsatz ist. Ein Teil der 498 eingerückten Lehrer war freiwillig
eingetreten, 30 sind nicht mehr zurückgekehrt. Verwundet wurden
4779, mehr als einmal 1012, in Gefangenschaft gerieten 4840, als
Invalide kehrten heim 1449. Ausgezeichnet wurden 10.343, Kriegs=
waisen blieben 4346 bei 1865 Kriegswitwen. Von den Waisen
waren nur 2 unversorgt. Ein großer Teil der sächsischen Soldaten
bekleidete Chargen, die Zahl der sächsischen Offiziere betrug weit
über tausend, der Stabsoffiziere am Anfang des Krieges 87, später
über hundert. FM. Köveß hatte eine Sächsin zur Mutter und der
letzte Generalstabschef Artur Arz v. Straußenburg entstammte
einer altangesehenen sächsischen Familie aus Hermannstadt.

Nach dem Ausmarsch begann ein langes Warten. Wie selbst=
verständlich mußten die Daheimgebliebenen die Arbeit leisten, die
der Tag brachte, oft mit Gedanken, die in die Ferne schweiften,
und sie warteten auf Nachrichten und bekamen keine. Nur langsam
erkannten die Wartenden, daß auch in bezug auf den Krieg und die
Nachrichten von dem Schauplatz, hier bald von den Schauplätzen
des Krieges, denn er umspannte zuletzt die Welt, die Gegenwart eine
andere geworden war. Der große Krieg ging wohl vor aller Welt,
aber bei verschlossener Türe vor sich. Beim letzten Krieg, an dem
Siebenbürgen beteiligt war, 1866, da wußte man genau, wer das
Heer kommandierte, wo dieses und jenes Korps stand, wo der
Bruder oder der Verwandte war; jetzt wußte man gar nichts.
Es schien alles wie ein Schemenspiel weit weit in der Ferne.
Anfangs wußte man kaum, ob von Belgien oder Galizien die Rede
war, bis allmählich ein Teil des Schleiers gelüftet wurde und
endlich greifbare Namen genannt wurden wie Hötzendorf und
Hindenburg, Ludendorff, Dankel und Auffenberg u. A. Die Feldpost
funktionierte anfangs nicht, künstlich wurden die Briefe zurück=
gehalten, zensuriert, verstümmelt oder gar nicht zugestellt. Erst nach
Wochen kamen die ersten Nachrichten, dann allerdings von so
vielen Seiten, daß es schwer wurde, sich zurecht zu finden. Die
Berichte sprachen von Erfolgen und gaben Aussicht auf weitere
Erfolge; sie waren nicht immer wahrheitsgetreu und durften es
nicht immer sein, um nicht im Hinterland Mutlosigkeit oder
Schlimmeres zu erzeugen. Die Postkarte, die vom Bekannten
Nachricht brachte, durfte kaum mehr enthalten als daß es ihm gut

gehe, der Ort, wo er stand, war nicht festzustellen. Um so mehr trat neben das gedruckte und geschriebene Wort das Gerücht, das von Mund zu Mund geht, unkontrollierbar, es gleicht dem Winde, man weiß nicht, von wo er kommt, es erzählt von Personen und von Ereignissen, die sich nirgends begeben haben, es bietet bestimmte Zahlen, es läßt den Bekannten verwundet und begraben werden, es führt ihn in die Gefangenschaft und befreit ihn wieder, es weckt Hoffnung und Niedergeschlagenheit, es erzählt Heldentaten und Aussprüche und bestimmt nicht zuletzt die Stimmung in Stadt und Land. Alte Erinnerungen an Not und Krieg wurden lebendig, uralter Aberglaube, Vorzeichen in der Natur und Weissagungen der Bibel wurden wieder eine Macht, und Tagesgespräch und Gemütsinhalt wurde anderes.

Und dann kamen die Verwundeten auch hierher, wenige erst, dann mehr, zuletzt so viele, daß Schulen zu Spitälern eingerichtet wurden, daß auch auf Gemeinden Verpflegsanstalten erstanden, im ganzen in 24 Gemeinden, die zugleich was diese Anstalten bedurften, vom Pflegepersonal bis zur Verpflegung fast alles umsonst stellten. Die Frauen und Mädchen aus den besten Häusern hatten sich als Pflegerinnen ausbilden lassen. Die Verwundeten erzählen viel krauses Zeug und offenbaren dabei ihre innerste Natur, der Renommist, der allein den Feind geschlagen hat, der Tapfere, der, was er getan, selbstverständlich findet, der Feige, der nicht gesteht, warum er den leichtverwundeten Kameraden so schnell aus der Feuerlinie brachte, was der andere auch allein besorgen konnte. Man erfuhr besonders bei der immer längeren Dauer des Krieges von schwerer Entbehrung, von Mangel an Kleidung und Nahrung, vom Aufenthalt in den Schützengräben, von dem ungeheueren, nervenzerrüttenden Eindruck des Trommelfeuers, der Handgranaten, der Giftgase, von der Hölle, die dort losgelassen war, und fast alle, die dabei gewesen waren, trugen ein Zeichen an sich, daß sie dem Tod ins Auge gesehen hatten.

Und wie viele faßte er mit kalter Hand! Es war hart, daß sichere Nachricht oft nur spät, mitunter nicht zu erlangen war. Wie die Sachsen im Felde starben — die Mehrzahl waren ja Bauernsöhne und die sehen den Tod als natürliche Schickung an. Er kommt heut oder morgen, das macht keinen großen Unterschied, Gott schickt ihn und dann muß man folgen. Und die Zurückgebliebenen müssen es tragen. „Sollte der liebe Gott dein Leben fürs teuere Vaterland bestimmt haben", schreibt die sächsische Bäuerin an ihren Mann, „so halte der Führung des Herrn geduldig still und sei gewiß, es gibt ein Wiedersehen. Erfülle nur Deine Pflicht getreu und tapfer, damit Du für wertvoll befunden wirst. Um uns mache Dir keine Sorge, denn der himmlische Vater sorgt mehr als wir wert sind." Am schwersten haben die Soldaten doch daran getragen, Schatten und Schauer aus der Seele zu tilgen, die in sie und über sie gekommen, da die Hand Menschen töten mußte.

Die sächsischen Soldaten haben sich wacker gehalten. Nicht so stürmisch und angriffsfroh wie die Szekler, aber ausdauernd, zäh, wo die Pflicht sie hingestellt den Platz behauptend, sparsam auch mit fremdem Gut. Als einmal eine Kanone stecken blieb und zurückgelassen wurde, bat die sächsische Bedienungsmannschaft, die überhaupt bei der Artillerie zahlreich war, man solle ihr am Abend erlauben, sie nachzubringen, und sie zogen sie heraus und brachten sie wieder zurück.

Zwei Gedankenreihen neben den, die der Tag mit seinen Ereignissen mit sich brachte, beherrschten die im Felde Stehenden, Heimat und Gott. Nur bald nach Hause, das war der Wunsch jedes Einzelnen. Es war nicht nur sächsisch, es war menschlich, was der Szekler Soldat naiv zum Ausdruck brachte, als er beim Einrücken seinem Hauptmann sagte: er habe die Ernte noch auf dem Felde und müsse bald nach Haus, man solle ihm die Russen zeigen, die auf ihn fielen, damit er rasch mit diesen fertig werde. Viele haben schwer darunter gelitten, daß sie monatelang keinen Gottesdienst besuchen konnten und schwer nur gelang es, Feld= geistliche aus der ev. Landeskirche ernennen zu lassen, noch schwerer, außergewöhnliche Besuche heimischer Geistlicher zu erwirken. Die evangelische Mannschaft war seelsorgerisch ganz ungenügend be= dient. Mit vieler Mühe nur ist Stadtpfarrer A. Schullerus an die galizische Front gelangt. Dafür entwickelte sich allerdings ein allgemeines Priestertum besonderer Art. Nicht nur zahlreiche Lehrer, auch Bankbeamte und andere, die den Drang in sich spürten, haben Gottesdienste gehalten und die Zuhörer erbaut.

Einen kleinen Ersatz für die fehlende Seelsorge hatte das Landeskonsistorium im Kriegsbüchlein geschaffen, das unter dem Titel „Mit Gott für König und Vaterland" den Soldaten „Zum Geleit ins Feld" mitgegeben wurde, das auf eine Anregung des

Pfarrers J. Hoch († 1921) zurückging, und von Anfang an vielbegehrt, zum Schluß in 40.000 Exemplaren in der Hand der Soldaten und der Angehörigen war. In ihm waren wieder die genannten zwei Gedankenreihen vertreten, die die Seelen füllten: Gott und die Heimat. Der Krieg löste zunächst religiöse Kräfte aus. „Oft wollte ich treten zu Gott, fand aber außer dem Vater Unser wenige Worte. Nun finde ich sie in dem Büchlein", schreibt Einer froh nach Hause, und ein Zweiter: „Wie freute ich mich, als ich das Büchlein aufmachte und bemerkte die schönen, mir schon bekannten Gebete und Lieder… Wie freudig lief ich zum Landsmann, der leider noch kein solches Büchlein bekommen hat und rief ihn zum Singen unserer schönen ev. Kirchenlieder, worauf dann alle Sachsenbrüder zusammenkamen, und es wurden alle 59 Lieder mit schönem Zeitverlauf durchgesungen." „Wir haben ein Stück Heimat unter uns in diesem öden Land", schrieb ein Offizier aus Galizien. Dazu sandte das Landeskonsistorium an hohen Festtagen besondere Grüße in Form von Festnummern der Kirchlichen Blätter hinaus, das Agnethler Presbyterium ebenso von dem Agnethler Wochenblatt, voll reichen Inhalts, Dechant Reichart schickte Gemeindebriefe an die Angehörigen und diese gedruckten Grüße haben mitgeholfen, den sächsischen Soldaten in schweren und leidensreichen Wochen inneren Halt zu geben und das Band mit der Heimat, dem Volk und der Kirche nicht locker werden zu lassen.

Zu Hause aber setzte eine umfassende Liebestätigkeit ein, die nach alter Erfahrung so schrankenlos im Frieden niemals walten kann. Nicht das war die Hauptsache, daß für das Heer an Wäsche (157.056 Stück), Naturalien und barem Geld soviel wie 3 Millionen Kr. Friedenswert gegeben wurde, daß im Laufe der Kriegsjahre für rund 500 Millionen Kr. Kriegsanleihe von Sachsen gezeichnet wurde, daß dazu noch unendlich Vieles kam, was gar nicht verzeichnet werden konnte, sondern daß sich hiebei seelische Kräfte in Tat umsetzten, das Christentum Tat und Leben wurde, und daß all dieses geschah, um dem Vaterlande zu helfen. Goldene Uhrketten und Armbänder wurden gespendet und was die Hausfrauen an edlem Kupfer- und Messinggeschirr abgeliefert haben, mit der nachträglichen schmerzlichen Erfahrung, daß es nicht dorthin gelangte, wohin und wofür es bestimmt war, die Glocken, die die Gemeinden blutenden Herzens weggeben mußten, das war oft mehr als Gold und Silber, denn hier hing die Überlieferung des Hauses, dort das Herz der Gemeinde daran.

In den Städten wurden Volksküchen und Asyle und Bewahranstalten für Kinder eröffnet, deren Mütter am Tag zur Arbeit gingen, wobei vor allem Hermannstadt und Kronstadt Großes leisteten. Ihre Feuerprobe bestand die ev. Krankenpflegeanstalt in Hermannstadt, die 30 Schwestern zur Verfügung stellte.

Im Vordergrund solcher Arbeit stand die Kirche, die u. a. auch für Arbeit und Erwerb für arme Frauen sorgte. Besonders in den ersten Kriegsjahren waren die Gottesdienste stark besucht, aber die allgemeine Erfahrung wurde auch hier gemacht, daß der Besuch abnahm, je länger der Krieg dauerte. Den Predigten jener Zeit, soweit sie veröffentlicht wurden, kann nachgerühmt werden, daß sie sich im ganzen fern von der Kriegshetze hielten und aus der Not des Tages zu den Gedanken des Ewigen führen wollten.

Im Verlaufe des Krieges wurde auch Siebenbürgen in die Kriegsteuerung hineingezogen. Aber die schwersten Erfahrungen blieben dem Lande doch erspart. Wohl kam es auch hier zur Getreiderequirierung und im Zusammenhang damit zu allerlei Schleichwegen und Hinterziehungen, bisweilen ging der Zucker aus, und auf dem Dorfe und wo Petroleumlampen den Abend erhellten, da sind sie oft im Dunkeln gesessen oder beim flackernden Herdfeuer, aber wirklicher Mangel an Nahrungsmitteln ist nie gewesen und empfindlich zu werden begann die Teuerung erst Anfang 1917. In der Holznot des Jahres 1918 fuhren die Beamten der Bodenkreditanstalt selbst in den Wald und luden das Holz auf und brachten es heim.

Die Bauern waren in diesen Jahren in der Lage, die Schulden der Gemeinden und die Einzelschulden vielfach restlos zu bezahlen.

Siebenbürgen lag von den näheren Kriegsschauplätzen nicht so weit ab, daß es ihre Einwirkung nicht zu fühlen bekommen hätte.

Zuerst Bistritz, als die Russen in Galizien eindrangen und die Bukowina besetzten. Schon Anfang August 1914 kamen eine Menge Flüchtlinge aus dem Nachbarlande nach Siebenbürgen, viele hatten zu Fuß flüchten müssen, und die Bistritzer sahen sich mitten im Krieg, als Wagen an Wagen, bepackt mit allerlei nötigem und unnötigem Hausrat, voll mit Menschen im September durch die Stadt zogen, die um Wohnung und Hilfe baten, auf dem Heu die vornehme Frau im Morgenanzug mit dem Sonnenschirm, sie hatte auf dem Bauernwagen fliehen müssen, wie sie saß und stand, den der Ruthene mit dem langwallenden Haar über dem Nacken lenkte. Auf anderen Fuhrwerken ganze Familien mit dem geringen Hausrat, den sie gerettet hatten, die Eltern verstört, die Kinder neugierig in die fremde Umgebung blickend. Der größte Teil machte in Bistritz nur kurz Halt, dann gings weiter, sie wollten nach Pest und Wien. Ganze Pferdeherden, von Husaren geführt, zogen durch, darunter mehr als tausend Edelrosse aus dem Staatsgestüt in Radautz. Zwei gefangene Kosaken wurden nach Bistritz gebracht und in deutschen Zeitungen las man, Rußland biete Siebenbürgen Rumänien an, falls es vom Dreibund abfalle.

Die Bistritzer Nachrichten wirkten beunruhigend im Lande, noch beunruhigender als bekannt wurde, das dort stehende Regiment mit etwa 1000 Mann sei nur mit 350 Gewehren ausgerüstet, die Soldaten schlecht bekleidet und sei in dieser Verfassung auf den Kriegsschauplatz geschickt worden (30. Dezember). Auch die schon beginnenden zahlreichen Pensionierungen hoher und höchster Offiziere dienten nicht zur Beruhigung. Das 12. (siebenbürgische) Korps hatte in Galizien schwerste Verluste gehabt. Gegen Ende des Jahres erschien General Pflanzer=Baltin in Hermannstadt, um ein neues Korps zusammenzustellen. Sächsischer Übereiser, den Pflanzer sehr unterstützte, hatte den Gedanken aufkommen lassen, wie 1813 und 1848 ein sächsisches Freiwilligenbataillon aufzustellen; man hatte dabei in erster Reihe die Jugendwehren im Auge, die im Zusammenhang mit den Bruderschaften errichtet worden waren und hoffte auf den mutigen Geist der akademischen Jugend, die in Scharen sich als Freiwillige meldete. Aber die Kabinettskanzlei, an die die Angelegenheit schon geleitet war, war so klug abzulehnen.

Die Stimmung Anfang 1915 war eine sehr gedrückte. Der Rückzug aus Galizien, die Niederlage in Serbien lastete schwer auf den Gemütern, da die Haltung Rumäniens immer ungewisser wurde. Mitten in dieser Not entstand der Gedanke, die Deutschen aus Galizien, die dort einem schweren Schicksal entgegengingen, zur Stärkung der Sachsen in Siebenbürgen anzusiedeln. K. Wolff nahm sich des Planes an, der bei ihm zu einer großen Kolonisationsfrage wurde. Es sollte das südliche Sachsenland, die Kokelgegend, mit Bistritz und Reen, dann Hermannstadt mit Kronstadt verbunden werden. Zum ersten Zweck diente (1916) der

Ankauf des B. Wesselenyischen Gutes zwischen der Kokel und dem Mieresch (Obrazsa usf.) und daran angrenzend das B. Franz Banffysche Gut, zum andern sollten die staatlichen Besitzungen im Fogarascher Komitat helfen. Wekerle und Tißa hatten die staatliche Mithilfe und Unterstützungen in Aussicht gestellt.

Die Revolution von 1918 und die darauf folgenden Ereignisse machten alle Pläne zunichte.

Als Italien im Frühsommer 1915 sich vom Dreibund loslöste, was früher schon vorauszusehen war, entstand auch in Siebenbürgen neue Sorge und die vielfach untaugliche Militärverwaltung trug das ihre dazu bei, die Stimmung zu drücken. Die größte Beunruhigung ging stets vom Militärkommando aus, das ein- und auspackte und immer wieder an Flucht dachte. Der oberste Leiter der Militärspitäler in Hermannstadt war ein katholisch gewordener Jude, dem nur wenige christliche Ärzte zur Verfügung standen, und den die Verhältnisse nervös gemacht hatten. Mitten in der Nacht ließ er die Dorfspitäler Mitte Juni räumen, am 13. Juni wurde der Befehl gegeben, in Hermannstadt die städtischen Spitäler zu räumen, was neue große Angst hervorrief. Dazu erfuhr man, daß das Militärkommando wieder einmal gepackt habe und bereit sei, nach Klausenburg zu übersiedeln, bis am 13. Juni der telegraphische Befehl kam, dazubleiben. Daß es Schutzmaßregeln gegen Rumänien gelte, erfuhr man, als General Goldbach nach Hermannstadt kam, eine neue Heeresgruppe zusammenzustellen und Grenzbefestigungen vorzusorgen. In der Tat wurden Schützengräben aufgeworfen vom Gebirge bis zu den Kokeln, Millionen dafür ausgegeben, ohne daß sich dann jemand weiter darum gekümmert hätte. Das Geschlecht aber lernte verstehen, was in den vergangenen Jahrhunderten die Türkenkriege bedeutet hatten in bezug auf die Seelenspannung, die bald zum äußersten trieb, bald durch Zermürbung alle Kraft zu vernichten drohte. Ende Juni kamen die Minister Sandor und Hazai ins Land, die Grenze zu besichtigen und sie beruhigten die Fragenden, daß von Rumänien nichts zu befürchten sei. Deutschland dringe darauf, Rumänien vom Krieg auch dadurch abzuhalten, daß Ungarn Siebenbürgen Autonomie gebe, was niemals geschehen werde.

Die Siege in Galizien brachten neue Zuversicht, am 2. September durfte man die Eroberung von Luzk und die Erinnerung an Sedan feiern. Dabei aber wurde bekannt, daß

Rumänien die Munition, die für die Türkei bestimmt war, nicht durchließ, während sie nach Serbien anstandslos gegangen war. Im Lande ging das Gerücht, daß österreichisch-ungarische Truppen in die Walachei rücken könnten, doch wurde festgestellt, daß in Siebenbürgen an der Sicherung der Miereschlinie gearbeitet wurde. Das Militär hatte sich in diese verbissen und wollte bei einem eventuellen Einmarsch der Rumänen den Süden des Landes preisgeben und die Verteidigung des Landes erst am Miereseh beginnen. Das hieß: den größten Teil des Sachsenlandes preisgeben.

„Wenn die Blätter fallen" hatte der deutsche Kaiser einmal auf die Frage geantwortet, wann der Krieg zu Ende gehe. Sie waren zum zweitenmal gefallen und die Aussicht auf Frieden war weiter als jemals. Naumanns „Mitteleuropa" stand im Mittelpunkt der Erörterungen, was werden solle nach dem Frieden, der deutsche Gedanke schien Schwingen zu bekommen.

Das Jahr 1916 begann mit einem erschreckenden Erdbeben am 26. Januar, morgens $\frac{1}{2}$ 9 Uhr, so lang und so stark, wie Siebenbürgen in mehr als hundert Jahren es nicht gespürt hatte. Es wurde als ein tektonisches erkannt und erklärt, doch dauerten die schwächer werdenden Stöße ein halbes Jahr hindurch und haben manchen Schaden angerichtet.

Dringende kirchliche Fragen machten 1916 den Zusammentritt der Landeskirchenversammlung notwendig. Sie hätte schon 1914 zusammentreten sollen, was der Krieg unmöglich machte und auch 1915 verhinderte. Die Versammlung war getragen von der Empfindung, daß in all den großen und schweren Ereignissen Gott zu den Menschen rede und daß es ihre Aufgabe sei, es zu verstehen. Daraus folgte die Notwendigkeit, die äußeren und inneren Einrichtungen ernst zu prüfen und alles, was nicht stark und lebenskräftig war, durch Neues zu ersetzen. Der Zusammenhang zwischen Religion und Volkstum, vielerorts jetzt erst erkannt, bei uns das Ergebnis alter Geschichte, wurde uns aufs neue klar, nicht nur in der Art, daß beide sich gegenseitig beeinflussen und gestalten, sondern tiefer, daß das Volkstum selbst zur Religion gehört, „daß das eigene Volk eine religiöse, ewige Größe ist und Gott in den Gedanken des Vaterlandes und des eigenen Volkstums erlebt werden kann". Mit Befriedigung konnte die Landeskirchenversammlung zur Kenntnis nehmen, daß in den

Jahren 1911—1915 über 7·2 Millionen Kronen für Kirche und Schule und Wohltätigkeit von den Gemeinden aufgebracht wurden, abgesehen von der Besoldung der Pfarrer und Lehrer.

Was für Gedanken und Ziele die ev. Kirche überhaupt erfüllten, das sprach die Landeskirchenversammlung in einer großen Erklärung aus, die also lautet:

„Die Landeskirchenversammlung spricht in tiefernster Zeit, wo in gewaltigem Ringen der Völker auch unser Vaterland das Höchste leistet, allen Gliedern der Landeskirche, den Einzelnen wie den Gemeinden, darunter auch den fern in Amerika weilenden Gliedern unserer Kirche für alles, was sie im Dienst des Vaterlandes getan, Dank und Anerkennung aus und fordert sie auf, im Hinblick auf die neuen großen Aufgaben, die auch uns die Zukunft bringen wird, alle Kräfte einzusetzen, um im Geiste des Evangeliums auch fürderhin die uns von Gott auferlegte Pflicht hier zu tun, darum

in der gesamten Jugend, durch Schule und Haus, vor allem auch durch die Bruder- und Schwesterschaften, fleißige Hände, klaren Blick, reine Herzen, festen Willen zu erziehen, überhaupt

die Formen der kirchlichen Ordnungen mit Leben zu erfüllen, indem in wachsend tätiger Teilnahme Aller an den Arbeiten der Kirche, was schädlich unter uns und ungesund ist, ausgemerzt, der Mißbrauch der geistigen Getränke bekämpft, Volkskrankheiten, die der Vermehrung und Erstarkung des Volkes entgegenstehen, zurückgedrängt und überwunden, der von den Vätern ererbte Boden gewahrt und gemehrt, alte Tracht und guter Brauch erhalten, in einfacher Lebensführung noch Mittel erübrigt werden, für verlassene Kinder zu sorgen, den Armen und Kranken beizustehen, mit Hilfe der Frauenvereine die helfende Liebe in des Heilands Namen zu einem Band der Gemeinschaft zu machen,

auf daß ein Geschlecht erwachse, fromm und frei und bereit, in Kirche und Haus dem Glauben der Reformation und dem ererbten Volkstum treu, ohne Menschenfurcht Gott zu bekennen, den Heiland im Herzen, das reine Gotteswort durch reinen Wandel und christliche Nächstenliebe zu bewähren, in rechter Zucht der Gemeinschaft sich einzufügen, opferbereit die eigene Kraft in den Dienst des Volkes und Vaterlandes zu stellen,

und jeder so an seinem Teil mithelfe, dem Gottesreich auf Erden eine bleibende Stätte zu bereiten."

Im übrigen beschloß die Landeskirchenversammlung wieder einmal neue Satzungen für die Pensionsanstalt, nahm eine neue Regelung der Besoldung vor, machte ein Gesetz über die Einhebung der kirchlichen Abgaben und führte einen allgemeinen kirchlichen Bußtag ein; die Feier der Reformation und des hundert=

jährigen Geburtstages des Bischofs G. D. Teutsch (1817—1893) wurde für das folgende Jahr in Aussicht genommen.

Dem Beobachter der innerpolitischen Entwicklung konnte es nicht verborgen bleiben, daß der Krieg anfing, das religiöse Leben je länger er dauerte, um so ungünstiger zu beeinflußen. Die alten Anschauungen über eine mehr oder weniger gerechte Weltordnung, über Gott, der die Guten belohnt und die Bösen bestraft, die früher schon durch den Wandel der Weltanschauung vielfach erschüttert waren, gerieten ins Wanken, und es war nur ein kleiner Schritt bis zur Frage, ob denn die Kirche und die Geistlichen überhaupt notwendig seien? Neben der Gemeinschaftsbewegung, die kleinere Gruppen ernster Heilandsjünger an verschiedenen Orten vereinigte, vor allem getragen vom glaubensstarken Stadtprediger G. Scherg in Kronstadt, brachte an manchen Orten Reibungen innerhalb der Kirchengemeinde. hervor und zwang zu tieferer Erörterung der Glaubensfragen Daneben begannen Sekten, vor allem durch den Einfluß der nach Amerika wandernden und rückkehrenden Sachsen, auch hier ihre zersetzende Arbeit und trugen mit zur Erschütterung der alten Geschlossenheit der Kirche bei, die sich um so mehr genötigt sah, an der Vertiefung des religiösen Lebens zu arbeiten.

Die Stimmung im Sommer 1916 angesichts der Kriegsereignisse in Italien, Galizien und in der Bukowina war in Siebenbürgen wieder eine gedrückte. Die Landeskirchenversammlung hatte an den neuen Ministerpräsidenten St. Tißa eine Begrüßung geschickt und freundliche Antwort erhalten und in unmittelbarem mündlichen Verkehr hatte er seine Zustimmung gegeben, daß die ev. Landeskirche in die ev. Arbeitsgemeinschaft eintrete, in der die ev. Kirchen Deutschlands sich eine neue Organisation geschaffen hatten. Es war auch der Ausdruck eines neuen Geistes, daß Tißa es selbst aussprach, die Dinge stünden jetzt ganz anders als früher. Je mehr Verbindungen mit Deutschland die Sachsen pflegten, um so besser sei es. Mit Bezug auf die Kriegsfrage versicherte er am 20. August in einer Privatbesprechung, daß die Grenze Siebenbürgens mit Truppen stark gesichert sei und daß es ihm endlich gelungen sei, das Militär von der Miereschlinie abzubringen.

Ob er selbst hintergangen war oder nur beruhigen wollte, ist unklar.

Tatsächlich war die Grenze ganz ungeschützt und in der Nacht vom 27. auf den 28. August erfolgte, nachdem die Kriegserklärung Rumäniens gegen Österreich-Ungarn in Wien am Abend übergeben worden war, der Einmarsch der Rumänen in Siebenbürgen. Seit Mitte des Monates hatte die ungarische Regierung „Evakuierungspläne" an die leitenden politischen Stellen gegeben, um diese nicht ganz unvorbereitet zu lassen. Die Vorbereitung zeigte sich als völlig ungenügend. Der frühe Morgen des 28. August fand die sächsischen Städte im Süden Siebenbürgens in voller Aufregung. In Hermannstadt waren die Banken in der Nacht schon alarmiert worden und hatten gepackt, aber zu allererst floh das Militärkommando, von wo auch in der letzten Zeit die beunruhigendsten Gerüchte ausgegangen waren. Es besetzte sofort die elektrische Bahn und ließ aus dem Amtsgebäude die Schriften wie die Oleander, die Tische und Bänke wegschaffen, aus den Kasernen die Betten und Strohsäcke mit unglaublichem Rumpelwerk — und verschwand, das Zivil war machtlos. Auf dem Hermannstädter Bahnhof hatte ein Offizier den Befehl übernommen, der was möglich war tat, aber die Bahn versagte. Es waren keine Wagen da, so daß alles, was aufzutreiben war, Vieh- und Schotterwagen eingereiht wurden; die Kisten der Banken und die Beamten wurden verladen, was sonst mitfahren wollte, durfte nur einen kleinen Koffer mitnehmen, denn die Bahnbeamten luden alles auf, was sie hatten, man sah Hühnersteigen in der II. Klasse, und das unglaublichste Gerümpel aus jedem Wächterhaus mußte Platz finden. Die Regierung hatte die Anordnung getroffen, Magyaren und Sachsen sollten aufgefordert werden, die Wohnorte zu verlassen und hinter die Mierschlinie zurückgehen, die untergeordneten Organe machten daraus den Zwang, sie müßten weg und so begann in einzelnen Orten die zwangsweise Vertreibung. In Klein- und Großscheuern wurden die Leute mit dem Vieh durch Soldaten und Gendarmen aus ihren Höfen hinausgetrieben, und dann plünderten die Soldaten. So wurden die Burzenländer Bauern, so in der Harbachgegend die Leute aus der Heimat getrieben und es kam vor, daß die Orte, wohin sie gewiesen wurden, auch schon den Befehl hatten, fortzugehen; es war ein kopfloses Durcheinander, das auch der zum Regierungskommissär ernannte Obergespan Balogh bei allem guten Willen nicht ändern konnte.

Die Flüchtlinge suchten, wo die Bahn nicht ging oder nicht zu erreichen war, mit Fuhrwerken, die sie fanden, zu entkommen, hier mit dem Pferdewagen, den sie mit Vorräten an Mehl und Fleisch bepackten, dort mit dem Ochsenwagen, bisweilen mit Kühen und Büffeln bespannt, die die Milch liefern konnten; dort spannte sich der Mann selbst an den Karren und setzte die Kinder hinein, Bilder des Jammers und der Verstörung. Am klügsten tat, wer auf kurzem Umweg wieder nach Hause kam und dort das Unwetter erwartete. Eine staatliche Kommission sollte das Vieh den Abziehenden abnehmen; es erwies sich als bare Unmöglichkeit, so groß wurde das Durcheinander, die ganze Straße von Klausenburg nach Banffi-Hunyad war mit Viehherden voll, die aus dem Lande getrieben wurden. Der Verlust an Vieh allein in jenen Tagen wurde nach Millionen berechnet.

Die Erfahrungen der Flüchtenden und der daheim Bleibenden waren sehr verschieden. Die aus der Umgebung Hermannstadts Flüchtenden halfen in Marktschelken, wo gerade die Erntearbeit in bestem Gange war, die Arbeit auf dem Felde vollenden und fanden Dank und Freundschaft; die Flüchtenden, die durch die Schäßburger Gegend ihr Heil suchten, wurden selbst Plünderer, die rücksichtslos nahmen was sie fanden. In einzelnen Dörfern ist das Eigentum der Geflüchteten von den Zurückgebliebenen treu beschützt und bewahrt worden, so daß der Eigentümer alles fand, als er zurückkehrte; an anderen Orten haben Volksgenossen den Pfarrhof geplündert und nichts darin übrig gelassen. Ein Kriegsrausch wars, der auch sonst sich einstellte: wenn ichs nicht nehme, nimmts ein andrer, und wenn ich nichts habe, soll auch der andre nichts haben. So sind in Michelsberg später die Häuser der Sommerfrischler ausgeplündert worden, aus dem evangelischen Waisenhaus in Hermannstadt und den offengelassenen Privathäusern auf der Töpfererde fehlte nicht ein Strohhalm.

Den einzelnen Komitaten wurden andere Komitate als Ziel angewiesen, wo sie Aufnahme finden sollten. In dem großen Durcheinander wars nicht möglich, immer an den Bestimmungsort zu kommen. Man blieb, wo man eben war. Vierzehn Tage, drei Wochen sind manche mit dem Wagen gefahren, bis sie irgendwo unterkamen.

Die mit der Bahn fuhren, kamen wohl schneller an, aber auch diese Fahrten, bis Pest 3—4 Tage, waren wenig erfreulich.

Nirgends war eine Auskunft zu erhalten, absichtlich war nie ein Stationschef, nie ein Konduktcur zu sehn, die Fahrenden waren verlassen und preisgegeben, auch auf größeren Stationen war nichts vorgesehn. Die mit den Flüchtlingszügen fuhren und den vollen Preis der II. und I. Klasse gezahlt hatten, sahen in den ersten Tagen mit Neid, wie fast unbesetzte Personen= und Schnellzüge an ihnen vorbeifuhren, in denen sie Platz gefunden hätten, aber es fiel niemandem ein, etwas zu organisieren.

Die Hermannstädter Banken fanden in Pest Unterkunft, die Kronstädter Sparkassa in Raab, die Ämter teilweise in Pest, teils in Zombor und Großbecskerek, die Bezirkskrankenkassa in Raab, der Hermannstädter Magistrat in Zombor, der Mediascher in Csongrad, dort auch der Mediascher Spar= und Vorschußverein, der Schäßburger Gewerbe= Spar= und Vorschußverein in Öden-burg. Auch an vielen anderen Orten: Kikinda, Gyertgyamos, im Banat überhaupt, in Békéscsaba, Mezöberény usw. gab es eine Menge Flüchtlinge. Die Kasse der Nationsuniversität war gleich=falls nach Pest übersiedelt. Eine außerordentlich große Zahl der Flüchtlinge kam überhaupt nach Pest.

Auch das Landeskonsistorium verlegte seinen Amtssitz dort=hin und meldete solches der Regierung. Es zeigte sich, daß dies ebenso wie die Eröffnung der Arbeit der sächsischen Geldinstitute dort eine rettende Tat war. Gehalte und Vorschüsse für die kirchlichen Angestellten wurden ausbezahlt und viele Not dadurch gelindert. Da zeitweilig sieben Mitglieder des Landeskonsistoriums in Pest waren, konnte grundsätzlich manches geordnet werden. In Hermannstadt zahlte das Presbyterium Gelder aus, zu denen das Landeskonsistorium verpflichtet war, und so half man einander. Die in Pest eröffnete Kanzlei des Landeskonsistoriums wurde der Ort, wo Zeugnisse und Beglaubigungen, Empfehlungen u. a. aller Art ausgestellt wurden, denn es hatte fast niemand Papiere und Ausweise aus der Heimat mitgebracht und es muß dankbar fest-gehalten werden, daß Unterschrift und Siegel des Bischofs und des Landeskonsistoriums allgemein anerkannt wurden.

Die Kanzlei wurde Vermittlungsstelle und Auskunftsstelle. Die viele seelische Not, die jeden drückte, das Suchen nach Arbeit und Erwerb, fand hier Rat und Hilfe. Die ev. Gemeinde in Pest bewies dankenswerte und gerührt empfangene Hilfsbereit-schaft. Die beiden Pfarrer der Gemeinde Raffay und Broschko haben die sächsische Kirche zu dauerndem Danke verpflichtet. Das Lutherheim (Luther=otthon), ein Internat des Luthervereines gewährte einer großen Anzahl sächsischer Lehrer= und Pfarrerfamilien unentgeltliche Unterkunft, in gleicher Art das staatliche Eötvös=kollegium Professoren, wie das staatliche Lehrerheim (Tanitókháza) Volksschullehrern mit ihren Familien Unterkunft und Verpflegung für 50 Heller auf den Tag gab. Der ungarische Pfarrverein, auf Raffays und Broschkos Einschreiten, stellte Geld zur Verfügung und vermittelte unentgeltliche Aufnahme von Pfarrern in ungarischen Pfarrhäusern. Die amtliche ev. Kirche Ungarns nahm keine Notiz von den Sachsen.

Eine große Liebestätigkeit setzte ein. Der Pester Lloyd leitete Sammlungen ein. Der ehemalige Staatssekretär V. v. Molnar stellte sich zur Verfügung, Gräfin Andreas Bethlen, die Witwe des einstigen Hermannstädter Obergespans und späteren Ministers zeigte freundliche Teilnahme, die Regierung machte Mittel flüssig, der Pfarrer der deutsch=reformierten Gemeinde in Pest Callies stellte die Kirche zur Verfügung, was den ersten Anlaß zu den Flüchtlingsgottesdiensten gab, die erst in der Kirche in der Mondgasse, dann in der ev. Hauptkirche auf dem Deakplatz abgehalten wurden, zahlreichst besucht und eindrucksvoll. Der Besucher hatte beim Ausgang, wo die Versammelten stehen blieben, lauter Sachsen, den Eindruck, in der Heimat bei einem Gustav Adolf=Fest zu sein.

Diese Flüchtlingsgottesdienste waren eindrucksvolle Zeugnisse für das Dasein der evangelisch=siebenbürgischen Kirche auch in der Fremde. Von keiner Seite sonst ists versucht worden und es machte überhaupt Eindruck, daß die Sachsen in Pest als organisierte Gesamtheit erschienen, die auch da ein eigenes Dasein führten. Ihren Mittelpunkt bildeten die sächsischen Abgeordneten. Ein Verdienst des Abgeordneten E. Neugeboren war es und eine Zuvorkommenheit der Redaktion des Pester Lloyd, daß Neugeboren in den Spalten des Pester Lloyd das Siebenbürgisch=Deutsche Tageblatt erscheinen ließ, das nun wieder half, die Flüchtlinge nicht nur in Pest zusammenzuführen, sondern sie auch sonst zu sammeln.

Fast rührend zu sehen war es, wie die Eltern von vornherein für den Schulbesuch der Kinder besorgt waren. Sie drängten, eine eigene Schule zu errichten, weil sie fürchteten, beim Besuch der ausschließlich ungarischen Schulen in Pest würden die Kinder nicht mitgehen können. In der Tat gelang es, in der deutsch-reformierten Schule für Knaben und Mädchen eine Volksschule, auf dem Deakplatz in den Räumen der ev. Schule eine Bürgerschule zu eröffnen, in denen lauter sächsische Lehrer unterrichteten. Das gleiche gelang in Topolja und Zombor. Die Räume wurden unentgeltlich zur Verfügung gestellt, in Zombor stellte der Bürgermeister Kohlen zur Verfügung. Die Schulen waren vom Ministerium nur für die Fluchtzeit und nur für sächsische Schüler gestattet worden. Die Bücherbeschaffung war nicht leicht, aber Eltern und Kinder waren dankbar.

Für die Gymnasial- und Seminarschüler schien es ersprießlich, sie in ungarische Anstalten zu schicken, sie konnten soviel ungarisch, daß sie mitgehen konnten, und einmal einen anderen Betrieb kennen zu lernen, konnte ihnen nicht schaden. Das ev. Gymnasium nahm über 60 Schüler auf und Direktor Pittreich und Professor Racz nahmen sich ihrer an, eine Anzahl erhielt freien Mittagstisch. Auch in der Anstalt des Direktors Jakobi, der selbst Sachse war, fanden viele Aufnahme und freundliche Förderung. Selbst unbekannte Privatleute nahmen Schüler unentgeltlich bei sich auf. Die Seminaristen wurden in Saros-patak, die Mädchen an anderen Orten untergebracht. Die Errichtung eines Internats — es handelte sich um mehr als 60 Schüler — stellte sich als unmöglich heraus.

Wohl hatten alle, die Arbeit suchten, solche gefunden, und es war erfreulich, wie alle darauf ausgegangen waren, sie zu finden, aber doch kam es vielen zugute, daß die Hauptstadt Volksküchen für die Flüchtlinge eröffnete, die Gesellschaft Kleider und Geld und der Staat Unterstützungen gewährte.

Sie kamen auch von außen. Die erste Spende sandte Pfarrer Schäfer aus Sarajewo (200 Kronen), dann der Gustav Adolf-Verein aus Darmstadt 1442 Kronen, bald darauf der Zentralvorstand aus Leipzig 7230 Kronen, die er später vermehrte und mit folgendem Schreiben an den Bischof begleitete:

„Die zähe Ausdauer, mit der Ihr Volk seit acht Jahrhunderten dort an der Grenze des Abendlandes seinen Bestand und seine Eigenart bewährt hat, und die Glaubenstreue, mit der Ihre ev. Kirche seit bald vier Jahrhunderten das Gewissen und die Klammer Ihres Volkes zu sein nicht aufgehört hat, dazu die kraftvolle Lebensbetätigung ihrer Kirche, von der die 26. Landeskirchenversammlung ein ergreifendes Zeugnis ist, stärken uns in der Gewißheit, daß es nicht Gottes Wille sein kann, Ihr Volk und Ihre Kirche dem Untergang preiszugeben. In getroster Hoffnung sehen wir der Stunde entgegen, da der Wiederaufbau Ihrer Kirche beginnen kann, wills Gott zu neuem kräftigem Emporblühen wie Ihres gemeindlichen Lebens so in Sonderheit auch Ihres vielgesegneten Schulwesens. Indem wir einem tiefempfundenen Bedürfnis genügen, Ihnen, verehrte Herren, in schwerer großer Zeit unsere brüderliche Teilnahme auszusprechen, wollen wir nicht unterlassen, Ihnen zu versprechen, daß wir zu jeder Hilfeleistung, die diese große Zeit erfordern mag, nach dem Maße unserer Kräfte von Herzen bereit sind." Wie oft war der Gustav Adolf-Verein Einzelgemeinden Helfer und Tröster gewesen, jetzt wurde er und sein Vorsitzer, der oft bewährte warme Freund des sächsischen Volkes und seiner Kirche, Fr. Rendtorff es in seiner sichern und starken Weise für die Gesamtkirche. Die christliche Welt (M. Rade) sammelte und sandte das Ergebnis einer Sammlung wie Traub und der Evang. Bund (3312 Kronen), so daß die Gesamtsumme 75.191·30 Kronen viel Not gelindert hat.

Schwer hielt es, die von Hermannstadt ebenfalls geflüchteten Schwestern des ev. Krankenhauses zu unterbringen. Das ev. Krankenhaus Bethesda und das Lorantffyspital in Pest nahm sich ihrer freundlich an.

Die Pfarrer hatten den Auftrag bekommen mitzugehen, wenn die Gemeinden gezwungen würden, zu fliehen. Bei dem allgemeinen Durcheinander wurden mehr als einmal Pfarrer und Gemeinden getrennt und es gelang nicht immer zusammenzukommen. So mußte das Landeskonsistorium auch für diese sorgen. Die evangelischen Amtsbrüder der ungarischen Kirche stellten sich gern zu Amtshandlungen zur Verfügung und wo ein sächsischer Pfarrer war, sammelte er um sich was er konnte, wenn es auch nicht die eigene Gemeinde war. Ein Stückchen Heimat war es doch, wenn der Sachse vom sächsischen Pfarrer bedient wurde. Auch die Zerstreutesten zu treffen, wurde, wer frei war, zu ihnen hingeschickt. In Preßburg bot das Diakonissenhaus nicht wenigen Unterkunft und Dechant Reichart sammelte dort eine Gemeinde und hielt Gottesdienst. Das evangelische Waisenhaus von Hermannstadt hatte in Zombor freundliche Aufnahme gefunden, der Kinderschutzverein in Klausenburg.

Daneben gab es auch minder erfreuliche Erscheinungen. In einigen Banater schwäbischen Gemeinden wurden die Sachsen als Evangelische unfreundlich aufgenommen, anderswo hielt es schwer, die von der Regierung bewilligten Unterstützungen zu erhalten, es gab Beamte und Gemeinden, denen diese Flüchtlinge lästig waren.

Im ganzen aber blieb doch der Eindruck vielerfahrener Güte und Liebe, und dankbar wurde sie erwidert. Als in einer Versammlung der Flüchtlinge in Pest, am 15. Oktober, die Frage gestellt wurde, ob irgend jemand von ihnen — und es waren so viele, daß der Schulsaal auf dem Deakplatz sie kaum fassen konnte — wirklich Mangel gelitten hätte, da war die allgemeine Antwort: nein. Für den Trieb sich selbst zu helfen war es bezeichnend, daß der Plan eines Konsumvereins erwogen wurde, um die Lebensmittel billiger zu erhalten.

Die Kirche von Pest aus zu leiten war schwer, die Verbindung mit der Heimat entweder ganz unterbrochen oder sehr erschwert, die alte siebenbürgische Gewohnheit, Nachrichten und Briefe „mit Gelegenheit" zu schicken, trat wieder in ihr Recht. Welche Freude war es, wenn Botschaft „von unten" kam und welche Genugtuung, wenn es gelang, jemanden „hinunter" zu schicken. Vom 8.—11. Oktober wurden sogar die theologischen Prüfungen in Pest abgehalten, 13 Kandidaten hatten sich gestellt und das Gymnasium in der Markogasse, das unter der Leitung des Direktors Jakobi, eines Kronstädter Landsmannes stand, bot gastliche Heimstätte. Es hatte sich ein eigenes Kriegskirchenrecht herausgebildet, das mit den Paragraphen der Verfassung nicht immer stimmte, aber mithalf die Ordnung aufrecht zu erhalten. Die Gemeinden in der Heimat hatten den Auftrag, erledigte Stellen zu besetzen so wie es eben gehe, auch Pfarrerstellen, die Ordination werde nachträglich erfolgen. Die Erfahrung war erfreulich, daß die ideale Kirche niemals stärker war als in jenen Tagen, wo die sichtbare Kirche zertrümmert zu sein schien.

Siebenbürgen war Kriegsschauplatz geworden. Kronstadt war sofort von der einrückenden rumänischen Armee besetzt worden, die bis Anfang Oktober auch einen großen Teil des Kronstädter, Fogarascher, Großkokler und Hermannstädter Komitats besetzte. Aus Kronstadt wurde Stadtpfarrer Herfurth nach Bukarest überführt, von wo er gegen Weihnachten erst wieder in die Heimat kam. Einzelne Gemeinden bekamen den Krieg schwer zu spüren. In Neustadt befahl ein Honvedhauptmann die Gemeinde niederzubrennen, es war ein Schaden von 4·5 Millionen, der dort durch dessen Tollheit angerichtet wurde. Im übrigen brachte der Tag Böses, das mit dem Krieg unvermeidlich verbunden ist, und gute Erfahrungen, daß auch im Feind der Mensch geachtet wurde und man sich gegenseitig half, wo Leben und Eigentum auf dem Spiele stand. Die besetzten sächsischen Gemeinden stellten nachher dem rumänischen Heer das Zeugnis strenger Mannszucht aus, die es zu keinen Ausschreitungen kommen ließ. Einem Teil der Verschleppten sind böse Erfahrungen nicht erspart geblieben.

Am 29. August hatten die Ämter Hermannstadt verlassen, Bürgermeister A. Dörr und einige Senatoren waren zurückgeblieben, auch der ev. Stadtpfarrer A. Schullerus. Die reichen Vorräte an Lebensmitteln in den Magazinen auf dem Bahnhof wurden der Bevölkerung preisgegeben und in einer vandalischen Art wurde alles verwüstet und verschleppt. Zood war von den Rumänen besetzt, doch konnte der elektrische Betrieb der Beleuchtung durch die Motoren in der Stadt aufrecht erhalten werden. Am 31. August pflanzte die Stadt auf dem Turme und viele Privathäuser auf dem Dach die weiße Fahne auf für den Fall, daß der Feind in die Stadt einmarschiere. Heltau war besetzt und der Hammersdorfer Berg, im Waldwirtshaus im jungen Wald, schlugen sie Schießscharten in die Mauer; wer in diesen Tagen starb, mußte auf dem aufgelassenen Friedhof in der Stadt begraben werden. Die großen Vorräte der Militärmagazine wurden fortgeschafft. Major Reiner und Hauptmann Petricek leiteten die Verteidigung der Stadt, indem die geringe Mannschaft so verteilt wurde, daß sie eine größere Macht vortäusche. Am 10. September wurde in den Kirchen Gottesdienst gehalten, die besten Bilder aus der Brukenthalischen Galerie wurden nach Pest geschafft, Kanonendonner begleitete die Arbeit täglich, ohne vielen Schaden anzurichten. Etwa 400 Kinder wurden von den dagebliebenen Lehrern, vom Stadtpfarrer und Prediger unterrichtet. Von 30.000 Einwohnern waren 9615 zurückgeblieben.

Die Stadt war still und menschenleer, auch die Wasserleitung wurde abgesperrt, die Uhren blieben stehen, der Wächter stieg vom Turm, um nicht als Späher in Verdacht zu kommen. Etwas Bewegung kam in die Stadt, wenn der Panzerzug in der Dämmerung in die Station einfuhr, arg beschossen vom Feind und nie gehindert, er hielt eine dünne Verbindung mit der

Außenwelt aufrecht, deren Verdienst dem Reservehauptmann Rud. Czekelius gebührt. Er hatte den Auftrag erhalten, den Bahnhof in Hermannstadt und Salzburg zu zerstören, die Magazine niederzubrennen und die Brücken zu zerstören, dazu Hammersdorf in Brand zu schießen, was er vernünftigerweise nicht tat. Was noch möglich war, führte er mit der Bahn fort und lieferte es den Truppen. Im römischen Kaiser war eine Art Hauptquartier eingerichtet, wo man Nachrichten austauschte, sich näher trat, es gab lang schon keine Standesunterschiede mehr, die Menschen suchten sich zu helfen, wie sie konnten, das Gefühl wurde stumpf vom Warten, die Seele zermürbt durch die Sorge, ob denn keine Rettung käme?

Am 30. August wurde die Räumung des Großkokler Komitates angeordnet: alles städtische und Privateigentum, das dem Feind nützlich sein könne, alle Fruchtvorräte, alles Vieh sollte fortgeschafft werden und die Bevölkerung zwischen 17 und 55 Jahren, die überall entfernt wurde, in den Torontaler Komitat sich begeben. Wenn das durchgeführt worden wäre, so wäre es ein heilloses Unglück gewesen. So unterließ man wohlweislich die Forttreibung des Viehs und die Fortschaffung der Lebensmittel, und die Männer, die notwendig waren zur Aufrechthaltung der notwendigen Betriebe, blieben da. Neben ihnen auch andere, die wiederholt den Versuch machten, irgendwie wegzukommen, aber auch da versagte die Bahn vollständig. Einem Teil verging die Lust, als er hörte, daß ein vollgefüllter Zug, der von Schäßburg abgegangen war, 3 Kilometer vor Elisabethstadt angehalten worden war, alle Reisenden daraus in dunkelster Nacht und starkem Regen auf das freie Feld abgesetzt wurden, weil man den Zug für andere brauche. Tagelang saßen Hunderte von Menschen zusammengepfercht in den unglaublichsten Waggons auf dem Bahnhof in Schäßburg und verzehrten langsam ihren Mundvorrat, bis sie fanden, es sei immerhin freundlicher zu Haus zugrunde zu gehen als im Viehwagen zu sterben. Sie kehrten um und blieben zu Haus und segneten später den Entschluß. Viele versuchten die Flucht mit den beliebten Ochsenwagen, die in Orosháza nach 10 Tagen ankamen. Im übrigen war das Leben nicht unbehaglich. Es gab billige Nahrungsmittel, die Stadt kaufte Korn und lieferte es den Bewohnern. Zur Aufrechterhaltung der Ordnung wurde eine Bürgerwehr ins Leben gerufen, da verordnete der Regierungs=

kommissär am 10. September, die Bevölkerung könne zu Hause bleiben, nachdem der größere Teil schon fort war. Die städtischen Ämter waren auch hier, wenn auch mit vermindertem Beamtenstand auf ihrem Platz geblieben und Bürgermeister Leonhardt sorgte für geordneten Gang der Verwaltung. Das Elektrizitäts- und Wasserwerk konnte im Gang erhalten werden. Zu beneidenswertem Selbstbewußtsein stiegen die Pfründner auf, die in der städtischen Pfründneranstalt verpflegt wurden, sie waren als Wächter über Haus und Hof der Geflüchteten gesucht und waren stolz auf ihr Amt. Am 13. September kam Divisionskommandant Goldbach von Reps nach Schäßburg, am 14. wurde nochmals die Räumung des Komitates angeordnet. Auch Schäßburg wurde eine tote Stadt. Goldbach riet den Behörden, sich zur Flucht bereit zu halten, er werde wohl auch Schäßburg aufgeben müssen.

Am 30. August war der Befehl, Stadt und Umgebung zu räumen auch nach Mediasch gekommen. Und nun zeigte die Stadt das gleiche Bild wie überall: ein heilloses Durcheinander, das fortdrängte, zuerst zur Bahn, dann mit Wagen oder was sonst zum Fortkommen dienlich schien; die Rumänen blieben auch da zurück. Das hatte den Vorteil, daß sie für Vorspann auch für die Stadt zur Verfügung standen, dann als Viehbesitzer den eigenen Viehstand retteten und die Stadt mit Milch versahen. Auch die Mediascher sollten nach Torontal gehen, doch gelangte nur ein Teil hin, weil ein anderer wider seinen Willen nach Csongrad und nach Mako geführt und dort einfach ausgeladen wurde. Auch hier die gleichen Erfahrungen auf dem Bahnhof wie überall. Doch kam hier Schlimmeres dazu. Das Gaswerk war ohne Bedienung, die Stadt im Dunkeln, dazu der Befehl, „höheren Orts" natürlich, alle Flüchtlinge, die in fünf langen Zügen auf dem Bahnhof auf weitere Beförderung warteten, vom Bahnhof zu entfernen. An die 4000 Fremde wurden in strömendem Regen in die dunkle Stadt getrieben, am Morgen zählte man an 7000 Flüchtlinge. Und in der Stadt begannen die Zigeuner zu plündern. Sie nahmen aus den offenen Häusern, was sie konnten, dazu gesellte sich bald plünderndes einheimisches Militär. Etwa 400 Männer von Mediasch zwischen 17 und 55 Jahren machten sich zu Fuß auf, um nach Klausenburg zu gelangen. Das 2. Husarenregiment, das in Mediasch stationiert war, besetzte 30 Waggon und legte dorthin die Privatbagage der Offiziere und Soldaten

hinein, die nichtigsten Sachen wie Sportrequisiten und Jagd=
trophäen, und das Zivil fand keinen Platz. Die Landstraßen
waren mit Vieh und Menschen vollgestopft, die letzteren voll
Angst und Grimm, das Vieh müde, hungrig, abgetrieben. Und
ringsum die Berge in wunderbarem Herbstschmuck, die Trauben
der völligen Reife nahe, das Herz zerriß vor Leid.

Auch hier war der Bürgermeister Fr. Theil am Platz ge=
blieben. Mit klarem Blick und starker Hand, so rühmt der Amts=
bericht von ihm, sorgte er für die Bewohner, schaffte Brot und
Nahrungsmittel, errichtete eine Volksküche und eine Milchhalle
und brachte Ordnung in das trostlose Durcheinander. Es war
ein Bild wie aus einer alten Chronik: Der Bürgermeister saß
fast den ganzen Tag vor dem Rathaus auf der Gasse hinter dem
Schreibtisch und waltete im Freien seines Amtes, „gab Weisungen,
empfing Berichte, gab Befehle". Als der Feind nicht kam, wurden
die flüchtig gewordenen Beamten zurückgerufen, denn die Arbeit
war kaum zu bewältigen.

Sie wurde noch größer durch die folgenden Ereignisse.

Am 6. September schon waren die ersten deutschen Truppen
in Broos. Am 12. September standen etwa 12.000 Mann deutscher
Artillerie und Kavallerie in Schäßburg mit drei Infanterie=
regimentern, General v. Seeckt war unter den Führern, in Mediasch
lag der Stab Schmettow und ließ sich im neuen Gymnasium vom
Stadtpfarrer Römer Lichtbildervorträge über Land und Leute,
über sächsische Geschichte und sächsisches Wesen halten. Am 25. Sep=
tember ritt der Stab der deutschen Artilleriegruppe Nr. 204 in
Hermannstadt ein. Am Tag darauf wurde in der Stadt umge=
sagt, die Bewohner sollten sich von 8 Uhr früh an in den Kellern
aufhalten, und zur bestimmten Stunde begann der Donner schwerer
Geschütze, die in der Freundschafts= und Brückengasse aufgestellt
waren, wie man ihn hier noch nicht gehört hatte. Am 27. Sep=
tember stellten die Soldaten des deutschen Landwehr=Infanterie=
Regiments Nr. 253 die Gewehre auf dem Großen Ring auf und
sangen deutsche Lieder und die Bewohner brachten was sie hatten
an Lebensmitteln und die Soldaten waren überrascht, hier Deutsche
zu finden. „Guck mal, wie daheim", so klang der vergnügte
Gruß von einem zum andern. Die ganze Nacht hindurch durch=
zogen große Truppenmassen die Stadt, am 30. September erfuhr
man erst, was geschehen war. Am 23. September waren die

bayrischen Jäger, die unter Krafft v. Delmensingen standen, bei Sina, von Mühlbach aus, ins Gebirge gestiegen, hatten ungehindert den Weg in den roten Turm gefunden, den Paß dort gesperrt und Falkenhayn hatte in einer großen dreitägigen Schlacht, 26.—28. September, das rumänische Heer zum Rückzug gezwungen. Am 5. Oktober nahm Falkenhayn mit dem deutschen Hauptquartier in Hermannstadt Wohnung und deutsche Wachposten zogen auf.

An die siegreiche Schlacht von Hermannstadt schloß sich die zweite (6.—8. Oktober) bei Kronstadt an und die Folge davon war, daß im Laufe der nächsten Wochen Bukarest und die Walachei besetzt wurde.

Mitte Oktober bekamen die Flüchtlinge die Erlaubnis, allmählich in die Heimat zurückzukehren, die Burzenländer erst später. Sie fanden hier, wenn erwogen wird, daß sie Kriegsschauplatz gewesen war, doch nichts zerstört. Wohl war der Schaden groß, etwa 10 Gemeinden waren schwerer getroffen, keine einzige Kirche war zerstört, zwei Schulen nur arg beschädigt. Die Gemeinden waren in der Lage, sich selbst zu helfen, auch der Staat griff ein, und so kam Siebenbürgen im Vergleich zu anderen Ländern mehr als glimpflich durch.

Zwei seelische Ergebnisse aber hatten die Ereignisse gezeitigt, die bedeutsam waren. Die Angst und Sorge um die Heimat, die Erfahrungen, die die Flüchtlinge und die Daheimgebliebenen gemacht hatten, hatten die Folge, daß die Heimat, die verloren zu gehn schien, mit doppelter Inbrunst umfaßt wurde und im Innern stand der Entschluß fest: „Auf denn zu neuem Schaffen in Haus und Beruf! Gott hat uns dazu die Heimat wieder gegeben. Nun bleibt uns die Heimat geweiht. Heimat! Heilige Heimat!" (A. Schullerus).

Und noch bedeutsamer, denn die Heimatliebe hatte den Sachsen niemals gefehlt, diese Heimatliebe erweiterte sich zur Vaterlandsliebe. Ob das Gefühl berechtigt oder unberechtigt war, es war da: die Sachsen fürchteten, wenn der Staat, zu dem sie gehörten, zugrunde gehe, seien auch sie verloren, und was bisher nur wenige erfahren hatten, jetzt erlebten es viele, sie fühlten ihres Volkes Zukunft an Ungarn gebunden.

Dazu kam ein Weiteres. Tausende von deutschen Soldaten hatten zum erstenmal von Siebenbürgen etwas gehört, es zum erstenmal gesehen, mit eigenen Augen das bodenständige deutsche Leben der sächsischen Gemeinden und Städte erlebt, einige der

hervorragendsten deutschen Feldherrn waren wochenlang im Lande
gewesen. Das gab neue Beziehungen, neue Fäden, die diese ferne
deutsche Kolonie seelisch neu ans Mutterland banden, das auf
dies vergessene deutsche Leben in fremdem Lande wieder aufmerksam
geworden war.

Am 25. Oktober konnte das Landeskonsistorium seine Tätigkeit
wieder in Hermannstadt aufnehmen, am 4. November das Amts=
blatt wieder erscheinen, die Arbeit durfte an die alten Fäden
anknüpfen, die Beschlüsse der letzten Landeskirchenversammlung
konnten durchgeführt werden.

Auch schien es nicht unwesentlich, daß der junge Thronfolger
ebenfalls mit eigenen Augen sächsische Orte gesehen und Land
und Leute kennen gelernt hatte. In Schäßburg hatte er mit seiner
Gattin längere Zeit gewohnt, hatte die Stadt dem bayerischen
König Ludwig III. gezeigt, Hermannstadt, Kronstadt hatte er
besucht. So wußte er doch aus unmittelbaren Eindrücken von den
Sachsen etwas.

Am 11. November erhielt der Thronfolger die telegraphische
Berufung nach Wien, am 20. November starb Kaiser Franz Josef,
86 Jahre alt. Trauer und Teilnahme unter den Sachsen war
allgemein. Es bestand doch eine Art persönlichen Verhältnisses
zwischen ihnen und dem Herrscher, der es nie vergessen hatte,
daß 1848, „in einer Zeit, wo jene heiligen Bande der Treue und
Anhänglichkeit der Völker an den Thron vielfachen Versuchungen
ausgesetzt" waren, die Sachsen für ihn die Waffen ergriffen hatten
und für Thron und Reich Gut und Blut zur Verfügung gestellt
hatten. Auf die Huldigung der letzten Landeskirchenversammlung
hatte er am 18. Mai geantwortet und herzlichen Dank ausgesprochen
für die neuerliche Versicherung der Anhänglichkeit der Landeskirche,
und als vor Jahren der neugewählte Bischof sich vorstellte, hatte
er das herzliche Wort gesprochen: „Ich habe den Sachsen viel zu
danken. Ich kenne ihre Treue und Anhänglichkeit. Und so soll's
bleiben."

Und so ist's geblieben auch über den Tod hinaus. Dem
Trauergottesdienst in Hermannstadt wohnte Falkenhayn bei.

Mit dem Tode des greisen Herrschers aber war das stärkste
einigende Band, das die Länder und Völker Österreich=Ungarns
zusammenhielt, zerrissen. Dem jungen Nachfolger, Karl, war nicht
gegeben, das Vertrauen, das ihm entgegengebracht wurde, zu

rechtfertigen, es wandelte sich bald in kühle Zurückhaltung und
Mißtrauen. Zu bald trat zutage, daß seine Kraft der Aufgabe
nicht gewachsen war, die wohl auch für stärkere Schultern und
für einen tieferen Geist zu schwer war.

Zunächst lenkten die inneren Fragen die Blicke etwas vom
Kriege ab. Personalveränderungen, die mit jedem Thronwechsel
verbunden sind, fanden je nach Parteistellung und nach der
Verschiedenheit der Erwartungen und Ziele verschiedenes Urteil.
Die Krönung des jungen Herrschers zum König von Ungarn
wurde am 30. Dezember 1916 vorgenommen. Der „apostolische
König" empfing das Abendmahl in beiderlei Gestalt, ein altes
Vorrecht, das vielleicht auch an das Recht der Habsburgischen
deutschen Kaiser anknüpfte, die einst durch die Krönung „ein
Teilhaber unseres geistlichen Amtes" wurden, wie die Päpste
sich ausdrückten und die von Amts wegen Kanonikus mehrerer
katholischer Stifter als solche das Recht hatten, bei der Kommunion
auch den Kelch zu empfangen. Noch einmal zog das ganze
Mittelalter in unvergleichlichem Bilde, farbenprächtig und ein=
drucksvoll an den Augen der Zeitgenossen vorüber, das Volk
jubelte, als der König die Schwerthiebe nach den vier Weltgegenden
führte, zum Zeichen, daß er das Reich schützen werde, aber es
blieb eine dauernde Mißstimmung „bei Hof" darüber, daß der
Calvinist Tißa dem apostolischen König die heilige Krone aufsetzte.
Es wurde geglaubt, daß der Papst Einsprache dagegen erhoben
habe und die Königin hatte gesagt: Was muß unsere heilige
Kirche doch alles leiden.

Während die ausbrechende russische Revolution vielfach die
Hoffnungen auf Frieden verstärkte, brachte die von dort und von
den Ententeländern ausgehende Welle der „Demokratisierung"
eine Verstärkung dieser Strömung in Ungarn. Das Schlagwort
des allgemeinen Wahlrechts kam nicht zur Ruhe und die Wahl=
rechtsfrage führte zum Sturz Tißas. Das Ministerium Eßterhazi,
das vom König nach langen Verhandlungen mit allen Parteien
und zahllosen Empfängen der Politiker aller Schattierungen, wie
es nun schon Mode war, ernannt wurde (15. Juni 1917), in
dem der geschmeidige Apponyi wieder das Kultusministerium
übernommen hatte, der sächsische Abgeordnete Graß das Finanz=
ministerium, hatte nur kurze Dauer, denn im Grunde war es
keinem der Minister ernst um die Durchführung des allgemeinen

Wahlrechtes, um dessen Willen Tißas Sturz herbeigeführt worden war, der dieses energisch bekämpfte, während es allen mehr nur um Tißas Entfernung zu tun gewesen war. Die innere Unwahrheit rächte sich. In den ersten Tagen des neuen Ministeriums kam es am 25. Juni im ungarischen Reichstag zu einer kleinen Nationalitätendebatte, die dadurch bedeutsam wurde, daß Tißa und Apponyi daran teilnahmen. Tißa bedauerte, daß ein Teil der rumänischen Intelligenz nicht genügende Vaterlandsliebe gezeigt habe und zog daraus die Folgerung, es müßten besonders der rumänische Klerus und die Lehrkörper einer strengen Überwachung durch den Staat unterworfen werden mit ernsthaften Bürgschaften dafür, daß die Schule nicht in unpatriotischer Richtung wirke. Neben diese gefährliche Anschauung stellte er eine andere gesunde: wie verbitternd es wirken müsse, wenn bei den Schwaben die Kinder in der ausschließlich magyarischen Schule so erzogen würden, daß sie nicht deutsch lesen und schreiben könnten und der Vater einen Dolmetsch brauche, um zu erfahren, was das Kind ihm schreibe, da er den magyarischen Brief nicht lesen könne. „Ich habe mich nicht leichtfertiger Weise zu dieser Äußerung entschlossen. Ich hatte mich auch selbst in den Gedankengang eingelebt, daß in den staatlichen Lehranstalten nur magyarisch unterrichtet werden dürfe... Aber ich mußte mich davon überzeugen, daß wir uns unsere treuesten, sichersten Stützen, die kräftigsten Vertreter der ungarischen Politik, jene slovakischen und deutschen Mitbürger, die mit Herz und Seele zu uns halten, entfremden, sie der Aufreizung ausliefern und sie zu unseren Feinden machen, wenn wir nicht den Unterricht der Muttersprache gestatten." Er richtete dann ernste Worte an Apponyi, dessen chauvinistische Anschauungen bekannt waren, sich zu überlegen, was er auf diesem Gebiete tue. Apponyi antwortete, in viele süße Sätze eingewickelt, die die Nationalitäten schon gewohnt waren, eine angreifende Politik gegen die Nationalitäten falle ihm nicht ein, aber er wolle keine halbe Arbeit tun und durch den Einfluß des Staates auf die Professoren- und Lehrerbildung dafür sorgen, daß „den wahrgenommenen Übeln radikal" begegnet werde.

Es war keine Frage, die chauvinistische Welle in Ungarn war im Steigen, das zeigte sich selbst in kleinen Fragen. Im Hermannstädter ungarischen Kasino stiegen allerlei Blasen auf über Umtaufung der Gassen, über Magyarisierung der Straßentafeln, der katholische Pfarrer Prinz Hohenlohe wurde Rufer im Streit und Vorkämpfer einer katholisch-magyarischen Propaganda. Sie nahm Anstoß an allem was sächsisch war. Von Apponyi wußte man, wie wenig er für die Sachsen übrig hatte, er hatte seinem Mißtrauen offen Ausdruck gegeben. In einem großen Teil des ungarischen Volkes begannen die Sympathien für Deutschland stark abzunehmen, der lauteste Gegner der deutschfreundlichen Politik und des Bündnisses mit Deutschland und der radikalste Vertreter der Demokratisierung Ungarns und der Einführung des allgemeinen Wahlrechts war Graf M. Karolyi. Daß Czernin die Hoffnung auf den Sieg der Mittelmächte im Sommer 1917 aufgegeben hatte, wußte man hier nicht. Daß der junge König kein Freund des deutschen Bündnisses war, trat bald zutage.

Im August trat Eßterhazy zurück und wieder Wekerle an seine Stelle. Apponyi war geblieben. Unter seinen Programmpunkten stand u. a. die Durchführung des 20:1848, der den Grundsatz enthielt: „Die kirchlichen und Schulbedürfnisse aller gesetzlich anerkannten Religionsparteien sollen durch Staatsauslagen gedeckt werden", und die Einführung der Katholikenautonomie. So wenig die Sachsen gegen diese letztere eine Einwendung erheben konnten, die in Siebenbürgen in gewissen Grenzen auf Grund der Approbaten eingeführt war, so wußten sie doch, daß das katholische Dogma dieser Autonomie enge Grenzen zieht und daß das eigentliche Ziel darauf ging, die großen katholischen Fonde, die seit Josef II. in Ungarn und in Siebenbürgen sich in den Händen des Staates befanden, der Kirche wieder zurückzugeben. Apponyi verheimlichte dies nicht. Durch Verbindung der beiden Ziele sollten alle Kirchen zur Annahme des Gesetzes bewogen werden.

Neben diesen großen Fragen, deren größte doch immer die nach dem Kriegsende war, standen eine ganze Reihe kleiner und größerer Fragen, kleinere und größere Ereignisse.

Die wachsende Sorge war die zunehmende Teuerung. Eine Kriegsteuerungszulage von Seite der ev. Kirche wollte der Not der Pfarrer und Lehrer steuern, aber es war das verhängnisvolle Schicksal aller dieser Versuche, u. zw. in steigendem Maß mit der rascher steigenden Teuerung, daß die Durchführung stets zu spät kam und kaum etwas helfen konnte. Dazu kamen immer neue ungeschickte Verordnungen von oben über Getreiderequirierung und Mehlbeschaffung, Beschlagnahme der Kartoffeln u. a., so daß nur regelmäßige Übertretung dieser Anordnungen das Haus in den Stand setzte, sich zu erhalten. Das Peinliche war, daß die Gedanken- und Gefühlswelt des Einzelnen von diesen leidigen Fragen der Nahrung und der Kleidung erfüllt wurde und diese naturgegebenen Lebensforderungen größtes Gewicht erhielten.

Immerhin waren die Ernährungsverhältnisse hier im Vergleich zu jenen in Deutschland glänzend und so war es ein glücklicher Gedanke, im Sommer 1917 Leipziger und Berliner, Grazer und Wiener Kinder nach Siebenbürgen zur Erholung zu bringen. Die Sachsen empfanden es als ein Glück, Deutschland gegenüber, dem sie in Vergangenheit und Gegenwart so viel verdankten, sich einmal in Taten dankbar bezeugen zu können. Die geistigen Fäden, die damals neugeknüpft worden sind, haben sich dauerhaft erwiesen.

Ein Tag glanzvollen Erlebens war der Besuch des deutschen Kaisers Wilhelm II. im Land, am 25. September in Hermannstadt, einige Tage früher in Kronstadt, im Anschluß an beide Orte auch in der Umgebung. Auch er war erstaunt über die Bodenständigkeit des deutschen Lebens hierzulande und über die große Zahl der Deutschen, die er in Ungarn fand.

Der ganze Sommer war erfüllt vom Kampf der Tißaischen nationalen Arbeitspartei gegen die, wie sie meinte, selbstmörderische Politik der Männer, die das allgemeine Wahlrecht wollten oder taten, als ob sie es wollten. Die sächsischen Parteiausschüsse nahmen Stellung dagegen, denn ein wirkliches allgemeines Wahlrecht in Komitat und Gemeinde brachte den Sachsen schwerste Gefahren. Auf der anderen Seite war die Gefahr nicht geringer, die daraus entstand, daß Apponyi, unbelehrt und unbelehrbar in seinem Chauvinismus, das Gegengewicht gegen eine Ausdehnung des Wahlrechts in einer gesteigerten magyarischen Kulturpolitik suchte. Wie die aussah, bezeugt die eine Tatsache, daß im August 1917 die rumänischen Lehrerbildungsanstalten in Hermannstadt, Blasendorf und Arad aufgehoben wurden, und verboten wurde, den Religionsunterricht in sämtlichen Staatsschulen in einer anderen als der magyarischen Sprache zu erteilen. Der Grundsatz, daß durch Einschränkung des muttersprachlichen Unterrichts „die patriotische Erziehung" der Nationalitäten gesichert werden solle und zu erzwingen sei, war doch unerhört. Apponyi ging noch weiter. Er verständigte die griechisch-orientalische und die griechisch-unierte Kirche, daß „er beschlossen habe" — wie seltsam sah doch die vielgerühmte neue Demokratie aus — im Interesse des ungarischen Staates und der ungarischen Nation sämtliche rumänischen Volksschulen zu verstaatlichen. Der Anfang solle in den südlichen Komitaten gemacht werden und die Unterrichtssprache in all diesen Schulen die magyarische sein! Die Unirea hatte Recht, wenn sie dem barbarischen Erlaß hinzufügte: „Der Minister irrt gewaltig, wenn er glaubt, durch Verstaatlichung der Schulen den unpatriotischen Geist auszumerzen. Wir sind der Ansicht, daß eine Regierung, die mehr Freiheiten und mehr Rechte verleiht, das Ziel eher erreichen wird, nach dem wir alle streben: die Erstarkung des Vaterlandes". Im übrigen billigte Wekerle in seiner Programmrede am 12. September die Änderungen Apponyis, wobei man selbstverständlich an Magyarisierung nicht denke! Wekerle übernahm auch das Wahlrechtsprogramm Eßterhazis und die Schaffung eines langfristigen Ausgleichs, doch aus alledem wurde nichts.

Die Unsicherheit der Verhältnisse, die Ungewißheit der allgemeinen Lage, waren für die Sachsen immer neue Anstöße, die innere Kräftigung nicht zu versäumen. Schon regten sich in der Kirche die ersten Zeichen des Unbehagens gegenüber den steigenden Kirchensteuern, die Gemeinden wurden unruhig. In der Zeitung wurde der Plan erörtert, die sächsische Parteiorganisation durch Anstellung eines ständigen Arbeiters des Zentralausschusses zu stärken. Das Landeskonsistorium gab eine neue Studien- und Prüfungsordnung für die Kandidaten der Theologie heraus, in der zum erstenmal das Vikariat als eine Vorschule für den praktischen Dienst eingeführt wurde.

Eine große innere Stärkung aber schöpften die Gemeinden aus der überall stattfindenden Gedenkfeier der Reformation und den Erinnerungsfeiern an die Geburt G. D. Teutschs vor hundert Jahren. Das Bild des letzteren hatte G. A. Schuller in einem Büchlein gezeichnet, das überall verteilt wurde, in allen Gemeinden erinnerten sie sich an die eindrucksvolle Generalkirchenvisitation, und all die Gedanken, die um Glaube und Volkstum das Leben gestalten, traten wieder einmal an das ganze Volk heran. Als Reformationsspende waren innerhalb der Landeskirche für das

Waisenhaus in Birthälm 174.975 Kr. gesammelt worden, eine Summe, die um so höher anzuschlagen ist, als zur selben Zeit für die zerstörten Dörfer in den Nordkarpathen und für Gerdauen 53.292 Kr. zusammenkamen.

Die öffentlichen Verhältnisse wurden immer verwirrter. In Pest kam es im Reichstag zu keinen ruhigen Beratungen, es war ein Kampf gegenseitiger Überlistungsversuche, bei denen jede Partei tat als ob sie die größte Demokratie wolle und tatsächlich war das Ziel, unter neuen Schlagworten die unbedingte Herrschaft der Magyaren aufrecht zu erhalten. Der Regierung lag, da sie nicht die Mehrheit hatte, viel daran, die sächsischen Abgeordneten in ihr Lager zu ziehen, sie stellte Vorteile in Aussicht, während Tißa ein Austreten aus der Arbeitspartei als Abfall angesehen hätte. Ihre Stellung war noch schwieriger als Wekerle zurücktrat, da es mit der Wahlrechtsvorlage nicht vorwärts ging und Szterenyi für die Kabinettbildung in Aussicht genommen wurde. Eine Reise nach Kronstadt sollte die Sachsen zum Übergang in sein Lager bestimmen. Er war seit lange, von den Sachsen mitgewählt, ein Abgeordneter Kronstadts, mit den leitenden Männern dort in freundschaftlichen Beziehungen, sah sich selbst, wie er sich ausdrückte, als „Ehrensachsen" an und half gerne mit, wo er sächsische Interessen fördern konnte. Schäßburg versuchte durch eine Vertrauenskundgebung den Übergang zu beschleunigen, doch gelang es, besonders durch Melzers Ruhe und Entschlossenheit, voreilige Entschlüsse zu verhindern. Szterenyi legte die Betrauung zurück, da er kein Ministerium zustande brachte und Wekerle wurde noch einmal Ministerpräsident, nachdem er mit Tißa eine Art Waffenstillstand geschlossen hatte, um einen Mittelweg zur Lösung der Wahlrechtsfrage zu finden, dem auch die Arbeitspartei betreten konnte. Apponyi war endgültig ausgeschifft, und Graf Zichy, ein milddenkender und gerecht urteilender Mann, übernahm das Kultusministerium. Am 28. Mai konnte eine Vertretung der evangelischen Landeskirche dem jungen Herrscher die Huldigung darbringen und freundliche Worte und gute Versprechungen, zum erstenmal in ungarischer Sprache, entgegennehmen. Nach der amtlichen Antwort hatte der König in ungemein liebenswürdiger Weise die Unterhaltung ausschließlich deutsch geführt. Wekerle betonte die Notwendigkeit des Zusammenhalts der Sachsen und Ungarn in Siebenbürgen und stellte die Unterstützung der ge=

planten Kolonisation in Aussicht, verurteilte auch in starken Worten Apponyis verfehlte Schulpolitik den Rumänen gegenüber. Die solle anders werden, doch habe er es nicht sofort machen können. Auch Zichy war voll Wohlwollen und half sofort, daß die Sachen des Brukenthalischen Museums aus Pest sicher nach Hermannstadt zurückkamen.

Aber neben diesen kleinen Fragen wetterleuchteten die großen auch am Himmel Siebenbürgens, und die Gemüter schwankten zwischen Furcht und Hoffnung. Am 8. Mai war der Bukarester Friede geschlossen worden, in dem Rumänien aus dem Krieg ausschied, Österreich=Ungarn beabsichtigte, neue festere Verträge und Bündnisse mit Deutschland zu schließen trotz der vielfachen Gegenströmungen, aber die deutsche Heersäule war an der West=front in unaufhaltsamem Rückzug, die Übermacht der Entente durch Amerikas Eingreifen wurde täglich fühlbarer, die bestrittenen und doch echten Sixtusbriefe des österreichisch=ungarischen Herrschers, Czernins innerlicher Abfall vom deutschen Bündnis, die zu=nehmende Ermattung Österreich=Ungarns und die Unmöglichkeit weiteren Durchhaltens ließen nicht mehr auf Sieg hoffen. In Pest kamen die endlosen Verhandlungen über das Wahlgesetz nicht vorwärts. Die ev. Gemeinden in Siebenbürgen wurden aufgerufen, unter Hinweis auf die vielen neuen Aufgaben, die nach dem Krieg zu lösen seien, im voraus Mittel dafür zu sammeln, dabei galt es die steigende Not der Lehrer und Pfarrer zu lindern. Die Kirche trauerte um den Tod E. Thullners, des willensstarken und frommen Mannes († 5. Mai), und Johann Teutschs († 7. Juli), dessen ehrfurchtgebietende Gestalt ein Menschenalter hindurch als Stadtpfarrer in Schäßburg maßgebend bei allen wichtigen Ent=schlüssen der Kirche und Politik gewesen war, Anfang September beriet eine Direktorenkonferenz über die ev. Mittelschulen nach dem Krieg, über die bessere Gestaltung des Unterrichtes in Religion und den Sprachen, in Mathematik und Physik und über die körperliche Ausbildung der Jugend — da kam im Oktober der Zusammenbruch, eingeleitet durch Bulgariens Ausscheiden aus dem Kriege und in weiterer Entwicklung durch den Ausbruch der Revolution in Deutschland, Österreich, Ungarn und in Sieben=bürgen selbst.

Schon am 1. Oktober verkündete der österreichische Minister=präsident Freiherr v. Hussarek, die Regierung beabsichtige mit dem Zeitgeist zu gehen und den österreichischen Völkern die Autonomie zu geben. Die berüchtigten 14 Punkte Wilsons, die in ihrer Durchführung der größte Schwindel geworden sind, den die Weltgeschichte erlebt hat, hatten auch dort Verwirrung angerichtet. Alle deutschen Parteien Österreichs erklärten sich am 4. Oktober für die Schaffung eines deutsch-österreichischen Bundesstaates. Vergebens versuchten die führenden ungarischen Politiker das Übergreifen der Entwicklung auf Ungarn aufzuhalten, am 11. Oktober gestand Wekerle, „daß auch die Integrität des ungarischen Staates für die Zukunft nicht mehr in einer ganz unberührten Form besteht." Am 17. Oktober brachte die amtliche Wiener Zeitung ein Manifest des Kaisers, datiert vom 16. Oktober: „An meine getreuen österreichischen Völker!", in dem das alte Österreich zertrümmert wurde. Es verkündete „den Neuaufbau des Vaterlandes auf seinen natürlichen und daher zuverlässigsten Grundlagen". „Österreich soll dem Willen seiner Völker gemäß zu einem Bundesstaat werden, in dem jeder Volksstamm auf seinem Siedlungsgebiet sein eigenes staatliches Gemeinwesen bildet." Den ungarischen Politikern war es gelungen, einen Satz hineinzubringen, daß durch diese Neugestaltung „die Integrität der Länder der heiligen ungarischen Krone in keiner Weise berührt wird", es war eine Redensart, die besonders mit Rücksicht auf die südslavischen Verhältnisse keinen Wert hatte.

In Ungarn klammerte man sich daran, zog aber aus dem Manifest die Folgerung und zerschnitt das Band mit Österreich. Wekerle erklärte im Reichstag: „Nachdem Österreich sich auf föderativer Grundlage organisiert hat, stellen wir uns auf den Boden der Personalunion und werden demgemäß unsere Politik in wirtschaftlicher Beziehung und auch in bezug auf unsere Verteidigung unabhängig und selbständig organisieren." Auch St. Tißa mußte sich auf diese Plattform stellen. „Wir haben den Krieg verloren", gestand er und verlangte auch seinerseits „vollständige Selbständigkeit auf dem Gebiete des Wirtschaftslebens, der Verteidigung und auswärtigen Angelegenheiten", dabei aber „Integrität Ungarns". Sie wurde nicht nur durch die Haltung der Südslaven erschüttert und unmöglich gemacht. Die Ereignisse überstürzten sich. „Die Kronen rollten", die Monarchen wurden vertrieben oder entsagten dem Thron, auch Ungarn wurde Republik und Graf M. Karolyi forderte das Heer auf, die

Waffen niederzulegen und heimzukehren, es kam das Chaos. Im Kronstädter Komitat wurden Vorbereitungen zu einer neuerlichen Flucht erwogen, aber wohin? In Pest war es nicht sicherer als in Kronstadt, und als das Kultusministerium Ende Oktober einen Vertrauensmann schickte, die ev. Kirche solle die heiligen Geräte aus den Kirchengemeinden nach Pest schicken, lehnte sie es entschieden ab. Es galt vor allem den Kopf kühl und die Nerven im Zaum zu halten.

Am 29. Oktober trat der erweiterte Sächsische Zentralausschuß zusammen und erklärte, „daß das sächsische Volk, getreu seiner Jahrhunderte alten Überlieferung auch in dieser schicksalsschweren entscheidungsvollen Zeit fest und unerschütterlich zum ungarischen Vaterlande steht. In der klaren Erkenntnis, daß wir unserem Vaterlande so wie wir sind, als Deutsche am besten dienen können, fordern wir, daß uns bei der Neuordnung der Verhältnisse, unter Wahrung vollkommener und wirklicher Gleichberechtigung und dem Schutz der nationalen Minderheiten, freier Lebensraum und volle Entwicklungsmöglichkeit gewährleistet werde, auf allen Gebieten des politischen, sozialen und kulturellen Lebens. Insbesondere ist die freie Selbstverwaltung unserer Kirche und unseres gesamten Erziehungs- und Unterrichtswesens, sowie unseres Nationalvermögens sicherzustellen und unser gesamtes kulturelles und wirtschaftliches Leben bedingungslos zu fördern und aus Mitteln des Staates zu unterstützen.

„Wir halten es für selbstverständlich, daß dieser freie Lebensraum auf allen Gebieten dem ganzen deutschen Volke in Ungarn gegeben werde, das ihn durch Vergangenheit und Gegenwart gleichermaßen verdient. Die sächsischen Reichstagsabgeordneten aber fordern wir auf, für diese Forderungen und Ziele unabhängig von jedem Rahmen der ungarischen Reichstagsparteien einzustehen und alles daran zu setzen, daß das deutsche Volk den Platz unter den Völkern Ungarns erhalte, den es nach seiner Kulturarbeit und Treue verdient."

Der Zentralausschuß verlangte zugleich die Aufhebung der Verordnung vom 1. November 1917, die später verschärft worden war, nach der Verkauf und Verpachtung von Grund und Boden, ja der Häuser an die Genehmigung besonderer Kommissionen gebunden waren.

Da K. Wolff, der schon im Juli 1917 erklärt hatte, mit Rücksicht auf Alter und Gesundheit die Leitung nicht mehr behalten zu können, den Vorsitz niederlegte, wurde unter warmem Dank für die bisherige lange erfolgreiche Arbeit A. Schullerus zum Vorsitzer gewählt und in die Stelle des neugeschaffenen Postens des Sekretärs des Zentralausschusses Hans Otto Roth berufen.

Seit vierzig Jahren hatte K. Wolff die sächsische Politik, die Arbeit zur wirtschaftlichen Stärkung des sächsischen Volkes geleitet, selbstlos, durchgreifend, tragfähige Grundlagen zur weiteren Entwicklung gelegt, oft bekämpft und in manchen Jahren arg befeindet, dem Volk in böser Zeit ein Vorbild mit seiner Entschlossenheit und Tatkraft und Zuversicht: „Der Deutsche in diesen Landen darf an dem Erfolg seiner Arbeit nicht verzagen; sie schreitet vorwärts, wenn auch langsam, häufig unterbrochen und reich an Opfern." Die sächsische Nation hat die Hingabe seiner Kraft für ihre Erhaltung auch als solches Opfer zu werten.

Die Aufgabe des Augenblicks war ebenso die sächsische Politik in richtigen Bahnen zu erhalten wie vor allem zu sorgen, daß im Lande Ordnung bleibe. Die revolutionären Ausschreitungen störten sie allenthalben. Am 31. Oktober hatte in Pest der Nationalrat die Regierungsgewalt übernommen, am selben Tag war Tißa in seiner Villa ermordet worden, Ungarn wurde Republik, im ganzen Lande bildeten sich Ausschüsse des Nationalrats, bald auch Soldatenräte. Am 2. November traten die führenden Männer in Hermannstadt als deutsch-sächsischer Vollzugsausschuß zusammen und forderten die Kreisausschüsse auf, sich mit ihnen in Verbindung zu setzen. Gegen Abend des 2. November drang in Hermannstadt ein Trupp Soldaten, gefolgt von einem Pöbelhaufen im Rathaus ein, zerschlug einige Fensterscheiben und befreite aus dem Gefängnis drei alte Weiber, dann ließen sie die Gefangenen aus dem Garnisonsarrest frei, setzten die russischen Kriegsgefangenen auf freien Fuß und marschierten inzwischen auf etliche Tausend angewachsen zum Bahnhof, wo alles zerschlagen wurde, die Magazine geplündert, die Waggons ausgeraubt wurden. Die Nacht brachte noch böseres Nachspiel. Wieder waren es Soldaten, ungarische Truppen, die mit Gewalt die Kaufläden in der Heltauergasse und auf dem Großen Ring erbrachen, unter Schießen und Lärmen plünderten, unterstützt von lichtscheuem Gesindel, das in solchen Stunden, man weiß nicht woher, wie die Regenwürmer im nassen Wetter aus allen Schlupfwinkeln hervorkriecht.

Der untaugliche kommandierende General, der am Vortag
darauf aufmerksam gemacht worden war, Vorsorge gegen Aus=
schreitungen zu treffen, hatte nichts getan und verließ wenig später
unter dem Hohn der Bevölkerung die Stadt. Das Militär=
kommando wurde aufgelöst und die Abteilung unter das Honved=
Distriktskommando nach Klausenburg versetzt. Der Nationalrat rief
eine Bürgergarde ins Leben, deren Befehl Oberst A. Berger und
Oberst W. Teutsch übernahmen, und ein Aufruf, von den Vertretern
der Sachsen, Rumänen und Ungarn unterschrieben, forderte zur
Ordnung und Ruhe auf, die im Lande verhältnismäßig rasch
eintrat. Große Ausschreitungen waren auf den größeren Gütern
vorgekommen. So war Obrazsa, ein Gut der Vereinsbank in
Hermannstadt, am 1. November völlig ausgeplündert und verwüstet
worden. Auch sonst fehlte es nicht an Ausschreitungen. Das ganze
Borgotal stand in hellem Aufruhr, in Rodna wurden die mili=
tärischen Magazine geplündert, die kaum irgendwo unangetastet
blieben. Überall, wo mißliebige Notäre waren, und deren gab es
zahllose, wurden sie vertrieben, bisweilen arg mißhandelt und
altes Unrecht, das sie getan, gerächt. In allen sächsischen Städten
kam es zu kleineren oder größeren Plünderungen.

Da kam in dieses Durcheinander die Nachricht, daß Erzherzog
Josef, auf Grund einer Ermächtigung des Königs Karl, die Re=
gierung, an deren Spitze Karolyi als Ministerpräsident stand, am
1. November von ihrem Amtseid entbunden hatte, die nun wieder=
holte, was eigentlich schon geschehen war, sie rief, nachdem Karl
früher schon die Krone niedergelegt hatte, am 16. November die
Republik aus und erklärte Ungarn zu einer, von anderen Ländern
unabhängigen und selbständigen „Volksrepublik". Karolyi schrieb:
„Das Land jubelt und wir sind frei", und im selben Augenblick,
wo eine verblendete Politik sich freute, das erreicht zu haben, was
die Linke seit 1848, und vor ihnen mehr als eine Revolution hatte
erreichen wollen, die Trennung Ungarns von Österreich, stürzte
das ganze Gebäude wie ein Kartenhaus zusammen.

In Pest aber war doch das Gewissen im Kultus= und Unter=
richtsministerium erwacht, es hob den magyarischen Sprachunterricht
in den ersten Schulklassen auf, das Landeskonsistorium dehnte es
auf alle Klassen aus, später wurde die Muttersprache der Schüler
auch in den Staatsanstalten eingeführt, alles aber jetzt, wo der
Staat im Zerfall war, viel zu spät. Zur selben Zeit wollten

ungarische Offiziere an den Verhandlungen des Nationalrats in Hermannstadt nicht teilnehmen, weil dort nicht nur magyarisch gesprochen würde. Dafür erklärten die Juden in Hermannstadt, daß sie eigentlich Deutsche seien und baten, der Nationalrat solle sie aufnehmen.

Um die Ruhe aufrecht zu erhalten, wurden überall National= garden, Bürgerwehren u. dgl. errichtet, auf den Dörfern über= nahmen die Nachbarschaften, wie in alter Zeit, den Sicherheitsdienst.

Die Hauptfrage, an der alles, Gegenwart und Zukunft hing, war die Haltung der Rumänen. Wilson hatte in einer Erklärung auch ihnen völlige Selbstbestimmung verheißen und sie nahmen sie von Anfang an in Anspruch. Es war selbstverständlich, daß auch sie sich sofort national organisierten, sie gingen sogar daran, eine rumänische Armee zusammenzustellen, doch allgemein war das Bestreben der drei Nationen in Siebenbürgen, durch friedliches Zusammenwirken Ordnung und Ruhe aufrecht zu erhalten. Die rumänischen Führer hatten ursprünglich eine Autonomie Sieben= bürgens geplant, im Anschluß an Rumänien und unter der Herrschaft des rumänischen Königs, wobei eine Verschmelzung mit dem Nachbarland erst für später ins Auge gefaßt wurde, wenn im Laufe der Entwicklung die dortigen Verhältnisse sich den hiesigen „angeglichen" hätten. Die Verhältnisse sind stärker ge= wesen als sie.

Zunächst tat Ungarn alles, Siebenbürgen zu halten. Jaßi, damals Innerminister Ungarns kam nach Arad, wo eine große rumänische Versammlung stattfand, um das weitere Verhalten zu bestimmen (15. Oktober u. ff.); er stellte ihnen völlige Freiheit in Aussicht, im Rahmen Ungarns. Vaida hatte eine lange Unter= redung mit Erzherzog Josef über die Forderungen der Rumänen. Es war ein Zeichen der Zeit, daß die ungarische Regierung Maniu, der von Wien heimkehrte, von Pest aus einen Sonder= zug zur Verfügung stellte. Aber auch nach Manius Ankunft kam es zu keiner Einigung und der Kongreß beschloß die Über= nahme der Regierung in Siebenbürgen und in den Komitaten bis zur Theiß. Vergebens versprach ein großes Manifest der ungarischen Regierung vom 26. November allen Völkern in Ungarn die Freiheit selbständiger nationaler Entwicklung, Unterricht und Verwaltung und Gericht in der Muttersprache; es war auf all den Gebieten zu viel gesündigt worden, es verfing nichts mehr.

Eine Armee gab es nicht mehr. Mit Tränen in den Augen schnitten die Offiziere die Rosetten von der Kappe ab und legten Zivilkleider an, um vom Pöbel nicht belästigt zu werden. Die Soldaten zerstreuten sich. In Hermannstadt verließ die ganze Bedienungsmannschaft das Militärspital. Ein Teil der Kranken hatte in der Plünderungsnacht sich aus den Betten erhoben und den Streifzug in die Stadt mitgemacht und infolgedessen hatten viele Lungenentzündung bekommen. Manche starben daran und etliche 50 Tote lagen tagelang unbeerdigt im Spital. Die letzte übrig gebliebene Kompagnie nahm zum Schluß Dienste auf dem Brukenthalischen Gut des Hermannstädter Presbyteriums in B.=St.=Miklos, und als die letzten Vorräte dort aufgezehrt waren, gingen sie friedlich jeder in seine Heimat zurück.

Es war nicht zu verwundern, daß angesichts der Verhältnisse auch die Szekler erklärten, daß sie auf Grund der Wilsonschen Punkte die Freiheit eines selbständigen Volks in Anspruch nähmen und sich dies für die Zukunft vorbehielten. Die Sachsen erwogen, ob es sich nicht empfehle, eine Vertretung zu den Friedensverhandlungen zu schicken, um ihren Rechten dort Geltung zu verschaffen, was aber bald fallen gelassen wurde. Die ungarischen ev. Kirchen hatten dem König von Schweden eine Denkschrift geschickt, in der sie für die Unversehrtheit Ungarns eintraten, er gab sie weiter an Wilson und den König von England.

Inzwischen begann der Rückzug der deutschen Armee aus Rumänien. Die Ungarn und Rumänen in Hermannstadt wollten nicht dulden, daß sie hier sich überhaupt aufhielten, doch konnten sie es nicht verhindern. Am 13. November kam Mackensen selbst mit seinem Stab. Aber auch in sein Heer, wie in das österreichisch-ungarische war die Zersetzung eingedrungen. Die Soldaten verlangten Soldatenräte, verkauften wie die der k. u. k. Armee was sie hatten und entbehren zu können meinten. Um wenige Gulden waren Wagen und Pferde zu haben, und wer wollte, konnte die freigelassenen Tiere auf den Gassen der Stadt und den Straßen draußen fangen und nach Hause führen. Am 21. November abends hatte Mackensen die Spitzen der Stadt zum Abendessen geladen; tieferschüttert über die Ereignisse klagte er, er habe das Vaterland verloren. Die geladenen Rumänen hatten abgesagt, da ihr Erscheinen Mißverständnisse hervorrufen könnte.

Schon hatte der Einmarsch der rumänischen Armee in Siebenbürgen begonnen, zuerst von Osten her, dann langsam aus dem Süden. Am 1. Dezember rückten sie in Kronstadt ein. Ihr Vorrücken veranlaßte die Deutschen, das Land schneller zu verlassen.

Es war keine Frage, es handelte sich für Rumänien um die endgültige Erwerbung des Landes.

Da suchten auch die Ungarn Siebenbürgens Verbindungen mit den Sachsen. Der ungarische Nationalrat in Klausenburg hatte von Anfang an Lust, die Sachsen sich anzugliedern, was von vorneherein abgelehnt wurde. Professor Apathy, der in Klausenburg die Führung in der Hand hatte, einer der fanatischesten ungarischen Chauvinisten im Lande, wandte sich an den Nationalrat in Hermannstadt: die Sachsen sollten das Imperium übernehmen, er werde sie mit Geld aus Ungarn unterstützen und ihnen Soldaten zur Verfügung stellen! Es wurde selbstverständlich abgelehnt. Eine Aufforderung der ungarischen Regierung, es sollten die Militärpflichtigen einrücken und die Waffen ergreifen, wurde nicht befolgt. Ein Zusammengehen mit den Ungarn in dieser Lage schien nicht empfehlenswert. In solchen Augenblicken empfanden die Sachsen die ganze Schwere ihrer Lage. Eingeklemmt zwischen Rumänen und Ungarn, mit den ersten fast in jeder Gemeinde, kaum ein halbes Dutzend ausgenommen, Gasse an Gasse mit ihnen wohnend; wenn es da zum Bürgerkrieg kam, so waren die Gefahren riesengroß. Seit 1848, wo sie zum letztenmal die Waffen ergriffen hatten, hatten sie nicht mehr die Entscheidung in großen Fragen beeinflußt, ihr Geschick glich dem Kahn, der auf wilder Flut von ihr getragen und mitgerissen wird und so erhält ihre Geschichte leicht den Anschein des Kleinen und Ziellosen. Und doch ist, um im Bild zu bleiben, in solchem Falle Mut und Kraft, Umsicht und Ausdauer nötig, um den Kahn vor dem Zerschellen zu bewahren, besonders wenn inmitten des Stromes Klippen und Felsen in Menge die Fahrt einengen und bedrohen.

Der Nationalrat forderte auf, beim Einmarsch fremder Truppen Ruhe und Ordnung zu bewahren. Von einer Flucht war keine Rede mehr.

Die Entscheidung über die Zukunft des Landes fiel in Karlsburg am 1. Dezember. Eine große Nationalversammlung des rumänischen Volkes faßte dort einstimmig und begeistert die folgenden Beschlüsse:

„I. Die Nationalversammlung aller Rumänen aus Siebenbürgen, dem Banat und Ungarn, die durch ihre beglaubigten Vertreter am 18. November (1. Dezember) 1918 in Karlsburg versammelt sind, beschließt die Vereinigung dieser Rumänen und aller von ihnen bewohnten Gebiete mit Rumänien. Die Nationalversammlung verkündet insbesondere das unveräußerliche Recht der rumänischen Nation auf den ganzen Banat, eingeschlossen von den Flüssen Marosch, Theiß und Donau.

II. Die Nationalversammlung behält allen oben genannten Gebieten die provisorische Autonomie bis zum Zusammentritt der auf Grund des allgemeinen Wahlrechtes gewählten Konstituante vor.

III. Im Zusammenhang mit dieser als dem Grundprinzip für die Gestaltung des neuen rumänischen Staates verkündet die Nationalversammlung das Folgende:

1. **Die volle nationale Freiheit für alle mitbewohnenden Völker.** Jedes Volk wird den Unterricht, die Verwaltung und die Rechtspflege in seiner eigenen Sprache durch Individuen aus seiner eigenen Mitte haben, und jedes Volk wird das Recht der Vertretung in den gesetzgebenden Körperschaften und in der Regierung im Verhältnis der Zahl der zu ihm gehörigen Individuen haben.

2. Gleichberechtigung und volle autonome konfessionelle Freiheit für alle Konfessionen im Staate.

3. Volle Verwirklichung eines rein demokratischen Regimes auf allen Gebieten des öffentlichen Lebens. Allgemeines, direktes, gleiches, geheimes, gemeindeweises Proportionalwahlrecht für beide Geschlechter im Alter von 25 Jahren für die Vertretung in Gemeinde, Bezirk oder Parlament.

4. Vollständige Preß-, Vereins- und Versammlungsfreiheit; freie Propaganda aller menschlichen Gedanken.

5. Eine gründliche Agrarreform. Es wird eine Zusammenschreibung sämtlicher Besitze gemacht werden, insbesondere der großen Grundbesitze. Auf Grund dieser Zusammenschreibung, indem die Fideikommisse aufgehoben werden, und auf Grund des Rechtes, nach Bedarf die Latifundien zu verkleinern, wird es dem Landmann möglich gemacht werden, sich seinen Besitz zu schaffen (Ackerland, Weide, Wald) wenigstens von solcher Größe, als er mit seiner Familie bearbeiten kann. Der leitende Grundsatz dieser Agrarpolitik ist einerseits die Förderung der sozialen Gleichheit, andererseits die Steigerung der Produktion.

6. Der industriellen Arbeiterschaft werden dieselben Rechte und Vorteile zugesichert, die in den fortgeschrittensten Industriestaaten des Westens gesetzlich festgelegt sind.

IV. Die Nationalversammlung gibt ihrem Wunsche Ausdruck, der Friedenskongreß möge die Gemeinschaft der freien Nationen in solcher Weise zustande bringen, daß das Recht und die Freiheit für

Die Karlsburger Beschlüsse. Leitender Regierungsrat.

alle Nationen groß und klein in gleicher Weise gesichert sei und daß in Zukunft der Krieg als Mittel für die Regelung der internationalen Beziehungen ausgeschaltet sei.

Punkt V.—VIII. sind ohne Bezug auf die heutigen politischen Verhältnisse.

IX. Für die weitere Führung der Angelegenheiten der rumänischen Nation aus Siebenbürgen, dem Banat und Ungarn beschließt die Nationalversammlung die Einsetzung eines großen rumänischen Nationalrates, der die volle Berechtigung haben wird, die rumänische Nation wann immer und überall allen Nationen der Welt gegenüber zu vertreten und alle Verfügungen zu treffen, die er im Interesse der Nation für notwendig halten wird."

Die Beschlüsse, die von der Regierung in Bukarest und vom König Ferdinand bestätigt und zur Kenntnis genommen wurden, waren verheißungsvoll, es sprach daraus das selbsterfahrene Leid eines Volkes, dem vieles von dem, was es hier begehrte und versprach, lang versagt gewesen war. Allerdings zeigte sich zugleich eine beginnende Nachgiebigkeit gegenüber Strömungen im Altreich. Die 20 jährige Autonomie Siebenbürgens, die in Arad noch gefordert worden war, war hier schon in die Forderung einer Provinzialregierung bis zum Zusammentritt der neuen konstituierenden Reichsversammlung zusammengeschrumpft.

Sofort ergriffen die Rumänen die Herrschaft, ein Regierungsrat (Consiliul dirigent) stellte sich an die Spitze, er nahm in Hermannstadt seinen Sitz und sorgte nun für Aufrechthaltung der Ordnung und Ruhe im Lande. An seiner Spitze stand Julius Maniu, der lange Jahre im ungarischen Abgeordnetenhaus sein Volk vertreten hatte, eine umsichtige, milde Natur, der das Herrschen und Befehlen nicht im Blute lag, ein Mann des allgemeinen Vertrauens auch bei den Nichtrumänen. Kultus- und Unterricht übernahm V. Goldis, der schärfer und ausgeprägter aus dem Kampfe für die Gleichberechtigung seines Volkes das Verständnis für die Bedürfnisse auch der anderen gewonnen hatte und der an den Karlsburger Beschlüssen wesentlichen Verdienst hatte. An seine Stelle trat bald Valer. Branisce, ein vielfacher Märtyrer seines Eintretens für sein Volk, nun erst recht bereit, den Sachsen zu geben was die Rumänen für sich verlangt hatten.

Und dieser Regierungsrat drängte zur Entscheidung. Er wollte wissen, wie sie mit den Sachsen dran wären, stünden sie ihnen als Freund oder als Feind gegenüber?

Den Wünschen der Sachsen hätte das Abwarten des Friedens entsprochen, dessen Bestimmungen maßgebend werden sollten. Aber die Verhältnisse warteten nicht. Der Regierungsrat versicherte auf Ehre und Gewissen, daß die Entente unter Zustimmung Amerikas Siebenbürgen Rumänien zugesprochen habe und nur die Grenze an der Theiß nicht genau bestimmt sei. Zur selben Zeit richteten die Ungarn Siebenbürgens an die Sachsen die Aufforderung, mit den Szeklern zusammen eine eigene Republik auszurufen, in die auch Klausenburg einzubeziehen sei, während die Randgebiete im Süden und Westen den Rumänen zu überlassen seien, eine Unmöglichkeit in jeder Beziehung. Die Sachsen waren zum Ergebnis gekommen, daß, wenn eine Anschlußerklärung erfolge, sie auf Grund von klaren Bedingungen zu geben, über deren Einhaltung sie sich freilich keinen Illusionen hingaben. Inzwischen wurde das Land von den rumänischen Truppen immer mehr besetzt. In Hermannstadt zogen die ersten am 16. Dezember ein. Auf den Dörfern spitzten sich die Gegensätze zu, es kam hin und wieder zu Zusammenstößen; was für Aussichten, wenn einmal überall ausgegeben wurde, die Sachsen seien Feinde! Dem leitenden Regierungsrat lag viel an der Anschlußerklärung der Sachsen, augenscheinlich auch darum, damit man, falls irgendein unwissender Unterhändler bei den Friedensverhandlungen in Paris doch auf den Gedanken käme zu fragen, wie es mit der nicht ausschließlich rumänischen Bevölkerung Siebenbürgens stehe, auf die Stellungnahme der Sachsen hinweisen könnte.

Ungarn selbst, von wo Abgabe von Kleidern u. dgl. verlangt wurde und die kommunistische Regierung später die Sozialisierung der Häuser, d. h. deren Konfiskation auch hier verlangte, hatte sich aufgegeben. Das Ministerium forderte von den Kirchen „angesichts der Liquidierung der Monarchie und der Loslösung einiger Teile aus dem Verband Ungarns", ein Gutachten, in dem sie ihre Wünsche in bezug auf die kulturelle Sicherung der Kirche und den Schutz der Minoritäten darlegen sollten, damit der Friedenskonferenz sichere Daten zur Verfügung stünden. Auch in Pest erkannte man, daß Siebenbürgen nicht zu halten war und Rumänien die Einverleibung des Nachbarlandes anstrebte.

Es wurde immer deutlicher, daß der Anschlußerklärung nicht auszuweichen war.

Der letzte entscheidende Grund dafür war die Einsicht, daß es sich hier um einen großen historischen Vorgang handelte, der zu einem gewissen Abschluß kam, und die Erkenntnis, daß, bei der Überzahl der Rumänen in Siebenbürgen, und dem natürlichen und durch die Geschichte der letzten fünfzig Jahre verstärkten Bestreben nach der Vereinigung mit den Brüdern jenseits der Karpathen, diesem sich zu widersetzen, ein nutzloser Widerstand gewesen wäre.

So übergab der Sächsische Nationalrat dem leitenden Regierungsrat die Bedingungen, auf die hin der Anschluß erklärt werden sollte. Auf dem Großen Ring in Hermannstadt wurden eben die Tribünen errichtet, Vorbereitungen für den Empfang des französischen Generals Berthelot, der als Vertreter der Ententetruppen am 1. Januar 1919 in Hermannstadt einzog, am 2. Januar mit Banderien und Fahnen und einem eindrucksvollen Aufgebot von vielen tausend Menschen aus der ganzen Umgebung empfangen, ein farbenprächtiges Bild, das die Wintersonne beleuchtete, und auf den sächsischen Häusern wehte zum erstenmal die rumänische Fahne. Den Spitzen der geistlichen und weltlichen Behörden, die sich ihm vorstellten, antwortete der General freundlich: er komme als Bringer der Freiheit für Völker und Glauben und hoffe auf eine glückliche Zukunft des Landes unter den neuen Verhältnissen.

Sie ließen sich schlecht an. Strenge Verordnungen wie im eroberten Land verboten Versammlungen, Zensur wurde eingeführt, Zwangseinquartierungen vorgenommen u. dgl. m., was mit dem Krieg unvermeidlich verbunden ist. Die Beamten wurden umgetauscht, an Stelle der ungarischen und sächsischen Beamten traten fast ausschließlich Rumänen, vor allem an die Stelle der Obergespäne, doch blieben die sächsischen Bürgermeister in allen Städten außer Broos und Mühlbach. In Hermannstadt wurde Walbaum als Komes im Amt gelassen, die Obergespansstelle anderweitig besetzt, nachdem Walbaum seine Pensionierung auf sein Ansuchen von der ungarischen Regierung erhalten hatte. Dazu eine besondere Enttäuschung: der Regierungsrat erklärte den sächsischen Vertretern, die mit ihm über die Bedingungen des Anschlusses verhandeln wollten, daß davon insolange keine Rede sein könnte, bis die Sachsen sich nicht für Großrumänien entschieden hätten. Die Karlsburger Beschlüsse, die jedem Volke eigene Verwaltung, Gericht und Erziehung zusicherten, enthielten eine grundsätzliche Zustimmung zu den sächsischen Forderungen, die auf das Gleiche hinausliefen; es handle sich bloß um die Durchführung und über die könne man nur nach dem Anschluß reden.

Mit Dekret vom 27. Dezember 1918 hatte König Ferdinand die Herrschaft über Siebenbürgen übernommen und dessen Vereinigung mit Rumänien erklärt.

So ergab sich von selbst die Notwendigkeit, den erweiterten Zentralausschuß zur endgültigen Stellungnahme zusammenzurufen. Es geschah für den 8. Januar 1919 nach Mediasch. Dort ist nach eingehender Verhandlung einstimmig die folgende Erklärung angenommen worden:

„Die Weltereignisse haben für das Gebiet, auf dem das Volk der Siebenbürger Sachsen vor fast 800 Jahren seine Heimat begründet hat, neue Tatsachen geschaffen, König Ferdinand von Rumänien hat in seinem Dekrete vom 27. Dezember 1918 die Herrschaft über dieses Gebiet ausgesprochen und angetreten. Der zahlreichste Volksstamm Siebenbürgens und der angrenzenden Teile Ungarns aber hat in seiner Karlsburger Nationalversammlung den Anschluß an Rumänien erklärt. Durch die Vereinigung Siebenbürgens und der von Rumänen bewohnten Teile Ungarns mit Rumänien wird ein Gesamtgebiet geschaffen, dessen Zusammengehörigkeit in den ethnographischen Verhältnissen begründet ist.

Angesichts dieser Tatsachen und in der Überzeugung, daß sich hier ein weltgeschichtlicher Vorgang vollzieht, spricht das sächsische Volk in Siebenbürgen, indem es sich auf den Boden des Selbstbestimmungsrechtes der Völker stellt, seinen Anschluß an das Königreich Rumänien aus und entbietet dem rumänischen Volke seine brüderlichen Grüße und herzlichen Glückwünsche zur Erfüllung seiner nationalen Ideale.

Das sächsische Volk Siebenbürgens trägt damit nicht nur der weltgeschichtlichen Entwicklung Rechnung, sondern auch dem innern Rechte des rumänischen Volkes auf Vereinigung und Staatenbildung und spricht die zuversichtliche Erwartung aus, daß sich das rumänische Volk und der rumänische Staat, dem das sächsische Volk seine altererbte Tüchtigkeit zur Verfügung stellt, ihm gegenüber immer durch vornehme und gerechte Gesinnung leiten lassen wird. Das sächsische Volk, das Jahrhunderte hindurch eine verfassungsmäßige Selbstverwaltung besaß, die ihm entgegen feierlicher und gesetzlicher Zusicherung widerrechtlich entzogen wurde, erwartet ferner, daß es ihm niemals unmöglich gemacht werde, sich als eine ihres Volkstums bewußte nationale und politische Einheit in aller Zukunft zu behaupten und zu entwickeln, in der Voraussetzung, daß der neue Staat ihm alles gerne bieten und geben wird, was es als seine Lebensbedingung ansieht.

Eine Gewähr hiefür sieht es in den Karlsburger Beschlüssen der rumänischen Nationalversammlung, in denen ausgesprochen ist, daß jedes Volk sich in seiner Sprache und durch seine Söhne leiten, unterrichten, verwalten, rechtsprechen und in Gesetzgebung und Regierung die entsprechende Vertretung erhalten soll, die für Kirche und Schule Autonomie gewährleisten und überhaupt eine gerechte und wohlwollende Berücksichtigung aller freiheitlichen, nationalen, politischen, wirtschaftlichen und kulturellen Rechte der Völker und damit auch unseres Volkes verbürgen.

Das sächsische Volk stimmt ferner dem Beschlusse der Karlsburger Nationalversammlung zu, wornach auf dem Friedenskongreß die Gerechtigkeit und die Freiheit für die großen und kleinen Nationen gleichmäßig gesichert werden sollen, und sieht darin eine dauernde Bürgschaft für den Frieden der Völker.

Es hofft und wünscht, daß auch die übrigen deutschen Volksgenossen im neuen Staate seinem Vorgehen sich anschließen werden, und spricht die Erwartung aus, daß die Rechte, die ihm gebühren, auch den übrigen Deutschen zuerkannt werden und daß die völkische und politische Zusammengehörigkeit aller Deutschen in dem neuen Staate anerkannt wird!

Im vollen Bewußtsein der Bedeutung seines Entschlusses, betrachtet sich das sächsische Volk von heute an als ein Glied des rumänischen Reiches, seine Söhne und Töchter als Bürger dieses Staates. Es bittet Gott, daß er den verantwortungsvollen Schritt, den es zu tun sich verpflichtet fühlte, zum Guten lenke und mit seinem Segen begleite."

Die Entscheidung in Mediasch ist den Sachsen nicht leicht gefallen, wie es jeder verstehen wird, der die Volksseele kennt. Wohl war der Wandel eine geschichtliche Entwicklung, die sie nicht aufhalten konnten, aber sie empfanden ihn als einen Übergang in neue ungewisse Verhältnisse, die sie vor neue Aufgaben, vor neue Gefahren stellten. Die Mediascher Erklärung wurde durch eine Abordnung dem Ministerium in Bukarest und dem König überreicht, die sie, wie der leitende Regierungsrat, mit Befriedigung zur Kenntnis nahmen. Es berührte angenehm, daß der König bei dem Anlaß dem Gedanken Ausdruck gab: Siebenbürgen solle mithelfen, Rumänien zu einem westlichen Staat zu machen. Wenn aber die Sachsen den neuen Übergang mit jenen verglichen, die das Land schon erlebt hatte, 1691 von den Türken an das Haus Habsburg, 1868 an Ungarn durch den Dualismus, so drängte sich ein großer Unterschied auf. Beidemal war der Übergang auf Grund von Verträgen und Gesetzen geschehen, die eine Bürgschaft für die weitere Entwicklung gaben, jetzt waren es

Versprechen, auf die man bauen oder nicht bauen konnte, die man halten oder nicht halten konnte.

Wenn jede Zukunft ungewiß ist, hier lag sie völlig im Dunkeln.

Die Grundlage für die neue Entwicklung aber wurde in dem „Vertrag zwischen den alliierten und assoziierten Hauptmächten und Rumänien" gegeben, der am 9. Dezember 1919 in Paris abgeschlossen wurde und also lautet:

„Die alliierten und assoziierten Hauptmächte — die Vereinigten Staaten von Amerika, das britische Reich, Frankreich, Italien und Japan — einerseits und andererseits Rumänien vereinbarten:

in Anbetracht dessen, daß kraft der Verträge, welche die alliierten und assoziierten Hauptmächte unterzeichneten, das Königreich Rumänien weite territoriale Vergrößerungen erhielt oder erhalten wird;

in Anbetracht dessen, daß Rumänien aus eigenem Willen den Wunsch hat, sowohl den alten Einwohnern des alten Königreichs Rumänien, als auch denen der neuerdings überwiesenen Territorien, welcher Rasse, Sprache oder Religion immer sie angehören, zuverlässige Garantien der Freiheit und des Rechtes zu geben;

nach gemeinsamer Prüfung den gegenwärtigen Vertrag zu schließen und haben hiezu für ihre Vollmachtgeber unter Vorbehalt der Möglichkeit andere zu ernennen, zur Unterzeichnung bestimmt, und zwar (es folgen die Namen), die die folgenden Stipulationen trafen:

Kapitel I.

Artikel 1. Rumänien verpflichtet sich, daß die in den Artikeln 2 bis 8 des gegenwärtigen Kapitels enthaltenen Bestimmungen als Grundgesetze anerkannt werden, so daß kein Gesetz, keine Verordnung oder amtliche Handlung im Widerspruch oder im Gegensatz mit diesen Bestimmungen stehe und kein Gesetz, keine Verordnung und keine amtliche Handlung ihnen entgegen den Vorrang haben soll.

Artikel 2. Die rumänische Regierung verpflichtet sich, allen Einwohnern ohne Unterschied der Herkunft, Staatsangehörigkeit, Sprache, Rasse oder der Religion vollen und ganzen Schutz ihres Lebens und ihrer Freiheit zu gewähren.

Alle Einwohner Rumäniens werden das Recht der freien sowohl öffentlichen, als privaten Ausübung jeder Art von Religion oder Glauben haben, deren Übung mit der öffentlichen Ordnung und den guten Sitten nicht unvereinbarlich ist.

Artikel 3. Unter Vorbehalt der hier weiter unten erwähnten Vereinbarungen erkennt Rumänien als rumänische Staatsangehörige ipso jure und ohne irgendeine Förmlichkeit alle Personen an, die zur Zeit des Inkrafttretens des gegenwärtigen Vertrages auf dem ganzen Gebiet wohnen, das zu Rumänien gehört, inbegriffen die

Gebiete, die ihm durch die Friedensverträge mit Österreich und mit Ungarn überwiesen wurden oder die Gebiete, welche ihm später zugewiesen werden könnten, wenn zu diesem Zeitpunkt die genannte Person nicht eine andere Staatsangehörigkeit als die österreichische oder ungarische geltend machen könnte.

In jedem Falle werden die österreichischen oder ungarischen Staatsangehörigen von mehr als 18 Jahren die Möglichkeit haben, unter den Bedingungen, die in den erwähnten Vereinbarungen vorgesehen sind, für jede andere Staatsangehörigkeit, die ihnen offen steht, zu optieren. Die Option des Mannes zieht die der Frau und die Option der Eltern die ihrer Kinder unter 18 Jahren nach sich.

Personen, die von dem obigen Optionsrecht Gebrauch gemacht haben, müssen in den folgenden 12 Monaten ihren Wohnsitz in den Staat verlegen, für den sie optiert haben. Es steht ihnen frei, das unbewegliche Vermögen zu behalten, das sie auf rumänischem Gebiete besitzen. Sie können ihre bewegliche Habe jeder Art fortschaffen. Es wird ihnen aus diesem Grunde kein Ausfuhrzoll auferlegt.

Artikel 4. Rumänien anerkennt als rumänische Staatsangehörige ipso jure und ohne irgendeine Formalität die Personen österreichischer und ungarischer Staatszugehörigkeit, die in den Gebieten von dort wohnhaften Eltern geboren sind, die durch die Friedensverträge mit Österreich und Ungarn Rumänien zugewiesen wurden oder die ihm später überwiesen werden könnten, — auch wenn sie zur Zeit des Inkrafttretens des gegenwärtigen Vertrages nicht selbst da ihren Wohnsitz hätten.

In jedem Falle können in den 2 Jahren, die auf das Inkrafttreten des gegenwärtigen Vertrags folgen, diese Personen vor den kompetenten rumänischen Behörden in dem Lande ihres Wohnortes erklären, daß sie auf die rumänische Staatsangehörigkeit verzichten und sie hören daher auf als rumänische Staatsangehörige betrachtet zu werden. In dieser Hinsicht wird die Erklärung des Mannes als gültig für die Frau und die der Eltern als gültig für die Kinder unter 18 Jahren angesehen.

Artikel 5. Rumänien verpflichtet sich, in keiner Weise die Ausübung des Optionsrechtes zu behindern, das in den Verträgen vorgesehen ist, die von den alliierten und assoziierten Mächten mit Österreich oder mit Ungarn geschlossen wurden oder zu schließen sind und die Fragen des Erwerbs oder Nichterwerbs der rumänischen Staatsangehörigkeit betreffen.

Artikel 6. Die rumänische Staatsbürgerschaft wird ispo jure durch die bloße Tatsache der Geburt auf rumänischem Gebiete von jeder Person erworben, die nicht vermöge der Geburt eine andere Staatsbürgerschaft geltend machen kann.

Artikel 7. Rumänien verpflichtet sich ipso jure und ohne irgend eine Formalität als rumänische Staatsangehörige die Juden anzuerkennen, die all die Gebiete Rumäniens bewohnen und keine andere Staatsbürgerschaft geltend machen können.

Artikel 8. Alle rumänischen Staatsbürger ohne Unterschied der Rasse, der Sprache oder Religion sind vor dem Gesetze gleich und genießen dieselben bürgerlichen und politischen Rechte.

Unterschiede in Religion, Glauben oder Bekenntnis sollen keinem rumänischen Staatsangehörigen beim Genuß der bürgerlichen und politischen Rechte nachteilig sein, wie namentlich bei Zulassung zu öffentlichen Stellungen, Ämtern und Würden oder der Ausübung der verschiedenen Berufs- und Erwerbstätigkeiten.

Keinem rumänischen Staatsangehörigen werden im freien Gebrauche irgendeiner Sprache im Privat- oder Geschäftsverkehr, in Angelegenheiten der Religion, der Presse oder irgendeiner Art von Veröffentlichungen oder in öffentlichen Versammlungen Beschränkungen auferlegt.

Unbeschadet der Einführung einer (offiziellen) Amtssprache durch die rumänische Regierung werden rumänischen Staatsangehörigen von anderer Sprache als der rumänischen angemessene Erleichterungen hinsichtlich des Gebrauchs ihrer Sprache vor Gericht in Wort und Schrift geboten werden.

Artikel 9. Rumänische Staatsangehörige, die einer Minderheit nach Rasse, Religion oder Sprache angehören, genießen dieselbe Behandlung und dieselben Garantien, rechtlich und faktisch, wie die anderen rumänischen Staatsangehörigen. Insbesondere haben sie dasselbe Recht, auf ihre eigenen Kosten Wohltätigkeits-, religiöse oder soziale Einrichtungen, Schulen und andere Erziehungsanstalten zu errichten, zu verwalten und zu beaufsichtigen, mit der Berechtigung, in denselben ihre eigenen Sprachen frei zu gebrauchen, und ihre Religion frei zu üben.

Artikel 10. Was das öffentliche Unterrichtswesen anbelangt, wird die rumänische Regierung in den Städten und Bezirken, wo eine verhältnismäßig beträchtliche Zahl rumänischer Staatsangehöriger anderer Sprache als der rumänischen wohnt, angemessene Erleichterungen gewähren, um sicherzustellen, daß in den Volksschulen den Kindern dieser rumänischen Staatsangehörigen der Unterricht in ihrer eigenen Sprache erteilt werde. Diese Bestimmung wird die rumänische Regierung nicht hindern, den Unterricht der rumänischen Sprache in den besagten Schulen zu einem Pflichtgegenstande zu machen.

In den Städten und Bezirken, wo eine verhältnismäßig beträchtliche Anzahl rumänischer Staatsangehöriger wohnt, die einer Minderheit nach Rasse, Religion oder Sprache angehören, wird diesen Minderheiten von allen Beträgen, die etwa für Erziehungs-, Religions- oder Wohltätigkeitszwecke aus öffentlichen Mitteln in Staats-, Gemeinde- oder anderen Budgets ausgeworfen werden, ein angemessener Teil zu Nutzen und Verwendung gesichert.

Artikel 11. Rumänien stimmt zu, den Gemeinschaften der Szekler und der Sachsen in Siebenbürgen eine lokale Selbstverwaltung (Autonomie), unter der Aufsicht des rumänischen Staates zu bewilligen hinsichtlich der religiösen und Schulfragen.

Artikel 12. Rumänien stimmt zu, daß, soweit die Bestimmungen der vorstehenden Artikel Personen berühren, die nach Rasse, Religion oder Sprache Minderheiten angehören, diese Bestimmungen Verpflichtungen von internationalem Interesse bilden und unter die Garantie des Völkerbundes gestellt werden. Sie können nicht ohne Zustimmung der Mehrheit des Rates des Völkerbundes abgeändert werden. Die Vereinigten Staaten von Amerika, das britische Reich, Frankreich, Italien und Japan verpflichten sich dagegen, keiner Abänderung der erwähnten Artikel ihre Zustimmung zu verweigern, die durch die Mehrheit des Rates des Völkerbundes in entsprechender Form gutgeheißen werden sollte.

Rumänien stimmt zu, daß jedes Mitglied des Rates des Völkerbundes das Recht haben solle, die Aufmerksamkeit des Rates auf jede Verletzung oder Gefahr einer Verletzung irgendeiner dieser Verpflichtungen zu lenken und daß der Rat in einer Weise vorgehen und solche Weisungen geben könne, die im gegebenen Falle geeignet und wirksam erscheinen können.

Rumänien stimmt außerdem zu, daß im Falle einer Meinungsverschiedenheit über Rechts- oder Tatfragen, betreffend diese Artikel, zwischen der rumänischen Regierung und irgendeiner der alliierten und assoziierten Hauptmächte oder jeder andern Macht, welche Mitglied des Rates des Völkerbundes ist, diese Meinungsverschiedenheit als ein Streitfall anzusehen ist, dem nach den Bestimmungen des Artikel 14 des Völkerbundsvertrages internationaler Charakter zukommt.

Rumänien stimmt zu, daß jeder derartige Streitfall, wenn es der andere Teil verlangt, dem ständigen internationalen Gerichtshofe unterbreitet werde. Gegen die Entscheidung des ständigen Gerichtshofes ist eine Berufung unzulässig und hat die Entscheidung die gleiche Kraft und denselben Wert wie eine auf Grund des Artikels 14 des Vertrages getroffene Entscheidung.

Kapitel II (Artikel 13—17)
betrifft Fragen des Verkehrs.

Gegeben zu Paris, 9. Dezember 1919."

Der Friede von Trianon (4. Juni 1920) hat dann die Zugehörigkeit Siebenbürgens zu Rumänien staatsrechtlich anerkannt.

Eins war sicher: die Vergangenheit war abgeschlossen und es begann eine neue Zeit.

In ihr sich einzurichten, nicht dem Verlorenen nachzutrauern, war die Aufgabe.

Für diese neue Aufgabe war es verheißungsvoll, daß das Gefühl der Zusammengehörigkeit, das Bewußtsein der nationalen

Einheit unter den Sachsen so stark war, daß die innere Erschütterung des Volkes nicht zum Zusammenbruch führte. Die Sitzungen des Nationalrats, an den sich alles wandte, was irgendwie im Volk an Sorgen und Wünschen zutage trat, hatten mit dazu beigetragen, daß das sächsische Volk im Sturm der Ereignisse sich als ein Ganzes fühlte, und das Vertrauen auf die Männer des National= rats half zur inneren Beruhigung mit. Ebenso daß in die Orts= ausschüsse allgemein Männer des Vertrauens berufen wurden. In Kronstadt verstand Dr. Depner mit Hilfe des Anwalts Zerbes vom Juli 1919 an die Gemüter zasammen zu halten, die eigene aufrechte Gesinnung auch der Gefolgschaft einzupflanzen, was in gleicher Weise in Schäßburg Fr. Markus und Direktor Wolff besorgten und zahllose Treue an den anderen Orten.

Die größte Belastung brachte die Einberufung der militär= pflichtigen Jahrgänge in die rumänische Armee. Es kam im einzelnen zu unerfreulichen Auftritten, die sich aus der Lage heraus erklären ließen: es war keine Kleinigkeit nach 4—5 Kriegsjahren, nun, wo jeder hoffte, es sei aus mit dem Krieg, wieder einrücken zu müssen und nun gegen jene zu ziehn, mit denen er die harten Jahre Schulter an Schulter gekämpft hatte. Agitationen von außen halfen mit, daß ein Bodensatz der Verstimmung in vielen übrig blieb, die sich vielfach in schärfster Weise gegen die Kirche richtete, weil auch einige Pfarrer bei der Anschlußerklärung in Mediasch mit dabei gewesen waren. In so aufgeregten Zeiten ist die Volks= stimmung unglaublichsten Einflüsterungen zugänglich. Aber zuletzt gewann die Überzeugung die Oberhand, daß es undenkbar war, dem neuen Staat eine Pflicht zu verweigern, deren Erfüllung zu fordern sein Recht war.

Zur Mithilfe an dem allgemein notwendigen Neubau nahm der leitende Regierungsrat im Februar 1919 den in Berlin als Direktor einer Mädchenschule angestellten Sachsen L. Korodi in Anspruch, der seinerzeit Abgeordneter im ungarischen Reichstag gewesen war, von wo er, infolge seiner nationalen deutschsächsischen Politik mannigfachen Verfolgungen ausgesetzt, hatte weichen müssen. Jetzt erschien er als die geeignete Mittelsperson, „Verbindungs= offizier" zwischen den Sachsen und dem leitenden Regierungsrat zu sein, mit dessen Mitgliedern Korodi seit früher in Verbindung stand und der ihn als Staatssekretär (Secretar general) in das Kultus= und Unterrichtsministerium berief, wo er, solange der

Regierungsrat bestand, der ev. Kirche und der deutschen Schule wertvolle Dienste leistete. Auch die Regierung in Bukarest hatte seiner Berufung zugestimmt. Nach Aufhebung des Regierungsrats mit nie erfüllten Versprechungen hingehalten, verließ er nach schwerer Enttäuschung die Heimat zum zweitenmal (1925), mit der bitteren Empfindung, daß er hintergangen worden sei.

Die Verbindung zwischen den Sachsen und dem Regierungsrat lag vor allem in den Händen Rudolf Brandschs. So wie er eine gemeinsame Front der Deutschen in Ungarn hatte herstellen wollen, so hatte er als ungarischer Reichstagsabgeordneter auch Fäden zu den rumänischen Politikern gesponnen und stand in persönlichen Beziehungen zu ihnen. Sie kamen jetzt der sächsischen Politik und dem sächsischen Volke zugute. Er war unermüdlich in aufklärender Arbeit nach oben und unten und hat den Übergang in die neuen Verhältnisse erleichtert.

Ein Teil des sächsischen Volkes erwartete einen großen Aufschwung auf wirtschaftlichem Gebiet, ein anderer die Verwirklichung der Karlsburger Beschlüsse und machte Pläne für eine neue Landeseinteilung, wo die Sachsen sich selbst verwalten sollten u. dgl. Die Bukarester ev. Gemeinde ergriff mit Lebhaftigkeit den Gedanken des engeren Anschlusses an die siebenbürgische ev. Landeskirche, und des Zusammenschlusses sämtlicher ev. Kirchen im neuen Staat, und in der Mitte der siebenbürgischen Landeskirche tauchten allerlei Gedanken auf, wie Einzelnes in der Verfassung zu verbessern sei, die Schulaufsicht einzurichten sei u. dgl. m. Wie es in aufgeregten Zeiten geht, nahm die Jugend das Wort, aus dem Drange heraus, die Zeit mitgestalten zu helfen, bisweilen überschwänglich, wie es ihr gutes Recht ist, aber immer aus dem vollen Bewußtsein edler nationaler Gesinnung heraus und überzeugt von der Bedeutung der Kirche gerade für die Sachsen. Es war nur menschlich, wenn jeder, ob alt oder jung, als Lehre der Zeit seine Lieblingsgedanken verkündete, überzeugt, daß daran die Welt genesen werde. Die Besten wußten es und viele standen darauf, nicht auf Programme und Systeme komme es an, sondern auf den Geist; den rechten zu wecken sei die Aufgabe aller und der könne kein anderer für die Sachsen sein, als der deutschevangelische, der im Boden des Christentums wurzelt, das mit seinem steten Bußruf sich an den inneren Menschen wendet: werdet anderen Sinnes!

Ein großer Sachsentag in Schäßburg billigte am 6. No=
vember 1919 die Mediascher Erklärung und stellte das folgende
Sächsische Volksprogramm auf:

„Der in Schäßburg am 6. November 1919 abgehaltene Volkstag
der Siebenbürger Sachsen bekräftigt und wiederholt das am 8 Januar
1919 in der Nationalversammlung von Mediasch abgelegte feierliche
Bekenntnis des sächsischen Volkes zum rumänischen Staate. Er spricht
beschlußmäßig aus, daß die Siebenbürger Sachsen vereint mit den
Deutschen Altrumäniens, des Banates, Bessarabiens, der Bukowina
sowie aller anderen Gebiete Großrumäniens in das politische Leben
des rumänischen Staates eintreten und erwartet zuversichtlich, daß
diese Geschlossenheit für alle Zukunft bewahrt bleibe. Für die Neu=
gestaltung der politischen Verhältnisse in Großrumänien stellt der
Volkstag der Siebenbürger Sachsen in Übereinstimmung mit dem von
der Hauptleitung des Verbandes der Deutschen in Großrumänien am
6. September 1919 in Temeschwar beschlossenen Wahlprogramm folgende
Richtpunkte auf und setzt gleichzeitig auch die Bestimmungen für die
neue sächsische Volksorganisation fest:

1. Die von der rumänischen Nationalversammlung in Karlsburg
am 1. Dezember 1918 gefaßten grundlegenden Beschlüsse werden in
ihrer Wirkung ausgedehnt auf das gesamte Staatsgebiet.

2. Den Deutschen Großrumäniens wird durch Schaffung eines
Staatsgrundgesetzes für alle Zeiten das Recht gewährleistet, sich zur
Erfüllung ihrer besonderen kulturellen, nationalen und wirtschaftlichen
Aufgaben politisch als einheitliche Nation frei zu organisieren.

3. Der deutschen Nation in Großrumänien wird zur Erfüllung
ihrer kulturellen Aufgaben das Recht der Besteuerung ihrer Volks=
genossen zugestanden. Für die Einhebung dieser Steuern wird die
Mitwirkung der staatlichen Behörden zur Verfügung gestellt.

4. Die Deutsche Nation in Großrumänien erhält sowohl für sich
als auch für ihre einzelnen Glieder (Körperschaften, Vereine und
Einzelpersonen) das Recht, Schulen und Bildungsanstalten jeder Art
und jeden Grades frei zu errichten und die Lehrkräfte für dieselben
selbst auszubilden und zu bestellen.

5. Für die Wahl zu den gesetzgebenden Körperschaften wünschen
die Deutschen Großrumäniens das durch die Karlsburger Beschlüsse
festgelegte allgemeine, gleiche und geheime Wahlrecht nach nationalem
Landeskataster. Ebenso wünschen sie für die Gemeinde= und Munizipal=
vertretung die Einführung des Listenwahlrechtes nach nationalem
Kataster.

6. Für die allgemeine Verwaltung, und zwar für die politische
Verwaltung wie auch für die Finanz= und Justizverwaltung und alle
übrigen Zweige der Verwaltung wünschen die Deutschen Großrumäniens
die möglichste nationale Abgrenzung der Verwaltungsgebiete. Für die
Munizipal= und Gemeindeverwaltung wünschen sie die Aufrechterhal=
tung bzw. Gewährung der vollständigen Selbstverwaltung mit dem

Rechte der Wahl der Beamten durch die eigenen Vertretungskörper. Die Beamten in den Gemeinden und Munizipien werden entsprechend dem zahlenmäßigen Stärkeverhältnis der verschiedenen Völker deren Angehörigen entnommen.

7. Im Sinne der Beschlüsse von Karlsburg wird den Deutschen Großrumäniens das volle Recht auf den Gebrauch ihrer deutschen Muttersprache in allen Zweigen und allen Stufen der Verwaltung und der Rechtsprechung und dementsprechend auch die pflichtgemäße Anwendung der deutschen Sprache durch die Behörden bei der Verhandlung, der Abfassung der Protokolle und der Ausfertigung der Bescheide und Urteile zugestanden. Auch wird die deutsche Muttersprache der Militärdienstleistenden im Interesse der Landesverteidigung bei den militärischen Organisationen volle Berücksichtigung finden.

8. Staatsgrundgesetzlich wird die vollkommene Rechtsgleichheit der Kirchen ausgesprochen und ihnen das Recht eingeräumt, sich auf nationaler, autonomer Grundlage zu organisieren, und zwar auch auf dem Gebiete des Schulwesens.

9. Zur Erhaltung der deutschen Lehr- und Bildungsanstalten wird den Schulerhaltern der der Steuerleistung der Deutschen Großrumäniens an direkten Steuern entsprechende Teil der budgetgemäß zu Schul- und Bildungszwecken verwendeten Staatsausgaben zur Verfügung gestellt.

10. Die besonderen Wirtschaftsinteressen der neuangegliederten Gebiete werden bei der Regelung des Wirtschaftsverhältnisses zu Altrumänien und bei der allgemeinen Wirtschaftspolitik des Staates volle Berücksichtigung finden.

11. Im Interesse des allgemeinen sozialen Fortschrittes wünschen die Deutschen Großrumäniens als Mindestmaß eine moderne soziale Gesetzgebung, die das Gebiet der Kranken-, Unfalls-, Invaliden-, Alters- und Arbeitslosenversicherung usw. zu umschließen hat.

12. Die Deutschen Großrumäniens wünschen, daß die neuangeschlossenen Landesteile ihre bisherige Rechtsordnung noch für längere Zeit behalten und daß diejenigen dieser Einrichtungen, die sich bewährt haben, dauernd bewahrt werden.

13. Die Deutschen Großrumäniens wünschen die staatsgrundgesetzliche Festlegung der vollen Religions-, Preß-, Versammlungs-, Vereinigungs-, Lehr- und Lernfreiheit, der uneingeschränkten Freizügigkeit im Besuche ausländischer Hochschulen und anderer Lehranstalten sowie des freien Gesuch- und Beschwerderechtes.

14. Die Deutschen Großrumäniens wünschen den freien Gebrauch der deutschen Ortsnamen in den Eingaben an alle Behörden und im Post-, Telegraphen- und Eisenbahnverkehr und deren pflichtgemäße Anwendung durch die Behörden in allen deutschen Ausfertigungen sowie bei allen amtlichen Aufschriften in den deutschen Siedlungsgebieten. — Ebenso wünschen sie den freien Gebrauch der nationalen Farben, Fahnen und Abzeichen.

15. Die Gemeinschaft der Deutschen Großrumäniens wird bestrebt

sein, auch die außerhalb des Rahmens dieser allgemeinen Richtpunkte fallenden besonderen Interessen jedes einzelnen Siedlungsgebietes mit vollem Nachdrucke zu vertreten.

16. Die Vertreter der Deutschen Großrumäniens in Kammer und Senat schließen sich zu einem gemeinsamen Verband zusammen. Die Zusammenarbeit mit anderen Parlamentsparteien ist nur dann möglich, wenn diese Parteien auf dem Boden der Karlsburger Beschlüsse stehen.

17. Es ist Pflicht der deutsch-sächsischen Abgeordneten und Senatoren, weiterhin der auf dem Boden der hier niedergelegten Richtpunkte stehenden Reichstagswähler und der von ihnen bestellten Kreisausschüsse, sowie überhaupt aller derjenigen, die zu ihrer Verwirklichung im privaten und öffentlichen Leben, insbesondere in Vereinen, in kirchlichen, Gemeinde- und Munizipalvertretungen berufen sind, die Erreichung dieser Ziele nach Möglichkeit anzustreben und zu fördern.

18. Mit der Förderung und Erfüllung der Aufgaben dieser Richtpunkte betraut der Volkstag der Sachsen den „Deutsch-sächsischen Volksrat für Siebenbürgen" als die höchste Vertretung des sächsischen Volkes. Der Volksrat ist gleichzeitig die in den Satzungen des „Verbands der Deutschen in Großrumänien" vorgesehene deutsch-sächsische Gauversammlung für Siebenbürgen.

19. Die Mitglieder des Volksrates sind teils gewählte Mitglieder, teils solche von Amts wegen. Die gewählten Mitglieder werden von den Kreisausschüssen entsandt. Auf je 4000 Seelen der deutsch-sächsischen Einwohnerschaft entfällt ein Vertreter. Bleiben über diese Einheiten von 4000 noch mehr als 2000 Seelen übrig, so entsendet der betreffende Kreisausschuß noch einen weiteren Vertreter in den Volksrat. Kreisausschüsse, die eine deutsch-sächsische Bevölkerung von weniger als 4000 Seelen vertreten, entsenden ebenfalls einen Vertreter. Mitglieder von Amts wegen sind die deutsch-sächsischen Abgeordneten und Senatoren, die auf dem Boden dieser Richtpunkte stehen, sowie der Hauptanwalt des Volksrates. Gleichzeitig mit den ordentlichen Mitgliedern werden auch die Ersatzmitglieder gewählt, deren Zahl so bestimmt wird, daß auf je 8000 Seelen der deutsch-sächsischen Einwohnerschaft, ein gewählter Vertreter entfällt. Bleiben über diese Einheiten von 8000 noch mehr als 4000 Seelen übrig, so entsendet der betreffende Kreisausschuß noch einen weiteren Ersatzmann in den Volksrat. Die Ersatzmitglieder haben das Recht, an den Sitzungen mit beratender Stimme teilzunehmen, sind jedoch nur dann stimmberechtigt, wenn die ordentlichen Mitglieder ihres Kreisausschusses an der Sitzung nicht teilnehmen.

20. Solange die Frauen das Wahlrecht für die gesetzgebenden Körperschaften nicht haben, ist jeder Kreisausschuß berechtigt, in den Volksrat eine Frau mit beratender Stimme zu entsenden. Gleichzeitig wird in den Volksrat auch eine Frau als beratendes Ersatzmitglied gewählt, die aber nur dann das Recht hat, an den Sitzungen teilzunehmen, wenn das ordentliche Mitglied mit beratender Stimme am Erscheinen verhindert ist."

Es war darin zugleich ausgesprochen, daß die Sachsen hinfort Hand in Hand mit den anderen Deutschen im großgewordenen Rumänien für die Erhaltung des deutschen Volkstums eintreten wollten. Es eröffnete sich für sie ein neues Feld weitschauender Arbeit und neuer Aufgaben.

Es ist die alte Erfahrung: der Abschluß einer Periode bedeutet niemals nur ein einfaches Aufhören; es ist damit immer ein neuer Anfang verbunden.

Aber die Sachsen hofften, auf dem alten Grunde weiter bauen zu können.

Angesichts des Geschreies aber nach Demokratie und ähnlicher Schlagworte auch inmitten des sächsischen Volks bot gerade die sächsische Geschichte mehr als einen Beweis für die Wahrheit des Wortes von D. Fr. Strauß: „Die Geschichte wird fortfahren eine gute Aristokratin, obwohl mit volksfreundlichen Gesinnungen zu sein; die Massen, in immer weiteren Kreisen unterrichtet und gebildet, werden auch fernerhin zwar treiben und drängen oder auch stützen und Nachdruck geben und dadurch bis zu einem gewissen Punkt wohltätig wirken; führen und leiten aber werden immer nur einzelne überlegene Geister können; das Hegelische Wort, daß an der Spitze der welthistorischen Handlungen Individuen stehen, als die das Substantielle verwirklichenden Subjektivitäten, wird seine Wahrheit behalten."

XXI.
Das geistige Leben 1890—1919.

Das Menschenalter von 1890—1919 ist für das geistige Leben, für die wissenschaftliche wie die schöngeistige Arbeit unter den Sachsen ein ergiebiges gewesen.

Dabei drängt sich als ein Ergebnis der Betrachtung von selbst auf, daß bei jeder größeren Erschütterung unseres Volkes Wissenschaft und Poesie mit in die Schranken treten, und daß der Kampf, der auf irgendeinem Gebiete ausgekämpft wird, sich auch in der Literatur widerspiegelt. Es ist zuerst so gewesen im Zeitalter der Reformation, wo der religiöse und nationale Gedanke mit neuer Gewalt zum Ausdruck kam, und die Achtung vor dem Wissen und dem Streben, darin nicht zurückzubleiben, im Volke als dauerndes Gut das Bewußtsein zurückließ, es sei notwendig, Schulen zu schaffen, und Pflicht, sie zu erhalten.

Die Angriffe unter Maria Theresia, die zu gleicher Zeit sich gegen die Rechte und Freiheiten des Volkes und der Kirche richteten, die Zerstörung beider durch Josef II. riefen die sächsische Geschichtsschreibung erst ins Leben, brachten die erste wissenschaftliche Zeitschrift (die Siebenbürgische Quartalschrift) und die erste Volksschrift (Die Siebenbürger Sachsen von Jak. Aur. Müller), und als in den vierziger Jahren des 19. Jahrhunderts der heftige Kampf gegen die Entnationalisierungsversuche ausbrach, die von Seite der Ungarn auch gegen die Sachsen unternommen wurden, da hat dieser ebenso die Wissenschaft wie die Poesie in die Schranken gerufen, und der traurige Ausklang jener Kämpfe in der Zeit des Absolutismus hatte erst recht die Vertiefung des geistigen Lebens zur Folge, dem jener geistlose Absolutismus neue Gefahren brachte. Damals erschienen die Sachsengeschichte von G. D. Teutsch, die Märchen von Jos. Haltrich, die Sagen von Fr. Müller und sammelte Fr. W. Schuster die Siebenbürgisch-sächsischen Volkslieder.

Die Erschütterung, die die politische Umwälzung 1868 brachte, und der schwere Kampf um die Erhaltung des Volkstums, um die Aufrechterhaltung des Sachsenlandes, um die deutsche Schule, gegen die Magyarisierungsversuche, drängten zunächst die Kräfte auf das Gebiet der Verteidigung, aber das wissenschaftliche Leben stand nicht still. Mitte der achtziger Jahre schrieb Treitschke an

G. D. Teutsch, die Wissenschaft sei einer jener Anker, die unser
Volksschiff hielten bis auf bessere Tage.

Charakteristisch blieb für das gesamte geistige Leben auch in
diesem Zeitraum sein Zusammenhang mit dem deutschen Geistes=
leben, immer wieder gefestigt und neu geknüpft durch den Besuch
der deutschen Universitäten. Wenn auch seit 1883 für die zu=
künftigen akademischen Lehrer und die Pfarrer dieser Gruppe der
Besuch auch einer ungarischen Universität verpflichtend wurde, für
die Juristen schon früher, so sind doch die Einen und Andern
und nicht weniger die Ärzte, Techniker usf. alle auf deutschen
Universitäten gewesen, die österreichischen darin eingeschlossen.

Das beweisen die wissenschaftlichen Arbeiten des Zeitraums,
die selbstverständlich auch mit der ungarischen Wissenschaft sich
auseinandersetzten, aber die Arbeitsmethode den deutschen Hoch=
schulen entnahmen.

Die wissenschaftliche Arbeit schließt sich an den Verein für
siebenbürgische Landeskunde und den siebenbürgischen Verein für
Naturwissenschaften an.

Es gelang dem Verein für siebenbürgische Landeskunde, dem
Träger vor allem der historischen Arbeiten auch in diesen Jahren,
dessen „Archiv des Vereins für siebenbürgische Landeskunde" die
besten historischen Arbeiten veröffentlichte (jetzt neben 4 Bänden
Alte Folge beim 42. Band Neue Folge stehend), das große grund=
legende Werk: Urkundenbuch zur Geschichte der Deutschen in
Siebenbürgen herauszugeben, Band I. (1892) bearbeitet von
Fr. Zimmermann und C. Werner, II. (1897) von denselben und
G. Müller, III. (1902) von denselben. Sie umfassen die Urkunden,
die sich auf die Geschichte der Sachsen beziehen, bis 1415. Wer
jetzt sächsische Geschichte schreiben will, kann nur auf dieses Werk
sich stützen, jede einzelne Urkunde ein Zeugnis für das Ringen
deutschen Lebens hier um Gestaltung und Erhaltung. Die Quellen
zur Geschichte der Stadt Kronstadt wurden weitergeführt, indem
ein 3. Band Rechnungen (1896) erschien, dann „Chroniken und
Tagebücher" (als 4. Band 1903, 5. Band 1909, 6. Band 1915,
7. Band 1918), die in 4 Bänden vorliegen (der 7. Band mit
einem Beiheft), das ganze Werk, noch nicht abgeschlossen, mit
einer Fülle von Stoff nicht nur für die Geschichte Kronstadts und
des Burzenlandes, sondern ganz Siebenbürgens. Ein Hauptträger
der Arbeit ist Julius Groß (geb. 1855), der durch die Fortsetzung

der Geschichte des Kronstädter Gymnasiums, die mannigfachen Beiträge zur Geschichte des 18. Jahrhunderts manche Strecke unserer Vergangenheit neu beleuchtet hat.

Ein Urkundenbuch eigener Art ist das „Siebenbürgisch=sächsische Wörterbuch", das 1908—1917 die Buchstaben A, B (nicht ganz beendet), D, E, F (nicht ganz beendet) enthaltend in 8 Heften erschien. (Seither 1. und 2. Band vollendet, die Buchstaben A—F enthaltend.) Es ist die Lösung einer Aufgabe, die fast 100 Jahre lang auf der Tagesordnung stand, aus J. C. Schullers Hand in die Haltrichs, dann J. Wolffs gelangt war, bis A. Schullerus mit dem Stab jüngerer Germanisten Hand daran legte und die Lösung wenigstens begann, kühn ausgreifend, tief schürfend, in einer Weise, die dem sächsischen Volke und seiner Wissenschaft Ehre macht. Sein Ziel ist, „den gesamten Sprachschatz des siebenbürgisch=sächsischen Volkes auszuschöpfen, in knapper Andeutung, wo es sich um Grenzgebiete handelt, mit möglichster Vollständigkeit, wo es an den Kern des Volkslebens geht. Und das Wörterbuch unternimmt diese stolze Aufgabe in bewußter Absicht, nicht nur für die Gegenwart dem siebenbürgisch=sächsischen Volke die ganze Fülle seines inneren Lebens zu zeigen, sondern auch für die Zukunft das geistige Bild des Volkes zu bewahren. Wie einst der Gotenkönig Athanarich in den Abhängen der Karpathen seinen Goldschatz versenkte, der lange Jahrhunderte später ausgegraben uns meldet, was der Gotengötter „heiliges Eigen" gewesen, so soll das siebenbürgisch=sächsische Wörterbuch dereinst der späten Nachwelt davon Kunde geben, was unseres Volkes „heiliges Eigen" gewesen. Ihm vertrauen wir an, was wir leben und sind. Möge es für Gegenwart und Zukunft werden, wozu es bestimmt ist: ein Bild des Volkslebens der Siebenbürger Sachsen im Spiegel der Sprache!"

So spricht das warme Vorwort und solche Verheißung erfüllen die erschienenen Hefte.

Zu diesen grundlegenden Quellenwerken kamen grundlegende Darstellungen. Es gelang, die von G. D. Teutsch bis 1699 geführte Sachsengeschichte weiter zu führen, der 2. Band (1700—1815) erschien 1907, 1910 der 3. Band 1816—1868, inzwischen (1909) G. D. Teutsch, Geschichte seines Lebens, die eine Fortsetzung der Sachsengeschichte bis 1893 genannt werden kann, von Fr. Teutsch. Dazu kam vom selben Verfasser eine Darstellung der gesamten sächsischen Geschichte unter dem Titel: Vergangenheit und Gegenwart der Siebenbürger Sachsen (Berlin 1916), die diese Geschichte bis an die Schwelle des Weltkrieges führte. In diesem Zeitraum geschrieben, wenn auch nur 1921—1922 erschienen, ist die Geschichte der ev. Kirche in Siebenbürgen (2 Bände) und Kirche und Schule der Siebenbürger Sachsen in Vergangenheit und Gegenwart (1923) von demselben Verfasser.

Die Absicht des Verfassers war, auf Grund der vorhandenen Einzelforschungen und neu ausgeschöpfter Quellen die Gesamtentwicklung des sächsischen Volkes, die politische und kirchliche, in großem Bilde zusammenzufassen, zu zeigen, wie sich hier der sächsische Volksstamm entwickelt hat, wachsend aus dem „einst schicksalgeschaffenen Kern", in stetem Kampf mit äußeren Gewalten, aber gerade dadurch immer an sein eigentliches Wesen gemahnt, beeinflußt von der Umgebung, in stetem Zusammenhang mit der deutschen Kultur bemüht und imstande, was er von dort herübernahm, in sich einzuschmelzen und dem Volkstum dienstbar zu machen. Es galt dabei zu zeigen, daß „das eigentlich Dauernde im Leben eines Volkes nur die festen wiederkehrenden Züge seiner Individualität sind".

Beiträge zur Geschichte der neueren Zeit boten die fortgesetzten Denkreden, die die Erinnerung an die Heimgegangenen festhalten wollen, an Johann Wolff († 1893), W. Wattenbach († 1897), Jos. A. Zimmermann († 1898), Alb. Arz v. Straußenburg († 1901), H. Wittstock († 1901), G. Budaker († 1902), Oskar v. Meltzl († 1905), K. Albrich († 1911), dann die Würdigungen Fr. W. Schusters († 1914) und Fr. Müllers († 1915), von Friedrich Teutsch, kaum ein Lebensgebiet, das dabei nicht berührt und neu beleuchtet wurde. Der Denkrede auf Franz Gebbel, anläßlich der Aufstellung seines Grabdenkmals (1880) von H. Wittstock und der umfassenden Biographie Stefan Ludwig Roths von Franz Obert ist oben gedacht worden.

Richard Schuller (geb. 1860) hat mit glücklichem Griff Einzelpersönlichkeiten aus der sächsischen Geschichte herausgegriffen und sie in ihre Zeit hineingestellt und treffend charakterisiert: And. Beuchel und Wolf. Forster aus der Bistritzer Geschichte, das Patriziergeschlecht der Polner aus Schäßburg, Theod. Fabini aus Mediasch, G. P. Binder aus Schäßburg. Überall kritische Sichtung des Materials und der Ton warmer Teilnahme an den Geschicken der Einzelnen und des Volkes. Die Geschichte des Schäßburger Gymnasiums hat er fortgesetzt und im „Türmchen auf der Steilau" und in „Alt=Schäßburg" ergebnisreichen Griff in die Kulturgeschichte Schäßburgs und damit des sächsischen Volkes getan.

Zu den fleißigsten Mitarbeitern der Quellen zur Geschichte der Stadt Kronstadt gehörte Fr. W. Seraphin (1861—1909), der u. a. durch die Herausgabe der Briefe der Familie von Heydendorff (1737—1853) unsere Kenntnis des 18. Jahrhunderts wesentlich bereichert hat.

E. Wolff behandelte Joh. C. Schuller im Hermannstädter Gymnasialprogramm 1913, K. Thomas setzte Franz Obert († 1908) einen Denkstein beim 12. Lehrertag 1910, J. Capesius dem Direktor M. Guist († 1892) in den Mitteilungen des Siebenbürgischen Vereins für Naturwissenschaften, ihm selbst, der 1918 starb, Adolf Schullerus und Fr. Teutsch. Jos. und G. A. Schullerus gaben einen Ersatz für das fehlende Lebensbild Franz Gebbels in den gemeinsamen Erinnerungen an den verstorbenen Freund (o. J., aber 1893 erschienen im 2. und 3. Heft des Volksschriftenverlags, Krafft). O. Wittstock konnte in „Wollen und Vollbringen" (o. J., doch 1904) in seiner geistreichen, Personen und Verhältnisse von hoher Warte aus beurteilenden Weise das Bild H. Wittstocks, J. Bedeus' und Sam. Brukenthals geben, jedes in seiner Art ein Kabinettstück. A. Schullerus setzte seinem Vater G. A. Schullerus († 1900) und Bruder, dem Maler Fr. Schullerus († 1898), ein gemeinsames Erinnerungsmal. Den letzteren würdigte V. Roth in seiner Monographie: Fritz Schullerus, Ein siebenbürgisch=sächsisches Künstlerleben (1908). Marie Klein fügte in die Männerreihe einige hervorragende Frauengestalten ein: Asnath Mederus († 1728), Sofie v. Brukenthal (1725—1782), M. C. v. Straußenburg (1757—1835), Therese Gebbel (1810—1853), Charl. v. Dietrich (1834—1916), über diese auch Luise Teutsch, Fr. Teutsch und A. Schullerus, Franz Obert über Therese Jikeli († 1892). Außerdem brachten die Kalender Würdigungen der verstorbenen Zeitgenossen und Erinnerungen an die vor einem Jahrhundert geborenen. Der Zusammenhang zwischen der Gegenwart und Vergangenheit wurde stetig erneuert.

In umfassender Weise bearbeitete V. Roth die Kunstgeschichte. Jedes Einzelne seiner Werke brachte eine Fülle neuen Materials und eröffnete neue Einblicke in ein Gebiet, das wenig erforscht war: Geschichte der deutschen Baukunst in Siebenbürgen

(1905), Geschichte der deutschen Plastik in Siebenbürgen (1906), Geschichte des deutschen Kunstgewerbes in Siebenbürgen (1908), Beiträge zur Kunstgeschichte Siebenbürgens (1914), Siebenbürgische Altäre (1916), alle zusammen in den Studien zur deutschen Kunstgeschichte (Straßburg, Heitz), erschienen. Das schönste sächsische Bauwerk, die Kronstädter Stadtpfarrkirche schilderte Kühlbrandt, ein grundlegendes mustergültiges Werk (1898 und 1919), mit J. Groß zusammen die Rosenauer Burg (1896), H. Müller die Repser Burg (1900), L. Reissenberger die Kerzer Abtei (1894), die Hermannstädter Pfarrkirche schon 1884. E. Sigerus gab Muster der sächsischen Leinenstickereien heraus (1906), ein wertvoller Beitrag zur Kenntnis sächsischer Volkskunst, 1900 die Burgen und Kirchenkastelle im siebenbürgischen Sachsenland, alle zusammen glänzende Beweise von der Arbeit der Sachsen auf dem Gebiete der Kunst, die bewundernswert erscheinen angesichts der Kämpfe durch all die langen Jahrhunderte. Zur Reformationsfeier 1917 sollten erscheinen, waren also auch in dem hier abgegrenzten Zeitraum fertig die „Kunstdenkmäler aus den sächsischen Kirchen Siebenbürgens", I. Goldschmiedearbeiten (vor allem Kelche), die 1922 von V. Roth erschienen.

Schon 1892 war der 2. Band der Siebenbürgisch-sächsischen Schulordnungen von Fr. Teutsch erschienen, der diese bis zur Gegenwart enthält. Beide Bände enthalten die urkundliche Grundlage zur sächsischen Schulgeschichte und damit zur Entwicklung der deutschen Kultur in Siebenbürgen und des geistigen Lebens der Sachsen. Eine Geschichte der gesamten Schulentwicklung hat der Herausgeber der Schulordnungen in der Geschichte der ev. Kirche in Siebenbürgen gegeben. Die Millenniumsfeier bot den einzelnen Gymnasien Anlaß, die Geschichte ihrer Entwicklung darzustellen, die in den Gymnasialprogrammen des Jahres 1896 erschienen, ein Beitrag ebenso zur Geschichte der deutschen Kultur überhaupt, wie der Kultur in Siebenbürgen.

Ein glücklicher Fund aus prähistorischer Zeit, die Entdeckung der Ansiedlung auf dem Witenberg bei Schäßburg, so reich wie kaum ein früherer, brachte neue Einzelheiten zum Vorschein, darunter einen bilderreichen Opfertisch. Um die Ordnung und Beschreibung erwarb sich E. Seraphin Verdienste.

Neue Gesichtspunkte in bezug auf die Einwanderung der Sachsen (Ursachen usw., Desertum) bot F. Müller-Langenthal in dem geistvollen Büchlein: Die Siebenbürger Sachsen und ihr

Land (1912), darin u. a. zum Schluß die treffende Charakteristik einzelner Orte. Die Beiträge zur Siedlungs= und Volkskunde der Siebenbürger Sachsen, die Kirchhoff (1895) in den Forschungen zur deutschen Landes= und Volkskunde veröffentlichte, umfaßten die Arbeiten sächsischer Forscher: Fr. Teutsch, Die Art der An= siedlung der Siebenbürger Sachsen; Fr. Schuller, Volksstatistik; O. Wittstock, Volkstümliches; A. Scheiner, Die Mundart. Über die Ansiedlungsweise, über den Vorgang der Einwanderung, die Aufteilung des Hatterts, über die ersten Anfänge des Lebens der Sachsen stellte Meitzen, im Anschluß an einen Besuch, den er im Lande machte, Gesichtspunkte auf, die z. T. einer weiteren Nachprüfung bedürfen.

Eine neue Anschauung über die Entstehung der Erbgräfen, zuerst von G. A. Schuller vertreten, dann von V. Werner weiter begründet und gegen R. Theil mit Erfolg verteidigt, hat sich durchgesetzt. Darnach sind die Erbgräfen nicht oder nur in seltenen Fällen mit Unrecht in den Besitz des Amtes gekommen, das vielmehr mit der Ansiedlung selbst im Zusammenhang steht, bei der der König die sonst als Locatoren benannten Führer mit besonderen Rechten ausstattete. Ebenso ist nachgewiesen, daß Mediasch=Schelk nicht zu den ursprünglichen Ansiedlungsgebieten gehört, sondern erst im 13. Jahrhundert besiedelt wurde.

O. v. Meltzl zerstörte die alte Anschauung, daß die Blüte der Sachsen unter den Anjouern damit im Zusammenhang ge= standen, daß der Welthandel zwischen Morgen= und Abendland über Siebenbürgen gegangen sei, und wies dem sächsischen Handel engere Grenzen zu (1892).

Völlig neue Lichter wurden aufgesteckt von Joh. Höchsmann († 1905) für die Zeit der Reformation, der Gegenreformation und in der Frage des Kampfes um die Konzivilität. Er wollte eine Siebenbürgische Geschichte im Zeitalter der Reformation schreiben, doch ist er leider über den Anfang nicht hinaus= gekommen. Aber was er in seiner geistvollen Art bietet, vielfach mehr ein Urteil über die Ereignisse als eine Darstellung dieser selbst, stellte vieles in eine neue Beleuchtung: die Haltung der Sachsen im Thronkampf zwischen Ferdinand und Zapolya ist eine andere gewesen als sie bisher erschien, die Sachsen haben mit Zapolya und dem Lande gehalten, bis es den „Praktiken" Ferdinands gelang, sie für eine Zeit zu gewinnen. Die Anfänge der Reformation werden in neuen Zusammenhang gebracht und Pemfflingers Stellung zu ihr und im Kampfe für Ferdinand berichtigt. Im Zusammenhang mit diesen Studien stand das Lebensbild, das J. Höchsmann von Honterus (1898) gab, eine scharfe Charakteristik des Mannes aus seinem Schaffen und seinen Taten geschöpft, da greifbare Daten so wenige vorliegen, ein Zeit= und Lebensbild, wie wir es von Honterus bis dahin nicht gehabt hatten. Die Honterus=Gedenkfeier veranlaßte auch O. Netoliczka zu seinem feinen „Gedenkbüchlein" und zur Heraus= gabe der Ausgewählten Schriften des Honterus, um (später erst) die „Probleme", die er bietet, in scharfe Sätze zu fassen, die weitere Ziele setzen.

In ähnlich großzügiger Weise legte Höchsmann die Anfänge und den Fortgang der Gegenreformation in Siebenbürgen bis 1606 dar, zeichnete die Kräfte, die dabei tätig waren und die Erfolge, die erreicht wurden, die skrupellose Wühlarbeit der Jesuiten.

Den beiden Arbeiten gleichwertig ist „Der Streit über die Konzivilität", „es war der Kampf um das Bürgerrecht, um die Gleichberechtigung des Adels auf dem sächsischen Boden, der keinen Adel ertragen konnte, in Besitz und Vermögen mit den alten allein berechtigten Bewohnern desselben". Es war ein Kampf um die Lebensbedingungen der Sachsen. „Es ist ein Anlauf auf ihre Kultur, ein Entnationalisierungsversuch in den rohen Formen jener rauhen Zeiten, nicht zugunsten einer anderen Nation, wie die Politik des heutigen Tages ebenbürtigen Potenzen gegenüber derartige Wagnisse unternimmt, sondern fast allein um die Nieder= tretung, um der Zerstörung willen." Die Darstellung, die bis 1790 geht, kann man nur mit tiefer Erschütterung lesen. Nation und Kirche, Volkstum und Glauben, eins mit dem andern untrennbar verbunden, alles stand auf dem Spiel. Die Nation glaubte sterben zu müssen und rettete das Leben.

Die Brukenthalfeiern (1903 und 1921) brachten eine ganze Reihe Arbeiten über Brukenthal zutage, die das Bild des Mannes neu erstehen ließen, der im 18. Jahrhundert der Retter seines Volkes gewesen war. Die Erfahrung stimmt demütig, daß er eigent= lich vergessen war. G. D. Teutsch bot in seinen drei letzten Er= öffnungsreden bei den Generalversammlungen des Vereins für siebenbürgische Landeskunde neues über den Kampf der Sachsen für ihr Recht in der Josefinischen Zeit, über den Klausenburger Landtag 1790—1791, über den literarischen Kampf der Sachsen in jenen Jahren, der die innere Teilnahme an den nationalen Interessen in weitere Kreise trug. Neues brachte K. Reissenberger in größeren und kleineren Beiträgen zur Geschichte der Transmigranten aus Österreich.

Unermüdlich arbeitete und schuf G. A. Schuller (geb. 1862) in diesen Jahren, arbeitete an der großen Brukenthalbiographie und gab Beiträge zur Geschichte fast aller Jahrhunderte, unter den vielen bedeutenden das bedeutendste: „Aus der Vergangenheit der siebenbürgisch=sächsischen Landwirtschaft", dann „Das Laßler Kapitel", in beiden zurückgehend bis in die Zeit der Ansiedlung, wobei die letztere Arbeit die endgültige Klarstellung darüber brachte, daß die Kreischer Gruppe von Anfang an nicht Sachsenland war.

Neu waren zum Teil die Ergebnisse, die G. E. Müller auf dem Gebiete der Rechtsgeschichte fand. Die Entstehung der Stuhlsverfassung im 14. Jahrhundert, die Amtsstellung und der Wirkungskreis der Königsrichter (Königsgrafen) usf. sind von ihm eingehend untersucht worden. Von besonderem Wert ist die Arbeit: Die ursprüngliche Rechtslage der Rumänen im Sachsenland, die u. a. unwiderleglich nachweist, daß die Rumänen ins Sachsenland später erst, als die Sachsen lange schon da waren, eingewandert sind.

Hermann Phleps fand, daß mehr als wir bisher annahmen, die Malerei unsere Kirchen und Privathäuser in früherer Zeit geschmückt hatte, und konnte durch die Untersuchung des Dachstuhles alter Häuser einen Zusammenhang auch mit alemannischem Hausbau finden.

Die theologisch=wissenschaftliche Arbeit beschränkte sich im ganzen auf die Herübernahme dessen, was die deutsche Wissenschaft erarbeitet hat mit dem Ziel, es in unsere Verhältnisse einzuarbeiten. Verhältnismäßig groß ist die Zahl der gedruckten Predigten. Tiefere theologische Fragen hat vor allem A. Schullerus aufgegriffen, der zugleich die systematische Fortbildung der Pfarrer zielbewußt in die Hand genommen hat. Seine „Bergrede in Predigt und Unterricht", in der er die Bergpredigt geistvoll und tiefeindringend behandelt, ist ein Buch „aus der Gegenwart für die Gegenwart" geschrieben und bezeichnet den ersten sächsischen Versuch, in der fachlichen theologischen Arbeit Deutschlands Fuß zu fassen, wie das Buch auch in der Praktisch=theologischen Handbibliothek

(Göttingen, 1918) erschienen ist. Die Arbeit erfüllt die Aufgabe, die sie sich gestellt, die einzelnen Stücke der Bergpredigt auf ihren geschichtlichen Hintergrund und ihren religiös=sittlichen Inhalt zu prüfen und dann in ihrer Bedeutung für Predigt und Unterricht zu werten.

Im Zusammenhang mit dem neuen Gesangbuch, das 1898 eingeführt wurde, und der von Herfurth ausgehenden liturgischen Bewegung standen einige Untersuchungen, die beide Gebiete be= rührten, die in den „Anregungen zur Neubelebung unseres evangelischen Gemeindegottesdienstes" gesammelt (Hermannstadt, Krafft 1901) erschienen, Vorträge von G. Keintzel, Jul. Orendi, Fr. Kramer, J. Fr. Gräf.

Und nun die Fülle der Einzelarbeiten, große und kleine: Resch beschrieb die Siebenbürger Münzen und Medaillen von 1538 bis zur Gegenwart (1901), unter Herfurths Leitung erschien 1898 „Das sächsische Burzenland", das auf die Anregung aus der General= kirchenvisitation 1879 zurückging, ein gelungener Versuch, dies schöne Fleckchen Erde nach allen Richtungen zu zeichnen, H. Müller gab eine treffliche Geschichte des Repser Stuhls. Fr. Schuller fügte zu den 3 Bänden Trauschs Schriftstellerlexikon den wertvollen 4. Band hinzu (1901). Die „Hundert Jahre sächsischer Kämpfe" boten zehn Vorträge aus der Zeit von 1790 bis zur Gegenwart (1896), die „Bilder aus der vaterländischen Geschichte" umfaßten die ganze Vergangenheit und Gegenwart, der 2. Band (1899) enthält ausschließlich kulturhistorische Bilder. Geradezu unzählige Einzel= darstellungen aus Vergangenheit und Gegenwart der einzelnen Gemeinden, viele davon als Vorträge bei den Verbandstagen der Raiffeisenvereine dargeboten, weckten die Freude an der Heimat. Denn von Allen galt, was der Landeskundeverein, der an den Haupterscheinungen hervorragenden Anteil hatte, an Bischof Müller bei seinem Austritt aus dem Vereinsausschuß von seinen Arbeiten schrieb: daß sie beitrügen, unser Volkstum zu stärken, die Grund= steine seines Bestandes zu festigen; sie haben das Selbstbewußtsein des Volkes gehoben, es das eigene Wesen erkennen lassen und „die an Erhebung oft arme Gegenwart dadurch reich gemacht, daß sie uns lehrte, das Ererbte in Treue festzuhalten". Wir empfanden wieder einmal, daß der unverlierbarste Besitz eines Volkes seine Geschichte und sein reichster Schatz das Bewußtsein dieser Ge= schichte ist.

Nicht weniger eifrig waren die sächsischen Germanisten am Werk, deren Führer seit Johann Wolffs Tod († 1893) A. Schullerus wurde. Es handelte sich, abgesehen vom Wörterbuch, um die Aufgabe, durch Einzeluntersuchungen allmählich die Laute und Formen so zu erforschen, daß endlich die sächsische Grammatik geschrieben werden könne, und dann um den Versuch, die einzelnen sächsischen Mundarten in der alten Heimat zu lokalisieren, was zugleich die Entscheidung über das Auswanderungsgebiet betraf, dann endlich Vorarbeiten für die sächsische Volkskunde. G. Keintzel († 1925) bot in der Arbeit „Über die Herkunft der Siebenbürger Sachsen" (1887) eine kurze Geschichte der Herkunftsfrage, um dann eine Vergleichung des siebenbürgisch-sächsischen Dialektes mit den niederrheinischen vorzunehmen und daraus Anhaltspunkte zu gewinnen, das Auswanderungsgebiet genauer zu umgrenzen, wobei nicht nur der jetzige Lautstand hier und dort herangezogen wurde, sondern soweit es möglich ist, auch jener der älteren Zeiten. Dabei wurde auch das Verwandtschaftsverhältnis mit den Zipsern untersucht. Das Ergebnis war, daß die Auswanderungen der Sachsen — und zwar sämtlicher Gruppen — aus dem mittel- und niederrheinischen Gebiete ausgegangen sind. Auch die überwiegende Menge der Zipser Einwanderung stammt aus den gleichen Gebieten, doch müssen nachträglich bedeutende Nachschübe aus dem mitteldeutschen Gebiete nachgefolgt sein. Für den Nösner Dialekt hatte G. Kisch eine Reihe junger Kräfte herangezogen, die neben ihn, der der führende Forscher des Nösnerlandes wurde, traten: Hofstädter († 1925), Holzträger, Frühm und nun wacker mithalfen, das Bistritzer und Reener Sächsische zu untersuchen, B. Capesius das südsiebenbürgische. Kisch verglich die Bistritzer Mundart mit der moselfränkischen (1893) und kam zum Ergebnis, das auch Keintzel gefunden hatte, daß auch die Nösner aus demselben Gebiete wie die anderen Sachsen eingewandert seien. Die Bistritzer Familiennamen, das vergleichende Wörterbuch der Nösner und moselfränkisch-luxemburgischen Mundart, das nordsiebenbürgische Namenbuch gingen alle zugleich auf das Ziel, die Urheimat der Sachsen festzustellen. Als solche stellte sich im wesentlichen Luxemburg heraus. Die einzelnen Mundarten in der alten Heimat zu lokalisieren, ist nicht gelungen und nicht möglich. Doch ist als Ergebnis festgestellt worden, daß die Nösner Mundarten mehr dem im Süden Luxemburgs gesprochenen Dialekt ähnlich sind, die südsiebenbürgischen dem dort nördlicher gefundenen. Es haben sich dabei allerlei neue Fragen ergeben über das Verhältnis zum Nordfränkischen=Ripuarischen und Wallonischen (Huß) und interessante Spuren griechischer Ortsnamen in Siebenbürgen, und im Sächsischen nicht wenige Worte altromanischen (lateinischen) Ursprungs gefunden, die die Einwanderer vom Rhein mitgebracht haben (Kisch). Beiträge zur Volkskunde hat das Korrespondenz=blatt des Vereins für siebenbürgische Landeskunde außerordentlich zahlreiche gebracht, und die Hoffnung, schon in nächster Zeit die Volkskunde zu erhalten, ist durch A. Schullerus 1926 in Er=füllung gegangen.

Leitende Gesichtspunkte für eine Geschichte der deutschen Schriftsprache in Siebenbürgen veröffentliche A. Schullerus, der zugleich in umfassender Arbeit über Mundart und Sitte, Mythologie und Sage, Volkslied und Märchen neue Stoffe zur Volkskunde bot.

Zwei Gebiete, die bisher wenig oder gar nicht behandelt wurden, haben A. Scheiner und G. Brandsch in Angriff ge=nommen, der erste den Siebenbürger Tonfall, der ihn, der mehr und feiner hört als die meisten Menschen, in unendliche Weiten führt: „Ich vernehme — schließt er — das Ringen deutscher und welscher Volkskraft von dem Waffengeklirr der Völkerwanderung bis zum Kanonendonner von Gravelotte und dazwischen Liebes=lieder, römisch=keltische Winzerlieder und das Glockenspiel von Malmedy. Ich beuge mich unter der wunderbaren Fügung, daß, als auf dem alten Mutterboden das deutsche Reich mit Blut und Eisen gezimmert, und der alte Streit nach innen und außen gleichzeitig entschieden wurde, in der neuen Heimat in zarterer, doch nicht weniger entschiedenen Weise Ähnliches geschah." Scheiner hat die Übereinstimmung des Siebenbürger Akzents mit dem sogenannten rheinischen Akzent, wie er namentlich im Luxem=burgischen auftritt, aufgedeckt und damit ein wesentliches Merkmal zur Bezeichnung der Mundart der Siebenbürger Sachsen ge=funden. Dabei eröffnet Scheiner, wo er einen Stollen gräbt, immer unerwartete Aussichten auf neue Adern und neue Gänge, wirft immer neue Fragen auf, die alle die Mundart (Unter=suchungen über Mediascher und Burzenländer, Schenker Dialekt) und ihre Erforschung und die Frage nach der alten Heimat be=rühren, so daß er stets neue Aufgaben stellt. (Seminarprogramm 1897, Vereinsarchiv 28 und Korrespondenzblatt.)

G. Brandsch, der Kenner und Erforscher unseres Volks=
gesanges behandelte die Tonalität des Auftaktes in den deutschen
Volksweisen und veranschaulichte die Entstehung und Umbildung
und Metrik der Volksweisen und lieferte den Nachweis, daß auch
die Entwicklung des Volksgesanges, ähnlich wie die der Sprache,
nach bestimmten psychologischen Gesetzen vor sich geht, nur bei
der Sprache langsamer.

Der Begleiter und in vielen Fällen Führer der wissen=
schaftlichen Arbeiten war seit 1878 das vom Verein für sieben=
bürgische Landeskunde herausgegebene „Korrespondenzblatt des
Vereins für siebenbürgische Landeskunde", das auf die Anregung
des geistvollen Johann Wolff zurückgeht und heute (1926) im
49. Jahrgang steht, getragen von der selbstlosen Mitarbeit eines
großen wissenschaftlich interessierten Kreises. Sein Verdienst ist,
einen neuen Zusammenhang zwischen allen wissenschaftlichen
Arbeitern geschaffen zu haben, die hier Gelegenheit fanden,
kürzere Arbeiten zu veröffentlichen, durch Fragen und Antworten
eigene und fremde Arbeiten zu fördern, Probleme aufzuwerfen
und zu lösen, während die Buchanzeigen und die Literatur=
berichte den Leser über die Neuerscheinungen auf dem Bücher=
markt im laufenden erhielten. Der Wert des Blattes ist nicht hoch
genug einzuschätzen, das 1878 und 1879 Franz Zimmermann,
dann 1880-1886 Johann Wolff, 1887—1891 Johann Roth
redigierte und seit 1892 A. Schullerus leitet. Dem Blatt ist es
gelungen, die Freude an den behandelten Fragen in weitere
Kreise zu tragen und zur Mitarbeit anzuregen.

Einen größeren Raum als früher, ein Zeichen der Zeit,
nahmen die Arbeiten, die das wirtschaftliche Gebiet umfassen, in
Anspruch. Der größte Teil der schriftstellerischen Arbeiten Karl
Wolffs, die Publikationen der Raiffeisenvereine, darin vor allem
die Arbeiten Jul. Teutsch's († 1905) und G. A. Schuller's, des
Landwirtschaftsvereins, die Geschichte der Sparkassa usf. standen
im Dienst der wirtschaftlichen Fortentwicklung, die auch P. J.
Frank mit seinem Buch: Gegenwart und Zukunft der Siebenbürger
Sachsen (1892) fördern wollte, das „in der dringend gewordenen
Hebung der wirtschaftlichen Kraft die einzige Rettung" für das
sächsische Volk sah.

Dem Siebenbürgischen Verein für Naturwissenschaften ge=
lang es 1895 in Hermannstadt ein naturhistorisches Museum zu
bauen, in dem er seine wachsenden Sammlungen unterbringen

konnte, von wo aus er neue Anregungen nach allen Seiten aus=
gehen ließ, darin unterstützt von der Sektion der sächsischen Ärzte,
die sich auch in den Dienst der Wissenschaft stellten. Das große
Werk des Vereinsvorstandes C. Fr. Jickeli († 1925): „Die Un=
vollkommenheit des Stoffwechsels, Veranlassung für Vermehrung,
Wachstum, Differenzierung, Rückbildung und Tod der Lebewesen
im Kampf ums Dasein" (1901) ist das einzige Werk aus sächsischer
Feder, das eine grundlegende Frage der Naturwissenschaft zu
lösen versucht hat. Aber jährlich brachten die „Verhandlungen und
Mitteilungen des siebenbürgischen Vereins für Naturwissenschaften"
(im Jahre 1918, 58. Jahrgang) Beiträge, die allen Gebieten natur=
wissenschaftlicher Forschung entnommen waren. Zu den alten
Arbeitern waren neue getreten: D. Czekelius, K. Ungar, J. Capesius,
C. Henrich, O. Phleps u. A. Es war ein eifriges Sammeln und
Forschen, die Heimat wissenschaftlich zu erkennen und bekannter
zu machen.

Dr. H. Siegmund unternahm in seiner Monatsschrift: Volks=
gesundheit „eine möglichst eingehende naturwissenschaftliche Auf=
klärung der Gesellschaft über alle mit ihren Kulturbestrebungen
zusammenhängenden Fragen" (1903) und gab damit den Anstoß
zur Erörterung und Würdigung vieler Fragen, die mit dem
Bestand des sächsischen Volkes im Zusammenhang stehn. Er
ist auch der Hauptträger des Kampfes gegen den Alkohol,
in dem ihn u. a. E. Neugeboren und W. Morres vor allem
unterstützen.

Die Publikationen des Karpathenvereins dienten nicht nur
der Touristik, ein guter Teil hat die wissenschaftliche Erforschung
des Landes, vor allem der Karpathenwelt, zum Ziele.

Die Verbindungen mit der deutschen Wissenschaft und Ge=
lehrtenwelt wurden allseitig eifrig gepflegt, und es war ein Zeichen,
wie dieser Zusammenhang auch von Deutschland gesucht wurde,
daß die sächsischen Schulordnungen im großen Sammelwerk der
Monum. Germ. paed. erschienen, daß Friedberg auch die Ver=
fassung der ev. Landeskirche Siebenbürgens in seine Sammlung
der deutschen Kirchenverfassungen aufnahm und in der von der
Münchner Akademie der Wissenschaften herausgegebenen Allge=
meinen deutschen Biographie auch das Leben und Wirken der
sächsischen Männer seine Stelle fand.

An der Spitze der schönwissenschaftlichen Literatur standen
noch immer M. Albert, Traugott Teutsch und Fr. W. Schuster

Alberts gesammelte Siebenbürgisch=sächsische Erzählungen „Altes und Neues" erschienen 1890, einzelnes davon schon früher ver=öffentlicht. Sie trugen mit Recht den Namen „Siebenbürgisch=sächsische Erzählungen". Sie griffen mit einer Ausnahme alle in die Gegenwart. Ein Spiegelbild der schweren seelischen Kämpfe, die dem sächsischen Volke im Zusammenhang mit den wirtschaft=lichen und politischen Kämpfen beschieden waren, rollen alle die große Frage auf, wie die neue Zeit mit ihren Forderungen mit dem zähen harten Wesen des sächsischen Volkes in Einklang zu bringen sei. Die Konflikte sind andere im Dorf, andere in der Stadt, beim Bauern und beim Bürger verschieden, greifen in die Schulmeister= und Pfarrerstube, aber überall handelt es sich um die Versöhnung der alten und neuen Zeit. Und weil Albert das alles selbst erlebt hatte und mit seinem ganzen Fühlen und Sein mit dem Volksleben verwachsen war, wurde er in der Tat Volks=dichter. Was Zahllose nach der Zertrümmerung des Königs=bodens tieferschüttert empfanden, die Gefahr heimatlos zu werden, den Trieb auszuwandern, um aus der beengenden Kleinheit wegzukommen, die Dichtung zeigte den Weg der Versöhnung: „Mit seinem Volke sich freuen, das ist ein glückliches Empfinden; aber mit seinem Volke leiden, das ist ein heiliges Gefühl." Ein Stück Volksseele ruht in jeder Novelle Alberts, ein feiner Humor belebt sie.

Albert starb 1893. Im selben Jahr erschienen seine Ge=dichte und Ulrich von Hutten. Von den Gedichten ist schon oben die Rede gewesen. Gesammelt gaben sie die Frucht eines reichen Innerlebens, das an allem Menschlichen und nicht zuletzt an dem Geschicke des eigenen Volkes Anteil hatte. Auch für sie ist bezeichnend, daß die Eindrücke seiner Jugend ihnen die Boden=ständigkeit geben und daß ein Teil von ihnen die nationale Erregung der Zeit widerspiegelt. Am tiefsten wird Albert, wo erlebtes Leid zum Ausdruck kommt. Im Anblick der toten Mutter, deren Hand „gebräunt und voller Schwielen" die goldenen Halme des Feldes geschnitten, den Knaben mit seiner Wiege von Feld zu Feld geschleppt und weich gebettet, wird die Klage zum Dank:

> Was im Gemüt ich nähre,
> Was mir gereift in voller Geistesähre,
> Das Wort, das mir im Mund gedieh zur Blüte,
> Das alles dank ich heute deiner Güte.

Die Bauernstube in Wintersruh, das sächsische Dorf, die
Kindheit darin, das Alles wird auch dem Leser ein Erlebnis. Der
leiderfüllten Lieder des Totenkranzes ist oben gedacht worden.
Die tiefen Töne, die der Dichter für Volkstum und an nationalen
Gedenktagen fand, sind seinem Volke ins Herz geschrieben.

Sein Drama Ulrich von Hutten, das hinausgreift aus der
sächsischen Geschichte, ist reich an schönen Einzelheiten, sprachlich
vollendet, doch ohne die Spannung des Harteneck.

Über sich selbst hat Albert das Urteil gefällt: „Überblicke ich
meine schriftstellerische Tätigkeit, so finde ich, daß Alles, was ich
geschrieben, ein Spiegel der Zeitverhältnisse ist. Mit meinem
Fühlen und Denken war auch ich tief hineinverflochten in die
Bewegungen meiner Zeit und die Schicksale meines Volkes. Im
Dorfsfrieden, der mir immer wieder die Ferien einer glücklichen
Gymnasialschülerzeit brachte, hob meine bescheidene Muse in
zahlreichen Liedern Natur- und Liebesleben zu preisen an und
stieg dann durch eine Reihe von vaterländischen Novellen und
politischen Feuilletons herauf bis zu den ‚Flandrern am Alt' und
Harteneck. Doch fühle ich bei vorgerücktem Alter mehr das Bedürfnis nach Schöpfungen von stillem, abgeklärtem Wesen und
reiner ästhetischer Wirkung". (Geschrieben 1887).

Das sächsische Volk soll Albert, den Menschen und Dichter
festhalten, wie er sich Traug. Teutsch gegenüber selbst gezeichnet
hat: „Und so möchte ich am Ziel veratmend einer ewigen Jugend
in die Arme sinken und an ihrer Brust vergehen. Jung denke
ich mir den Gott, der Alles regiert; ich sehe sein Walten überall
greifbar um mich herum; im Wechsel verjüngt er sich ewig; er
haßt alles Alternde und schleudert es verächtlich von sich; alles
Jugendliche aber überschüttet er mit einer Fülle von Pracht und
Herrlichkeit. Vom Menschen will er, daß er nicht murre und
daß er allem Künftigen herzhaft in die Augen schaue; dann durch-
strömt er sein Herz mit dem Hauche seiner Kraft und die Groß-
väter sehen sich auferstehn und verjüngt in blühenden Enkeln."

Eine eingehende Würdigung hat Alberts Leben und Dichten
durch A. Schullerus erfahren, der sein Wesen und Schaffen in
sein Volk und seine Geschichte hineinstellt.

Die letzte Arbeit Alberts war die Anzeige von Traugott
Teutschs Roman G. Hecht, der in diesem den mit der Schwarzburg
begonnenen Plan fortsetzte, dem sächsischen Volke in dieser Form

seine Vergangenheit lebendig zu machen. Dort waren es die Erb=
gräfen gewesen, die als Repräsentanten ihrer Zeit Gestaltung
fanden, hier war es das städtische Bürgertum, der Kampf mit den
Türken. Es ist ein farbig ausgeführtes Lebens= und Kulturbild
der Zeit voll feiner Psychologie, und Albert schloß seine Be=
sprechung mit dem Ausdruck des Stolzes und der Freude, „daß
auch wir, Gott sei Dank, so etwas können".

Zu größeren Arbeiten ist Traugott Teutsch († 1913) nach dem
G. Hecht nicht mehr gekommen. Bei seinem Tode konnte festgestellt
werden, daß die Volksliebe „das Ethos" war, „das sein ganzes
poetisches Schaffen erfüllte. Sie gibt diesem das Charakteristische,
insofern sie bei keinem unserer Dichter so ganz ausschließlich das
gewesen, was als eigenster Erlebensinhalt zu dichterischer Gestal=
tung drängte". Das Urteil schließt an ein Selbstbekenntnis des
Dichters an, das er hochbetagt schrieb: „Ich habe zeitweilig unter
dem Druck geradezu feindseliger Mächte gearbeitet, in der Arbeit
jedoch immer wieder meinen Frieden, meine Genugtuung, Ver=
gessenheit des Widerwärtigen gefunden. Der treuherzige gute
Glaube, das kindliche Vertrauen — sie haben beide im Laufe der
Jahre manche Einbuße erlitten.

„Aber eins ist geblieben, die Liebe. Jene Liebe zu meinem
sächsischen Volksstamm, die einst in der Fremde meine Jugendkraft
in die Bande unbezwinglichen Heimwehs schlug, die erst im Schoße
des eigenen Volkstums zu frohsamer Betätigung für dieses Volks=
tum genas und die dann allgemach im Schaffen und Gestalten
aus der Volksseele heraus und im Geist des Volkstums ihre
dauernde tiefste Befriedigung fand."

Das Buch, an dessen Schluß er dies Bekenntnis ablegt, ist
seine Selbstbiographie, die unter dem Titel: Ein siebenbürgisches
Dichterleben (1902) erschien und die nicht zuletzt den Beweis gibt,
daß ihr Verfasser ein echter Dichter war, der seine Schwächen und
die Beschränkung seiner Kunst in bestimmte Grenzen selbst erkannte
aber den Sachsen in G. Hecht den bedeutendsten sächsischen Roman
(bis 1918) geliefert und gleich Albert „das Daseinsrecht dieser
Heimatpoesie überzeugend verfochten" hat.

Der älteste von ihnen Fr. W. Schuster (geb. 1824) war in
der Lage, 1896 seine Gedichte in 2. vermehrter Auflage erscheinen
zu lassen. In dem Urteil über sie schied sich das alte und junge
Geschlecht. Das erste sah darin den Nachklang klassischer Zeit, das

Beste, was sächsische Dichtkunst überhaupt hervorgebracht hatte, das Werk eines Mannes, dessen Liebling Lessing war und der an Goethe gewachsen war. Hell und klar, ungesucht und einfach, die Sprache von seltenem Wohllaut, gebändigte Leidenschaft in meisterlich geschaffenen Distichen, jedes einzelne Gedicht formvollendet und sprachgewaltig, das Zeugnis eines Innerlebens, in dem Welt und Leben sich spiegelt, das voll Wahrheit im persönlichen Empfinden das allgemein Menschliche zum Ausdruck brachte.

Dem gegenüber ein Teil des jungen Geschlechts: überwundene Zeit, veraltet und mit dem mitleidigen Endspruch, daß vom Lorbeerkranz, mit dem die Alten ihn schmückten, kaum ein Blatt übrig bleiben werde.

Der Dichter selbst urteilte über die Gegenwart:

> Das Leben ward so rauh, so wüst die Welt,
> Gefühl verrenkt, die edle Kunst entstellt;
> Wer weiß, ob noch, was einst gefallen hat, gefällt.

Die Zukunft wird entscheiden, welche Schöpfungen, ob die der Alten oder Jungen mehr erfüllen, was Schuster von seinen Gedichten wünschte und was sie vielen gegeben haben:

> Mög' es wohl euch glücken,
> Zu bieten Menschen menschlichen Genuß!

Gerade um diese Zeit (um 1890) war eine Wandlung auf diesem Gebiete erkennbar. Die Karpathen (Kronstadt 1908—1914) wurden für die heimische schönwissenschaftliche Literatur, von A. Meschendörfer herausgegeben, der Hecht im Karpfenteich. Sie ließen erkennen, daß eine seelische Wandlung der Menschen sich hier vollzog, die stets die Wandlung eines Zeitalters einleitet oder besser ihren Beginn schon erweist. Die geistigen Strömungen Deutschlands, die neuen Lebensanschauungen, die dort entstanden und im Kunstwart ein einflußreiches Organ erhielten, die der Kunst als einem Lebensbedürfnis im täglichen Leben eine maßgebende Stellung schaffen wollten, erhielten in Meschendörfer einen geistvollen Vertreter, der den Kampf gegen die Überschätzung der heimischen Dichterwerke und gegen die bisherige Art der Kritik der heimischen Leistungen aufnahm. Es sollte auch ein Teil der „modernen Großkultur" in die kleinen sächsischen Kreise hineingetragen werden, ein Bestreben, das durch die in verschiedenen

Orten gegründeten „Modernen Büchereien" unterstützt wurde. Nicht nur die Erfahrung, daß ein müßiges Ästhetentum, das vom handelnden Leben stets abzieht, welches Leben doch vor allem den Sachsen den Bestand verbürgt, anfing unangenehm überhand zu nehmen, rief heftigen Gegensatz gegen die „neue Richtung" hervor, auch die Gefahr fiel ins Gewicht, die diese „moderne Großkultur" an sich für einen Volkssplitter wie das sächsische Volk in sich schließt. Das Ostland (Hermannstadt 1919—1921) mit dem erweiterten Ziel, diese Gedanken in das gesamte Deutschtum des inzwischen entstandenen erweiterten Rumäniens hineinzutragen, nahm die Arbeit der Karpathen wieder auf.

Einsam war Fr. W. Schuster seines Weges gegangen, Tr. Teutsch und Albert hatten gemeinsam versucht, der schönwissenschaftlichen Literatur inmitten des sächsischen Volkes die ihr gebührende Stellung zu verschaffen. Umfassender, rücksichtsloser weiter ausgreifend versuchte es das junge Geschlecht. Der Versuch ist insofern wertvoll gewesen, als er ein Problem aufrollte, denn es ist zweifellos, daß eine Auseinandersetzung mit jenen Fragen nicht umgangen werden kann. Aber vielleicht bietet die Erfahrung der Vergangenheit dafür einen Wegweiser. Es ist den Sachsen stets gelungen, die Gedanken aus der großen Welt draußen in der Weise sich nutzbar zu machen, daß sie das für sich brauchbare ihren Verhältnissen anpaßten und das, was nicht paßte, beiseite ließen. Das war in der Regel dadurch erleichtert, daß die neuen Gedanken hieher erst kamen, wenn die Auswüchse, die oft mit einer neuen großen Entwicklung verbunden sind, überwunden waren und damit ein Teil der Gefahren, die mit ihr verknüpft sind. Der Weltkrieg hat all diesem Naturalismus und Expressionismus und wie man die Richtungen immer bezeichnen mag, die das Ich in den Vordergrund stellten und das Ausleben nicht immer im besten Sinne als Ziel sich setzten, die Vorherrschaft des Intellektualismus und das hochmütige Herabsehen auf allen altväterischen Idealismus stark erschüttert und eine neue innere Welt ist im Anzug. Sie wird mithelfen, auch uns in eine höhere Welt zu heben.

Meschendörfer selbst veröffentlichte in den Karpathen seinen Roman „Leonore", in Buchform erst 1920 erschienen, der glänzend geschrieben, das kleine sächsische Leben sich in dem Auge eines „modernen" Großstadtmenschen abspiegeln läßt, wobei doch zuletzt

der Reichtum und der eigentliche Gehalt des sächsischen Lebens
nicht zu seinem Rechte kommt. Meschendörfers Drama M. Weiß
(1919) behandelt den Kampf Kronstadts gegen Gab. Bathori, in
dessen Mittelpunkt der Kronstädter Stadtrichter steht, der mit
seinem Geist und Mut, seiner Tatkraft und Leidenschaft die
schwankenden zaghaften Volksgenossen zum Kampf für Freiheit
und Ehre und Volkstum mitreißt und in der Schlacht bei Marien=
burg (1613) fällt.

Die Wandlung der Geister gab um dieselbe Zeit sich auch
auf dem Gebiete der Lyrik kund. Der bedeutendste Träger der
um die Karpathen gescharten Dichter ist neben H. Klöß und
F. S. Höchsmann E. Schullerus († 1914). Zillich fällt über
E. Schullerus das sinnige Urteil: daß er „das bejahenswerteste,
wenn auch schon leis verklungene Bild unseres Bürgertums ist,
der als Dichter ... ein erfüllter Erleber und allgemein gültiger
Deuter dessen war, was den guten Kern unseres Bürgertums
ausmachen kann. ... Und damit ist Schullerus auch Verkörperung
des üblichen sächsischen Schicksals, das keine höchsten, aber gute
Würfe kennt". In ihm ist der Untergrund des Empfindens seine
siebenbürgische Heimat, die er stets aufs neue erlebt, aber dies
spezifisch Heimatliche ist mehr inneres Erleben als äußere Schau,
aber darum eben in allem zu spüren. Zu dem Landschaftserlebnis
tritt die Fülle der Gedanken in klangvolle Sprache und fließenden
Vers gefaßt, getragen von der Sehnsucht „aus dem Zwang der
Alltäglichkeit heraus in das große Ungebundene", die zuletzt bei
ihm, der den frühen Tod ahnte, zu stiller Entsagung wurde:

>Wieder starb ein Tag dahin,
>Müder falt ich bleiche Hände,
>Tröstend fließt es durch den Sinn:
>Näher — näher deinem Ende.

Diese Sehnsucht „aus dem Zwang der Alltäglichkeit heraus"
ist überhaupt typisch für die Jungen, sie führte bei vielen zur
Abkehr von dem eigenen Volksleben und trieb zu einem Schaffen,
das bewußt alle Heimat abstreifte und „allgemein menschlich" sein
wollte.

In welchem Gegensatz dazu steht in Traug. Teutschs er=
schütternder Selbstbiographie die Art und Weise seines Ringens
und Sorgens, das auch in eine Dichterseele hineinsehen läßt, die
schwer mit den Mächten der Welt gekämpft hat.

Kulturhistorisch und literarhistorisch wird es immer bedeutsam bleiben, dies innere Suchen und mit heiligem Schmerz erkaufte Ringen um einen tieferen Lebensinhalt und um Erfassen des Sinns des Lebens zu verfolgen und zu verstehen, wie es bei H. Klöß und Karl Bernhard (Capesius) und deren Genossen sich äußert. Es ist stets der schwere Kampf, die moderne Gefühlswelt, die ausgebildeter und feiner geworden ist, die früher weniger gekannten geheimen Seelenstimmungen in Einklang mit der Welt zu bringen und vor allem mit der kleinen engen heimatlichen Welt und dabei ein bewußteres Sorgen um die modernen Ausdrucksmittel und Ringen um die Form. Das Ergebnis dürfte doch bleiben, was unsere ganze Geschichte uns lehrt, daß wir diese Kulturfragen innerlich verarbeiten müssen, um sie uns dienstbar zu machen und in unser sächsisches Wesen und Fühlen einzufügen, daß sie uns, nicht wir ihnen dienen. Wir haben Wert und Bedeutung nur als Siebenbürger Sachsen und wo versucht wird, diese Schranken zu entfernen, da bleibt ein Stück Leere übrig. Für die Poesie wird M. Alberts schönes Wort seine Geltung behalten: „Die Muse Deutschlands eröffnet uns die Welt der Ideale, zu denen wir aus unserer Enge emporstreben; an ihrer gewaltigen Hand richtet sich unser deutsches Bewußtsein aufs neue wieder auf, aber unsere innigsten Freuden und Leiden, unsere Heimat, unser Schicksal kann uns nur die heimische Muse singen. Das ist ihre Aufgabe!"

Von ringender Seele gibt auch das Buch Rudolf Schullers Zeugnis: Das Evangelium (1910), eine freie Um= und Nachdichtung der Evangelien, in die er alles aufnimmt, was ihm als echtes Jesusgut erscheint, wobei er alles Eschatologische ausscheidet. So entsteht natürlich ein höchst persönlich gemaltes Jesusbild, das bewußt nicht in die Zeit hineingestellt ist, sondern vom Gedanken ausgeht, daß der große Mensch in erster Reihe nicht ein Kind seiner Zeit ist, sondern diese überwunden hat.

Eine eigene Stellung nimmt Kühlbrandt ein, der mit einem „wohlwollend satirischen Einschlag" in Fabeln, Parabeln und Epigrammen formell und inhaltlich feingeschliffene Sachen bietet, die den scharfen und geistvollen Beobachter des Lebens zeigen, der das Weltgeschehen auf sich wirken läßt als einer, der im befriedeten Heim sich behaglich fühlt, in das vergoldend der Strahl deutschen Geisteslebens bringt.

Als Übersetzer der Petöfischen Gedichte (1891) muß H. Melas genannt werden, dessen Übersetzungen von keinem anderen übertroffen werden.

Einen Aufschwung nahm die heimische Dialektdichtung, ein erfreuliches Zeichen dafür, wie in all den schweren Kämpfen der nationale Gedanke sich vertiefte, das Herz mit der Mundart, in der es besonders liegt, alles tiefer erfaßte, was mit Heimat und Volkstum zusammenhing. Voranging 1894 eine neue Auflage der Kästnerischen Gedichte, dann folgten, bezeichnend für jeden Dialekt, humoristische Sachen: Thullners Ous der Rökestuw (1892) und Bä der Kalefok (1898), A. Höhrs Vuer lånk Evend (1906), im Nösner Dialekt M. Schullers bisweilen derbkomische Schnurren (1893). Voll Witz sind im Mediascher Dialekt die Sachen im Kothgießer Nöberschufts=Kalender (1895), hauptsächlich von G. Schuster d. Ä., darunter Die Frauengesellschaft mit dem sprüchwörtlich gewordenen: Et äs jo wirklich, wonn emt nit, Geat, wonn emt haingder sich bekit. Nicht in Versen, aber immer scharf pointiert sind die Hippeltscher von Herfurth, die im Kronstädter Dialekt in Zeitschriften und Kalendern zerstreut erschienen sind.

Wenn vom sächsischen Humor geredet wird, dürfen die Schemmel = Titzgeschichten nicht übergangen werden, die der Kalender des Siebenbürger Volksfreundes brachte. Die ersten (1894—1896) stammen von Ludwig Michaelis, die späteren (1901—1902) von Ludwig Fritsch († 1904). Sie erregten ungeheuere Heiterkeit, weil sie das zeichneten, was jeder kennt, die spießbürgerliche Enge im Leben der kleinen Stadt, die gutmütige Laune, die gern sich des Tages freut und Spaß hat an der Einfältigkeit des Nachbarn, den Spott gegen die Überhebung des Großmäuligen, die Anerkennung der guten Eigenschaften im Menschen, das behagliche Genießen der Stunde und das Ertragen der kleinen Unannehmlichkeiten des Lebens, die nun einmal nicht zu vermeiden sind. Öfter in das Derbkomische übergreifend, zeichnen sie mitunter Karrikaturen, aber das wirkliche Leben steht dahinter, und das befreiende Lachen hilft über die Sorgen der Stunde hinüber. Scherz und Ernst gemischt bieten die tiefempfundenen Erzählungen von Anna Schuller = Schullerus, voll Seele und Innigkeit, mit der Kenntnis des Kindergemütes und des Volkslebens, vor allem auch des sächsischen Pfarrhofes, auch einige Volksstücke darunter für die ländliche Bühne, alles zusammen mit dem Eindruck, den Fritz Reuter seinen Lesern macht, daß der kleine Mann daraus sehen kann, „wie reich und ehrenvoll sein kleines Leben und wie segensreich der alte Fluch der Arbeit ist".

Eine eigene Gruppe bilden die zahlreichen Volksstücke, meistens im Dialekt, ein Teil auch hochdeutsch geschrieben, die aus dem sächsischen Leben für das sächsische Dorf geschrieben sind. Es ist eine geradezu überraschende Fülle, und es ist erfreulich, den Fortschritt zu sehen, der von Litschel zu Semp, Plattner, Anna Schuller und Lienert führt. E. Thullners Volksstück: „Das Wort sie sollen lassen stahn" schildert eindrucksvoll das Einwurzeln der ihres Glaubens wegen aus Österreich vertriebenen evangelischen Landler in Siebenbürgen durch den evangelischen Glauben, den sie bei den Sachsen finden; die tiefen Klänge von Glauben und Heimat bleiben nie ohne Widerhall.

Besonders hervorzuheben sind Plattners Erzählungen, auch Theaterstücke, voll scharfer Charakteristik sächsischer Bauerngestalten, Typen, die dem Volkskenner das Herz lachen machen, in wirklich volkstümlicher Sprache dargestellt. Gleichfalls hochdeutsch geschrieben ist Heinrich Schusters Mart. Alzner, Erzählung aus dem sächsischen Bauernleben, größerer Beachtung wert als sie tatsächlich gefunden hat mit den Zügen rechten Volkslebens und Volksempfindens. Die Erzählung Julius Orendis: Die letzten Sachsen von Klein-Schogen (1912), wo der Untergang einer Sachsengemeinde ergreifend geschildert wird, greift die leidvolle Tatsache auf, wie manche sächsische Gemeinde untergegangen ist und umwebt Schuld und Schicksal mit dem Schleier der Dichtung. Als geistvoller Erzähler muß immer wieder O. Wittstock genannt werden, der in kurzen Erzählungen und mehreren längeren Novellen u. a. Menschheitsfragen in der Spiegelung sächsischer Auffassung zu lösen versucht. Am bedeutendsten ist sein Roman „Der sechste Tag" (1907) in seiner Verknüpfung von Zeitfragen mit Ewigkeitsfragen. Darin vor allem ein Leben Jesu und die Schilderung „von der Erschaffung eines Menschen, wie ein Erdkloß den Atem des Herrn einsog und zum lebendigen Gotteskind ward", und die Darstellung, wie das Ich „aus der leiderfüllten, gedrückten Tiefe mit Hilfe Jesu zur Himmelsnähe" sich erhebt.

Eine im Boden der Heimat wurzelnde Erzählung, die zugleich in den politisch-nationalen Kampf der Sachsen hineinführt, ist Erika Brukenthalia (1901) von A. Schullerus, in der

der Sonnenglanz der Hohen Rinne strahlt, die den Herzenskampf des sächsischen Mädchens sieht, das den Mann nicht lieben kann, der sein Volk verläßt. Es ist das Volksbekenntnis, das in des Mädchens Worten liegt: "Ich brauche zum Leben ein Stück Heimatluft".

Aus Ludwig Michaelis "Die Johannesglocke von Unterten" (1891) klingt der dumpfe Ton alter Kämpfe und schwerer Drangsal, die zum Untergang des sächsischen Dorfes führt.

Auf die Frage, die gerade in diesen Jahren die sächsische Wissenschaft bewegte, was die Einwanderer, die dem Rufe Geisas II. folgten, bewogen habe, hieher zu kommen, und worin das Recht für deren Nachkommen liege, hier ein Sonderdasein zu führen, gab F. W. Seraphin († 1909) im historischen Roman: Die Einwanderer (Hermannstadt 1903), Antwort, der in vornehmer Form und behaglicher Darstellung den Leser in die alte Zeit einführt und viele erfreut und befriedigt hat, wenn die Kritik auch besonders vom kulturgeschichtlichen Standpunkte aus manchen Einwand erhob.

Regine Ziegler († 1925) zeichnete in den "Lebenslinien" lebensvolle Gestalten sächsischer Bürger, ein Spiegelbild sächsischen Lebens aus den sechziger Jahren des vorigen Jahrhunderts und konnte in einigen lyrischen Gedichten der sehnsuchtsvollen, ringenden und entsagenden Frauenseele ergreifende Worte leihen, wie die Erzählung "Wenn Ähren reifen" packende Bilder des sächsischen Dorflebens enthält.

Luise Helfenbein hat einen dankbaren Leserkreis für ihre Erzählungen gefunden, die dem sächsischen Volksleben entnommene sächsische Art und sächsisches Wesen schildern und erziehen und stützen wollen.

Eine Gruppe für sich bildet die sächsische lyrische Dichtung. Das sächsische Volk ist gerade durch sie im letzten Menschenalter reicher geworden, besonders nachdem ein Teil durch Kirchners Vertonung zum Volkslied geworden ist. Es gibt keine sächsische Gemeinde, in der nicht K. Römers: Bäm Hontertstreoch, E. Thullners: Af deser Jerd dō äs e Länd, J. Lehrers: Nor deng Uge loß mich sähn, G. Meyndts Sangtuchsklōk u. a. gesungen werden. Dazu J. Röslers zartinnige Dichtungen, Fr. Ernst mit seinen klangschönen, aus persönlichem Erleben fließenden Versen voll eigenstem Empfinden, H. Melas mit seiner wuchtigen Art, Bischof Müller mit den tiefempfundenen religiösen Gedichten,

G. Meyndt mit seinen Singspielen und sangbaren Liedern, deren Text und Melodie er selbst geschaffen.

Nicht eigentlich spezifisch-sächsischen Inhalts, aber doch das sächsische Stadtleben als Hintergrund und Grundlage, dürfen die Skizzen von E. Jekelius nicht übergangen werden. Es sind Typen und Erscheinungen unseres Lebens, die in feinziselierter Weise modernes Leben widerspiegeln, edles Feuilleton, voll Geist und Leben, in dem als Unterton die Sehnsucht nach der Großstadt mitklingt, die dem in die Kleinstadt Verschlagenen je nach dem den Tag verschönt oder die Stunde vergällt.

Aus dem Dorfleben geschöpft, spiegelt das patriarchalische Verhältnis des Pfarrers zu seinen Bauern wider die Erzählung Katharina 1892 und 1896 Die Pfarrerstochter von Julie Jikeli; der langjährigen führenden Frau in dem Hermannstädter Frauenverein († 1925).

Als ein Teil schönster Heimatkunst und auch als Dichtung ist zu werten: Dorfheimat von G. A. Schuller. Es sind „Erinnerungen eines ehemaligen Pfarrersjungen", reich an Leben und Jugendglanz, voll Liebe zum Dorf und zur sächsischen Heimat, ein Büchlein, das das Herz warm macht.

„Eine Sammlung aus acht Jahrhunderten deutscher Dichtung in Siebenbürgen" veröffentlichte Richard Csaki (1916) unter dem Titel: Jenseits der Wälder, mit einer wertvollen Einleitung, die den Grundriß einer sächsischen Literaturgeschichte enthält. Eine Darstellung der Lebens- und Entwicklungsgeschichte der Volksdichtung hatte Fr. W. Schuster in den Siebenbürgisch-sächsischen Volksdichtungen schon gegeben. Die Sachsengeschichte von G. D. Teutsch und mehr noch die Fortsetzung von Fr. Teutsch stellte auch die literarische Entwicklung in den Fluß der gesamten Volksentwicklung ein. Csaki versucht auch Antwort auf die Frage zu geben, wie es komme, daß die Sachsen keinen einzigen, wirklich großen schöpferischen, tätigen Künstler auf irgendeinem Kunstgebiet hervorgebracht haben. In bezug auf die Volksdichtung hatte Schuster die Antwort gegeben: „In der neuen Heimat erlebte man zwar viel Großes, und viel Gewaltiges und Ergreifendes..., aber es war nicht geeignet, die nationale Dichtung anzuziehen, da die Sachsen dabei nur leidend oder im Bunde mit anderen überwiegenden Kräften beteiligt erscheinen. Das Große war nicht national, wenigstens nicht rein national, und das Nationale konnte nicht groß sein, weil die Nation bei all ihrer Regsamkeit, Kraft und Zähigkeit selbst in ihrer Blütezeit nur ein Bruchteil des Reiches war, von allen Seiten umgeben und angefeindet von unhomogenen Elementen. Dieser schmerzliche Zug geht durch die ganze Geschichte der Sachsen und hat sich erkennbar für Denkende selbst dem Charakter der Einzelnen eingewachsen." In ähnlichem Sinne antwortet Csaki: „Die sächsische Geschichte ist ruhmvoll, wenn man ihr Endergebnis als die Summe harten Ringens um die nationale Existenz ins Auge faßt, aber sie ist arm an äußerem Glanz, sie ist eine Kette von Leiden — ihre Größe besteht in dem leidenden Ausharren, nicht in dem handelnden Eingreifen in die Fäden der Geschichte."

Das Geheimnis des geistigen Lebens läßt sich allerdings auch hier nicht eigentlich „erklären". Die Enge der Verhältnisse ist für den Genius kein Hindernis, den Flug zu den Sternen zu nehmen.

Csakis geistvoller und kenntnisreicher „Vorbericht zu einer Geschichte der deutschen Literatur in Siebenbürgen" mit den grundlegenden und wegweisenden Ausführungen zu dieser Geschichte ist erst 1920 erschienen.

Wie sehr übrigens auch die Poesie unter dem nationalen Gedanken stand, zeigt der kleine Zug, daß Fr. Krasser († 1893)[1], der in seinem Offenen Visier für die Freiheit der Wissenschaft gegen Kirche und Pfaffenherrschaft zu Felde zog, dessen Antisyllabus in mehr als anderthalb Millionen Exemplaren in Deutschland verbreitet war, zuletzt nicht mehr von internationaler Volksbeglückung sang, sondern warme Töne nationaler Empfindung fand.

Einen Beitrag zur sächsischen Literaturgeschichte gab Oskar Wittstock in „J. Marlin, ein Beitrag zur Literaturgeschichte der vierziger Jahre", eine scharfe Zeichnung der treibenden Kräfte jener gärenden Zeit und der Einflüsse, die von außen auf die geistige Entwicklung wirkten. Adolf Schullerus entdeckte in J. Keßler, der 1796 im Treffen bei Würzburg im Kampfe gegen Napoleon fiel, den ersten sächsischen Dichter neuerer Zeit, ein junges Talent, das nicht zur Entwicklung kam, die Schönes erwarten ließ. Dr. Alf. Roth war in der Lage, in seiner ungarisch erschienenen Abhandlung über Dan. Roth dem talentvollen, vom Leben viel umher geworfenen Dichter, der fern von der Heimat

---

[1] Siehe Band 3, S. 461.

starb, die rechte Stelle in unserer literarischen Entwicklung anzuweisen.

Eine feinsinnige Beurteilung der gesamten sächsischen Mundart-Literatur hat der frühverstorbene R. Hörler im Vereinsarchiv 39 (1915) geboten, Römer das Drama in der neuen sächsischen Literatur kritisch beleuchtet und Porsche das Geltchische Liederbuch unter die Sonde genommen.

Die Tagesliteratur wurde auch in diesem Abschnitt vom Siebenbürgisch-deutschen Tageblatt geführt, das 1900—1919 unter E. Neugeborens Leitung stand, der philosophisch und historisch geschult mit scharfem Geist und spitzer Feder in den mannigfachen Wandlungen der Politik die sächsische Fahne hochhielt und sächsisches Recht und sächsischen Lebensraum tapfer verteidigte, im Tageblatt wie in ausgedehnter publizistischer Arbeit, die ihm leicht aus der Feder floß, ein moderner, geistvoller Publizist auch in dem Sinne, daß er die Publizistik als Beruf und Lebensaufgabe aufgenommen hat.

Neben dem Tageblatt stand die Kronstädter Zeitung im Dienste des Volkes, manchem Wandel unterworfen, aber immer mit dem Ziel, das Volkstum zu erhalten und zu stärken, was sie mehr als einmal auf anderen Wegen als das Tageblatt versuchte. Als sie die offizielle sächsische Politik bekämpfte, setzten deren Anhänger in Kronstadt ihm das Kronstädter Tageblatt (1895—1900) entgegen.

In Hermannstadt entstand 1908 die Deutsche Bürgerzeitung, die spätere Tagespost, damals im Gegensatz zum Tageblatt geschaffen, um jenen zu dienen, die um R. Brandsch sich geschart hatten, die die offizielle Politik bekämpften und vor allem das Deutschtum der Banater wecken und eine Einheitsfront der Nationalitäten in Ungarn gegen den Magyarismus schaffen wollten. Sie ist 1925 mit dem Tageblatt verschmolzen worden.

In hervorragender Weise arbeiteten die Kirchlichen Blätter, vor allem unter der Leitung von G. A. Schuller, an der Vertiefung des Lebens und im Dienste der kirchlichen und religiösen Aufgaben. Oberts Schul- und Kirchenbote, später unter dem Titel Schule und Leben zog sich auf die Schulfragen zurück.

Nach ihren Kräften, die nicht immer weit reichten, aber stets mit bestem Willen, standen die kleineren Blätter in den anderen sächsischen Orten in der Reihe, zuerst örtlichen Fragen dienend, doch in großen Fragen zusammengehalten durch das gemeinsame Ziel: Volkstum und Glauben zu erhalten. Gerade in diesen Jahren (—1919) entstanden eine ganze Reihe solcher Blätter, (wo nur das Gründungsjahr angegeben ist, da bedeutet dies, daß die Zeitung weiter erscheint): 1891 Die Bistritzer Zeitung, 1892—1919 Das Mediascher Wochenblatt, 1893—1920 Das Sächsisch=Reener Wochenblatt, 1894 Das kleine Universum, Soz.= belletristisches Wochenblatt, Marosvásárhely (nur einige Monate), 1896—1914 Die Akademischen Blätter, 1899 Der Unterwald (nur in diesem Jahr), 1900 Schäßburger Zeitung, 1902 Neppendorfer Blätter (für Humor und Satyre), Hermannstadt, 1902—1911 Volksgesundheit, 1902—1914 Repser Wochenblatt, 1903—1907 Der Repser Burgvogt, 1904 Die Bergglocke (nur 6 Hefte), 1908—1914 Die Karpathen, 1907—1908 Hermannstädter Arbeitgeber, 1908— 1914 Repser Wochenblatt, 1908—1914 Deutsche Bürgerzeitung, Hermannstadt, 1909 Agnethler Wochenblatt, 1910—1911 Sieben= bürgische Verkehrszeitung, 1910—1911 Sächsisches Volksblatt für Stadt und Land (in Elisabethstadt), 1912 Bistritzer deutsche Zeitung, seit 1916 vereinigt mit der Bistritzer Wochenschrift, 1913—1920 Katholische Pfarrblätter (Hermannstadt), 1918 Der Evangelist in Siebenbürgen, 1918—1919 Die Volkswacht, Organ der sozialen Partei in Bistritz, 1919 Mediascher Zeitung für sächsisch=deutsche Volkspolitik, 1919—1920 Die Wahrheit, Organ der sozialistischen Partei für Siebenbürgen und das Banat, 1919 Das Ziel, Blätter für Kultur und Satyre, Kronstadt (nur wenige Nummern erschienen), 1919—1920 Das neue Ziel, Halbmonats= schrift für Kultur, Kunst, Kritik (ebenda, von kurzer Dauer).

Wenn auch ein Teil der aufgezählten Zeitungen nur von kurzer Dauer war, schon ihr Programm wirft Licht auf neue Strömungen, die sich ankündigten, hier die sozialistische Partei mit ihren Anfängen, dort die Sekten, hier der Versuch, dem Humor und der Satyre eine Stätte zu bereiten, dort Kunst und Kritik zu fördern. Es waren lauter Zeichen, daß das Geistes= leben von „draußen" über die Karpathen rascher herüberwehte, wie früher.

Hiezu kamen die verschiedenen „Mitteilungen" (des Profes= sorenvereins, des Ärztevereins, des Naturwissenschaftlichen Vereins, des Raiffeisenverbandes, der Guttemplerloge, der verschiedenen Kirchengemeinden), das Jahrbuch des Karpathenvereins, die Son=

dergebiete im Auge hatten und Zeugnis von eingehender Arbeit gaben. Das meist verbreitete Blatt waren die „Landwirtschaftlichen Blätter," die das Verdienst hatten, nicht nur für die landwirtschaftliche Fortbildung des Bauern zu sorgen, sondern auch für edle Unterhaltung, für Geist und Gemüt.

Zur Erhaltung des geistigen Lebens trugen die Bibliotheken wesentlich bei. Allen voran die Brukenthalische Bibliothek in Hermannstadt, die nicht nur durch ihre Bändezahl (an 100.000), sondern auch durch die seit 1874 systematisch vermehrten Bestände, vor allem der heimischen Literatur, dann in erster Reihe der Geschichte, die Studien im Lande förderte. Kleiner, aber in bezug auf die siebenbürgische, ungarische und deutsche Geschichte mit besonderer Kenntnis zusammengebracht, überwiegend ein Geschenk J. A. Zimmermanns († 1897), ist die Bibliothek der ev. Landeskirche, die die älteren Bestände der Superintendential- und Oberkonsistorialbibliothek vereinigte. Dazu kamen die Gymnasialbibliotheken in allen Gymnasialorten, die Hermannstädter, die auch die alte „Kapellenbibliothek", darin eine alte Stadt- und Kirchenbibliothek mit ihren zahlreichen wertvollen Inkunabeln aufnahm, die Kronstädter, die reich auch an alten Manuskripten ist, in erster Reihe durch die Trauschische Sammlung und unter anderem durch Eugen v. Trauschenfels wertvolle Schenkung seiner Bibliothek vermehrt († 1903), dann die anderen, von denen fast jede nach einer speziellen Richtung bedeutsam ist. Jeder Bezirk hat seine eigene theologische und pädagogische Fachbibliothek und überall entstanden zunächst in den Städten Lesebibliotheken, in Schäßburg wurde die von Bischof Binder als Rektor gegründete Bibliothek jährlich vermehrt und wachsend benützt, an anderen Orter errichteten die neuen „Modernen Büchereien" Lesezimmer und Leihbibliotheken, und jede ev. Schule auch auf dem Dorfe ist verpflichtet, eine Bücherei anzuschaffen, von denen manche es auf einige hundert Bände brachten. Aber auch wo sie bloß 20—30 schmale Bändchen zählte, da brachte der Bauernjunge mit dem Buch, das er selbst las und dann vielleicht erst recht auch die Geschwister und die Eltern, einen Strahl deutschen Geistes in die niedere Stube. In den Städten hatten überall die Gewerbevereine Lesezimmer eingerichtet, in denen in- und ausländische Zeitungen auflagen, auf den Dörfern öfter im Raiffeisenverein; im Burzenland ist kaum eine Gemeinde ohne „Kasino".

Die Zeitungslektüre unter den Sachsen war ausgebreitet. Die Pester und Wiener großen Zeitungen, daneben große Blätter aus Deutschland, vor allem auch Wochenblätter und Monats= schriften wurden in vielen Privathäusern gelesen, wie die Garten= laube und das Daheim vielverbreitet waren.

Zu dem gelesenen Wort trat das gesprochene. In Hermann= stadt hatte der Kreis um Bischof Teutsch zuerst 1869 die populär= wissenschaftlichen Vorlesungen aufgenommen, die viel besucht immer wieder Bilder aus der heimischen Welt in Vergangenheit und Gegenwart boten und dann neue Fäden mit der deutschen Geistes= welt knüpften. Ähnliches geschah auch in den anderen sächsischen Städten. Nach Gründung der modernen Büchereien nahmen diese die Aufgabe, geistige Anregung auch durch Vorträge zu bieten, in die Hand. Das gleiche Ziel hatten die Leseabende auf den Dörfern, die Pfarrer und Lehrer hielten und die mithalfen, in das enge Dasein die Ahnung eines höheren Lebens bringen.

So ist es verständlich, daß der Absatz deutscher Bücher im Lande groß war. Was die deutsche Literatur schuf, fand den Weg auch hieher. Infolgedessen entstanden in allen Städten neben den schon bestehenden Buchhandlungen — in Schäßburg hatte die erste der Leipziger Julius Habersang 1844 schon gegründet — neue deutsche Buchhandlungen, und die Zahl der Druckereien wuchs. Der Fremde, der nach Siebenbürgen kam, hatte in den sächsischen Städten auch in dieser Beziehung den Eindruck, in deutscher Luft zu sein.

Nicht übergangen werden dürfen auch hier die Kalender, die ein rechtes Volksbildungsmittel, hier von den Besten geleitet und geschrieben, mithalfen dem Volke geistige Nahrung zu bieten. Es wäre eine freudvolle Aufgabe, das Beste aus ihnen zu sammeln und vor dem Vergessenwerden zu retten.

Es mag hier darauf hingewiesen werden, wie dem wachsenden Lesebedürfnis der Wandel der Beleuchtung zu Hilfe kam. Beim flackernden Talglicht oder gar beim Herdfeuer ließ es sich in der Bürger= und Bauernstube schlecht lesen. Die helle Petroleumlampe, die in der Mitte des Tisches stand oder besser noch über dem Tische aufgehängt war und nun den ganzen Tisch beleuchtete, forderte gerade zur Lektüre auf, und wo nun gar das gefahrlose reine elektrische Licht eingeführt wurde, da bekam das Leben am Abend einen neuen Inhalt.

Diesem geistigen Leben, vor allem dem Zusammenhang mit dem Geistesleben Deutschlands hat der Krieg schwere Wunden geschlagen. Zuerst kam die Absperrung, dann die Geldkrise, und heute sind wenige nur in der Lage, sich ein Buch zu kaufen. Vor allem sind auch die den Bibliotheken einst verfügbaren Mittel so zusammengeschmolzen, daß jene kaum imstande sind, die Verwaltung zu bezahlen, geschweige Bücher zu schaffen. Die seit 1914 entstandenen Lücken auszufüllen, sind sie überhaupt nicht imstande, so daß dadurch ein Notstand entsteht, der das geistige Leben schwer hemmt.

Ein erfreuliches Zeichen der Heimatliebe und der inneren Teilnahme an der Vergangenheit des eigenen Volkes entstanden an einzelnen Orten Heimatmuseen, die zugleich den Sinn für die Sammlung sächsischer Altertümer weckten. Allen voran eine Abteilung, die an das Brukenthalische Museum in Hermannstadt angeschlossen wurde, das bei seiner Gründung schon als Nationalmuseum gedacht war. Besonders reich und geschmackvoll eingerichtet wurde Alt=Schäßburg im charakteristischen Stundturm mit seiner freundlichen Rundsicht, in dem durch Dr. J. Bacons unermüdliche Tätigkeit ein sehenswertes Museum entstand, das alles vereinigte, was von der prähistorischen Zeit an bis zur Gegenwart für Schäßburg aufzufinden war und im Albert= und im G. D. Teutschzimmer Erinnerungen an die beiden Männer bewahrt, die mit der Stadt wie mit der sächsischen Entwicklung überhaupt eng verbunden sind. In ähnlicher Weise hat Mediasch im ehemaligen Rathaus, der alten Schule, und Kronstadt in dem alten Gymnasium, Heltau in der Kirchenburg ein Ortsmuseum aufgestellt, jedes überraschend reich an historischen Altertümern und alle ein Beweis, wie viel allerorts noch an Resten alten Lebens vorhanden ist und was noch an Schönem und Wertvollem sich finden läßt, wenn eine kundige Hand sich des Suchens annimmt. Der Sammeleifer hat auch auf das Dorf übergegriffen und wo Pfarrer oder Pfarrerin sich der Sache annahm, Sehenswertes zusammengebracht, wie in Stolzenburg. Was einzelnen Kennern und glücklichen Sammlern zusammenzubringen gelang, wie J. Teutsch in Kronstadt, nun in dem stattlichen Burzenländer Museum vereinigt, und E. Sigerus in Hermannstadt, erweckt immer neues Staunen.

Das musikalische Leben in den sächsischen Städten war im Zunehmen und Wachsen, die Leistungen in erster Reihe in Hermannstadt und Kronstadt nach dem Urteil Nichteinheimischer das ähnlicher deutscher Mittelstädte weit überragend. In Hermannstadt hatte als Nachfolger des aus der Provinz Sachsen stammenden H. Bönicke (1861—1879), der zuerst das Musikleben Hermannstadts auf die Höhe der Zeit hob und es zum einflußreichen Vorbild für die anderen sächsischen Städte machte, J. L. Bella (1881—1921) und B. v. Heldenberg (1841—1910) eine neue musikalische Generation erzogen, die unter Bellas Leitung im Musikverein die besten klassischen Sachen und dazu Bestes aus der Gegenwart den Zuhörern bot, während die Hermania zuerst unter W. Weiß (1879—1900, † 1917) Opern aufführte, 1887—1890 Lortzingische, 1901 sogar den fliegenden Holländer, 1904 Don Juan. Die Hermania war Mittelpunkt einer frohen Geselligkeit geworden. Jeder Fremde, besonders auch durchreisende Künstler, fanden freundliche Aufnahme und reiche Anregung. Der nationale Gedanke war der tragende Gedanke auch bei dieser Arbeit im Dienste der Kunst. Unter Kirchners Leitung (1899—1906) trat der Männergesangverein in lebhaften Wettstreit mit der Hermania. Im Jahre 1910 feierte er sein fünfzigjähriges Jubiläum mit Aufführung der heiligen Elisabeth von Lißt und einem prunkvollen Festzug. Die Tatsache, daß selbst die Pflege der Musik unter den nationalen Gedanken sich einordnete, ist so recht bezeichnend für seine beherrschende Macht; alle Kulturarbeit muß da, wo die ganze Vergangenheit und die Gegenwart erst recht erfüllt ist vom Kampfe um das eigene Volkstum, ein Glied in dieser Kette werden. Die sächsische Geschichte liefert dafür den Beweis, der in der Geschichte jedes Auslanddeutschtums zu finden ist.

In Kronstadt, das in diesem Zeitraum eine ganze Reihe bedeutender Künstler und Künstlerinnen hervorbrachte (R. Malcher, die Geschwister Gmeiner, Irene v. Brennerberg, Gerhard Jekelius, Selma Honigberger u. A.), weckte R. Lassel (1887—1918) ein neues musikalisches Leben vor allem durch seinen Schülerkirchenchor, in dem er seine Schüler „zu den höchsten und reinsten Höhen musikalischen Erlebens" hob. Sie wurden dann die tragenden Kräfte des Männergesangvereins und der Philharmonischen Gesellschaft, und die Wirkung ging weiter bis in die Gemeinden, in denen der musikalische Geschmack sich hob. Eine Zeitlang leitete er auch den Männergesangverein, den 1902 P. Richter übernahm, während Krause († 1917) die Philharmonische Gesellschaft leitete. Es war ein kunstfrohes Zusammenwirken, und unter Richter konnte der Gesangverein u. a. Brahms Deutsches Requiem, das auch in Hermannstadt aufgeführt worden war, bieten, dann den Freischütz, den fliegenden Holländer und Tannhäuser, 1914 Fidelio. Als Lassel noch jung 1918 starb, da hatte nicht nur Kronstadt ihn verloren.

Auch in den anderen sächsischen Städten gab es überall Gesangvereine, das deutsche Lied, das auf allen Dörfern gepflegt wurde, war eine Macht in den Herzen, und als 1892 die sächsischen Gesangvereine sich zu einem siebenbürgisch=sächsischen Sängerbund zusammenschlossen, war es zugleich eine neue Klammer des Volkes.

Es ist schon oben bei der sächsischen Lyrik darauf hinge= wiesen worden, wie sie das Leben reicher machte, vor allem als die Lieder durch Kirchner vertont wurden. Hier soll vom Stand= punkt der Musik noch einmal darauf hingewiesen werden. Diese sächsischen Lieder sind ein Schatz geworden, den das Kind schon aus der Schule mitbekommt, die Burschen und Mädchen auf der Gasse, beim Tanz und in der Spinnstube singen, um den uns die ganze Welt beneiden kann. Auf allen sächsischen Dörfern wird der Gesang gepflegt, Liedertafeln und Gesangvereine bestehen in ver= schiedenen Formen fast überall — der Regensburger Liederkranz ist überall zu treffen — und wo sie fehlen, da treten die „Adju= vanten" ein, der kirchliche Sänger= und Bläserchor, der bei Hoch= zeiten und Leichen, beim Frauenvereinsball und bei anderen festlichen Gelegenheiten aufspielt, und wenn auch nicht überall gleich gut gestimmt und sanft geblasen wird, es ist auch eine Einrichtung, die kein anderer Volksstamm im Lande hat, und diese „eigene" Musik ist auch ein Kennzeichen des eigenen Lebens.

Ein glücklicher Gedanke Herfurths gab dem sächsischen Volke 1895 das „Sächsische Volksliederbuch", das die Sangeslust wesent= lich unterstützte und — zum erstenmal — heimische Stoffe bot. Schon 1902 war eine 2. Auflage nötig, die in der Vorrede sagen konnte: „Zuerst Lächeln, dann Staunen; hat man dann wirklich probiert sächsisch zu singen, ist das Eis der Befremdung gebrochen, dann folgt helle Freude darüber, daß man auch sächsisch singen kann, ja daß es sogar klingt und schön klingt; und kommts nun vom Herzen, so gehts auch tief in die Herzen wieder hinein, selbst wenn der Verseschmied nicht Heine oder Uhland heißt. Es ist eben Blut von unserem Blut und Fleisch von unserem Fleisch und das ist die Hauptsache."

Für den Zusammenhang der Entwicklung auch auf diesem

Gebiete mit der Welt draußen ist es bezeichnend, daß die „Renaissance Bachs", an der Deutschland sich jetzt erfreut, ihre Wellen bis hieher wirft, und daß das Verständnis dieses Meisters auch hier im Wachsen ist.

Die Sachsen waren sogar in der Lage, einen bedeutenden Musiker der Gegenwart an Deutschland abzugeben, Waldemar v. Baußnern, der wohl 1860 in Berlin geboren ist, aber einer alten sächsischen Familie entstammt und mit seinem Vater, der österreichischer Beamte war, seine Jugend in Siebenbürgen zubrachte. Als Direktor der Großherzoglichen Musikschule 1906 nach Weimar berufen, ging er 1915 an das Konservatorium in Frankfurt a. M. und ist seit 1922 Professor an der staatlichen Akademie in Berlin, hervorragend durch reiches Schaffen auf allen musikalischen Gebieten. Er kam über Einladung der musikalischen Kreise Hermannstadts und Kronstadts 1926 in die alte Heimat, und in allen sächsischen Städten wurde, zum Teil unter seiner Leitung, eine Auswahl seiner Werke aufgeführt, die tiefen Eindruck zurückließen.

Als einheimische Komponistin ist Frau Bertha Bock zu nennen, deren klangreiche, gemütvolle Lieder auch außerhalb Siebenbürgens bekannt sind.

Die sächsische Malerei, die im 16. Jahrhundert eine Höhe erreicht hatte, für die die erhaltenen Altarbilder heute noch Zeugnis ablegen, war im 17. Jahrhundert völlig verwildert und brachte im 18. nur wenige Blüten. Der ältere Mart. Stock ist in Hermannstadt bis 1764 tätig gewesen, der jüngere, sein Sohn, durch Brukenthal gefördert, ist damals hier wohl der bedeutendste Maler gewesen (1742—1800), wie auch einzelne Bilder der beiden Neuhauser, — Franz der Ältere († 1807), der Jüngere 1763—1836 — kulturhistorisch wertvoll sind. K. Dörschlag, in Mecklenburg 1832 geboren, gestorben 1917 in Hermannstadt, ist ein außerordentlich fruchtbarer Künstler gewesen, der ebenso Altarbilder wie zahlreiche Porträts, Landschaften und Stilleben gemalt hat, in Schäßburg ist Ludwig Schuller (1826—1906) und seine Tochter Betty († 1904) zu nennen, in Kronstadt von älteren Fr. Myß, geb. 1854, von jüngeren H. Eder (geb. 1883) und Fr. L. Heßhaimer (geb. 1872) und E. Honigberger, die in der Fremde einen Arbeitskreis und Anerkennung gefunden haben. Einen Ruf auch außer Landes errangen der frühverstorbene Fr. Schullerus (1866—1898), dessen siebenbürgische Landschaften stimmungsvoll die Seele von Fluß und Berg und Tal wiedergeben, wie der Schwur der Kronstädter

Ratsmänner auf des Honterus Reformationsbüchlein und das Abendmahl in einer sächsischen Kirche voll Leben und Wahrheit sind, und der ebenso jung verstorbene A. Coulin (1869—1912), den vornehme Auffassung und „feine Wiedergabe des Stofflichen, brillante Zeichnung und ein gesundes, fein nuanciertes Farbenempfinden charakterisieren." Altarbilder von ihm haben Kreisch und Henndorf. Es ist keine Frage, daß diese beiden Künstler bei längerem Leben angesichts ihrer Begabung und ihrer Willenskraft den Weg zum höchsten Aufstieg gefunden hätten. Rob. Wellmanns (geb. 1866) sächsische Frau bei der Bockelung, sein Erstlingswerk, hat Anklang gefunden und ebenso Karl Zieglers (geb. 1866) charakteristische Bilder, groß in der Auffassung, scharf in der Ausführung. Die Stärke beider liegt in den Porträts, die in ihrer Sorgfalt und feinen Ausführungen den Ruf verdienen, den sie haben. M. Fleischers (geb. 1869) Totenwache wird von Kennern anerkannt, Hermann Konnerths Bilder sind viel umstritten worden, die Landschaften und Dorfbilder von E. Morres allgemein anerkannt. Nicht wenige Dilettanten haben sich auch hier auf das Gebiet der Malerei geworfen und finden je nachdem, besonders wenn es sich um „Modernes" handelt, von den Anhängern unbegrenztes Lob und von andern unbedingte Abweisung. Als hervorragendes Talent gilt bei Kennern Frau Grete Csaki-Copony.

Stimmungsvoll und rein und reif ausgeführt sind H. Hermanns und Trude Schullerus Radierungen. Von Hermann stammen auch die Bilder im neuen Gymnasium in Mediasch.

Unter allen Umständen ist auch die Entwicklung der Kunst inmitten der Sachsen wie der Literatur in der Gegenwart ein Zeugnis inneren Lebens und innerlichen Daseins. Sie spiegelt in gleicher Weise Volks- und Zeitgeist wider.

Die Kunstbestrebungen, in deren Dienst der Sebastian Hann-Verein steht, fanden alle Anhalt und Förderung in den Brukenthalischen Sammlungen in Hermannstadt, vor allem der Bildergalerie. Diese selbst — auch ein Zeichen wachsenden Kunstverständnisses — wurde neu geordnet, die schadhaften Bilder wurden restauriert, eine große Anzahl neu bestimmt, ein besonderes Verdienst erwarb sich Frimmel um die rechte Einschätzung und Wertung der einst von Boner arg verkannten Gemäldesammlung, die doch im ganzen Lande einzig dasteht.

Wenn von sächsischer Kunst die Rede ist, darf doch nicht übergangen werden, daß in diesem Zeitraum inmitten der Sachsen die ersten Denkmäler aufgestellt worden sind, wenn auch nicht von sächsischen Künstlern: Das Grabdenkmal für Franz Gebbel, ein Granitstein mit Gebbels Bild, 1880 aufgestellt, dann die beiden Erzdenkmäler für Honterus und Bischof Teutsch, das erste in Kronstadt von Magnussen geschaffen und 1898 enthüllt, das andere von Donndorf, 1899 enthüllt. Der Gedenkfeiern bei den drei Anlässen ist oben gedacht worden.

In all der Not und in aller Schwere der Zeit war das Stärkende, daß es inmitten des sächsischen Volkes niemanden gab, der nicht das Volk in seiner Eigenart erhalten wollte. Diesem Ziele diente die ausgebreitete Vereinstätigkeit, jede einzelne, ob es sich um Sänger- oder Turn- oder Gewerbevereine, wirtschaftlichen oder wissenschaftlichen Zusammenschluß handelte, es waren lauter feste Reife, die das Volk zusammenhielten. Die ganze Volksarbeit von 1868 an kann angesichts der politischen Zersetzung und der vielfach auflösenden Kräfte der Gegenwart dahin zusammengefaßt werden, daß sie bestrebt war, immer neue Klammern für das sächsische Volk zu schaffen, daß es nicht in einzelne Individuen auseinanderfalle, daß der Einzelne seine Kraft dem Volke widme, um dieses als solches zu erhalten. Auch die geistige Arbeit ist in diesem Dienst gestanden. Ihr stärkender Gedanke war, daß das kleine-sächsische Leben ein Teil des großen deutschen Kulturlebens sei und die Sachsen eingegliedert seien in die weltumspannende deutsche Kulturgemeinschaft, deren sich würdig zu erweisen nicht als letzte Aufgabe angesehen wurde.

So kann das zusammenfassende Urteil auch über diesen Zeitraum nur lauten: im unmittelbaren Zusammenhang mit dem deutschen Geistesleben, dessen Wandlungen und Einwirkungen sich viel rascher als es bisher der Fall gewesen war, auch in Siebenbürgen bemerkbar machten, entwickelte sich das geistige Leben der Sachsen und die Fragen und Aufgaben, die „draußen" die Welt bewegten, riefen auch sie zur Stellungnahme auf. Dabei aber gelang es doch wie früher dem, was in Siebenbürgen geschaffen wurde, den eigenen Charakter aufzudrücken, so daß es „siebenbürgisch-sächsisch" war.

Es darf auch als Zeichen der Lebenskraft angesehen werden, zu deren Kennzeichen es gehört, was von außen kommt dem eigenen Leben dienstbar zu machen und an innerer Stärke durch das zu wachsen, was der Tag von außen bringt.

XXII.

Schluß.

Die Geschichte der Siebenbürger Sachsen, die auf den vorliegenden Blättern erzählt worden ist und die hier, bis zur Gegenwart geführt, abgeschlossen vorliegt, umfaßt einen Zeitraum von rund 780 Jahren. Die Sachsen sind die älteste Kolonie, die aus Deutschland ausgezogen ist und in der Ferne sich eine neue Heimat gegründet hat und die in einer immer noch vorhandenen verhältnismäßigen Geschlossenheit sich bis zur Gegenwart erhalten hat.

Zum Abschluß wird der Versuch gemacht, die leitenden Gedanken dieser Geschichte zusammenzufassen, wie sie sich dem Rückblickenden ergeben, der die ganze Entwicklung auf einmal zu übersehen in der Lage ist. Den wechselnden Geschlechtern erwuchsen sie aus den gegebenen Verhältnissen, und darin liegt nicht zuletzt der Tiefsinn der Geschichte, daß was die Geschlechter, jedes einzelne für sich, aus der augenblicklichen Sachlage heraus tun, wenn auch beeinflußt von dem, was vor ihnen geschah, zuletzt ein zusammenhängendes Ganzes ist, in dem der rote Faden kenntlich ist, der durch das Ganze geht.

Für die Entwicklung war in erster Reihe das Vätererbe maßgebend, das die Einwanderer hieher mitbrachten und dann die Aufgabe, die sie hier übernahmen.

Das Erbe war ebenso ein gegebenes wie die Aufgabe. Zu diesem Erbe gehört Anlage, Geist und Gemüt, Körperbildung und Charaktereigenschaften, die nachweisbar selbst in Jahrtausenden bei Volksstämmen keine oder nur geringe Umwandlung erfahren, höchstens eine Umbiegung im kleinen. Diese Umbiegung geschah hier durch die jahrhundertlange Not und Schwere der Zeit, so daß der Franke, einer der allseitigsten und begabtesten der deutschen Volksstämme, der im einzelnen leichtbeweglich und voll kühner Unternehmungslust war, hier gemessen und ruhig wurde, schwerfällig und vielfach mißtrauisch. Aber er blieb stark und dauerhaft, fleißig und tüchtig und nahm das Leben ernst. Was er sonst noch mitbrachte, wie man das Haus baute und das Feld bestellte, wie man sich kleidete und schmückte, den Glauben und die Mundart, die Lieder und Märchen und was zum inneren Leben gehörte, das alles wirkt nach bis zum heutigen Tag. Und

das Ergebnis ist, daß sich hier eine eigene deutsche Volks=
individualität entwickelt hat, die sich neben die deutschen Stämme
der Franken, Schwaben, Sachsen, Alemannen usf. stellt, eigenartig
und von ihnen unterschieden: die Siebenbürger Sachsen.

Diese Entwicklung aber geschah von der Aufgabe beeinflußt,
zu der sie herkamen. Sie kamen zum Schutz der Grenze des
ungarischen Reiches, was zugleich Urbarmachung des Landes
in sich schloß, womit eine neue Kultur verbunden war.

Von selbst war gegeben: ein unmittelbarer Zusammenhang
mit dem Mutterland war ausgeschlossen, die Einwanderer mußten
sich von vorneherein ganz in das neue Vaterland einstellen.
Aber weil es sich um Schutz der Grenze handelte, um militärische
Aufgaben, war wieder von selbst gegeben ein gemeinsames Handeln.
So wie es nicht Einzelansiedlungen waren, unsere Mundart
kennt keine Bauern, sondern nur Gebauren, sondern gemeinde=
und gruppenweise, so mußten diese Gruppen sich wieder zu
größeren Verbänden zusammenschließen und so ergab sich natur=
gemäß die Notwendigkeit des politischen Zusammenschlusses. Der
Andreanische Freibrief ist der erste urkundliche Niederschlag des
Bestrebens, die deutschen Ansiedlungen zu vereinigen, der große
politische Gedanke der zweiten, hier geborenen und aufgewachsenen
Generation. Mit dem Zusammenschluß war zugleich das gemeinsame
Recht der „Hermannstädter Provinz" gegeben und mit ihm die
Verteidigung alles dessen, was es in sich schloß, der Freiheit,
des Eigentums, des eigenen Gerichtsstandes und was damit
zusammenhing. Es gelang früh schon, die zwei Stühle (Mediasch
und Schelk) in näheren Zusammenhang mit der Hermannstädter
Provinz zu bringen, später den Zusammenschluß zu erreichen,
ebenso mit Kronstadt und Bistritz. Versuche, auch andere versprengte
Teile sich anzugliedern, blieben erfolglos. Es waren Meilen=
steine auf dem Wege des Zusammenwachsens, wenn 1453 König
Ladislaus aussprach: Ihr, die ihr immer eins gewesen seid bisher,
sollt auch in Zukunft ungeteilt bleiben, eine Erweiterung des
unus sit populus des Andreanums, wenn 1486 der Andreanische
Freibrief für sämtliche sächsische Ansiedlungen bestätigt wurde,
nachdem die Nationsuniversität, in der sämtliche freien Ansied=
lungsgruppen vertreten waren, schon ein Jahr vorher beschlossen
hatte, es sollten alle in allen allgemeinen und besonderen Fähr=
nissen zusammenstehen und alle kriegerischen Ausgaben gemeinsam

tragen. Diese zu einem Ganzen zusammengewachsenen deutschen Ansiedlungen fanden ihre Spitze und einen neuen starken Halt in der Nationsuniversität. Für die ganze Entwicklung ist es von weittragender Bedeutung gewesen, daß sich in ihr eine leitende Körperschaft entwickelte, die maßgebend auf allen Gebieten wurde. Sie gab Gesetze (Statute) für das ganze Sachsenland, sie verteidigte seine Rechte, sie war oberste Gerichtsinstanz, sie leitete die Politik und sie führte die Kriege, als Zapolya und Ferdinand um die Krone kämpften und brachte die Mittel auf in den vielen späteren inneren Kriegen und im Kampfe mit den Türken, immer geleitet, so oft die tatsächlichen Verhältnisse auch anders sein mochten oder vielleicht gerade dann am meisten, von dem Ziel, das sie in Verhandlungen mit dem Burzenland 1527 in das inhaltschwere Wort faßte: „um die Eintracht zwischen uns herzustellen, die niemals ersterben darf zum gemeinsamen Vorteil und Nutzen für uns und unsere Nachkommen". So schuf die Nationsuniversität 1583 das Eigenlandrecht, so verteidigte in ihrem Namen 1591 A. Huet das sächsische Recht vor dem Fürsten, so tat sie alles, 1613 die „Haupt-Hermannstadt" aus den Händen des Fürsten zu befreien und sie wieder der Nation zurückzugewinnen. Sie war es, die 1790—1791 bei der Neuordnung nach dem Josefinischen Umsturz die Rechte der Nation wieder rettete und 1848 bestimmte sie die Haltung des Volkes, wie sie es war, die die Überleitung in das geplante Groß-Österreich 1860—1865 leitete und 1868 bei der Errichtung des Dualismus tapfere Worte für altes Recht und deutsche Sprache hatte. Eine Geschichte der sächsischen Nationsuniversität wäre eine neue ehrenvolle Geschichte der Kämpfe des sächsischen Volkes für sein Dasein.

Mit dieser Zusammenfassung aber und mit der darin liegenden Kraft hing es zusammen, daß diese politische Nation der dritte Landstand wurde, gleichberechtigt mit dem Adel der Komitate und den Szeklern, was von besonderer Bedeutung wurde, als Siebenbürgen ein selbständiges Fürstentum wurde. Kein Landtagsbeschluß war ohne Zustimmung der drei Stände möglich, und im Rat des Fürsten, wie später im Gubernium saßen die Sachsen in gleicher Anzahl wie die beiden anderen Stände.

Das gab dem Kampfe ums Recht eine neue Stütze und neue Stärke. Denn was im Landtag ausgefochten wurde, das fand die Sachsen dort gewappnet und gerüstet. Der Kampf ging nicht immer gegen die gleichen Gegner. Bald wars der Adel, bald der Fürst, bald das „Land", Adel und Szekler und Fürst vereint, bald die katholische Kirche. Das ganze 17. Jahrhundert war besonders reich an Adelsangriffen und Übergriffen. Sein Hauptverlangen war, in den sächsischen Städten Häuser kaufen zu können und diese nach Adelsrecht frei von allen Lasten gebrauchen zu dürfen. Im Kampfe um die Approbaten gelang es tatsächlich die Rechte zu retten oder wo das nicht der Fall war, die Durchführung des Unrechts zu verhüten. Und als mit der Herrschaft des Hauses Habsburg die Staatsmacht anfing, tiefer in die Landesverhältnisse, auch in die der einzelnen Stände, einzugreifen, da erstand in Sachs von Harteneck der Vorkämpfer, wie ein gleicher seit Huet dem Volke nicht beschieden gewesen war.

Bei Angriff und Abwehr geht es nicht immer offensichtlich um die Hauptfrage, nicht immer direkt um die Lebensfrage, und doch handelt es sich immer um sie. Diese Fragen selber wechseln. Wenn es im 17. Jahrhundert der Hauskauf in den sächsischen Städten war, d. h. das Durchbrechen des ausschließlichen sächsischen Bürgerrechts durch das Adelsrecht, so war es im 18. Jahrhundert die Frage, ob die sächsischen Bauern freie Leute oder Kronbauern, Hörige der Krone seien, ob die evangelische Kirche gleichberechtigt sei oder nicht; die Verfolgungen der evangelischen Kirche waren immer auch ein Angriff auf den Rechtsstand des sächsischen Volkes. Die ganze sächsische Geschichte ist die Geschichte einer Kampfstellung, in der es naturgemäß Sieg und Niederlage gab, oft schwere und dauernde Niederlagen, aber das Volk hat sich niemals aufgegeben. Und wenn die Menge bisweilen verzagen wollte, die Führer haben die Fahne, um die gekämpft wurde, nie im Stich gelassen und an ihrem Mut hat sich die Kraft des Volkes neu erhoben. Es ist hier niemals alles zerstört worden. Die Jahrhunderte der Türken= zeit konnten die Felder verwüsten und die Dörfer niederbrennen, sie erstanden neu, und das Recht, das Volkstum und Glauben schützte, war gerettet worden.

Der dritte (sächsische) Landstand war ein deutscher, im Gegen= satz zu und neben den beiden ungarischen nicht nur von sich bewußt als deutscher empfunden, sondern auch von den anderen als solcher anerkannt.

Damit kam von vornherein der nationale Gedanke in die Politik und in das Leben hinein. Wenn es schon bezeichnend war,

daß im Kampfe um den Thron am Anfang des 14. Jahrhunderts
die Sachsen sich für Otto von Bayern entschieden, weil sie sich
freuten, daß Gott ihnen „einen teutschen Kunig hat geben", so
fand dieses Deutschtum seinen ausgeprägtesten Ausdruck darin,
daß kein anderer als ein Deutscher im Sachsenland Bürgerrecht
erhalten konnte, nur ein Deutscher in die Zunft, in die Nachbar=
schaft, ins Amt kommen konnte, wie das u. a. auch sonst in den
deutschen Städten Ungarns der Fall war.

Im Thronkampf zwischen Ferdinand und Zapolya war der
nationale Gedanke nicht die treibende Kraft, die wir, beeinflußt
von den politischen Verhältnissen der Jahre 1848—1860 darin
fanden, aber im Verlaufe des Kampfes ist er es allerdings ge=
worden. Pemfflinger trug schwer an der Sorge für sein „armes
teutsches Volk", und im Streit der Ungarn und Sachsen in
Klausenburg betonten die Sachsen, daß was dort gegen sie geschah,
„der ganzen teutschen Nation" zuwider sei, wie die Ungarn ihnen
vorwarfen, sie warteten auf die Deutschen, wie die Juden auf
den Messias. Es war doch nur ein Spiegel der sächsischen
Stimmungen, wenn Rudolf II. von ihnen und zu ihnen sagte, „daß
ihr nach Herkunft und Sprache, und was mehr ist als alles,
nach angestammter Reinheit der Gesinnung Deutsche, d. i. unseres
Blutes seid." Wie tief der Gedanke des Volkstums und die
Notwendigkeit zusammenzuhalten ihnen im Blute lag, sprachen die
Hermannstädter aus, als sie 1589 eine „gemeine Ordnung" sich
machten, in der sie zuerst Gott dankten, daß nach seiner Gnade
„unsere liebe alte Väter Sächsischer Nation diesen teutschen Erd=
boden bekommen haben", und „es ist abzunehmen, daß wo solche
Einigkeit einerlei Volk unserer teutschen Nation bisher nicht wäre
gewesen, so wäre viel und mancherlei Unart, Spaltung und Zer=
trennung entstanden, wie denn Exempel vor Augen seien, nämlich
Klausenburg."

In diese Gedankenwelt brachte die Reformation einen neuen
Einschlag. Die Sachsen wurden alle evangelisch. Das gab zu=
nächst eine neue vergrößerte Einheit, indem die ev. Kirche nicht
nur die Sachsen des freien Königsbodens, sondern auch die etwa
80 Gemeinden der Komitate zu einem Ganzen zusammenfaßte,
wobei festgehalten werden muß, daß das Streben nach Einheit
auf nationaler Grundlage schon in der katholischen Kirche die
sächsischen, in den Kapiteln zusammengeschlossenen Gemeinden zu

einer Körperschaft verbunden hatte, die unter dem Generaldechanten vielfach unabhängig dem Bischof gegenüberstand. Die Reformation hier hatte sich in unmittelbarem Anschluß an die deutsche Reformation entwickelt, Luther und Melanchthon waren die Förderer und standen in persönlichen Beziehungen zu den leitenden Männern, das deutsche Kirchenlied, die deutsche Bibel, die sächsische Predigt waren zugleich neue nationale Kräfte, die eine Macht im Volke wurden. Vielleicht weniger begrifflich als instinktiv fühlte das Geschlecht, daß das Volkstum ein ebensolches Heiligtum sei wie der Glaube, und wo das ganze sächsische Dorf evangelisch war, die Nichtsachsen — die wenigen Ungarn ausgenommen — alle einen anderen Glauben hatten, da fiel auch in der Empfindungswelt der Glaube und das Volkstum zusammen, daß sie voneinander nicht zu trennen waren. Die sächsische Nationsuniversität, die oberste weltliche Vertretung der Deutschen in Siebenbürgen, hatte die Reformation im Sachsenland eingeführt, sie war ebenso Vertreter der politischen wie der kirchlichen Interessen geworden und sah sich als Hüterin beider an und sie beschloß, daß die „Kirchenordnung aller Deutschen in Siebenbürgen" als Gesetz Gültigkeit habe.

Da die Reformation nicht unangefochten blieb, schon 1580 setzte die Gegenreformation ein, mußte der Protestantismus verteidigt werden, und so trat neben die eine Aufgabe: Kampf für das Volkstum, sofort die zweite: der Kampf für den Glauben. Da die siebenbürgischen Landtage die Gleichberechtigung der vier rezipierten Konfessionen anerkannt hatten, d. i. der reformierten, ev. A. B., römisch-katholischen und unitarischen, so wurde auch der Kampf für den Glauben ein Kampf um das Recht. Das Recht der ev. Kirche wurde bestritten, auch der Streit um den Zehnten war ja eine Frage des Rechts, und dieses wurde verteidigt. Und nun zeigt die sächsische Geschichte das Doppelantlitz das sie bis zur Gegenwart bewahrt hat: sie wird ein Kampf für Volkstum und Glauben. Kaum ein Angriff, der nicht gegen beide sich richtete, kaum ein Schlag, der nicht beide zugleich traf. Man braucht nur die Lebensarbeit Huets, Hartenecks, Brukenthals nebeneinander zu stellen, ihr Inhalt ist die Verteidigung gegen Angriffe des Doppelbesitzes. Da diese Angriffe seit 1691 vor allem vom Staat ausgingen oder doch bei ihm die starke Stütze fanden, galt es das sächsische Recht gegen ihn zu verteidigen, und jeder Einzelne mußte dabei zuletzt auf Brukenthals Wahlspruch stehen: Meinem Glauben und meinem Volkstum will ich treu bleiben!

Die parallele Verteidigung des Glaubens und des Volkstums tritt im Kampfe der Theresianischen Zeit ebenso zutage wie in der Josefinischen. Und so ist es geblieben. Die Regulationen trafen ebenso die Nation wie die Kirche, der Kampf der vierziger Jahre des 19. Jahrhunderts hatte die Befreiung des Volkes und der Kirche aus den Fesseln, die sie wund rieben, zum Ziel, der Absolutismus der fünfziger Jahre traf Volk und Kirche. Der Inhalt der Jahre unter dem Dualismus, was ist er sonst als Kampf für beide?

Auch hier liefern wieder die führenden Persönlichkeiten den schlagenden Beweis dafür. St. L. Roth, der über den Sprachenkampf schrieb und als nationaler Held seines Volkes das Leben verlor, hat das Wort geprägt, „das Dasein unserer Nationalität knüpft sich, wie vielleicht bei keinem anderen Volke der Welt, so nahe an Kirche und Schule", und wer G. D. Teutschs Lebensarbeit beurteilen will, kommt zum Schluß, daß bei ihm die nationale und die kirchliche überhaupt nicht getrennt werden kann, wie in K. Wolffs nimmermüdem Schaffen das Ziel das gleiche war: Volkstum und Kirche zu stärken! Der Form nach war in allen diesen Fragen die Streitfrage eine Rechtsfrage, sachlich handelte es sich um Volkstum und Glauben. Es ist aus tiefstem Verständnis unserer ganzen Vergangenheit heraus empfunden, wenn Albert in den Flandrern am Alt Hermann sprechen läßt:

> Doch wollt ein Volk ihr in den Wurzeln töten,
> Nehmt den lebendigen Sinn ihm für das Recht!

Ein Kampf für das Recht ist die ganze sächsische Geschichte gewesen. Seit der Josefinischen Zeit wurde er bewußt zugleich ein solcher für die Kultur und wie es nicht anders sein konnte, für die deutsche Kultur. Der Zusammenschluß der Sachsen war ausgegangen von der Rassengemeinschaft, war dann eine Rechtsgemeinschaft geworden und entwickelte sich zur Kulturgemeinschaft. Das war dadurch möglich, daß die ursprüngliche kleinere Rechtsgemeinschaft der Sachsen des „Königsbodens" sich zur Gesamtheit der Sachsen im Lande erweiterte. Während Sachse anfangs den mit den Freiheiten des Sachsenlandes ausgestatteten freien Bewohner des Königsbodens bezeichnete, was heute noch zum

Ausdruck kommt, wenn der evangelische Rumäne aus Reußdörfchen selbstbewußt sagt, er sei ein Sachse, wandelte sich der Begriff langsam und bezeichnete nun den sächsisch-deutschredenden evangelischen Menschen, der sich als ein Glied der großen deutschen Kulturgemeinschaft fühlte. Dies Einstellen in die deutsche Kultur gab dem sächsischen Wesen vertieften Inhalt, erweiterten Wert. Schon im Mittelalter hatte der sächsische Kaufmann, der seine Waren nach Polen, Dalmatien, Ungarn, Wien führte, ein Bewußtsein davon, daß er ein Deutscher war, und der sächsische Student, der die deutschen Universitäten besuchte, bisweilen nach Padua und Upsala ging, erlebte dort, wie er innerhalb der großen durch die lateinische Sprache zusammengehaltenen Gelehrtenrepublik doch der engere Landsmann jener war, die deutsch redeten. Im schweren Kampf gegen Gab. Bathori wandten die Sachsen sich (1612) an den deutschen Kaiser Mathias, er solle sie aus dem Verderben erretten, die ihm und den Deutschen „mit Sitten, Gottesfurcht, Glauben, ja Blutsfreundschaft gar nahe zugetan sind", und baten ihn „und nebenan die teutsche Nation, sie wollten um Gotteswillen uns als ihre hinterlassenen Waisen, so ihre Voreltern hier verpflanzt und gesetzet haben, ihre weitberühmte Nation in ferne Länder zu verbreiten, nicht lassen von so hungrigen Wolfszähnen zerreissen, sonst werden sie dieselben vor dem Richterstuhl Jesu Christi anklagen als die wohl gekonnt und dennoch ihrem eigenen Blut nicht Rettung bringen wollen", und Val. Wagner hatte schon die sächsischen Städte und Stühle „Kolonien des Deutschen Reiches in Siebenbürgen" genannt. In Deutschland selbst erwuchs, wenn auch mehr als langsam, ein Verständnis dafür, daß die öffentliche Meinung verpflichtet sei, für das vielgekränkte und zertretene Recht hier einzutreten, was zuerst, über Aufforderung von hier, der erste Publizist seiner Zeit, A. L. Schlözer 1795—1797 tat, dessen Spuren fast ein Jahrhundert später Wattenbach, Heinze, Treitschke folgten.

Der geistige Zusammenhang mit Deutschland wurde eine Macht in den Herzen der Sachsen und die wissenschaftlichen Arbeiten, die unter stetem Einfluß der Fortschritte „draußen" standen, wurden im 19. Jahrhundert, wenn auch kleine, doch immerhin Teile der großen deutschen Kulturarbeit, wobei die Sachsen mit allen Fasern an der Heimat hingen und ihre wissenschaftliche Arbeit der Erforschung dieser diente.

Als Kampf für die Erhaltung deutschen Lebens muß all das gewertet werden, was die Sachsen hier im Laufe der Jahrhunderte geleistet haben, bestimmt stets vom dem Gedanken, daß sie allein in diesen Formen und in dieser Art der Heimat und dem Staate dienen konnten.

Dieser Kampf für das Volkstum wurde seit der Josefinischen Zeit vor allem ein Kampf für die eigene Sprache. Noch nicht unter Josef, der ja die deutsche Sprache einführen wollte, wohl aber seit 1790 und besonders seit den vierziger Jahren des vorigen Jahrhunderts, wo die beiden ungarischen Stände Siebenbürgens die ungarische Sprache zur Amts- und Landessprache machen oder besser die Ausdehnung ihres Bereiches erzwingen wollten. Da das Volkstum den augenfälligsten Ausdruck in der Sprache findet, so wurde der Kampf für das Volkstum seither vorwiegend zu einem Sprachenkampf. Der griff über auf die Schule. Denn sie sollte im Sinne jener, die die Amtssprache des Staates zur allgemeinen machen wollten, dazu in erster Reihe mithelfen. Und so sind in den letzten 50 Jahren vor allem um die Schule harte Kämpfe geführt worden. Aber im Grunde ging es, auch nach der allgemeinen Volksempfindung, um den Bestand des Volkes.

Im Volke selbst sind zwei Gedankenreihen oder zwei Empfindungen mächtig gewesen, die mitgeholfen haben, es stark zu erhalten, die eine mehr in der führenden Schichte, die andere Gesamtbesitz. Diese letztere war das Gefühl der Verantwortung gegenüber den Nachkommen. Neben der Verantwortung gegen Gott steht diese andere fast gleichwertig. Es ist geradezu rührend zu sehen, wie bei der Verteidigung der Rechte auf allen Gebieten ebenso wie da, wo es sich um den Grund und Boden handelt, dieses Gefühl eine treibende Kraft ist. Wie die Bägendorfer sich ausbedangen, als 24 rumänische Hauswirte ins Dorf aufgenommen wurden, daß „wenn Deutsche mögen dahin kommen, so sollen sie um die Zahlung näher sein", nämlich den Grund und Boden wieder zurück zu lösen, so erklärten die Stolzenburger, als der Hermannstädter Magistrat sie zwang, Rumänen auf ihren Grund aufzunehmen (1706), daß sie „von ihren Kindern einen Fluch zu gewarten hätten, wenn sie ihr habendes Recht, den Nachkömmlingen zum Schaden, vergeben sollten."

Der andere Gedanke, mehr in der führenden Schichte, war:

die Bildung des Volkes zu heben. Es ist wenigstens seit der
Reformation das Bemühen, Schulen zu erhalten, durch die
führenden Männer in das Volk hineingetragen worden, und das
Ergebnis ist die Wertschätzung der Bildung, wie sie bis heute sich
äußert, die vielfach in eine Überschätzung übergeht. So konnte
schon 1722 die allgemeine Schulpflicht ausgesprochen, wenn auch
nicht durchgeführt werden, und es entsprach der Volksanschauung,
wenn das Oberkonsistorium hundert Jahre später (1821) das
allgemeine Interesse an dem Schulwesen inmitten der Nation
rühmte, und auch heute gilt das damals geschriebene Wort:
„Die ärmste Gemeinde hat ihre eigene Schule und würde ihren
Untergang vor sich sehen, wenn sie die Schule müßte eingehen
lassen." Ein Zeichen weiteren Blickes ist es, daß hiemit im
Zusammenhang die deutschen Hochschulen gesetzlich dem Besuch
von hier aus offen standen und in den Kompilaten jeder verflucht
und für ehrlos erklärt wurde, wer jemals diesen Besuch zu
hindern versuche. Diesem Besuch der deutschen Universitäten war
es dann zuzuschreiben, daß die wissenschaftliche und geistige
Entwicklung der Sachsen der deutschen Entwicklung folgte, wie es
sich in allen Jahrhunderten nachweisen läßt.

Dabei haben die Sachsen, was ein charakteristisches Zeichen
der Stärke ist, nicht wahllos die Ergebnisse der Kulturentwicklung
von draußen aufgenommen, sondern die Kunst verstanden und
die Kraft gehabt, das herüber zu nehmen, was hieher paßte
oder dem übernommenen die Form gegeben, in der es ihnen am
besten dienen konnte. Es wurde dadurch bodenständig und erhielt
dadurch erst seinen Wert. Es ist ein Bild von dieser Entwicklung
im einzelnen: der gotische Stil der Kirchen wurde hier zum
Verteidigungsstil umgebildet.

In dieser Entwicklung war zu allen Zeiten, um das Volk
zum Kampf für seine Eigenart stark zu machen und kräftig zu
erhalten, notwendig auch ein Kampf im innern, der nicht weniger
charakteristisch ist wie der äußere Kampf. Er ging darauf aus,
die Rechtsgleichheit, die von Anfang an nicht unbedingt vor=
handen war — ein Beweis die Erbgräfen — durchzusetzen und
zu festigen. Ein Bürger= und Bauernvolk ohne Adel, der später
entstandene Briefadel gab keine Vorrechte, trachtete es darnach,
die innere Gleichheit zu schaffen. Der Kampf gegen die Erb=
gräfen war die erste große Tat in dieser Richtung. Der Kampf

gegen das in den Städten sich entwickelnde Patriziertum hat
eigentlich bis zum Jahre 1848 gedauert und hat in der Tat dieses
zu keiner dauernden Übermacht kommen lassen, und wenn in neuer
Zeit hin und wieder verschiedene Stände gegeneinander ihre Interessen zu verteidigen suchen, hie und da das Schlagwort: hie
Bürger, hie Literaten, ausgegeben wird: der gesunde Volks-
instinkt hat sie noch immer überwunden, weil auch unsere ganze
Geschichte den Wahrheitsbeweis für die uralte Fabel liefert, daß,
wenn die einzelnen Glieder nicht dem Ganzen dienen, das Ganze
und die Glieder zugrunde gehen.

Kurz zusammengefaßt: das ist die große Tat der kleinen
sächsischen Geschichte, daß hier bewußt aus einzelnen Einwanderer-
gruppen, zusammengeführt durch die gleiche Abstammung, ein
eigener deutscher Volksstamm geschaffen worden ist, der ursprünglich eine kleine Rechtsgemeinschaft zuletzt alle Ansiedlungen auf
dem freien Königsboden auf dem Grunde des gleichen Rechtes,
das in Kampf und Not erworben wurde, zusammenband, für die
dann durch den gleichen Glauben erst recht zu einem Ganzen
verbundenen, über die politischen Grenzen des Sachsenlandes
hinaus, die Kultureinheit der „Sachsen in Siebenbürgen" erwuchs. In innerlichem Zusammenhang mit der Stammesheimat und
dem Geistesleben des Mutternvolkes pflegten sie und im jahr-
hundertlangen Kampfe retteten sie Volkstum und Glauben bis zur
Gegenwart, wobei sie dem neuen Vaterland deutsche Kultur gebracht haben, wie es die stattlichen Dörfer und freundlichen Städte
heute noch zeigen. Die Sachsen sind dabei vielfach Lehrmeister
der sie umgebenden Völker gewesen, was diese einst, bisweilen
auch widerwillig, anerkannten — „sie hießen uns willkommen sein"
heißt es im alten Einwandererlied — und später mit Undank
vergalten. Die Sachsen haben hier einem kleinen Landesteil
ihren Stempel aufgedrückt, und nach dem tiefen Wort Treitschkes
„schafft, wer irgend es vermag, sein eigenstes ursprüngliches
Wesen irgend einem Teil der Welt aufzuprägen, das Echt-
menschliche, also das Göttliche, soweit wir armen Menschen das
Göttliche verstehen."

Die Geschichte der Siebenbürger Sachsen, soviel sie auch
von Verlusten betroffen worden sind, hat doch im großen und
ganzen von Aufstieg und Fortschritt zu erzählen. Es hat eine
Zeit gegeben, in der die Meinung herrschte, die Sachsen seien

bei ihrer Einwanderung mit Rechten begabt worden und hätten eins nach dem andern verloren, sie seien mit Land beschenkt worden und ganze Teile seien aus dem Sachsenland herausgerissen worden. Das Gegenteil ist richtig. In andauerndem Kampfe ist zu dem ursprünglich überlassenen Desertum viel Neuland gewonnen worden, die Rechtsgleichheit der Volksgenossen ist hier erkämpft worden, die eigenen Beamten auch in den höchsten Spitzen sind erst erworben worden, die kirchlichen Rechte sind gewachsen und ausgedehnt worden, die städtischen Freiheiten sind errungen worden! Der rechte Kolonistengeist ist stets ein eroberner, und das Zeichen des Niedergangs ist, wenn er anfängt, darauf zu verzichten.

Eine Geschichte des Verlustes ist allerdings die Geschichte ihrer politischen Stellung. Das staatsbildende und staatsführende Volk sind die Sachsen nie gewesen, aber mitführend und ausschlaggebend sind sie gewesen; einst mit ihrem Geld, ihren Burgen und Städten die mitentscheidende Macht in Ungarn und „im Reich Siebenbürgen", sank der politische Einfluß zuerst nach dem Übergang Siebenbürgens an das Haus Habsburg durch die steigende Macht der Krone, durch die Entwicklung des modernen Heerwesens, dann durch Aufhebung des Kuriatvotums 1790, durch Einführung der Konzivilität, noch mehr durch den Untergang der ständischen Verfassung 1848, durch die Gleichberechtigung aller Staatsbürger seit 1848, zuletzt durch die modernen Staatseinrichtungen überhaupt, 1876 durch die Zertrümmerung des Königsbodens, später durch die Ausdehnung des Wahlrechtes.

Heute steht das sächsische Volk vor der völligen politischen Entrechtung.

Jede einzelne dieser Tatsachen bedeutete einen nicht geringen politischen und Machtverlust für die Sachsen, bei jeder haben die, die sie erlebten, den erschütternden Eindruck gehabt, daß nun das Ende des sächsischen Lebens gekommen sei. Und doch ist's immer möglich gewesen, wenn auch nicht jene Verluste ganz zu ersetzen, so doch den Kern zu retten. Ja alle diese Verluste haben dazu Veranlassung gegeben, neue Schutzwehren anderer Art für die bedrohten Güter aufzurichten. Sächsischer, bewußter sächsisch sind wir nie gewesen wie in und nach der Josefinischen Zeit mit ihrer Zerstörung der sächsischen Verfassung und Aufhebung der Nation, wie 1848 und nach der neuerlichen Streichung der politischen

"Nation" aus dem Leben durch den Absolutismus, dann nach der Zertrümmerung des Königsbodens.

Noch fühlbarer freilich ist ein anderes. Bis 1876 hatten die Sachsen die eigenen Angelegenheiten mehr oder weniger doch in ihrer Hand, wenn auch vielfach gestört und gehindert durch Eingriffe von außen und immer wieder im Kampfe mit der wachsenden Staatsgewalt. Seit der Zertrümmerung des Sachsenlandes ist Recht und Macht zur Entscheidung der eigenen Angelegenheiten ihnen nahezu ganz genommen worden, abgesehen vom Rechtskreis der Kirche, die sie als ev. Glaubensgenossen zusammenschließt. An Stelle des Zertrümmerten mußten die freien Organisationen treten, wie die neue Zeit seit bald hundert Jahren sie geschaffen hat, die aber niemals ganz ersetzen konnten, was früher die politische Selbständigkeit geboten hatte.

Stets äußerte sich im Gang der Entwicklung das alte Gesetz, daß verschärfter Angriff zu verschärfter Abwehr aufruft, und das Wort ungebrochenen Muts des alten Arndt galt jedesmal auch für die Sachsen: wir sind geschlagen, nicht besiegt — in solcher Schlacht erliegt man nicht.

Die größte Einschränkung und größte Zurückdrängung hat die Zuwanderung nichtsächsischer Volksmassen in das Sachsenland gebracht. In die durch die Türkenkriege verwüsteten Strecken rückten vor allem Rumänen nach, angelockt durch die persönliche Freiheit, die das Wohnen auf dem sächsischen Boden bot, und das Ergebnis ist, daß heute auf diesem die Sachsen nicht mehr die Mehrheit sind. Es ist aber durchaus unhistorisch, wenn hie und da behauptet wird, es sei der gesamte ehemals sächsische Grund und Boden, der nicht mehr in sächsischen Händen ist, durch Schwäche verloren gegangen. Regierungseingriffe in der Theresianischen und Josefinischen Zeit haben halbe Hatterte einfach wegdekretiert, die Zuweisung von Grund und Boden an die Zugewanderten befohlen, und vor allem war verhängnisvoll, daß die Rechtsentwicklung Wege ging, die zuletzt auch das Eigentumsrecht schädigten. Ursprünglich war das ganze Weichbild der Gemeinde Eigentum der sächsischen Markgenossen, jeder Einzelne hatte daran Anteil. Allmählich wurde diese Anschauung von der des römischen Rechts verdrängt, nach der die Gemeinde juristische Person wurde und, was früher dem Einzelnen gehörte, nun der juristischen Person zufiel. Diese juristische Person wieder war vertreten durch die Kommunität, eventuell „das Amt," und mit der Erweiterung des Wahlrechtes rückten Nichtsachsen hinein, kamen in vielen Gemeinden in die Mehrheit, und eines schönen Tages sahen die einst ausschließlich Berechtigten sich, auf dem Wege des Rechtes, entrechtet.

Diese Zersetzung durch spätere Zuwanderungen — es gibt kaum ein halbes Dutzend reinsächsischer Gemeinden — erschwert den Kampf um das Volkstum und stachelt ihn täglich neu auf.

Der Rückblick auf die kampfreiche Geschichte der Siebenbürger Sachsen läßt unter allen Umständen einen schmerzlichen Eindruck zurück, daß es bei aller Kraftentfaltung, die so oft durch inneren Hader und innere Gegensätze gehindert wurde, selten gelang, das Große, das man wollte, ganz durchzuführen, weil äußere Gewalten es hinderten. Ein sichtbares Kennzeichen dafür sind die gewaltig angelegten und oft nicht ausgeführten Kirchen wie u. a. die Mühlbächer mit dem stolzen Chor; das Schiff blieb klein und gedrückt, weil die Kraft für das Ganze nicht reichte. Albert faßte die Erfahrung in das Wort, daß es dem Kolonisten überhaupt und besonders den Sachsen „am schönsten Glück" stets gefehlt habe:

> Daß nie auf festem Grunde
> Du sicher dich erhebst,
> Daß du in keiner Stunde
> Recht aus dem vollen lebst.

Gewiß, es liegt darin ein gut Teil Tragik, aber auf der anderen Seite ist gerade dies Ringen mit dem Schicksal das Große und gibt der sächsischen Geschichte den Zug der Größe:

> Denn immer, immer wieder,
> So Schweres auch geschah,
> Aufrecken wir die Glieder,
> Und heut noch sind wir da!

Und zwar sind wir da als Sachsen, als „sächsisches Volk" bewußt deutsch und evangelisch, unterschieden von allen Mitbewohnern des Landes. Daß diese nicht einflußlos auf die sächsische Art gewesen sind, das kann man von vorneherein annehmen, denn die Umgebung färbt zuletzt doch ab und gibt einen Teil ihrer Eigenart weiter. Die Volkstracht ist beeinflußt von der der Ungarn, besonders des ungarischen Adels aus früheren Jahrhunderten, die sächsische Mundart weist (wenige)

21*

ungarische und rumänische Worte auf, Glaube und Aberglaube ist von den umwohnenden Völkerschaften in mannigfacher Form in den sächsischen Vorstellungskreis übergegangen. In der Arbeitsweise und Lebensauffassung ist manches von dem halben Orient, in dem wir seit Jahrhunderten leben, auch bei uns zu erkennen, aber wenn auch noch weitere Einzelheiten den Einfluß der Umgebung zeigten, der Grundzug ist deutsch.

Größer, sichtbarer ist der Einfluß der Sachsen auf ihre Umgebung gewesen. Es wäre keine wertlose Arbeit, einmal nachzuweisen, wie sächsische Auffassung und sächsische Beurteilung der Zeitverhältnisse sich in den Beschlüssen der Landtage widerspiegelt und in der Haltung des Guberniums zur Geltung kam, wie sie den Gedanken der Zeit hier und dort zum Siege verhalfen. Greifbarer ist der Einfluß ihrer Kulturarbeit bis zum Augenblick. Die nichtsächsischen Dörfer und nichtsächsischen Gassen und Häuser im alten Sachsenland sind so gebaut wie die Sachsen ihr Haus bauen, auf den Feldern draußen wird so gearbeitet wie der Sachse arbeitet, Ordnung und Sauberkeit, wenn sie auch beim Sachsen noch vieles zu wünschen übrig lassen, hat auch die Umgebung erzogen, und die schönsten und besten Schulen haben die Nichtsachsen in den sächsischen Dörfern gebaut, immer mit Unterstützungen aus dem von den Sachsen zusammengebrachten und zusammengehaltenen Gemeindevermögen.

Die Zeit von 1868—1919, die hier behandelt ist, bildet eine in sich abgeschlossene Periode. Wie wohl in jeder steht auch hier Gewinn und Verlust nebeneinander und es ist nicht leicht, beide gegeneinander abzuwägen. Ihr Kennzeichen ist, daß erst in diesem Zeitraum Siebenbürgen und mit ihm die Sachsen in den Weltverkehr und damit in die große Entwicklung eingetreten sind. Zeuge dessen, daß das Land die Eisenbahn bekam. Die gesamte wirtschaftliche Entwicklung wurde damit aus der bisherigen Isolierung herausgedrängt und die Folgen sind auf den vorliegenden Blättern dargestellt: Beginnende Industrialisierung, Rückgang des Gewerbes, Modernisierung der Landwirtschaft, alles miteinander verbunden mit zunehmender Auflösung der Sitte auf dem Wege der individuellen Lebensgestaltung. Dazu wachsender Kampf um die nationale Erhaltung, Zusammenfassung aller Kräfte auf allen Gebieten, um in diesem Kampfe nicht zu unterliegen. Rascher als bisher kamen zugleich alle Fragen der

modernen Entwicklung ins Land, zuletzt die soziale Frage, ohne
daß die Sozialdemokratie eine maßgebende Rolle spielte.

Mit den wirtschaftlichen Wandlungen sind immer auch geistige
und seelische verbunden. Es kann festgestellt werden, daß das
sächsische Volk in diesem Zeitraum beweglicher wurde, Neuerungen
leichter zugänglich, doch blieb zu seinem Vorteil ein gut Stück
Schwerfälligkeit zurück. Bedeutsam war, daß die Teilnahme an
seinem Geschick im „Volk" allgemeiner wurde. Am Ende der sechziger
Jahre waren kaum die Städte von den politischen Fragen berührt,
erst durch das Siebenbürgisch=Deutsche Wochenblatt, dann mehr
noch das Tageblatt gelang es die Geister aufzurütteln. In die
bäuerlichen Kreise trugen erst die Wählerversammlungen und die
Wahlen und die Rechenschaftsberichte diese Gedanken hinein. Aber
tatsächlich gelang dadurch ein neuer Zusammenschluß des Volkes
unter der Fahne des nationalen Gedankens.

Dieser Zusammenschluß ist so allgemein und so tief gehend
zu keiner anderen Zeit gewesen wie in dieser Periode. Das Sieben=
bürgisch=Deutsche Wochenblatt ist wie das Tageblatt dabei „die
Verkörperung unseres nationalen Gewissens gewesen. Lebendiger
ist wohl unsere eigenartige Kulturstellung niemals zum Ausdruck
gebracht und uns selbst zur inneren Einkehr vorgehalten worden
als im Wochenblatt".

Dieselbe Zeit brachte den festeren Zusammenschluß der Kirche,
die nach der Zerschlagung des Königsbodens (1876) nun alles
unter ihren Schutz nahm, was an nationalen Kräften vorhanden
war. Diese neue Bindung durch den nationalen Gedanken und
die kirchliche Organisation war um so notwendiger, als mit der in=
dividuellen Lebensgestaltung die alten zusammenhaltenden Mächte
der Sitte, der Überlieferung, überhaupt der Hochhaltung des
Gegebenen erschüttert wurden. Die Kritik setzte ganz anders ein
wie in früheren Jahren, und es darf als besonders charakteristisch
hervorgehoben werden, wie das Verhältnis des heranwachsenden
Geschlechts zu dem ältern sich verwandelt hat. Die Jugend der
sechziger und siebziger Jahre sah zu ihren Vätern mit rückhaltloser
Pietät auf, sah es als ehrenvoll und selbstverständlich an, in ihre
Volksarbeit einzutreten, bereit sich unter= und einzuordnen. Die
Jugend um 1900 kritisierte und meinte vielfach andere Wege gehn
zu sollen als ihre Väter. Diese waren mit sich selbst im reinen
und standen auf dem Boden einer gefestigten Weltanschauung, die

den Jungen veraltet vorkam. Ein Teil von ihnen kam aus dem Zweifeln und der Selbstbeobachtung nicht heraus, fand schwerer nur oder gar nicht sich in das handelnde Leben hinein und verfiel mehr oder weniger edelm Lebensgenuß. Dabei bei allen ein innerer Kampf, unter dem in der älteren Generation vielleicht einer und der andere vorübergehend zu leiden hatte: die Schwierigkeit nach reichen Universitätsjahren und nach dem Leben in einer reichen Kulturwelt und nach deren Kenntnisnahme Rückkehr in eine kleine Welt und Einfügung des nicht immer als klein empfundenen Ich in die alte Heimat und in den Dienst eines Ganzen, das soviel verlangte und so wenig bot. Der Weltkrieg brachte dann furchtbare Aufrüttelung und die neuen Aufgaben verlangten Einstellung der ganzen Kraft in die Wirklichkeit. Die realen Mächte des Tages wurden schwer empfunden und im Zusammenhang damit wie mit veränderten Anschauungen überhaupt wurde der Kampf um eine neue Weltanschauung, die schon vor dem Krieg eingesetzt hatte, nun ein Losungswort des Tages.

In Verbindung damit steht, daß das junge Geschlecht von heute der Politik und den politischen Fragen nicht das gleiche Interesse entgegenbringt wie das ihm vorangehende. Viele wenden sich gar mit Ekel von diesem Gebiete ab, das soviel Aufregung und Ärger bringt und so wenig Erfolg verspricht. Und doch zwingt die harte Forderung des Tages gerade zu dieser Arbeit jeden, der ein Herz für sein Volk hat, denn zuletzt ist jede Frage eine solche der Politik und wird zu einer Frage nach der Erhaltung des Volkes.

Wo diese aber auftritt, da findet sie Jung und Alt geeint.

Schon vor dem Kriege war die „Jugendpflege", vorerst in den Städten, in ähnlichen Formen wie in Deutschland aufgenommen worden und versuchte auf dem Lande den alten Bruder- und Schwesterschaften neuen Inhalt zu geben.

Die Not der Zeit, dann aber wieder auch die von außen kommenden Anschauungen riefen die Frauenfrage wach. Der Beruf der Lehrerin wurde den Frauen geöffnet, als Schriftstellerin und Ärztin trat sie in Konkurrenz mit dem Mann, im Comptoir, in den Banken, in den Geschäften fand sie allgemein Eingang. Die erwerbende Frau, die 1868 hier noch unbekannt war, war 1900 eine allgemeine Erscheinung. Aus den allgemeinen Zeitverhältnissen erwuchs der Gedanke, die sächsischen Frauen in freien Vereinigungen und diese im Frauenbund zu sammeln, um mit vereinter Kraft der Frau die Stellung auch im öffentlichen Leben zu erobern und zu sichern, die die Gegenwart verlangt.

Vertiefter noch wie früher wurde die Sorge um die Erhaltung der Schule, die auf eine lange Geschichte zurücksieht, aber in dieser Zeit den schwersten Kampf um ihre Erhaltung hat kämpfen müssen, der nach 1918 allerdings noch viel aufreibender und schwerer wurde.

Eine große Veränderung ging in der Kirche vor sich. Die Kirchenverfassung, die 1861 geschaffen wurde, die aber erst nach der Wahl G. D. Teutsch's zum Bischof zur vollen Bedeutung und Auswirkung kam, war die erste Verfassung, die die ganze ev. Kirche in Siebenbürgen zusammenfaßte, sie brachte die erste festgefügte Ordnung und ein strammeres Regiment. Die Kirche wurde mehr als bisher Institution und Organisation. Die neue Verfassung war nicht zuletzt mit Rücksicht darauf geschaffen worden, daß darin und damit ein fester Grundstein für die Erhaltung des Volkstums geschaffen werde, und daß die Kirche und Schule die nationalen Kräfte sammle und stärke. Das drängte zunächst das Glaubensleben in den Hintergrund. In den breiten Volks=schichten herrschte der Rationalismus der Aufklärungszeit, ge=mischt mit verschiedenen vorchristlichen Einschlägen einer in jedem Volke vorhandenen Naturreligion. Dazu kam, daß die zukünftigen akademischen Pfarrer nach der neuen Kirchenverfassung zuerst ein wissenschaftliches Fach studieren mußten und daraus erst die Lehr=amtsprüfung ablegten, auf Grund deren sie an einem Gymnasium Lehrer wurden und nach einer Reihe von Jahren erst ins Pfarr=amt übergingen nach Ablegung der theologischen Prüfung. Das theologische Studium kam vielfach durch das Fachstudium zu kurz. Das Lehrer= und Pfarrergeschlecht dieser Zeit war in den fünfziger Jahren von Baur in Tübingen, in den sechziger und siebziger Jahren vor allem in Jena durch Hase erzogen worden und hatte sich in die historische Theologie einführen lassen. Diese „liberale" Theologie, die mit der historisch=kritischen Schule auf dem Grund=satz stand, daß es eine Wissenschaft gebe, die ein frommer Mann aufrichtig vertreten könne, und eine Frömmigkeit, die vor keinen wissenschaftlichen Resultaten zurückschreckt, war mit dem Nachklang der Herderschen „Humanität" die herrschende. Während sie daran glaubte, daß die Religion unausrottbar sei und zu den natür=lichen Bedürfnissen des Menschen gehöre, half sie mit, den Bruch der modernen Bildung mit der Kirche zu vermeiden und hielt den Grundsatz freien Denkens hoch), bemüht, „den eigensten Vorzug der protestantischen deutschen Kultur, die Versöhnung von Freiheit und Frömmigkeit" festzuhalten. Dabei führte aber doch die Popularphilosophie des Tages die höheren Schichten von der rechten Tiefe des religiösen Gefühls und Lebens ab und in viele drang mit dem Sturm der fortschreitenden Naturwissenschaften die Begeisterung für „Kraft und Stoff", und mit dem „theologischen Schutt" alter Dogmen, im Zusammenhang mit D. Fr. Strauß, wurde vielfach das ganze Christentum über Bord geworfen oder doch in Frage gestellt. Langsam wurde der Rationalismus überwunden. Aber alles zusammen stellte schon vor dem Krieg die Kirche vor neue schwere Aufgaben. Es wurde klar, daß die Kirche auf die Dauer nicht eine vorwiegend nationale Organisation sein dürfe, ja daß sie auch als solche versage, sobald das eigentlich religiöse Leben nicht im Vordergrund stehe, wenn der nationale Gedanke auch manchen in der Reihe hielt, der sonst der Kirche den Rücken gekehrt hätte.

So war das Ergebnis die Erkenntnis, die schon in den siebziger Jahren bewußt sich in Arbeit umsetzte, daß es notwendig sei, das Glaubensleben neu zu wecken, es zu vertiefen und persönliches Christentum zu schaffen, um dem ganzen Leben eine feste Grundlage zu geben.

Alles zusammengenommen: in keinem anderen Zeitraum hat sich wohl mehr das Dichterwort erfüllt als in diesem:

> Was du ererbt von deinen Vätern hast,
> Erwirb es, um es zu besitzen —

und auch in diesem hat sich bewährt, daß, was feste Wurzeln hat und in sich selbst stark ist, bleibt.

Während die politischen Rechte langsam fast alle verloren gingen, stieg der Wert des inneren Besitzes, der nationalen Güter, und bewußter als früher und auf breiterem Grunde ist der Kampf dafür geführt worden.

Der Besitz selbst ist gerettet worden. Es wird darum immer schwerer ihn zu halten, weil in der Gegenwart die Zahl schwer ins Gewicht fällt — und die ist gegen die Sachsen; schwerer noch, weil die in sich geschlossene Volkskultur, die bisher die Sachsen zusammengehalten hat, Risse bekommt und ihre Einheit Schaden leidet.

Die Wunden und Narben, die der Kampf für diese Kultur geschlagen hat, verwachsen, aber sie bleiben kennbar. Das Tröstliche ist, daß der innere Besitz unabhängig von der Zahl ist.

Wollte zum Schluß aber jemand fragen: was bedeutet denn diese bald achthundertjährige Arbeit und der ebenso lange Kampf der Sachsen für die Menschheit, für die Gegenwart und ihre Gedankenwelt, so antwortet darauf die Geschichte: Dieser kleine Volksstamm hier hat den Gedanken, den eigentlich erst der Weltkrieg zur allgemeinen Erkenntnis gebracht hat, erlebt und gelebt schon in früher Zeit, wo er sonst nicht bewußt vorhanden war, daß auch das Volkstum im Grunde zur Religion gehört, daß es ein Teil jener ewigen Güter ist, die der Mensch sich nicht nehmen und nicht geben kann, daß er es mitbekommt als eine Gabe, für die er verantwortlich ist, daß Glaube und Volkstum miteinander fallen und stehen und voneinander nicht zu trennen sind, am wenigsten dort, wo der Deutsche in der Fremde eine neue Heimat findet. Wenn es „zum Wesen der Kirchen der Reformation gehört, sonderlich der Kirchen, denen Luther ihr Gepräge gegeben hat, daß sie mit dem Volkstum, dem sie dienen, innerlichst verwachsen, dies Volkstum mit den Kräften des Evangeliums zu durchdringen trachten und eben damit es als Volkstum schirmen und stärken" (Rendtorff), so liefert auch die Geschichte der Siebenbürger Sachsen dafür den Wahrheitsbeweis.

Und zum zweiten: wenn die Gegenwart, vielfach zunächst bloß in der Theorie — aber die tatsächliche Durchführung muß sich in absehbarer Zeit ergeben — die Erkenntnis gewonnen hat, daß auch die Minderheiten im Staate ein Recht haben, für sich die kulturelle Entwicklung zu beanspruchen, u. zw. mit Unterstützung des Staates, daß sie Anspruch haben auf Luft und Licht wie das Mehrheitsvolk: das sächsische Volk hat für diesen Gedanken gekämpft und gelitten, bewußt seit Jahrhunderten. Und was ist endlich der ganze Daseins- und Lebensinhalt des sächsischen Volkes im Laufe der Jahrhunderte anderes gewesen als die Durchführung des Gedankens der „kulturellen Autonomie" in einer Weise, wie sie ähnlich vielleicht nur noch bei den Balten nachweisbar ist.

Der Rückblick in die Vergangenheit aber ruft zu neuer Arbeit, zu neuer Kraftentfaltung auf.

Darum wollen wir nicht verzagen, wenn uns auch bange werden will vor der sicher schweren Zukunft. Sie erscheint u. a.

darum so dunkel, weil im Unterschied zu den früheren großen Wandlungen der jüngste Übergang Siebenbürgens von Ungarn an Rumänien ohne die Garantien geschehen ist, die früher jede solcher Wandlungen begleiteten. Als Siebenbürgen 1691 aus der Türkenherrschaft oder aus seiner „Selbständigkeit" unter das Haus Habsburg kam, da geschah es durch den Vertrag, der im Leopoldinischen Diplom festgelegt ist, der genau alle Gesetze und Rechte bestimmte, die dem Lande, den Sachsen zukamen. Sie standen auf einem festen Rechtsboden. Das gleiche geschah 1868, als die Union Siebenbürgens mit Ungarn durchgeführt wurde, wo wieder gesetzlich festgelegt war, welche alten Rechte, Verträge und Gesetze die Grundlagen der neuen Entwicklung bilden sollten.

Bei dem Übergang an Rumänien fehlt diese Grundlage, sobald die Karlsburger Beschlüsse und die Vereinbarungen vom 9. Dezember 1919 in Paris (siehe oben Seite 264), nicht als solche anerkannt werden. Die Sachsen stehen auf dieser Rechtsgrundlage und hoffen, daß diese heute oder morgen zur Anerkennung gelangen werde. Die Ansätze dazu mehren sich und das Weltgewissen beginnt zu schlagen. Allerdings „wir leben nicht in einer Zeit der Erfüllungen; Untergänge und Anfänge sind es, zwischen denen wir unseren Pfad zu suchen haben, aus denen wir auch den Sinn dieser Wendezeit erkennen müssen".

Von uns, dem versprengten deutschen Volksstamm, gilt ganz besonders, was E. Marcks vom deutschen Volke überhaupt sagt: „Wir tragen eine Erbschaft der Schwere in unserer Geschichte, in unserem Blut. Es ist uns Deutschen niemals leicht geworden, innerlich und äußerlich gleichermaßen; wir wollen ringen und müssen ringen, die Welt zwingt uns dazu und es entspricht dem Besten in uns selbst. Wir wünschen es auch gar nicht anders; Leichterrungenes gilt uns nicht als ein wahrhafter Besitz."

Die Hoffnung auf die Zukunft aber gründen wir, außer auf die Erfahrungen der Vergangenheit, auf die im Volke vorhandene Kraft. Die ersteren lehren, daß das sächsische Volk alle Not und alle Gefahren böser Zeiten überdauert hat, wenn es seine Pflicht tat, und die im Volke lebende Kraft ist jene, die in seinem Deutschtum und in seinem evangelischen Glauben liegt.

Beide sind göttliche Kräfte und die sind stärker als alles, was Menschen gegen sie unternehmen.

Anhang.

I.

Zur Geschichte der Sächsischen Nationsuniversität.[1]

Die Geschichte der sächsischen Nationsuniversität ist ein Spiegelbild der Geschichte des sächsischen Volkes. Die Befugnisse dieser Vertretung des Sachsenlandes schlossen die weitesten Rechte in sich und so kommt es, daß die Geschichte des sächsischen Volkes mit der Geschichte der Universität eng zusammenhängt, ja daß seine innere und äußere Entwicklung nicht zuletzt auch von der Nationsuniversität bestimmt worden ist.

Die Herausgabe ihrer Protokolle von der ältesten Zeit an wäre eine erfreuliche Aufgabe, und es ist zu bedauern, daß die Universität in der Zeit, da sie die Freiheit und die Mittel zur Verfügung hatte, diese Arbeit nicht einer kundigen Kraft übertragen hat.

1.

Eine für die ganze Folgezeit entscheidende Tat, politisch wohl die bedeutsamste und kulturell weitreichend war der Zusammenschluß der einzelnen sächsischen Kolonien in Siebenbürgen zu einer Gesamtheit. Den Kern bildete „die Hermannstädter Provinz", zu der bekanntlich die sogenannten Sieben Stühle gehörten, das waren die sieben zum Hermannstädter Stuhl gehörigen: Broos, Mühlbach, Reußmarkt, Leschkirch, Schenk, Reps, Schäßburg. Sie wurden im Andreanischen Freibrief 1224 zu einem Ganzen zusammengeschlossen mit bestimmten Rechten und bestimmten Verpflichtungen, unter einem Oberhaupt stehend, das der König ernannte, mit dem Recht des Volkes, sich die Richter und die Pfarrer selbst zu wählen. Die Vertretung dieser „Hermannstädter Provinz" war die „Universität", die im Wechsel der Zeit verschieden zusammengesetzt, seit dem 16. Jahrhundert regelmäßig zweimal im Jahre zusammenkam und unter dem Vorsitz des Hermannstädter Bürgermeisters tagte, bis 1796 der Vorsitz dem Komes zugewiesen wurde.

Die Aufgabe der Universität in der ältesten Zeit war vor allem die Ordnung der Innerangelegenheiten der Hermannstädter Provinz und die Verteidigung ihrer Rechte. Zum Zweck der Steuerleistung ordnete sie 1355 eine Volkszählung an — wie schade, daß wir ihr Ergebnis nicht kennen — und verfügte, daß der Hattertteil Widental, der den Merglern von den Nachbargemeinden strittig gemacht wurde, zu Mergeln gehöre. Als Streit und Zwietracht in der Mitte der Sieben Stühle entstanden war, schrieb K. Ludwig der Große 1379 an

---

[1] Vgl. „Deutsche Politische Hefte", Hermannstadt 1925, Heft 9 und 10.

die Sachsen, die Universität, zu der damals neben den Vorstehern
der Stühle auch ein Teil „des Volkes" gehörte, solle „nach alter
Gewohnheit" auf freiem Feld zusammenkommen zu gemeinsamer Beratung: da sollten sie ihre Privilegien lesen und wenn sich etwas
Nachteiliges drin finde, werde der König es ändern und Alles tilgen,
was ihrer Freiheit schädlich und gefährlich sei.

Schon am Anfang des 14. Jahrhunderts, als die „Zwei Stühle"
(Mediasch und Schelk) noch selbständig waren — der Andreanische
Freibrief hat auf sie sich nicht bezogen — fanden gemeinsame Beratungen der Sieben und Zwei Stühle statt, auch schon nähere
Beziehungen zum Burzenland. Der Trieb zur Einigung lag in den
gesamten Verhältnissen begründet, den Zwei Stühlen auch geographisch
und territorial geradezu vorgezeichnet, und das Ergebnis der Entwicklung des 14. und 15. Jahrhunderts war, daß sämtliche sächsische
Kolonien, soweit sie nicht auf Komitatsboden lagen, zu einer Gemeinschaft zusammenwuchsen, die Sieben und Zwei Stühle, das Burzenland
und das Nösnerland, dazu Klausenburg und Alvinz und Vorberek,
die später wieder ausschieden. Und ein weiteres Ergebnis war, daß
die Wahl der Königsrichter – auch des Hermannstädter Königsrichters,
der zugleich Komes war — in die Hand des Volkes gegeben wurde,
indem König Matthias auf ihre Ernennung verzichtete. Nun kamen
in die Universität zu den Vertretern der Sieben und Zwei Stühle
auch jene des Nösnergaues und des Burzenlandes, die „Sächsische
Nationsuniversität" war gegeben. Schon 1433 hatte der König sämtlichen Ansiedlungen geboten, die Sieben Stühle bei der Verteidigung
der Grenze zu unterstützen und 1453 König Ladislaus von ihnen
gesprochen als „die ihr immer eins gewesen seid und immer ungetrennt
bleiben sollt". Wie diese Universität aber sich nicht nur um Verteidigung
der Grenze und ähnliches kümmerte, dafür lieferte die Tatsache den
besten Beweis, daß sie an den Papst eine Anfrage richtete, die sich
auf eine ganze Reihe innerkirchlicher Fragen bezog, auf die der Papst
1447 antwortete. Ein Jahr vor der Bestätigung des Andreanischen
Freibriefes für alle Gruppen, die 1486 erfolgte, beschloß die Universität
„einstimmig, ohne daß irgend jemand anderer Meinung war", in
Rücksicht auf Kriegsausgaben sollten alle zusammenstehen und sich
gegenseitig schadlos halten. Als am Anfang des 16. Jahrhunderts
die sächsischen Pfarrer in schwerem Kampfe mit dem Weißenburger
Bischof und dem Graner Erzbischof lagen, forderten sie die Universität
auf, ihnen beizustehen, denn es gehe auch sie an, und im selben Kampfe
schrieb der Kronstädter Rat 1515 „an die weisen Bürgermeister, Richter
und alle anderen geschworenen Ältesten der Sieben und Zwei Stühle",
sie sollten gemeinsam die Übergriffe Grans abwehren.

Von Anfang an hatte die Universität auch richterlichen Wirkungskreis, in Hattertstreitigkeiten innerhalb des Sachsenlandes war sie die
letzte Instanz und dann entschied sie die Zunftangelegenheiten. Nebeneinander liefen die Beratungen der Universität als Vertretung der
Sieben Stühle — „die Siebenrichter" — in der natürlich nur diese

vertreten waren, und der Gesamtuniversität, in der alle Ansiedlungen vertreten waren.

Die große Zunftregulation von 1376 war von der Universität der VII Richter für die Hermannstädter Provinz geschaffen worden. Wenn die Nötigung zur Einigung auch in den Verhältnissen gegeben war, im gleichen Recht, in den gleichen Aufgaben, den gleichen Pflichten, dem gleichen Volkstum, den gleichen Gefahren, die abzuwehren waren (seit 1420 die Türken), wenn irgendwo in der geschichtlichen Entwicklung auch der Einfluß bewußten menschlichen Willens erkennbar ist, so ist das hier der Fall. Dieses Zusammenwachsen zu einer politischen Einheit, auf diesem Grunde zur Volks- und Kultureinheit, ist eine bewußte Schöpfung der führenden Männer des sächsischen Volkes und nicht das letzte Verdienst hat dabei die Sächsische Nationsuniversität.

Eine neue Klammer zunächst für die Sieben Stühle war der Erwerb eigenen Vermögens für die Gesamtheit. König Ladislaus verlieh 1453 dem Hermannstädter Gau „wegen der großen Verdienste seiner großen Treue" den Talmescher Stuhl mit dem roten Turm und allen dort liegenden Dörfern, die im Albenser Komitat lagen und als untertänig vom König verschenkt werden konnten. Die königlichen Kommissäre führten „die genannten Sachsen" in den Besitz (dominium) ein, der ihnen niemals entzogen werden solle. Später kamen auch die Güter der 1424 aufgehobenen Hermannstädter Propstei und teilweise der 1474 gleichfalls aufgehobenen Kerzer Abtei, die zunächst Hermannstadt zugewiesen worden waren, in den Besitz der Sieben Richter. Matthias fügte dazu 1472 den Szelister Stuhl und Fogarasch, welch' letzteres aber wieder verloren ging. Auch der Szelister Stuhl lag im Albenser Komitat und ist niemals Sachsenland gewesen.

Diese zur Sächsischen Nation zusammengewachsenen deutschen Ansiedlungen hatten aber, was nur durch den Zusammenschluß möglich war, auch die Reichsstandschaft erlangt. In Siebenbürgen standen nebeneinander der Adel der Komitate, die Szekler und die Sachsen. Schon 1289 zum siebenbürgischen Landtag berufen, sind sie wenig später auch Glieder des ungarischen Reichstages und den Erbvertrag zwischen Wladislaus und Maximilian von 1491 erkannten die Sieben und Zwei Stühle, das Burzenland, Bistritz und Klausenburg abgesondert, doch in gleichlautenden Urkunden an.

Die Sachsen traten in das 16. Jahrhundert doppelt geeint, einmal auf kirchlichem, dann auf politischem Gebiet. Innerhalb der katholischen Kirche hatten sich die sächsischen Kapitel, die zum Teil dem Weißenburger Bistum, zum Teil dem Graner Erzbistum unterstanden, zusammengeschlossen, seit 1502 nachweisbar unter dem „Generaldechanten" stehend, der jedenfalls in frühere Zeit hinaufgeht, die Vorstufe zur Einigung in der späteren evangelischen Synode. Auf politischem Gebiete aber schloß die Nationsuniversität die im freien Sachsenland liegenden Gebiete zu einem Ganzen zusammen, das seine Probe nach Mohatsch bestand.

Wie groß das Bedürfnis nach Einheit war, geht aus der Tatsache hervor, daß in den Wirren nach Mohatsch, wo zwischen Hermannstadt und Kronstadt viel bitterer Streit die Gemüter verwirrte, die Hermannstädter an die Kronstädter die Bitte richteten, Abgeordnete des Burzenlandes nach Hermannstadt zu schicken, „um jene Eintracht zu schaffen, die unter uns niemals ersterben darf, zu unserem und unserer Nachkommen gemeinsamen Nutzen und Vorteil!"

Die Nationsuniversität hat mitgeholfen, sie zu finden und zu erhalten.

2.

Im Zeitraum von 1526—1691, wo Siebenbürgen zunächst am Thronkampf Ferdinands und Zapolyas beteiligt war und dann als Fürstentum mehr oder weniger unter türkischer Oberhoheit stand, hat die Sächsische Nationsuniversität vielleicht ihre größte Zeit gehabt: sie war Leiterin der sächsischen Politik geworden und Führerin der inneren Angelegenheiten.

Zunächst Leiterin der Politik. Im schweren Kampfe zwischen Ferdinand und Zapolya hat die Nationsuniversität die Haltung der Sachsen bestimmt und es ist heute noch eindrucksvoll, in den gleichzeitigen Universitätsrechnungen die Ausgaben zu lesen, die notwendig waren, bald hier, bald dort ein Fähnlein auszurüsten, Pulver und Blei zu kaufen, hier und dort eine der Kirchenburgen mit Vorrat zum Kriegführen zu versehen, die Mannschaft zu bezahlen — wobei am Schluß des Jahres sehr oft die Universität dem rechnunglegenden Bürgermeister viele tausend Gulden schuldig blieb und neue Auflagen machen mußte.

In der ganzen folgenden Fürstenzeit ist die Stellung der Sachsen den Herrschern gegenüber vor allem durch die Haltung der Universität bestimmt. Dabei stand als erste Aufgabe immer die Verteidigung des sächsischen Rechtes. Als 1591 unter des schwachen Sigmund Bathori Regiment die Sachsen schwer bedrückt wurden, unter dem Adel die Rede ging, die Sachsen seien von Rechts wegen „der Ungarn Eigentum", da beschloß die Universität, ihr Komes Albert Huet solle in Gegenwart des Landes „eine grundausführliche Rede von der Sachsen Ursprung, Leben, Handel und Wandel" halten, um „den spöttischen Glimpf von unserem edeln Geschlecht" abzuwehren. Am 10. Juni hat Huet in Weißenburg vor dem Fürsten und den Vertretern des Landes und des sächsischen Volkes jene berühmte Rede gehalten, die unvergessen zu bleiben verdient. Als dann nach Gabriel Bathoris Wüten (1608—1613) Hermannstadt im Besitze des Fürsten geblieben war und sein Nachfolger Gabriel Bethlen die Stadt nicht herausgeben wollte, da nahm die Universität die Befreiung der „Haupt=Hermannstadt" in die Hand, der Universität fühlten sich ihre Glieder „mit Eid verbunden und verpflichtet", und als sie in Schäßburg am 10. Dezember 1613 zusammenkam, da gelobten sie „bei unserer rechten Augsburgischen Konfession, bei dem . . . rechten und chriſtlichen Glauben, bei dem ehrlichen ſächſiſchen Namen zur Verteidigung, zur Erhaltung des ſächſiſchen Geblütes" zuſammen zu halten „bei Verluſt der Ehre und der ſächſiſchen Freiheit." Am 18. Februar 1614 gab Bethlen Hermannſtadt den Sachſen zurück.

Aber zur Verteidigung der ſächſiſchen Freiheiten gab es immer wieder Anlaß. Als Adel und Szekler 1625 auf dem Landtag beſchloſſen hatten, es ſolle ihnen freiſtehen, in den ſächſiſchen Städten Häuſer zu kaufen, da zog die ganze Univerſität nach Weißenburg, den Fürſten um Aufhebung jenes Beſchluſſes zu bitten, entſchloſſen ſelbſt das Äußerſte zu wagen. Auf die Frage des Fürſten, womit ſie den Entſchluß „zur Rebellion" entſchuldigten, hatte der Königsrichter von Hermannſtadt, K. Gottsmeiſter, die gute Antwort: „Mit unſerer Treue!" Es gelang der beiden Mitſtände „böſes Fürnehmen" zunichte zu machen.

Schwieriger war der Kampf für das ſächſiſche Recht, als der ſiebenbürgiſche Landtag daran ging, 1653 in den Approbaten jene Landtagsartikel zuſammenzuſtellen, die dauerndes Geſetzbuch ſein ſollten. Die Univerſität war Mitglied des Landtages und es machte ihr im voraus ſchwere Sorge, wie den Gefahren zu begegnen ſei. Es iſt ein Zeitbild, wenn ſie zuerſt beſchließt, „auf daß ſächſiſche Nationsfreiheiten nicht Schiffbruch leiden und geſchwächet werden mögen, daß man Jhro Fürſtl. Gnaden und die angeſehenſten Räte mit anſehnlichen Präſenten verſehen ſolle, wie auch Andre, da es Not ſei, damit alſo guter Weg gemacht werde, es koſte gleich was es wolle." Als aber dieſe Mittel nichts halfen, da ſtellte ſie im Kampfe um das Recht im Landtag ihren Mann. Man leſe im 1. Band der Sachſengeſchichte die lebensvolle Darſtellung der Verhandlungen aus den Aufzeichnungen des Johann Simonius, des Univerſitätsnotärs (S. 418 ff.), um den Geiſt jener Männer kennen zu lernen, die entſchloſſen waren, zuletzt für ihr Volk alles zu wagen: „weil wir in der Tat erfahren, daß unſere Nation als ein nicht ſchädliches Glied und Stand dieſes Landes ganz keinen Reſpekt nicht hat, wir auch nicht gehöret werden, ſo können wir weiter nicht als daß wir uns Gott befehlen, der auch unſer ſeiner Zeit wird eingedenk ſein. Von unſeren hundertjährigen Privilegien und Freiheiten aber wollen wir nicht weichen und ſind bereit, alle miteinander zu ſterben."

Und es gelang ihnen, die „Freiheiten" zu retten. Die ſächſiſche Nation blieb die gleichberechtigte dritte ſtändiſche Nation, der Landtag hatte kein Recht, ſich in ihre inneren Verhältniſſe zu miſchen, die Univerſität war — wenige Fälle ausgenommen — letzte Gerichtsinſtanz, ſie war im Rat des Fürſten ſtändig durch den Hermannſtädter Königsrichter (Komes) und die gleiche Anzahl Mitglieder aus ihrer Mitte wie die Mitnationen vertreten, ſie gab „Statute" für die Innerangelegenheiten, ſie ſorgte dafür, wenn ein Stuhl oder Diſtrikt Sondergelüſte zeigte, wie 1626 Kronſtadt, daß die Einheit aufrecht blieb, „es ſei beſchwerlich oder nicht, bis daß es Gott ändere"!

Zu dieser Einheit half vor allem, daß die Nationsuniversität, die Ende 1524 Bestimmungen über das Erbrecht im Sachsenlande beschlossen hatte, 1583 für das Sachsenland „Der Sachsen in Siebenbürgen Eigenlandrecht oder die Statuten" schuf, das von St. Bathori bestätigt „für den sächsischen Boden und seine Gerichtsbarkeiten" Rechtskraft hatte, und zwar „allen unsern Sachsen, ihren Erben und Nachkömmlingen zum ewig währenden Recht." Es hat Geltung bis 1853 gehabt und ist ein Ehrendenkmal der Nationsuniversität für alle Zeit. Denn nun erst war die rechte Einheit des „Sachsenlandes" geschaffen, jetzt für alle Fälle der sichere Rechtsschutz gegeben, eine neue Wehr für die Selbständigkeit und Freiheit der Sachsen. Als am Anfang des 17. Jahrhunderts „sich etliche funden, so unseres Landes Rechtsbüchlein, die Statuta, haben wollen meistern zu großer Praejudiz der Untergebenen, mit welchem unsre Füreltern gelebet und mir auch sämtlich leben," da wurden sie als „Feinde und Störer unsrer Statuten" mit 200 Gulden Strafe bedroht und falls es Beamte seien mit Amtsentsetzung.

Vorher hatte schon die Universität den Mut zu einer anderen rettenden Tat gefunden, sie hatte im Sachsenland die Reformation durchgeführt.

Es ist ein Zeichen für die Stellung der Universität, daß sie sich berufen und stark genug dazu fühlte, Hand an dieses Unternehmen zu legen, das an Größe und Bedeutung manche politischen Entschlüsse — und mochten sie noch so entscheidend sein — übertraf.

Das Reformationsbüchlein des Honterus war 1542 erschienen; sofort wurde in Kronstadt, schon 1543 auch in Hermannstadt die Reformation durchgeführt. Kirchenvisitationen hier und dort, deren Kosten in den Bürgermeisterrechnungen verzeichnet sind, befestigten das Werk. Das Bürgertum hat hier die Reformation durchgeführt. Die Nationsuniversität, die 1543 beschlossen hatte, wer auf dem Sachsenboden wohne, müsse sich den sächsischen Gesetzen unterwerfen, sprach im folgenden Jahre aus: „Die sächsische Universität einigte sich in bezug auf die Religion dahin, daß die Städte, die nun fast alle das Gotteswort angenommen haben, die gleichen und ähnlichen Zeremonien in den Kirchen gebrauchen sollen. Jene Leute aber, die Gottes Wort noch nicht angenommen haben, sollen sie brüderlich ermahnen, daß auch sie nach Maßgabe der Gnade Gottes mit den andern einmütig beten, daß auch sie in ähnlicher Art das Gotteswort zu empfangen und zu glauben stark werden." Es ist bezeichnend, daß sie dazu setzen: „Mit Rücksicht auf die Verteidigung aber wurde beschlossen, daß was einen anzugehen scheint, alle treffen soll und daß in einem solchen Falle der angegriffene Teil in gemeinsamer Verteidigung unterstützt werde." Aus demselben Katharinalconflux (die Versammlungen der Universität wurden auch Conflux genannt) schickten sie Gesandte zu König Zapolyas Witwe, sie zu bitten, daß sie die Sachsen in der Religionsangelegenheit edelmütig unterstütze und verteidige und dem Albenser bischöflichen Vikar befehle, er möge die Geistlichen nicht verfolgen und bedrücken! Im folgenden Jahre aber faßte die Universität den Beschluß, daß diejenigen, die Gottes Wort angenommen hätten, in allen Kirchen die Sakramente gleichförmig verwalten sollten. Die Rückständigen sollten noch einmal gebeten werden, das Gotteswort anzunehmen. Damit die kirchlichen Zeremonien gleichförmig eingerichtet würden, sollten gelehrte Männer gewählt werden, die auf Grund der heiligen Schrift Vorschläge hierüber machen sollten. Die Universität sprach aus: „Da das weltliche Amt Wächter des Gesetzes ist, nicht nur der zweiten, sondern auch der ersten Tafel, so haben die Herren Sachsen beschlossen, daß die Vorsteher in den Städten, Märkten und Dörfern acht haben sollen, und das Volk von den Schaustellungen, Friedhöfen, Schenken und sonst woher zur Predigt und zum Hören des Gotteswortes treiben unter Androhung der Strafe der Fidel."

Der weltliche Arm war mit der Strafe da.

Den Schlußstein bildete der Beschluß von 1550, daß die Kirchen nach der von Honterus 1547 herausgegebenen Kirchenordnung „zu reformieren seien und daß die Pfarrer nach dieser sich halten und darnach leben sollten". Damit war die „Kirchenordnung aller Deutschen in Siebenbürgen" für das Sachsenland Gesetz geworden. Kurz vorher war Petrus Haller, der Bürgermeister von Hermannstadt, der Vorsitzer der Nationsuniversität, nach Deutschland geschickt worden, dem vor allem die Durchführung der Reformation zu verdanken ist.

Und nun betrachtete sich die Universität als die Hüterin und Beschützerin des rechten Glaubens, berufen, das Leben zu überwachen, die „Spielstuben" und „Kränzlein" auf den Dörfern zu verbieten, „um vielen Anstoß zu vermeiden", und wenn sie wahrzunehmen meinte, daß die Geistlichen von der „rechten Lehre" abzuweichen begannen, mahnte sie ernst, fest zu bleiben, da allein „die lutherische Lehre" im Sachsenland zulässig sei. Die Verfassung der Kirche, die sich allmählich entwickelte, gab der Nationsuniversität einen bedeutsamen Einfluß auf die gesamte Kirche, indem die Universität überall mit zu beschließen hatte, wo die kirchlichen Angelegenheiten ins weltliche Gebiet übergriffen und das war ja auf Schritt und Tritt der Fall. Die Synode (die „geistliche Universität"), die Vertretung der Kapitel, und die „weltliche Universität", d. i. eben die Nationsuniversität mußten in wichtigen Fragen zusammen die Entscheidung geben. Schon 1554 gaben sie „Artikel aus der Reformation, in welche die weltliche Oberkeit deutscher Nation samt ihren Kirchendienern eins worden sein, ein jedes Teil darnach zu leben". Die Visitationsartikel von 1577 waren das Ergebnis des Übereinkommens beider Universitäten. Für die ganze Entwicklung der ev. Kirche hier ist es von entscheidender Bedeutung gewesen, daß sie in der Nationsuniversität eine maßgebende weltliche Spitze hatte, die imstande war, bisweilen mit der Macht „dieser Welt" einzugreifen. So hat die Kirche in allen wichtigen Fragen sich an sie gewendet. Als es galt, in schwerem Kampf gegen Gabriel Bathori den konfiszierten Zehnten wieder zu erlangen, da hat die Nationsuniversität mit Rat und Geld mitgeholfen. Es entsprach ihrer Auffassung, daß sie Hüterin „beider Tafeln" sei, wenn sie auf der ernsten Versammlung in Schäßburg (Dezember 1613), wo es galt, Hermannstadt zurückzugewinnen, jene bedeutsamen Beschlüsse faßte, die den Übergriffen der Beamten steuern sollten, dem Luxus, den Gastereien, dem Übermaß im Essen, Trinken, in der Kleidung u. a. Schranken aufrichteten. Und das alles unter dem Gesichtspunkte, der in der bösen Zeit der Universität ein dauerndes Denkmal sichert: quia virtus nobilitat hominem. Die Tüchtigkeit adelt den Menschen!

Es ist übrigens ein Zeichen, wie die Reformation alle guten Geister wachgerufen hatte, wenn die Universität in jenen Jahren die innere Einheit des Sachsenlandes zu festigen anordnet, daß innerhalb des sächsischen Gebietes (Bistritz ausgenommen) dieselben Maße und Gewichte zu gebrauchen seien, daß in allen Geschäften und Fällen, die irgendeine Stadt oder einen Stuhl betreffen, diese nichts unternehmen dürften ohne Beschluß der Universität, und in den Landtagen dürfe niemand eine Verpflichtung übernehmen außer über einstimmigen Beschluß der Universität. Wenn sie 1541 das Zinsennehmen verbot, so war das ein Ergebnis der Anschauungen, die mit der Reformation zusammenhingen.

Die Vorarbeiten für das gemeinsame Gesetzbuch, das dann im Eigenlandrecht geschaffen wurde, sind in dieser Zeit in der Universität aufgenommen worden.

Bei dieser Stellung der Universität war es nicht zu verwundern, daß sie sich der Schulen annahm. Die Reformation legte ja ein besonderes Gewicht auf die Erziehung der Jugend. Bei Neueinrichtung des Hermannstädter Gymnasiums gab die Universität 1561 100 fl. zum Bau der Schule und war bereit, mitzuhelfen, daß „zwei gelehrte Männer oder lectores gehalten mögen werden". Doch waren die „Herren von Kronen und Nösen" dafür nicht zu haben. Aber gerade in den Kreisen der Universität lebte der Gedanke einer gemeinsamen Anstalt fort. Wiederholt beschäftigte sie sich im 17. Jahrhundert mit Schulfragen und 1647 richtete sie an die Synode die Frage, ob sie geneigt sei mitzuhelfen, eine ähnliche Schule zu errichten, wie das Kollegium der reformierten Kirche in Weißenburg sei? Und 1653 erwogen sie im Katharinalconflux „die Stiftung eines guten Gymnasii" und die „Hereinrufung von 4 Professoren". Die Mehrheit fand nicht den Mut dazu, sie standen unmittelbar vor dem Approbatallandtag, wo die ganze Freiheit der Sachsen in Frage kam, aber doch zürnte der wackere Universitätsnotär J. Simonius: „Auf alten Gesetzen beruhte die Macht des römischen Reiches und auf Männern, die im Frieden und Krieg streiten konnten."

Die Universität bewies es gerade auf dem Landtag, daß sie „streiten" konnte.

Sie blieb auch auf einem anderen Gebiete nicht zurück, das für die nationale Entwicklung von besonderer Bedeutung war, das war das Gewerbe. Der Universität stand das Recht zu, die Zünfte zu

überwachen, ihre Streitigkeiten zu entscheiden und ihnen Satzungen
zu geben oder wenigstens sie zu bestätigen. Im Zusammenhang mit
der Reformation war es, daß um die Mitte des 16. Jahrhunderts
die Universität die großen Zunftregulationen vornahm, deren Inhalt
wirtschaftlich und sittlich von gleicher Bedeutung war und die sich
zuletzt wieder auch national auswirkten, indem die gleichen Zünfte
im Sachsenland sich zur Landeszunft zusammenschlossen, und jede
wurde eine neue Klammer des Volkstums. Die Streitigkeiten der
Zünfte untereinander, ihre Abgrenzung gegeneinander, ihr Kampf
gegen die Hudler und Rüpler, die Preisbestimmungen und was alles
mit der „Zechgerechtigkeit" zusammenhing, es hat die Universität
durch alle Jahrhunderte viel beschäftigt.

Die Tatsache, daß die Universität auch in den kirchlichen An=
gelegenheiten ein maßgebendes Wort zu reden hatte, hat nicht zuletzt
die Folge gehabt, daß der nationale und kirchliche Gedanke, Volk
und Kirche zusammenfielen, und Angriff und Verteidigung in der
Regel für beide zutraf. Daß es zwischen dem geistlichen und welt=
lichen Stand, zwischen den beiden Universitäten oft Hader und Streit
gab, darf niemanden wundern.

Eine neue große politische Aufgabe erwuchs der Universität,
als Apafi und die Stände sich an Kaiser Leopold wandten um Be=
freiung aus dem Joch der Türken, das schwer auf dem Lande lastete.
Die Sachsen waren vor allem Vertreter der Politik, die den Herrscher
aus dem Haus Habsburg, der die ungarische Königs= und die deutsche
Kaiserkrone trug, auf dem siebenbürgischen Fürstenstuhl sehen wollte,
und die sächsische Nationsuniversität vertrat den Gedanken mit aller
Entschiedenheit. Allerdings: Joh. Zabanius, Sachs von Harteneck,
zuerst Provinzialnotarius, dann Komes der Nation, war in der Lage,
seinen Feuergeist auch der Universität einzuhauchen. Ihr Verdienst
ist es aber mit, daß die langwierigen Verhandlungen zuletzt zum
„Leopoldinischen Diplom" (4. Dezember 1691) führten, das als Grund=
vertrag zwischen dem Haus Habsburg und Siebenbürgen dem Fürsten=
haus das Land zuführte und der Türkenherrschaft ein Ende bereitete.
Sie waren der Überzeugung, daß nur auf diesem Wege das Land
vor dem Untergang gerettet werden könne und setzten ihre Hoffnung
in bezug auf die Besserung der eigenen Angelegenheiten zunächst auf
Gott, dann auf das Herrscherhaus.

Jenes Leopoldinische Diplom aber bestätigte nicht nur die Landes=
gesetze, die Gleichberechtigung der drei Stände, die Freiheit und
Autonomie der vier rezipierten Religionen, es bestätigte insbesondere
auch das Eigenlandrecht der Sachsen, es hielt ihre Verfassung mit
der Nationsuniversität an der Spitze aufrecht.

Die Verhandlungen, die in ihrem Auftrag Sachs von Harteneck
in Wien führte, mit dem Ziel, die Bestimmungen des Leopoldinischen
Diploms in Tat und Wahrheit umzusetzen, hatten tatsächlich das Er=
gebnis, daß der Rechtsstand der Nation unverändert in die neue
Staatsgestaltung herübergenommen wurde.

Es sind Ehren= und Freudentage für die Universität gewesen.

3.

Sie schienen zunächst ihre Fortsetzung zu finden. Bei aller Ängstlichkeit, die die sächsischen Beamten vielfach drückte — und sie bildeten bald ausschließlich die Universität, die noch im 17. Jahrhundert oft Zunftmeister und Handwerker als ihre Mitglieder sah — es war ein tapferer Zug in der Universität, da sie nun daran ging, auf dem Landtag die ungerechte Steuerverteilung in eine gerechtere umzuwandeln (es wurden den Sachsen tatsächlich 100 Porten abgenommen), selbst den unerhörten Antrag Hartenecks auf Besteuerung des Adels wagten sie zu unterstützen, und im Kampfe um die politischen und religiösen Rechte standen sie hinter ihrem Komes. Je heftiger dieser bekämpft wurde, je lauter und grimmiger die Feinde ihn angriffen, um so mehr wuchs ihnen der Mut. Sie erklärten sich völlig eins mit ihrem Führer und deckten ihn: er habe nichts unternommen, womit sie nicht einverstanden gewesen seien.

Und dann kam der erschütternde Rückschlag. Als Harteneck des Hochverrats angeklagt wurde, als der Landtag ihn ohne jeden Beweis zum Tode verurteilte, und der Hermannstädter Magistrat das gleiche Urteil fällte wegen privater Vergehen, wegen deren und anderer größeren die eigentlich Schuldigen begnadigt wurden, da haben die Mitglieder der Nationsuniversität ihren Führer feige und schmählich im Stich gelassen. Das Traurigste dabei ist, daß es nicht zuletzt darum geschah, weil in dieser durch und durch verderbten Zeit, in dieser sittlich angefressenen Gesellschaft, Hartenecks Ziel, die sittliche Erneuerung des Volkes mit eiserner Hand durchzuführen, gerade den vielfach in die Laster der Zeit verstrickten Beamten unangenehm war und sie fürchten mußten, selbst weggefegt zu werden.

Als Harteneck (5. Dezember 1703) durch Henkershand auf dem Großen Ring in Hermannstadt gefallen war, der Kurutzenkrieg das Land verheerte (1703—1711), da mag auch den Mitgliedern der Universität oft die Klage Rabutins entfahren sein: „Wo ist Sachs, wo ist Sachs?"

Während des Kurutzenkrieges blieb für die innere Arbeit keine Zeit und keine Kraft. Die Haltung für die Sachsen im Kampf, der das Land verwüstete, gab die Universität an, die am 6. Januar 1704 an die Städte und Stühle die Aufforderung richtete: „sie sollen samt allen darin befindlichen Märkten und Dörfern" in ihrer dem Kaiser „geleisteten und bisher, dem Höchsten sei Dank, auch treulich gehaltenen Obligation steif und fest getreu verbleiben und sich davon auf keinerlei Weise abwendig machen lassen." Die Kriegsereignisse brachten es freilich mit sich, daß auch die Sachsen gezwungen waren, Rakotzi anzuerkennen, kaum eine Gemeinde, die nicht heut den Kaiserlichen, morgen den Kurutzen in die Hände fiel und von beiden ausgeplündert wurde. Als nach Leopolds Tod Josef I. den Thron bestieg (1705—1711), konnte die Universität ihm nur klagen, wie furchtbar das Land gelitten und was die Sachsen „von unsern rebellischen Mitgenossen" erduldet hätten. Der Hofkriegsrat in Wien hatte den Ent-

schluß gefaßt, Siebenbürgen aufzugeben. Vor allem dem Prinzen
Eugen wars zu verdanken, daß der Antrag verworfen wurde.

Die Aufgabe der Universität in diesen schweren Jahren, die
mehr verwüsteten als das Jahrhundert der Türkenherrschaft, bestand
vor allem darin, die Flut von Forderungen und Leistungen, die die
Nation überschwemmte, wenigstens halbwegs in ein geordnetes Bett
zu leiten. Was in diesen Jahren von jedem einzelnen Ort erpreßt
wurde, was die Nation als Ganzes leisten mußte, übersteigt jede
Vorstellung.

Und doch war das innere Leben nicht erstorben. Noch bevor
der Szathmarer Friede geschlossen wurde, der 1711 die Kurutzen für
Rebellen erklärte und Siebenbürgen neuerdings die Zugehörigkeit zu
Ungarn und alle seine bisherigen Rechte sicherte, mitten im Kriegs-
lärm noch richtete die Universität am 26. Januar 1708 an die Synode,
„zum Zweck Gottesfurcht und Tugend zu erhalten" eine Zuschrift, in
der Abstellung der Simonie, Abschaffung ärgerlicher Gebräuche bei
der Präsentation, Neuaufnahme der Visitation durch den Bischof und
eine lange Reihe anderer Verbesserungen verlangt wurde. Es war
ein ganzes Reformprogramm, das Zeugnis dafür ablegte, wie Kriegs-
not und sittliche Verwilderung den Sinn für die tragenden Kräfte
des Lebens nicht ertötet hatte. Die Einigkeit der beiden Universitäten
war eine besonders erfreuliche Erscheinung und hatte Anordnungen zur
Folge, wie ärgerlicher Lebenswandel zu bestrafen sei, die Einführung
des Abendglockenläutens, in weiterer Folge der Katechisation usw.

Die leisen pietistischen Anklänge in jener Universitätszuschrift
deuteten an, wie die neue Richtung, die in Komes Andreas Teutsch
(1711—1730, von 1704—1711 Hermannstädter Bürgermeister) den
eifrigsten Vertreter fand, in die breiten Schichten drang. Doch hat
sich der Kampf gegen den Pietismus mehr in der Synode als in der
Universität abgespielt.

Dafür mußte sie teilnehmen an dem noch schwereren Kampfe
gegen die Katholisierungsbestrebungen des neuen Staates. Der Kampf
vollzog sich allerdings zuerst in den sächsischen Städten, wo die Magistrate gezwungen wurden, evangelische Kirchen an die Katholiken
abzutreten und in die städtischen Ämter untaugliche Menschen zu
nehmen, weil sie katholisch waren. Wenn diese Fragen vor die
Universität kamen, war sie nicht stark genug und riet zum Nachgeben:
„es sei dem reißenden Strom nimmer auszuweichen". Der Gedanke,
beim Hof oder beim Kommandierenden General, der seine Macht
gegen das Gesetz täglich ausdehnte, in Ungnade zu fallen, war ihr
unbehaglich. Als auf dem Klausenburger Landtag 1730 die Katholiken
die Aufhebung einiger Bestimmungen in den Approbaten und Kompilaten verlangten, die sie als drückend empfanden, fand die Universität
zur entschiedenen Ablehnung nicht den Mut. Die Reformierten mußten
den Angriff abschlagen, der darauf ausging, die Gleichberechtigung
der Konfessionen zu zerstören, und zögernd schlossen die Sachsen sich
ihnen an. Als aber im folgenden Jahre geradezu die Aufhebung der

Gleichberechtigung der 4 Konfessionen verlangt wurde, die Rückgabe
aller Kirchen und ehemals katholischer Güter an die Katholiken, das
Verbot des Besuchs ausländischer Universitäten und der Einfuhr
protestantischer Bücher, da erkannte auch die Universität die furcht=
bare Gefahr und trat, wenn auch diesmal wieder furchtsamer als die
entschiedeneren Reformierten, für die Rechte der evangelischen Kirche
ein, und die Katholiken mußten das Projekt fallen lassen.

  Die ärgerlichsten Fragen waren immer jene, die mit den Steuern
zusammenhingen, und diese standen täglich auf der Tagesordnung.

  Die verschiedenen Angriffe aber, die Volk und Kirche trafen,
führten die beiden Stände zusammen. Die Nationsuniversität er=
klärte 1736, daß auch sie die Pflicht fühle, „vor die Kirche Gottes"
zu sorgen und forderte die Synode auf, „unitis viribus et consiliis
eine heilsame Verordnung zu verabreden, wie dem verfallenen Christen=
tum bei Kirche und Schulen zu helfen." Als die schweren Zehnt=
prozesse, in die übrigens später auch die Nationsuniversität unmittelbar
hineingezogen wurde, die Kirche heimsuchten, nahmen die Weltlichen
sich ihrer an und der Nationalagent in Wien trat für die Kirche ein.
Die Zehntsache wurde als eine nationale Angelegenheit angesehen.

  Die Weltlichen sind es auch gewesen, die die große Klageschrift
der Kirche an die Herrscherin bei dem Regierungsantritt Maria
Theresias vertraten.

  Durch das ganze 18. Jahrhundert haben die Zunftangelegen=
heiten die Universität viel beschäftigt; eine ganze Reihe neuer Zunft=
satzungen fallen in die Jahre 1721 ff.

  Zunächst brachten die Kriege, in die Maria Theresia verwickelt
wurde, auch der Nationsuniversität neue Aufgaben. Auf Grund des
Andreanischen Privilegs und nach der Accorda war die Nation zur
Stellung von 500 Mann und 48 Reitern verpflichtet. Die Universität
teilte sie auf: auf Hermannstadt 85 Mann zu Fuß und 36 Reiter,
auf Broos 20 Mann usf. Als Schenk (50 Mann), Reps (48),
Bistritz (53) sich über die Austeilung beschwerten, da beschloß die
Universität, je 5 Mann von Schenk und Bistritz und 2 von Reps
auf gemeinsame Kosten zu verpflegen. Es ist wie in der deutschen
damaligen Reichsarmee. „Kronstadt gibt einen Fähnrich, Bistritz auch
einen, Reps auch einen." Der Repser Bürgermeister, der zum Haupt=
mann gewählt worden war, erklärte „auf keine Weise mit ins Feld
gehen zu können," und sämtliche Offiziere „des sächsischen Insurgenten
Corpetto" schrieben an die Universität: „daß sie teils aus homogia=
lischem Gehorsam gegen unsere allergnädigste Königin, teils aus Liebe
gegen eine löbliche Nation militares agieren sollen, dieses Handwerk
aber, ohne daß es ihnen kann verübelt werden, nicht viel verstehen."

  Zu den Truppenstellungen kam die Forderung der Subsidien —
es gab viel Not und Arbeit.

  Die Sachsen sind unter Maria Theresia in großer Gefahr ge=
wesen, ihren Rechtsstand zu verlieren. Die Angriffe, die auf Volk und
Kirche erfolgten, hatten das gleiche Ziel. Gegen die Geistlichen und

die Nationsuniversität die Zehntprozesse, gegen die Nation zugleich
der Prozeß wegen des Martinszinses, von verschiedenen Seiten der
Versuch, die freien Sachsen zu Fronbauern zu machen, den großen
Gemeindebesitz ihnen zu nehmen, die Verfolgungen der Evangelischen
— das alles half vor allem, daß die Universität, über deren Rat=
losigkeit der treffliche Stuhlsrichter Czekelius von Rosenfeld noch 1744
bittere Worte hatte, in der eine zunehmende Anzahl katholischer
Beamten saß, die ihr Amt bloß dem Abfall von der evangelischen
Kirche verdankten, wo zuletzt Waldhütter von Adlershausen, weil er
katholisch geworden war, zum Komes ernannt wurde, sich ermannte
und sich des sächsischen Rechts annahm. Eine Zeitlang 1759—1762 war
die Universität durch das Directorium oeconomicum ganz beiseite ge=
schoben, das die Rechnungen prüfen und vor allem die Schulden der
Nation tilgen sollte, die der Abenteurer Seeberg noch vermehrt hatte,
der ins Land geschickt worden war, vor allem um Wege zu finden,
daß jene Schulden getilgt würden, die den Beamten zur Last gelegt
wurden und doch die Folgen der Opfer waren, die man für das Haus
Habsburg gebracht hatte. Gegen die unglaublichen Torheiten und
Nichtsnutzigkeiten des Mannes fand die Universität, die in diesem
Zeitraum viel mißhandelte, den Weg, Samuel v. Brukenthal an den
Hof zu schicken, dem es gelang, dem Spuk ein Ende zu machen. Er
war 1761 zum Komes gewählt worden, aber Maria Theresia bestätigte
die Wahl nicht, da sie ihn zu höherem bestimmt hatte. Er ist zuletzt
Gouverneur von Siebenbürgen geworden, aber auch als Hofkanzler
und Präses des Guberniums und in allen anderen Stellungen und
Ämtern wurde er der Schutzgeist des sächsischen Volkes.

Eine seiner nachwirkenden Taten war, daß er als Provinzial=
kanzler die Inskription des Fogarascher Dominiums an die Nation
durchsetzte. Am 21. März 1765 wurde der Nationsuniversität, die
eben Sitzungen hielt, mitgeteilt, daß die Kaiserin diese Inskription
— d. h. die Überlassung des Fogarascher Dominiums auf 99 Jahre für
200.000 fl. — beschlossen habe. Die sächsische Nation vertreten durch
die gesamte Nationsuniversität trat in den Besitz dieser Herrschaft,
die ihr „in Berücksichtigung ihrer treuen Dienste" überlassen worden
war. Zur Bezahlung der Inskriptionssumme und der notwendigen
neuen Ausgaben mußten zunächst neue Schulden gemacht werden.
Auch der bayerische Erbfolgekrieg (1777—1779) wirkte bis hieher. Da
er ausbrach, trug die Nation der Kaiserin 600 Mann leichter Reiterei
an, die sie bis auf die Gewehre ausrüstete. Die Lasten — 100.000
Gulden — wurden bis auf 16.000 fl. aus den Kassen, dann durch
Aufschläge aufgebracht.

Als Maria Theresia starb (1780), war trotz allen Angriffen
auf sächsisches Recht und sächsisches Gut das Recht im großen und
ganzen gerettet, die Universität vor allem im alten Rechtsstand ge=
blieben, durch den Besitz des Fogarascher Dominiums in der Lage,
Ordnung in die Finanzen zu bringen, durch die neue 1754 geschaffene
„Konsistorial=Verfassung" der Kirche, nach der die Universität zum Ober=

konsistorium gehörte, erst recht in der Lage, Einfluß auch auf die kirchlichen Verhältnisse zu nehmen. Brukenthal der starke Schirmer des Rechtes und der Freiheit der Sachsen, das Volk selbst in der Gesundung begriffen, so sah man nicht den Sturmwind kommen, der das ganze Gebäude über den Haufen warf.

4.

Die erste unangenehme Überraschung, die die Sachsen und in erster Reihe die Nationsuniversität nach der Thronbesteigung Josef II. (1780—1790) traf, war 1781 die Ernennung des Cloos v. Cronenthal zum Komes. Konvertit und Renegat der schlimmsten Sorte setzte er von vornherein die Universität in die peinliche Lage, was sie zur Erhaltung der Nation und ihrer Rechte zu tun sich verpflichtet fühlte, gegen und ohne den Willen des Komes zu tun.

Eine kaiserliche Entschließung vom 7. Juli 1781 führte die Konzivilität ein, d. h. es sollten auf Sachsenboden hinfort nicht nur Sachsen, sondern alle anderen Eigentum und Bürgerrecht erwerben können. Auf Befehl des Kaisers mußten den rumänischen Gemeinden, die auf Sachsenboden entstanden waren, große Gebiete ins Eigentum übergeben werden. Ein Reskript vom 24. Dezember 1782 verurteilte die sächsische Nation zur Zahlung des Martinszinses seit 1705, im ganzen 387.806 Gulden, eine rechtliche Ungeheuerlichkeit, die nur im Zeitalter der Fiskalprozesse möglich war. Als in der Universitätssitzung vom 30. Juni 1783 das Reskript verlesen wurde, „wurden Alle vor Erstaunen und Bestürzung hingerissen", und die Universität beschloß, den Kaiser um Nachlaß der Zahlung oder wenigstens Gestattung von Ratenzahlungen zu bitten, den Fiskaldirektor um Aufschub der Exekution. Cloos verhüllte seine Freude am ganzen nicht, der Haß gegen Brukenthal spielte mit hinein, er wollte das Fogarascher Dominium preisgeben und tat nichts, die Exekution aufzuhalten, die „ein gehässiger Akt wüsten Übermuts" am 25. Februar in der Art vorgenommen wurde, daß Kanzellisten des Thesaurariats mit 38 Personen, meist rumänischen Bauern aus Salzburg, Mundra und Alamor auf dem Rathaus in Hermannstadt erschienen, alle durcheinander schrieen und Geld verlangten. Die Universität schrieb entrüstet: Die Sachsen seien kein flüchtiges Volk, auch nicht zahlungsunfähig, nur im Augenblick nicht in der Lage, die ganze Summe zu zahlen. An den Kaiser richtete sie die Beschwerde über diese mutwillige Roheit: eine solche Demütigung hätten sie nicht verdient, der Kaiser werde die Sache selber beurteilen. Josef II. entschied, die Summe solle in 77 Jahren abgetragen werden. Aber die Nation zahlte die letzte Rate schon 1823. Der Stachel bitteren Unrechts und brutaler Mißhandlung blieb.

Den schwersten Eingriff in die Verhältnisse des Landes und der Sachsen brachte am 24. Juli 1784 die Aufhebung der alten Verfassung, die Auflösung der 3 ständischen Nationen, die Neueinteilung des Landes, — es gab kein Sachsenland, keine sächsische Nation mehr, keine Nationsuniversität. Am 11. November 1784 richtete sie an den

Kaiser „bei alle dem was heilig ist" die Bitte um Belassung der alten
Verfassung, an der wenn nötig Verbesserungen möglich wären. Sie
bat um Erlaubnis, eine Abordnung an den Kaiser zu schicken.

Alles ohne Erfolg.

Am 14. September 1784 fand die Konstituierung des neuen
Hermannstädter Komitates statt. Die Nationsuniversität hatte sich noch
einmal im Hermannstädter Rathaus versammelt, — von da gingen
die hin gehörenden Mitglieder mit tiefstem Schmerz in die erste
„Marcalkongregation".

Die Nation war zu den Toten geworfen. Das Vermögen wurde
eingezogen, das Nationalarchiv eingepackt, es sollte fortgeführt werden.

Die Zeitgenossen empfanden die Ereignisse nicht nur als ein
Unglück, sondern als Schmach, „als wenn die Nation das größte
Verbrechen begangen hätte, da sie sich doch . . . keines Vergehens
schuldig wußte". „Wir waren wie die verscheuchten Schafe", schrieb
ein Zeitgenosse, und ein anderer: „Wenn nicht Gott und der Monarch
für uns mächtig sorgt, so wird über 40—50 Jahre nicht ein Schatten
mehr von dem übrig sein, was die Nation vorhin in Siebenbürgen
war." Die Empfindung Heydendorffs war allgemein, „unsere Feinde
hatten gänzlich über uns gesiegt."

Es ist bekannt, wie weitere kaiserliche Verordnungen alles auf
den Kopf stellten, die Einführung der deutschen Sprache als Amtssprache, die Ordnung der Hörigkeitsverhältnisse, der kirchlichen und
Schulangelegenheiten, das Verbot der Mieder, die Ansiedlung der
Zigeuner — Großes und Kleines, Vernünftiges und Tolles in wirrem
Durcheinander, die Zeitgenossen hatten den Eindruck, als ob ein großes
Erdbeben alles durcheinander geworfen habe.

Eine Vertretung der Nation gab es nicht mehr — Brukenthal
ergriff an ihrer Stelle das Wort. Als Josef II. 1786 zum drittenmal
nach Siebenbürgen kam, legte Brukenthal ihm dar, wie das Geschehene
den Grundgesetzen und der Verfassung des Landes entgegen sei und
Verwirrung anrichte und in einer zweiten Audienz, wenn auch in
vorsichtigen Wendungen, daß die ganze Einrichtung fehlerhaft sei.
Das Ergebnis war, wie Brukenthal aufzeichnet: „Ihro Majestät
sprachen nicht weiter und entließen mich. Von der Stunde aber schien
es mir, als wäre die Zeit der Gnade und des Vertrauens verflossen."
Am 9. Januar 1787 enthob ihn der Kaiser seines Amtes. Bevor die
Nachricht noch hieher kam, hatte Brukenthal (28. Januar) noch einmal
„freimütig und wahrhaft" dem Kaiser dargelegt, wie es mit der Nation
stehe. „Der Nationalkörper ist zerstückt und unnatürlich verteilt worden;
selbst seine einzelnen Teile sind aufgelöst, verbrüderte Gemeinden sind
getrennt, gewohnte Bande zerrissen und alles ist bei ihr über und
unter sich gekehrt worden. Ihr wohl hergebrachtes Recht, die Obrigkeiten zu wählen, ist ihr entzogen worden, und damit ist das Ansehen
der Beamten gesunken, das Vertrauen des Volkes zu ihnen verschwunden, und da es viele neue Beamte weder kennt, noch von ihnen
gekannt wird, da es siehet und empfindet, wie sie nicht seinen, sondern

fremden Gesetzen, Gebräuchen, Gewohnheiten folgen, nach solchen über
Eigentum und Privatrechten entscheiden und sprechen, auch nur zu
oft willkürlich verfahren, so ist es mutlos worden und hat alle Freude
verloren. Mit Gut und Blut errungene Besitzungen sind der Nation
entrissen, der alleinige Besitz und Genuß eines Grundes, zu dem ihre
Vorfahren berufen hereingekommen, den sie mit ihrem Blut erhalten,
behauptet und mit deutschem Fleiß bebauet, den ihre Väter Jahr=
hunderte ungestört besaßen, der wird nicht allein angesprochen, sondern
dem Belieben jedes Kommenden preisgegeben. Selbst solche, die sie
nur als Knechte nebenher zu wohnen duldete, derffen nun ihre Felder
zu sich reißen, und ihre mit vieler Sorge erhaltenen Wälder, zu ihrem
und ihrer Kindeskinder unaussprechlichem Schaden unaufhaltsam ver=
hauen. Sie, die Nation selbst, wird gezwungen, ihren eigentümlichen
deutschen Grund zu gleichen Teilen ihnen dahin zu lassen. Alles
dieses, und noch mehrere Drangsale anderer Art hat sie erfahren,
gelitten, und obschon mit Kummer doch ohne Widersetzlichkeit ertragen,
selbst auch dann ertragen, wenn ihre Klagen und Flehen von der
Stelle abgewiesen, nicht allein abgewiesen, sondern mit einer uner=
klärbaren Härte verboten und zu Verbrechen gedeutet werden wollen...
Von dem Bewußtsein erfüllt, ... eine gerechte Sache zu haben, er=
wartet sie Ew. Majestät allergnädigste Entschließung über die ver=
schiedenen Klagen und Vorstellungen, die bei der Hofstelle unerledigt
geblieben..."

Aber nicht nur die Sachsen waren unzufrieden, im ganzen Lande
erhob sich wachsender Widerstand. Adel und Szekler schrieben im
Dezember 1787 in der Form einer Bittschrift einen Absagebrief an den
Kaiser, in dem die Rechtsverletzungen „wie Schlachthaufen in dunkler
klirrender Stahlrüstung" aufmarschierten, und es zeigte die völlige
Verkennung der Lage, daß Josef sie damit erledigen zu können meinte,
daß er befahl, sie ins Archiv zu hinterlegen.

Auch die Sachsen hatten eine Beschwerde= und Bittschrift zu=
sammengestellt im Namen „der königlichen Freistädte und Märkte, die
vormals der sächsischen Nation inkorporiert waren" — die sächsischen
Magistrate und ehemaligen Stuhlsbeamten hatten ihre Zustimmung
dazu gegeben — die in 13 Punkten alles aufzählte, was den Sachsen
widerfahren war. Am 26. Mai 1788 befahl ein Hofdekret, „es solle
den Beschwerdeführern ein scharfer Verweis gegeben werden, daß sie
sich das Eigentum des fundi regii als eines boni coronalis zuzumuten
erkühnt", und das Gubernium wurde angewiesen, Bittschriften mit
ähnlichem Inhalt nicht mehr anzunehmen.

In der Tat, die Feinde der Nation hatten gänzlich gesiegt.

Aber die äußeren und inneren Verhältnisse, der unglücklich ge=
führte Türkenkrieg, der wachsende Widerstand in Ungarn und Sieben=
bürgen, die bis zur Siedehitze gesteigerte Aufregung im Lande zwangen
den Kaiser zum Erlaß des Restitutionsediktes (30. Januar 1790):
es sollte alles auf den früheren Stand zurückgeführt werden. Mit
Freude meldete J. Th. v. Herrmann was alle empfanden, „die große

Nachricht, daß der Monarch alles, alles widerrufen hat, was er seit seiner Thronbesteigung... neues gemacht hat. Die drei Nationen werden wieder hergestellt. Anno 1791 ist Landtag und der Monarch verspricht, daß alles, was künftig Großes geschehen und gemacht werden soll, mit den Ständen verabredet und beschlossen werden soll ... Ich habe die größten und herrlichsten Hoffnungen wegen der Zukunft."

Die neue alte Ordnung trat am 1. Mai 1790 ins Leben.

Die sächsische Nation lebte wieder auf.

Als sie aufgehoben wurde, war ihr einziger Trost, daß Cloos von Cronenthal sein Amt verlor; sie wählte jetzt zum Komes M. v. Brukenthal, den Neffen Samuel Brukenthals, der am 4. März gewählt, dann 24. September 1790 mit aller Feierlichkeit und den alten Bräuchen in das Amt eingeführt wurde. Vorher schon waren die eingepackten Schätze des Nationalarchivs mit großem Prunk in das Rathaus zurückgeführt worden, worauf ein Gottesdienst stattfand und abends Hermannstadt illuminierte.

Am 27. März 1790 trat die Nationsuniversität zu ihrer ersten Sitzung zusammen, sie hatte zuerst den Gottesdienst besucht; bis tief in die Nacht hinein verkündigten Freudenschüsse den Jubel der Bevölkerung. Es wurde beschlossen, jährlich am 10. Sonntag nach Trinitatis, auf den das Evangelium von der Zerstörung Jerusalems fällt, die Erinnerung an die Wiederherstellung der Nation zu feiern, aber „aus Furcht vor übler Auslegung" unterblieb die Durchführung.

Die Nationsuniversität sah sich vor eine doppelte Aufgabe gestellt, sie sollte die Wiederherstellung der alten Verfassung durchführen und für den bevorstehenden Klausenburger Landtag ein Programm aufstellen, nach dem die sächsischen Vertreter sich zu halten hatten. Die Politik lag ganz in der Hand der Universität.

Das erste ging verhältnismäßig leicht, die Stühle, Distrikte, Gemeinden, fanden die alte Ordnung wieder und wählten sich die Beamten. Neue Hoffnung und neue Zuversicht war allenthalben vorhanden.

Schwieriger war das Programm für den Landtag.

Es gab in der Universität eine radikale Richtung, die den unglücklichen Gedanken hatte, sich von den Mitnationen zu trennen, auch der Hermannstädter Magistrat trat dafür ein, und die Mehrheit der Universität gab den Abgeordneten, die 1792 nach Wien gingen, dort die Nation zu vertreten, den Auftrag, jenen Trennungsgedanken zu betreiben, bei dessen Durchführung die ganze Rechtsgrundlage der Nation oder doch ein wesentlicher Teil in Frage kam. Es ist dem Komes Brukenthal zu verdanken, daß er nicht durchgeführt wurde.

Die Grundsätze, die die Universität für den Landtag aufstellte, waren im großen und ganzen jene, die in der Tat in den Landtagsbeschlüssen zum Ausdruck kamen, nur gingen sie vielfach weiter, so im Grundsatz: da alle Menschen frei geboren seien, so sei die Leibeigenschaft ungesetzlich. Auf dem Landtag selbst haben die Sachsen sich wacker gehalten, wenn auch im „Volk" bisweilen der Eindruck laut wurde, die Vertreter seien zu nachgiebig. Es hat sich auch später öfter wiederholt, wobei das Urteil Heydendorffs stets wahr bleiben wird: „daß es ganz was anderes ist, eine Sache nur von weitem als in der Nähe zu betrachten, und daß es was anderes ist, die Rechte des Sachsenvolkes auf den Rathäusern zu Hause vor lauter gleichgesinnten Menschen zu verteidigen, als auf dem Landhaus vor den anderen Nationen, vor geübten Gegnern, und zwar wo immer verhältnismäßig zehn und mehr Gegner wider einen Sachsen stehen und ein sächsischer Patriot wider den ansehnlichen Körper und die vielen Mitglieder der anderen Nationen zu fechten und sich zu verteidigen hat."

Der Landtag von 1790—1791 hatte nicht nur die alte Verfassung hergestellt, er hoffte auch das Land gegen die Wiederholung Josefinischer Umwälzungen geschützt zu haben, indem er den Grundsatz als Gesetz aufstellte, „daß die vollziehende Gewalt nur im Sinne der Gesetze ausgeübt werden darf." Die sächsische Verfassung war aufs neue geschirmt durch den 13:1791, in dem es hieß, „die sächsische Nation, ihre Universität, die Magistrate und Kommunitäten der Stühle und Distrikte wie der freien und königlichen Städte und privilegierten Märkte werden sowohl in bezug auf die Wahl der Beamten, zu der sie nach dem Gesetz berechtigt sind, als auch in bezug auf die politische, juristische und ökonomische Verwaltung im gesetzlichen, dem Leopoldinischen Diplom entsprechenden Stand erhalten."

Zwei Neuerungen waren gegen den Willen der Sachsen beschlossen; es sollte hinfort auf dem Landtag die Abstimmung nicht nach den Ständen, sondern nach Köpfen stattfinden, und es blieb die Konzivilität aufrecht.

Der erste Beschluß verminderte natürlich den Einfluß der Sachsen auf dem Landtag bedeutend, doch hatte der Landtag kein Recht, sich in die inneren Angelegenheiten der Sachsen zu mischen und die Beschlüsse des Landtags mußten mit den 3 Siegeln der ständischen Nationen gesiegelt werden. Es blieb den Sachsen das, von gegnerischer Seite allerdings bestrittene Recht der Siegelverweigerung.

Dem zweiten Beschluß über die Konzivilität, die nicht mehr rückgängig zu machen war, nahm die Entscheidung, die vor allem durch Komes Brukenthal herbeigeführt wurde, einen Teil der Gefahr, die er in sich schloß, indem bestimmt wurde, daß jeder, der das Bürgerrecht auf dem Sachsenboden erwerbe, verpflichtet sei, sich dem sächsischen Recht zu unterwerfen. Er unterstand also dem Eigenlandrecht, mußte Steuern zahlen, die Behörden anerkennen, durfte keine Vorrechte beanspruchen. Es vollzog sich langsam, was der kühl denkende und mit den Verhältnissen rechnende Komes Brukenthal vorausgesagt hatte, es werde an Stelle der bisherigen Nationalverfassung ein anderes Gebäude errichtet werden müssen, „in welchem freilich neben dem Gersich, Koller, Huber usf. dem Jsikutz, Constantin Popa usw. ein Fenster zum hinaussehen wird eingeräumt werden müssen."

Gegen den Beschluß des Landtags, eine Regelung der Zünfte vorzunehmen, hatte die Nationsuniversität begründete Bedenken und verlangte das alte Recht zurück, selbst die Zunftangelegenheiten im Sachsenland zu ordnen, legte auch über Auftrag 1793 einen Vorschlag hierüber vor, der aber in der allgemeinen Regulation verschwand.

In dem schweren Kampfe ums Recht in diesen Jahren kamen die führenden Männer der Nation auf den Gedanken, die deutsche Wissenschaft und Publizistik für dieses Recht in die Schranken zu rufen. Bürgermeister Rosenfeld wandte sich 1793 an den ersten Publizisten der Zeit und angesehenen Gelehrten L. A. Schlözer in Göttingen und forderte ihn „im Namen der Nation" auf, ihre Geschichte zu schreiben. Als Schlözer dieser Aufforderung auf dem Titelblatt Ausdruck geben wollte, stellte sich heraus, daß die Aufforderung nicht auf Grund eines formellen Beschlusses der Universität geschehen war, wenn auch in deren und der besten Männer Sinn — S. v. Brukenthal hatte Schlözer selbst nach Siebenbürgen eingeladen — aber Schlözers Urteil blieb ein dauernder Gewinn für uns.

Es hing mit den Erfahrungen besonders auch auf den 1792er Landtag zusammen, wo die Gereiztheit gegen die Sachsen sich in unangenehmer Weise zeigte, wo wieder einmal sogar das Eigentumsrecht der Sachsen im Sachsenland bezweifelt wurde und ein Graf Bethlen den Antrag gestellt hatte, der Landtag solle den Kaiser bitten, „das Land von dieser Ungelegenheit", d. i. den Sachsen, zu befreien, daß sämtliche Vertreter in der Universität am 3. Juli 1795 einen feierlichen Vertrag schlossen, um das Band, das die sächsischen Kreise umschließe, auf ewige Zeiten noch inniger zu gestalten. Sie einigten sich über die Verteilung der Sieben-Richtereinkünfte wie über die der Universitätskasse. Es war möglich, allmählich die Schulden zu tilgen, Beiträge an „die Publica" zu zahlen und größere Ziele in Aussicht zu nehmen, wie Stipendien zu Studienzwecken auszuwerfen u. a.

In jenem Vertrag von 1795 versprachen Bistritz, Mediasch und Kronstadt, falls die Sieben-Richter wegen ihres Besitzes irgendwie angegriffen würden, sie brüderlich zu verteidigen. Den Vertrag aber schlossen die 11 sächsischen Kreise „auf jetzt und immerwährende Zeiten" und sprachen, indem sie um dessen Bestätigung baten, die Erwartung aus, der Kaiser werde geruhen, „diejenigen Verordnungen, welche Eingriffe in unsere Gerechtsame und Eigentumsrechte sind, abzuändern."

Der Hof bestätigte den Vertrag — und als es geschah, hatte die Hofkanzlei die ruchloseste Zerstörung des sächsischen Rechtes schon begonnen; die „Regulationen" waren im besten Gang.

5.

Die „Regulation" besser die „Regulationen", die von 1795—1805 die sächsische Nation heimsuchten, einem Hagelwetter vergleichbar, das unendlichen Schaden anrichtete, waren ungesetzliche Verordnungen der Hofkanzlei, die die alte sächsische Verfassung vollständig vernichteten und jene Zustände schufen, die in wesentlichen Punkten bis 1876 gedauert haben. Der ganze tolle Hexensabbat, der dabei hervorgerufen wurde, soll hier nicht geschildert werden, bloß hervorgehoben werden, was die Nationsuniversität betraf.

Als die erste Verordnung (22. Juni 1795) erfolgte, die neue Vorschriften über die Kommunitäten und Magistrate (Zusammensetzung, Wirkungskreis) enthält, wobei das die Verordnung begleitende Reskript die sächsischen Beamten als Verschwender des öffentlichen Gutes und als Unterdrücker des Volkes verächtlich machte, wandte sich die Universität und der Hermannstädter Magistrat dagegen an die Hofkanzlei, die mit der Enthebung des Hermannstädter Bürgermeisters vom Amte antwortete und die Vorstellung als „gänzliche Widersetzlichkeit" gegen ein Gebot des Kaisers qualifizierte. Dem Komes wurde befohlen, die Anordnungen nicht durch Vorstellungen aufzuhalten. Im Jahre 1796 wurde das Amt des Hermannstädter Königsrichters vom Amt des Komes getrennt und aufgehoben. Als die Universität gegen all diese Vorgänge ernste Worte fand, wurde befohlen, die Protokolle einzusenden und der Universität untersagt, anders zu verhandeln, als was die Kommunitäten vorher beraten hätten. Zwei-dreimal mußten die Kommunitäten und die Magistrate neu gewählt werden. Die Hofkanzlei, besser die Hofräte Cloos und Somlyai, die die Sachsen haßten und sich an ihren Beamten rächen wollten, wollten die ihnen verhaßten Männer, die die Ämter verwalteten, brotlos machen. Die sächsische Nation wurde für Kroneigentum erklärt, eine neue Zusammensetzung der Stuhlsvertretungen angeordnet, die nichtsächsischen Orte im Sachsenland für gleichberechtigt mit den sächsischen erklärt, Gehalte herabgesetzt, Beamte abgesetzt, der Zutritt zum Kaiser verwehrt, der Universität der Zusammentritt (17. Juli 1797 bis 26. September 1799) verboten, am 4. März 1799 Komes Brukenthal vom Amt und Gehalt suspendiert, nachdem er den Nachweis geführt, wie Cloos und Somlyai den Kaiser betrogen hatten. Nur mit Mühe gelang es ihm, das ganze nichtswürdige Lügengewebe der beiden Macher zu enthüllen und die Wiedereinsetzung ins Amt Ende 1800 zu erreichen. Nachdem auch die Kirche vielfach durch die Regulation getroffen worden war und die Zünfte reguliert wurden, schloß das Drama 1805 durch die neue Ordnung, deren Ergebnis die völlige Abhängigkeit der Nation von der Regierung war.

An der Spitze der Nation stand der Komes, der nun auch der Vorsitzer der Nationsuniversität war. Er sollte (von der Hermannstädter Kommunität) gewählt werden, doch ist er in der Folge (bis 1846) vom Hof ernannt worden. Er kandidierte zu den Ämtern in den Städten und in den Stühlen, die Senatoren als Aufseher (Inspektoren) der Gemeinden zu den Ämtern auf dem Dorf. Auf dem Dorf wählte die Altschaft das Amt, in der Stadt die Kommunität den Magistrat. Altschaft und Kommunität ergänzten sich selbst, die Mitglieder waren lebenslänglich und wurden vom Magistrat kandi-

diert. Bis in das Budget des letzten Dorfes hatte die Hofkanzlei
hineinzureden. Der Stuhlsversammlung waren engste Schranken ge=
zogen. Der Geist der Bevormundung hatte diese Regulation ge=
schaffen, und wenn der Komes sich von der Regierung befehlen ließ,
so konnte die Beeinflußung bis aufs letzte Dorfsamt sich erstrecken.

Der Humor der Geschichte ist, daß diese Regulation, die bei
ihrem Beginn mit tönenden Worten das biedere und tüchtige Volk
von seinen schlechten Beamten befreien wollte, erst den Beamtenstand
hier schuf und in der Tat eine Beamtenherrschaft erstehen ließ, die
nicht zum Segen des Volkes war. Es war schon ein Ausdruck dieser
Beamtenherrlichkeit, daß die Universität, in der jetzt ausschließlich Be=
amte saßen, 1805 für die Regulation dankte und von „der Empor=
haltung ihrer alten Verfassung von Seite Allh. Sr. Majestät" redete,
wo eben diese Verfassung in Trümmer geschlagen war, und daß die
Sachsen auf dem Landtag 1810 die Regulation anerkannten. Noch
1804 beriet die Universität, ob die eingeführte Kandidation zu den
Kardinalämtern dem Sinne der sächsischen Gesetze entspräche und die
Schäßburger Stuhlsversammlung verlangte, es sollten Maßregeln
ergriffen werden, die Freiheit der Nation fester zu begründen und
zu sichern — aber 1809 kam die Universität bei Hof ein, es möchten
sächsische Familien „nobilitiert" werden, und keiner dachte an den
Beschluß von 1613: quia virtus nobilitat hominem...

Die Jahre 1809 und 1813 führten die Nation und vor allem
auch die Nationsuniversität über die engen Grenzen des Landes hinaus,
als in den „Franzosenkriegen" die Nation erst 1809 ein eigenes
sächsisches Jägerbataillon aufstellte, das allerdings nur bis nahe an
die österreichische Grenze kam, als der Friede von Wien (Oktober
1809) den Krieg beendigte. Nachdem der Staatsbankerott 1811 die
Geldverhältnisse auch hier bis zum Grund erschüttert hatte, stellte die
Nation 1813 die zweiten sächsischen Jäger auf, die den Feldzug gegen
Napoleon 1813—1815 mitmachten. Die heimgekehrten belohnte die
Nationsuniversität mit einer Sondergabe von 1000 Gulden und beide
Male folgte den Tapferen der Dank des Kaisers und die Anerkennung
ihrer höchsten Kommandanten.

Aber nun lagerten „die stillen Jahre" sich über Volk und Kirche.
Wohl ist auch in diesen die Entwicklung nicht still gestanden
und vor allem, auch in dieser Zeit hat es nicht an Angriffen auf
das sächsische Recht und die sächsische Freiheit gefehlt.

Es geschah beidemal bei der Erledigung und Neubesetzung der
Komesstelle; 1816 wurde Tartler und 1826 Wachsmann zum Komes
ernannt, gegen die Bitten der Nation, dem Gesetz entsprechend die
Wahl zu gestatten. Beidemal stand die Nationsuniversität auf dem
Boden des Rechts.

Böse war, daß die Produktionalprozesse wieder aufgenommen
wurden, deren letztes Ziel immer war, die Sachsen zu Kronbauern
zu erklären und der Freiheit und ihres Eigentums zu berauben.
Es stand im Zusammenhang damit, daß der Fiskus 1817 verlangte,

es solle bei jeder Grenzbegehung im Sachsenland sein Vertreter dabei sein und dann geradezu den Grundsatz aufstellte, das Sachsenland sei Fiskalgut! Die Nationsuniversität fand männliche Worte gegen die unhaltbaren Behauptungen; der Fiskus habe kein Recht auf Sachsenboden, auch der Kaiser kein anderes als das des natürlichen Herrn über die Untertanen, die er in ihrer Freiheit und in ihrem Eigentum nicht kränken dürfe. Sie wandte sich um Schutz an den Kaiser, und als der Schritt erfolglos blieb, legte sie feierliche Verwahrung beim Karlsburger Kapitel ein (1828).

Die Rumänenfrage wurde fühlbar schwieriger. Sie verlangten Beteiligung mit Grund und Boden im Sachsenland, die Zuwanderung auf den Sachsenboden nahm zu. Ins Dorfsamt durften sie kommen, wenn sie deutsch lesen und schreiben konnten. In den rumänischen Dörfern im Sachsenland besorgten sie die eigenen Angelegenheiten wie die sächsischen Gemeinden.

So wie Ungarn und Siebenbürgen in diesem Zeitraum vom Rechtsboden verdrängt wurden — Landtage wurden keine zusammengerufen —, so ging es den Sachsen. Nation und Kirche gerieten in völlige Abhängigkeit von der Hofkanzlei; das öffentliche Leben erstarb, die Beamtenherrschaft blühte, das allgemeine Wohl trat hinter dem Streben nach Privatvorteilen vielfach zurück. Da freut es den Suchenden, im Einzelfall feststellen zu können, daß die Nationsuniversität bessere Einsicht hatte als die Magistrate und die einzelnen Orte. Komes Brukenthal hatte 1812 angeordnet, die wichtigsten Urkunden aus den einzelnen Orten sollten ihm in Abschrift zugeschickt werden, um sie zu veröffentlichen, und als 1828 Reschner, Schaser und Neugeboren der Universität den Plan zu einem Urkundenbuch der sächsischen Universität vorlegten, nahm sie sich der Sache an. — Aber weder die städtischen Magistrate noch die Dörfer wollten etwas davon wissen; sie fürchteten, daß die Veröffentlichung ihrer Urkunden Gefahren für sie in sich schließe.

Wenn wir heute dem ganzen damaligen Geschlecht den Vorwurf machen, daß es die Empfindung für die Zugehörigkeit Siebenbürgens zu Ungarn verloren hatte, ebenso den Gedanken der nationalen und kirchlichen Einheit, und daß es keine schöpferische Arbeit aufzuweisen hatte, die bei den sich füllenden Kassen gar wohl möglich gewesen wäre, so trifft solcher Vorwurf in erster Reihe die führenden Männer und Körperschaften, nicht zuletzt die Nationsuniversität.

Aber das um 1830, im Anschluß an Ungarn neu erwachende politische Leben brachte eine gründliche Wandlung.

Das Kennzeichen der Zeit bis 1848 ist der Kampf um das Recht, der mehr und mehr zugleich ein Kampf um die Sprache, damit um das Volkstum wurde und nach allen Richtungen vor allem auf den siebenbürgischen Landtagen (1834, 1837, 1841, 1846) und dann nicht weniger in der Nationsuniversität ausgefochten wurde.

Ebenso ist der Kampf für den Fortschritt auf allen Gebieten, für die Erhaltung und Stärkung des sächsischen Volkes in diesen

Jahren von den sächsischen Landtagsabgeordneten und der Nationsuniversität geführt worden. Für die Wandlung des Geistes war es bezeichnend, daß ausgesprochen wurde, die sächsischen Abgeordneten sollten sich nicht als Vertreter der Kreise, sondern der ganzen Nation ansehen, und daß die Universität 1845 beschloß, eine Revision der Regulativpunkte vorzunehmen. Es war ein Erfolg des Kampfes für das Recht, daß es im selben Jahre gelang, das Komeswahlrecht zurückzugewinnen, auf Grund dessen 1846 Salmen Komes wurde. Im Kampfe um die Sprache, wo es sich darum handelte, der deutschen Sprache Gleichberechtigung mit der ungarischen zu sichern, fand die Universität tapfere Worte (Majestätsgesuch 1844) und bewahrte sichere Haltung. Um die deutsche Sprache inmitten der Nation zur „politisch-nationalen" in Wahrheit zu machen, wurde für notwendig gehalten, „die deutsche Muttersprache und die Geschichte der Sachsen nicht nur in allen Stadtschulen, sondern auch hauptsächlich in den Landschulen zum vorzüglichsten Gegenstande gründlichen Unterrichts zu machen ... damit die leuchtende Sonne der Geschichte das nationale Volksbewußtsein lebendig erhalte und täglich mehr zum tatenreichen Mut stammestreuer Fortbildung begeistere."

Aber auch wo es galt, inneren Fortschritt zu fördern, trat die Universität in die Schranken. Die sächsische Rechtsfakultät, die 1844 in Hermannstadt eröffnet wurde, war eine Schöpfung des Oberkonsistoriums und der Universität, die die Lasten trug, die Sieben-Richter gaben dem Schäßburger Gymnasium eine Beihilfe; 1843 beriet die Universität die Anlage eines zeitgemäßen Straßensystems, bei der Schwabeneinwanderung St. L. Roths half sie mit, gegen die Mißhandlungen der Zensur richtete sie eine energische Eingabe an die Hofkanzlei — kurzum die Zeit war eine andere geworden. Noch herrschte besonders unter den Beamten viel Zaghaftigkeit — die Universität beriet 1843, ob die geplante Feier der Sacheneinwanderung nicht zu einer allgemeinen zu machen sei, getraute sich aber nicht, die Sache in die Hand zu nehmen — aber die Grundstimmung war:

       Auferwacht
    Ist mein Volk nach langer Nacht

und

    Frisch auf, schon fallen die Schranken!

Sie fielen vollständig durch die Revolution von 1848.

Kurz bevor sie in Paris ausbrach, war die Nationsuniversität in Hermannstadt beisammen und ihre Verhandlungen standen im ganzen unter dem Zeichen der Reformen. In den Instruktionen der Abgeordneten stand, die Eisenbahn über Hermannstadt und Kronstadt sei als Nationalangelegenheit anzusehen, der Fiskalzehnte im Sachsenland solle abgelöst werden, die Abgeordneten zur Universität sollten hinfort nicht nur aus den Magistraten gewählt werden, den Rumänen solle Gleichberechtigung geboten werden. In der Eröffnungsrede hatte Komes Salmen darauf hingewiesen, daß die Mängel und Gebrechen der öffentlichen Zustände Verbesserung verlangten.

Die entscheidende politische Frage wurde von vorneherein die Union Siebenbürgens mit Ungarn, allgemein die Gestaltung der Monarchie. Und da hat die Nationsuniversität in der Adresse an den Kaiser (29. März 1848) das Schlagwort ausgegeben, das die gesamte sächsische Politik bis 1868 bestimmt hat: „Daß die Universität zur Verwirklichung der größtmöglichen verfassungsmäßigen Einheit im Länder- und Völkerverbande des österreichischen Kaiserstaates, im Geiste der durch die siebenbürgischen Grundgesetze geheiligten pragmatischen Sanktion, nebst der Bitte um Aufrechthaltung ihrer Verfassung und deutschen Nationalität und Teilhaftigmachung an den dem Gesamtvaterland gewährten Zugeständnissen nichts sehnlicher wünscht, als diese Gesinnungen einst auch in einer Reichsständeversammlung aller konstitutionellen Länder der Monarchie beurkunden zu können."

Das hieß zunächst Ablehnung der Union. Und so hat dann die Nationsuniversität, auch nachdem der Landtag die Union beschlossen hatte, alles getan, was möglich war, um sie abzuwehren, und als sie unabwendbar schien, da stellte sie Bedingungen auf (3. Juli 1848), ohne die sie die Union ablehnte. Diese Bedingungen schlossen all das ein, um was in der Folge unablässig gekämpft werden mußte: Emporhaltung des sächsischen Munizipiums, deutsche Sprache als Amtssprache, Autonomie der Kirche und Schule usf., jene Grundlagen, die zur Aufrechterhaltung des Volkstums notwendig erschienen. Am 3. April schon hatte sie die Gleichberechtigung der Rumänen auf dem Sachsenboden ausgesprochen, sie sollten Zutritt zu allen Ämtern haben, in die Zunft aufgenommen werden, und der griechisch-orientalischen Kirche sollte die kanonische Portion zugewiesen werden, die die griechisch-unierte Kirche früher schon erhalten hatte. Als es zum blutigen Waffengang kam, da stellte sich die Universität bedingungslos auf die Seite des Kaisers, wie das ganze sächsische Volk, und stellte aus Nationsmitteln, wie 1809 und 1813, ein eigenes Jägerbataillon auf, in das die tüchtigsten Jünglinge eintraten, und nicht wenige, darunter Theodor Fabini, starben den Tod fürs Vaterland.

Das warme Manifest des Kaisers vom 21. Dezember 1848 war die Antwort auf diese Hingabe und Opfer der Sachsen und stellte in Aussicht: die uralte Unterstellung der Nation unter die Krone, den innigen Verband mit der Gesamtmonarchie, die Vertretung der Sachsen in einem allgemeinen österreichischen Reichstag.

Zur Durchführung dieser Gedanken trat die Nationsuniversität, nach Niederwerfung der Revolution, am 17. November 1849 zusammen, um die zum organischen Anschluß an die Gesamtmonarchie notwendigen Einrichtungen zu beantragen. Es geschah auf Grundlage der Reichsverfassung vom 4. März 1849, die in § 74 die

Bestimmung hatte: „Die Rechte der sächsischen Nation werden innerhalb dieser Reichsverfassung aufrecht erhalten". Die Universität sprach aus, daß jene Rechte der sächsischen Nation aufrecht bleiben sollten, die dem Einheitsstaat nicht widersprächen. Vor allem sollte bleiben die unmittelbare Unterstellung des Sachsenlandes unter die Krone, mit dem übrigens Reen-Eckendorf und die 13 Dörfer vereinigt werden sollten. Die Nationsuniversität sollte zum sächsischen Landtag ausgebaut werden. Sie schuf einen Entwurf für die Landesverfassung und eine Wahlordnung für das Sachsenland, einen Plan zur Organisation der Verwaltungs- und Gerichtsbehörden, den Entwurf eines Gemeindegesetzes.

Doch nichts von alledem trat ins Leben.

Der ganze Konstitutionalismus und die Märzverfassung wurde nach kaum zwei Jahren begraben, der Absolutismus als Regierungsform verkündet (1851) und in Siebenbürgen ein militärischer Bureaukratismus eingeführt, der willkürlich und übermütig wie in einem eroberten Lande wirtschaftete.

Bevor die letzten Folgerungen sich ergaben, hatte die Nationsuniversität am 22. August 1850 die große Nationaldotation beschlossen, in der sie das gesamte verfügbare Einkommen, 50.000 fl. C. M., für evangelische Schulzwecke widmete. Sparsamkeit und gute Wirtschaft hatten die Schulden getilgt und die Kasse, da der Staat die Bezahlung der Beamten übernahm, in den Stand gesetzt, diese Summen verfügbar zu machen. Diese Dotation allein ermöglichte es, die evangelischen Gymnasien auf Grund des Organisations-Entwurfes einzurichten und das sächsische Schulwesen aufrecht zu erhalten.

Die Aufhebung der Verfassung am 31. Dezember 1851, die Einführung des Absolutismus führte aber zum zweiten Male auch zur Aufhebung der Universität.

Wieder wie in der Josefinischen Umwälzung wurde das Land neu eingeteilt, das Sachsenland zerschlagen, die Universität aufgelöst. Der Gouverneur Fürst Schwarzenberg verfügte, die Universität solle Anträge stellen über die Verwaltung des Vermögens.

So trat sie noch einmal zusammen, ihr Testament zu machen. Voll Bitterkeit im Herzen über die Zerstörung jedes Rechtes — Komes Salmen war abberufen und nach Wien zum obersten Gerichtshof (1852) versetzt worden — bat sie den Kaiser noch einmal um Aufrechterhaltung der politischen Nation (30. März); einer Antwort ist sie nicht gewürdigt worden. Ein provisorischer Ausschuß unter dem Vorsitz eines Regierungsbeamten verwaltete das Vermögen. Hätte nicht der Kaiser am 16. März 1851 die Dotation bestätigt, so wäre das ganze Vermögen einfach eingezogen worden. An offener und geheimer Arbeit dafür fehlte es nicht.

Bis 1861 war von der Universität und von der sächsischen Nation nicht die Rede. Sie schien für immer begraben.

6.

Und doch erstand sie neuerdings auch aus diesem Grab.

Der Absolutismus wirtschaftete ab, das Defizit wuchs, die Unzufriedenheit der Völker war im Steigen, die Niederlagen im italienischen Krieg (1859) gaben dem System der Bedrückung und Bevormundung den letzten Rest, und das Oktoberdiplom verkündete 1860 den Übergang Österreichs in konstitutionelle Bahnen. Die Verfassungen der Länder sollten wieder hergestellt werden und ein gemeinsamer Reichsrat in Wien (Februarpatent von 1861) sollte, was nicht den Landtagen vorbehalten worden war, entscheiden.

Die Wiederherstellung der siebenbürgischen Verfassung schloß auch die der sächsischen in sich. Im April 1861 kam Salmen, der das Amt des Komes wieder übernahm, nach Siebenbürgen und setzte die Städte, Stühle und Distrikte des Sachsenlandes auf den alten Stand. Da die Regierung die Universitätsbeschlüsse von 1850 nicht bestätigt hatte, mußte es nach den unseligen Regulativpunkten geschehen.

Am 27. Juni wurde die Nationsuniversität eröffnet, sie dauerte bis in den September. Ein Zeichen der veränderten Verhältnisse war, daß zum erstenmal in ihr auch rumänische Vertreter saßen, die auch hier für die Rechte ihres Volkes eintraten. Eine Hauptaufgabe der Universität war, statt den Regulativpunkten eine neue Ordnung zu schaffen und die Gleichberechtigung der Rumänen durchzuführen. Die Arbeiten konnten bis zum September nicht erledigt werden. Am 5. November trat die Universität neuerlich zusammen, an Salmens Stelle, der der Aufgabe nicht genug gewachsen war, war zum provisorischen Komes Konrad Schmidt ernannt worden, der dann am 18. Juni 1863 zum Komes gewählt wurde. Konrad Schmidt bezeichnete als seine Aufgabe, das konstitutionelle Leben der Sachsen und Rumänen in Einklang miteinander zu bringen und Eingliederung Siebenbürgens in die Gesamtmonarchie.

Die Universität konnte in beiden Fragen an ihre Haltung in den Jahren 1848—1850 anknüpfen. Rannicher entwarf einen den Anschauungen der neuen Zeit und den Verhältnissen entsprechenden Vorschlag betreffend die Regelung der Gemeinden, der 1863 von der Regierung zur Bestätigung vorgelegt wurde. Die Beschlüsse über die Regelung der agrarischen Verhältnisse im Sachsenland zeigten, daß die großen politischen Fragen den Blick für andere Bedürfnisse nicht trübten. Um sich rascher in den Einheitsstaat einzugliedern, bat die Universität eine Anzahl österreichischer Gesetze einzuführen, das allgemeine bürgerliche Gesetzbuch war schon 1853 an die Stelle des Eigenlandrechtes getreten. Es gelang der Universität, die in Wien den starken Rückhalt hatte, alle Widerstände des Guberniums, das zunächst entschieden gegen die neue Entwicklung war, zu überwinden. Sie nahm Oktoberdiplom und Februarpatent als Fortentwicklung des Leopoldinischen Diploms an, wonach hinfort Siebenbürgen ein selbständiges Glied der unteilbaren österreichischen Monarchie war;

im Sommer 1862 lobte der Kaiser die patriotische und loyale
Haltung der Sachsen und die Regierung stellte ihr das Zeugnis
aus, daß sie mit Erfolg bemüht gewesen sei, „durch weise Mäßigung,
gereiftes Urteil und richtige Erkenntnis der Verhältnisse, die Erhaltung
mit dem Fortschritt, die Freiheit mit der Ordnung zu vereinigen"
(10. Februar 1863).

Die Gleichberechtigung der Rumänen war zuletzt vom Landtag
durchzuführen. Es ist bezeichnend für die Macht historischer Anschauungen, daß die allgemeine Meinung war, jene Gleichberechtigung
lasse sich so durchführen, daß für die Rumänen ein eigenes Gebiet
ausgeschieden werde, in dem sie herrschten, daß sie als vierte Nation
neben die drei alten, Adel, Szekler, Sachsen, träten. Das war aber
ganz unmöglich, weil doch die alten ständischen Verfassungen aufgehoben waren und dies nichts anderes bedeutete als deren Fortsetzung.
Nirgends im Lande gab es ein Gebiet, auf dem nur Rumänen
wohnten; das war ja auch die täglich schwieriger werdende Frage
des „Sachsenlandes", daß dort nicht Sachsen allein wohnten. Der
Hermannstädter Landtag (1863—1864) sprach die Gleichberechtigung
der hier wohnenden Völker aus und schuf das einzig wirklich entsprechende Sprachengesetz, das ein Muster für die Gegenwart sein sollte.

Die Stimmung des sächsischen Volkes, die Hoffnung auf ungehinderte nationale Entwicklung ist niemals größer gewesen als in
jenen Tagen, wo die sächsischen Abgeordneten in den Reichsrat nach
Wien zogen und die Universität die Leitung der sächsischen Politik
in fester Hand hielt.

Es ist bekannt, daß auch dieser Versuch einer konstitutionellen
österreichischen Gesamtmonarchie mißlang. Er scheiterte vor allem an
dem Widerstand Ungarns, das auf dem Boden des Jahres 1848
stand und ein selbständiges Ungarn verlangte. Die maßgebenden
sächsischen Politiker sahen die Wendung kommen; aufhalten konnten
sie sie nicht. Das Manifest vom 20. September 1865 verkündigte
den Bruch mit der jüngsten Vergangenheit.

Der Hermannstädter Landtag wurde aufgelöst, seine Beschlüsse
wurden außer Kraft gesetzt, die Beschlüsse der Nationsuniversität
waren nicht bestätigt worden, ein neuer Landtag wurde nach Klausenburg zusammengerufen, der als einzigen Beratungsgegenstand die
Revision des Unionsartikels von 1848 aufwies.

Noch vor dem Zusammentritt des Landtages ergriff die Nationsuniversität das Wort. Sie konnte nach ihrer ganzen Vergangenheit
keine andere Stellung einnehmen als: bleiben auf der bisherigen
Bahn. In einer Repräsentation an den Kaiser (6. November 1865)
gab sie den Bedenken und Besorgnissen über die Wendung ernsten
Ausdruck. Es schien ihr allerdings geraten, der Union sich nicht
entschieden entgegenzustellen, doch sei die staatsrechtliche Stellung
Ungarns zur Gesamtmonarchie erst zu regeln. Für die Rechtsstellung
Siebenbürgens auch im Verband Ungarns müsse Sicherheit geschaffen werden, die unveränderliche Grundlage müßten die bestehenden

„Fundamentalgesetze" sein, auf ihrem Grund Gleichberechtigung der Nationen, ungehinderte nationale Entwicklung, Autonomie der Kirchen gesichert werden. Ein gegenseitiges Übereinkommen zwischen Ungarn und Siebenbürgen müsse die Bürgschaft dieser Forderungen sein.

Als der Klausenburger Landtag die Union von 1848 als rechtsgültig anerkannte und die Einberufung der Abgeordneten in den ungarischen Reichstag verlangte, ergriff die Nationsuniversität nochmals das Wort. In einer eingehenden Repräsentation an den Kaiser (3. März 1866) legte sie dar, daß die Einberufung in den ungarischen Reichstag ungesetzlich sei, protestierte gegen alle Folgerungen, die etwa aus der Teilnahme an dem Reichstag gezogen werden könnten und legte Verwahrung gegen alle Beschlüsse ein, die der ungarische Reichstag über die Union oder die Rechtslage der sächsischen Nation fasse. Eine Änderung dieser könne nur mit Zustimmung der Universität geschehen.

Die Erledigung dieser Eingabe war das Zeichen, daß die Schlacht verloren war. Das Gubernium verständigte die Universität (26. April 1866), daß „Se. Majestät die diesfälligen unberechtigten Beschlüsse" für ungültig erklärt habe und daß von der Loyalität der Universität erwartet werde, daß sie „die väterlichen Absichten Sr. Majestät vertrauensvoll unterstützen werde!"

Unter Protesten und Vorbehalten wurden die Wahlen nach Pest vollzogen, aber inmitten der Sachsen brach der böse Zwiespalt zwischen den Alt= und Jungsachsen aus, der von der Stellung gegen oder für die Union ausging, der aber auf alle anderen Fragen übergriff und gerade auch die nationale umfaßte, die äußere und innere Ausgestaltung der Nation.

Das ungarische Abgeordnetenhaus ermächtigte schon am 8. März 1867 das Ministerium, bezüglich der Regierung und Verwaltung und Rechtspflege in Siebenbürgen die notwendigsten Verfügungen zu treffen d. h. nach Willkür zu schalten.

Das Sachsenland bekam es zuerst zu spüren. Als Komes Konrad Schmidt die Nationsuniversität zusammenrufen wollte, untersagte die Regierung den Zusammentritt und am 8. Februar 1868 wurde Schmidt, ohne Angabe eines Grundes, seines Amtes enthoben; es war die Strafe für sein Kämpfen und sein Wirken für die Gesamt= monarchie. An seine Stelle wurde M. Conrad ernannt, der stets für die Union gewesen war. Vergebens wandte sich die Nations= universität (28. Februar 1868) an die Krone mit dem Nachweis des Unrechts, das hier geschehen war, der ungarische Reichstag billigte den Vorgang. Am Ende des Jahres 1868 schuf er im Unions= und Nationalitätengesetz die Grundlagen der neuen Entwicklung.

Das Unionsgesetz hob die ehemalige Territorialeinteilung und Benennung nach politischen Nationen auf, übertrug das Recht der Gesetzgebung auch für Siebenbürgen auf den ungarischen Reichstag, die Regierung dem ungarischen Ministerium, unter dessen Gegen= zeichnung der König den Komes ernennen sollte. Noch bestand aber

die Absicht, das Sachsenland aufrecht zu erhalten, denn die sächsische
Nationsuniversität blieb mit dem Wirkungskreis, den der 13 : 1791
umschrieb, mit Ausnahme der Rechtspflege, die den Gerichten übertragen wurde. Und § 10 des Unionsgesetzes lautete: „Behufs der
Feststellung der Innerverwaltungsrechte der Stühle, Distrikte und
Städte des Königsbodens, dann der Organisierung ihrer Vertretung
und der Feststellung des Rechtskreises der Universität wird das
Ministerium beauftragt, dem Reichstag nach Anhörung der Betreffenden einen solchen Gesetzentwurf vorzulegen, welcher sowohl die
auf Gesetzen und Verträgen beruhenden Rechte als auch die Gleichberechtigung der auf diesem Territorium wohnenden Staatsbürger
jeder Nationalität gehörig zu berücksichtigen und in Einklang zu
bringen haben wird." Bis es geschah, solle das Ministerium provisorisch
Verfügungen treffen.

Das Nationalitätengesetz erklärte die ungarische Sprache zur
Staatssprache, damit zur Sprache des Reichstags, verpflichtend für
die Eingaben an die Staatsbehörden, wobei spaltenweise auch eine
andere Sprache gestattet war. Bei den Gerichten sollte die Muttersprache gestattet sein, in der die Erledigung zu erfolgen hatte. Die
Kirchengemeinden erhielten das Recht, ihre Sprache und die Unterrichtssprache der Schule zu bestimmen. Die Kommunalversammlungen
hatten das Recht, die Protokollsprache zu bestimmen.

Diese Bestimmungen sind niemals eingehalten und durch die
Praxis wie durch spätere gesetzliche Bestimmungen vielfach in ihr
Gegenteil verkehrt worden.

Beide Gesetze wurden im Reichstag von den Rumänen und
den altsächsischen Vertretern bekämpft, und die Nationsuniversität
gab in einer Vorstellung vom 8. Dezember 1868 der Stimmung der
Sachsen scharfen Ausdruck: das Nationalitätengesetz müsse jeden mit
Entrüstung erfüllen, der in der Muttersprache ein unveräußerliches
Recht sehe. Das Gesetz enthalte im Grund nur eines, daß die nichtmagyarischen Nationalitäten nur in Ansehung der Beschränkungen
ihrer Sprache, aber nicht in Ansehung der Freiheit, die den Magyaren
eingeräumt sei, gleichberechtigt seien. Die Wirkung des Gesetzes könne
nur die sein, die Bevölkerung aufzurufen, „statt der Beschränkung
die Freiheit und statt des Unrechtes das Recht zu gewinnen."

Mit derselben Schärfe wandte die Universität sich gegen das
Unionsgesetz, das im Widerspruch stehe mit den den Sachsen gegebenen
Versprechungen und das Recht des Sachsenlandes durch Aufschiebung
der Entscheidung in Frage stelle.

Die Universität ahnte, daß es auf die Zertrümmerung des
Sachsenlandes abgesehen sei. Dieses war das einzige politische Gebilde,
das den nationalen nichtmagyarischen Charakter an sich trug. Ihn
zu zerstören lag im Geist, der damals Ungarn regierte.

Die Zerstörung begann damit, daß eine Verordnung vom
24. Januar 1869 „bis zur endgültigen Regelung der Verhältnisse
durch die Gesetzgebung" die ehemals untertänigen Gemeinden des

Talmescher und Szelischter Stuhls dem Hermannstädter Stuhl und die sogenannten sieben Dörfer dem Kronstädter Distrikt zuwies. Die Absicht war, den national-sächsischen Charakter dieser Gebiete, soweit er überhaupt bestand, durch die Zuweisung rumänischer und ungarischer Gemeinden zu zerstören. Am 28. März erschien ein „Provisorisches Regulativ", nach dem die Vertretungen im Sachsenland neu zusammen zu setzen waren. Die Ausdehnung des Wahlrechts darin, die so groß war, daß die sächsische Mehrheit in den Vertretungskörpern in Frage gestellt wurde, war ein weiterer Schritt zur Zerstörung. Unter stürmischer Erregung und Protesten wurden die Wahlen vollzogen. Die Erregung wuchs, als bei der Verhandlung des Gesetzes über die Urbarialverhältnisse der Justizminister im Reichstag den Antrag stellte, der auch angenommen wurde, daß über die der Universität gehörigen Besitzungen Talmesch und Szelischt und das zu Kronstadt gehörige Törzburg ein besonderes Gesetz entscheiden sollte, weil diese zum Königsboden gehört hätten! Zugleich entzog er die Prozeßakten über den Rechtsstreit, der zwischen diesen Gemeinden und der Nation schwebte, dem obersten Gerichtshof. Die auf Grund des Provisorischen Regulativs 1871 zusammentretende Universität, die das Gutachten über die Regelung des Königsbodens abgeben sollte, hatte das traurige Ergebnis, daß die sächsische Minderheit der Jungsachsen durch die Stimmen der 5 Nichtsachsen die Mehrheit der Universität wurde und der Regierung ein Gutachten vorlegte, nach dem, obwohl das Sachsenland dem Buchstaben nach aufrecht erhalten wurde, das Munizipium in die einzelnen Bestandteile aufgelöst wurde.

Die Altsachsen sahen darin den nationalen Selbstmord.

Diese Vorgänge und die immer neu auftauchenden Gerüchte über eine geplante neue Landeseinteilung, wie die sichtbaren Nachteile, die aus dem inneren Hader der Alt- und Jungsachsen sich ergaben, führten auf dem Mediascher Sachsentag 1872 zur Einigung, die im Mediascher Programm auch die Universitätsfrage umfaßte. Darnach sollte die Universität bestehen bleiben, das Statutarrecht für die gemeinsamen Angelegenheiten behalten, der Schwerpunkt der munizipalen Rechte und Pflichten aber in die Kreise verlegt werden.

Unter diesen Umständen hielt die Regierung es für klug, die Universität nochmals um ihr Gutachten zu fragen. Dies fiel nach dem Mediascher Tag einstimmig aus (16. Dezember 1872) (bloß die 5 Nichtsachsen stimmten dagegen) und stand auf dem Mediascher Programm.

Nun wäre kein Hindernis gewesen, dem Gesetz aus dem Jahre 1868 endlich zu genügen und den dort geforderten Gesetzentwurf dem Reichstag vorzulegen. Im Sachsenland selbst drang man darauf, denn die Beamtenwahlen sollten neu vorgenommen werden, mit der Amtswaltung des Komes war man unzufrieden, die freie Hand lastete noch immer auf dem Sachsenland, der Sprachenzwang wurde immer drückender.

Am 19. Dezember 1873 wandte sich die Nationsuniversität neuerdings an den Minister und bat um Durchführung der § 10 und 11 des 43 : 1868 und erklärte: „Über den Umfang und die innere Gliederung (des Sachsenlandes) Bestimmungen zu treffen, stand und steht heute noch allein der Krone und den Vertretungen des Königsbodens das Recht zu … Das ist unser gutes unzweifelhaftes Recht, ebenso gut und heilig wie alles Recht, worauf die Säulen des ungarischen Staates ruhen. Und dieses Recht kann uns wider unseren Willen entrissen, gesetzlich aber ohne unsere Zustimmung niemals vernichtet werden."

Darauf antwortete der Minister, indem er am 27. Januar 1874 der Universität jede weitere Verhandlung der Angelegenheit untersagte. Er sprach ihr das Repräsentationsrecht in öffentlichen Angelegenheiten ab, das ihr zweifellos zustand. Es blieb der Universität nichts anderes übrig, als mit einer Verwahrung auseinander zu gehen. Im Reichstag interpelliert erklärte der Minister Szapary, daß er mit Rücksicht auf die Staatseinheit niemals für die Sachsen ein eigenes Territorium und eine eigene Organisation zugeben könne und nie werde er den Gebrauch einer anderen Sprache als der ungarischen gestatten. Sächsische Vertretungen — ein Zeichen der steigenden Erbitterung — verklagten den Minister wegen Verletzung bestehender Gesetze beim Reichstag, der darüber zur Tagesordnung überging …

An die Lösung der Universitätsfrage legte erst K. Tißa die Hand, der 1875 die Leitung Ungarns in die Hand nahm.

Wie sie ausfallen würde, war von vorneherein klar. Tißas Politik vertrug diese staatsrechtlich anerkannte nicht ungarische Volksindividualität nicht — sie mußte aus der Welt geschafft werden. Auch die Rumänenkonferenz, die am 13. und 14. März 1873 tagte, hatte sich für Aufhebung des Sachsenlandes ausgesprochen.

Im März 1876 verhandelte der Reichstag das Gesetz „über den Königsboden", wobei die sächsischen Vertreter noch einmal glänzend das Recht der Sachsen verteidigten; Wächter und Fabritius traten für das Gesetz ein.

Sein Inhalt war die Zertrümmerung des Sachsenlandes, seine Folge die Aufteilung des Sachsenlandes in die bestehenden Komitate, die Aufrechterhaltung der Universität als Verwalterin des Nationalvermögens, an deren Spitze der Obergespan des Hermannstädter Komitates gesetzt wurde, der den Titel Komes erhielt.

Es war ein Rechtsbruch, wie er ärger nicht vorkommen kann.

Mit der Zertrümmerung des Sachsenlandes hört die Geschichte der alten Nationsuniversität auf (1876) und es beginnt die der neuen.

7.

Sie schien zunächst von der alten die Bestimmung geerbt zu haben, für ihr Recht kämpfen zu müssen.

Der 12:1876, der die neue gesetzliche Grundlage bot, bestimmte, daß die Universität das Vermögen zu verwalten und unter Aufsicht

der Regierung darüber zu verfügen habe, u. zw. bloß zu Kultur=
zwecken, dies aber zugunsten der gesamten Bewohnerschaft des ehemaligen Königsbodens ohne Rücksicht auf Religion und Sprache.

Dann sollte eben nach diesem Gesetz die erste Generalversammlung die Statute ausarbeiten, die dem Minister zur Genehmigung
vorzulegen waren: über die Geschäftsordnung der Universität und
des Zentralamtes, dann über die Zahl, Bestellung, Amtsdauer und
Gehalte der Universitätsbeamten.

Die Bestimmung, daß das Vermögen hinfort zugunsten aller
Bewohner des Sachsenlandes zu verwenden sei, griff tief in eine
Rechtsfrage ein; doch hat die Universität jene Bestimmung ohne
weitere Bemerkung zur Kenntnis genommen. Schon am 17. Mai
1871 hatte sie selbst ausgesprochen, daß das Eigentumsrecht der
sächsischen Nation an ihrem Vermögen weder durch Maßregeln der
Regierung, wodurch andere Gemeinden zum Königsboden geschlagen
würden, noch durch territoriale Änderungen, die vom Reichstag beschlossen würden, noch endlich von der Universität durch Aufnahme
von Miteigentümern erschüttert werden könne. Sie erklärte, daß als
Eigentümer des Nationalvermögens die Gesamtheit der durch die
Universität vertretenen 11 historischen Kreise ohne Unterschied der
Nationalität und Religion der Bewohner zu betrachten sei.

Die Frage verdient eine kurze Beleuchtung.

Es ist zweifellos, daß solange die Sachsen auf dem Königsboden das ausschließliche Bürgerrecht besaßen, einschließlich der ungarischen auf dem Königsboden liegenden freien Gemeinden, das Vermögen der Universität oder der Sieben-Richter ausschließlich den
politisch Berechtigten gehörte. Durch die Einführung der Konzivilität
konnte die Frage entstehen, ob die Zuwanderer, die sich dem sächsischen
Recht fügen mußten, auch Anteil am Vermögen beanspruchen durften.
In der sächsischen Gemeinde ist dies die Entwicklung gewesen, daß
der Gemeinbesitz den ganzen Hattert umfaßte, u. zw. war er nach dem
alten Recht ein Besitz Aller, an dem jeder Einzelne Anteil hatte.
Als aber die römisch-rechtliche Anschauung Eingang fand, die die
Gemeinde als juristische Person ansah, da erhielten allerdings an
diesem Eigentum alle Anteil, sofern es für die Gesamtheit ausge-
nutzt wurde. Für die Universität ist die Frage nicht aufgeworfen
worden. Bis zum Jahre 1848, wo die Gleichberechtigung aller Bewohner verkündet wurde, gehörte das Universitätsvermögen ausschließlich den vollberechtigten Bürgern. Schwarzenberg berührte 1851 die
Frage in einem Vorschlag ans Ministerium mit den Worten: „Die
jedenfalls zweifelhafte Frage über die Proprietät des sächsischen Nationalvermögens oder richtiger die Frage, ob und wiefern die Bewohner des ehemaligen fundus regius anderer Nationalität unter
dem Begriff „Sächsische Nation" als politische Größe subsumiert werden
könne, bleibt unberührt..." Es soll hier nur festgehalten werden:
die politische Gleichstellung aller Bewohner des Sachsenlandes mußte
nicht auch von selbst die Folge haben, daß sie Anteil am Vermögen
bekamen.

Der 12:1876 hat ausdrücklich keine Entscheidung über das Eigentumsrecht gefällt, nur ausgesprochen, daß das Erträgnis für alle Bewohner des Königsbodens und nur für Kulturzwecke zu verwenden sei, und die Universität hat sich an die Bestimmung gehalten.

Aber Schwierigkeiten machten die Statute. Der Minister (Tißa) verlangte die Aufnahme von Bestimmungen, die nach der Auffassung der Universität das Verfügungsrecht der Universität hinfällig machten. Darüber floß erbitterter Streit, der hier im einzelnen nicht dargestellt werden soll. Die sächsischen Vertreter wandten sich zu ihres Gewissens Beruhigung an die Juristenfakultät in München um ein Gutachten, das der Anschauung der Fragesteller Recht gab (24. November 1882). Aber solande K. Tißa am Ruder blieb, war eine Verständigung nicht möglich und es herrschte der Universität gegenüber ein gesetzloser Zustand, während dessen der Minister selbst Anweisungen auf die Universitätskasse ausstellte, wie der Obergespan Wächter nicht bewilligte Gelder sich anwies.

Als Tißa fiel (1890), war es möglich, einen Ausgleich mit der Regierung herbeizuführen, indem ein Sachsentag das Programm aufstellte, das auch die Anerkennung der Regierung fand. Die Sachsen erklärten, nicht zum erstenmal, aber jetzt wurde es wirklich gehört, daß sie auf dem Boden des ungarischen Staates stünden und mithelfen wollten an seiner Festigung. Die Munizipaleinheit des Sachsenlandes, der Kernpunkt des Mediascher Programmes von 1872 wurde fallen gelassen, dafür die Selbstverwaltung der Gemeinde betont, die weitere Einengung der nichtmagyarischen Sprachen bekämpft, die Aufrechterhaltung der Autonomie der Kirchen verlangt u. a. m. Graf A. Bethlen, der nach Wächters Entfernung vom Obergespansposten und Brennerbergs Tod eine Zeitlang Hermannstädter Obergespan war, ebnete die Wege zur Verständigung und unter Thalmanns Amtswaltung (1891—1910) wurden nun sofort die gesetzlichen Statute geschaffen, die der Universität das Verfügungsrecht sicherten.

Auf diesem gesetzlichen Boden hat die Universität, seit 1910 unter der klugen und umsichtigen Leitung des Komes-Obergespans D. Fr. Walbaum, der ebenso das Vertrauen der Regierung, wie des sächsischen Volkes besaß, bis zum Zusammenbruch ihres Amtes gewaltet. Sie konnte aus den Erträgnissen des Vermögens 1892 für sächsische Schulen 10.200 Kronen jährlich und eine einmalige Unterstützung von 2500 Kronen widmen, 1896 1600 Kronen, 1906/7 nach dem vorteilhaften Verkauf eines Teils des Waldbesitzes 225.000 Kronen jährlich. Neben den 380.000 Kronen für sächsisch-evangelische Zwecke betrugen die Widmungen für rumänische Zwecke 91.400 Kronen jährlich, für ungarische 85.600 Kronen, die Ackerbauschulen und Gewerbeschulen erforderten 50.120 Kronen jährlich. Vor allem die Mediascher Ackerbauschule, gegründet schon 1872, ist in der Tat eine Kulturleistung und die Hebung der sächsischen Landwirtschaft geht nicht zuletzt auf ihre Einwirkung zurück.

Seit dem Zusammenbruch konnte die Universität nicht mehr zusammentreten. Ein besonderes Wahlgesetz für sie sollte im Zusammenhang mit dem allgemeinen Wahlgesetz, das in Ungarn geplant wurde, geschaffen werden. Es ist nicht dazu gekommen. Eine neue Tatsache hat die sogenannte Agrarreform geschaffen, indem sie fast den ganzen Waldbesitz, den Hauptbestandteil des Universitäts-Eigentums enteignet hat, ohne daß dafür bis jetzt eine Entschädigung geleistet worden ist.

Die endgültige Lösung der „Universitätsfrage" steht noch aus.

II.
Unser Volkserbe.[1]

1.

Das erste Erbe, zugleich der erste Besitz, den wir hier erwarben, ist der Boden, der Besitz in Stadt und Land, der in sächsischen Händen ist. In der Art und Weise, wie wir ihn erhielten, besetzten, bebauten, liegt ein gut Teil unsres Lebens und unsres Wesens eingeschlossen. Wir sind hieher eingewandert, „gerufen vom frommen König Geisa" (1141—1161) nicht als Einzelne, sondern in Gruppen, die sich zunächst wohl sippen- und familienweise niederließen. Der Einzelne hat anfangs geringen Privatbesitz erhalten, was er auf der Dorfmark angewiesen erhielt, war nicht sein unbedingter Besitz. Dieser wurde zeitweise neu aufgeteilt und selbst Haus und Hof des erbenlosen Besitzers fiel wieder an die Gemeinde zurück.

Diese Art der Ansiedlung hat hier sofort Gemeinden geschaffen, die ein charakteristisches Zeichen unserer Entwicklung geworden sind. Wie unsere Mundart das Dorf de gemin = die Gemeinde nennt, so war eben das Gemeinschaftliche, das Gemeinsame die Grundlage und sie dauert bis in die Gegenwart. Die uralte Flur- und Feldgemeinschaft hat aufgehört, was früher den gleichberechtigten Markgenossen gehörte, ist Eigentum der juristischen Person der Gemeinde geworden, aber die sächsische Gemeinde lebt. Die Empfindung ist so tief in den Seelen, daß sie das Leben des kleinen Mannes beherrscht. Es wäre eine gute Arbeit, die Äußerungen solcher Empfindungen aus Vergangenheit und Gegenwart zusammenzustellen. Wenn die Stolzenburger Bauern schon im 15. Jahrhundert ihrem Pfarrer erklärten: „Domine Michael, Pleban in Stolzenburg, eure eignen Güter könnt ihr nach eurem Willen geben, wem ihr wollt, denn sie sind euer; aber die Güter der Kirche des heiligen Bartholomäus, des Apostels, in Stolzenburg müßt ihr mit uns vermehren und bereichern und nicht vermindern, da wir solches auf keine Weise zulassen und solange einer noch in Stolzenburg lebt und Leben haben wird, werdet weder ihr noch irgend ein Nachfolger dazu das Recht haben", wenn heute der sächsische Bauer für

---

[1] Vgl. Archiv des Vereins für siebenb. Landeskunde 37, S. 207.

seine Gemeinde, politische, Schul- und Kirchengemeinde sich Opfer auf-
erlegt, so spielt das Gemeindebewußtsein da ebenso mit, wie in dem
ganzen Gefühlsleben, in der Schwerfälligkeit, die Heimatgemeinde im
Stich zu lassen und in die Nachbargemeinde zu übersiedeln und in der
Überzeugung, daß es „daheim" am besten sei. Das Gemeindebewußtsein,
der Zwang eine Gemeinde zu bilden, mußte freilich mächtig durch die
Verhältnisse und Ereignisse verstärkt werden. Wilde Völker und die
Stürme der Zeit machten es unmöglich, daß der Einzelne sich einen
Weiler in der Dorfmark aufrichte oder in die Fremde auf eigene Faust
erobernd vordringe, dort neuen Besitz zu erwerben; das geschlossene
Dorf, in dessen Mitte bald die befestigte Kirche zum Schutz von Leben
und Eigentum sich erhob, bot allein die Gewähr sich zu behaupten.

Das hatte nun einen Vorteil und einen Nachteil. Der Vorteil
war, daß jeder Einzelne sich in das Ganze einfügen lernte, daß der
Gedanke, die eigene Kraft in den Dienst des Ganzen zu stellen, ein
Lebensgrundsatz wurde, der gerade in schweren Zeiten das Größte
zuwege brachte. Die große Arbeit der vierziger Jahre des vorigen
Jahrhunderts, das Volk stark zu machen für die neue Zeit und widerstandsfähig ihren Angriffen gegenüber, konnte nur auf diesem Boden
erwachsen, und die selbstlose Arbeit unserer Besten im Dienste des
Volkes in den letzten zwei Menschenaltern trägt den besten Einschlag
jenes Erbes.

Der Nachteil aber bestand darin, daß die Einzelkraft durch die
Gesamtheit stark gebunden war. Der Einzelne gewöhnte sich nicht, auf
eigene Faust sich hinaus zu wagen und neuen Erwerb an Grund und
Boden zu dem alten zu fügen. Es hat nur einmal in unserer Vergangenheit eine ganze Klasse von Männern gegeben, die es, nicht
so sehr im Interesse des Volksganzen als in ihrem eigenen und als
Ausfluß kraftvollen persönlichen Lebens, für ihre Aufgabe gehalten
haben, den sächsischen Besitz jenseits der Grenzen des Sachsenlandes
zu vermehren, die Erbgräfen, die als Gründer sächsischer Gemeinden
eine nicht unbedeutende kolonisatorische Tätigkeit entwickelt haben.
Sie trugen mit dem Besitz sächsische Kultur in benachbartes Land
hinaus und wurden Mehrer deutschen Lebens im Lande. Dabei ist es
tragisch, daß der Gedanke gemeinschaftlichen Lebens, dessen Notwendigkeit jeder Tag hier neu bewies, sich im selben Augenblick gegen die
Erbgräfen kehrte und kehren mußte, als sie versuchten aus dem Volke
herauszuwachsen. Die Volksgemeinschaft, der sie anfangs Vorteile
gebracht, später Gefahr drohten, stand höher als der Besitz und die
Macht und das Ansehen eines hochgestiegenen Einzelnen und die Erbgräfen unterlagen.

Seither hat das Erbe an Land mannigfache Einbußen erlitten.
Einst gehörte aller Grund und Boden im Sachsenland den Sachsen,
heute nicht mehr. Aber es wäre Unrecht und falsch, diesen Verlust
ausschließlich als verschuldeten anzusehn. Denn als die ersten Rumänen
ins Sachsenland kamen oder von den Sachsen, als den Eigentümern
des Landes, mit Land bedacht wurden, geschah solches freiwillig, weil

viel Land übrig war und man Arbeitskräfte und Steuerzahler brauchen
konnte. Dann kamen in der Theresianischen und mehr noch in der
Josefinischen Zeit die erzwungenen Aufteilungen des ausgedehnten
Gemeinlandes, aus dem nun die Rumänen Privateigentum erhielten.
Diese Teilungen sind später fortgesetzt worden. Der eigentliche Kampf
um den Boden als bewußtes Ringen um den Besitz, dessen Größe und
Dauer auch den Volksbestand bedinge und verbürge, in dem sich die
größere Kraft des einen und des andern Volks zeigen sollte, hat vor
zweihundert Jahren etwa begonnen und ist in das Volksbewußtsein
nur später eingedrungen; er geht bis in den Anfang des 18. Jahr=
hunderts hinauf.

Und nun schlägt wieder das alte Erbe des Gemeinschaftsbe=
wußtseins durch. Nicht als Einzelsache wird der Besitz an Grund und
Boden betrachtet, sondern als eine gemeinsame Angelegenheit, denn
das Ganze schwächt, wer seinen Eigenbesitz an fremdsprachige Genossen
gibt, das Volk schädigt, wer nicht dem Volksgenossen übergibt was er
nicht mehr behaupten kann. Früher stand das Näherrecht dem Ver=
wandten und dem Nachbarn gesetzlich zu, jetzt soll der Einzelne als
Pflicht empfinden, solch Näherrecht zu achten, und Raiffeisen= und
Bodenschutz= und ähnliche Vereine verwirklichen heute den gleichen
Gedanken, den die alte Markgenossenschaft ihren Angehörigen nahe
legte, wo die Stolzenburger schon 1706 die Ländereien von ihrem
Ladamoscher Hattert zurückverlangten, u. a. darum, weil sie von ihren
Kindern einen Fluch zu erwarten hätten, „wenn sie ihr habendes Recht
den Nachkömmlingen zum Schaden vergeben sollten," und der Gedanke,
daß man den Nachkommen verantwortlich sei, schon eine Macht in
den Seelen war.

Dieser Geselligkeitsdrang aber, „der nur in einer Schar gleich=
gearteter, gleichgestellter Genossen Beruhigung findet", dieser innere
Trieb des Zusammenhausens, er war und ist ein Erbe des fränkischen
Blutes, dem unsere Vorfahren entstammten. Ob die Franken, zu denen
unsere einwandernden Väter gehörten, ihre Häuser gassen= und reihen=
weise aneinander setzten, weil sie's von den Römern absahen und
dem Trieb nach Absonderung und Selbständigkeit nur im eigenen Haus
Raum ließen, in das der Königsgraf nur eindringen durfte, wenn
im Falle eines Mordes die Volksgemeinde den Verbrecher geächtet
hatte, oder ob in ihnen von vornherein dieses Gefühl der Zusammen=
gehörigkeit stärker war als bei anderen deutschen Stämmen, wer kann
das sagen? Aber sicher ist, daß hier im neuen Heimatland zu jenem
fränkischen Geselligkeitsdrang auch die Notwendigkeit und die Absicht
gegenseitigen Schutzes kam, die zum Zusammenschluß führten. So kam
es, daß die Gemeinde die erweiterte Familie war, und es ist bezeichnend
dafür, daß in all den zusammenhaltenden Genossenschaften aus der
Vergangenheit der Name des Vaters für das Oberhaupt gewählt wurde,
der Knecht= und Mägdevater, der Nachbarvater, der Torbesvater bis
zum „wohlehrwürdigen Herrn Vater," dem Pfarrer. Joh. Wolff hat
in seinem geistvollen, leider viel zu wenig gekannten Büchlein: „Unser

Haus und Hof" die schönste Charakteristik des sächsischen Hauses entworfen und alles zusammenfassend es gekennzeichnet: „es ist die treue Hingebung an die Aufgabe der durch Natur und Geist gestifteten Gemeinschaft".

Das charakterisiert das sächsische Haus und die sächsische Gemeinde auch heute.

In dieses alte Erbe trug die Gegenwart einen neuen Gedanken hinein, oder besser erweckte einen alten, in den Hintergrund gedrängten Gedanken zu neuem Leben, daß dies sächsische Haus mit der Fülle seiner Kräfte verpflichtet sei, neue sächsische Gemeinden gründen zu helfen. Der Anfang ist gemacht worden und es steht zu hoffen, daß es gelingt, den alten Kolonistengeist neu zu erwecken, der eine lange Zeit hindurch geschlummert hat.

Aber diese Bauernkolonien, die hunderte von Meilen weit von der alten Heimat verpflanzt wurden, waren in erster Reihe hieher als Grenzwache gerufen worden, „ad retinendam coronam". Das stellte der Ansiedlung sofort eine politische Aufgabe. Es war bei der Entfernung von dem Auswanderungsgebiet von vorneherein eine politische Verbindung mit der alten Heimat ausgeschlossen, sie mußten sich vom ersten Augenblick an sagen, daß mit dem Losreißen von dort ein volles und tiefes Einpflanzen hier notwendig verbunden sein müsse, wollten sie Wurzel schlagen. Was alles darin liegt, wird klar bei einem Vergleich mit der Einwanderung nach Amerika, die jetzt vor sich geht. Dorthin geht jetzt der Einzelne, er geht auf Erwerb; es ist nicht ausgeschlossen, daß bei besonderer Begabung und bei glücklichem Schicksal der Einzelne eine politische Rolle spielt, in einzelnen Staaten auch die sich zusammenschließenden Scharen der Deutschen, aber hier war den einwandernden Sachsen das Ziel, die Aufgabe vom ungarischen Staat, dem König, der sie gerufen, selbst gesetzt. Den zur Grenzwacht und zum Schutz des Landes Gerufenen erwuchs daraus die politische Arbeit, die Mitarbeit am Staat.

Das konnten freilich die kleinen unzusammenhängenden Gruppen, die mit verschiedenen Rechten ausgestattet waren, nur sehr unvollkommen leisten. Da setzt die erste politische Arbeit, die große Neuarbeit ein, sie ist nicht minder bedeutend wie die Ausrodung der Wälder und Urbarmachung des Landes, die Zusammenfassung der sächsischen Ansiedlungen zu einem politischen Ganzen, die Vorbedingung für die große politische Arbeit im Staat und am Staat. Diese Arbeit der Zusammenfassung der Gruppen und Geister, es ist das nächste Erbe unserer Vergangenheit. Sein erster historischer Niederschlag ist der Andreanische Freibrief von 1224: „universus populus a Varos usque in Boralt... unus sit populus". Es ist eine reizvolle Aufgabe, beim Fehlen sämtlicher Quellen mehr für den Dichter als für den strengen Historiker, zu ersinnen, was für innerliche Erlebnisse jene Männer und Frauen in dem Menschenalter von der Einwanderung bis 1224 durchgemacht, daß sie und bis sie dieses unus sit populus fanden. Denn es ist von ihnen ausgegangen, es ist ihnen nicht von außen aufgedrungen worden. Die Männer aber, die 1224 vor dem König erschienen, im Namen der gesamten Ansiedler jenseits des Waldes zu bitten, daß er ihnen die alten Freiheiten wieder herstelle, auf die sie Geisa II. gerufen, wobei jene grundlegende Änderung vorgenommen wurde, daß die einzelnen Gruppen zur „Hermannstädter Provinz", eben zu einem Ganzen vereinigt wurden, sie gehörten der zweiten Generation an, die hier geboren war. Die Einwanderer und die erste Generation hatten mit dem nächstliegenden zu tun, sie mußten die Gemeinden gründen, die eigenen Häuser und die Kirchen bauen, aber sie empfanden zugleich, daß die Vereinzelung auf die Dauer den Bestand in Frage stelle; ihre Söhne taten den Schritt: unus sit populus! Es ist dasselbe hochgemute Geschlecht, das ausschwärmend nach allen Seiten neue Gemeinden innerhalb des nun geeinten Sieben-Richtergebietes und auch außerhalb dessen Grenzen gründete, so die zwei Stühle besiedelte, und das jene ersten mächtigen Erbgräfen hervorbrachte, die mit ihren Beziehungen bis zum König reichten, im Lande aber durch Neugründungen von Gemeinden eine Erweiterung des Volksgebietes bewirkten.

Diese Arbeit aber, die Gruppen und Geister zusammenzuschließen, setzte sich als erstes Ziel die Zusammenfassung der deutschen Ansiedlungen unter das gleiche Recht und im Zusammenhang damit die Verteidigung dieses Rechts. Der Andreanische Freibrief bezeichnete den ersten Schritt. Und nun ist's bedeutsam, wie die einzelnen Gruppen allmählich in die Rechte der Hermannstädter Provinz einrücken, — für Klausenburg war Bistritz Oberhof — bis 1486 der Andreanische Freibrief für sämtliche deutsche Ansiedlungen bestätigt wurde, und 1583 im „Eigen-Landrecht der Sachsen in Siebenbürgen" auch ein gemeinsames geschriebenes Gesetzbuch die versprengten Glieder zu einem Ganzen zusammenschloß. Ein gut Teil der Volksgeschichte aber ist durch alle Jahrhunderte der Kampf für das Recht, für dies sächsische Recht gewesen. Zuweilen erheben sich seine Vorkämpfer zu tragischen Gestalten, wie Sachs v. Harteneck, zuweilen verkörpern sie das ganze Volk in sich, wie Samuel v. Brukenthal, aber in dem Kampf für das Recht sieht das Volk die Bedingung für sein Dasein.

Es hat Zeiten gegeben, wo der Kampf um das Recht ruhte und das Volk vom Rechtsboden verdrängt wurde, aber um so mächtiger brach dann der Kampf aufs neue aus. Solche Höhepunkte waren in alter Zeit der bewaffnete Aufstand gegen König Karl Robert, die Rückgewinnung Hermannstadts von Gabriel Bethlen, die tapfere Rede Huets vor dem Fürsten 1591, der Kampf gegen den Fürsten Gabriel Bathori, dann das Eintreten für das Recht in der Josefinischen Zeit, später die große Zurückeroberung des Rechts in den vierziger Jahren des 19. Jahrhunderts, — und nicht zuletzt der Kampf um das Recht in der Gegenwart.

Dieser letzter von 1834 an ununterbrochen geführt, ist nicht denkbar ohne den Zusammenhang mit der Vergangenheit. Der Inhalt des Rechts, um den gekämpft wird, ist ein anderer wie früher, aber das Gefühl der Verpflichtung, dafür einzutreten, das Bewußtsein der Kraft, die in solchem Kampf liegt, wurzelt in der Vergangenheit. Kein deutscher Volksstamm in Ungarn hat ihn auch nur ähnlich geführt und auch sonst dürfen vielleicht nur die Livländer in Parallele gestellt werden.

Dieses Erbe der Vergangenheit ist uns so ins Blut übergegangen, daß jede junge Generation meint, die vor ihr stehende ältere führe den Kampf nicht in entschiedener Weise, sie müsse energischer zugreifen, um dann, wenn sie selbst die Verantwortung trägt, einzusehen, daß sie nicht klüger und nicht besser ist, wie ihre Väter waren.

Innerhalb dieses gemeinsamen Rechts aber ist eine neue Tatsache: die Genossen sollten untereinander gleich sein. Das war kein Erbe, das sie aus der alten Heimat mitbrachten, aber es erwuchs ihnen hier sicher im Zusammenhang mit den Erfahrungen, die sie aus der alten Heimat getrieben hatten. Dort war die alte Gemeinfreiheit verloren, der Adel herrschte über den höriggewordenen Bauern, Halbfreie und Edle verdrängten die alten Rechte; sie zogen nicht hunderte von Meilen weit, um noch einmal zu erleben, was sie zu Hause gedrückt hatte. Die tiefergehende Forschung läßt es nicht mehr zu, die Erbgrafen hier durch die Bank als Usurpatoren anzusehen. Amt und bevorrechtete Stellung scheint mit der Führung bei der Einwanderung und mit ursprünglicher königlicher Vergabung zusammen zu hängen. Aber das charakteristische der neuen Volksgemeinschaft hier ist, daß sie gegen solches Vorrecht und seine Träger den harten Kampf aufnimmt. Es wird der Satz aufgestellt, daß es im Sachsenland solche Herrenrechte nicht gebe und in dreihundertjährigem Kampf erhärtet und durchgeführt. Gegenüber dem bevorrechteten Adel in den Komitaten und angesichts der Gefahr, die ein Adel im Sachsenland mit sich bringen konnte — Zerstörung der Rechtsgleichheit und damit des Rechtes selbst — soll überhaupt niemand „dem Adel sich insinuieren". „Das ganze Hochgefühl stolzen Bürgersinns und das Bewußtsein seiner Macht" kam zum Ausdruck im Beschluß der Nationsuniversität 1613, die in Schäßburg tagte: „Quia virtus nobilitat hominem und Freiheit macht den Menschen edel; weil nun nicht schöner Freiheiten allhie sein können quam libertates Saxonum und die Sachsen wegen derselbigen rechte Edelleut sind, wenn sie der Edelschaft recht gebrauchen, sollen derowegen alle Diejenigen, so ihnen damit nicht genügen lassen, sondern adelige Vorrechte haben wollen und adelige Güter kaufen und sich dem Adel insinuieren, zu keinem Ehrenamt zugelassen werden." Die Volksgemeinschaft setzte es durch, daß Adelsverleihung an einen Sachsen keine Vorrechte zur Folge hatte, sondern einfach eine Ehrenbezeugung in sich schloß. Nur einmal ist der sächsischen Nationsuniversität das Bewußtsein dieses Erbes verloren gegangen, als sie 1809 beim Hof einkam, es möchten sächsische Familien „nobilitiert" werden, im Anschluß an die Ereignisse des 18. Jahrhunderts, in dem sächsische Patrizierfamilien nach solcher „Nobilitierung" geizten. Dafür enthielt noch die Instruktion, die der Reußmärkter Abgeordnete

W. Löw 1847 von seinen Sendern zum Landtag mitbekam, den Satz: „die Sachsen, welche sich Armales mit einem ungarischen Prädikat erteilen lassen und ansuchen, geben durch diese Änderung ihres Namens ihren Austritt aus dem Verband der Nation zu erkennen". Dabei wurde darauf hingewiesen, es sei der Vorzug der sächsischen Verfassung, wie die Sachsen es 1791 ausgesprochen hätten, daß alle Sachsen gleiche Rechte, gleiche Freiheiten, das nämliche Grundprivileg, einerlei Gesetz hätten.

Dieses demokratische Bewußtsein, das sich im Lauf der Jahrhunderte gerade auch im Gegensatz zu den Verhältnissen sonst im Lande entwickelte, vertrug sich recht gut mit der Empfindung des Herrenvolkes, das sich selbst regierte und über andern Minderberechtigten saß, die ihm dienten, und hatte seine Licht- und seine Schattenseite. Die Lichtseite: bei allen trennenden Schranken, die die Vergangenheit in dem einen Volkskörper aufrichtete — im 17. Jahrhundert zwischen dem städtischen Patriziertum und dem Bürger, im 18. und 19. zwischen Beamtentum und Volk, um nur einiges zu nennen — überwog zuletzt das Gefühl der Zusammengehörigkeit, und vor allem schlug in allen gesunden Zeiten die Auffassung durch, daß es Pflicht der leitenden, gebildeten Kreise sei, für die breiten Schichten des Volkes und in ihrem Dienst für die Wohlfahrt des ganzen Volkes zu arbeiten. In großzügiger Weise ist es von Brukenthal im 18. Jahrhundert, vorher in gewissen Grenzen von Sachs von Harteneck aufgenommen worden, dann aber von den führenden Schichten in neuer großer Weise in den vierziger Jahren des 19. Jahrhunderts und dann in zunehmender Stärke seit 1848. Was J. A. Zimmermann und G. D. Teutsch, Fr. Müller und Franz Gebbel, A. Arz und Budaker und Wittstock, J. v. Bedeus und K. Wolff, um nur wenige Namen zu nennen, in dieser Beziehung und mit ihnen in großen und kleinen Kreisen all die selbstlosen Mitarbeiter geleistet haben, das kann kein anderer Volksstamm hier aufweisen und auch sonst wird man lange nach etwas Ähnlichem suchen können. Für das Zusammengehörigkeitsgefühl gibt es ja keinen bessern Erweis, als die oft undankbare und oft verkannte Arbeit der Besten für das Ganze.

Die Schattenseite dieses demokratischen Zuges in unserem Volk ist die leidige Tatsache, daß es uns oft so schwer fällt, fremdes Verdienst anzuerkennen und jeder Einzelne infolge des uns in das Blut übergegangenen Gleichheitsgefühls sich dagegen wehrt, selbst dem ihn an Geisteskraft und Willensstärke, an Stellung und Amt, Einfluß und Ehre, kurz an Tüchtigkeit Überragenden sich unterzuordnen. Es glaubt so leicht jeder, er sei auch zum Führer geboren und das Unterordnen fällt den Meisten sehr schwer. Bismarck bezeichnet einmal diese Eigenschaft als „einen Überschuß männlicher Selbständigkeit, der die Deutschen verführte, sich mehr auf die eigene Kraft als auf die Gesamtheit zu verlassen und einen Mangel an Gefügigkeit des Einzelnen zugunsten des Gemeinwesens." Wir wollen da, wo diese Eigenschaft erlaubte Formen annimmt, uns gewöhnen, die bessere

Kehrseite daran zu erkennen, jenes Gleichheitsgefühl, das die Genossen wie die Zusammengehörigen einer Familie aneinander kettet und das in Leben umzusetzen die Urväter einst in diese neue Heimat kamen.

Der naturgemäße Zug zur Einigung der Gruppen und Geister erfaßte aber, parallel mit der politischen Entwicklung, auch die kirchliche. Die einzelnen sächsischen Kapitel gehörten nicht der gleichen Diözese an, sondern waren geteilt zwischen dem Weißenburger Bistum und dem Graner Erzbistum, dem die Hermannstädter Propstei und das Burzenland unmittelbar unterstanden, nachdem das Burzenland ursprünglich unter dem päpstlichen Stuhle gestanden. Aber das Bedürfnis nach Einheit und Zusammenfassung war von Anfang an auch auf dem kirchlichen Gebiet vorhanden. Die Gründung der Hermannstädter Propstei am Ende des 12. Jahrhunderts, also bald nach der Einwanderung, der Versuch unter Andreas II., sie zu einem Bistum zu erweitern, sicher in der Absicht, darin alle deutschen Einwanderer zusammenzufassen, sind die frühesten Zeichen dieses Einigungsdranges. Als dann am Anfang des 15. Jahrhunderts „die exempten Ecclesien" als eine Einheit und Gesamtheit erschienen, die in alte längst verflossene Zeiten zurückging, da war die Einheit der ev. Kirche vorgebildet. Noch war's keine ev. Synode, die 1545 in Mediasch zusammentrat, aber die drei Dechanten, die da zusammenkamen, vertraten sämtliche sächsische Ansiedlungen und es war das Erbe der Vergangenheit und der Grundstein zur weiteren Entwicklung, als diese, alten Streit beizulegen, von brüderlicher Liebe getragen, Glieder einer Religion und eines Körpers zu sein erklärten. So erwuchs in der Reformation hier „die sächsische Kirche", die sich einen eigenen Bischof wählte, am 3. Mai 1572 das Augsburgische Bekenntnis annahm, und nun als „ecclesia Dei nationis Saxonicae" göttliche und menschliche Aufgaben in neuer Weise aufnahm.

Damit war neben der politischen Einigung die kirchliche durchgeführt. Die kirchliche Einigung aber war nicht nur darum von weitgreifender Bedeutung, weil dies bürgerlich geeinte Volk nun die religiösen Gedanken mit geeinter Kraft in Leben umsetzte, sondern auch dadurch, daß diese neue Einheit über den Kreis der politisch Geeinten hinausging. Zur politischen „sächsischen Nation" gehörten nur die Gemeinden des Sachsenlandes (des Königsbodens), zur ev. Kirche auch die sächsischen Gemeinden des Komitatsbodens, etwa ein Drittel sämtlicher sächsischen Gemeinden.

Erst die Gegenwart hat uns den vollen Wert dieses Erbes kennen gelernt.

Die Zusammenschließung der Kirchen hier nach nationalen Gesichtspunkten war nicht allein für die ev. Kirche maßgebend; es war eine allgemeine Erscheinung, die dem kirchlichen Leben bis in die Gegenwart den Stempel aufdrückt.

Zu diesen beiden großen Einigungen des bürgerlichen und kirchlichen Lebens trat nun erst recht, gerade im Reformationszeitalter aufs neue festgefügt, die Einigung durch die Zünfte auf dem Boden der gewerblichen Arbeit. Ein Erbe der alten Heimat, hatten sie sich hier frühe entwickelt, hatten den Städten Kraft, dem Volk Wohlstand, der Nation Macht und Ansehen gebracht; nun wurden sie eine neue Klammer, das Volk zusammenzuschließen. Die einzelnen Zünfte traten zur „Landeszunft" zusammen, zu der auch die nach deutschem Muster lebenden und zum guten Teil aus deutschen Meistern bestehenden Zünfte in den ungarischen Städten Siebenbürgens gehörten und die Beschlüsse der „Herrn vom Land", „der ehrsamen weisen Herrn von allenthalben" in ihrer „Landsammlung" wurden maßgebend für das ganze Land.

Daß es in keinem dieser Kreise, der politischen Nation, der ev. Kirche, dem Zunftleben, an Gegensätzen fehlte, daß auseinanderstrebende Gedanken und Kräfte der Zusammenfassung Widerstand leisteten, gegen sie kämpften: es müßten ja nicht Menschen gewesen sein, wäre es anders gewesen, und unsere Väter müßten nicht Deutsche gewesen sein, wenn Individualismus und Absonderungsgelüste nicht immer wieder eine Rolle gespielt hätten. Bezeichnend ist doch, daß die Gegensätze immer niedergerungen wurden und, nicht immer in der Empfindung des Einzelnen, aber in der Stärke der Gesamtlebensäußerung doch allmählich geringer geworden sind. Während 1617 und 1650 Richter und Dechant von Kronstadt den Bischof zur Generalkirchenvisitation im Burzenland nicht zuließen, wiewohl der Fürst ihre Förderung allen befohlen hatte, konnte noch 1870 in der Landeskirchenversammlung der Vertreter des Burzenlandes bei Verhandlung der Eherechtsfrage mit Absonderung drohen, wohl auch nicht in vollem Ernst; heute wäre auch diese Drohung innerlich unmöglich.

So erstarkte hier in den zerstreuten deutschen Kolonien der Gedanke der Volksgemeinschaft und wuchs in ihr und mit ihr jener der Kultureinheit, der in der Gegenwart erst uns zum vollen Bewußtsein kam. Die Tatsache und die Erfahrung, daß wir in allem uns von der Umgebung unterschieden, hat jedenfalls sehr viel dazu beigetragen, früh schon sich der Gemeinschaft und jener Einheit bewußt zu werden. Denn Sprache, Hausbau, Tracht, Sitte, Lebensgewohnheit, Glaube und Recht, kurz alles, was dem Leben seinen Charakter äußerlich und innerlich gab, das war beim Sachsen anders wie bei den Landesgenossen, es schied sie von diesen und vereinigte sie als Volksgenossen.

Auf diesen national-politischen, kirchlichen und sozial-kulturellen Zusammenschluß hat aber maßgebenden Einfluß die politische Aufgabe genommen, die den Einwanderern gesetzt war.

Diese hatte ihnen der ungarische König gesetzt. Diese Tatsache mußte auf die ganze Entwicklung einen grundlegenden Einfluß üben, und wie diese Aufgabe zum Zusammenschluß zwang, so ermöglichte erst dieser Zusammenschluß die volle Aufnahme dieser Aufgabe. Die Entwicklung von Kolonien wird immer eine andere sein, je nachdem ihre Aufgabe eine verschiedene ist, und ob die politische Aufgabe ihnen

aus der Entwicklung selbst herauswächst oder von vornehere in ihnen
gesetzt ist. Hier war die erste Aufgabe, die Grenzen zu beschützen,
aber dann war für die Bauernkolonie von selbst gegeben, das Land
zu kultivieren. Dafür, und daß sie dem König Steuern zahlten und
Soldaten stellten, erhielten sie ein gut Teil Selbstbestimmungsrecht
und Freiheiten. Aber sie erscheinen von vornehere in eingegliedert in
ein Staatswesen, Glieder des ungarischen Staates, ihm zu dienen
berufen.

Damit aber war von selbst eine Doppelentwicklung, ein Doppel=
erbe gegeben. Einmal: jenes Selbstbestimmungsrecht und jene Frei=
heiten möglichst weit auszudehnen, die große Reibungsfläche mit dem
Staat, die nicht aus der Welt zu schaffen war, dann die Arbeit im
Dienst des Staates, beides kaum voneinander zu trennen, in=
einander überfließend, die große politische Arbeit in sich zusammen=
fassend. Das Resultat war: die deutschen Kolonisten wurden die
dritte ständische Nation im Lande, sie saß auf den ungarischen
Reichstagen, ein specialis ramus sacrae coronae, und als Sieben=
bürgen nach der Schlacht bei Mohacs (1526) ein selbständiges
Fürstentum wurde, konnte ohne ihre Zustimmung kein Gesetz auf
dem siebenbürgischen Landtag beschlossen werden. Als dann 1791
das Kuriatvotum aufgehoben wurde, blieben doch die „National=
versammlungen" neben den Landtagssitzungen maßgebend und jedes
Gesetz mußte, um gültig zu sein, mit dem Siegel der drei Nationen
gesiegelt werden. Die Siegelverweigerung war das letzte Mittel der
Nation, ein schädliches Gesetz abzuwehren. Es blieb in Kraft bis
zum Jahre 1848.

Diese dritte ständische Nation aber war und galt neben den
beiden „ungrischen" Nationen — dem Adel und den Szeklern —
als „deutsche Nation", nicht nur ihrer Abstammung nach, sondern
auch staatsrechtlich. Der große Sprachenkampf, der in den vierziger
Jahren im Lande und in den Landtagen geführt wurde, wurde auf
diesem Boden ausgefochten, und das Ergebnis war, als der Kampf
1847 äußerlich abgeschlossen wurde, daß die ungarische Sprache bloß
außerhalb des Sachsenlandes an die Stelle der ehemaligen lateinischen
Amtssprache gesetzt wurde und die sächsische Nation im Gebrauche
der deutschen Sprache blieb.

Daß dieses Häuflein hier, dem auf dem Landtag 1843 ein
Hauptsprecher des Adels, Baron Dionysius Kemeny, vorwarf, „diese
Handvoll Nation" habe die Bestrebungen der Stände stets durch=
kreuzt, wenn sie ihr nicht gefallen hätten, magyarischen Forderungen
sich nicht gefügt, stets treu zum Thron gehalten, immer ihre Rechte
verteidigt, sich als deutscher Stamm fühlte und diesem Gefühl allent=
halben Ausdruck gab, verdankte sie der Sonderstellung, die sie, dank
der königlichen Gnade und Einsicht, sich hier errungen und jenem
Seelenerbe, das sie aus der alten Heimat mitgebracht, ihrem deutschen
Geist und deutschen Bewußtsein, dem nationalen Empfinden, das
hier groß geworden war.

Wenn des Geisteserbes gedacht wird, dann muß besonders unserer lieben Muttersprache gedacht werden, der sächsischen Mundart. Wenn Haltrich schon das Jdiotikon, das ihm so sehr am warmen Herzen lag, als einen „Schutzdamm" bezeichnete, das „neben einer ruhmreichen Geschichte mit davon Zeugnis geben wird, welch eine Fülle deutschen Wesens, deutscher Kraft und Tüchtigkeit in unserem Volk gewohnt und noch wohne", „eine Quelle des Trostes und der Ermutigung in den Tagen schwerer Kämpfe, die uns bevorstehen", wie viel mehr gilt das alles von der Mundart selbst. Zeigt sie doch, nach dem Wort des Hauptbearbeiters des Wörterbuchs, A. Schullerus, „die ganze Fülle des inneren Lebens des Volks", sein „heiliges Eigen", „was wir leben und sind". Wir haben sie aus der alten Heimat mitgebracht, aber sie ist hier erst das geworden, was sie ist und im heißen Ringen um das „unus sit populus" ist sie in alter und neuer Zeit, ebenso in der Bewahrung unserer Eigenart, in gleicher Weise Schwert und Schild gewesen. Uns selbst halten wir hoch, wenn wir sie hochhalten.

Das alles aber war und ist ein Gotteserbe, nicht von Menschen in die Seelen hineingelegt, aber doch in ihnen durch die Vergangenheit und durch Erfahrungen gefestigt, die sie durch Jahrhunderte gemacht hatten. Wir stehen hier vor einem Geheimnis. Warum haben diese Franken deutsches Gefühl in solcher Stärke mitgebracht, daß es durch alle Jahrhunderte nicht nur dauerte, sondern wuchs und stärker wurde, während sonst die ausschwärmenden Deutschen im Ausland es so gern schon in der zweiten Generation verlieren?

Wir freuen uns der Tatsache noch nach mehr als 750 Jahren. In der ganzen Vergangenheit ist dieses Bewußtsein des Deutschtums eine treibende Kraft in unserer Entwicklung gewesen, und unsere politische Arbeit ist von der Überzeugung getragen worden, daß wir dem Vaterland nur dienen könnten in dieser unserer Eigenart als Deutsche und daß wir das Beste aufgäben, wenn wir dieses Deutschtum aufgäben. Germanissimi germanorum konnte von unserem Völkchen Opitz im 17. Jahrhundert schreiben und dieses entschiedene Deutschtum ist uns von Freunden und Gegnern zu verschiedenen Zeiten bald als Ruhm, bald als Vorwurf vorgehalten worden. Wie sehr all die hier berührten Fragen, das Doppelerbe aus der Vergangenheit, die Arbeit im Dienst des Staates und die eigenartige Gestaltung dieser Arbeit durch den nationalen Einschlag, in den Kernpunkt unserer gesamten Entwicklung führen, geht aus der Tatsache hervor, daß die Darstellung jeder einzelnen in ihrer historischen Entwicklung die ganze Volksgeschichte aufrollt, die Geschichte des Zusammenwachsens der sächsischen Ansiedlungen ebenso wie die Geschichte der politischen Arbeit des sächsischen Volkes und die Entwicklung des nationalen Bewußtseins.

Die politische Arbeit im Laufe der Jahrhunderte, seit die Sachsen hierher einwanderten, ist ein Teil der Landesgeschichte und nicht der geringste. Sie läßt sich in die Sätze zusammenfassen: das sächsische Volk hat den von ihm besetzten Landstrich der Kultur gewonnen, die Grenze des ungarischen Staates durch Jahrhunderte geschirmt, befestigte Städte und Burgen gebaut, Siebenbürgen das erste Bürgertum gegeben, das mit Handel und Gewerbe dem ganzen Lande diente, es hat ein freies Gemeinwesen gegründet und fortgebildet zu Zeiten, da es ringsum nur Adelsvorrechte und Hörigkeit gab, es hat dem König und dem Land, für die es Steuern und Kriegsmannschaft im Frieden und in der Not bereit hatte, Treue gehalten auch in Zeiten, wo sie nicht überall zu finden war, es hat durch Schulen und Kirchen, zuletzt zusammengefaßt in der ev. Kirche mit all ihren Gütern, durch Einrichtungen, die zielbewußt gepflegt wurden, Bildung, Glauben, Gesittung in die Herzen gepflanzt und ist Lehrmeisterin für die Umgebung geworden, — Alles in schwerem Kampfe und mit vielen Opfern, oft von den Herrschern anerkannt, öfter noch verlassen und nur auf sich selbst gestellt, immer getragen von dem Bewußtsein, mit alle dem eine Pflicht auch dem Staat gegenüber zu erfüllen.

Ranke bezeichnet die Politik „als den Versuch, inmitten des Konfliktes der Weltmächte, der idealen sowohl wie der realen, die man nicht beherrschen kann, das eigene Interesse zu wahren und zu fördern". Hieran gemessen ist die sächsische Politik in ihrem Endergebnis befriedigend, denn die Sachsen bestehen und haben sich und ihr Wesen in die Gegenwart gerettet. Der Versuch, „das eigene Interesse zu wahren," ist selten leicht gewesen. Denn es galt mehr als einmal den Kampf gegen zwei Fronten, die um so gefährlicher wurden, seit der Angriff von der einen Seite vom Staat ausging, der mit seinen Machtmitteln in der Lage war, ebenso zu helfen wie zu zerstören.

Zu unserem Wesen gehört das Deutschtum. Es läßt sich durch alle Jahrhunderte verfolgen, wie sie von der Überzeugung erfüllt sind, daß sie nur in dieser ihrer Eigenschaft, und nur solange sie diese festhalten, auch dem Lande etwas sein können, und darum ist der Kampf für dieses ihr deutsches Wesen der Inhalt ihrer Geschichte. Wenn es notwendig gewesen wäre, den Stolz auf das eigene Volkstum zu lernen, die Szekler und der Adel, die beiden Mitstände, hätten sie lehren können.

Bei der Pflege und in der Entwicklung des nationalen Bewußtseins aber wurde der Zusammenhang mit dem deutschen Leben mit einer Festigkeit und zielbewußten Energie festgehalten, die auch als Erbe der Vergangenheit bis in unsere Tage nachwirkt. Der Zug unterscheidet die Sachsen wieder von allen ausgewanderten Deutschen, ausgenommen die Balten, vor allem von allen deutschen Stämmen in Ungarn. Er tritt in drei Erscheinungen zutage. Zuerst: die deutschen Zuwanderungen hieher sind zu keiner Zeit still gestanden und sind in den Zeiten gesunden Lebens als Stärkung froh begrüßt worden. Daneben hat es freilich Zeiten gegeben, die sich abwehrend

gegen sie verhielten, doch ist der Zufluß nie unterbrochen worden und
es ist bemerkenswert, daß die erste Zunftordnung von 1376 geradezu
ein „Einwanderungsgesetz im kleinen" ist; jeder deutsche Handwerker,
Einheimischer und Fremder mußte in die Zunft aufgenommen werden,
wenn er von Makel frei war. Und diese später eingewanderten
Deutschen sind im sächsischen Volke aufgegangen. Weiter wurde der
Zusammenhang aufrecht erhalten durch die Forderung des Wanderns
für die Gesellen und des Studiums an deutschen Hochschulen für die
Gelehrten, in erster Reihe die Lehrer und Pfarrer. Endlich: der Zusammenhang mit dem deutschen Geistesleben ist so bewußt gepflegt
worden, daß die Einheit mit der deutschen Geisteskultur das Ergebnis war.

Es hieße hier die ganze Schul-, Kirchen- und Literaturgeschichte
aufrollen, die Entwicklung der Kunst, vor allem der Baukunst und
des geistigen Lebens überhaupt darstellen, wenn der Beweis im
einzelnen geliefert werden sollte. Vielleicht ist diese Einheit mit dem
deutschen Geistesleben auf dem Gebiete der Dichtung auch darum am
schlagendsten, weil wenigstens auf dem Gebiete der Volksdichtung ein
Stück unbewußtes oder doch nicht zielbewußtes Schaffen vor uns
steht. Unsere sächsische Volksdichtung ist ein Teil der deutschen Dichtung,
speziell das Volkslied. Noch aus der alten Heimat brachten sie das
Minnelied mit, das bis heute sich erhalten hat: Et saß e kli wäld
Vijeltchen, vielleicht auch die eine oder andere Volksballade. Zunft-
und Handwerkerlieder, im Zusammenhang wohl auch mit dem Meistergesang, folgten und das Reformationszeitalter brachte mit seinen
ersten Dichtungen und dem neuen Kirchenlied als wertvollste Perle
das „Königslied", eine dramatische Fassung des Totentanzes mit dem
erschütternden Gedanken, daß der Allbezwinger Tod nicht Jugend
und Kraft, nicht Reichtum und Macht schont. Dem 17. Jahrhundert
verdanken wir die Handwerker- und Soldatenlieder, das 18. Jahrhundert brachte das deutsche Gesellschaftslied, das 19. die Napoleonslieder und -spiele. So wie Gellert hier, wenig später wie in Deutschland, Modedichter war, Schiller und Goethe wie in Deutschland hier
die Herzen erhoben, so wurde 1870 die Wacht am Rhein auf allen
Gassen gesungen.

Ganz ähnlich in der Kunstpoesie. Den Charakter des Humanismus
tragen Honterus, Wagner, Schesäus, im Rosetum Franckianum spiegelt
sich die Hofpoesie ab, die Anakreontik findet in Joh. Seivert ihren
Vertreter, die Romantik in Dan. Roth und zum Teil in Marlin, das
junge Deutschland in Geltch und den Sängern des Sächsischen Liederbuchs, und es kann unser Stolz sein, daß die moderne Heimatskunst vorgeahnt und zu einer gewissen Vollendung gebracht uns entgegentritt
in Kästner, Fronius, Albert, Traug. Teutsch und Fr. W. Schuster.

Und die Entwicklung unseres Schrifttums seit 1890 zeigt erst
recht den geistigen Zusammenhang mit Deutschland.

Die Folge ist, daß das Bewußtsein der deutschen Geistesgemeinschaft anzugehören, ein Teil dieser zu sein, eine Lebensmacht in unserer

Volksseele wurde, die wohl Ebbe und Flut erlebte, aber frühe schon
zu so ausgeprägter Ausgestaltung kam, daß sie auf allen Gebieten
nachweisbar ist. Es kam zum Ausdruck, als sie 1310 sich freuten,
daß ihnen „Gott einen deutschen Kunig hätt geben", da sie schon am
Anfang des 18. Jahrhunderts das Epitheton deutsch als ehrendes
Beiwort brauchten, und Brukenthal des Volkes Wahlspruch in seinem
ausdrückte: fidem genusque servabo.

Einen Höhepunkt dieses nationalen geistigen Einheitsbewußtseins
bezeichneten die vierziger Jahre des vorigen Jahrhunderts, dann die
Freude über die deutschen Siege 1870 — aber auch da ist es niemandem
eingefallen, an irgend eine politische Einheit mit dem deutschen Volke
zu denken oder auch nur von ihr zu träumen. Im Gegenteil, die
geographische Entfernung vom „Mutterland" machte die Liebe zum
deutschen Volke und die Begeisterung für deutsches Wesen zu einer
durchaus reinen und idealen, die bisweilen schwärmerische Formen
annehmen konnte, aber nie einen anderen Inhalt hatte, als das
eigene deutsche Wesen möglichst vollkommen zu gestalten, um die im
Volke schlummernden Anlagen möglichst zu entfalten.

Dabei hat aber diese Liebe zum deutschen Volk und das Bewußtsein zur deutschen Kultur- und Geistesgemeinschaft zu gehören,
ebenso eine Wandlung erlebt wie die politische Mitarbeit an den
staatlichen Aufgaben. Frühe schon ist, anfangs ohne sich dessen viel
bewußt zu werden, deutsches Eigentum ins spezifisch Sächsische übertragen worden, wie sie 1583 im Eigen-Landrecht die sächsische Sprache
als Gerichtssprache erklärten, 1613 „bei unserem ehrlichen sächsischen
Namen" die Versicherung gaben, sich gegenseitig beizustehen zur Verteidigung des „sächsischen Geblüts" und der sächsischen Freiheiten.
So wie das Volkslied, das von draußen kam, in den Dialekt eingeschmolzen wurde, also neben dem, daß es deutsch war, nun sächsisch
wurde, ging es auch sonst. Die Waisenlieder, die Frucht der bösesten
Zeit der Türkenkriege, reiften als besonders kostbare Frucht am Baume
der Poesie. Unsere Baukunst, die im engen Anschluß an die deutsche
sich entwickelte, schuf die Verteidigungskirchen, die charakteristische Form
der sächsischen Baukunst, unsere Kirchenverfassung nahm Elemente der
Volksverfassung auf und baute eine Volkskirche, die nicht bloß evangelisch, sondern sächsisch ist. Aber diese Umwandlung des allgemein
Deutschen zum Siebenbürgisch-sächsischen, das den Erdgeruch der neuen
Heimat an sich trägt, ist uns zum Bewußtsein verhältnismäßig spät
gekommen. Es ist erklärlich, daß bei der Entfernung Siebenbürgens
vom alten Stammland, bei dem durch Jahrhunderte hindurchgehenden
und auch heute nicht überwundenen Vergessensein von Seite des
Volkskörpers, dessen Splitter hier unter fremden Völkern lebte, das
Bestreben von hier aus zunächst darauf ausgehen mußte, die Gleichartigkeit und die Zusammenhänge nachzuweisen. Aber die freuten wir
uns zuerst, als wir sie entdeckten. Es ist wie wenn nach langer
Trennung zwei Brüder sich wiederfinden. Das Gleichartige in ihrem
Wesen soll die Verwandtschaft und den Blutzusammenhang beweisen.

und bekräftigen. Ist der Zusammenhang gefunden und bewiesen, dann erst wird man sich der Verschiedenheit bewußt. Es ist bezeichnend, daß Wort und Begriff sächsisch als nationales, nicht politisches Kennzeichen verhältnismäßig jung ist, durch Schrift, Rede und Lied von oben ins Volk hineingetragen, wie das Wort sächsisch in unserem Dialekt ein Fremdwort ist. Bis vor kurzem sagten die Bauern, nach ihrer Nationalität gefragt: mer seng Detschen. Wort und Begriff sächsisch war ursprünglich politischen Inhalts, es bezeichnete die dritte ständische Nation des Landes, die auch nach Aufhören der ständischen Verfassung bis 1876 eine politische Einheit war. Da erst trat, mit der Zertrümmerung des Königsbodens, an Stelle dieser zerschlagenen politischen Einheit der Gedanke der sächsischen Kultureinheit in seiner vollen Größe, als ein Teil allgemeinen deutschen Lebens, aber als Besonderheit in der Charakteristik des siebenbürgisch-sächsischen Deutschtums verstanden. Wohl war er wiederholt schon empfunden worden — in der Josefinischen Zeit, in den gehobenen Tagen der vierziger Jahre, als Rückschlag gegen die Mißhandlungen durch den Absolutismus in den fünfziger Jahren — aber nun wurde er ein inneres Erlebnis von solcher Größe, daß er, ein Zeichen für die unüberwindliche Gewalt der idealen Lebensmächte, die Geister viel fester aneinander band als das politische Band es jemals vermocht hatte. Diese Kultureinheit, auf die nun der alte Begriff des politischen Volkes, der „Nation" übertragen wurde, übernahm zugleich, wie es ja kaum anders sein konnte, auch die politischen Aufgaben, den Anspruch auf jene politischen Rechte, die dem Sachsenland einst zustanden, das Recht auf die deutsche Sprache im öffentlichen Leben, auf die Betätigung im öffentlichen Leben als Deutsche, wie die politische Einheit früher in ausgeprägter Weise Kulturaufgaben sich gesetzt und gefördert hatte.

Mit dieser Wandlung war die andere verknüpft, unsere Stellung zu den politischen Aufgaben. Sie wurden als einheitliche aufgenommen durch die Gründung der sächsischen Volkspartei, die das ganze Volk umfaßte oder doch Raum für das Ganze bot. Aber es war doch eine „Partei", nicht die staatsrechtlich in das ganze Verfassungsleben eingefügte dritte ständische Nation. Da sie sich zunächst als völlig erfolglose Opposition im Lande angefeindet, verfolgt und mißverstanden sah, schlich sich das Gefühl der eigenen Schwäche und Bedeutungslosigkeit ein, das lähmend und hemmend auf aller Arbeit lag. Dieses Gefühl hat auch seine Geschichte. Schon unsere Vertreter auf dem Klausenburger Landtag 1790/91 empfanden, daß es unmöglich war, alles was sie als Recht ansahen und als Recht der Nation beanspruchen durften, den anderen Ständen gegenüber durchzusetzen. Es ist typisch, wenn im Volke die Meinung verbreitet war, die Vertreter täten ihre Schuldigkeit nicht, und zu ihrer Unterstützung und Kontrolle neue Männer hingeschickt wurden, die in kurzer Zeit die Erfahrung machten, daß es, wie Heydendorff es treffend ausdrückt, ein Unterschied ist, die eigene Meinung im Mediascher Rathaus vor Gleichge-

finnten zu vertreten oder im Landtag, wo auf einen Sachsen drei
Nicht-Sachsen kommen. Kühle Politiker wie Komes M. Brukenthal
(† 1813) betonten wiederholt, wie schädlich es sei, in der Politik Un-
mögliches zu verlangen. In den Kämpfen der vierziger Jahre, besonders in der Sprachenfrage, dämmerte einigen Vertretern auf dem
Landtag, daß das Kräfteverhältnis im Lande sich verschoben hatte. Solange die Nation imstande war, die letzte Entscheidung des Schwertes
anzurufen, konnte man, wie sie es einst ausdrückten, Extrema tentiren.
Seit das nicht mehr möglich war, mußte man — diplomatisieren. Im
Jahre 1847 schrieb der sächsische Landtagsabgeordnete Fr. Hann in
sein Tagebuch: „Aristoteles forderte für die Tragödie eine gewisse
Größe als wesentlich; mit noch viel mehr Recht heischten die Griechen
für den Staat ein gewisses Maß räumlicher Entfaltung, oft schwer
genug zu erlangen. Wo Kleines sich bei ihnen dem Großen gleich
geberdete und gern übersehen hätte, was die freie Bewegung nach
außen und für das innere Sein bedeutet, da fehlte es in jener Zeit
lebendiger Verhältnisse nicht an mancherlei Zurechtweisung: ‚Mache
nicht große Schuhe für einen kleinen Fuß‘ hieß es da, oder: ‚Entweder füge deiner Stärke etwas hinzu oder nimm von deiner Hitze
etwas hinweg‘, oder was der Megarenser von Lysander hören mußte:
‚Deinen Reden fehlt weiter nichts als der Staat‘. Wie triftig finde
ich diese Wahrheiten für das übermäßige Treiben der Mehrheit der
sächsischen Landtagsabgeordneten in ihren Nationalversammlungen.
Sie stellen sich stets entweder außer oder über die Ständemehrheit
und legen ihrer subjektiven Ansicht in allgemeinen Staatsfragen immer
Gewicht genug bei, um zu deren Behauptung das Notmittel einer
Sondermeinung heraufzubeschwören. Sie kennen weder sich selbst
noch ihre Lage."

Dieses berechtigte Gefühl, mit der eigenen Kraft und den gegebenen Verhältnissen rechnen zu müssen, hat in jüngster Zeit vielfach in Kleinmut und in übermäßige Betonung der eigenen Schwäche
umgeschlagen, unterstützt von dem allgemeinen Zug der Zeit zur Kritik
und zu schwächlicher Selbstzerfaserung, die für die Jugend gar häufig
besonderen Reiz hat.

Nichts kann uns mehr schaden — und nichts ist falscher als dieses.

Das Erbe, das uns die Vergangenheit hinterlassen, mehr noch,
wie dieses Erbe neue Formen in der Gegenwart angenommen, muß
uns über jeden Kleinmut hinüberhelfen. Denn die Tatsache, daß wir
dieses Erbe bewußt in neue Formen umsetzen, ist ein Zeichen der
Lebenskraft.

Auf Grund dieses Erbes haben wir hier eine eigene Volksindividualität geschaffen, vielleicht ist's besser zu sagen, sind wir eine
eigene Volksindividualität geworden, von der es gilt, daß die Züge
des jetzigen sächsischen Volkes in ihrer veränderten Gestalt das ehemalige Bild widerspiegeln, wie beim Manne kaum ein einziger Zug
des Knabengesichts unverändert ist und doch sich darin die einstigen
Züge wieder erkennen lassen.

Das einstige unus sit populus des Andreanums ist heut in ganz anderer Weise wahr als früher. Es bezeichnete einst den Anfang einer politischen Einheit, die heute nicht mehr besteht, aber an ihre Stelle ist die „erblich gewordene Geistes-, Gemüts- und Rassengemeinschaft" getreten, die stärker ist als alle politischen Bande. Der sächsische Dialekt, sächsischer Brauch und Sitte, die Fülle sächsischer Gefühlsmomente, der ganze Reichtum geistigen und seelischen Erbes aus Vergangenheit und Gegenwart spinnt Fäden um uns, die oft unsichtbar, doch stark und unzerreißbar sind. Dabei haben wir festgehalten und weiter ausgebildet die kirchliche Einheit, die gerade in ihrem Zusammenfallen mit dem nationalen Körper eine besondere Charakteristik unserer kleinen Volksgemeinschaft ist. Dazu sind nun, hervorgegangen aus dem Trieb zur Einigung und diese Einheit selbst auf alle Gebiete übertragend, alle jene „Verklammerungen" unseres Volkes gekommen, die angesichts unserer kleinen Zahl eine große Leistung bedeuten, denn sie umfassen das ganze Volksleben. Als neue Markgenossenschaft steht der landwirtschaftliche Verein und der Bodenschutzverein da, die Raiffeisengenossenschaft und der Verband sächsischer Geldinstitute, mit deren Hilfe der alte Gedanke neuer Kolonisationen aufgenommen worden ist. Der Anreger und Träger des Gedankens, K. Wolff, hat ihn einmal in das Dichterwort zusammengefaßt: „Der Fink hat wieder Samen, dem Herrn sei Dank und Preis". An Stelle der alten Landeszünfte und ihrer allgemeinen Versammlungen sind die Gewerbevereine und der Gewerbebund getreten, um die Handwerker zu sammeln, dazu in jüngster Zeit der Zusammenschluß der Industrien. Und die geistige Kultur, Kunst und Wissenschaft umfassend, eint die Geister und die Arbeitskräfte im Verein für siebenbürgische Landeskunde wie im naturwissenschaftlichen Verein, im Sänger- und Turnerbund und Sebastian-Hann-Verein und seit der Allgemeine ev. Frauenverein (gegründet 1884) auch die Frauenarbeit in den Dienst des Allgemeinen gestellt, neuerdings unterstützt durch den Frauenbund mit weiteren Zielen, steht kein Glied des Volksganzen beiseite. Sie alle, mehr oder weniger zusammenhängend auch mit der Kirche, die in ihre Arbeit vieles aufgenommen hat, was sonst von ihr nicht gepflegt wird, Aufgaben der in Trümmer geschlagenen Volksorganisation, und die politische Organisation des gesamten Volkes als „Volkspartei" mit ihren Vertretungen bis zur Zusammenfassung im Volksrat, sie bilden heute ein unzerreißbares Band der Einheit. Risse es an einer Stelle, es müßte von selbst wieder zusammenwachsen.

Diese Klammern im einzelnen wie die gesamte so neu gestaltete Einheit zeigen das alte Doppelgesicht. Das eine sieht hinaus in die große deutsche Kulturgemeinschaft und sucht den geistigen Zusammenhang aufrecht zu erhalten, weil aus den Quellen dort unserem Leben vor allem geistige Befruchtung kommt; es läßt sich für alle Lebensgebiete nachweisen. Das andere sieht auf die Fruchtbarmachung dieser Einwirkungen für das eigene nationale Leben. Dieses zu fördern, dieses zu heben, das ist das heilige Erbe der Vergangenheit, so daß

alle Äußerungen unseres Gemeinschaftslebens unter dem Bewußtsein
der nationalen Pflicht stehen. Jede kleine wirtschaftliche Frage wird
zu einer nationalen und es ist bezeichnend, daß unsere größten Geldinstitute ihren Reingewinn nicht zur Bereicherung des Einzelnen verwenden, sondern in größtem Maß für nationale Kulturinteressen.

Bei dem Bestreben, den Zusammenhang mit der deutschen Geisteskultur aufrecht zu erhalten, haben wir niemals übersehen, daß in
unserer Kulturarbeit das heimische Element, die Beeinflußung unserer
Entwicklung durch unsere Umgebung, naturgemäß eine Rolle spielt,
und daß das Umsetzen deutscher Kultureinflüsse in sächsisches Leben
nicht am wenigsten durch das bedingt war, was wir hier an unmittelbaren Einwirkungen erfuhren. Unsere Sprache, nicht nur der
Dialekt, sondern die Art, wie wir deutsch reden, wurde ebenso von
der Umgebung beeinflußt wie wir sie beeinflußten. Unser Hausbau
und unsere Tracht, unsere Kunstentwicklung und Lebensgewohnheiten,
kurzum unser ganzes Leben hat durch all das, was bewußt gesuchter,
klar empfundener und unbewußt erhaltener Einfluß der Umgebung
uns zugeführt, den Einschlag des Siebenbürgischen erhalten,
das unser Deutschtum charakterisiert. Unsere Politik wuchs aus diesen
Verhältnissen heraus und wie Siebenbürgen bis 1918 in der Regel
in seiner Politik ein Spiegelbild jener Ungarns war, so ist unser
politisches Verhalten in der Vergangenheit unter dem Einfluß der
ungarischen Verhältnisse gestanden, ob wir sie als Förderung oder
Hindernis empfanden. An großen Wendepunkten der Geschichte — so
in der Josefinischen Zeit und in den vierziger Jahren des vorigen
Jahrhunderts — sind die Vorgänge in Ungarn geradezu der Aus-
gangspunkt und die Richtlinien für unser Verhalten gewesen, und
zwar nicht nur in den Fragen der Politik, sondern auch der Kulturarbeit im engeren Sinne.

Die ganze national bewußte Kulturarbeit aber stand im Dienste
des Vaterlandes. Alle Einzelrechte, die wir aus der Urheimat hieher
mitbrachten — die Benützung der Weide und des Waldes, der
Weinschank, die Rechtsprechung — sie sind hier früher oder später
Gemeinrechte der Gesamtheit geworden. Und diese Gesamtheit stellte
sich in den Dienst des neuen Vaterlandes. Was Honterus von der
Herausgabe des Reformationsbüchleins, damit von der Durchführung
der Reformation hier sagte, sie sei geschehen „ad ornamentum patriae
nostrae communis" (ich möchte hier zu gleicher Zeit übersetzen:
zum Rüstzeug und zum Glanzpunkt [Zierde] unseres gemeinsamen
Vaterlandes), es gilt von unserer ganzen Volksarbeit in Vergangenheit
und Gegenwart. Unsere ganze Geschichte ist ein großer Beweis dafür.
Klarer nur als die Vergangenheit hat die Gegenwart erkannt, daß
in den beiden Pflichten unser ganzes Arbeiten und Leben eingeschlossen ist: das Volkstum zu erhalten und es einzustellen in den
Dienst des Staates. Wer sehen will, wie dieser Gedankenkreis für
uns das Wesen unseres Daseins ausmacht, der lese die Erklärungen
in den sogenannten Schulvereinsdemonstrationen im Jahre 1882.

voran die Hermannſtädter und Brooſer, aus denen wie aus einem klaren Spiegel unſer Volksbild uns anſieht. Viel verdanken wir dem Vaterland, unter ſeiner Einwirkung ſind wir ſo geworden, wie wir ſind, wir haben viel Leid getragen mit ihm — und viel Leid erfahren von ihm. Aber wir ſind nie wankend geworden in der Liebe und Treue zu ihm.

Auf dem alten Wege gilt es weiter zu gehen. Wir haben keine Wahl — sint ut sunt aut non sint!

Die große Wandlung, die wir 1918 erlebt haben, hat in dieſer Beziehung nichts geändert. Auch in die neuen Verhältniſſe bringen wir das ganze alte Erbe mit, bereit, mit ihm dem neuen Staat, dem wir angehören, zu dienen.

Doch iſt dieſem Erbe eine neue Aufgabe zugewachſen. Im neuen Rumänien wohnen rund 800.000 Deutſche, denen eine gemeinſame Aufgabe zugefallen iſt, und die Sachſen ſind berufen, gerade mit ihrem Erbe dieſe Aufgabe zu fördern.

2.[1])

Das kirchliche Erbe, falls es geſtattet iſt, hier wo das nationale und kirchliche Leben ſo zuſammenfällt wie bei den Sachſen, es zu ſondern, iſt nicht weniger bedeutend.

Das erſte Erbe iſt die äußere Organiſation der Kirche, und zwar nach der Doppelſeite, Selbſtändigkeit und Autonomie nach außen und dann freie Gemeindeverfaſſung im innern.

Die Selbſtändigkeit nach außen hing mit dem Koloniſtenrecht zur Zeit der Einwanderung zuſammen, das die Sachſen ſich zu wahren und zu mehren imſtande waren. Sowie von Anfang an die Abſicht der ſächſiſchen Einwanderer nach Siebenbürgen ſich darauf richtete, politiſche Selbſtändigkeit zu erringen, ſich das Recht zu ſichern, das eigene Schickſal ſelbſt zu beſtimmen, ſo taten ſie es auch auf kirchlichem Gebiete. Es gelang ihnen ſchon in der katholiſchen Zeit, die ſächſiſchen Gemeinden nicht nur in Kapiteln zu vereinigen — ein Erbe, das ſie aus der alten Heimat mitgebracht hatten, ſondern dieſen Kapiteln auch eine ſelbſtändige Stellung zu verſchaffen, die beſonders die beiden Kapitel Hermannſtadt und Kronſtadt erwarben, die unter Gran ſtanden und deren Stellung für die anderen, unter Weißenburg ſtehenden Kapitel, ein Ziel des Strebens wurde. Es gelang dieſen „exempten Kapiteln", die unter ſelbſtgewählten Dechanten ſtanden, den Einfluß der Archidiakone einzuſchränken und durch Zuſammenſchluß ſämtlicher Kapitel, der unter Gran und Weißenburg ſtehenden, eine kirchliche Einheit zu bilden, die Anfangs ein Abgabenverband war, aber bald inhaltreicher wurde.

Es war damit der Grund gelegt zur kirchlichen Einheit bei Einführung der Reformation, die ſämtliche ſächſiſchen Gemeinden an-

---

[1]) Vgl. Sächſiſcher Hausfreund für 1911. Herausgegeben von Dr. O. Netoliczka, Kronſtadt.

nahmen. Die Kapitel behielten ihre alten Rechte und die neue Kirche errang mit der evangelisch-reformierten, der römisch-katholischen und zuletzt der unitarischen Gleichberechtigung, die später auch auf die griechisch-orientalische und früher schon auf die griechisch-katholische ausgedehnt wurde.

Trotz aller Landesgesetze und entgegen allen feierlichen Versicherungen versuchte der „Staat" vor allem im 18. Jahrhundert die ev. Kirchen in Siebenbürgen von dem alten Rechtsboden zu verdrängen, und da der Staat sich als katholisch ansah, so richteten diese Angriffe sich stets auch auf den Seelenfang. Es bezeichnet die größte Knebelung der ev. Kirche, als ihr im Zusammenhang mit den ungesetzlichen politischen „Regulationen" 1807 eine neue Verfassung aufgezwungen wurde, die der Kirche fast alle Selbständigkeit nahm und den Landesfürsten gegen alles Recht als „summus arbiter" der Kirche verkündete.

Die reformierte Kirche nahm zuerst hier (in den dreißiger Jahren des 19. Jahrhunderts) den Kampf für ihre Autonomie auf, und als die ev. Kirche das gleiche tat, geschah es vor allem mit Berufung auf das alte ihr genommene Erbe, das sie in den Kämpfen seit 1850 wieder gewann und die neue Verfassung von 1861 ihr ganz zurückeroberte. Der schwere Kampf, der von 1868 an mit den wechselnden ungarischen Regierungen geführt wurde, ist nicht am wenigsten ein Kampf um die Autonomie der Kirche gewesen, die vor allem die Schule behalten wollte, auf die sie ein ererbtes Recht hat. Die Zähigkeit, mit der die Kirche diesen Kampf geführt hat, hat ihren Grund in der Erfahrung, daß die Abhängigkeit der Kirche vom Staat überall ihr zum Verhängnis gereicht.

Zu der ererbten Selbständigkeit, die auch die innere Entwicklung von allen äußeren Gewalten unabhängig macht, tritt die freie Gemeindeverfassung als wertvollster innerer Besitz.

Auch dieses Erbe geht bis in die Zeit der Einwanderung zurück. Die Gemeinden hatten von Anfang an das Recht der Pfarrerswahl und gaben dem Pfarrer, allerdings nicht überall den ganzen, Zehnten und nahmen schon in der katholischen Zeit einen entscheidenden Einfluß auf die Gemeindeangelegenheiten. Sie bewahrten darin ein Erbe einer noch viel älteren Zeit, in der der Germane den heidnischen Göttern opferte und der Hausvater die eigene Kirche sich baute, deren Priester er später bezahlte und deren Herr er war. Mit dem Bewußtsein der „Eigenkirche" sind die Sachsen nach Siebenbürgen eingewandert und die „Eigenkirche", die sie hier gegründet, ist nicht unwert der Vergangenheit. Als die Reformation den Grundsatz neu aufnahm, daß die Gemeinde der Kern der Kirche sei und sie ihre Angelegenheiten zu ordnen ein Recht habe, konnte der Gedanke hier an das alte Erbe anknüpfen und er ist lebendig geblieben bis heutigen Tages.

Die neue Kirchenverfassung, die 1861 der Kirche die alte Autonomie sicherte, gab auch der Gemeinde ihre alten Rechte wieder. Es war nicht nur evangelisches Recht, es war zugleich sächsische Überlieferung. So ordnet die evangelische Gemeinde auch heute ihre Angelegenheiten selber, von der Vermögensverwaltung an, der Wahl der Pfarrer und Lehrer, bis zur Ordnung des Gottesdienstes. Es ist immer ein eindrucksvolles Bild, wenn der Kirchenvater in Stolzenburg an den hohen Festtagen das alte silbervergoldete Kreuz aus dem 15. Jahrhundert in die Kirche trägt und in Großscheuern die Kirchenväter die Abendmahlsgeräte an den Kommunionssonntagen auf den Altar stellen, beides so recht ein Symbol des Gemeindegedankens.

Und das Recht der Gemeinde geht weiter. Sie hat nicht nur ihre Angelegenheiten zu ordnen das Recht, sie nimmt maßgebenden Einfluß auf die allgemeinen Verhältnisse der Kirche, wenn ihre Vertreter in der Bezirksversammlung sitzen, wenn die Presbyterien ihr Gutachten über Gesetzesvorlagen der Landeskirche abgeben oder Vorschläge machen bei der Wahl des Bischofs.

Aber wie die äußeren Formen zuletzt inneres Leben zum Ausdruck und zur Entfaltung bringen, so ists mit der Verfassung der Kirche der Fall und den äußeren Formen des kirchlichen Lebens. Wohl ist dies innere Leben auch nicht unveränderlich. Unser Protestantismus ist heute ein anderer wie im Reformationszeitalter und wird nach einem oder zwei Menschenaltern anders sein als heute. Aber die Grundgedanken, der Ewigkeitsgehalt, sind die gleichen. Und was hier das Erbe bedeutet, das lehrt ein Vergleich mit anderen Völkern und mit anderen ev. Kirchen. Der deutsche Protestantismus ist ein anderer als der englische, und in Deutschland selbst mag man nach Landschaften Verschiedenheiten nicht nur im kirchlichen, sondern auch im religiösen Leben leicht entdecken. Unser Protestantismus hat seinen besonderen Charakter, auch er gründet sich auf ein reiches Erbe.

Er ist zu erkennen in der Auffassung der Arbeit. Die bekannten Worte des 90. Psalms: Unser Leben währet siebzig Jahre und wenns hoch kommt, so sind es achtzig Jahre und wenn es köstlich gewesen ist, so ist es Mühe und Arbeit gewesen, haben den entsagungsvollen Sinn, daß das Menschenleben selbst dann, wenn es als glückliches gepriesen werden kann, voll Mühe und Arbeit gewesen sei. Also Mühe und Arbeit erscheinen dabei als drückend und schwer. Es ist ein Zeichen ganz anderer Auffassung der Arbeit, wenn der Deutsche den Worten den Sinn gibt, das Leben wird durch Mühe und Arbeit köstlich. Die Lebensauffassung auch der Sachsen ist, daß Gott den Menschen die Arbeit auferlegt habe und daß der alte Fluch der Arbeit ein Segen sei. „Wer nicht arbeitet, soll auch nicht essen", ist eine Grundanschauung seiner Sittenlehre. Damit steht die Anschauung im Zusammenhang, daß betteln eine Schande sei und die Armut steht im Verdacht, daß sie verschuldet sei. Wo schuldloses Unglück den Einzelnen oder die Familie trifft, da ist der Nachbar, der Verwandte, der Volks- und Glaubensgenosse zur Hilfe stets bereit. Es war doch bezeichnend, daß von den fast 5000 Kriegswaisen nur vier unversorgt waren. Die

Wertung der Arbeit tritt in der Hausinschrift zutage, die das Schillersche Wort wiedergibt:

> Arbeit ist des Bürgers Zierde,
> Segen ist der Mühe Preis,
> Ehrt den König seine Würde,
> Ehret uns der Hände Fleiß.

Aber neben die Arbeit tritt, wie die Sage des Helden Taten umwebt, die gute Laune und das behagliche Genießen der Stunde, die in der allgemeinen Empfindung wurzeln:

> Wie wunderbar ist Gottes Erde
> Und wert, darauf ein Mensch zu sein.

Wenn das sächsische Wörterbuch einmal vollendet sein wird, dann wird man erst sehn, wie reich das sächsische Leben, trotz allem Druck, der darauf lastet, an Späßen und Schwänken, an Neckereien und lustigen Geschichten ist. Wenn sie im Bürger- und Bauernhaus beim Taufmahl und Hochzeitsschmaus stundenlang — die Hochzeiten dauerten früher mehrere Tage — sitzen und Speise und Trank des Hauses Ehre loben, dann sprudeln diese Quellen reichlich und der Reichtum des Gemüts wird offenbar. Welch ein Bild frohen Lebens, wenn am Sonntag unter den Linden vor der Kirche die Bruder- und Schwesterschaft tanzt, ringsum im Kreise sitzen die Väter und Mütter und sehen zu und erinnern sich an die Zeiten, da sie jung waren, und unter ihnen sitzt die „tugendsame Frau Mutter", die Pfarrerin, und aus dem Fenster des nahen Pfarrhofs sieht der Pfarrer eine Weile zu. Wenn die Nachbarschaft „Richttag" hält und an die ernsten Verhandlungen später die Freude sich anschließt, dann erleben es die Mitglieder, daß die Erde nicht nur ein Jammertal ist und Gottes Sonne über ihr leuchtet.

Die ev. Kirche hat, so recht in Luthers Geist, den rechten Mittelweg gefunden zwischen der katholischen Kirche, die auch nach der Reformation noch soviele den Heiligen gewidmete Tage hatte, daß für die Arbeit wenig Zeit übrig blieb und ein Teil der Religion in Wallfahrten und Lustbarkeiten aufging, und dem calvinischen Ernst, der unter dem Druck der Vorherbestimmung und der Last der Sünde zu dieser auch den größten Teil der weltlichen Freude rechnete und auch unschuldigen Vergnügungen einen Makel anhaftete.

Wenn auch nicht ausschließlich als evangelisch und lutherisch zu werten, ist doch ein sichtbarer Einschlag davon in der Würdigung der Reinheit des Familienlebens zu finden. Der Familiensinn ist wie im allgemeinen im deutschen Volk auch im sächsischen stark entwickelt und äußert sich im guten und im schlimmen. Der Kreis der „Freundschaft", wie im sächsischen Dialekt die Verwandtschaft genannt wird, wird weit gezogen und die geschlossene Familie wächst in kleinen Verhältnissen bisweilen zur Partei, die maßgebend in allen Fragen sich nicht scheut Nepotismus in ausgedehntem Maß walten zu lassen, und die Streitigkeiten der Dorf-Montecchi und Capuleti geben Stoff zu unendlicher Heiterkeit, obwohl sie in Wirklichkeit oft zu schwerer Schädigung wichtiger Angelegenheiten dienen. Was das evangelisch-sächsische Pfarrhaus, zuletzt doch auf Luthers Familienleben zurückgehend, für das Familienleben wie für unsere ganze Entwicklung bedeutet hat, das harrt noch der Darstellung.

Ein charakteristischer Zug des sächsischen Glaubenslebens ist ein gewisser nüchterner Zug, der hin und wieder als „reformiert" gedeutet wurde. Aber er hat einen anderen Ursprung, er wurzelt in erster Reihe in dem Kolonistenleben selbst, das überall mit Not und Entbehrung verbunden ist, die dem Sachsen durch seine ganze Geschichte auf der Schwelle lagerte und Dorf und Stadt im Banne hielt. Da wurde der bewegliche und lebhafte Franke stille und in sich gekehrt, der Sinn kühl und nüchtern. Dazu kam in der Reformation Luthers Grundsatz, der den Glauben und das Leben durch die Vernunft zu prüfen anleitete. Ein Stück „Rationalismus" lag darin und das entsprach dem sächsischen Wesen.

Als ein Erbe aus der Vergangenheit, auch nicht durch die Reformation geschaffen, aber durch sie wesentlich gestärkt, ist die Hochschätzung der Geistesbildung anzusehn, die in der Pflege der Schulen einen sprechenden Ausdruck findet. Die gelehrte Bildung ist zu Zeiten überschätzt worden, aber der Kolonist hier erkannte früh zu seinem Vorteil, wie höhere Bildung ihn über seine Umgebung emporhob und ihm die Herrschaft über sie sicherte.

Das bedeutsamste Erbe der Reformationszeit aber war, daß sämtliche sächsischen Gemeinden evangelisch wurden. Nicht nur die freien Gemeinden des Sachsenlandes, für die die Sächsische Nationsuniversität die Vertreterin war und „die Kirchenordnung aller Deutschen in Siebenbürgen" beschloß, auch die unfreien, auf Komitatsboden liegenden Gemeinden, etwa 80 an der Zahl, traten zur evangelischen Kirche über. Dadurch wurde ein neues Band um das sächsische Volk geschlungen, das über den Kreis der sächsischen Nationsuniversität hinausgriff und das bestimmt war, jene politische Einheit zu überdauern. Und das große Ergebnis war, daß Volkstum und Kirche zusammenfielen, ein heiliges Erbe der Vergangenheit. Wer aus dem einen Kreis ausscheidet, scheidet auch aus dem andern aus. Die schwachen Renegaten des 18. Jahrhunderts sind fast ausnahmslos mit dem Abfall von der Kirche auch dem Volkstum verloren gegangen und heut gilt mehr als je Alberts ernste Mahnung:

> Steh in deines Volkes Mitte,
> Was dein Schicksal immer sei!
> Wie die Not auch dräng und zwinge,
> Hier ist Kraft, sie zu bestehn,
> Trittst du aus dem heiligen Ringe,
> Wirst du ehrlos untergehn!

Diese Kirchengemeinschaft, die zugleich Volksgemeinschaft ist, erhielt nun durch die Reformation ein eigenes Gepräge.

Zwei Strömungen gehen in jeder Religion nebeneinander her, das leidenschaftliche Suchen nach Gott, im Bewußtsein der Sünde die Sehnsucht nach Gnade und Vergebung, und dann das Bestreben, das Leben dem Glauben entsprechend immer reiner und sittlicher zu gestalten. Auch in der ev. Kirche sind die beiden Strömungen in verschiedenen Zeiten in verschiedener Stärke vorhanden gewesen, aber im ganzen ist es ein Erbe der Vergangenheit, wenn hier bei uns die Kirchenordnung mehr als die Glaubensschöpfung die Gemüter bewegte. Wohl hat auch die Frage nach der „reinen Lehre", gerade im Reformationszeitalter, die Seelen stark beschäftigt, — die Synodalverhandlungen liefern dafür den Beweis —, dann im 18. Jahrhundert, als der Pietismus Einzug auch in unsere Kirche fand, aber die breiten Schichten der Bürger und Bauern, die die neue Lehre angenommen hatten, wurden sofort durch die neue Lebensordnung in Anspruch genommen. Die neue Kirche umspannte den ganzen Umkreis des Lebens und indem sie das ganze Leben christlich gestalten wollte, schuf sie eine rechte Volkskirche. Sie fand oder schuf Anstalten, die das Leben des Einzelnen von der Wiege bis zum Grabe begleiten. Die Schule, hier von alter Zeit ein wesentlicher Zweig der kirchlichen Arbeit, erzieht die Jugend, die Bruder- und Schwesterschaften hielt und hält diese in Lust und Leid, bei Arbeit und Vergnügen zusammen, die Nachbarschaft eint die selbständigen Gemeindeglieder. Wie hat noch St. L. Roth sie in ihrem Wesen geschildert und ihre Glieder, „die aus einem Brunnen tranken, Brot aus einem Ofen aßen, die die Nachthut für einander hielten, die sich ihre Wohnhäuser aus gemeinschaftlicher Kraft aufrichteten, in Krankheit und Unglücksfällen den Willen von Anverwandten hatten, die endlich einmal alle auf derselben Totenbank ruhten . . ." Dieses Erbe nicht nur zu erhalten, sondern mit neuem starken Leben zu erfüllen, ist eine neu aufgenommene Aufgabe.

Bei diesem Zusammenfallen von Volk und Kirche war von selbst gegeben, daß der nationale Gedanke in der Kirche eine andere Rolle spielte als anderswo. Sämtliche Kirchen sind in Siebenbürgen national orientiert und beeinflußt, und wenn das Volkstum als etwas Gottgegebenes erkannt ist, dann kann es auch aus der Kirche nicht ausgeschaltet werden. Gewiß wächst dabei die Gefahr, daß die Kirche verweltlicht, aber auf der anderen Seite bedeutet ihre so beeinflußte Arbeit die Verchristlichung des Lebens.

Diesem Ziel näher zu gelangen hilft ein anderes Erbe mit, das hier die Reformation auch nicht geschaffen, wohl aber erweitert hat, die ausgiebige Mitarbeit des weltlichen Standes in der Kirche. Die ev. Kirche beruht ja auf dieser Mitarbeit. In der Reformationszeit schon nahm die Nationsuniversität das Recht in Anspruch, in den wichtigen kirchlichen Fragen entscheidenden Einfluß zu nehmen, und für alle Kirchen setzte das Landesgesetz der Approbaten (1653) fest,

daß in wichtigen Angelegenheiten die Weltlichen ihre Zustimmung
zu geben hätten. Es sind Bestimmungen und Einrichtungen, die die
Landeskirchenversammlung vorweg genommen haben.

Ein Erbe, das die Lutherische Art kennzeichnet, die Tatsache
des „leidenden Gehorsams" ist eine Macht auch in unserer Geschichte
gewesen. Er tröstet sich mit dem Leiden des Heilands und beruft
sich auf das Schriftwort (Röm. 13, 1): Jedermann sei untertan der
Obrigkeit, die Gewalt über ihn hat, aber vom Gebiet des Glaubens
auf das der Politik übertragen führte die Befolgung des Grundsatzes
oft auf falsche Wege. Diese Weltanschauung fand zugleich eine Stütze
in der Erfahrung der Kolonisten, die hier durch Jahrhunderte Schwerstes
zu erleiden hatten und nicht verzagen durften, wenn es galt immer
wieder auf Trümmern und aus Trümmern neu zu bauen. Wiederholt und mitunter bewundernd sah der ruhige Sachse den calvinischen
Magyaren temperamentvoll rasch zugreifen und handeln, wo der „für-
sichtig-weise" Sachse überlegte, während der andere geplantes oder
erfahrenes Unrecht abwehrte, aber des ev. Sachsen zähe Art, nicht
nachzugeben und durchzuhalten war zuletzt eine nicht geringere Stärke
und sie wurzelte ebenso im Luthertum wie in deutscher Art.

Als ein wertvolles Erbe aus der Vergangenheit soll die Freiheit der religiösen und geistigen Entwicklung innerhalb der Kirche
festgehalten werden. Sie hat in Lehr- und Glaubensfragen nur einmal, vielleicht zweimal, im 18. Jahrhundert im Kampf mit dem Pietismus mit äußeren Zwang eingegriffen, sonst vertraute und vertraut
sie darauf, daß die Wahrheit sich Bahn bricht, und daß im Kampf
der Geister ein Lebensgrundsatz des Protestantismus liegt.

Das äußere Erbe in Brauch und Sitte, manches in die vorreformatorische Zeit zurückgehend (so die Feier des Namenstags), die
aber zuletzt doch ihre Berechtigung in den Tiefen des Gemüts und
in der ganzen Lebensauffassung haben — Sitte und Sittlichkeit hängt
nicht nur sprachlich zusammen, — äußert sich ebenso im kirchlichen wie
nationalen Leben und hilft gleichfalls Volkstum und Kirche im Gleich-
klang zu erhalten.

Es ist eine Gnade Gottes gewesen, daß im selben Augenblick,
als die politische Nation hier zu den Toten geworfen wurde (1876),
die Kirche all die nationalen Güter in ihren Schutz genommen hatte,
die wir aus der Vergangenheit überkommen haben, und die „Kirchenburg" — wie oft greift das Bild in unsere Seele, wo ihre alten
Mauern vom grünen Hügel ins stille Tal herabsehen — nun in neuer
Weise für das Volk Hüterin alter Schätze und neuer Gaben wurde.

Alles Erbe hat nur Wert, wenn es nicht bloß erhalten, sondern
gemehrt wird, wenn es nicht ein Erbe der Formen, sondern des
Geistes ist, der Neues schafft, der Leben bringt.

Unsere Kirche ist sich heut dessen bewußter als je. Beides ist eingeschlossen in dem Wort aus der Reformationszeit, das ihr Ziel bezeichnet; sie soll ganz werden, als was sie damals gekennzeichnet wurde:
ecclesia Dei nationis Saxonicae, die Kirche Gottes sächsischer Nation.

III.

Die Wandlungen im Leben der Sachsen in den zwei letzten Menschenaltern.[1]

Neben den großen Wandlungen im Leben der Völker, die jedem Auge sichtbar im Zusammenhang mit großen Erschütterungen stehn, wie auch das sächsische Volk sie wiederholt erlebt hat, stehn die weniger auffallenden, die doch zuletzt das ganze Leben umgestalten. Diesen soll hier nachgegangen werden innerhalb des Zeitraumes von 1848 bis 1918. Was später geschehen ist, liegt außerhalb des Rahmens der Untersuchung.

Das erste, was in die Augen fällt, ist die Wandlung, die in der Schichtung unseres Volkskörpers vor sich gegangen ist. Wohl ist sie in einer Beziehung so geblieben, wie sie vor 70 Jahren war: Bauern, Bürger, Literaten, falls die grobe Einteilung erlaubt ist. Aber innerhalb dieser Schichtung, welche Wandlung. Damals ein bodenständiges Bauerntum, gehalten durch die Gebundenheit der „Gemeinde" und an die Gemeinschaft, in der der Einzelne nur als ihr Glied Bedeutung hatte, heute über 20.000 sächsische Bauern außer Landes, vor allem in Amerika! Ohne die Frage zu beantworten, welche Vorteile und Nachteile damit verbunden sind, so kündet die Tatsache doch das eine: daß der Bauernstand ein anderer geworden ist, in seiner Masse noch immer schwerflüssig und zäh, aber neuen Gedanken, neuen Aufgaben nicht mehr so unzugänglich wie früher. Dem literarischen Leben fernstehend, war er bisher ausschließlich Objekt der literarischen Forschung, jetzt ist die Zeit nicht fern, wo in den obern Kreisen dieses Standes ein Verständnis für die geistige Arbeit sich entwickelt. Sie lesen mehr wie früher und sind in ganz anderer Weise wie ehemals von Fragen bewegt, die sie früher nicht berührten. Die Wandlung, die mit dem Bauernstand vor sich geht, hängt mit den veränderten wirtschaftlichen Verhältnissen zusammen. Im letzten Menschenalter ist in den meisten Gemeinden die Kommassation, die Zusammenlegung der Grundstücke durchgeführt worden, die den Bauern erst zum völlig freien Herrn seiner Wirtschaft machte. Sie zwang ihn in neue Wirtschaftsbahnen, sie drängte ihn zu selbständiger Arbeit, zu selbständigerem Denken. Im Zusammenhang damit stand allerdings die Erschütterung der Sitten wie mancher hergebrachten Anschauung und manchen historischen Besitzes. Hundert und hundert Hattertbezeichnungen schwinden durch die Kommassation, wie das Bild der Gemeindeflur sich ändert, und ebenso viele Worte und Begriffe für gewisse Arbeiten und Tätigkeiten fallen mit diesen zu Boden. Mit der Umänderung der Sitte, wie sie sich in Kleidung, in Speise, in Art und Brauch vollzieht, wird eben das Leben ein anderes. Wir stehn hier an der Grenzscheide zweier Zeitalter in unserem Volksleben und wir können heute nicht sagen, ob eine spätere Zeit in den Zügen des einen die des anderen wieder

---

[1] Vgl. Archiv des Vereins für siebenb. Landeskunde 33, S. 281 f.

erkennen wird. Aber im ganzen hat die Entwicklung den Bauernstand nach aufwärts geführt.

Das läßt sich nicht in gleichem Maß von dem Handwerk sagen. Bis zum Jahre 1848 war der Kern des sächsischen Volkes der Gewerbestand, der kleine Bürger, der mit einem oder zwei Gesellen arbeitete, in seinem eigenen Haus wohnte, die Traditionen alter Zeit in seiner Werkstatt und in seinem Leben bewahrte, die Kinder in alter Einfachheit erzog, in Zunft und Kommunität am öffentlichen, kirchlichen wie politischen Leben teilnahm, sofern es überhaupt vorhanden war. Ehemals hatte er auch die Mauern und Türme der Stadt verteidigt, was nun nicht mehr nötig war, denn fast hundertfünfzig Jahre war im Lande Friede gewesen und die Hand entwöhnte sich des Kriegshandwerks. Doch hatten die Besten unter ihnen das Gymnasium besucht und von da Freude an edler Lektüre und an geistigem Leben mitbekommen. Der Sturmwind der Sprachenfrage, der das Land in den vierziger Jahren durchfuhr, hatte auch diese Kreise bewegt. Denn die großen Fragen des Bestandes unseres Volkstums, die Mittel es zu stärken, es widerstandsfähig gegen die Angriffe der Gegenwart und sicher für die Zukunft zu machen, fanden dort Verständnis und zugleich das Bewußtsein, daß es auf sie mitankomme, wenn jenes Ziel erreicht werden sollte.

Dieser kleine Bürgerstand ist uns unter den Händen zerronnen. In Kronstadt hatte es 1798 43 Zünfte mit 1936 nahezu ausschließlichen sächsischen Meistern gegeben, die im Jahre 1844 schon auf 38 Zünfte gesunken waren mit 1256 Meistern — siebzig Jahre später zählte man kaum 600 sächsische Meister. In Hermannstadt waren im Jahre 1829 1400 Gewerbetreibende, im Jahre 1890 853 und von diesen 581 Sachsen, mehr als ein Drittel hat nicht ein Jahrhundert vernichtet. In Schäßburg gab es im Jahre 1852 191 Webermeister, die an 357 Webstühlen arbeiteten und in deren Zunft an ein halbes Tausend Menschen beschäftigt waren — dreißig Jahre später gab es keinen mehr! Und so ists in allen unseren Städten dem Gewerbestand gegangen.

Was von ihm übrig geblieben ist, das ist der Rest eines geschlagenen Heeres, der erst langsam anfängt, sich zu sammeln. Es soll hier nicht den Ursachen des Rückganges nachgespürt werden, bei dem Schuld und Verhängnis sich die Hand zur Zerstörung gereicht haben, sondern die Folge ins Auge gefaßt werden. Sie ist abgesehen von der verminderten Zahl des Gewerbetreibenden die stark herabgeminderte Lebensfreude und die gesunkene Zuversicht, im Kampf ums Dasein zu bestehen. Wo ganze Reihen von Gewerben zusammengesunken sind wie im regenlosen Sommer das Gras auf den Halmen, wobei was etwa übrig geblieben das Welken weit verkündet, da ists kein Wunder, wenn die Angst übermächtig wird, ob man selbst dem Tod entrinnen werde. Darum wurde der Kampf in der Konkurrenz heftiger, rücksichtsloser, skrupelloser und es blieb wenig Zeit und Verständnis für das Interesse am literarischen Leben und für geistige

Arbeit. Die meisten dieser Gruppe standen dem nationalen, wie überhaupt dem öffentlichen Leben der Gegenwart ferner wie die Genossen vor siebzig Jahren. Allerdings riefen die schweren politischen Kämpfe seit 1868 ihre Reihen auf, sich auch ins Glied zu stellen und die neuen Organisationen zeigten, wie viel Kraft und guter Wille in ihnen vorhanden ist.

Aber aus dieser kleinen Gruppe erhebt sich langsam und wächst über sie hinaus eine Zahl Gewerbetreibender, die in jenen Gewerben tätig sind, die unter allen Umständen Ertrag versprechen — wie die Gewerbe für Nahrung, Kleidung und ähnliche — und jene, die den Übergang zur Fabrik glücklich ermöglicht haben. Von beiden Gruppen weisen unsere Städte erfreuliche Beispiele auf. Beide zeichnen sich, mit der Vergangenheit verglichen, durch größere Rührigkeit, weiteren Blick, größere Tatkraft aus. Man darf wohl annehmen, daß in diesen Kreisen der Wert des Wissens und der Bildung geschätzt und gesucht werde, daß man sie als berufen ansehen kann, in jene Lücke zu treten, die der Rückgang des kleinen Gewerbes verursacht hat. Wohl kann der sächsische Fabrikant sich nicht mit dem ausländischen an Reichtum messen, aber schon kann man von einem Stand unter uns sprechen, der Einfluß auf unsere Entwicklung nimmt. Die Einzelnen können in bezug auf das Vermögen den alten Gewerbestand ersetzen, aber niemals volkspolitisch, falls der Ausdruck erlaubt ist. Der sächsische Fabrikant mit einem Vermögen von 200.000 Gulden ersetzt in bezug auf den Wohlstand hundert sächsische Bürger der alten Zeit mit je 2000 Gulden Vermögen, aber er ersetzt nicht und kann sie nie ersetzen nach allen anderen Seiten. Jene hundert Bürger bedeuteten hundert Familienväter, mit Frau und Kindern wohl fünfhundert Seelen, eigenes selbständiges Leben, in Gemeinde und Kirche Träger des Gesamtgedankens. Wenn einer von ihnen in einem gegebenen Fall versagte, so blieben noch 99 übrig — wenn heute der eine versagt, so entsteht eine große Lücke.

Darum ist die Frage von allergrößter Bedeutung, wie stehen diese Kreise zu den großen Fragen des Volkes, der Kirche, des öffentlichen und nationalen Lebens, der geistigen und sittlichen Kräfte inmitten des Volkslebens. Die erste Generation ist eben im Aussterben. Sie ist recht eigentlich aus dem alten Gewerbestand herausgewachsen, der Fabriksherr war überall noch mittätig an der Arbeit, auf ihm ruhte das Ganze, noch erinnerte er sich, daß er in der kleinen Werkstätte des Vaters Lehrling und Geselle, oder in der Werkstatt des Meisters der zugewanderte arme Lehrjunge gewesen, der die alten Handgriffe erlernte. Da ists kaum möglich, daß die guten Geister der alten Werkstatt mit einem Schlag verflogen wären, wenn vielleicht auch der eine oder der andere über der harten Arbeit und der großen Leistung der neuen Schöpfung oder dem hastigen Streben nach raschwachsendem Reichtum hie und da den Blick übermäßig nur auf die eigenen Angelegenheiten gerichtet und darüber das Allgemeine verloren hätte. Aber die Gefahr wird in der zweiten Generation größer, daß die Sucht nach Erwerb, mit dem Vermögen wachsend, den Ge-

danken an die Pflicht, die geistig-sittlichen Güter, die allgemeinen
Interessen auch des Volkes zu stützen und zu fördern, zurückdrängen
könnte, und darum wird es immer wieder nötig sein, gerade dem
heranwachsenden Geschlecht die schöne Aufgabe vor die Seele zu stellen,
die seiner in dieser Beziehung wartet. Der sächsische Fabrikant soll
immer, wie er es heut ist, auch eine Stütze des Volkes und der
Kirche sein.

Ein neuer Stand innerhalb des Bürgerstandes ist in den letzten
zwei Menschenaltern in dem Kaufmannsstand unter uns entstanden.
In den vierziger Jahren des vorigen Jahrhunderts gab es in unseren
kleinen Städten zwei bis drei Kaufleute, in den größeren kaum ein
Dutzend und das waren fast lauter Sachsen. Heute zählen sie zusammengenommen nach vielen hunderten. Aber unter ihnen muß ein
großer Unterschied gemacht werden. Auf der einen Seite — und das
ist die Mehrzahl — der kapitalsarme Krämer, der wenige Klassen
über die Elementarschule hinaus besucht hat, schlecht schreiben kann
und nicht imstande ist, die Bücher sich selbst zu führen, ohne größeren
Gesichtskreis vom Tag für den Tag lebt und kein Interesse hat an
dem, was außerhalb des Ladens liegt; auf der anderen der gebildete
Geschäftsmann, mit Geld und Kredit arbeitend, mit klugem Verständnis
auch der Weltkonjunkturen, von denen er abhängig ist, der Pflicht
bewußt, auch im öffentlichen Leben eine Rolle zu spielen. In der Zeit
der Renaissance sind sie in erster Reihe Förderer der neuen Kultur,
auch der Literatur gewesen — ein schönes Vorbild für sie in der
Gegenwart unter uns, deren Nachahmung empfohlen werden kann.

Nicht weniger bedeutsam ist die Veränderung, die in der Zusammensetzung der sogenannten literarischen Kreise vor sich gegangen
ist. Am auffallendsten in bezug auf die Juristen. Die Juristen sind
in den vierziger Jahren die ersten Träger des nationalen Gedankens
und der politischen Entwicklung gewesen. Das selbständige siebenbürgische Staatswesen, in dem die sächsische Nation die dritte gleichberechtigte ständische Nation war, sicherte ihnen den größten Einfluß,
allseitige Bedeutung, hervorragende Stellung. Der sächsische Gubernialrat, dem nach einer Reihe von Dienstjahren die Exzellenz und Orden
winkten, wie der Träger der höchsten Landesämter, die den Sachsen
zugänglich waren, bedeuteten im Volke die höchste soziale Schichte,
durch die es mit den leitenden Kreisen des Staates in Verbindung
stand. Wissen, Ansehen, Vermögen, Einfluß hielten sich die Wage. Und
daneben nun die Schar der Beamten in Stadt und Land, zusammen
viele hundert, denn nach der Regulation von 1805 bestand der
Hermannstädter Magistrat im Jahre 1840 aus 16 Senatoren, nach
1876 aus 3, die Zahl der Juristen in Stadt und Stuhl betrug
etwa 31, die Stuhlsbeamten in Leschkirch zählten 10, die in Reps 17,
die in Reußmarkt 11 gebildete Juristen, überall die Bürgermeister,
Königsrichter, Stuhlrichter, an ihrer Spitze der Komes, Gubernialrat
von Amts wegen. Aus dem Joch der Beamten und von ihrem Druck
das sächsische Volk zu befreien, hatte die Regierung, wie sie u. a.
mit gleißnerischen Worten behauptete, gegen das Gesetz jene Regu-

lationen gegeben und das Ende war, daß diese erst den Beamtenstand mit seinen Vorzügen und Schwächen geschaffen haben. Es soll
hier nicht davon die Rede sein, was er im ganzen und einzelnen
uns gewesen, uns geleistet und geschadet hat — es steht neben seiner
tapfern Vertretung und Verteidigung der Volksrechte auf den siebenbürgischen Landtagen durch seine besten Mitglieder die sträfliche Saum-
seligkeit und Untätigkeit, die sich nur allzu viele, besonders in den
kleinen Stühlen, zuschulden kommen ließen, deren Folgen noch heute
zu schwerer Anklage werden. Aber dieser Stand war ausschließlich
sächsisch, damit zugleich der Boden für sächsischen Nachwuchs für die
sogenannten gelehrten Berufe, die sich derart aus einer sozial hoch-
stehenden Schichte ergänzten, in der Familientradition und Bildung
eine Rolle spielten; er war als solcher der berufene Vertreter und
Verteidiger der Volksrechte, damit im Zusammenhang aber auch berufen, diese Rechte zu studieren und sie nicht bloß im Rathaus und
Landtagssaal, sondern auch wissenschaftlich zu vertreten. Es ist nicht
Zufall, daß zwei Mediascher Senatoren mit dem Pfarrer von Wald-
hütten den Aufruf zur Gründung des Vereins für siebenbürgische
Landeskunde 1841 erließen und daß die zwei ersten Vorsteher hohe
Staatsbeamte waren (Oberlandeskommissär Bedeus und Finanzrat
Trausch). Und endlich dieser Juristenstand war unabhängig von Gewalten außerhalb des sächsischen Volkes, demnach in der Ausbildung
und Betätigung alles dessen, was mit nationalem Leben zusammenhing, ungehindert. Gerade in den vierziger Jahren war dieser nationale
Einschlag im Leben der Juristen ein neuer bedeutsamer Umstand für
das Volksleben.

Die Wandlung, die hier vorgegangen ist, ist offenkundig. Während
die Zahl im ganzen rückwärts gegangen ist, ist uns durch die veränderten politischen Verhältnisse die oberste Schichte dieses Standes
ganz verloren gegangen, und da der Einfluß eines Standes auch
davon abhängig ist, wie hoch der Einzelne in ihm steigen kann, ist
sein Einfluß selbst gesunken. Er ist nicht mehr der alleinige Verteidiger und Vertreter der nationalen Rechte und er ist, sofern es
sich um die Staatsbeamten handelt, nicht mehr so unabhängig wie
früher. Auch seine Mitarbeit auf wissenschaftlichem Gebiete ist stark
zurückgegangen.

Einen Ersatz hat dieser Stand in den Advokaten gefunden, die
früher wenig zahlreich — es gab 1841 in Hermannstadt nur zwei
Advokaten und an anderen Orten nicht mehr — heute eine nach allen
Richtungen bedeutende führende Klasse darstellen, denen die völlige
Unabhängigkeit zugute kommt. Und wenn hier der weise Kopf bei
der alten guten Tradition des Hauses das rechte Herz findet, dann
fällt ihm die führende Stellung wie des Volkes Liebe und Vertrauen
naturgemäß zu, wie wir es bei Albert Arz von Straußenburg,
W. Bruckner u. A. gehobenen Herzens erlebt haben.

Von der Wandlung ist auch der Lehrerstand und Pfarrerstand
nicht verschont geblieben. Zunächst fällt im Vergleich mit früher die
stark vermehrte Zahl der akademischen Lehrer auf. Das Schäßburger

Gymnasium besorgten bis zum Jahre 1850 neben dem Rektor und Konrektor fünf akademische Lehrer, heute haben sämtliche Anstalten dort 16 Akademiker. Und dies Verhältnis ist überall ein ähnliches. Das allein gewährt schon einen größeren Einfluß auf die Volksentwicklung. Das Hervortreten der „Theologen", wie man sie nannte und das Volk sie noch nennt, und ihre Teilnahme am öffentlichen Leben am Anfang der vierziger Jahre bezeichnet an sich eine bedeutsame Wandlung der Zeit.

Aber bei steigender Zahl der Akademiker in den Städten zeigt sich die sinkende Zahl der akademischen Pfarrer. Bis 1848 hat es nahezu keine nichtakademischen Pfarrer gegeben — wenige nur, die bloß das Gymnasium absolviert hatten — heute gibt es deren etwa 80, rund ein Drittel sämtlicher evangelischer Pfarrer. Es beginnt sich auch ein anderes Verhältnis zu verschieben. Während bisher der Gymnasialprofessor zum Pfarrer aufstieg, hat nicht nur der unbedingte Übergang dieses Standes in das Pfarramt aufgehört, sondern es beginnt hie und da die Rückkehr aus dem Pfarramt in das Lehramt. Wir kennen die Ursachen dieser Erscheinung, die, so wenig nützlich und gut sie für unsere gesamte Entwicklung ist, als etwas Gegebenes betrachtet sein will, deren letzte Folgen heute kaum zu übersehen sind. Es spielt hieher auch die veränderte Schätzung des Stadt- und Landlebens hinein. Die Unterschiede beider sind größer geworden als sie früher waren, und die Annehmlichkeiten des ersteren fallen mehr ins Gewicht als ehedem. In alter Zeit waren die Pfarrer unter uns in erster Reihe Träger des literarischen Lebens, seit der Mitte des 18. Jahrhunderts auch die Juristen, seit den vierziger Jahren traten die Lehrer hinzu. Ihre Teilnahme daran ist nicht im Verhältnis zu ihrer Zahl gewachsen. Der Höhepunkt des wissenschaftlich-literarischen Arbeitens dieser Kreise scheint in den fünfziger und sechziger Jahren erreicht worden zu sein.

Wachsender Anteil am literarischen Leben, wenn auch zunächst nicht am streng wissenschaftlichen als Mitarbeiter, ist in den seminaristischen Kreisen zu erwarten, wo die gesteigerte Bildung des Seminars den Weg vorbereitet.

Während es in der Vergangenheit nicht gelungen ist, einen Stand der Techniker uns zu erziehen, da die Verhältnisse für sie — einige Architekten ausgenommen — keine Beschäftigung boten oder eben nur wenigen sie boten und darum eine große Anzahl aus unserer Mitte, die diesen Beruf erwählte, im Ausland Stellung gesucht und gefunden hat, so hat die zunehmende Industrie in der letzten Zeit die erfreuliche Möglichkeit geschaffen, sächsischen Technikern ein wachsendes Feld der Betätigung zu öffnen. Erfreulicherweise ist auch die Zahl der Ärzte bedeutend gestiegen. Ihr Zusammenschluß zum sächsischen Ärzteverein, vor allem ihre Tüchtigkeit und das darauf beruhende Ansehn, schafft ihnen eine einflußreichere Stellung im ganzen Volksleben. In Stadt und Land gehören sie zu den führenden Persönlichkeiten.

Neben den Wandlungen, die zum Teil Verluste bedeuten, hat die Zeit einen neuen Beruf in unserer Mitte geschaffen, der für andere

verlorene in die Lücke tritt, die Bankbeamten. Wer heute den Beamtenkörper der Hermannstädter Sparkasse und der Bodenkreditanstalt ins
Auge faßt, die mit den ähnlichen sächsischen Anstalten in unserer Mitte
vielen hundert sächsischen Familien die Möglichkeit des Lebens bieten,
der muß zugleich zugeben, daß in diesen Kreisen eine Fülle neuartiger
Intelligenz sich zusammenfindet, die — einschließlich besonders auch
der Juristen, die hier eine selbständige Lebensstellung finden — durch
die Unabhängigkeit, die sie kennzeichnet, berufen ist, an dem gesamten
Leben des Volkes hervorragenden Anteil zu nehmen. Abgesehen davon
hat die wirtschaftliche Arbeit, die von diesen Anstalten ausgegangen
ist, darunter die Unterstützung des Landwirtschaftsvereins, die Organisation der Raiffeisenvereine und der Zusammenschluß der städtischen
Kassen eine neue Verklammerung unseres Volkslebens zuwege gebracht,
die stärker ist als manches andere Band.

Zum Bild der wirtschaftlichen Entwicklung gehört, daß ein Teil
der Burzenländer Gemeinden nicht mehr ausschließlich aus Kleinbauern
besteht, sondern aus Großbauern mit städtischem Anflug, die einen
neuen Typus sächsischen Bauerntums herausbilden und daß es zwei
Gemeinden, Agnetheln und Heltau, gelungen ist, sich zu kleinen Landstädtchen zu entwickeln, während die ehemaligen Vororte der kleineren
Stühle, (so besonders Reußmarkt und Leschkirch), mehr oder weniger
zu Dörfern herabgesunken sind, was ihnen nicht zum Nachteil gereicht,
wenn erst der unangenehme Übergang überwunden sein wird.

Wer sich umsieht nach jenen Kreisen, die in unserem Volke für
geistige Strömungen und geistiges Leben Bedürfnis und Empfänglichkeit haben, der kann im Vergleich zur Vergangenheit die sächsische
Frau nicht übersehen. Nicht nur die ehemals unbekannte, einen Erwerb
suchende, lehrende, schriftstellernde, in selbständiger Lebensstellung
arbeitende Frau, auch die andere, die in befriedigter Ehe an der Seite
des Gatten und als Mutter der Kinder waltet, sie steht heute dem
geistigen Leben der Gegenwart, dem Verständnis öffentlicher Fragen
näher als vor siebzig Jahren. Damit steht im Zusammenhang, daß
die zahlreichen Frauenvereine sich in den Dienst öffentlicher Zwecke
gestellt haben, am erfolgreichsten der allgemeine evangelische Frauenverein (seit 1884), der die Arbeit der Frau in ganz neuer Weise der
Kirche und dem Volke dienstbar gemacht hat und viel brachliegende
Kraft dem Leben nutzbar macht. Seit die freien Frauenvereinigungen
und der sie verbindende Frauenbund ergänzend dazu gekommen, ist
die Teilnahme der Frau am öffentlichen Leben gewachsen. Und wenn
jener Frauentypus auch bei uns nicht fehlt, der vom nichtigen das
Nichtigste zum Lebensinhalt wählt, vielleicht nicht ohne Schuld der
Männer, die, weil sie zu klein von ihnen dachten, sie vom Großen
fern hielten, so haben wir doch alle Ursache, uns unserer Frauen zu
freuen, die auch im Joch des Alltags ins Leben umsetzen: „vergiß
o Menschenseele nicht, daß du Flügel hast!"

Ganz neu ist die Erscheinung des ausschließlich der Schriftstellerei lebenden Mannes. Das Beispiel K. Wolffs, des langjährigen

Leiters des Siebenbürgisch-Deutschen Tageblatts, hat Nachfolge gefunden und unsere größten Blätter, das Tageblatt, die Kronstädter Zeitung und solange sie bestand, die Tagespost, sind von Männern geführt, die darin ihren Beruf fanden und finden. Dazu kommt in jüngster Zeit — denn Traugott Teutsch war eine vereinzelte Erscheinung — der Schriftsteller, der nicht nur, vielleicht nicht einmal in erster Reihe, der Zeitung lebt, sondern Schöpfungen größeren Stils ins Auge faßt und ganz der Literatur lebt.

Einen Wandel im Vergleich mit der letzten Vergangenheit bezeichnet die Tatsache, daß die Kunst und künstlerische Fragen anfangen, auch unter uns eine Rolle zu spielen. Zunächst ist es auffallend, welch eine Fülle von Talenten in der Malerei fast plötzlich unter uns auftauchte, die neue Betätigung von Anlagen, die einst im sächsischen Volke schöne Leistungen aufwiesen. Und nicht ganz unabhängig davon das Bestreben, der Kunst im Volke und in seinem Leben eine Stätte zu bereiten, die Volkskunst zu fördern, vielfach über das Ziel hinausschießend, wie es bei neuen Bewegungen häufig der Fall ist. Dabei darf die Wirkung der Kunst auf die Erziehung des Volkes nicht überschätzt werden. Lenbach spricht einmal den Gedanken aus: „Ich bin überhaupt nicht der Ansicht, daß die Kunst ein Erziehungsmittel für die Masse ist. Die Zeiten der höchsten Entwicklung waren durchaus nicht durch Reinheit der Sitten ausgezeichnet. Wenn Schönheit geeignet wäre, die Menschen zu bessern, sie zu feineren Sitten zu erziehen, so müßten die Schönheit des Sonnenlichtes, die Blumen, die Treue und Lieblichkeit der Tiere, der unschuldige Blick des Kindes ähnlich wirken. Aber daß das nicht der Fall ist, das wissen wir ... Ich glaube eben, daß die bildende Kunst gar keine direkte Wirkung auf die Geister der Massen hat."

Wichtiger wohl als die Malerei ist für die breiten Schichten des Volkes die Pflege der Musik, speziell des Liedes. Die Fortschritte auf diesem Gebiete gegen die vierziger Jahre sind sehr bedeutend, zu den schönsten müssen wir doch rechnen, daß das sächsische Volkslied mit seiner einfachen Weise wieder neu aufgegriffen und gepflegt wird, eine Bereicherung des Volkslebens.

Die Pflege der Kunst, wo sie in echter Weise geschieht, mag hin und wieder der wissenschaftlichen Arbeit Zeit und Arbeitskräfte entziehen, aber beide stehen einander doch zuletzt nicht im Wege, sondern fördern sich oder sollen sich fördern.

Trotzdem ist klar, daß solche Zeiten des Übergangs, wie die Gegenwart hier ausgesprochenermaßen ist, an sich für tiefergehende wissenschaftliche Arbeiten und tiefwirkende Aufnahme derselben nicht gerade geeignet sind. Beides setzt Seelenstimmungen voraus, die heute der Einzelne finden kann, die aber nicht allgemein sind: innere und äußere Ruhe ohne die zehrende Sorge um die Zukunft, sei es die eigene oder des Volkes, heitere Überschau über Welt und Leben mit eigener gefestigter Lebensansicht, einen Schwung der Seele, der nicht vom Lärm und Streit des Tages im Staube niedergehalten wird.

Die Wandlungen im Leben der Sachsen ec. 399

Dazu kommt als maßgebende Tatsache, daß das Ideal der Gegenwart ein anderes ist als das der sechziger und vierziger Jahre des vorigen Jahrhunderts, und daß die politischen Kämpfe bis 1918, so ähnlich sie der früheren Zeit waren, doch voneinander verschieden waren.

Im großen politischen Kampf der vierziger Jahre, dem der „Sprachenkampf" den Charakter aufgeprägt hat, handelte es sich nicht nur um die Gleichberechtigung der deutschen Sprache in gewissen Grenzen, sondern immer wieder recht eigentlich um die Gleichberechtigung der sächsischen Nation, der dritten ständischen, mit den beiden anderen Schwesternationen im selbständigen siebenbürgischen Staatswesen, um Verteidigung aller Bollwerke, die die politische Nation in der Vergangenheit um sich aufgerichtet, die jene, gerade angesichts der Angriffe auf sich und ihren Bestand, als nationale Schutzwehren aufrecht zu halten versuchte. Aus dem Kampf um das Recht war ein Kampf um die Nationalität, um die heiligsten Menschenrechte, um den unantastbaren Besitz der Sprache und all der Lebensgüter geworden, die mit ihr verbunden sind. Dabei empfand das Volk, das von dem Wehen des neuen Geistes berührt wurde, daß es auf allen Gebieten alte Rückständigkeit zu überwinden habe und wohin es sah und wohin es griff, da trat ihm der Gedanke entgegen, daß nur geistige Mittel helfen könnten. Darum wurde geistig-sittliche Hebung des Volks der Schlachtruf der neuen Zeit, und damals ist der Gedanke in die tieferen Volksschichten hineingetragen worden, daß die höhere Bildung des Volkes allein imstande sei, das Volk vor dem Untergang zu bewahren. Solche Zeiten sind geistiger Arbeit günstig, damals ist der Landeskundeverein gegründet worden und was er bot, das fand freudigen Widerhall. Man sah gerade in den von ihm in erster Reihe getragenen historischen Arbeiten eine neue Schutzwehr des nationalen Lebens. Sie richteten sich naturgemäß auf das Recht des Volkes, seine staatsrechtliche Stellung, der politische Gedanke hatte seinen Anteil an den Studien der Zeit.

Das wiederholte sich in gewissem Sinne in der ersten Hälfte der sechziger Jahre. Nach dem harten Druck des Absolutismus, der trotz allem für uns eine Zeit der Selbstbesinnung und innerer Kräftigung gerade auch auf dem Gebiete des geistigen und wissenschaftlichen Lebens bedeutet, empfand das Volk aufs neue die Wahrheit der alten Überzeugung, daß Recht doch Recht bleiben müsse und sein Sieg nicht zweifelhaft sei. Wie die neue Kirchenverfassung damals, auch als nationales Bollwerk geschaffen wurde, die von vorneherein die geistig-sittlichen Kräfte zusammenfassen und heben wollte, so trat noch einmal der Gedanke in den Vordergrund, daß es bei den neuen Aufgaben, die sich berghoch für das sächsische Völkchen auftürmten, vor allem darauf ankomme, durch höhere Bildung den alten Rang zu wahren und der Nation die Zukunft, darin auch die Erhaltung der politischen Nation, zu sichern. Dabei sah man erwartungsvoll auf die wissenschaftliche Arbeit. Es ist doch bezeichnend, daß 1845 die Zeitungen bei dem bevorstehenden Zusammentritt der Nationsuniversität bemerkten, falls um dieselbe Zeit der Landeskundeverein seine Versammlungen halte, so werde der Komes sicher eine Verschiebung der Universität eintreten lassen. Und 1861 setzten die Vertrauensmänner, die zur Vorbereitung der neuen Kirchenverfassung von der Regierung zusammenberufen worden waren, die Beratungen aus, weil die Teilnehmer die Generalversammlung des Landeskundevereins in Bistritz — allerdings auch aus politischen Rücksichten — besuchen wollten. Die Anstrengungen, die in beiden Perioden zur Verbesserung des Schulwesens gemacht wurden, die Bestimmungen der neuen Kirchenverfassung über vertiefte Fachbildung der Kandidaten der Theologie und des Lehramts, waren beide Ergebnisse des als unerschütterlich angesehenen Grundgedankens, daß mit der höheren Bildung alles gewonnen sei.

Nun kann man wohl die Bildung nicht hoch genug schätzen — aber man kann sie trotzdem überschätzen. Die Bildung, wie das geistige Leben überhaupt, ist ein maßgebender Teil des Volkslebens, aber nicht der einzige. Und immer, wo ein Geschlecht gemeint hat, in der Betonung eines solchen einzigen Faktors in seinem Leben den Schlüssel zur Lösung des Lebensrätsels gefunden zu haben, bleibt ihm die Erfahrung nicht erspart, daß die Mannigfaltigkeit des Lebens über jene Einseitigkeit hinauswächst und sich nicht in so enge Grenzen fassen läßt. Auch das Geschlecht der vierziger und sechziger Jahre bei uns hat es erfahren. Für die Bildung hatte es große, nicht vergebliche Opfer gebracht, aber das, was sie damit zu retten gehofft hatten, die Sicherung der Nation, ihre Dauer und Zukunft hatten sie nicht erkauft.

Der neue Staatsgedanke, der seit 1867 die Entwicklung der sächsischen Nation in neue Bahnen drängte, zerstörte zunächst alles das, was als Schutzwehr der nationalen Entwicklung angesehen worden war, die selbständige Stellung der Nation, ihre politische Einheit, den Gebrauch der deutschen Sprache fast im ganzen öffentlichen Leben, wo sie bis dahin Geltung gehabt hatte, selbst auf die Schule und ihre Einrichtungen dehnten sich die Maßnahmen aus. Allerdings der Kampf um all die Güter der Vergangenheit, um das Recht und was damit zusammenhing, war ja nur möglich gewesen mit Hülfe auch der wissenschaftlichen Mächte, die in den gebildeten Kreisen des Volkes lebendig waren, aber all die Verluste in jenem Kampf waren geschehen trotz „der höheren Bildung". Was nützte sie bei dem ungeheuren wirtschaftlichen Rückgange, der allseits beobachtet wurde? Die alte staatsrechtliche Stellung war dahin, es zeigte sich, daß mit den alten Schutzwehren die Nation selbst nicht vernichtet war, daß aber der Kampf für den Bestand in einem neuen Punkt einsetzen mußte, in der wirtschaftlichen Stärkung des Volkes, um neue Schutzwehren aufzurichten. So entstanden die großangelegten Versuche, die alle mehr oder weniger an die Namen Bedeus und K. Wolff anschließen. Eine spätere Zeit wird in dieser Arbeit, die in gleicher

Weise die Hebung des Bauernstandes wie des Gewerbes, die Gründung
von landwirtschaftlichen Vereinen und Raiffeisenkassen, eine neue
Kolonisation wie die Schaffung von Eisenbahnen, die Hebung des
Kredits und den Zusammenschluß der Kreditinstitute mit starker Hand
und zielbewußter Umsicht aufnahm, ein neues charakteristisches Zeichen
der Gegenwart sehen.

Es ist das ein Zeichen der Gegenwart, das auch nach einer
anderen Richtung bedeutsam ist: Die Arbeit ging zugleich darauf aus,
uns mit dem großen Leben der Welt draußen in Verbindung zu
bringen, uns die großen modernen Wirtschaftsgedanken, die die Welt
umgestaltet haben, näher zu bringen. Ein Vergleich der ältesten
Satzungen der Sparkasse aus dem Jahr 1841 mit den spätern und
den der 1872 gegründeten Bodenkreditanstalt zeigt den Fortschritt.
Dort das nächste Ziel „ein Sammelkasten für Handwerker, Dienstboten
und Kinder zu sein", damit zugleich die unbenutzt liegenden Summen
dem öffentlichen Verkehr zuzuwenden und wohltätige Zwecke zu fördern,
hier der moderne Gedanke, den Kredit zu verwerten und vor allem
in den Dienst der Landwirtschaft zu stellen, zur Hebung des sächsischen
Bauernstandes zu benützen. Und dieses auf doppelte Art, einmal
durch Darlehen an die Bauern, dann indem ein großer Teil des
Reingewinnes der Oberverwaltung des Landwirtschaftsvereins zur
Förderung ihrer Zwecke zur Verfügung gestellt wurde. In den vierziger
Jahren hatte der Pfarrer St. L. Roth ergreifende Töne gefunden,
um zur Hebung des Bauern aufzurufen, jetzt legte die ev. Landeskirche einen Teil ihrer Gelder in die neue Anstalt, um sie sofort mit
größeren Mitteln auszurüsten, und die sächsischen Pfarrer standen
unter den ersten Arbeitern in den Landwirtschafts- und Raiffeisenvereinen.

Denn das ist nun, bei allem Wandel der Zeit, sich gleich geblieben in unserer Entwicklung der letzten Menschenalter, die Un-
eigennützigkeit und selbstlose Hingabe der Intelligenz unseres Volkes,
seiner führenden Kreise im Dienste des Volkes, ihre Arbeit für dieses.

Und es wird für immer charakteristisch bleiben, mit welch idealem
Sinn diese praktische Tätigkeit geübt wurde. Man ist gewohnt, wo es
sich um Förderung von Erwerb und Besitz handelt, auch jene, die sich
solche Förderung angelegen sein lassen, für sich selbst sorgen zu sehen
— von dem war hier nie die Rede. Alle, die sich in den Dienst dieser
Arbeit stellten, haben sie getan, um dem Volke zu dienen. Und bei
der Arbeit selbst ist nie unterlassen worden, darauf hinzuweisen, daß
die Mehrung des Besitzes, daß Erwerb und Vermögen nicht letzter
Zweck sei, sondern bestimmt, höhere Güter zu stützen und um deret-
willen allein bedeutsam — mit den Gütern soll das Gute gefördert
werden. So verwendet, wie erwähnt, die Bodenkreditanstalt ihren
Reingewinn vor allem für die Hebung des Bauernstandes und so
gibt die Hermannstädter Sparkasse, ein unerreichtes Vorbild seit ihrer
Gründung, ihren Reingewinn für öffentliche, gemeinnützige Zwecke,
und unsere Schulen in fast allen unseren Städten sind bis 1918 nur

mit Hülfe unserer Kreditinstitute erhalten worden, deren Teilhaber eben auf größeren Gewinn verzichteten, wie die Reingewinne der nun mehr als hundert Raiffeisenvereine wieder nicht in die Taschen der Mitglieder wandern, sondern statutengemäß für öffentliche Zwecke, wieder häufig für Schule und Kirche gegeben werden. Das ist eine Erziehung zum Idealismus, wie sie größer noch nie aufgenommen worden ist.

Die wissenschaftliche Arbeit war im Zusammenhang mit all den anderen Arbeiten, die der Tag brachte und die Not erforderte — insbesondere auch angesichts dessen, daß der nie endende politische Kampf doch immer wieder allzuviel gute Kraft verzehrte, in den Jahrzehnten 1870—1890 etwas in den Hintergrund getreten. Aber in denselben Jahren trugen alle Arbeiten, die wirtschaftlichen wie die wissenschaftlichen, den neuen Gedanken der kulturellen Einheit des sächsischen Volkes in die breiten Schichten dieses Volkes hinein und damit eine neue Lebenskraft, die geeignet war, auch der wissenschaftlichen Arbeit neue Unterlage zu geben.

Dieser Gedanke der Kultureinheit war nicht eine Schöpfung der Gegenwart, aber er entfaltete jetzt erst seine volle Macht. Unser Völkchen hier fand seine politische Einheit, von dem Andreanischen Freibrief (1224) an mit dem „unus sit populus" bis zur Aufhebung dieser Einheit 1876, auf Grund der gleichen Abstammung, aber die Form, in der sie sich äußerte, war die Rechtseinheit. Durch die gleichen Pflichten dem Staat gegenüber gebunden, waren schon durch diese staatsrechtliche Stellung die Genossen auch aneinander gebunden, noch mehr durch das gleiche Recht, das in ihrer Mitte zur Anwendung kam, das 1583 im Eigen-Landrecht, das bis 1853 Gültigkeit hatte, das erste geschriebene Gesetzbuch fand. Und dieses Recht ist die Grundlage des Einheitsbewußtseins durch Jahrhunderte gewesen, doch ohne daß übersehen wurde, daß sein Inhalt mehr umfaßte. Dieses Recht war die Festung, in der alles, was nationaler Besitz war, erhalten und verteidigt wurde. Bis zum Jahre 1876 konnten wir es uns nicht anders denken, als daß mit diesem Recht die Nationalität und was sie in sich schließt, stehe und falle. Das 16. Jahrhundert aber hatte einen neuen wesentlichen Inhalt in jenen Einheitsgedanken hineingetragen durch die Reformation. Sämtliche sächsische Gemeinden waren evangelisch geworden, die neue Kirche, die sich als gleichberechtigte Kirche hier eine Verfassung gab, deutete auch in dem alten Namen der „sächsischen Kirche" den nationalen Einschlag an. Zugleich war die wirtschaftliche Einheit erreicht worden, denn bei allen Gegensätzen der einzelnen Zünfte, bei vielfachem Hader der verschiedenen Orte, gab es doch gemeinsame sächsische Interessen auch auf wirtschaftlichem Gebiete, die in den gemeinsamen Zunftsatzungen, im Zusammenschluß der einen Zunft zur Landeszunft, die in Einzelfällen über das Sachsenland hinüberreicht, ihren Ausdruck fanden. Das gleiche Recht, derselbe Glaube, die gleiche Abstammung und Sprache, gemeinsame wirtschaftliche Interessen — die Kultureinheit war gefunden. Und doch konnte das Bewußtsein derselben, trotz der festen Formen, in denen sie sich äußerte, verloren gehen. Es geschah am gründlichsten in den Jahren 1805—1840. Die Nation war eine politische Einheit, und doch kannte der Bistritzer den Hermannstädter nicht, und der Schäßburger sah den Mediascher mit unverhohlenem Mißtrauen an, und das Burzenland lag gar nicht in Siebenbürgen. Die Kirche war eine Einheit, aber aus dem Mediascher Kapitel konnte niemand in das Kisder in eine Pfarre kommen, und das Hermannstädter und Burzenländer sahen es als Ehrensache an, daß die Eheprozesse aus ihren Gebieten nicht an das bischöfliche Oberehegericht in Birthälm appelliert würden. An den Gymnasien der Städte konnte niemand angestellt werden, der nicht dort absolviert hatte, und in die Zünfte nahmen sie niemanden auf, der „in der Fremde" geboren war und fremd war fast alles, was außerhalb der Stadtmauern lag: „Vernunft wird Unsinn, Wohltat Plage — weh dir, daß du ein Enkel bist!"

Aber gerade diesen Enkeln ging der Gedanke der Kultureinheit in neuem Glanze auf, sie mußten sich ihn in neuen Kämpfen erobern. Die politischen Kämpfe der vierziger Jahre rührten an den Gesamtbau des sächsischen Eigenlebens und das Geschlecht erkannte, daß nicht in toten Formen, sondern im Leben Kraft liege und — „der Geist ist's, der lebendig macht!" Im Kampf um das vielangefochtene Recht fanden sie den Gedanken der Kultureinheit wieder, dem doch auch das Recht zu dienen hat, und als dieses Recht, nach neuem schwerem Kampf und tapferster Verteidigung 1876 in Trümmer ging, da stieg aus diesen Trümmern der Gedanke der Kultureinheit mit neuer Macht empor, der Flamme gleich, die aus dem zusammenstürzenden Gebäude lichterloh emporsteigt, glühend, leuchtend, erwärmend. Wohl wird diese Kultureinheit immer wieder auch in äußeren Formen sich zeigen, irgendwie in greifbarer Gestalt vor die Augen treten, aber es werden Äußerungen sein, die so geistiger Natur sind, daß sie allen äußeren Gewalten entrückt sind: Sprache und Sitte, Lebensanschauung und Weltansicht, Glaube und Gemütsleben, deren Äußerungen hin und wieder Hindernisse in den Weg gelegt werden können, sie selbst sind aber unvernichtbar.

Was für eine Bedeutung die Wissenschaft für die Kultureinheit, ihre Entstehung und Vertiefung hat, liegt auf der Hand und in ihr in erster Reihe die Geschichte mit ihrer Aufgabe, „unserem Geschlecht ein denkendes Bewußtsein seines Werdens zu erwecken." Denn jede Kultureinheit beruht auf historischer Grundlage und sie klar zu legen, ist eine der aufbauenden Aufgaben der Geschichte. Es hat noch kein Volk gegeben, das nicht in Zeiten der Bedrängnis aus dieser Quelle geschöpft hätte, und es ist vorgekommen, daß von solcher Warte aus gesehen die Vergangenheit anders erschien als sie tatsächlich war, aber sie erfüllte was das Herz begehrte, sie gab Stärkung des Mutes und der Zuversicht. Wenn schon in Huets Rede, in der er 1591 seine Volksgenossen vor schnöden Verdächtigungen und gegen verunglimpfende Angriffe verteidigte, der Rückblick auf die Tüchtigkeit der Väter eine Rolle spielte und der Stolz auf die Urkunden, „deren wir ganze Laden voll haben", reich an Anerkennungen von den Königen, so wurde dieser

Stolz auf die Vergangenheit, der Rückblick in die Zeit der Vorfahren eine Macht in den Gemütern am Ende des 18. Jahrhunderts, als im Kampf gegen die Josefinische Umwälzung alle Kräfte wachgerufen wurden, die im Volk vorhanden waren. Die Zeit bezeichnet zugleich den Beginn unserer Geschichtschreibung. Die grundlegenden wissenschaftlichen Arbeiten jener Jahre, die an die Namen Brukenthal, Schlözer, Eder, Seivert, Herrmann anschließen und die an das größere Publikum gerichteten Volksschriften, deren bedeutendste Jak. Aurelius Müller († als Bischof 1806) geschrieben hat: „Die Siebenbürger Sachsen" (1790), sind erfüllt von der Freude über die nicht unrühmliche Vergangenheit des Volkes und atmen frohe Hoffnung und Zuversicht auf langen Bestand. Allerdings spielte immer wieder hinein auch die Hoffnung, die Formen des Bestandes würden die alten bleiben und unter diesen das alte Recht in seiner ganzen Ausdehnung.

Und als nun im neuen Kampf um dieses alte Recht in den vierziger Jahren die Gefahr des Verlustes größer als jemals war, da griff wieder die Geschichte ein und Schuller, Zimmermann, Teutsch setzten Schlözers und Eders Werk fort. Die historischen Waffen in jenem Kampf ums Recht haben auch die letzten trennenden Schranken inmitten des Volkes beseitigt und den Gedanken der Kultureinheit weiter gefestigt. Er wuchs in dem Absolutismus der fünfziger Jahre. Auch dieser hatte die politische Einheit des Volkes zerschlagen, hochmütig hatten die fremden Beamten das Volk geknechtet und über alles, was sie bei ihm fanden, gespöttelt, über das Hängen am Alten und über seinen Dialekt, über seine Sitten und Lebensgewohnheiten — aber in all dem Wandel der politischen Nebelgebilde jener Jahre war zuletzt dies Verspottete das Bleibende gewesen und dieses Bleibende schloß die Gemüter zu einem Ganzen zusammen. Und als dasselbe Geschlecht Ähnliches noch einmal erlebte in den Ereignissen, die seit 1868 über das sächsische Volk kamen, da befestigten die Eindrücke des Tages jene Gedanken aufs neue. Wir haben uns niemals mehr als Einheit gefühlt wie damals, wo die politische Einheit verloren ging und niemals sind die engherzigen und kleinlichen Schranken unter uns mehr überwunden gewesen als in den Jahren nachher.

Dieser Gedanke der Kultureinheit in der Gegenwart verbindet sich mit einem anderen, daß es höchste Pflicht sei, sie gegen alle Angriffe zu verteidigen; nicht mehr um das alte politische Recht wurde gekämpft, sondern um Güter des geistigen und sittlichen Lebens. Diese sind zuletzt verständlicher als politische Rechtsfragen, über die so oft, gerade wenn sie uns am meisten angingen, verschiedene Auffassungen unter uns herrschten und sie greifen in das innerste Leben des Menschen. Diese geistigen und sittlichen Güter aber sind nur mit geistigen Waffen zu schützen und zu verteidigen. Damit stehen wir wieder vor der Tatsache, daß gerade die Wandlung des Lebens in den letzten zwei Menschenaltern uns wieder die geistigen Mächte neu erkennen ließ und ihre Pflege zum Schutz unseres eigensten Lebens als Notwendigkeit erschien.

Wenn die wissenschaftlich-historische Arbeit älterer und neuer Zeit in Vergleich gestellt wird, so ergibt sich eine Erleichterung und eine Erschwerung. Die Erleichterung liegt darin, daß jede historische Arbeit vor zwei Menschenaltern mehr oder weniger ausschließlich unter dem Gesichtspunkt stand, daß ohne die eigenartige Rechtsstellung des Volkes sein Bestand und seine Erhaltung als eigene Volksindividualität unmöglich sei und daß darum das Hauptinteresse dieser Rechtsstellung, ihrer Entstehung, ihrer Begründung galt. Nicht als ob die anderen Entwicklungszweige nicht beachtet worden wären — so findet das Kulturgeschichtliche im engeren Sinn schon in der 1. Auflage der Sachsengeschichte (1852—1858) Beachtung, weit ausgiebiger allerdings in der 2. Auflage (1874) — aber die Hauptsache war doch das andere. Und Fragen der damaligen Gegenwart übten einen größeren Einfluß auf die Beurteilung der Vergangenheit, wie später. Unter allen Umständen übte der „Wirklichkeitssinn" der Gegenwart, der auch in der Wissenschaft eine Macht geworden ist, seinen Einfluß auf uns aus; wir verfolgen mit der Geschichte heute keine Nebenzwecke, am wenigsten sollen mit ihr politische Ideale irgendwelcher Art gestützt oder bekämpft werden. Uns liegt daran, zu erforschen und darzustellen, auf welche Weise wir so geworden sind, wie wir sind! Aber gerade das schließt nun auch zugleich die Erschwerung der Arbeit in sich. Sie ist umfassender geworden, und dieses nicht nur in bezug auf den Stoff, sondern auch auf die Methode. Der Großbetrieb in der Gegenwart hat auch die Wissenschaft ergriffen, und wie auf industriellem Gebiet die abseitsliegenden Täler diese Lage empfinden, so geht es uns mit unserer Entfernung von den Mittelpunkten jenes Großbetriebes. Vor 60 und 70 Jahren war es nicht schwer, eine Kleinigkeit auf dem Gebiete der vaterländischen Geschichte aufzulesen, es war ungerodeter Boden, wohin die Hand griff fand sie wertvolles Material und die Freude des ungesuchten Findens war allgemein; es war alles neu. Das ist heute anders geworden. Der Großbetrieb der Wissenschaft in der Gegenwart hat ein ganz neues Verhältnis der Wissenschaft zum Staat geschaffen. Wie es heute fast nichts Großes gibt, das der Staat nicht mit seinen großen Mitteln erst ermöglicht oder fördert, so ist jener Großbetrieb auch auf die reichen staatlichen Mittel angewiesen. Diese aber sind uns vollständig verschlossen. Und in dem Mangel an Mitteln liegt doch eine große Erschwerung der Arbeit für uns. Wo das „Betriebskapital" — ganz äußerlich genommen — fehlt, da spürt es eben die Arbeit.

Und eine weitere Erschwerung ist, daß die Methode wissenschaftlicher Arbeit heute Fachmänner verlangt, ganz anders als früher. Das schließt aber wieder so vieles in sich, daß wir schwer erwerben und schwer behalten können, daß es im Endergebnis eben auch die Arbeit schwerer macht.

Die Ergebnisse der wissenschaftlichen Arbeit in der Zeit von 1868—1918 sind in der Darstellung oben (S. 274 f.) zusammengefaßt. Sie sind doch so, daß wir uns ihrer freuen dürfen.

Der großen Wandlung, die auf dem schöngeistigen Gebiete vor sich gegangen, ist oben S. 291 f. besonders gedacht. Sie ist der sprechendste Beweis dafür, daß der Strom modernen Lebens auch in unsere Kreise gedrungen ist und in sie bringt. Die seelische Wandlung, die eine Umgestaltung des Weltbildes in sich schließt, eine veränderte Auffassung der grundlegenden Fragen des menschlichen Geistes zur Folge hat, gestaltet zuletzt das ganze Gedanken= und Gemütsleben um. In solcher Wandlung steht jetzt ein Teil unseres Volkes drin, es bedeutet mit der Jugendbewegung und der Sehnsucht nach einem neuen Lebens= inhalt — „man möchte sich einfühlen in das Leben und Wesen der Dinge" und es ist ein Schrei nach Erlösung, — den Anfang einer neuen Zeit. Der Krieg mit seinen Eindrücken und seinen Folgen hat diese Entwicklung beschleunigt.

Die Wandlung in der politischen Stellung des sächsischen Volkes ist oben S. 321 näher geschildert.

Es ist klar, daß wenn die wirtschaftlichen und die geistigen Ver= hältnisse sich wandeln, die religiösen Anschauungen nicht unerschüttert bleiben. Im ganzen läßt sich die Wandlung, die nach dem Krieg noch sichtbarer zutage trat, wohl dahin zusammenfassen: Die Religion, die seit etwa 1750 auf rationalistischem Boden zuletzt Sitte war, war mit der erschütterten Sitte selbst vielfach ins Schwanken geraten, vor allem auch, weil die Ergebnisse der Naturwissenschaft in die tieferen Schichten des Volkes auch hier drangen und den alten naiven An= schauungen den Boden entzogen. Am Beginn des Krieges wallte wie überall das religiöse Verlangen auf, um dann stark abzuflauen, je länger der Krieg dauerte. Aber ein neues Suchen und Ringen nach Klarheit in den schweren Fragen, ein Suchen nach dem „lebendigen Gott" ist zu bemerken, wofür in gewissem Grad auch die Sekten, von denen die Sachsen bis vor einem Menschenalter noch kaum etwas wußten, vor allem aber die Gemeinschaftsbewegung ein Beweis sind. Die Geschlossenheit des Lebens, das Zusammenfallen von Kirche und Volkstum, hat tiefere Erschütterungen der Kirche noch abgewehrt, aber auch auf diesem Gebiete bereitet sich ein Neues vor.

Unsere Aufgabe wird sein, auch die Kräfte, die nun entfesselt werden, vielleicht neu erstehn, in den Dienst des Volkstums und des Glaubens zu stellen und uns dadurch stärker zu machen im Kampfe um unser Dasein.

Namen- und Sachverzeichnis.

A.

Abfall der Csangogemeinden 108 f.
Abgeordnetenhaus f. Reichstag.
Ablehnung der Union mit ev.-ung. Kirche 117.
Abrudbanya 73
Absolutismus 6. 274. 357 f.
Abtsdorf 190.
Accorda 344.
Ackerbau 62. 123. 207. 282.
Ackerbauschule 62. 365.
Adel 335. 342. 377.
Adelsangriffe 313.
Adelsbesitz sächsischer 17 f. Talmesch-Törzburg.
Adjuvanten 65. 306.
Adresse an die Abgeordneten 40.
Advokaten 212. 395.
Agende 119. 185.
Agnetheln 49. 154. 187. 193. 224. 397.
Agrarforschungen 126. 129. 130.
Agrarverhältnisse 62. 123. 207. 282.
Akademische Lehrer 395 f.
Albenser Komitat 75.
Albert M. 60. 61. 69. 89. 130 131. 199. 288. 294. 304. 316. 323. 378.
Albrich C. 47. 124. 277.
Albu 82.
Alemannischer Hausbau 282.
Allg. deutsche Biographie 287.
Allg. Wahlrecht 174. 244.
Allg. Zeitung 54.
Alkohol, Kampf gegen 211. 287.
Altarbilder 307. 308.
Altsachsen 4. 5. 8. 12. 13. 14. 17. 20 f. 32. 41. 91. 360.
Altschäßburg 304.
Altschiffahrt 129.
Alvinz 190.

Ambrosi M. 207.
Amerika 135. 186. 230. 250. 260. 391.
Umlacher 127.
Andrassy 19. 20.
Andrassy jun. 169. 170. 181.
Andreanischer Freibrief 6. 311. 334. 344. 369 f. 402.
Andreas II. 373.
Anklage des Ministers Szapary 36. 363.
Anschlußerklärung der Sachsen in Mediasch 262. 268.
Apathy 257.
Apponyi 156. 165. 167. 169. 172. 244. 245. 247. 249. 250.
Approbaten 9. 337. 389.
Arad 93. 247. 255. 259.
Arbeit, Auffassung 386.
Arkeden 70.
Armee, Auflösung 256.
Armenier 191.
Armenpflege 118. 119. 204.
Arrondierungspläne 33.
Arz A. v. Straußenburg 53. 81. 82. 122. 142. 154. 210. 214. 215. 277. 372. 395.
Arz A. v. Straußenburg d. J. 195.
Arz Arthur v. Straußenburg 221
Ärzte 213. 278. 287.
Athanarich 276
Auffenberg 221.
Aufgabe der sächs. Ansiedlungen 369.
Aufhebung der Hermannstädter Rechtsakademie 105.
Aufhebung der rum. Schulen 245. 247. 248.
Aufhebung der sächs. Nation 346 f. Zertrümmerung.
Augsb. Bek. 373.
Ausflüge 204.
Ausgleichsfragen 164 ff

Auswanderung 186
Auswanderungsgebiet 284.
Autonomie der Kirche 12.
Autonomie kulturelle 329
Autonomie Siebenbürgens 227. 255. 259.

B.

Baaßen 195. 202.
Bach 307.
Bacon J. 504.
Bacska 179.
Bägendorf 318.
Balkankrieg 217.
Balogh 231.
Balthes Jul. 200.
Banat 179. 233. 237. 258.
Banffy Des. 71. 94. 146. 156 f. 158. 160. 162.
Banffy-Hunyad 232.
Banffy'sches Gut 227
Bankbeamten 213. 397.
Banken 193 f. 223. 401 f. Sparkassen.
Bardy 185.
Bärenfelle 66
Baritiu 82
Bathori Gab. 293. 317. 336. 339. 370.
Bathori Sigm. 128. 336.
Bathori Stef. 338.
Batiz 185. 190.
Bauer (Tübingen) 327.
Bauern 123. 211. 225. 397 f. Agrarverhältnisse.
Bauernmißhandlung im Großkokler Komitat 75.
Bauernmißhandlung im Bistritzer Bezirk 76.
Baußnern G. v. 23.
Baußnern Wald. v. 307.
Bayerischer Erbfolgekrieg 345.
Beamtenernennungen 34. 174. 261.
Bedeus d. Ä. 129. 395.
Bedeus d. J. 53. 62. 63. 195. 206. 214. 278. 372. 400.
Beileidsadresse des Landeskonsist. 105.
Bekescsaba 233.
Beleuchtung, neue 135. 303.
Bell-Marktschelker Bez. 75.

Bella J. L. 183. 305.
Benczenz 185. 190.
Berger A. 254.
Berlin 48. 51. 119. 247. 268. 307.
Bernhard Karl 294. (Capesius).
Berthelot 261.
Berufspolitiker 161.
Berzeviczy 166. 168—170.
Bethlen Gabr. 71. 74 f. 91. 146. 156.
Bethlen Gabr. Fürst 337 f. 370.
Bethlen Graf Andreas 136. 140. 365.
Bethlen Gräfin 234.
Bethlenisches Gut 190.
Bethlen-Szt.-Miklos 256.
Beuchel A. 277.
Bevölkerung der sächs. Städte 64. 134.
Bewahranstalten 205.
Bezirkskonsistorium 44.
Bibliotheken 197. 302.
Bielz E. A. 42. 60. 131.
Binder G. P. 201. 277.
Birthälm 186. 205. 249. 403.
Bischof Amtsbez. 116.
Bischofsitz 49.
Bischoftitel kath. 164.
Bismarck 23. 88. 219. 372.
Bistritz 51. 62. 71. 107. 130. 133. 134. 135. 146. 191. 192 f. 197. 200. 206. 225. 226. 277. 284. 311. 335. 340. 344. 351. 400.
Bistritzer Bezirk 44. 75.
Bistritz-Naßoder Komitat 71. 75. 94.
Bistritzer Distrikt 7. 71.
Bistritzer Einwanderung 128.
Blasendorf 93. 96. 247.
Blutroth 45
Bobancu 82.
Bock Bertha 307.
Bock K. 195.
Bodenkreditanstalt 62. 63. 195. 225.
Boner Ch. 205. 308.
Bönicke 305.
Borgo 254.
Bosnien 92.
Brahms 206. 306.
Brandsch G. 285. 286.
Brandsch K. d. Ä. 24. 51. 122.
Brandsch K. d. J. 183.

409

Brandsch. R. 180 f. 269. 300.
Branisce 259.
Brenndorf 125. 206.
Brennerberg Irene v. 213. 305.
Brennerberg Mor. v. 83. 136. 241. 365.
Bricsadel 319.
Broos 71. 89. 90. 133. 135. 147. 190. 203. 241. 344.
Brooser Erklärung 1882 98.
Broschko 233 f.
Bruckner W. 18. 53. 395.
Bruderschaft 214. 229.
Brukenthal Herm. 68.
Brukenthal Karl und Jos. 68.
Brukenthal M. v. 349 ff. 354. 381.
Brukenthal Sam. 278. 281. 307. 315. 345 ff. 370. 379. 404.
Brukenthal Sofie 278
Brukenthal Bildergalerie 308.
Brukenthal-Feier 209.
Brukenthal-Museum 250. 304. 308.
Brukenthal-Prozeß 69. 119.
Brukenthal-Stiftung 68. 119. 256.
Buchalla B. 185.
Buchhandel 130. 303.
Budaker 51. 56. 122. 200. 214. 247. 372.
Bukarest 67. 115. 259. 263. 269.
Bukarester Friede 250.
Bukowina 193. 225. 230.
Bulgarien 250.
Bundesstaat Österreich 251.
Bürgerschule 47.
Burzenland 50. 120. 206. 231. 275. 283. 302. 312. 335. 340. 374. 397.
Burzenl. Kapitel (Dechant) 43. 44. 372.
Burzenl. Museum 304.
Bußd 190.

C.

Callies 234.
Capesius B. 284. 294 f. Bernhard Karl
Capesius J. 185 f. 278. 287.
Carmen Sylva 67
Cholera 68.
Cloos v. Cronenthal 346 ff. 352.
Connert Fr. 207.
Conrad Moritz 8. 11. 56. 216. 360.
Conradt Dr. C. 202.

Coquin 47.
Coulin 213. 308.
Csaki Graf 116. 140. 148. 150. 151.
Csaki-Copony Frau 308.
Csaki Nich. 298. 299.
Csangogemeinden, Irrungen mit ihnen 107 ff.
Csongrad 233. 240.
Czekelius D. 287.
Czekelius Rud. 239.
Czekelius v. Rosenfeld 345.
Czell u. Söhne 125. 191.
Czernin 246. 250.

D.

Dachler S. 191.
Dalmatien 317.
Dankel 221.
Darmstadt 235.
Deak 14. 32. 40.
Deakpartei 14. 32.
Deakpartei Eintrit der Sachsen 32.
Deakpartei Austritt 36.
Deakpartei Fusion 37.
Denkmäler 308.
Denkreden 57. 81. 128. 277.
Depner Dr. 268.
Deutsch-französischer Krieg 19.
Deutsche Kinder in Siebenbürgen 247.
Deutsches Reich 19 f. Deutschland.
Deutsche Sprache im Amt 12.
Deutsche Sprache bei Gericht 18.
Deutsche Sprache in den Schulen s. Magyarisierung.
Deutsche in Ungarn 54. 90. 91.
Deutscher Schulverein 86. 88. 89. 90. 160.
Deutsche Schulen in Ungarn 94.
Deutschland 55. 98. 103. 105. 106. 133. 141. 169. 214. 220. 227. 230. 246. 250. 275. 282. 287. 309. 317. 377.
Devrients Luther 122.
Dialektdichtung 295 f. 300.
Diaspora 116.
Dietrich Charl. v. 118. 278.
Diktum 120.
Direktorenkonferenz 250.
Distrikte 7.

Disziplinarordnung 44.
Döbling Bertha 119.
Doda Traj. 82.
Donndorf 309.
Dorfkirchentag 187.
Dörr 238.
Dörschlag 307.
Doppelantlitz der sächs. Geschichte 315.
Dotationen der Nationsuniversität 147. 208.
Draas 70.
Durles 190.
Dürr Dam. 127.

E.

Eder H. 145.
Eder Maler 307.
Ehe, gemischte 149 f.
Ehegerichte 43 f.
Eheordnung 43 f.
Eherecht 43.
Eigenkirche 385.
Eigenlandrecht 312. 338. 370. 379. 402.
Einengung des sächsischen Lebens 112. 322 f. Verluste
Einflüsse, gegenseitige 323 f.
Einmarsch der Rumänen 231. 256. 260.
Einschmelzung des Fremden 319. 379. 383.
Einwanderungsfest 122.
Einwohner in Städten 64. 134.
Eisenbahn 63 f. 66. 190. 355.
Elberfelder System 204.
Elektrische Anlagen 191.
Elisabethstadt 191. 239.
England, König von 256.
Eötvös 39. 96.
Eötvös Dyon. 40.
Erbe, sächsisches 366 ff.
Erbgräfen 280. 319. 367. 371.
Erbvertrag zwischen Wladislaus und Maximilian 335.
Erdbeben 228.
Erdgas 195.
Erholungen 196. 202.
Ernst Fr. 52.
Ernst Fr. (Dichter) 297.

Essig, Wegmeister 76.
Eszterhazy 244. 248.
Eugen Prinz 343.
Etienne 54.
Evang. Bund 209. 236.
Exempte Eklesien 373. 384.
Erlerzustand 165.

F.

Fabini J. 128.
Fabini Th. 277.
Fabriken (s. Industrie) 193. 195. 211.
Fabritius 23. 32. 33. 38. 39. 91. 128.
Fahnenverfolgung 161.
Fahrende Leute 66.
Fakultät jur. in Hermannstadt 16. 105.
Falk Max 55.
Falkenhayn 242. 243.
Familiensinn 386.
Februarpatent 359.
Feiertage 48.
Fejervary 167 f. 169.
Feltrinelli 208.
Ferdinand Kaiser 280 f. 312. 314. 336.
Ferdinand König 259. 261.
Filtsch E. 61. 133.
Firmentafeln, Besteuerung fremder 38.
Fleischer M. 308.
Floßgesellschaft 194.
Flucht 231 ff.
Flüchtlingsgottesdienste 234.
Flüchtlingsleben 232 ff.
Fogarasch 70. 190. 227. 237. 335. 345.
Forster W. 277.
Fortbildungskurs in Wurmloch 46.
Fortbildungskurs für Pfarrer 187.
Fortbildungsschulen 183.
Frank P. J. 286.
Frankfurt a. M. 307.
Franz Ferdinand 217.
Franz Josef 3. 39. 69. 76. 92. 97. 98. 107. 160. 219. 243. 356 ff.
Frauen 213. 220. 222 f. 272. 326. 397.
Frauenbund 326 f. 382. 397.
Frauendeputation 160.
Frauenverein allgemeiner evangelischer 118. 122. 205. 215. 397.

Freck 190
Freiligrath 56.
Freimaurer 198
Freie Hand 3. 5. 10. 32. 360.
Freytag G. 132.
Fricke 122. 205.
Friedberg 287.
Friedenfels 129.
Friedensverhandlungen 136 f.
Friedenswillen 78. 135 f.
Friedländer 54.
Frimmel 308.
Fritsch Lud. 295.
Fritsch Stephanie 160.
Fronius 60. 128. 130. 378.
Frühm 284.
Führer, sächs. im ung. Reichstag 14 f.
Fuß K. 51. 60.
Fuß M. 51. 60. 128.

G.

Galizien 193. 225 f. 230.
Garantien bei Staatswechsel 330.
Gasbeleuchtung 135.
Gebbel Franz 5. 16 24. 31 f. 37. 52. 54. 72. 77. 80. 81. 85. 128. 277. 372.
Gebbel-Denkmal 308.
Gebbel-Stiftung 81.
Gebbel K. 40. 53. 92 f. 122. 214.
Gebbel Therese 278.
Gefahren der Gegenwart 328.
Gefühl der Schwäche 381.
Gehalte 148 f. 246. 250.
Geisa II. 296. 366.
Geistiges Leben 125 f. 274 f. 399.
Geldfragen der Landeskirche 119. 187.
Geldinstitute 63. 195. s. Banken.
Geldwechsler 66.
Gellert 378.
Geltch 300. 378.
Gemeindegesetz 7.
Gemeinschaftsbewegung 186. 230. 406.
Generaldechant 131. 335.
Generalkirchenvisitation 44. 50. 114. 214. 248. 283. 373.
Generalsynode 187.
Genossenschaft 124. 193.

Geogr. Nachrichten f. W. 86.
Gerdauen 249.
Gergeschdorf 46.
Gerichtstafeln 12.
Gerichtsorganisation 18.
Germanist. Arbeiten 58. 125 f. 284 f.
Gesangbuch, neues 53. 184 f. 283.
Gesangvereine 196. 306.
Geschichtliche Arbeiten 58. 61 127 f 129. 130. 275 f.
Gesellenvereine 64.
Gesetzartikel 13 : 1791 9.
Gesetzartikel 3 : 1848 36.
Gesetzartikel 20 : 1848 246.
Gesetzartikel 38 : 1868 42.
Gesetzartikel 43 : 1868 9. 10. 34 f. 39. 42. 47. 363.
Gesetzartikel 42 : 1870 10.
Gesetzartikel 55 : 1871 62.
Gesetzartikel 12 : 1876 70. 364.
Gesetzartikel 33 : 1876 70.
Gesetzesvorschlag auf Plünderung 17.
Gesundheitspflege 201.
Gewerbe 64. 124. 188 ff. 191 f. 340 s. Zunftwesen.
Gewerbefortschritt 192.
Gewerbegesetz 16. 64.
Gewerberückgang 191 f. 211.
Gewerbeschulen 48.
Gewerbevereine 64.
Gewinn und Verluste 320 ff.
Gießhübel 46.
Glaube und Volkstum 41. 114. 121. 198. 209. 213. 229. 301. 315. 329. 389.
Gleim 203.
Gmeiner Lula und Ella 213. 305.
Goethe 378.
Goldbach 227. 240.
Goldis 171. 259.
Gooß K. 58. 128.
Gött 82.
Göttingen 283.
Gottesdienstordnung 185.
Gottsmeister 337.
Gottschling A. 131.
Gräf J. Fr. 283.
Graeser, Bankdirektor 186.

Graner Erzdiözese 43. 334. 335. 373. 384.
Gratz G. 172. 244.
Gravelotte 285.
Graz 247.
Griech. Kirche 96. 208. 245. 248.
Griechische Ortsnamen in Siebenb. 285.
Grimm Jak. 120.
Groß J. 61. 128. 275.
Großau 84. 202. 216.
Großbecskerek 233.
Großfeld Aron 76.
Großherzog von Weimar 119. 122.
Großherzogin von Weimar 119.
Großkokler Komitat 70 ff. 74 f. 237. 239.
Großpold 15.
Großschenk 24. 52. 187. 344.
Großscheuern 231.
Großtat der sächs. Gesch. 320.
Grundbesitzer 188.
Grundbuch 63.
Grünen, die 155 f. 157.
Grünwald 101.
Gruppisten 186.
Gubernium Aufhebung 12.
Guist 278.
Gull J. 14. 32 f. 36. 38. 53. 73. 84. 87. 99 f. 122. 202. 214.
Gustav Adolf-Verein 61 f. 122. 187. 205. 209. 235 f.
Gutt 124.
Gyertyamos 233.
Gymnasien 47. 147. 253.
Gymnasien, Bibliotheken 302.
Gymnasien, Geschichte der 130.
Gymnasien, Neubauten 197.

H.

Habermann 125.
Habersang 303.
Habsburg Haus 263. 313. 321. 330. 341 f.
Halaß A. 86.
Haller Pet. 339.
Hallerisches Gut 190.
Haltrich 58 f. 126. 128. 130. 276. 376.
Hamburg 201.
Handel 65. 67.
Handelsgenossenschaften 67.

Handels- und Gewerbekammer 129.
Hann Fr. 381.
Harnack 209.
Harteneck 58. 131. 132. 313. 341 f. 370.
Hartung Leipzig 187.
Hase 327.
Hatterkstreitigkeiten 334.
Haus sächs. 59. 204. 369.
Haus und Hof 126.
Hauskauf in sächs. Städten 313.
Haynald 96. 150.
Hazai 227.
Heidelberg 54. 86.
Heimatmuseen 304.
Heinrich G. 130.
Heinze 86 f. 317.
Heitz 279.
Heldenberg B. v. 305.
Heldsdorf 207.
Helfenbein L. 297.
Heltau 51. 191. 203. 238. 304. 397.
Heltauer Wollweberei 191.
Henndorf 308.
Henrich C. 287.
Herbart-Ziller 184.
Herbert H. 127. 128.
Herbert M. 63. 128.
Herder 328.
Herfurth Fr. 61. 82. 185. 237. 283. 306.
Hermania 305.
Hermann H. 308.
Hermann Otto 86. 87.
Hermannstadt 12. 14. 15. 16. 44. 46. 47. 49. 56. 63—69. 71. 81. 82. 83. 89. 93. 96. 104. 105. 116. 118. 119. 121. 122. 125. 128. 130. 131. 132. 133. 135. 136. 139. 146. 147. 157. 187. 190. 191. 195 ff. 200. 201. 203 f. 209. 211. 212. 215. 225 f. 231 f. 238 f. 241 f. 250. 253. 256. 260 f. 292. 303. 305. 307 f. 314. 318. 334 ff. 342 f. 346. 355. 359. 392. 394.
Hermannstädter Bürger- und Gewerbeverein 16
Hermannstädter Gymnasium 51.
Hermannstädter Komitat 70 f. 237.
Hermannstädter Komitatsversammlung 72.
Hermannstädter Konsumverein 190.
Hermannstädter Landtag 15. 58.

Hermannstädter Propstei 335. 373.
Hermannstädter Provinz 125. 311. 333.
Hermannstädter Sparkassa 63. 124. 188. 195.
Hermannstädter Wähler u. Rannicher 36.
Hermannstädter Zeitung 113.
Herrmann G. v. 128. 404.
Herrmann Th. v. 348.
Heydecker 202.
Heydendorff 58. 128. 278. 347. 350. 380.
Herzog v. Koburg 122.
Heßheimer 307.
Hilfslehrer 94.
Hillner J. 130.
Hindenburg 221.
Hintz J. 129.
Hintz L. 207.
Hirtenbrief Müllers 184.
Hirzel S. 57.
Hoch J. 224.
Höchsmann J. 128. 280 f.
Höchsmann F. S. 293.
Hochverratsvorwurf gegen Landeskonsistorium 106.
Hofstädter 284.
Hohe Rinne 202. 203. 297.
Hohenlohe Prinz 246.
Höhr A. 295.
Holzträger 284.
Honterus 58. 127. 128. 201. 281. 338. 378. 383.
Honterusfeier 209.
Honterusdenkmal 309.
Hörler 300.
Hötzendorf 221.
Honigberger E. 307.
Honigberger Selma 305.
Horvath Balth. 17.
Horvath Jul. 136.
Huet 198. 312. 336. 370. 403.
Hunyader Komitat 71.
Huß R. 285.
Hussarek 250.

J.

Idiotikon 126 f. s. Wörterbuch.
Im Neuen Reich 86.
Industrie 64. 68. 125. 190. 191. 212. 393.

Innerkolonisation 190. 226.
Innungen 65.
Inskription Fogarasch 345.
Internate 200.
Interval 115.
Irrungen in den Komitaten 71 ff.
Italien 227. 230.

J.

Jagd auf deutsche Namen 103.
Jägerbataillon, freiwilliges 353.
Jahrbrote 47.
Jahrmärkte 65 f.
Jakobi (Weimar) 187.
Jakobi Direktor 235. 237.
Jankovich 173. 216.
Jaßi 255.
Jekelius E. 298.
Jekelius Eug. 129.
Jekelius Gerh. 305.
Jena 327.
Jickeli C. Fr. 287.
Jikeli Frau Julie 118. 298.
Jikeli Frau Therese 118. 278.
Joachim 206.
Jokai 83.
Josef I 342.
Josef II. 6. 71. 128. 159. 179. 246. 274. 318. 346 f.
Josef Erzherzog 254. 255.
Juden 134. 135. 192 f. 195. 255.
Jugendpflege 326.
Jungsachsen 4. 5. 13. 14. 16. 20 f. 41. 78. 91. 133. 360.
Juristen 212. 394.
Justizwesen Neuordnung 16.

K.

Kalender 278. 295. 303.
Kallesdorf 190
Kalnoky 107.
Kalotscha 96.
Kampfliteratur nat. 86.
Kapp G. 13. 14. 15. 18. 32. 33. 36. 38. 53. 84. 85.
Karl (Thronfolger u. Kaiser) 243. 249. 254.

Karl Robert 370.
Karlsburg 257.
Karlsburger Beschlüsse am 1. Dez. 1918. 258 f. 261. 270. 330.
Karolyi Graf M. 246 251. 254.
Karpathenverein 16. 122. 202. 204. 287.
Karpathen 291. 293.
Karres Lederfabrik 191. 195.
Kast 124.
Käsmark 194.
Kästner H. 53. 73.
Kästnerische Gedichte 295. 378.
Katholikenautonomie 246.
Katholisierungsversuche 343
Kaufhaus in Kronstadt 66.
Kaufleute 65. 212. 394.
Keintzel 127. 283 f.
Kemeny B. 10.
Kemeny B. Dyon. 375.
Keroly 201.
Kerz 70.
Kerzer Abtei 279. 335.
Keßler J. 299
Khuen-Hedervary 165. 173. 181.
Kikinda 233.
Kindergärten 147 f. 205.
Kinder deutsche in Siebenbürgen 247.
Kinderschutzverein 205. 214. 236.
Kirche, vorreform. 372. 384.
Kirche evang 41 f. 48 f. 95. 105 f. 114 f. 148. 162 f. 208. 214. 228 ff. 237. 385. 402.
Kirche ev. Aufwendungen 187. 229.
Kirche ev. Bukarests 115. 269.
Kirche ev. Ungarns 96. 116 f. 148. 154. 234. 256.
Kirche griech.-kath. 96. 208. 248. 356.
Kirche griech.-orient. 96. 208. 245. 248. 356.
Kirche kath. 149 ff. 164. 208.
Kirche ref. 208. 343 f. 385.
Kirchengeschichte 131. 277.
Kirchenordnung 315. 339. 388.
Kirchenpolitische Gesetze 149 f.
Kirchenverfassung Änderung von Ausdrücken 116.
Kirchhoff 280.
Kirchliche Blätter 185. 300.
Kirchliches Erbe 384 ff.

Kirchliches Leben 120. 214. 230. 827.
Kirchner 297. 305 f.
Kirieleis 45.
Kisch G. 284. 285.
Klausenburg 12. 16. 85. 101. 107. 193. 227. 236. 240. 254. 257. 314. 335.
Klausenburger Advokatenkammer 17.
Klausenburger Landtag 1790 6. 128. 282. 381.
Klausenburger Landtag 1865 8. 10. 12. 15. 53. 360.
Kleinkokler Komitat 70. 74.
Klein-Kopisch 64. 190.
Klein Marie 278.
Klein-Scheuern 231.
Klein-Schogen 296.
Klöß H. 293. 294.
Koalitionsministerium 169.
Koburg 203.
Koburg Herzog v. 122.
Kölnische Zeitung 54.
Kolonisation 124. 246. 250.
Komes 3. 7. 11. 22. 30. 34. 197. 216. 334 f. 337. 352 ff. 355. 363.
Kommassation 62. 123.
Kommissär k. 12. 32.
Komitate, die sächs. 70 f.
Komitatseinrichtung 71.
Kompilaten 4. 9. 319.
Königsboden 3. 10. 19. 24. 33 f. Zertrümmerung.
Königsboden, Gesetzentwurf über 39 f.
Konnerth H. 308.
Konnerth J. 62. 123.
Konsistor.-Verfassung 345.
Konzivilität 321. 350.
Kopony W. 181 f.
Korodi L. 268.
Korrespondenzblatt 285. 286.
Kossuth Franz 167. 169.
Kossuthisten 164 s. Linke.
Köveß H. v. 196. 221.
Köveß Frau v. 196.
Krafft v. Delmensingen 242.
Krafft W. 124. 278. 283.
Kramer Fr. 283.
Krankenpflege 118. 201. 225. 236.
Kränzchen 200. 339.

Krasser Fr. 299.
Krause 305.
Krauß E. 201.
Kreisch 308.
Kreischer Gruppe 282.
Kreuzzeitung 106.
Krieg, der 217 ff.
Kriegsanleihe 224.
Kriegsbüchlein 223.
Kriegserklärung Rumäniens 231.
Kriegspredigten 225.
Kronstadt 17. 18. 33. 52. 62. 63. 65. 66. 67. 68. 71. 83. 84. 89. 104. 107. 108. 119. 122. 127. 128. 129. 131. 133. 134. 136. 147. 190. 195. 197. 198. 200 ff. 205. 209. 225 f. 230. 242 f. 257. 268. 275. 279. 291. 304 f. 311. 334 ff. 337. 340. 344. 351. 355. 373. 395.
Kronstädter Distrikt 6. 10. 70.
Kronstädter Kirchenbezirk 107 f.
Kronstädter Komitat 70. 77. 237.
Kronstädter Peitsche 67.
Kronstädter Preßprozeß 82.
Kronstädter Tageblatt 300.
Kronstädter Zeitung 82. 113. 300.
Kühlbrandt 279. 294.
Kultureinheit der Sachsen 77. 320. 380. 402 f.
Kuriatvotum 321. 375.
Kun Graf 190.
Kunst 398.
Kunstgeschichte 130. 278 f.
Kunstpoesie 378.
Kurutzenkrieg 342.

L.

Ladamosch 368.
Ladislaus K. 311. 334. 335.
Landeskirche ev. 63. 165. 166. 215. s. Kirche.
Landeskirchenversammlung 42. 43. 47. 48. 95. 105 f. 110. 114 f. 116. 154. 183. 185. 214. 215. 228 ff. 374.
Landeskirchenversammlung Erklärung 229.
Landeskirchenseminar 96. 115. 183. 235.
Landeskonsistorium 43. 44. 92. 94. 95. 108 f. 117. 147. 151. 154. 159. 170. 223. 243. 248.
Landeskonsistorium in Pest 233 ff.
Landeskundeverein 56. 122. 209. 275.
Landtage 6. 8. 10. 12. 15. 48. 53. 312. 335. 349. 353. 354. 359. 375.
Landwirtschaftliche Blätter 61. 123. 302.
Landwirtsch. Lehranstalt 62. 365.
Landwirtschaftsverein 62 f. 67. 123 f. 206 f.
Landstandschaft 312. 337.
Lassel N. 305. 306.
Laßler Kapitel 282.
Leben Jesu 294. 296.
Lehrer 46 f. 212.
Lehrer J. 297.
Lehrerinnen 116. 184.
Lehrertag 46.
Lehrerverfolgung 94.
Lehrerversammlungen 184.
Lehrplan für die Volksschulen 93 f.
Leitende Gedanken der sächs. Geschichte 310 f.
Leipzig 57. 122. 175. 187. 235. 247. 303.
Leistungen der Sachsen 310 f. 329. 377.
Lenbach 398.
Leonhardt 240.
Leopold II. 6. 128. 341 f.
Leopoldin. Diplom 4. 9. 330. 341. 350.
Leschkirch 19. 89. 147. 212. 394. 397.
Lesen sächs. 44.
Leutschau 88.
Liberale Partei 37 f.
Liebestätigkeit im Krieg 224.
Liebling 159.
Lieder (sächs.) 297. 306. 378.
Lienert 296.
Lindner G. 14. 16. 41. 172. 203.
Linke (Partei) 14. 32. 164. 167. 173.
Lißt 305.
Litschel 296.
Liturgie 185. 283.
Löher 86.
Lokalpatriotismus 201.
Löw Fabrik 191.
Löw W. 372.
Lucacs G. 168. 170.
Lucacs L. 173.
Ludendorff 221.

Ludolf 86.
Ludwig d. Gr. 333.
Ludwig III. K. v. Bayern 243.
Lugosch 93.
Lüpke v. 187.
Luther 315. 387.
Luther v. Devrient 122.
Lutherjubiläum 121.
Lutherhaus in Hermannstadt 121.
Lutherstiftung 121.
Luxemburg 284.
Luzk 227.
Lyrik 288. 293 f. 297.

M.

Mackensen 256.
Magnatenhaus 40. 93. 95. 111. 148. 152. 215.
Magnussen 309.
Magyaren (Ungarn) 8. 10. 134. 135. 192.
Magyaren und Sachsen 137. 215.
Magyarische Sprache in der Schule 92. 100. 164. 170. 245. 254.
Magyarisierung 4. 18. 83. 92 f. 97. 99. 112. 113. 147 ff. 161. 164. 170. 245. 248. 274. 361.
Magyarisierung in der Kirche 113. 245.
Magyarisierungsvereine 85.
Maifest 197. 198.
Mailand 208.
Malo 240. 255.
Malcher 305.
Maler (Malerei) 213. 282. 307 f.
Malmedy 285.
Maniu 171. 259.
Männergesangverein Hermannst. 305.
Marcks E. 330.
Maria Christina 128.
Maria Theresia 179. 274. 344 f.
Marienburg b. Kronstadt 62.
Marienburg G. Fr. 128.
Marktschelken 232.
Markus Fr. 200. 268.
Marlin 60. 299. 378.
Maros-Vasarhely 69.
Martinszins 345. 346.
Maschinen 123.

Matthias K. 317. 334.
Mederus Asnath 278.
Mediasch-Schelk 280. 311.
Mediasch 24. 32. 51. 62. 66. 122. 130. 133. 134. 155. 187. 191. 195. 197 ff. 201. 202. 233. 240 f. 262. 263. 268. 277. 304. 308. 351. 362. 365. 373.
Mediascher Dialekt 295.
Mediascher Programm s. Nat.-Programm.
Mediascher Anschlußerklärung 262
Meeburg 70.
Meitzen 280.
Melanchthon 315.
Melas H. 141. 199. 295. 297.
Meltzl O. v. 128. 129. 136 ff. 156. 157. 195. 208. 277. 280.
Meltzl Sam. v. 194.
Melzer W. 161. 166. 171 f. 176. 214.
Memorandumprozeß 177.
Mergeln 333.
Meschendörfer 291 f.
Metianu 93.
Meyndt 297. 298.
Mezöbereny 233.
Michaelis L. 128. 295. 297.
Michelsberg 67. 202. 232.
Michelsdorf 76. 290.
Miereschlinie 228 f. 230.
Mihalyi 93.
Militärkommando 227 f. 254.
Milkower Diözese 43. 44.
Millennium 164.
Mißhandlung der Bauern 75.
Mitarbeiter Teutschs 50 f.
Mittelschulgesetz 47. 96 f. 136.
Mittelschulgesetz Erklärung deutscher Männer dagegen 98 f.
Mittelschulgesetz Verhandlung im Reichstag 98 f.
Mobilisierung 217.
Mocsary 93.
Moderne Bücherei 292. 302.
Mohatsch, Schlacht bei 3. 174. 335 f. 374.
Moldau 65.
Molnar J. 171.
Molnar V. v. 234.

Monumenta Germ. paed. 131. 287.
Morres E. 307.
Morres W. 287.
Mühlbach 67. 86. 122. 130. 133. 134. 135. 191. 203. 205. 242 323.
Müller Fr. 19. 31. 50. 53. 54. 85. 89. 101. 118. 119. 121. 127. 141. 145. 153 f. 156. 166. 184. 214. 216. 274. 277. 283. 297. 372.
Müller G. E. 275. 282.
Müller H. 279. 283.
Müller Jak. Aur. 274. 404.
Müller Joh. v. 58.
Müller-Langenthal 279.
München 287. 365.
München, Rechtsgutachten über die Universitätsfrage 83.
Mundarten 59. 284. 285. 295.
Munizipalfrage in d. Universität 20 f. 32. 85.
Munizipalfrage im Nat.-Programm 28. 78.
Munizipalrecht der Sachsen 9. 12. 39 f. 356.
Museum, naturw. in Hermannst. 286.
Musikverein 200.
Musik. Leben 65. 196. 206. 286. 304 ff.
Myß 213. 307.

N.

Nachbarschaft 204.
Namensmagyarisierungen 83.
Napoleon 299. 353. 378.
Nation sächs., Auflösung 347 f. Zertrümmerung.
Nation sächs., Entstehung der 311 f.
Nationalarchiv 197. 347.
Nationaldotation 357. 365.
Nationale Arbeitspartei 175 f. 247 f.
Nationalitätenfrage und Tißa 177 f.
Nationalitätengesetz 3. 33. 112. 360.
Nationalprogramm Sächs. 24 f. 32. 37. 72. 146.
Nationalrat 253 ff. 257. 261. 268.
Nationsuniversität 3. 7. 8. 9. 11. 15. 19. 20 f. 31 f. 34. 36. 48. 53. 62. 71. 78 ff. 82. 111. 131 146. 173. 175. 177. 208. 233. 312 f. 333 ff. 371.

Nationsuniversität, Streit mit der Regierung 79 ff.
Naturalschullohn 47.
Naturwissensch. Arbeiten 60. 131. 287.
Naturwissensch. Verein 60. 275. 286.
Naumanns Mitteleuropa 228.
Nemenyi (Neumann) 86.
Nendwich W. 201.
Netoliczka 281.
Neue Fr. Presse 54.
Neugeboren C. 354.
Neugeboren L. 60.
Neugeboren Bischof 43.
Neugeboren E. 234. 287. 300.
Neugegründete Gemeinden 185.
Neuhauser 307.
Neustadt (b. Kronstadt) 237.
Nicolaus G. 207.
Niebuhr 220.
Nobilitierung von Sachsen 371.
Nösnerland 51 f. Bistritz.

O.

Obergericht Sächs. 12.
Obergespan 71.
Obert Franz 46. 52. 56. 158. 198. 277. 278. 300.
Ober-Tömös 202.
Obrazsa 227. 254.
Odenburg 233.
Ofen 15
Ofenpest 88.
Oktoberdiplom 359.
Opern 305. 306.
Opitz 376.
Opposition, gemäßigte 37.
Orban Blasius 87.
Ordensgymnasien 99. 100.
Orendi Jul. 283. 296.
Organisationsentwurf 47. 48.
Orlat 68. 70. 208.
Oroshaza 239.
Ortsnamengesetz 158 ff. 162.
Österreich 4. 6. 14. 220. 250 f. 282. 296.
Ostland 292.
Otto v. Bayern 314.
Otto Dr. W. 118.

P.

Padua 317.
Palleske 206.
Pancsova 88.
Papierfabrik 68. 125.
Papst 150. 334.
Paris 260. 264. 267.
Pariser Vereinbarung 9. Dez. 1919 264 ff. 330.
Pariser Weltausstellung 67.
Parteikampf, sächs. 20. 36.
Patriziertum 320.
Pauler 96.
Pemfflinger 281.
Pensionsanstalt der Landeskirche 53. 102. 214. 229.
Perikopen, neue 98.
Pest 16. 17. 66. 83. 101. 105. 119. 147. 151. 164. 226. 232 ff. 250. 253. 254 f. 260.
Pester Lloyd 55. 104. 234.
Pesti Naplo 104.
Petersdorf b. Marktschelken 76.
Petersdorf b. Mühlbach 68. 86. 125.
Petöfi 295.
Pfarramt 102.
Pfarrer 120. 186. 236 f. 268. 396.
Pfarrer- und Lehrerstellen 148 f.
Pflanzer-Baltin 226.
Philharm. Gesellschaft 305.
Phleps H. 282.
Phleps O. 287.
Pien 46.
Pildner v. Steinburg J. 202.
Pittreich 235.
Plattner 296.
Polen 317.
Polit 38. 99.
Politische Stellung, Verluste 321. 374.
Polner 277.
Popovics 171.
Porsche 300.
Potsdam 187.
Präbenden 47.
Prähist Funde 279.
Predial 202.
Preßburg 236.
Preßprozesse 82.

Preßprozeß der Kronst. Zeitung 82.
Preßprozeß des S.-D. Tagebl. 80. 81.
Preßprozeß gegen rum. Schriftsteller 82.
Preuß. Jahrbücher 86.
Produktionalprozesse 353.
Programm polit. 12 s. Nat.-Progr. u. Volksprogr.
Programmpunkte Kapps 13.
Provisor. Regulativ 11. 17. 19. 362.
Prozesse wegen sächs. Adelsbesitz 17.
Prozesse gegen die Sachsen 17. 69. 82. 345.

Q.

Quartalschrift 274.
Quellenwerke 131. 275. 276. 287.

R.

Raab 233.
Rabutin 342.
Racz 235.
Radautz 226.
Rade 236.
Raffay 233 f.
Raiffeisengenossenschaften 124. 189. 215. 286. 302.
Rakotzi Franz II. 103. 170. 343.
Ranke 377.
Rannicher J. 7. 14. 15. 16. 32. 36. 37. 38. 48.
Rath G. vom 86.
Rationalismus 120. 185. 328. 406.
Realschule 47.
Rechtsakademie Sächs. Aufhebung 105.
Rechtsakademie Sächs. Gründung 355.
Rechtsanwälte 212. 395.
Rechtsgleichheit 321. 371.
Rechtsgutachten der Münchner Jurist. Fak. 83. 365.
Rechtsgutachten im Brukenthal. Prozeß 119.
Reen (Magyar-R.) 135.
Reformation 314 f. 338 f.
Reformationsfeier 248. 279.
Reformationsfest 229.
Regensburger Liederkranz 306.
Regierungspartei 37.
Regierungsrat leitender rum. 259 ff. 268.

Regulation 7. 11. 316. 351 f. 353 f.
Regulativpunkte 6.
Reichart 224. 226.
Reichsstandschaft 335.
Reichstag ung. 3. 9. 12. 13. 14. 17 f.
  22. 32. 37. 88 f. 78. 86 f. 92 f. 137 f.
  150 f. 156. 160 f. 165. 167. 169 f. 171.
  177. 181. 245 ff 249 f. 360.
Reichsverfassung 356 ff.
Reiner 238.
Reiseprediger 116. 185.
Reissenberger K. 128. 282.
Reissenberger L. 58. 60. 130. 131. 279.
Relig. Leben 230. 327. 406. s Kirche.
Rendtorff (Leipzig) 187. 236. 329.
Reps 8. 23. 66. 212. 240. 283. 344. 394.
Repser Burg 279.
Requirierungen 247.
Resch 283.
Reschner 354.
Restitutionsedikt 348.
Rethi 109.
Reuschel 130.
Reuß Prinz, Botschafter 105. 141.
Reußdörfchen 317.
Reußmarkt 147. 212. 394. 397.
Reverse 149.
Revisionsverband 190.
Revolution 1848 4.
Revolution 1917 253.
Rezipierte Konfessionen 315.
Richter P. 305.
Rieger A. 191.
Rietschel 187.
Rogge 187.
Rom (röm. Kurie) 150.
Roman Miron 93.
Römer J. 131.
Römer K. 297. 300.
Rosenauer Burg 279.
Rösler J. 297.
Rösler R. 58.
Roter Turm 190. 335.
Roth Alf. 299.
Roth Dan. 60. 61. 299. 378.
Roth H. O. 253.
Roth J. 59. 286.

Roth K. 199. 241. 297.
Roth St. L. 158. 201. 209. 277. 316.
  355. 389. 401.
Roth Victor 278. 279.
Rückgang gewerbl. 64.
Rückzug der deutschen Armee 256.
Rudolf II. 314.
Rumänenfrage 58. 177 f. 354.
Rumänen in der Nationsuniversität
  20. 32. 80.
Rumänen, Gleichberechtigung 356. 359.
Rumänenkonferenz 38. 363.
Rumänen 8. 10. 93. 96. 134. 135. 176 f.
  192. 195. 255 f. 260. 282. 322. 354. 367.
Rumänien 67. 115. 124. 190. 226 ff.
  230 f. 250. 255 f. 330. 384.
Rumänien, Sachsen in 67. 116.
Rumänische Nationalversammlung in
  Karlsburg 258.
Rumes 46.

S.

Sabbatalien 47
Sachse (sächsisch) was es heißt 316 f. 380.
Sachsen (Provinz) 305.
Sachsen im Weltkrieg 220 f.
Sachsengeschichte 49. 57. 274. 276. 283.
  298. 405.
Sachsenland 5. 6 ff. 56.
Sachsenland, Aufhebung des 6 s. Zer-
  trümmerung.
Sachsenland Fiskalgut 354.
Sachsenland Mängel 7
Sachsenland Rechtsstand 8 f. 12. 39. 356.
Sachsenland Umfang 6. 10. 34.
Sachsentag Mediascher (1872) 24. 362.
Sachsentag Hermannstädter (1890) 141 f.
  154. 155. 215. 365.
Sachsentag Hermannstädter, Folgen
  146. 215.
Sachsentag Hermannstädter 1896 157 f.
Sachsentag Schäßburg 1919 270 ff.
Sächsischer Klub 38. 78.
Sächsisches Volksliederbuch 306.
Sächsisches Wörterbuch 126 f. 276. 376.
  387.
Sächsisches Nationalprogramm 24 f. 78.
Sächsisches Volksprogramm 142 f. 166.
  270.

27*

Sächsisch-Reen (Regen) 56. 96. 133. 135. 194 f. 205. 226.
Sächsische Einwanderung 128.
Salmen 355 ff.
Salzburg 202
Sandor 227.
Sängerbund 306.
Sarajewo 217. 235.
Sarospatak 235.
Säuglingsfürsorge 205.
Scopation 198.
Seb. Hann-Verein 308.
Seeberg 345.
Seeckt 241.
Seelische Ergebnisse des Kriegs 242.
Seivert 58. 378. 404.
Seiwert G. 60. 128.
Seminarfrage 96. 115. 183. 235.
Seminar 235.
Semp 296.
Senor 73.
Sekten 186. 230. 406.
Seraphin C. 279.
Seraphin Fr. W. 61. 278. 297.
Serben 93. 96.
Serbien 207. 226. 228.
Siebenbürgen, Name 125.
Siebenbürg. Blätter 5. 16. 55.
Sieben Dörfer 71.
Sieben Stühle (Richter) 6. 35 f. 39 f. 335.
Siebenbürger Tonfall 285.
Siebenb.-Deutsches Tageblatt 54 f. 77. 78. 113 f. 136. 138. 172. 234. 300.
Siebenb.-Deutsches Wochenblatt 3. 5. 10. 13. 16. 21. 54. 68. 80. 86. 325.
Siegel 375.
Siegmund Dr. H. 207. 287.
Sigerus E. 279. 304.
Simonius 337. 340.
Sina 242.
Sixtusbriefe 250.
Slavici 82.
Somlyai 352.
Sonntagsblatt 61.
Sophienhaus 119.
Sozialismus 211. 301.
Sparkassen 63. 124. 188. 233. 401. f. Banken.

Spenden 235.
Sprachenfrage 18. 23. 318.
Sprachenkampf 375.
Sprachenzwang 32. 33. 73. 74. 77. 179.
Spitäler in Pest 236.
Staatsbankerott 353.
Staatsdotation der ev. Landeskirche 110. 111. 116. 214.
Staatssprache 26. 143.
Staatsfeindliche Gesinnung 149.
Städte sächs. 64. 129. 133 f. 191.
Städte sächs., Leben darin 196 ff.
Städte sächs. Modernisierung 191.
Status röm.-kath. Siebs. 96.
Steinacker E. 180.
Steuern 187.
Stimmungen bei Staatsumwälzungen 3.
Stock M. 307.
Stolzenburg 304. 318. 366 f.
Straßburg 279.
Straßenbau Mißbräuche 75.
Strauß D. Fr. 273. 328.
Straußenburg M. E. v. 278.
Stroßmeyer 104.
Studierende der Theol. 248.
Stühle die sächs. 6. 35 f. 70. 333.
Stuhl Brooser 6. 8. 333.
Stuhl Hermannstädter 6. 10. 70. 333.
Stuhl Leschkircher 6. 8. 70. 333.
Stuhl Mediascher 70. 334.
Stuhl Mühlbacher 6. 70. 333.
Stuhl Repser 6. 70. 333.
Stuhl Reußmärkter 6. 8. 70. 333.
Stuhl Schäßburger 6. 70. 333.
Stuhl Schelker 70. 334.
Stuhl Schenker 6. 70. 333.
Sturdza 148.
Synode 187. 339. 342. 344.
Szapary Graf 33. 34 ff. 88. 140. 145. 151. 363.
Szaß K. 108. 110.
Szekler 223. 256. 335. 377.
Szelischt (Stuhl) 20. 70. 143. 335. 362.
Szell 162. 164.
Szilagy Des. 87. 119.
Szögenyi 107.
Szterenyi 249.

Sch.

Schaal 76.
Schaas 52.
Schäfer D. 205.
Schäfer Pfarrer 235.
Schäffle 168.
Schafer 354.
Schäßburg 14. 15. 23. 33. 48. 58. 63. 64. 78. 89. 91. 133. 135. 141. 146. 147. 161. 175. 184. 187. 191. 192. 197. 198. 203. 239. 241. 243. 250. 260. 270. 277 f. 279. 304. 307. 336. 340. 355. 371. 392. 395.
Schäßburger Stuhlsversammlung 33.
Scheffel 199.
Scheiner A. 155. 280. 285.
Scherer Fabrik 191.
Scherg G. (Tuchfabrik) 191.
Scherg G. 230.
Schesäus 61. 130. 378.
Schichtung neue des Volks 211.
Schiel Fabrik 191.
Schiel Luise 215.
Schiel Sam. 51. 128. 198.
Schiller 378.
Schillerfeier 210.
Schlacht bei Hermannstadt 241 f.
Schlacht bei Kronstadt 242.
Schlözer 317. 851. 404.
Schmettow 241.
Schmidt Konrad 3. 8. 13. 53. 129. 359. 360.
Schneider J. 46. 51.
Schneider Theod. 199.
Schöngeistige Literatur 60. 131: 287 ff.
Schorsten 190.
Schreiber Fr. 157.
Schriftstellerei 397.
Schulangriffe 91 f. 166. 168 f. Magyarisierung.
Schulen 45 f. 47. 173. 183 f. 213. 234. 238. 248. 254. 318 f. 327. 340.
Schulgebäude 45 f. 96. 103.
Schulgeschichte 131. 279. 287.
Schulgesetz Apponyis 170.
Schulkonferenzen 95.
Schulordnung 46 f. 279. 287.
Schulverein Deutscher 86 f.
Schulvereinsdemonstrationen 88 f. 383.

Schul- und Kirchenbote 300.
Schuler-Libloy 56.
Schuller Anna 295 f.
Schuller Betty 307.
Schuller Erika 214.
Schuller Fr. 280. 283.
Schuller G. 130.
Schuller G. A. 189. 248. 280. 282. 286. 298. 300.
Schuller J. C. 57. 276. 278. 404.
Schuller L. 307.
Schuller M. 295.
Schuller M. G. 128.
Schuller Rich. 277.
Schuller Rud. 294.
Schullerus A. 94. 155. 183. 238. 253. 278. 282. 284 ff. 289. 296. 299. 376.
Schullerus E. 293.
Schullerus Fr. 213. 278. 307.
Schullerus G. A. 121. 278.
Schullerus J. 278.
Schullerus Trude 308.
Schuster Fr. W. 58. 60. 90. 119. 131 f. 274. 277. 290. 298. 378.
Schuster G. 295.
Schuster H. 296.
Schwaben 245.
Schwaben und Sachsen 179 f.
Schwabeneinwanderung 355.
Schwarzen die (Partei) 155.
Schwarzenberg 357. 864.
Schweden König von 256.
Schwesterschaft 214. 229.
Schwurgericht 161.
Schwurgericht, Aufhebung d. Herm. 82.

T.

Tafeln f. 12.
Tagespost 300.
Talmesch (Talmescher Stuhl) 10. 17. 33. 68. 70. 143. 190. 335. 362.
Tannhof 16.
Tartlau 205.
Tartler 353.
Techniker 396.
Tekendorf 161.
Temesvar 66. 88. 270.
Teuerung 246.

Teutsch Andr. 343.
Teutsch Fr. 128. 130. 131. 154. 183. 209. 214. 243. 276. 278 f. 298.
Teutsch G. D. 5. 19. 42 ff. 48 f. 54. 56. 58. 62. 69. 70. 80. 92. 97. 102. 104 ff. 111. 114 f. 119. 121 f. 127 f. 128. 130 f. 133. 136. 140. 148. 151 ff. 183. 186. 201. 274. f. 281. 298. 303 f. 316. 327. 372. 404.
Teutsch G. D. Denkmal 209. 309.
Teutsch G. D. 70. Geburtstag 121 f. 133.
Teutsch G. D. Hundertjahrfeier 230. 248.
Teutsch G. D. über die kirchl. Weiterentwicklung 153.
Teutsch Joh. 200. 250.
Teutsch Jul. 124. 286.
Teutsch Jul. Kronst. 304.
Teutsch Luise 118. 278.
Teutsch Traugott 60. 131 f. 209. 293. 378.
Teutsch W. 254.
Teutschländer W. 67.
Thalmann G. 146. 175.
Thaly 99.
Theater Deutsches gesperrt 83.
Theater Gesch. 133.
Theil Fr. 241.
Theil R. 58. 280.
Theißer Kirchendistrikt 110. 163 f.
Theol. Arbeiten 282.
Thomas 278.
Thullner E. 250. 295 f. 297.
Tißa Kol. 35. 37 ff. 72. 80. 83. 87 f. 91 f. 96 f. 101 f. 105. 107. 114. 130 ff. 140. 146. 227. 230. 363 f. 365.
Tißa Stef. 165 ff. 173. 176 ff. 220. 244 f. 248 f. 251. 253.
Tobias Cornel 73.
Törnen 46. 190.
Topolja 235.
Torontaler Komitat 239. 240.
Törzburg 10. 17. 33. 108. 362.
Toth Minister 33.
Transmigranten 282.
Transsylvania 63.
Trappold 130.
Traub 236.
Trausch J. 58. 283. 302. 395.
Trauschenfels E. v. 129. 302.
Trefort 38. 91. 92. 96. 97. 107. 108. 136.
Treforts Offener Brief 104.

Treitschke 205. 274. 317. 320.
Trianon Friede von 267.
Tübingen 327.
Türkei 228.
Turnen 199.

U.

Übertritte kath. 215
Udvarhely 70.
Uhlandfeier 209.
Ulrich v. Hutten 288.
Ungarn 4. 5. 6. 7. 14. 106. 149. 150. 154. 157. 227. 245. 250 f. 254. 256. 258. 260. 263. 317. 330. 356. 359. 383.
Ungarn Trennung von Österreich 251. 254 f. Linke.
Ungarn in der Nationsuniversität 10. 32 f.
Ungar K. 287.
Union Siebenbürgens mit Ungarn 4. 8. 330. 356.
Unionsgesetz 3. 360 f. s. Gesetzartikel 43 : 1868.
Unirea 248.
Unitar. Kirche 121.
Universitätsbesuch 4. 200. 275. 317. 319. 344.
Universität in Klausenburg 16.
Universitäten deutsche 209.
Unterten 297.
Unterwald Schulzustände 45.
Upsala 317.
Urbarialverhältnisse 17. 362. f. Talmesch und Szelischt
Urkundenbuch 275. 354.
Urwegen 51.

V.

Vaida 171. 255.
Vancea 93.
Vasarhely 12. 18
Vereine sächs. 56 f. 61. 122 f. 130. 132. 382.
Verein f. sieb. Landeskunde 56. 61. 122. 130. 275. 382.
Vereinigung Siebenbürgens mit Rumänien 262. 267.
Vereinsmitteilungen 301.
Verkehr 66. 190. f. Eisenbahn
Verkehr mit der Walachei 67. 190.

Verklammerungen 382.
Verluste 321.
Versammlung junger Männer in Mediasch 155.
Vermögensfrage der Nationsuniversität 39. 79. 83. 364.
Verwaltungsreform 175.
Verwundetenpflege 222.
Virchow 205. 209.
Virilistenstimmen 17. 71.
Volkserbe 366 ff.
Volksgesang 286.
Volksgesundheit 287.
Volksidee 155.
Volkskundliche Arbeiten 129. 285.
Volkslied 378.
Volkspartei Sächs. 47. 48. 84. 112. 380.
Volksprogramm von 1890 142 f.
Volksprogramm von 1919 270 f.
Volkssänger 66.
Volksschulgesetze 42. 92. 96. 166. 170.
Volksschulwesen 44 ff.
Volkstum und Glaube 41. 114. 121. 198. 209. 213. 229. 301. 315. 329. 389.
Vorlesungen 303.
Vormeng 86.
Vorstellung gegen Schulgesetze 92. 96. 97.
Vorstellung in Kirchen- und Schulsachen 95. 105.

W.

Wachsmann 353.
Wacht am Rhein 56.
Wächter Fr. 32. 33. 38. 39. 71 f. 80. 83. 84. 216. 365.
Wächter Dr. J. 128.
Wagner Val. 128. 317. 378.
Wahlprogramm 84. 112. 270.
Wahlrecht 168. 170. 173. 174. 211. 244. 247. 249.
Wählerversammlung 14.
Waisenhäuser 205. 236. 249.
Walachei 58. 65. 67. 116.
Walbaum 175 f. 200. 216. 261. 365.
Waldhütter v. Adlershausen 345.
Wandlungen im Volksleben 325. 391 ff.
Wassid 190.
Wattenbach 56. 86. 205. 277. 317.
Wegtaufungen 150.
Weimar 119. 122. 187. 307.
Weine, Siebenbürger 67. 123.
Weingartskirchen 46.
Weiß M. 293.
Weiß W. 305.
Weißkirch bei Bistritz 76.
Weißkirch bei Schäßburg 185.
Weißenburg (Diözese, Bischof) 43. 384. 335 f. 340. 384.
Wekerle 151. 156. 169. 227. 243. 249. 251.
Wellmann R. 213. 308.
Weltausstellung 67.
Weltkrieg 217 f.
Wenckheim 69.
Wenrich W. 91. 130.
Werner C. 58. 130. 275.
Wesselenyisches Gut 227.
Wien 48. 52. 53. 66. 107. 119. 201. 226. 231. 247. 255. 317. 341. 349. 357.
Wien Weltausstellung 67.
Wiener Reichsrat 15. 48.
Wilhelm I. 105. 106.
Wilhelm II. 160. 247.
Wilson 251. 256.
Wirtschaft 123. 188.
Wissenschaftl. Arbeiten 56 ff. 125 f. 274 f.
Wissenschaftl. Betrieb 405.
Wittstock H. 51. 81. 122. 128. 142. 154. 214. 277. 278. 372.
Wittstock O. 155. 186. 278. 280. 296. 299.
Wochenblatt s. Siebenbürg.-Deutsches Wochenblatt.
Wochengottesdienste 120.
Wochenmärkte 65 f.
Wolff E. 278.
Wolff J. 59. 86. 125. 126. 127. 129. 130. 276. 277. 284. 286. 368.
Wolff J. (Schäßburg) 200. 268.
Wolff K. 54. 55. 81. 85. 87. 88. 99. 100. 114. 122. 124. 125. 128. 135. 136 f. 140 ff. 147. 156. 166. 185. 188 ff. 208 f. 215 f. 226. 252 f. 286. 316. 372. 382. 397. 400.
Wortitsch 130.
Wörterbuch Sächs. 126 f. 276. 376. 387.
Wurmloch 46.
Würzburg 299.

Z.

Zabanius s. Harteneck.
Zaminer 203.
Zapolya 280. 312. 314. 336.
Zay 40. 82. 84. 87. 99. 100. 141. 156. 198.
Zeibig 190.
Zeiden 207.
Zeitungen sächs. 61. 300. 301.
Zeitungen Wiener und Pester 303.
Zeitungen aus Deutschland 303.
Zeitungen ung. über Sachsentag 31.
Zelenka 163.
Zensur 355.
Zentralausschuß 78. 113. 141. 142. 154. 165. 173. 175. 182. 248. 252. 262.
Zerbes 268.
Zernest 125.
Zerstörungen durch den Krieg 242.
Zertrümmerung des Sachsenlandes 3 ff. 39 f. 70. 72. 77. 321 f. 363.
Zichy 173. 249. 250.
Zieglauer 58. 128.
Ziegler K. 213. 308.
Ziegler Reg. 297.
Zigeuner 65. 189. 240.
Zillich 293.
Zimmermann Fabrik 191.
Zimmermann Fr. 127. 275. 286.
Zimmermann J. A. 3. 5. 15. 52. 214. 277. 302. 404.
Zips 137.
Zipser Sachsen 284.
Zivilehe 151.
Zollkrieg 124.
Zombor 233. 235. 236.
Zood 191. 238.
Zuckerfabrik 125. 206.
Zünfte Aufhebung 64 f.
Zünfte Einigung 374.
Zunftwesen 65. 335. 340. 344. 351. 378. 392.
Zusammenhang mit deutschem Geistesleben 57 f. 130. 377 f. s. Gesch. und German. Arbeiten.
Zusammenbruch 250 f.
Zuwanderungen ins Sachsenland 322. 367 f.
Zwei Stühle 334 f.

Berichtigungen.

Seite 60, Zeile 13 Traugott Teutsch († 1914), soll heißen † 1913.
„ 118, „ 26 Frau Therese Jikeli († 1891), soll heißen † 1890.
„ 152, „ 19 Fast volle 25 Jahre, soll heißen 26 Jahre.
„ 214, „ 2 Zimmermann starb 1898, soll heißen 1897.
„ 248, „ 15 l. Anordnungen statt Änderungen.
„ 278, „ 33 l. 1890 statt 1892.